Denkmaltopographie Bundesrepublik Deutschland

Denkmale in Berlin

Bezirk Mitte • Ortsteile Moabit, Hansaviertel und Tiergarten

Denkmaltopographie Bundesrepublik Deutschland

Denkmale in Berlin

Bezirk Mitte

Ortsteile Moabit, Hansaviertel und Tiergarten

Jürgen Tomisch,
Matthias Donath, Angelika Kaltenbach, Klaus von Krosigk,
Heino Neumayer, Gabriele Schulz

Herausgegeben
vom
Landesdenkmalamt Berlin

Michael Imhof Verlag · Petersberg · 2005

Abbildungen auf dem Umschlag
Vorderseite: John-Foster-Dulles-Allee 10, Kongresshalle, 1956–57 von Hugh A. Stubbins, Werner Düttmann und Franz Mocken;
Außenanlagen 1956–58 von Hugh A. Stubbins, Hans Migge, Willy Alverdes, Werner Düttmann und Franz Mocken;
Skulptur „Large Divided Oval: Butterfly", 1986–87 von Henry Moore
Rückseite: Platz der Republik 1, Reichstagsgebäude, 1884–94 von Paul Wallot
Großer Stern, Siegessäule, 1865–73 von Johann Heinrich Strack, mit Viktoria von Friedrich Drake
Huttenstraße 12-16, Turbinenhalle, 1908–09 von Peter Behrens und Karl Bernhard
Reichpietschufer 60, Shellhaus, 1930–32 von Emil Fahrenkamp

Autoren
Jürgen Tomisch:
Geschichte und Stadtentwicklung von Moabit, Hansaviertel und Tiergarten, darin:
Dr. Heino Neumayer: Archäologische Funde
Dr. Klaus von Krosigk: Der Große Tiergarten, Schloss und Schlosspark Bellevue,
Der Große Tiergarten 1920 bis 1945, Der Große Tiergarten nach dem Zweiten Weltkrieg

Jürgen Tomisch:
Die Denkmale in Moabit, Hansaviertel und Tiergarten, darin:
Dr. Matthias Donath: Zoologischer Garten, Hansaviertel, Regierungsviertel, Potsdamer Platz, Kulturforum, Skulpturen im Großen Tiergarten
Dr. Angelika Kaltenbach: Am Landwehrkanal, Diplomatenviertel
Klaus von Krosigk: Der Große Tiergarten
Gabriele Schulz: Gartendenkmale

Bildautoren und Reproaufnahmen: Wolfgang Bittner, Wolfgang Reuss
Herstellung Denkmalkarte: Senatsverwaltung für Stadtentwicklung und Landesdenkmalamt Berlin
Register: Cornelia Beitl
Redaktion: Dr. Matthias Donath, Dr. Bernhard Kohlenbach

Bearbeitungsstand: Februar 2005

Denkmaltopographie Bundesrepublik Deutschland. Denkmale in Berlin. Bezirk Mitte – Ortsteile Moabit, Hansaviertel und Tiergarten (herausgegeben vom Landesdenkmalamt Berlin); Michael Imhof Verlag, Petersberg 2005

Stettiner Straße 25
D-36100 Petersberg
Tel. 0661/9628286; Fax 0661/63686
Landesdenkmalamt Berlin

Gestaltung und Reproduktion: Michael Imhof Verlag
Druck: Meiling Druck, Haldensleben

Printed in EU

ISBN 3-86568-035-6

INHALTSVERZEICHNIS

VORWORT

Die drei im Titel genannten Berliner Ortsteile Tiergarten, Moabit und Hansaviertel bildeten bis zum Ende des Jahres 2000 den Verwaltungsbezirk Tiergarten von Berlin. Am 1. Januar 2001 wurde Tiergarten mit den Bezirken Mitte und Wedding zu dem neuen Großbezirk Berlin-Mitte zusammengefasst. Das Berliner Landesdenkmalamt hat mit dem vorliegenden Band und den 2003 und 2004 herausgekommenen Bänden für die Ortsteile Mitte und Wedding/Gesundbrunnen alle von Amts wegen verzeichneten Bau-, Garten- und Bodendenkmale des Fusionsbezirks Mitte in Denkmaltopographien publiziert.
Denkmaltopographien stellen alle Denkmale oder Denkmalbereiche eines ausgewiesenen Gebietes in ihren örtlichen Bezügen dar. Mit der Beschreibung und Wertung dieser Geschichtszeugnisse sollen Stadtgeschichte und Stadtentwicklung anschaulich gemacht und auf wertvolle Kulturleistungen der Vergangenheit hingewiesen werden.

Jeder Besucher Berlins, der die Hauptattraktionen der Stadt kennenlernen will, wird sich sehr schnell in Tiergarten wiederfinden. Die Ortsteile Tiergarten, Moabit und Hansaviertel liegen unmittelbar westlich vor der Kernstadt. Wer Alt-Berlin durch das Brandenburger Tor verlässt, gelangt in den Großen Tiergarten, den aus dem kurfürstlichen Jagdrevier hervorgegangenen zentralen Park der Stadt. Am Brandenburger Tor ist der historische Übergang von der dicht bebauten Stadt in ein grünes Umland noch erlebbar. In nördlicher Richtung schließt das neue Regierungsviertel mit dem Bundestag im alten Reichstagsgebäude und dem Bundeskanzleramt an. An dessen Rand entsteht der neue Berliner Hauptbahnhof. In südlicher Richtung bezeichnen Hochhäuser den Potsdamer Platz und ein gerade fertiggestelltes neues Stadtviertel. Dahinter liegt das Kulturforum mit seinen zahlreichen Einrichtungen, darunter die Neue Nationalgalerie, die Gemäldegalerie, die Staatsbibliothek und die Philharmonie. Der Altbezirk Tiergarten grenzt an die Innenstadt mit eindrucksvollen örtlichen Zentren, die nach dem Fall der Tiergarten (West) von Mitte (Ost) trennenden Mauer neu entstanden oder wiederbelebt worden sind.
Diese Topographie zeigt mit Hilfe der vielgestaltigen Denkmale geschichtliche und städtische Dimensionen auf, die einem interessierten Betrachter ein tieferes Verständnis für die historische Stadtentwicklung vermitteln. Moabit hat sich aus einer kleinen Ansiedlung französischer Glaubensflüchtlinge entwickelt. Heute prägen Mietshausviertel, Industriegebiete, Verkehrsanlagen und insbesondere eine Vielzahl von öffentlichen Einrichtungen aus der deutschen Kaiserzeit wie Militärbauten, Gerichte und Gefängnisse, Schulen, Bahnhöfe und Häfen das Stadtbild. Citybildung und Verdichtung der Innenstadt haben bei gleichzeitigem enormen Bevölkerungswachstum die aufgeführten Einrichtungen seit der zweiten Hälfte des 19. Jahrhunderts vor die damalige Stadt wandern lassen. Der Große Tiergarten im Zentrum des Stadtteils hat eine lange Geschichte als öffentlicher Park. Viele bedeutende Gartenarchitekten der preußischen Könige und der Stadt Berlin haben an seiner Gestaltung mitgearbeitet. Nach den Kriegszerstörungen wird er seit den frühen fünfziger Jahren wieder hergestellt oder neu gefasst. Im Nordwesten geht der Tiergarten nahtlos in ein neue Maßstäbe setzendes Wohngebiet aus den 1950er Jahren über. Das im Krieg zerstörte Hansaviertel wurde im Rahmen einer internationalen Bauausstellung neu konzipiert. Es entstand eine große Vielfalt von unterschiedlichen Wohnhaustypen im Grünen. In Punkthochhäusern, Wohnzeilen, Reihenhäusern oder Bungalows erprobten bekannte in- und ausländische Architekten der Zeit wie Walter Gropius oder Oscar Niemeyer die damals modernsten Wohnformen. Am südwestlichen Rand des Großen Tiergartens liegt der ab 1841 entstandene älteste Zoologische Garten Deutschlands mit vielen historischen Bauten und Tiergehegen. Das Stadtgebiet südlich des Tiergartens verdankt seine Entstehung auch der Dynamik der Stadtentwicklung Berlins im 19. Jahrhundert. Zunächst siedelte sich dort ein vornehmes Villenviertel in der grünen Umgebung des Tiergartens an. Seit 1850 durchzieht der Landwehrkanal das Gebiet. Vom Leipziger und Potsdamer Platz aus drangen nach 1900 Geschäfts- und Verwaltungsgebäude in das Wohngebiet. Sie flankieren mit großstädischen Gesten den Kanal.

Tiergarten, Moabit und Hansaviertel lagen außerhalb des Bearbeitungsgebietes des 1893 veröffentlichten ersten Berliner Denkmalinventars. Der Autor Richard Borrmann beschränkte sich auf die Kernstadt Alt-Berlin. Er behandelte zudem nur bedeutende Bauten bis etwa 1800 und Tiergarten hatte bis zu diesem Zeitpunkt noch kaum Besiedlung aufzuweisen. 1861 beziehungsweise 1881 (Großer Tiergarten) wurde das Gebiet nach Berlin eingemeindet. Daher beschäftigte sich das Inventar der Provinz Brandenburg von 1885 nicht mit Tiergarten, während Charlottenburg, Köpenick oder einige ehemalige Dörfer auf heutigem Berliner Stadtgebiet abgehandelt wurden. Ab 1934 begann das Berliner Denkmalamt mit der Inventarisation der fehlenden, seit 1920 zu Groß-Berlin gehörigen Stadtteile. Diese Arbeiten fielen jedoch dem Krieg zum Opfer. Nach dem zweiten Weltkrieg, unter dem Leiter des (West-) Berliner Denkmalamtes, Hinnerk Scheper, wurde erneut eine systematische Denkmalinventarisation begonnen. Bereits 1955 konnte ein erstes Denkmalinventar vorgelegt werden, das die spätere Direktorin des Berlin-Museums Irmgard Wirth bearbeitet und der bekannte Berliner Kunsthistoriker Paul Ortwin Rave betreut und mit einer historischen Einleitung versehen hatte. Da Berlin-Mitte im Ostteil der Stadt nicht in ihrem Zuständigkeitsbereich lag, konzentrierte sich die West-Berliner Denkmalpflege bei dem ersten Nachkriegsinventar auf den damaligen 2. Berliner Bezirk Tiergarten.
Ein Denkmalinventar im kriegszerstörten Berlin, dazu in einem Bezirk, der die zweithöchste Verlustrate an Bauten und Anlagen nach der Stadtmitte hatte, musste in der Auswahl der zu behandelnden Objekte auf diesen Umstand reagieren. Auch konnte man in einem Bezirk, der fast vollständig im 19. Jahrhundert entstanden war, nicht mit Zeitgrenzen wie 1800 oder 1850 arbeiten, die

vor dem Zweiten Weltkrieg und für viele Nachkriegsinventare noch verbindlich waren. Konsequent dokumentierte die Berliner Denkmalinventarisation die Bau- und Kunstwerke sowie Gartenarchitekturen Tiergartens bis in die Kriegsjahre. Es sollte ein Gesamtbild der Baukultur des Stadtteils vorgestellt werden. Sowohl die wichtigsten Kriegsverluste sind bearbeitet wie auch Bauten aus der nur wenige Jahre zurückliegende Zeit des Nationalsozialismus. Rave schreibt in seiner Einleitung, dass man im Angesicht der Vernichtung ganzer Stadtteile ein "über zeitbedingte Geschmacksurteile stehendes Dokumentarwerk" schaffen und damit auch die Ansprüche der Historiker erfüllen wollte. Dank dieses Konzeptes galten die Berliner Nachkriegsinventare, insbesondere auch das Inventar Charlottenburg von 1961, als wegweisend. Sie nahmen Vorstellungen vorweg, die erst in den 1980er Jahren zum Gemeingut in der bundesdeutschen und der DDR-Denkmalpflege werden sollten.

Die vorliegende Denkmaltopographie beruht auf einem abgewandelten Konzept. Auch sie kann man als historisches Dokumentarwerk bezeichnen, sie konzentriert sich jedoch auf bestehende Bauwerke, Gartenanlagen oder archäologische Fundstellen und ist topographisch und nicht nach einer Typenhierarchie – Kirchen, Schlösser, Bürgerhäuser... – geordnet. 1978 hat die Kultusministerkonferenz zur Bewahrung des nationalen Denkmalbestandes beschlossen, eine bundesweite Dokumentation von den Fachbehörden der Länder durchführen zu lassen. Für die Darstellung in Form von so genannten Denkmaltopographien hat die Vereinigung der Landesdenkmalpfleger in der Bundesrepublik Deutschland ein einheitliches Rahmenkonzept entwickelt und länderübergreifend abgestimmt. Auf dieser Grundlage sind inzwischen, seit 1990 unter Einschluss der östlichen Bundesländer, etwa 130 Bände publiziert worden.

Den Begriff "Topographie" kann man mit "Ortsbeschreibung" oder "Ortskunde" übersetzen. Er wird hauptsächlich in den Geowissenschaften und daraus abgeleitet in der Stadt- oder Landesplanung benutzt. Insbesondere das Vermessungswesen beschreibt mit Hilfe von Karten Orte oder Landschaften in ihren individuellen Ausprägungen. Die Denkmalämter orientieren sich mit der topographischen Darstellung an der Arbeitsweise der Planungsämter. Sie bringen unter anderem mit ihren Denkmalkarten, Baualterskarten oder Denkmaltopographien ihr Anliegen zur Sprache. Der topographische Aufbau erleichtert auch die Benutzung als Architektur-, Denkmal- oder Reiseführer.

Die Berliner Denkmaltopographie baut auf einer in den letzten zwanzig Jahren systematisch angelegten Denkmalerfassung auf. Jede Denkmaltopographie, die seit 1996 erschienen ist, hat die aktuell im Internet veröffentlichte Berliner Denkmalliste zur Grundlage. Sie beinhaltet die Erläuterung aller in der Denkmalliste verzeichneten Denkmale des jeweils bearbeiteten Gebiets. Eine Denkmaltopographie hat daher in Berlin, auch wenn man es ihr nicht ansieht, zugleich einen amtlichen Charakter. Multifunktional vermittelt sie Architektur-, Kunstgeschichte, Stadt- oder Landesgeschichte, ist gleichzeitig Denkmalverzeichnis und zeigt auf der Denkmalkarte die genauen Begrenzungen der Denkmale und der Denkmalbereiche. Sie soll eine wissenschaftliche Sammlung sein, eine Information für die Bürger über die Geschichte ihrer Stadt und eine Handreichung für Stadtplaner, Architekten und Denkmaleigentümer. Ihr Aufbau trägt dem Rechnung: Sie beginnt mit einer Einführung zur Stadtgeschichte des Bearbeitungsgebietes und erarbeitet die topographische Struktur des Ortes mit allen Untergebieten. Daneben enthält sie die Beschreibung aller Denkmale, eine alphabetische Denkmalliste und eine gebäudescharfe und lesbare Denkmalkarte im Maßstab 1:5 000 oder 1:10 000.

Mein herzlicher Dank für die immense Arbeit, die diese vorliegende Denkmaltopographie erforderte, gilt vor allem den Text- und Bildautoren. Von Jürgen Tomisch, dem fachkundigen Autor auch der ersten Berliner Denkmaltopographie für Reinickendorf von 1988, stammt der Großteil des Textes. In Arbeitsteilung mit ihm lieferte Matthias Donath Beiträge zu einigen ausgewählten Gebieten. Angelika Kaltenbach ist mit einem kürzeren Text vertreten, ihre Vorarbeit, die Denkmalerfassung des Bezirks Tiergarten aus dem Jahre 1995, liegt jedoch dem ganzen Projekt zu Grunde. Die Gartendenkmale bearbeitete Gabriele Schulz vom Landesdenkmalamt. Den Text zum Großen Tiergarten, namensgebend für den Stadtteil, verfasste der Leiter der Gartendenkmalpflege im Landesdenkmalamt Berlin, Klaus von Krosigk. Für die Darstellung der archäologischen Funde konnten wir Heino Neumayer vom Museum für Vor- und Frühgeschichte Schloss Charlottenburg gewinnen. Die professionelle Fotodokumentation des Denkmalbestandes, die viel zu der Qualität dieses Bandes beiträgt, stammt von unseren Fotografen Wolfgang Bittner und Wolfgang Reuss. Die beigelegte Denkmalkarte entstand mit der kollegialen Hilfe der Arbeitsgruppe "Informationssystem Stadt und Umwelt" der Senatsverwaltung für Stadtentwicklung (III F 3). Den Weg von vielen Beiträgen zu einem stimmigen Buch ebneten als Redakteure Matthias Donath und Bernhard Kohlenbach, letzterem oblag auch die Gesamtkoordination des Projekts. Dem Michael Imhof Verlag, der alle drei Denkmaltopographien des Großbezirks Mitte hergestellt hat, danke ich für sein Engagement und die ansprechende Gestaltung.

Prof. Dr. Jörg Haspel
Landeskonservator Berlin

BERLIN
mit Stadtbezirksgrenzen
Reinickendorf
Pankow
Spandau
Lichtenberg
Mitte
Marzahn - Hellersdorf
Friedrichs-
hain
Kreuzberg
Charlottenburg -
Wilmersdorf
Tempelhof -
Steglitz - Zehlendorf
Neukölln
Treptow - Köpenick
Schöne-
berg
Ortsteile Moabit, Hansaviertel, Tiergarten

GESCHICHTE UND STADTENTWICKLUNG VON MOABIT, HANSAVIERTEL UND TIERGARTEN

Die Denkmaltopographie behandelt die innerstädtischen Ortsteile Moabit, Hansaviertel und Tiergarten, die zwischen 1920 und 2000 im Berliner Bezirk Tiergarten vereint waren. Das 13,4 Quadratkilometer große Stadtgebiet ging am 1. Januar 2001 im neuen Hauptstadtbezirk Mitte auf. Die Verwaltungsgrenzen des einstigen Bezirks Tiergarten waren 1920 bei der Gründung der Einheitsgemeinde Groß-Berlin festgelegt worden. Damals schloss man die Berliner Stadtteile Moabit, Tiergarten, Tiergartenviertel (Untere Friedrichvorstadt) und Schöneberger Vorstadt zusammen, ohne die unterschiedlichen, ja gegensätzlichen städtebaulichen Strukturen zu berücksichtigen. Es entstand eine künstliche Verwaltungseinheit ohne Siedlungskern mit isolierten Wohn- und Industriegebieten. Die vielfältige, heterogene Stadtlandschaft wird dominiert durch den namensgebenden Großen Tiergarten, der einen erheblichen Teil des Stadtgebietes ausmacht, und ist weiterhin gekennzeichnet durch ausgedehnte Industriegebiete und Eisenbahnflächen.

Mit dem Bau der Berliner Mauer geriet der Bezirk Tiergarten in eine Randlage. Brachliegende Flächen, Ergebnis der Zerstörungen des Zweiten Weltkriegs, begleiteten den vier Kilometer langen Grenzabschnitt. Erst die politischen Verhältnisse nach der Wiedervereinigung rückten Tiergarten wieder in die Mitte Berlins. Die Wahl Berlins zum Sitz der Bundesregierung brachte weitreichende Veränderungen. Auf den Arealen des Hamburger und Lehrter Bahnhofs, des Packhofs, des Spreebogens mit dem Reichstag und des Potsdamer Platzes wuchsen rasch Einrichtungen für Parlament, Regierung und Diplomatie mit neu geordneten Verkehrswegen, mit Büro- und Geschäftshäusern und dem neuen Zentralbahnhof der Hauptstadt.

Die in den letzten Jahren entstandenen neuen städtebaulichen Strukturen konnte die aus siedlungsgeschichtlichen und naturräumlichen Gründen entstandene Teilung des früheren Bezirksgebiets in drei Hauptbereiche nicht überwinden. Einst außerhalb der Stadtmauer und der Stadttore gelegen, entwickelten sich, getrennt vom Waldgebiet des Tiergartens und vom Wasserlauf der Spree, drei verschiedenartige Stadtlandschaften: der Stadtteil Moabit, die Parkanlage des Großen Tiergartens und das Stadtviertel Tiergarten im Süden.

Im Norden liegt der Ortsteil Moabit, der von Wasserläufen umgeben ist. Die Windungen der Spree im Süden, der Berlin-Spandauer Schiffahrtskanal mit Humboldt- und Nordhafen im Osten, der Westhafen und der Charlottenburger Verbindungskanal im Norden und Westen begrenzen den städtischen Raum. Nach Osten schließen die beiden anderen Ortsteile des zentralen Großbezirks Mitte an: Wedding und Mitte. Die westliche Bezirksgrenze nach Charlottenburg entlang des Charlottenburger Verbindungskanals wurde erst bei der Neugliederung der Berliner Verwaltungsbezirke 1938 festgelegt. Bis dahin verlief die Bezirksgrenze mitten durch das Gebiet des westlich von Moabit gelegenen Martinikenfelde. Dort hat sich im ausgehenden 19. Jahrhundert um die Huttenstraße ein bedeutendes Industriegebiet des Maschinenbaus und der Elektroindustrie entwickelt, das bis heute erhalten ist.

Moabit zeigt wiederum eine dreiteilige Gebietsstruktur. Nördlich der Turmstraße, wo nach der Separation der städtischen Kämmereiheide ab 1817 der Stadtteil Neu-Moabit emporwuchs, überwiegen Mietshäuser mit kleinen Wohnungen. Dieser Teil diente als Wohnquartier für die Fabrikarbeiter der benachbarten Industriegebiete in Moabit, Wedding und Charlottenburg. Südlich der Turmstraße erstreckt sich das Stadtviertel Alt-Moabit, das bis zur Spree reicht und von der Hauptgeschäftsstraße des Ortsteils, Alt-Moabit, durchzogen wird. Neben Mietwohnungen findet man Geschäfte, Büros und Gewerbeflächen. Bereits kurz vor der Wiedervereinigung setzte hier ein umfassender Strukturwandel ein. Auf ehemaligen Industrieflächen, attraktiv an der Spree gelegen, wuchsen neue, vielgeschossige Büro- und Geschäftsgebäude empor. Im Osten Moabits erstreckt sich ein breiter Gebietsstreifen, der ehemals großräumig mit Militär-, Justiz- und Verkehrsbauten besetzt war und eine die Ausbreitung der Stadt hemmende Barriere bildete. Ein breites Gleisband entlang der Spree und dem Berlin-Spandauer Schiffahrtskanal, das sich in einem weiten Bogen von der Beusselstraße bis zur Paulstraße hinzog, schnürte Moabit von den benachbarten Stadtvierteln ab. Nach der Aufgabe großer Eisenbahnflächen, vor allem des früheren Hamburg-Lehrter Güterbahnhofs, kam es zu einer Vereinnahmung dieses brachliegenden Areals für die Hauptstadtplanung. Die Reurbanisierung des Eisenbahn- und Packhofgeländes mit Wohnungsbau auf dem so genannten Moabiter Werder und dem Bau eines gigantischen neuen Kreuzungsbahnhofs lässt ein völlig neues Stadtviertel entstehen, das erstmalig eine Verbindung zwischen Moabit und dem alten Zentrum Berlins schaffen könnte.

Zwischen Spree und Landwehrkanal breitet sich westlich vor der historischen Kernstadt Berlin vom Brandenburger bis zum Charlottenburger Tor der Große Tiergarten aus. Diese immens wichtige Grünanlage bildet eine große grüne Insel im umliegenden Häusermeer der Großstadt. Bereits unter König Friedrich I. (1688–1713) entstanden einige bis heute prägende Merkmale des Parks, darunter das Achsennetz. Vom Kurfürstenplatz in der Nähe der heutigen Kongresshalle gehen fächerförmig sieben Parkalleen aus. Eine breite Allee zwischen dem Brandenburger und dem Charlottenburger Tor, die Straße des 17. Juni, teilt den Park in eine nördliche und eine südliche Hälfte. In der Mitte dieser Ost-West-Achse liegt der Große Stern, ein kreisförmiger Platz, von dem strahlenförmig acht breite Parkalleen und Straßen abgehen. Sie untergliedern die innerstädtische Grünanlage in einzelne Parkabschnitte. Das ehemalige kurfürstliche Wildgehege wandelte sich im 18. und 19. Jahrhundert in einen Landschafts- und Volkspark.

An den Park schließen sich bebaute Randzonen an: Das Hansaviertel im Nordwesten ist an drei Seiten vom gewundenen Flusslauf der Spree umschlossen. Das ehemalige Alsenviertel, das den östlich gelegenen Spreebogen einnahm, ist bis auf die Schweizerische Botschaft völlig verschwunden. Der Platz der Republik mit dem Bundeskanzleramt, dem Reichstag und den Bauten für die Bundestagsabgeordneten ist jetzt Sitz der Bundesregierung und des deutschen Parlaments. Südlich des Tiergartens erstreckte sich bis zum Zweiten Weltkrieg das vornehme Tiergartenviertel, begrenzt von der Tiergartenstraße und dem Landwehrkanal. Mit neuen Botschaftsgebäuden und Landesvertretungen der deutschen Bundesländer, mit den Büro- und Geschäftsquartieren am Potsdamer Platz gewinnt das im Krieg stark zerstörte Stadtviertel heute wieder an Urbanität. Darin integriert ist das Kulturforum, das um den Matthäikirchplatz in den Jahrzehnten nach dem Zweiten Weltkrieg unter anderem mit Philharmonie, Neuer Nationalgalerie und Staatsbibliothek aufgebaut worden war.

Südlich des Landwehrkanals reicht das Gebiet des Ortsteils Tiergarten bis zur schnurgerade verlaufenden Kurfürstenstraße, die die Grenze zum Bezirk Tempelhof-Schöneberg markiert. An die ehemalige Schöneberger Vorstadt schließt sich der Zoologische Garten an. Das anschließende Stadtviertel gehört bereits zum Bezirk Charlottenburg-Wilmersdorf. Im Osten beginnt mit dem Areal des Potsdamer und Dresdner Güterbahnhofs der Bezirk Friedrichshain-Kreuzberg.

An der Kurfürstenstraße wuchsen die vom Mietwohnungsbau geprägten Stadtviertel Tiergartens und Schönebergs im letzten Drittel des 19. Jahrhunderts zusammen. Der Stadtteil, der ursprünglich auf der Feldmark der Gemeinden Lietzow und Schöneberg lag, wurde 1861 als Schöneberger Vorstadt zur Stadt Berlin eingemeindet. Jahrzehnte lang trug das Quartier, das sich zu einem bevorzugten Wohnort wohlhabender Bürger entwickelte, den Namen „Alter Westen“.[1] Der Stadtgrundriss geht auf den Bebauungsplan von James Hobrecht zurück, der nach 1862 umgesetzt wurde. Hobrecht integrierte die älteren Ost-West-Verbindungswege Kurfürsten-, Lützow- und Pohlstraße und eine überörtliche Landstraße, die Potsdamer Straße, die vom Potsdamer Platz bis nach Potsdam führte. 1794 wurde diese Landstraße zur ersten Chaussee in Preußen ausgebaut. Nach dem Strukturwandel der 1890er Jahre, der zu einer Verdrängung der Wohnbebauung durch aufwendige Geschäfts-, Büro- und Vergnügungsbauten führte, und vor allem nach den Flächenzerstörungen des Zweiten Weltkriegs sind siedlungsgeschichtlich bedeutsame Gebiete, zum Beispiel das Karlsbad- und Lützowviertel, kaum noch im Stadtgrundriss und im Stadtbild erfahrbar. Erst die Internationale Bauausstellung der 1980er Jahre (IBA 1987) nahm mit der Reaktivierung des Stadtraums und der Wiederherstellung von Blockrandbebauungen wieder historische Bezüge auf. Ein Großteil der brachliegenden Grundstücke konnte neu bebaut werden.

Bereits 1841 war das Tiergartenviertel, damals Untere Friedrichvorstadt, der Stadt Berlin angeschlossen worden. Bei der Eingemeindung der nördlichen und westlichen Vorstädte im Jahre 1861 folgten Moabit und das Schöneberger Niederland südlich des Landwehrkanals. Das Parkgelände des Tiergartens mit dem Zoologischen Garten wurde 1881 eingemeindet. So gehörten diese Ortsteile bei der Gründung von Groß-Berlin und des Bezirks Tiergarten im Jahre 1920 bereits viele Jahrzehnte zum Berliner Stadtgebiet.

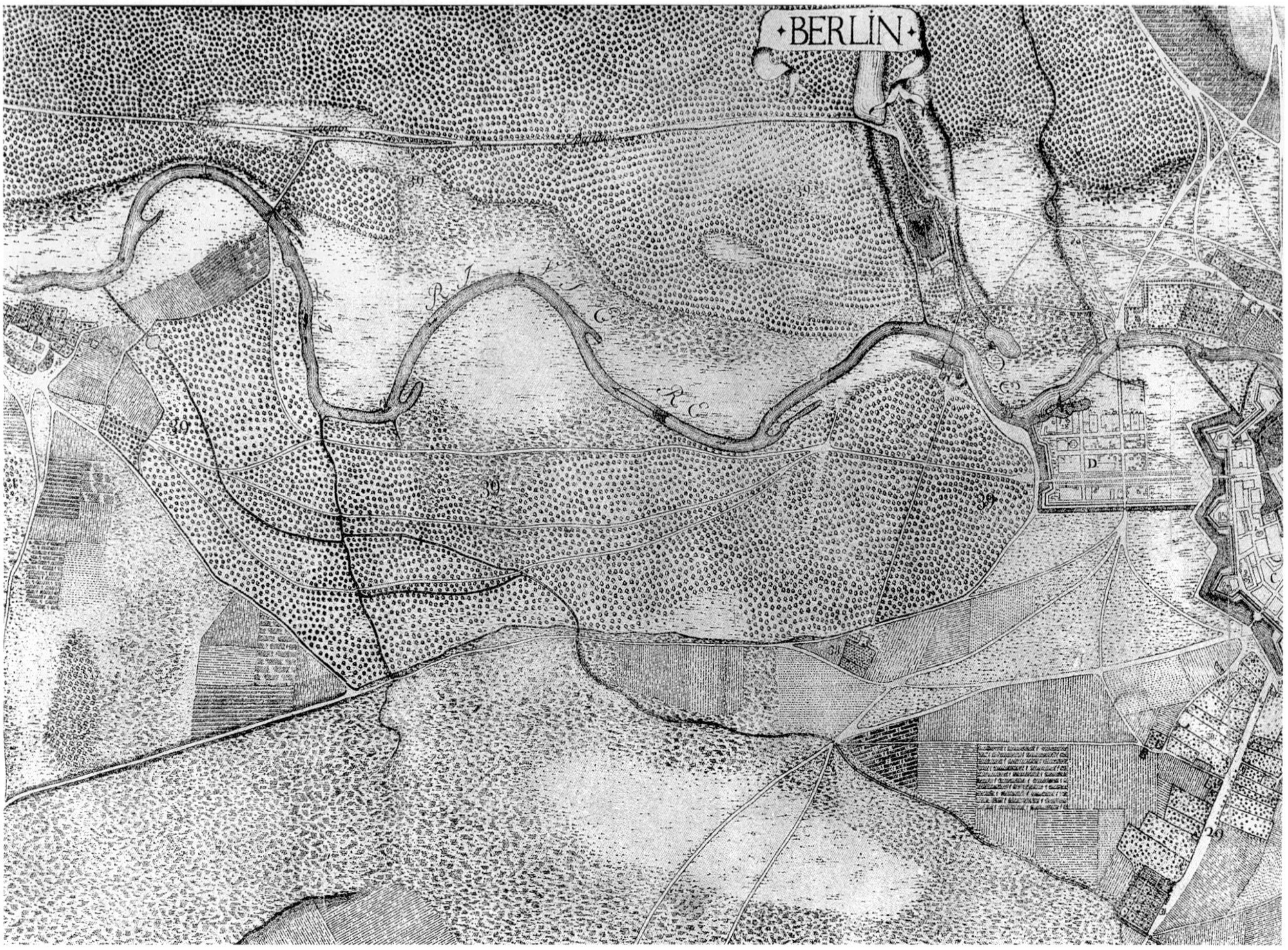

Plan Geometral de Berlin et des Environs, 1685. Ausschnitt mit dem westlichen Umland Berlins

Größere Veränderungen brachte die Regulierung der Bezirksgrenzen 1938.[2] Der südliche Teil des Industriegebiets Martinikkenfelde, der bisher zu Charlottenburg gehörte, wurde an den Bezirk Tiergarten abgetreten. Seitdem verläuft die Bezirksgrenze entlang des Charlottenburger Verbindungskanals. Auch am Bahnhof Zoologischer Garten und in der Schöneberger Vorstadt wurden die Bezirksgrenzen begradigt. Der Bezirk Schöneberg erhielt ein großes Gebiet südlich der Kurfürstenstraße, zwischen der Potsdamer Straße und dem Bahngelände. 1959 fand eine letzte Grenzregulierung zwischen Tiergarten und Charlottenburg im Bereich des Zoologischen Gartens und des Zentrums am Zoo statt.

Naturraum

Der ursprüngliche Naturraum mit den typischen Landschaftsformationen ist auf dem Gebiet des Ortsteils Tiergarten kaum mehr erkennbar. Das gilt für die ehemaligen Heide-, Sumpf- und Waldgebiete im Norden, den dichtbewaldeten späteren Tiergarten in der Mitte und die flachen sandigen Ebenen südlich des Schafgrabens, der um 1450 zur Entwässerung und Begrenzung der Ackerfeldmark von Kölln als „Landwehr" angelegt und Mitte des 19. Jahrhunderts zum heutigen Landwehrkanal ausgebaut wurde. Landwirtschaftliche und gärtnerische Nutzung und die folgende rasche Verstädterung im 19. Jahrhundert hat für eine weitgehende Rodung und Nivellierung und, abgesehen vom ebenfalls dezimierten Tiergartenpark, für eine vollständige Bebauung gesorgt.

Das gesamte Stadtgebiet liegt im Berlin-Warschauer Urstromtal, das zusammen mit den Hochflächen des Barnim und des Teltow während der Eiszeit entstanden ist. Kleinere Erhebungen wie die Sanddünen in der Nähe des Hamburger Bahnhofs, der Weinberg an der Stelle des Humboldthafens, die Spieß- oder Sandberge im Norden am späteren Bahnhof Putlitzstraße und der Moabiter Berg an der Kirchstraße existierten zwar noch bis ins 19. Jahrhundert hinein, mussten aber der folgenden baulichen Erschließung weichen.

Archäologische Funde

Archäologische Spuren aus nahezu allen Epochen der menschlichen Entwicklung konnten, wie im gesamten Stadtgebiet von Berlin, auch im Bezirk Tiergarten nachgewiesen werden.[3] Viele dieser Zeugnisse kamen jedoch nicht bei planmäßigen Ausgrabungen, sondern vielmehr bei Bauarbeiten zufällig zu Tage. Die meisten Objekte fanden sich während der nach 1871 einsetzenden Bautätigkeit in der jungen Hauptstadt des Deutschen Kaiserreiches und in den 1950er Jahren beim Wiederaufbau nach dem Zweiten Weltkrieg.

In die Übergangsperiode von der letzten Warmzeit zur anschließenden Weichseleiszeit vor etwa 100.000 Jahren datieren die ältesten Funde aus dem Bezirk Tiergarten. In dieser Phase einer allgemeinen Klimaverschlechterung lebten mit Mammut und Wollnashorn sowohl die typischen Tierarten der Kaltsteppe als auch die in kälterem und wärmerem Klima vorkommenden Arten Wisent, Riesenhirsch, Rentier, Wildpferd, Wolf und Bär.

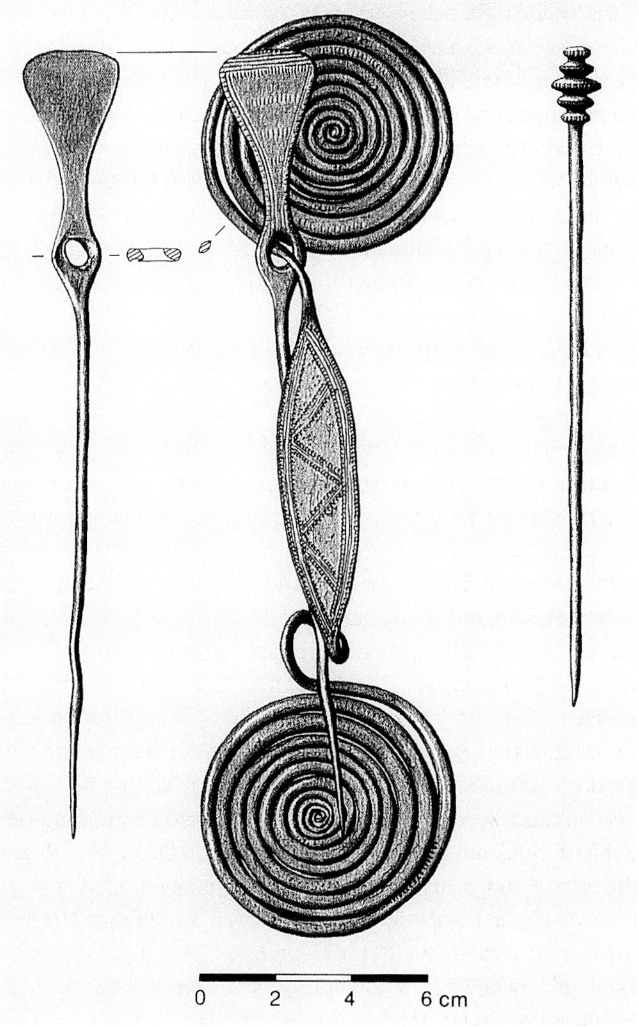

Bronzezeitliche Spiralplattenfibel (Gewandspange), 1891 am Spreeufer gegenüber Schloss Bellevue gefunden

Nach einer ersten Fundstelle in Berlin von 1880 nennt man diese Fundschicht Rixdorfer Horizont.

Tierknochen dieses Rixdorfer Horizontes kamen im Bezirk Tiergarten erstmals 1950 zutage. Im Plötzenseehafen fanden sich nördlich der Spennrathbrücke Knochen von Mammut, Nashorn und Wildpferd. Das bedeutendste Stück war ein vollständig erhaltener Stoßzahn eines Mammuts von 1,91 Meter Länge. Weitere Überreste von Mammut, Wildpferd und Rothirsch entdeckte man beim Bau der U-Bahnlinie am Hansaplatz, den Backenzahn eines Wisents in der Wilhelmshavener, Ecke Bugenhagenstraße. Der Unterkiefer eines Wolfs, ebenfalls aus dem Rixdorfer Horizont, wurde 1959 in der Lessingstraße aufgefunden.

Eine Sensation war der Fund eines jüngeren, fast vollständig erhaltenen Elchskeletts, das 1956 durch den ehrenamtlichen Bezirkspfleger von Tiergarten, Fritz Paulus, am Hansaplatz ausgegraben wurde. Bei dem von ihm freigelegten Elch handelte es sich um ein männliches Jungtier, das vor etwa 10.000 Jahren im Morast eines toten Spreearmes versunken war.

Der älteste Nachweis menschlicher Anwesenheit im heutigen Bezirk Tiergarten beziehungsweise im Stadtgebiet von Berlin überhaupt ist eine sorgfältig zugespitzte Rengeweihstange aus dem 11. Jahrtausend v. Chr. Sie wurde im Frühsommer 1956 bei

Ausschachtungsarbeiten zur U-Bahnlinie Wedding-Zoologischer Garten in den Ablagerungen eines alten Spreearmes in etwa sieben Metern Tiefe gefunden. Zu der leicht gebogenen 28 Zentimeter langen und etwa 3,4 Zentimeter starken Stoßwaffe gibt es im Umland mehrere Vergleichsbeispiele, so aus Döberitz, Hohenferchesar, Fohrde und Götz. Dabei variieren Länge und Stärke dieser Waffen zwischen 28 und 46 Zentimetern sowie zwischen 3,4 und 5,5 Zentimetern.

Die systematische Herstellung von Steinwerkzeugen erfolgte im Bezirk Tiergarten erstmals in der Mittelsteinzeit vor rund 5.000 Jahren. Zu den wichtigsten Erfindungen aus dieser Zeit gehörten geschäftete Beile, mit denen man Wälder lichten und Bauholz für Hütten und Zelte zurecht schlagen konnte. Derartige Beile fanden sich im Bezirk Tiergarten sowohl im Schlosspark Bellevue als auch am Hamburger Bahnhof. Das 1844 beim Bau des Hamburger Bahnhofs entdeckte Beil wies als Besonderheit ein hölzernes Zwischenfutter auf, in das der eigentliche Stiel eingepasst und mit Birkenpech oder einem anderen Baumharz verklebt worden war. Ein solches Zwischenfutter aus Holz oder Geweih war notwendig, weil der Mensch der Mittelsteinzeit noch nicht in der Lage war, Stein zu durchbohren, um die Beile zu schäften.

In der Jungsteinzeit (Neolithikum) konnte die Herstellung von Werkzeugen und Waffen aus verschiedenen Steinarten weiter vervollkommnet werden. So ermöglichte die Einführung der Schleiftechnik mit Schleifsteinen aus Quarzit, Quarz oder Basalt die Herstellung scharfer, geradliniger Schneiden. Zu den Neuerungen dieser Zeit gehörten auch der Schliff von Feuerstein und die Durchbohrung von Steinen. Letztere diente dazu, Äxte und Beile mit einem Loch für den hölzernen Schaft zu versehen.

Neolithische Steinbeile sind im Bezirk Tiergarten von den verschiedensten Stellen und aus den unterschiedlichsten Zeiten überliefert. 1873 wurde bei der Moltkebrücke eine nach ihrer Form benannte Nackenkammaxt aufgefunden. Von dem Stück, das in das Märkische Museum gelangte, existiert heute lediglich eine Kopie. Aus dem Jahre 1883 stammte ein heute verschollenes "Felsgesteinbeil", das man beim Bau der Ufermauern für den Packhof entdeckt hatte. In Privatbesitz befindet sich ein Steinbeil, das ebenfalls 1883 bei Arbeiten auf dem ehemaligen Martinickenfelde gefunden worden war.

Am Spreeufer gegenüber der Kongresshalle wurde 1958 bei Uferabböschungsarbeiten ein graues Feuersteinbeil mit beschädigter Schneide entdeckt. Solche sorgfältig zugeschliffenen Beilklingen sind typisch für die endneolithische Kugelamphorenkultur. Ob es sich bei diesem Fund um einen Einzelfund oder den Hinweis auf eine Siedlung handelt, muss bislang offen bleiben. Den hohen Stand der Steinbearbeitung im ausgehenden Neolithikum beziehungsweise der darauf folgenden frühen Bronzezeit beweisen eine Pfeilspitze aus Feuerstein, die 1893 auf dem rechten Spreeufer in der Nähe der heutigen Hansabrücke gefunden wurde und das Bruchstück eines Feuersteindolches, das 1915 in der Bochumer Straße in 1,5 Meter Tiefe zutage kam.

Ein besonders günstiges Gelände zur Anlage von Siedlungen in vor- und frühgeschichtlicher Zeit befand sich im Bezirk Tiergarten im Bereich des Bellevueparks. Dies beweisen die dort bei Geländebegehungen und Ausgrabungen zutage gekommenen Funde der Mittelsteinzeit, der Bronzezeit und der römischen Kaiserzeit. Bereits 1876 schenkte Referendar Thiele dem damals neu gegründeten Märkischen Museum bronzezeitliche Scherben, die er im Schlosspark gefunden hatte. Tatsächlich stießen die Archäologen hier auf die bislang einzige Siedlung der Bronzezeit im innerstädtischen Bereich von Berlin. Diese erstreckte sich auf einer flachen Bodenerhebung am Südufer der Spree nahe dem Schloss Bellevue. In vorgeschichtlicher Zeit lag diese Siedlungsstelle als echte Insel zwischen mehreren Spreearmen. 1934 stieß man beim Pflanzen von Sträuchern erneut auf Scherben der Bronze-, aber auch der Römischen Kaiserzeit. Seit dieser Zeit fanden durch den Bezirkspfleger Fritz Paulus regelmäßige Begehungen statt. Im August 1956 konnte, angeregt durch Paulus, eine erste Grabung erfolgen, bei der zwei fünf Meter lange und zwei Meter breite Suchschnitte angelegt wurden, die Beweise für eine Siedlungsstelle der jüngeren Bronzezeit und der frühen Römischen Kaiserzeit erbrachten.

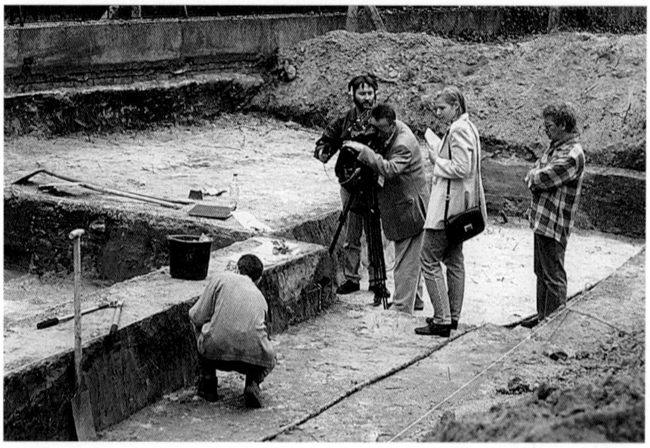

Archäologische Grabungen am Schloss Bellevue, 1996

Im März 1959 wurde, nachdem man bei planmäßigen Geländebegehungen abermals auf bronzezeitliche Scherben gestoßen war, im Rahmen einer so genannten Notbergung ein neun Meter langer und ein Meter breiter Suchschnitt zur Klärung der Fundverhältnisse angelegt, der jedoch weniger bronzezeitliches als vielmehr mesolithisches Material lieferte. Man fand zahlreiche der für die Mittelsteinzeit charakteristischen, feinen Feuersteingeräte, Hinweis für eine Siedlungsstelle aus dieser Zeit. Bedauerlicherweise waren die Befunde durch jüngere Fundschichten gestört, so dass über das eigentliche Aussehen der mesolithischen Siedlung keine näheren Angaben gemacht werden konnten.

Die Neugestaltung des Schlossparks bei der Herrichtung des Schlosses Bellevue zum Sitz des Bundespräsidenten ermöglichte 1958 eine großflächige Ausgrabung zur Klärung der vor- und frühgeschichtlichen Besiedlung. Vom März bis Juli 1958 konnten insgesamt 1200 Quadratmeter untersucht werden. An bronzezeitlichen Befunden, die im Verlauf der Ausgrabung zutage kamen, sind vor allem zahlreiche Abfallgruben und Pfostenlöcher zu nennen. Dennoch ergab das Gewirr von Pfostenlöchern keine eindeutigen Hausgrundrisse. Die Funde bestanden aus zahlreichen Tierknochen, Hüttenlehm, Scherben von rauhwandigen sowie doppelkegeligen Gefäßen, Tässchen und Spinnwirteln. Ein Teil der Scherben ließ sich später zu vier großen Vorratsgefäßen zusammensetzen. Die im Schlosspark Bellevue aufgedeckte Siedlung kann anhand der Funde in die späte Bronzezeit datiert werden und ist somit einer der wichtigsten bronzezeitlichen Kulturgruppen Mitteleuropas, der so genannten Lausitzer Kultur, zuzurechnen.

Die bronzezeitliche Siedlungsstelle wurde 1996 erneut angeschnitten. Der Neubau von Nebengebäuden des neuen Bundespräsidialamtes ließ die Archäologen etwa 50 Meter südlich der 1958 aufgedeckten Fläche erneut fündig werden. Wieder stieß man auf Pfostenlöcher und einige bis zu zwei Meter tiefe Vorratsgruben. Die Befunddichte war jedoch wesentlich geringer, so dass das Zentrum der bronzezeitlichen Siedlung wohl eher südlich davon zu lokalisieren ist.

In Zusammenhang mit der bronzezeitlichen Siedlung steht möglicherweise ein 1891 am nördlichen Ufer der Spree gegenüber dem Schloss Bellevue entdeckter Fundkomplex. Beim Bau eines Hafenspeichers für das Heeresverpflegungsamt stieß man 1891 bei Baggerarbeiten im Torf der Uferzone auf eine bronzezeitliche Gewandspange und Nadel. Beide Stücke, die durch die Lagerung im moorigen Boden ihre goldene Farbe behalten hatten, gelangten in die Bestände der Prähistorischen Abteilung des Königlichen Museums für Völkerkunde.[4]

Bei der Gewandspange handelt es sich um eine so genannte Fibel vom Spindlersfelder Typ, die zusammen mit der Nadel als kleines, aber wertvolles Schmuckensemble einer Frau als Weihe- oder Opfergabe niedergelegt wurde, eine in der gesamten Bronzezeitwelt Europas praktizierte Opferpraxis.

Bei den Ausgrabungen von 1958 und 1996 stellte jedoch weniger die bronzezeitliche, als vielmehr die kaiserzeitliche Siedlung im Bellevuepark die Mehrheit der archäologischen Befunde. 1958 konnten Reste eines Grubenhauses, drei Feuerstellen, ein Kalkbrennofen, einige Abfallgruben sowie eine Vielzahl von Pfostenlöchern aus germanischer Zeit aufgedeckt werden. Bedingt durch die geringe Größe der freigelegten Flächen ließen sich die Pfostengruben jedoch nicht zu Hausgrundrissen rekonstruieren. Das bei den Ausgrabungen von 1958 und 1996 zutage gekommene keramische Material datiert die Siedlungsstelle vom ersten Drittel des 1. bis an das Ende des 2. nachchristlichen Jahrhunderts. Die Siedlung selbst weist mehrere Bauphasen auf und scheint sich vom westlichen Rand der Talsandinsel nach Osten hin erweitert zu haben. Ihr Kernbereich wurde weder 1958 noch 1996 erfasst. Er lag möglicherweise im Bereich des Schlosses Belvue. Die aufgefundene Keramik hat eindeutige elbgermanische Bezüge, weshalb man die Siedlung wohl den hier im 1. und 2. Jahrhundert n. Chr. siedelnden Semnonen zuschreiben darf. Ostgermanische Einflüsse im keramischen Material könnten ein Indiz für eine Ausweitung der burgundischen Siedlungsgebiete bis an die Spree im ausgehenden 2. Jahrhundert sein.

Mit der Aufgabe der germanischen Siedlung am Ende des 2. Jahrhunderts enden auch die aussagekräftigen archäologischen Funde im Bezirk Tiergarten. Wir wissen nicht, ob sich nach dem 2. Jahrhundert noch Germanen im Bereich des heutigen Bezirks Tiergarten aufgehalten haben. Ab dem 4. Jahrhundert kam es auch im Berliner Raum zu einer starken Abwanderung der dort ansässigen Germanen, die sich den großen Völkerbewegungen anschlossen und ihr Glück im Süden und Westen suchten. In die weitgehend siedlungsleeren Gebiete ließen sich wohl ab dem 6. Jahrhundert neue Völkerschaften aus dem Osten nieder. Es kam zu einer Vermischung mit den noch ansässigen restlichen Germanen, aus denen die in frühmittelalterlichen Quellen erwähnten slawischen Stämme hervorgingen. Hinweise auf eine slawische beziehungsweise frühdeutsche Ansiedlung fand der ehemalige Direktor des Märkischen Museums Ernst Friedel (1837-1918) im Jahre 1892, als er die Arbeiten beim Bau der Hansabrücke auf dem Gelände der früheren Judenwiese kontrollierte. Überliefert sind Reste von Herdstellen sowie Scherben, Tierknochen und Holzbruchstücke. Die Entdeckung Friedels scheint für eine "alte Dorfstelle" am nördlichen Ufer der Spree zu sprechen. Ihr Aussehen könnte dabei der von den Archäologen in Berlin-Zehlendorf freigelegten Siedlung am Machnower Krummen Fenn ähneln, die in das 1. Viertel des 13. Jahrhunderts datiert.

Frühe Ansiedlungen

Im Gegensatz zu den südlichen Fluren der Gemarkung Lietzow und Schöneberg waren die Gebiete nördlich der Spree kaum für eine intensive landwirtschaftliche Nutzung zu gebrauchen. Das Land von den Rehbergen bis zur Spree war im 13. Jahrhundert der Stadt Berlin zugeeignet worden. Man nannte es Große Stadtheide oder Kämmereiheide. Das Waldgebiet wurde überwiegend zur Brennstoffversorgung und zur Viehmast genutzt. Wertvoller waren in der wiesenarmen Mark Brandenburg die in den Windungen der Spree liegenden feuchten, sumpfigen Wiesen.[5] Auf dem Gelände des Hansaviertels erstreckten sich die Schöneberger und Wilmersdorfer Wiesen, genutzt von Bauern und Schnittern aus den Dörfern bei Berlin. An der anderen Seite des Spreeufers lag die Judenwiese, benannt nach einem Schutzjuden, der dort eine Kattunbleiche betrieben hatte.[6] Die Pulverwiesen in Moabit, gegenüber dem Schloss Bellevue, waren nach der 1717–19 eingerichteten Pulvermühle benannt. Der hoher Grundwasserstand erschwerte für lange Zeit eine geschlossene Bebauung der Wiesen. Bis zur Höhe der heutigen Turmstraße gehörte das Gebiet beiderseits der Spree zum eingezäunten Jagdrevier des kurfürstlichen Tiergartens. Daran erinnert noch die Grünfläche des Kleinen Tiergartens im Zentrum von Moabit.

Die eigentliche Besiedlung begann erst mit dem Aufstieg Berlins zur Residenz der Kurfürsten von Brandenburg ab 1443, als die unbewohnten westlichen Landstriche vor den Toren Berlins immer mehr unter landesherrlichen Einfluss gelangten. Das Wald- und Wiesenland beiderseits der Spree, das bereits im Mittelalter zu großen Teilen in kurfürstlichem Besitz war, konnte schrittweise durch Tausch und Kauf erweitert werden. So trennte Joachim I. 1527 das zum Teil sumpfige Waldgebiet des späteren Tiergartens zwischen Berlin und Lietzow, dem späteren Charlottenburg, von der Stadtflur, um es für Jagdzwecke einzäunen zu lassen. Auch die Gebiete auf dem rechten Spreeufer um den heutigen Kleinen Tiergarten zog er an sich.

Zu den wenigen Ansiedlungen dieser Zeit zählen die beiden Zaunsetzerhäuser, die bei der Neueinzäunung 1657–59 durch den Großen Kurfürsten Friedrich Wilhelm I. einen neuen Standort erhielten. Das Gebiet wurde in das ältere Jagdrevier, den Vorderen

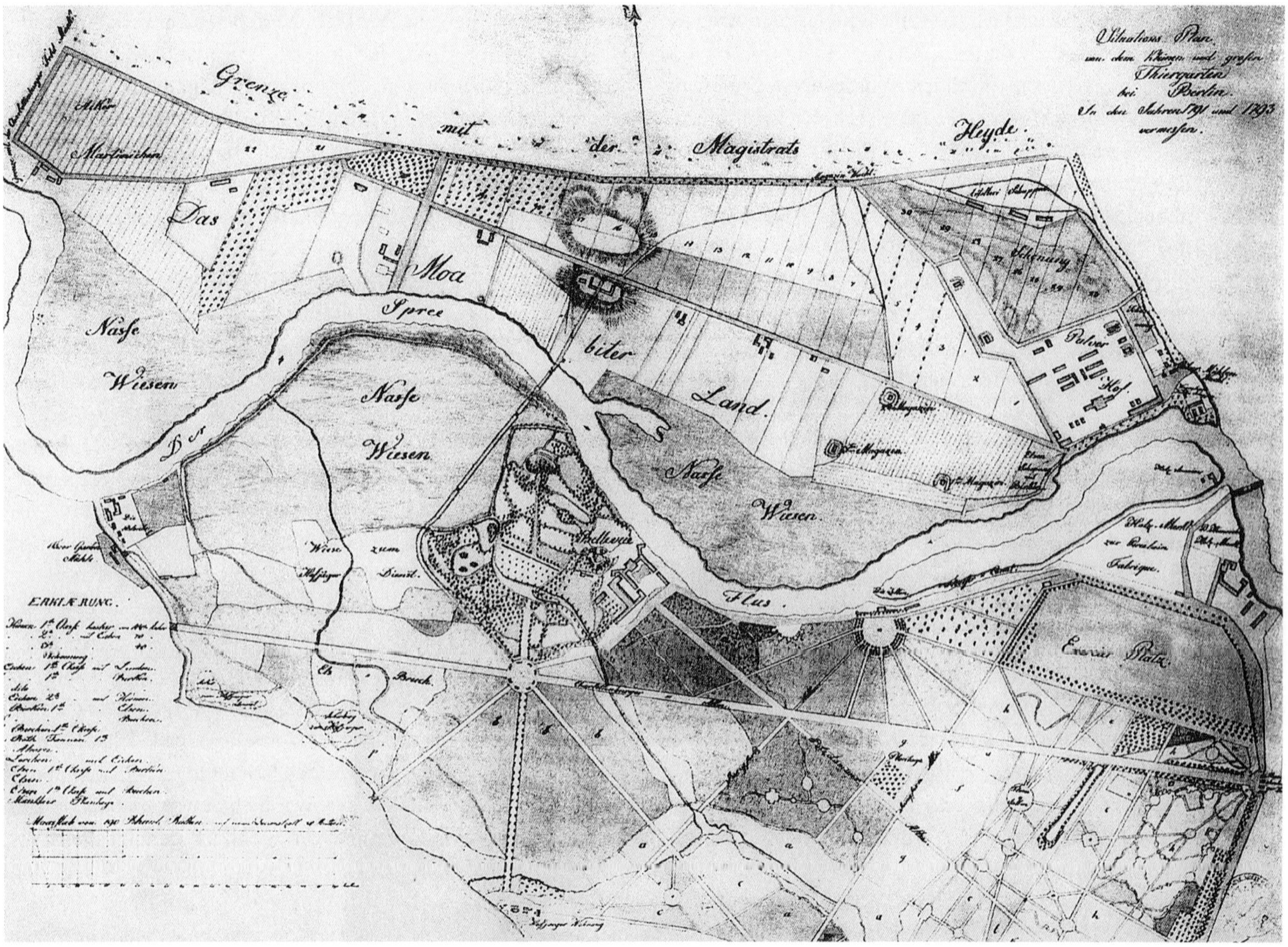

Situations-Plan von dem kleinen und großen Thiergarten bei Berlin. Vermessungsplan, 1793, mit Moabit, Schlosspark Bellevue und Tiergarten

Tiergarten südlich der Spree, und in einen Hinteren Tiergarten, auch Kleiner Tiergarten genannt, eingeteilt.

Die Gehöfte der zur Wartung des Tiergartenzauns angestellten Staakensetzer lagen am Rand des Wildgeheges. Für den Hinteren Tiergarten war das Gehöft nördlich der Spree zuständig. Es lag dort, wo am heutigen westlichen Ende von Alt-Moabit der Zaun das Ufer der Spree erreichte.[7] Am südlichen Tiergartenrand gab es für den Vorderen Tiergarten ein großes umzäuntes Gehöft am Endpunkt der später angelegten Kleinen Querallee, das die erste Ansiedlung des Tiergartenviertels und der weiteren Umgebung bildete.[8] Diese Bauten, wie auch das kurfürstliche Vorwerk im Spreebogen beim späteren Unterbaum, das um 1606 als Meierei von der Kurfürstin Eleonore vergeben worden war, und der so genannte Schweinekopf, ein kleines Anwesen in der Gegend des Westhafens, waren bescheidene Behausungen, die auf die spätere Stadtentwicklung keinen Einfluss hatten. Erst die im Zuge der merkantilistischen „Peuplierungspolitik" in den Jahren 1710 bis 1716 an hugenottische Seidenzüchter vergebenen Siedlerstellen beim späteren Schloss Bellevue und vor allem entlang des Spandauer Heerwegs im Hinteren Tiergarten waren von größerer Bedeutung. Aus der letztgenannten Ansiedlung entwickelte sich der Stadtteil Alt-Moabit.

Die Entwicklung in den einzelnen Stadtteilen bis 1920

Moabit

Maulbeerplantagen und Pulvermühle

Vor den Toren Berlins am Heerweg nach Spandau gelegen, stand das Moabiter Gebiet seit dem Mittelalter unter dem beständigen Einfluss der benachbarten Großstadt.[9] Von Berlin gingen siedlungspolitische, industrielle, militärische, verkehrstechnische und stadtplanerische Impulse aus, die bis heute anhalten. Die entscheidende Voraussetzung der beständigen Vereinnahmung waren die Eigentumsverhältnisse. Der Großteil der Ländereien nördlich der Spree bis zu den Rehbergen gehörte seit dem 13. Jahrhundert der Stadtgemeinde Berlin. Als nach dem Dreißigjährigen Krieg das Heide- und Wiesengebiet bis in Höhe der heutigen Turmstraße in kurfürstlichen Besitz kam, schlug Friedrich Wilhelm, der Große Kurfürst, dieses Gebiet dem südlich der Spree gelegenen Tiergarten zu. Mit dem Aufstieg Brandenburg-Preußens zu einer europäischen Großmacht setzte im 18. Jahrhundert der Ausbau der Residenz ein.[10] Im Westen Berlins wurde der Uferbereich der Spree erschlossen, wodurch der Tiergarten seine Bestimmung als kurfürstliches Wildgatter verlor. In einiger Entfernung vom Stadtzentrum entwickelte sich durch den Bau des Schlosses Charlottenburg ab 1695 eine städtische Ansiedlung, seit 1705 die Stadt Charlottenburg. Zwischen der Sommerresidenz Charlottenburg und der westlichen Erweiterung der Dorotheenstadt erstreckte sich der kurfürstliche Tiergarten, der Ende des 17. Jahrhunderts mit der Anlage barocker sternförmiger Plätze und Alleen in die Stadtplanungen einbezogen wurde, womit seine Umwandlung in einen Landschaftspark begann. In der Regierungszeit König Friedrich Wilhelms I. (1713–1740) wurde eine für die Entwicklung Moabits weitreichende siedlungs- und wirtschaftspolitische Entscheidung getroffen. Im Rahmen der merkantilistischen Wirtschaftspolitik sollte das Arbeitskräfteangebot erhöht und das Textilgewerbe systematisch ausgebaut werden. In Moabit wurden Kolonistenstellen an französische Glaubensflüchtlinge vergeben, die aus ihrem Heimatland die notwendige Technologie für die Seidenherstellung mitbrachten.

Friedrich Wilhelm I. ließ den Vorderen Tiergarten vom Hinteren Tiergarten abtrennen und bestimmte die Ausweisung von Siedlerstellen für Réfugiés entlang der „Allee nach Spandau", einer breiten Schneise durch den Hinteren Tiergarten, die als eine vom Berliner Schloss ausgehende barocke Sichtachse aus kurfürstlicher Zeit stammte. Eigenhändig hatte der König in einem Vermessungsplan von Conrath Henning aus dem Jahre 1717 den Ort der für die Seidenraupenzucht notwendigen Maulbeerbaumpflanzungen bezeichnet: *„hier sollen sie Maulber Beume Plantzen"*.[11]

Unter der Leitung von Charles d'Azimont aus Milhau in der Auvergne siedelten sich 1718–19 zunächst Hugenotten aus Orange an vierundzwanzig Stellen an der Südseite der Allee nach Spandau an, der späteren Straße Alt-Moabit, deren Grundstücke zwischen der heutigen Strom- und Werftstraße bis zur Spree oder zumindest bis zu den nassen Spreewiesen reichten.[12] Errichtet wurden jedoch nur wenige bescheidene eingeschossige Kolonistenhäuser, da viele Siedler zwei oder drei Stellen bewirtschafteten. Zwar kamen 1724 weitere Kolonisten hinzu, sodass man 34 Bewohner zählte, jedoch stellten sich, wie auch bei anderen Maulbeerplantagen Brandenburgs, die sandigen Böden und das rauhe Klima für den Anbau von Maulbeerbäumen als ungeeignet heraus.[13] Trotz staatlicher Unterstützung mussten einige Ansiedler bereits 1725 wegen hoher Schuldenlast aufgeben, und zwei Jahre später wurde das Verbot der Veräußerung der mit Erbrecht überlassenen Grundstücke aufgehoben.[14] Gut situierte Berliner Bürger und auch Gärtner, die die Nähe zur Pulverfabrik mit ihren weit gestreut liegenden Magazinen nicht abschreckte, erwarben die Grundstücke an der Spree und ließen sich Gemüse- und Obstplantagen oder Landhäuser für den Sommer mit dazugehörigen Gärten anlegen, die wegen ihrer vielen exotischen Gewächse als sehr sehenswert galten.[15] Wie auch im Tiergartenviertel am südlichen Tiergartenrand bahnte sich im Moabiter Land die bürgerliche Inbesitznahme des städtischen Umfelds an.

Zu den angesehensten neuen Bewohnern dieses Gebietes zwischen

Ansicht vom Moabiter Berg nahe bey Berlin. Kupferstich von Ludwig Hoppe, um 1790

1764 und 1779 zählte der Philosoph Johann Georg Sulzer, dessen Haus und Garten an der Stromstraße, Ecke Alt-Moabit lag. Später sollte dort der Fabrikant August Borsig seine Villa errichten lassen. Sulzer unternahm hier wohl seine Versuche über die Elektrizität von Gewittern, die 1777 zur Anbringung der ersten Blitzableiter auf königlichen Gebäuden in Berlin führten. Näher am Pulvermühlenterrain lagen die Besitzungen der Geheimen Räte de Campagne und Kaspars, deren Landhäuser an der Straße Alt-Moabit lagen, während die Gärten mit Obstbäumen bis zum Spreeufer reichten.[16] Später folgten Gastwirte mit Ausflugs- und Tanzlokalen, die „Zelten", die die günstige Lage gegenüber dem zum Lustpark umgestalteten Tiergarten und dem Schloss Bellevue erkannten. Da es noch keine Spreebrücken gab, konnte man mit den „Moabiter Gondeln" von den „Zelten" leicht zu den Gasthäusern mit Kaffeegärten am anderen Ufer gelangen.[17] Zu den ersten Gasthäusern gehörte hier das gefragte Gartenlokal „Auf dem Berg" des Franzosen Menardie, der als erster Hugenotte auf Moabiter Gebiet 1698 von Kurfürst Friedrich III. den Weinberg ganz im Osten am Schönhauser Kanal zugewiesen bekommen hatte.[18] Daneben gab es im 18. Jahrhundert ein Lokal mit einer Pumpernickelbäckerei auf dem Grundstück der beiden westfälischen „Heckenplanteurs", die unter Friedrich II. 1760 zur Pflege der Hecken, die den Plantagen und Gärten Schutz vor Verwehung und Flugsand bieten sollten, angesiedelt worden waren.[19]
Als beliebtes Ausflugsziel galt jedoch weiter westlich an der Grenze nach Charlottenburg die Schankwirtschaft „bei Martinicken", die an der späteren Beusselstraße in der Nähe des Spreeufers und neben dem ehemaligen Staakensetzergehöft für den Hinteren Tiergarten lag. Der Name der Schankwirtschaft leitete sich vom Wirt ab, dem Réfugié Martin, der wegen seiner geringen Körpergröße den Spitznamen „Petit-Martin" erhielt. Die Berliner machten daraus die verkleinerte Form „Martinicken". Die Benennung wurde schon bald als „Martinickenfelde" auf die damals westlich angrenzende Gegend der Charlottenburger Feldmark übertragen. Dort bildete sich im ausgehenden 19. Jahrhundert das Industrierevier um die Huttenstraße.[20]
Bis ins späte 19. Jahrhundert hinein blieb Moabit ein beliebter Ausflugsort, *„wo sich viele Gärten und Bierlokale, fast ausschließlich für die niedern Volksklassen befinden"*.[21] Hugenottenfamilien haben sich in Moabit jedoch nicht halten können. Auch von den einfachen einstöckigen Kolonistenhäusern, den späteren Sommerhäusern, Villen und Gärten sowie den Ausflugslokalen ist keines mehr vorhanden.[22] Dennoch schuf die frühe Besiedlung mit den tiefen, bis zur Spree reichenden Grundstücken die Grundlage für die spätere Erschließung des Stadtviertels. Auch leitet sich der Name des Ortsteils Moabit von der Hugenottensiedlung ab. Bereits kurz nach der Gründung benannten die französischen Siedler in Erinnerung an ihre Flucht aus Frankreich das ihnen zugeteilte Land im Hinteren Tiergarten in Anlehnung an das Alte Testament „pays de Moab" oder „Moabiter Land", womit sie ihre neue Heimat mit dem Land Moab jenseits des Jordan verglichen, das den Israeliten nach ihrem Auszug aus Ägypten zunächst Zuflucht gewährt hatte.
Auch die im Ostteil des aufgelösten Hinteren Tiergartens durch die Holländer Brauer und Zee 1717–19 an der Unterspree erbaute Königliche Pulvermühle mit fünf vereinzelt liegenden Pulvermagazinen sollte für die zukünftige Entwicklung Moabits bedeutsam werden.[23] Mit der Auslagerung der Pulverproduktion weit vor die Tore Berlins war der Kern für die spätere städtebauliche Abschnürung Moabits gelegt worden. Umfangreiche Erweiterungen in den Jahren 1734, 1742, 1745, 1765 und 1773 für die Weiterverarbeitung und Magazinierung des Pulvers ließen eine weitläufige Pulverfabrik entstehen, die den gesamten Bedarf der preußischen Armee an Schießpulver deckte. Am Ende des 18. Jahrhunderts sollen hier mehr als 5.000 Zentner Pulver jährlich erzeugt worden sein. Wegen der Explosionsgefahr lagen die Magazine in weiten Abständen voneinander, und innerhalb eines weiten Umkreises war jegliches Bauen untersagt. Es bildete sich eine breite, militärisch genutzte Zone zwischen der Moabiter Kolonie und der Grenze der Stadt Berlin. Sie zog nach der Verlegung der Pulverfabrik nach Spandau im 19. Jahrhundert neue militärische Einrichtungen mit Exerzierplatz und Kasernen nach sich und wirkte hemmend auf die weitere Besiedlung. Moabit zählte daher 1805 nur 201 Einwohner, wobei 81 Angestellte der Pulvermühlen mitgezählt wurden. Erst der Aufbau eines neuen Siedlungsgebiets auf dem Gelände der städtischen Kämmereiheide im Norden sowie die Verlagerung von innerstädtischen Fabriken nach Moabit sollten neue Wachstumsimpulse bringen.

Neu-Moabit

Anfang des 19. Jahrhunderts war die Kolonie Moabit näher an die wachsende Residenzstadt Berlin herangerückt.[24] Mit dem Ausbau der Friedrich-Wilhelm-Stadt bei der erweiterten Charité ab 1823 kamen auch innerhalb der Akzisemauer gelegene Wohnviertel in die Nähe des Moabiter Raums. Der Standort der Pulverfabrik wurde daher immer problematischer. Zunächst richtete sich das Interesse der Stadt Berlin auf die Stadt- und Kämmereiheide nördlich des neuen Spandauer Heerweges, der späteren Turmstraße. Dort hatten Waldverwüstungen durch Holzdiebe zu umfangreichen Einnahmeverlusten geführt. So beschloss die Forst- und Oeconomie-Deputation des Magistrats, das gesamte Heideland bis zur Gemarkung Reinickendorf einer profitablen Verwertung zuzuführen. Das Land sollte nach Einebnung und Parzellierung an Interessenten in Erbpacht vergeben werden, um mit den zu erwartenden Einnahmen einen Teil der Schulden aus der Zeit der napoleonischen Kriege abzutragen.
Vorerst begann der Magistrat nördlich der Oranienburger Vorstadt mit der Erschließung der Stadtheide im Wedding. Erst nach der Ablösung der Hütungsberechtigungen im Jahre 1818 konnte man auch in der Kämmereiheide zwischen der heutigen Turmstraße und der Birkenstraße mit der Ausrodung beginnen und anschließend den Bau erster Straßen in Angriff nehmen. Hier sollte die Kolonie Neu-Moabit auf 524 Morgen umgewidmetem Heideland entstehen, von der sich der Magistrat eine Belebung der Bautätigkeit auch auf dem Gebiet der ehemaligen Kolonie der Hugenotten versprach.[25] Das neue Land fiel überwiegend in großen Stücken an wenige Erbpächter oder Entschädigungsberechtigte.[26]
Bis 1822 hatte man die ersten Straßen ausgebaut und dreizehn Kolonistenstellen für Ackerbürger und Gärtner eingerichtet. Später zogen auch einige wohlhabende Bürger Berlins dorthin, darunter der Schauspieler Karl Wauer, der 1828 auf seinem Grundstück Turmstraße 44/46, das bis zur Birkenstraße reichte, ein Landhaus mit einem Obst- und Ziergarten anlegen ließ.[27]
Ein zunächst aus wenigen Straßenzügen bestehendes Straßengerüst bestimmte die Richtung der Bautätigkeit. Neben der Turmstraße, der wichtigsten Siedlungsachse und Verbindungsstraße nach Berlin, die dem bei der Einzäunung des Hinteren Tiergar-

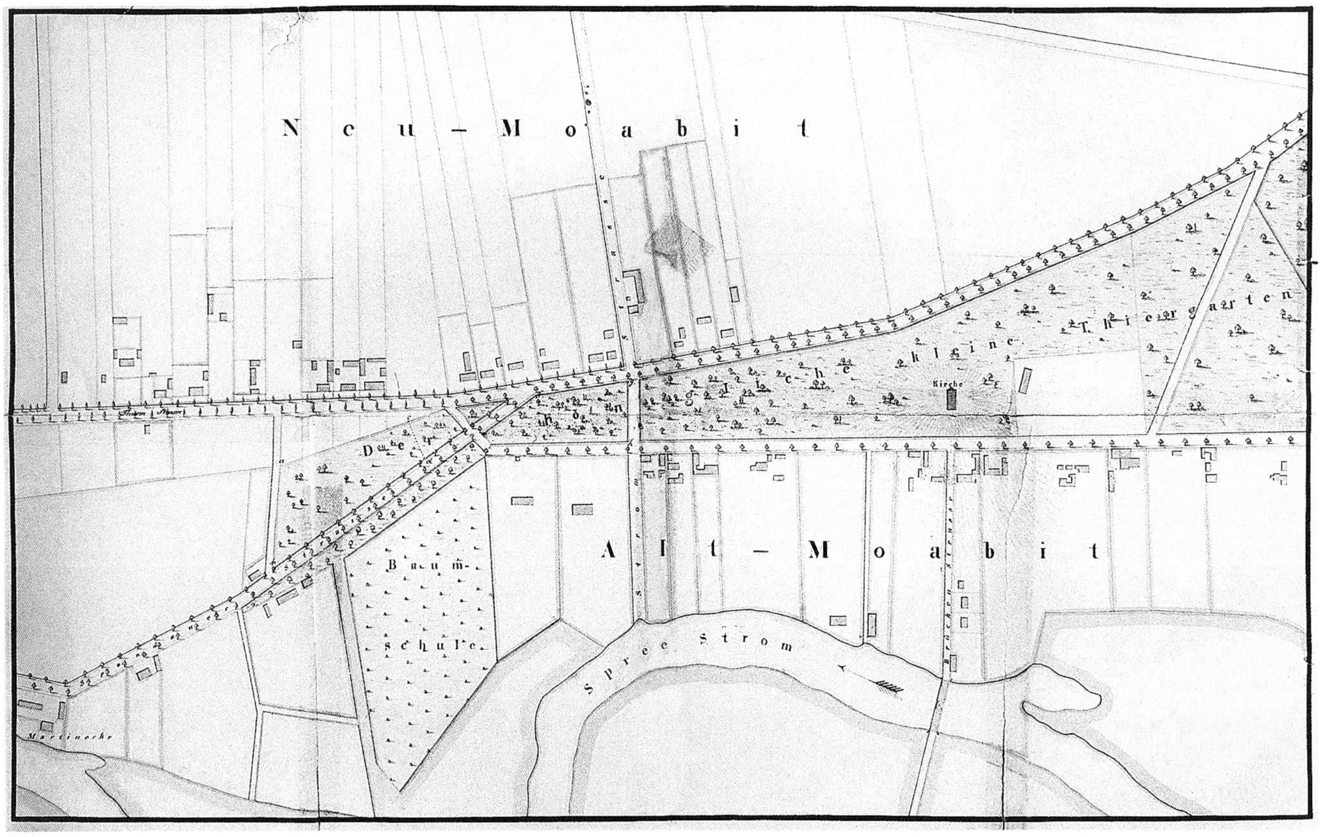

Alt- und Neu-Moabit. Lageplan, um 1835

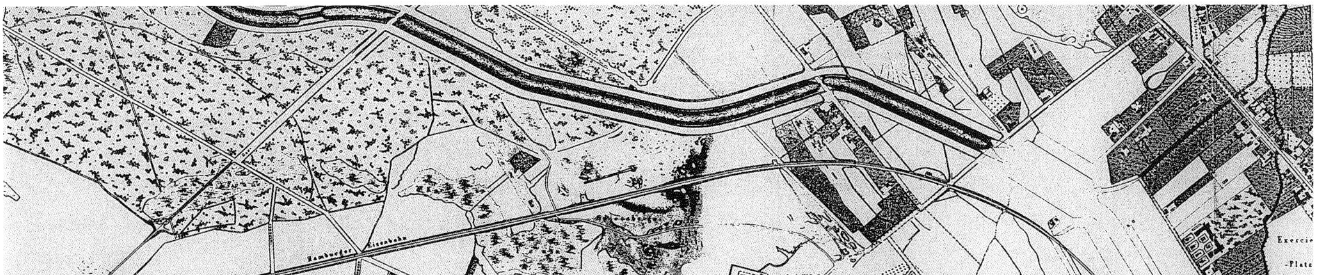

Situationsplan der Haupt- und Residenzstadt Berlin mit nächster Umgebung, 1856, Ausschnitt mit Alt- und Neu-Moabit

Moabit. St. Johannis-Kirche, 1832–35 von Karl Friedrich Schinkel. Glockenturm, Schule, Pfarrhaus und Arkadengang, 1844 und 1851–57 von Friedrich August Stüler. Stahlstich, 1850er Jahre

tens im 17. Jahrhundert entstandenen Berlin-Spandauer Heerweg folgte, ließ die Forst- und Oeconomie-Deputation die Wald-, Beussel-, Strom- und Birkenstraße neu angelegen. Die schnurgerade Birkenstraße, mit Birken alleeartig bepflanzt, entstand zwischen 1822 und 1834, auch um das Pulvermühlengelände mit dem Schießplatz der Gardeartillerie in der Jungfernheide zu verbinden. Berlin hatte mit der Gründung Neu-Moabits anfangs nur wenig Erfolg. Über Jahrzehnte war die Ansiedlung von kleinen Wirtschaften mit Gemüse- und Kartoffelanbau der Ackerbürger- und Gärtnerfamilien bestimmt. So entwickelte sich die Bebauung entlang der fünf noch nicht gepflasterten Straßen sehr langsam. Die verhältnismäßig großen Parzellen bewirkten eine nur lockere Bebauung aus ein- bis zweigeschossigen Wohnhäusern und rückwärtigen Wirtschaftsgebäuden mit weitgehend gärtnerisch genutztem Hinterland. Neben größeren Besitzungen wie dem 117 Morgen großen Areal der Familie Beussel im Umfeld der Beusselstraße gab es viele kleine Grundstücke, die an Gärtner, Landwirte, Bauhandwerker, Kaufleute und mittlere Staatsbeamte gegangen waren. 1839 zählte die Kolonie Neu-Moabit 564 Einwohner.

Die Verlegung der Pulverfabrik 1839 nach Spandau mit einer Auflösung der meisten Pulvermagazine brachte zwar einen gewissen Aufschwung, aber das in den 1840er Jahren auf der Nordseite des gleichzeitig angelegten Exerzierplatzes eingerichtete Pulverlaboratorium mit neuen Magazinen blieb vor allem für den nordöstlichen Teil Neu-Moabits lange Zeit ein städtebauliches Hindernis. Im weiträumigen „Pulverrayon", den kreisförmigen Schutzzonen um das Laboratorium, gab es Baubeschränkungen und zum Teil Bauverbote wegen der Explosionsgefahr.[28] Da auch die landwirtschaftliche Nutzung keinen großen Ertrag brachte, erzielte der Berliner Magistrat trotz der Wertsteigerung der Grundstücke nicht die gewünschten Einnahmen. Auch fehlten kapitalkräftige Terrain- und Baugesellschaften, die die großen Grundstücke kleinteilig parzelliert und weiterverkauft hätten. So bestätigte die Generalkommission 1855 einen Rezess aus dem Jahre 1853, durch den die Realabgaben in Neu-Moabit abgelöst und die bisherigen Erbpachtparzellen zum freien Eigentum der bisherigen Erbpächter wurden.[29] Damit konnten sie über ihr Land verfügen und es beleihen. Das war eine wichtige Voraussetzung für die Erschließung Neu-Moabits, die durch die Aufstellung des Bebauungsplans von James Hobrecht 1862 und die Aufgabe des Königlichen Artillerie-Laboratoriums 1872 weiter befördert wurde.

Vorstadtbildung und Randwanderung der Berliner Industrie

Eine ganz andere Entwicklung nahm die ehemalige Hugenottenkolonie, die man nun Alt-Moabit nannte. Dort sorgte man sich seit Beginn der 1830er Jahre um die Verbesserung der Infrastruktur, schuf notwendige öffentliche Einrichtungen und gab damit der ländlichen Ansiedlung ein mehr vorstädtisches Gepräge. In den folgenden Jahrzehnten zogen Industrieunternehmen nach Moabit und ließen sich auf dem Gelände zwischen der Werftstraße und der späteren Stromstraße sowie der Spree und der Straße Alt-Moabit nieder. Der Ort wurde zu einem bedeutenden Standort der Frühindustrialisierung in Berlin.

Mit dem Bau einer Kirche bekam Moabit ein kleines städtisches Zentrum, das später durch weitere notwendige Einrichtungen wie Schule, Pfarrhaus und Friedhof ergänzt wurde. Anlass war die allgemeine Bevölkerungszunahme in Berlin und die Ausdehnung der Stadt nach Norden. Das hatte zu einer Überlastung der Sophiengemeinde in der Spandauer Vorstadt geführt, sodass die nördlichen Vororte eigene kleine Kirchen erhalten sollten. König Friedrich Wilhelm III. stiftete vier Vorstadtkirchen, die Karl Friedrich Schinkel entwarf. Eine davon wurde 1832–35 in Moabit gebaut, dem Siedlungskern im Nordwesten der Stadt. Für die St. Johannis-Kirche, eine einfache einschiffige Hallenkirche mit Chor, wurde ein Grundstück im Kleinen Tiergarten an der Straße Alt-Moabit ausgewiesen. Nach einer Kabinettsorder vom 3. Juli 1833 erhielt Peter Joseph Lenné den Auftrag für Planungen zur Verschönerung der näheren, noch wüsten Umgebung der Kirche sowie deren Einbindung in den Kleinen Tiergarten. Auch sollte er neue Verbindungswege zwischen Alt- und Neu-Moabit anlegen und den Kleinen Tiergarten in einen öffentlichen Park umgestalten. Der Hofgartendirektor lieferte mehrere Pläne, wovon der nach der Grenzregulierung erstellte Plan „Terrain um die Kirche in Moabit" von 1839/1841 als Gestaltungsgrundlage diente und zumindest teilweise ausgeführt wurde.[30] Darin erhebt sich die Kirche als Point de vue auf erhöhter Terrasse in der Achse der heutigen Kirchstraße. Ein formaler, von Bäumen gesäumter Rasenplatz stellt den Kirchplatz dar. Einen halbkreisförmigen Vorplatz mit zwei ovalen Rasenflächen fassen an der Straße Alt-Moabit Hecken und Zäune beiderseits des Mittelweges ein. Äußere Wege verbinden Turmstraße und Alt-Moabit, wobei die heutige Wilsnacker Straße dem Verlauf des östlichen Weges folgt. Nördlich der Kirche befindet sich der Kirchhof, dessen Achsenkreuz vier Grabfelder einteilt. Die inneren Erschließungswege entlang des Kirchplatzes und -hofs sollten sich im Kleinen Tiergarten bogenförmig verbinden und axial zur Kirche eine Verbindung zur Turmstraße herstellen. 1851–57 erweiterte Friedrich August Stüler die Kirche um eine Vorhalle, einen Campanile, ein Pfarrhaus und eine Schule.

Die Landhäuser und Villen Moabits mit ihren teilweise bis zur Spree reichenden Gärten wurden ab den 1830er Jahren von weiträumigen Industriebetrieben verdrängt, die einen steuerlich vorteilhaften und verkehrsgünstigen Standort an der Spree suchten. Auch waren verhältnismäßig großflächige Grundstücke vorhanden, die sich mit ihrem Zugang zur Spree für die Industrieansiedlung besonders anboten. Außerhalb der Zollmauer galt nicht

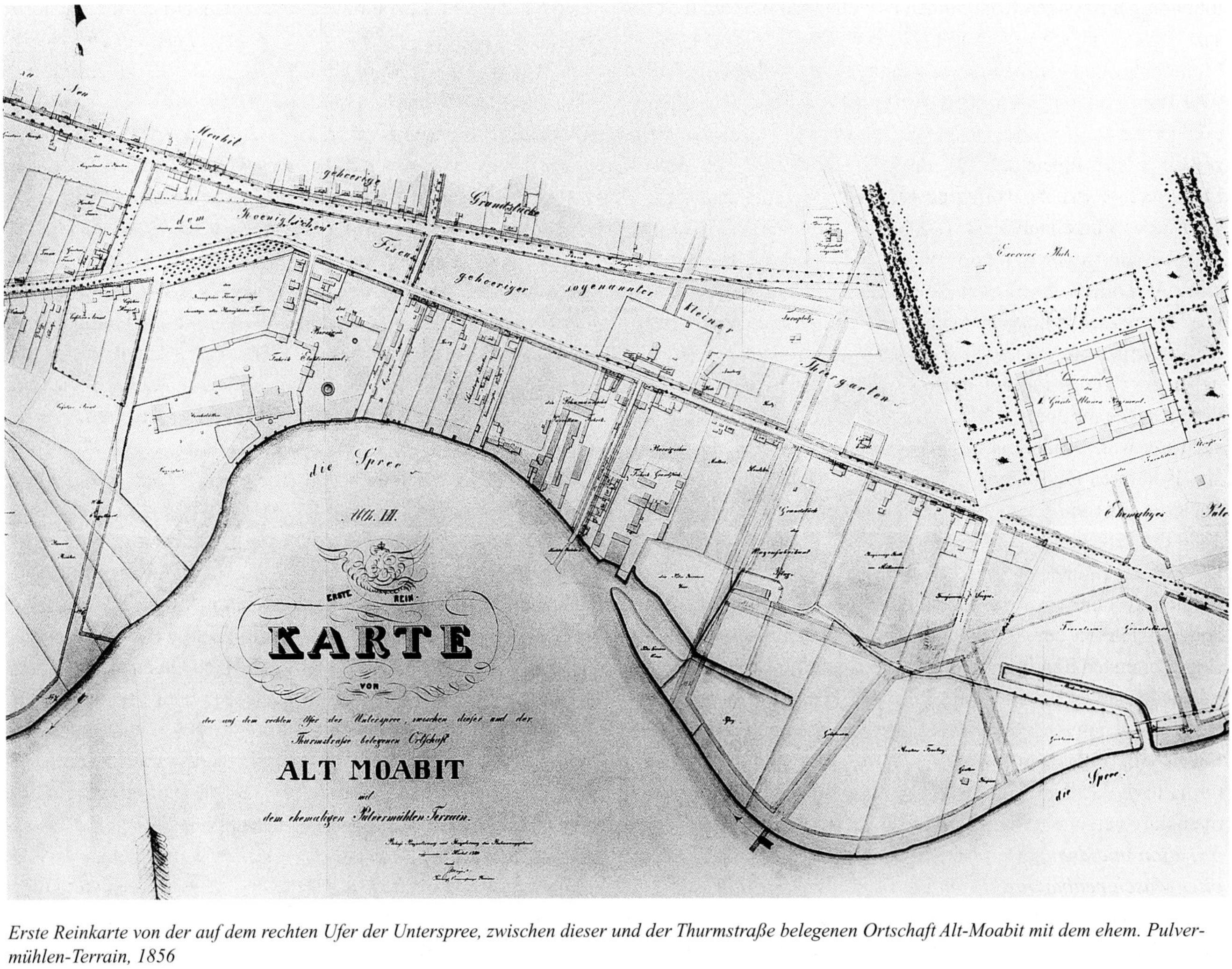

Erste Reinkarte von der auf dem rechten Ufer der Unterspree, zwischen dieser und der Thurmstraße belegenen Ortschaft Alt-Moabit mit dem ehem. Pulvermühlen-Terrain, 1856

Moabit. Eisengießerei und Maschinenbauanstalt der Preußischen Seehandlung. Lithographie, 1837

die Konsumtionssteuer, sondern die besser kalkulierbare Akzise, und dieser steuerliche Anreiz lockten zusammen mit günstigen Bodenpreisen Gewerbebetriebe an. So entstand in Alt-Moabit noch vor dem Eisenbahnzeitalter der älteste Industriestandort außerhalb der Stadt, der von großen, frühindustriellen Betrieben geprägt war.[31]

Den Anfang machte die Fabrikationsstätte von Johann Friedrich Ferdinand Schumann, der die erste private Porzellanmanufaktur im Berliner Raum gründete, indem er 1832 seinen Betrieb aus Kehnert bei Magdeburg auf die Moabiter Spreewiesen verlegte.[32] Schumann folgte damit der etwas weiter spreeabwärts in Charlottenburg ansässigen Königlichen Porzellanmanufaktur, die dort seit 1816 Gebrauchsgeschirr produzierte. Die Niederlassung mit Manufaktur und Fabrikantenvilla nahm die Parzellen Alt-Moabit 99-105 ein. Da die Gründung äußerst profitabel war – 1844 zählte der Betrieb 443 Beschäftigte – wurden weitere kleinere Porzellanbetriebe angelockt, die jedoch nicht lange Bestand hatten. Erfolgreicher war die Ansiedlung des anfangs bei Schumann beschäftigten Porzellanmalers Karl Schomburg, der seit 1835 eine eigene Malerwerkstatt betrieb, aus der 1851–53 auf dem Grundstück Alt-Moabit 95-97 eine Porzellan- und Chamottefabrik hervorging.[33] Auch bei dieser Niederlassung, ebenso bei den meisten der folgenden Unternehmen, hatte der Fabrikbesitzer unmittelbar neben den Produktionsgebäuden eine repräsentative private Villa bezogen, die mit ihrer Schauseite auf die Straße Alt-Moabit ausgerichtet war.[34] Während die Schomburgsche Fabrik, die vor allem Isolatoren für Telegrafen herstellte, bis 1902 in Moabit produzierte, musste die Schumann'sche Porzellanmanufaktur schon 1880 die Fabrikation einstellen.

Die Porzellanindustrie konnte der noch größtenteils ländlich geprägten Kolonie Alt-Moabit kaum Wachstumsimpulse geben. Das änderte sich mit der Ansiedlung von Maschinenbaubetrieben im Zuge der ersten Randwanderung der Berliner Industrie. In der Nähe der Moabiter Brücke,[35] die seit 1821 Moabit mit dem Stadtzentrum verband, errichtete 1836 die Königliche Seehandlungs-Societät ihre Maschinenbauanstalt.[36] Als staatliches Kreditinstitut hatte die Seehandlung unter anderem die Aufgabe übernommen, durch eigene Initiative *„einem fühlbaren Mangel in der Fabrikation und dem gewerblichen Verkehr abzuhelfen". Die Moabiter Maschinenbauanstalt sollte „vor allem den Dampfschiffbau im Lande heimisch machen"*.[37] Dafür eignete sich das im staatlichen Besitz befindliche Grundstück an der Spree auf der östlichen Seite der Kirchstraße. Dieser stadtferne Standort wurde auch ausgewählt, um den Nachzug weiterer Maschinenbauunternehmen zu ermöglichen.[38]

Ende der 1830er Jahre beschäftigten die Werkstätten achtzig Arbeiter, die vorerst für Bau und Reparatur der von der Seehandlung betriebenen Dampf- und Schleppschiffe zwischen Hamburg und Berlin zu sorgen hatten. Infolge wirtschaftlicher Probleme dachte man schon 1842 an einen Verkauf an August Borsig, der zu dieser Zeit begann, größere Parzellen zwischen Alt-Moabit und der Spree aufzukaufen. Doch durch beträchtliche Investitionen wurde die Krise für einige Jahre überwunden. Man begann mit der Herstellung von Lokomotiven, außerdem erhielt die Moabiter Niederlassung den Auftrag zum Bau der luxuriösen königlichen Jacht „Alexandra". Die allgemeine wirtschaftliche Rezession Ende der 1840er Jahre bewirkte jedoch endgültig, dass die Seehandlung ihr Engagement in der Industrie aufgab. 1850 erwarb August Borsig die Maschinenbauanstalt mit 300 Beschäftigten.[39] Zu diesem Zeitpunkt war Borsig bereits seit einem Jahr in Moabit mit einem Eisen- und Walzwerk vertreten.[40] Von nun an bestimmten die Fabriken von August Borsig für ein halbes Jahrhundert die wirtschaftliche Struktur des Vororts. Alt-Moabit wurde zu einem Schwerpunkt der Metall- und Maschinenindustrie.[41] Die stetige Ausweitung der Produktionsstätten Borsigs und die zunehmende Arbeiterschaft waren entscheidende Anstöße, dass sich Moabit zu einem Industrievorort mit dicht beieinander liegenden Arbeits- und Wohnstätten entwickeln konnte.

Seit 1842 kaufte August Borsig größere Parzellen zwischen der Straße von Berlin nach Moabit, heute Alt-Moabit, der Stromstraße[42] und der Spree, da seine Maschinenbauanstalt an der Chausseestraße vor dem Oranienburger Tor nicht weiter ausgebaut werden konnte.[43] 1847–52 ließ er auf den Spreewiesen nach Plänen seines Hausarchitekten Johann Heinrich Strack ein Eisen- und Walzwerk errichten. Auf dem ausgedehnten Gelände Alt-Moabit 84-86 entstand ab 1848 unmittelbar neben dem neuen Werk aus dem Umbau eines älteren Wohnhauses eine luxuriöse Fabrikantenvilla, ebenfalls entworfen von Johann Heinrich Strack. Der Reichtum der weitläufigen Villenanlage mit repräsentativen Festsälen erregte ebenso wie der bis zum Spreeufer reichende, von Gartenbaudirektor Peter Joseph Lenné gestaltete Park großes Aufsehen. Berühmt und später auch rege besucht waren die Gewächshäuser entlang der Stromstraße. Der zur Schau gestellte Reichtum demonstrierte den gesellschaftlichen Aufstieg des in-

Moabit. Eisenwalzwerk August Borsig. Aufnahme von F. Albert Schwarz, um 1870

dustriellen Bürgertums und eines neuen Unternehmertyps, den August Borsig mit seiner eigenen Biografie wie kein anderer verkörperte.

Neben der Villa ließ August Borsig einen Wirtschaftshof und Wohnhäuser für „Beamte" und Meister errichten,[44] Pläne für den Bau von Arbeiterwohnungen scheiterten.[45] Da Moabit zu dieser Zeit noch weitgehend ländlich geprägt war, hatten diese ihre Unterkunft zunächst in der nahen Rosenthaler und Oranienburger Vorstadt. Erst nach der Eingemeindung Moabits 1861 und der Aufstellung des Bebauungsplans von James Hobrecht entwickelte sich Neu-Moabit zu einem Arbeiterviertel. Villa, Beamtenwohnhäuser und Werkstätten wurden von Johann Heinrich Strack einheitlich im spätklassizistischen Stil erbaut. Die Wohnbauten lagen an der Moabiter Straße, sodass die dahinter verborgenen Fabriken kaum in Erscheinung traten.

Im Moabiter Eisenwerk fertigte Borsig vor allem Schmiedestücke, Stabeisen und Kesselbleche für die Lokomotivenproduktion an der Chausseestraße, um sich von den englischen Schmiedeeisenlieferungen unabhängig zu machen.[46] Die von Borsig übernommene Fabrik der Seehandlung an der Kirchstraße diente dem allgemeinen Maschinenbau. Nachdem man die Abteilungen des Eisenwerks zum 1862 eröffneten Hüttenwerk Hedwigswunsch in Oberschlesien verlagert hatte, konzentrierte sich in Moabit der Lokomotivbau. Nach der Eröffnung der Ringbahn und dem Bau der Berlin-Lehrter Eisenbahn verbesserten sich die Verkehrsverhältnisse. Das Eisenwerk wurde 1875 mit einer werkseigenen Bahn durch Neu-Moabit an die neuen Bahnhöfe angeschlossen. Dennoch war die notwendige Anpassung an veränderte ökonomische Bedingungen im dicht bebauten Moabit nicht mehr zu verwirklichen. Die Unternehmungsleitung beschloss daher, die gesamte Produktion 1898 nach Tegel zu verlegen. Die Werksgebäude in Moabit und auch die Villa wurden abgerissen. Heute erinnert lediglich eine kleine Grünanlage, der Essener Park, an den Villengarten und an Borsigs unternehmerisches Engagement, das fünfzig Jahre lang den aufstrebenden Vorort geprägt hatte.

Seit Mitte der 1840er Jahre hatten sich in Moabit noch weitere Unternehmen wie eine Brauerei, eine Wachstuchdruckerei und drei Fabriken für Leder, Zement und Metallwaren angesiedelt. Nach Borsig kam 1857, wie dieser aus der Oranienburger Vorstadt, die 1838 gegründete Maschinenbauanstalt F. A. Pflug und erwarb die Grundstücke Alt-Moabit 117-118. Als „Aktiengesellschaft für Fabrikation von Eisenbahnbedarf" beschäftigte sich das Unternehmen vor allem mit dem Eisenbahnwaggonbau. In der Nähe der Spree wurden eine Schneidemühle, Werkstätten für den Bau von Güterwagen sowie Holzlagerplätze angelegt,[47] während Pflug vorn an der Straße von Karl Eduard Knoblauch eine ge-

Moabit. Eisenwalzwerk August Borsig und Villa Borsig. Lithographie, 1855

Moabit. Villa Borsig, 1848–50 von Johann Heinrich Strack, Aufnahme 1917

räumige Fabrikantenvilla errichten ließ.[48] Das Haus im klassizistischen Stil mit Säulenvorhalle und Turm überstand den Niedergang des Pflugschen Unternehmens im Zuge des Gründerkrachs. Der Militärfiskus nutzte die Fabrikantenvilla seit 1882 als Dienstwohnung für den Gouverneur von Berlin. Daran erinnerte die Bezeichnung „Generalsgarten“ für den heutigen Carl-von-Ossietzky-Park, der nach dem Abbruch der kriegszerstörten Villa 1960–65 von Willy Alverdes angelegt wurde. Eine Villa des Eisenwarengroßhändlers Louis Ferdinand Jacob Ravené an der Werftstraße 6-10 wurde schon viel früher abgebrochen. Sie musste 1887 dem Mietshausbau weichen. Die Architekten Hermann Ende und Wilhelm Böckmann hatten sie 1863–64 errichtet. Das Gebäude war reich mit klassizistischen Kunstwerken ausgestattet und von einem landschaftlich schönen Park mit Casino und Amphitheater umgeben.[49] Ravené war noch vom beschaulichen ländlichen Charakter Moabits angezogen worden, der trotz der ersten Industrieansiedlungen noch nicht verloren gegangen war, sein Unternehmen beließ er weiterhin an der innerstädtischen Wallstraße.

Vor allem nach der Reichsgründung 1871 änderte sich das Aussehen des Vorortes zunehmend. Überall entstanden Mietshäuser für Arbeiter und Offiziere der nahen Fabriken und Kasernen, während sich das Industrieviertel an der Spree verdichtete. Dort verschob sich der Schwerpunkt auf Betriebe der Nahrungsmittelindustrie, die nach der Aufhebung der Schlacht- und Mahlsteuer expandierten. An der Stromstraße, in der Nähe der später errichteten Lessingbrücke, richtete Wilhelm Matthes 1860 eine Brotfabrik ein. 1875 kamen benachbart an der Spree die ersten Gebäude der Dampfmühle des Bäckermeisters Friedrich Wilhelm Schütt hinzu, aus der sich ein riesiger Komplex von Mühlen- und Speichergebäuden entwickelte. Die zur Jahrhundertwende größte Kornmühle Berlins, die nach 1922 von Kurt Kampffmeyer weiter ausgebaut wurde, hatte einen erheblichen Anteil an der Versorgung der rasch wachsenden Reichshauptstadt.

Einen ähnlich großen Betrieb der Nahrungsmittelindustrie ließ der Berliner Unternehmer und Maurermeister Carl Bolle auf dem früheren Gelände der Schumannschen Porzellanmanufaktur, Alt-Moabit 98-103, ab 1886 errichten. Die Meierei und Milchverwertungsfabrik von Carl Bolle hatte eine große Bedeutung für die Versorgung der Stadtbewohner mit hygienisch einwandfreien Milchprodukten. Der Betrieb entwickelte sich aufgrund moderner Konservierungs- und Auslieferungsmethoden rasch zum führenden Milchlieferanten der deutschen Hauptstadt. Ein firmeneigener Wagenpark besorgte die Belieferung der in der Meierei pasteurisierten Flaschenmilch auf festgelegten Stadtrouten. Um die Jahrhundertwende konnten so täglich 50.000 Liter Milch verteilt werden. Damals arbeiteten 2.000 Menschen in der Meierei, die aus zwei parallel angeordneten, lang gestreckten Backsteinbauten bestand.

Mit der Abwanderung der Borsigschen Maschinenbauanstalten verlor der Industriestandort Alt-Moabit mehr und mehr an Bedeutung. Die Ausdehnung der angrenzenden Mietshausviertel ließ zudem kaum noch Erweiterungsmöglichkeiten zu. Auf der Charlottenburger Feldmark, in Martinickenfelde, war jedoch noch ausreichend Grund und Boden vorhanden. Dort siedelten sich mit dem Werkzeugmaschinenbau und der Elektroindustrie neue Branchen an.

Planungen für das Pulvermühlengelände

Ohne die Verlegung der Königlichen Pulvermühlen 1839 nach Spandau wäre eine ausgedehnte Industrieansiedlung in Moabit nicht denkbar gewesen, da die Mühlen mit ihren Schutzzonen ein

Moabit. Meierei C. Bolle. Schaubild, 1903

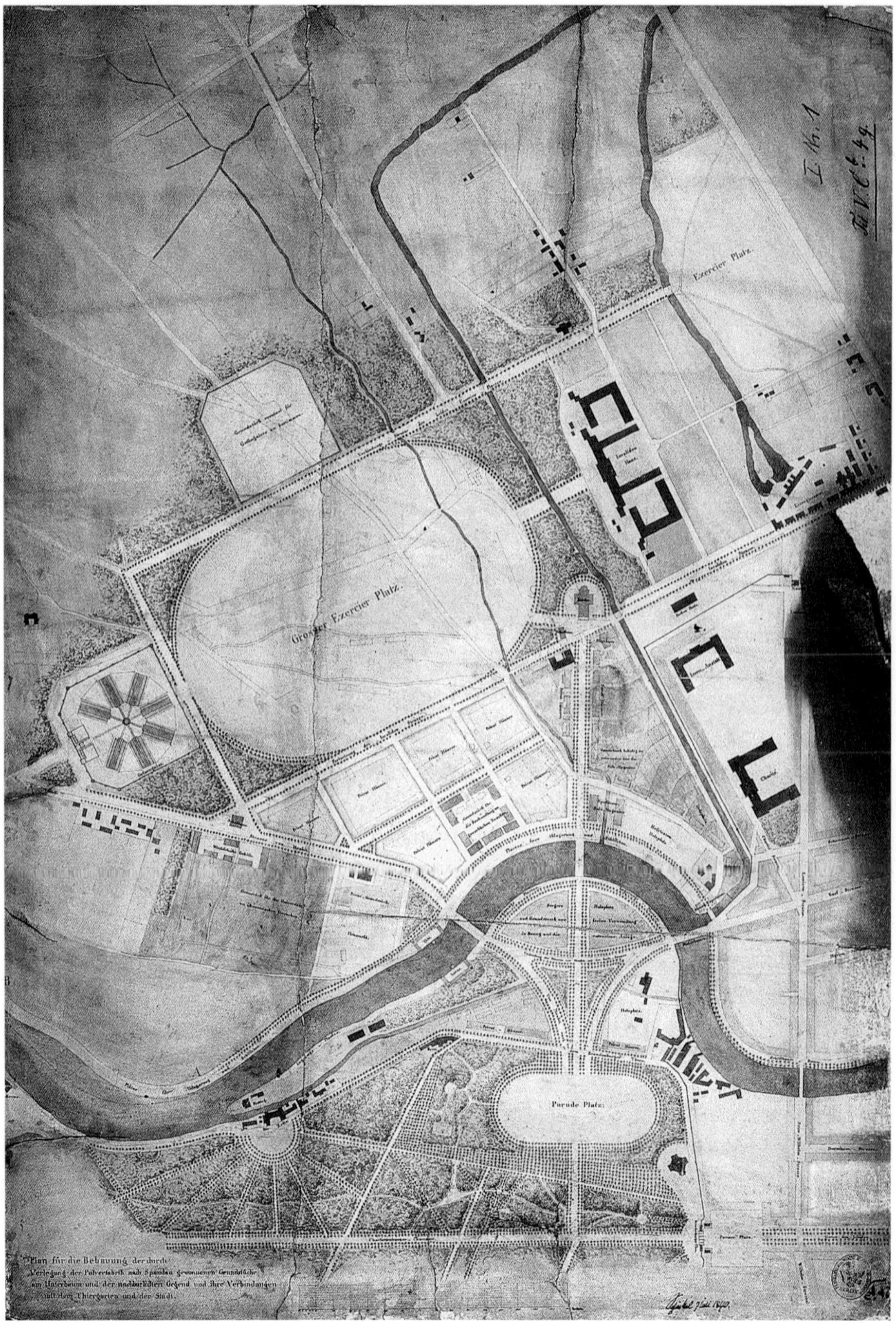

Bebauungsplan für das Gelände der ehemaligen Pulverfabrik, 1840 von Karl Friedrich Schinkel

weites Gelände einnahmen. König Friedrich Wilhelm III. und vor allem sein Nachfolger Friedrich Wilhelm IV. sahen nach der Verlegung in dem unfruchtbaren Heidegelände, auf dem es außer den Pulvermühlengebäuden nur einige Holzplätze und verstreute Gehöfte gab, ein geeignetes Areal für den repräsentativen Ausbau der Residenzstadt. Friedrich Wilhelm IV. entschied, das größtenteils im fiskalischen Besitz befindliche Terrain nicht der Spekulation zu überlassen, sondern den Gartenbaudirektor Peter Joseph Lenné und den Architekten Karl Friedrich Schinkel in Konkurrenz zueinander mit Bebauungsplänen zu beauftragen.[50] Beide hatten nicht nur das Gelände der Pulverfabrik zu beplanen, sondern auch das südliche Spreebogengebiet mit dem Exerzierplatz vor dem Brandenburger Tor. Dieser sollte auf die Nordseite der Spree verlagert werden. Ebenfalls war ein Standort für das erste preußische Zellengefängnis zu finden.

Ab 1839 arbeiteten Lenné und Schinkel mehrere Pläne aus, um die Friedrich-Wilhelm-Stadt mit dem Invalidenhaus im Osten und die Kolonie Moabit im Westen miteinander zu verbinden. Lenné legte vier Pläne vor, während Schinkel bis zu seinem Tod 1841 nur einen Entwurf ausarbeiten konnte. Beide planten unregelmäßige große Blockfiguren für Militär-, Justiz- und Wohnbauten mit breiten Prachtstraßen und Schmuckplätzen.[51] Als zentrale Elemente waren eine vom Exerzierplatz ausgehende, die Spree übergreifende Nord-Süd-Achse sowie anfangs ein nach dem Pariser Vorbild gestaltetes Marsfeld in der Achse des Invalidenhauses vorgesehen. Lenné und Schinkel unterschätzten freilich die Kraft der industriellen Entwicklung, die mit einer wachsenden Bedeutung der Eisenbahn und der kapitalstarken Eisenbahngesellschaften einherging. Es musste zum Beispiel in diesem Bereich ein Standort für den Kopfbahnhof der Berlin-Hamburger Eisenbahn gefunden werden, der möglichst nahe bei der Akzisemauer liegen sollte. Außerdem stellten sich die Interessen von privaten Grundeigentümern einer einheitlichen Planung entgegen, da nicht das gesamte Terrain dem Staat gehörte. So beschränkte sich die Stadterweiterungsplanung letztlich auf Standortfragen einzelner Großprojekte und auf Lage und Form des nach Moabit verlagerten Exerzierplatzes. Das Misslingen einer großzügigen Stadtplanung und die Entscheidungen, die im Bebauungsplan von 1843 festgehalten sind, wirken sich für das Stadtviertel bis heute aus. Zwischen den östlich gelegenen Kolonien Alt- und Neu-Moabit und den westlich gelegenen Quartieren der Stadt Berlin bildete sich ein breiter Gürtel mit Einrichtungen des Militärs, der Justiz und des Verkehrs. Westlich des Invalidenhauses, wo das Marsfeld geplant war, führte die Berlin-Magdeburger Eisenbahngesellschaft ihre Gleise bis an die Stadt heran. Der Endbahnhof der Eisenbahnlinie, der Hamburger Bahnhof, wurde 1845–47 nach Plänen von Friedrich Neuhaus an der von der Sandkrugbrücke bis zur Straße Alt-Moabit verlängerten Invalidenstraße errichtet. An der Nordseite der Invalidenstraße entstanden außerdem 1842–49 das Zellengefängnis nach einem Entwurf von Carl Ferdinand Busse und 1845–48 die Kaserne der Garde-Ulanen, die Baurat August Wilhelm Fleischinger nach Skizzen von Friedrich August Stüler baute. Ausgerichtet auf die Kaserne ließ die Militärverwaltung den neuen Exerzierplatz anlegen, eine weiträumige rechteckige Platz-

Bebauungs-Plan auf dem Terrain der vormaligen Königl. Pulverfabrik bei Berlin, 1843 von Peter Joseph Lenné. Die Planfassung wurde 1853 von König Friedrich Wilhelm IV. genehmigt

Hamburger Bahnhof, 1845–47 von Friedrich Neuhaus. Aufnahme um 1910 nach der Eröffnung des Verkehrs- und Baumuseums im umgestalteten Bahnhofsgebäude.

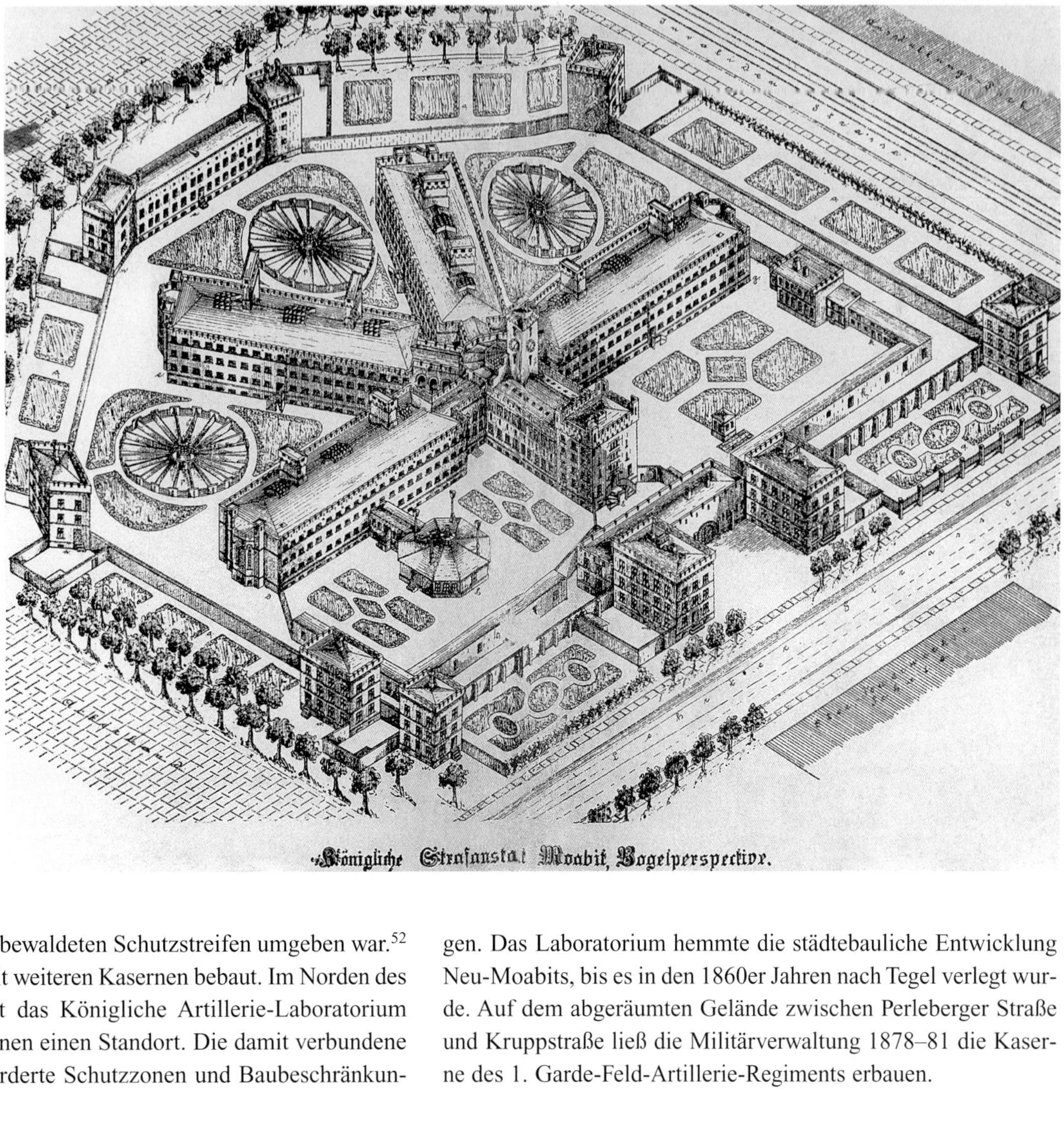

Zellengefängnis Moabit, 1842–49 von Carl Ferdinand Busse. Gesamtansicht, um 1850

anlage, die von einem bewaldeten Schutzstreifen umgeben war.[52] Dieser wurde später mit weiteren Kasernen bebaut. Im Norden des Exerzierplatzes erhielt das Königliche Artillerie-Laboratorium mit drei Pulvermagazinen einen Standort. Die damit verbundene Explosionsgefahr erforderte Schutzzonen und Baubeschränkungen. Das Laboratorium hemmte die städtebauliche Entwicklung Neu-Moabits, bis es in den 1860er Jahren nach Tegel verlegt wurde. Auf dem abgeräumten Gelände zwischen Perleberger Straße und Kruppstraße ließ die Militärverwaltung 1878–81 die Kaserne des 1. Garde-Feld-Artillerie-Regiments erbauen.

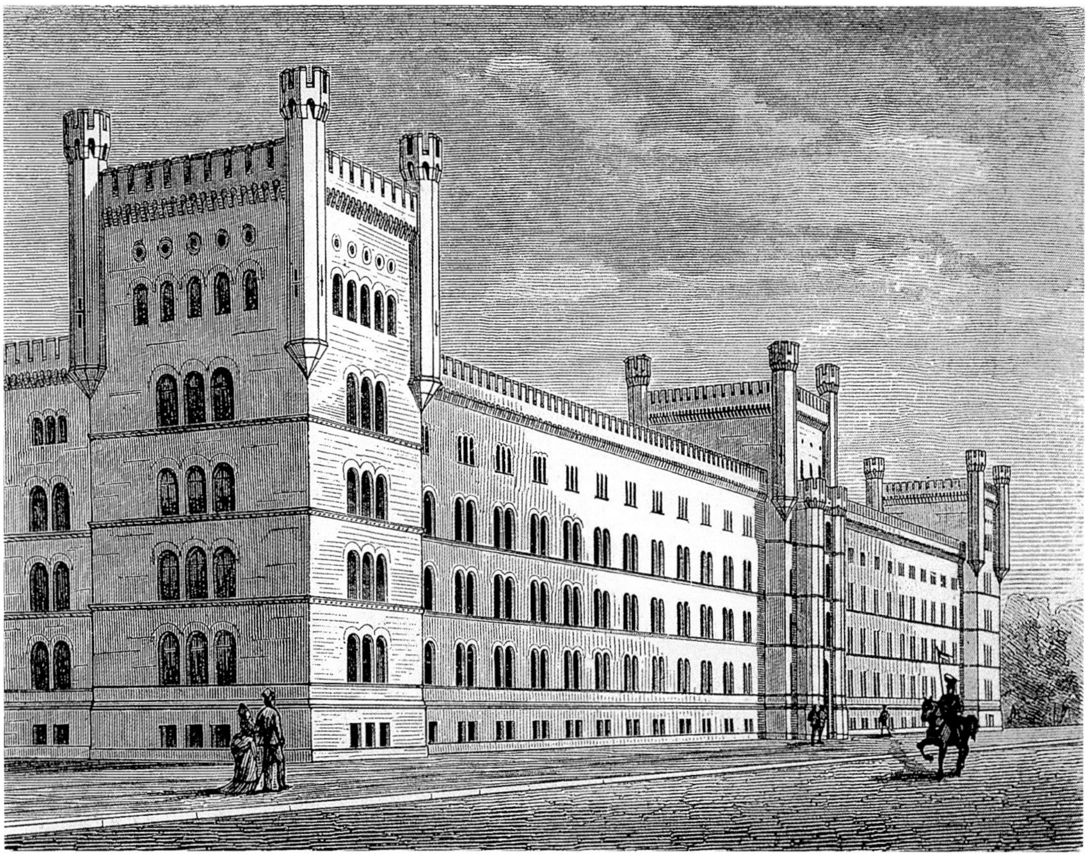

Kaserne der Garde-Ulanen, 1845–48 nach Plänen von Friedrich August Stüler. Stahlstich, um 1850

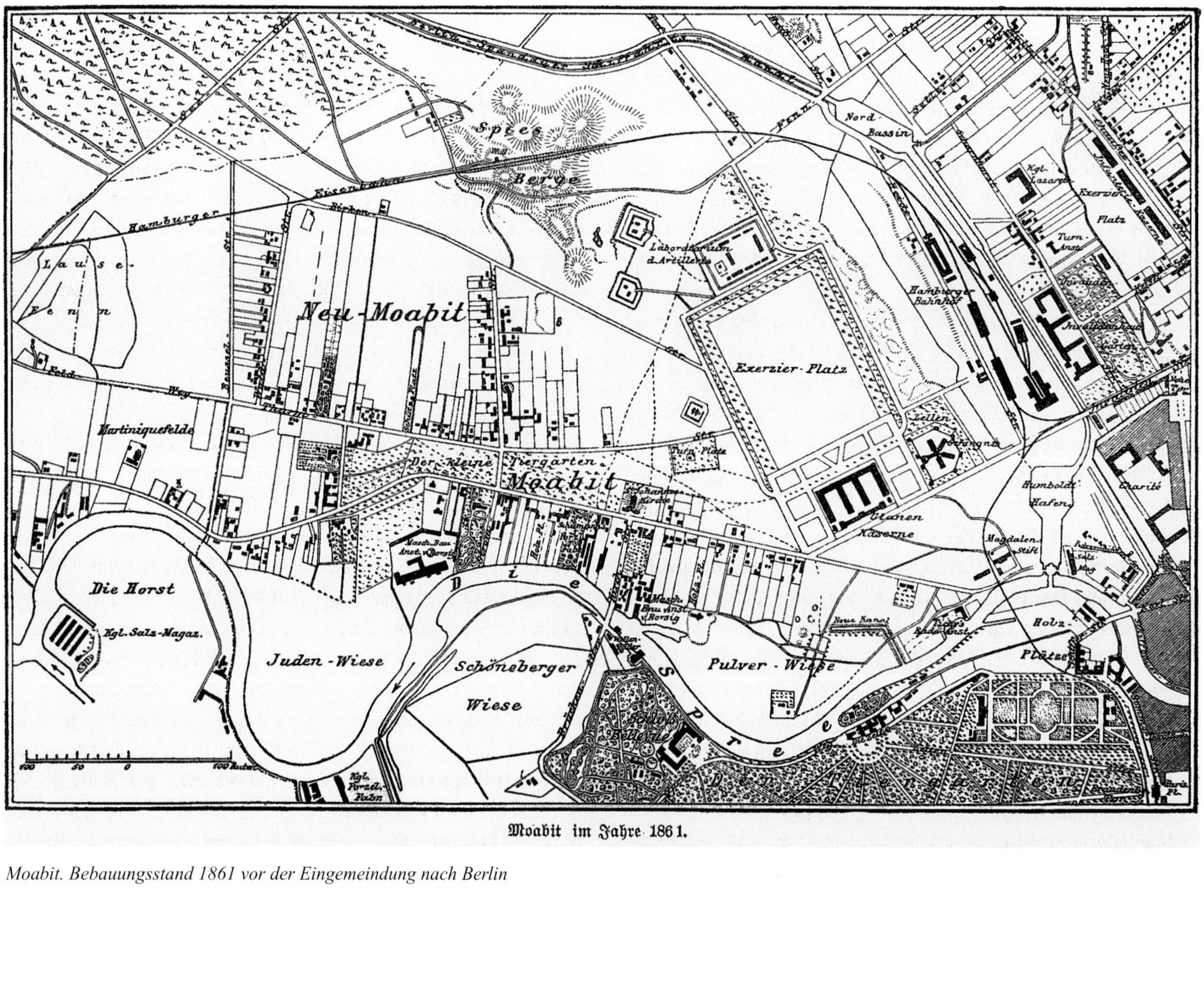

Moabit. Bebauungsstand 1861 vor der Eingemeindung nach Berlin

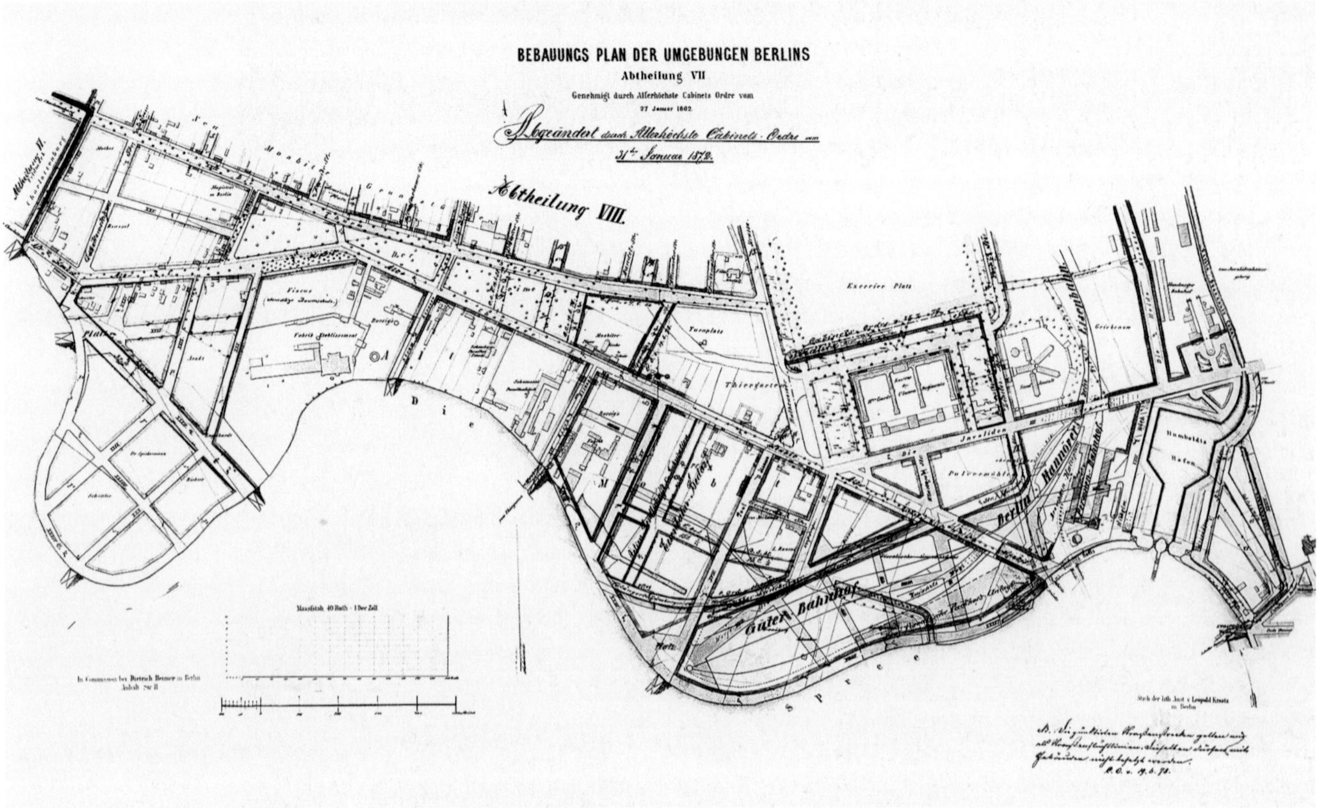

Bebauungsplan der Umgebungen Berlins, aufgestellt 1862 von James Hobrecht. Abteilung VII (Moabit). Revision 1872

Auch die übrigen projektierten breiten Achsen und Stadtplätze fielen dem ausufernden Flächenbedarf der Eisenbahn zum Opfer. Die Magdeburg-Halberstädter Eisenbahngesellschaft führte 1871 die Gleise der Berlin-Lehrter Bahn zwischen dem Hamburger Bahnhof und dem Zellengefängnis bis an die Spree heran. Zwischen Alt-Moabit und Paulstraße ließ die Bahngesellschaft einen weiträumigen Güterbahnhof anlegen, während der prächtige Kopfbahnhof, von Lent, Scholz und La Pierre im Stil der italienischen Renaissance gestaltet, den Stadtraum am Humboldthafen beherrschte.

Auch im Gebiet südlich des Spreebogens wurden die weitreichenden Planungen von Lenné und Schinkel durchkreuzt. Der von Lenné projektierte Humboldthafen, der 1855 zusammen mit dem Berlin-Spandauer Schiffahrtskanal eröffnet wurde, verhinderte die Anlage einer durchgehenden Nord-Süd-Achse, die nur mit einem Teilstück, der Alsenstraße im Alsenviertel, realisiert werden konnte. Der Exerzierplatz vor dem Brandenburger Tor, den Friedrich Wilhelm I. 1730 für die Berliner Garnison hatte anlegen lassen, wurde in einen Paradeplatz mit Schmuckflächen und Baumalleen umgewandelt. Der Platz, seit 1864 Königsplatz, entwickelte sich zum Kernstück des vornehmen Alsenviertels. Bereits Mitte der 1840er Jahre begrenzten repräsentative Neubauten die Platzanlage. Im Westen wurde das später zu einer Oper umgebaute Krollsche Vergnügungs-Etablissement erbaut, an der Ostseite ließ Athanasius Graf Raczynski ein Palais mit Gemäldegalerie errichten. Das Alsenviertel konnte mit spätklassizistischen Wohnhäusern und einer symmetrischen Straßenanlage bis zum Abbruch in den 1930er Jahren einen Eindruck von den städtebaulichen Intentionen Peter Joseph Lennés vermitteln.

Die Eingemeindung Moabits und der Bebauungsplan von James Hobrecht

Obwohl sich in der Mitte des 19. Jahrhunderts in Moabit viele Fabriken angesiedelt hatten, bewahrten Alt- und Neu-Moabit ihr ländliches Aussehen. Die Separation und die schleppende Bebauung der Kämmereiheide hatte keinen entscheidenden Wachstumsschub gebracht. Vorherrschend war eine lockere Bebauung mit ein- bis dreigeschossigen Wohnhäusern, Ställen und Remisen, rückwärtigen Gärten sowie Obst- und Gemüsepflanzungen. Größere Mietshäuser mit Seiten- und Quergebäuden fehlten.

1861 wurden Alt- und Neu-Moabit neben dem Kleinen Tiergarten, dem Pulvermühlengelände mit der Ulanenkaserne und dem Zellengefängnis sowie einem kleinen Teil des Tegeler Forsts als Stadtteil Moabit nach Berlin eingemeindet.[53] Damit geriet Moabit stärker in den Sog der rasch wachsenden Großstadt, die 1871 zur Hauptstadt des Deutschen Reichs aufstieg.[54]

Nach der Überwindung der gründerzeitlichen Finanzkrise setzte in den 1880er Jahren erneut ein massiver Ausbau Berlins ein. Ende der 1880er Jahre lebten in der Hauptstadt bereits mehr als 1,5 Millionen Menschen. Berlin wurde nach der Reichsgründung zum Standort von Reichsbehörden, die gerade nördlich und südlich des Tiergartens den vorstädtischen Raum besetzten.

Bis zum Ausbruch des Ersten Weltkriegs wurde der gesamte Stadtteil Moabit dicht bebaut. Das fünfgeschossige Mietshaus mit Seitenflügel und Quergebäude war der vorherrschende Bautyp. Es bot überwiegend bescheidene Wohnungen für Arbeiter der nahen Industriestandorte, für Handwerker, untere Beamte und nicht zuletzt für Offiziere der Kasernen um den Exerzierplatz. Zugleich wurde der breite Gürtel von Militär-, Verkehrs- und Justizeinrichtungen im Osten verdichtet. Es bildeten sich neue städtebauliche Strukturen, zum Beispiel das Industriegelände im äußersten Nordwesten um die Huttenstraße, Mietshausquartiere anstelle der aufgegebenen Maschinenbaufabriken an der Spree oder die durchmischte Randbebauung an den neuen Geschäftsstraßen Alt-Moabit und Turmstraße. Um 1900 war nichts mehr von den idyllischen Verhältnissen der Moabiter Kolonie mit Villen, Gärten und Ausflugslokalen übrig geblieben. Die städtebauliche Umgestaltung regelte der 1862 verabschiedete Bebauungsplan, den James Hobrecht für die Umgebung Berlins aufgestellt hatte. Der so genannte Hobrechtplan, der sich größtenteils an den alten Verbindungs- und Feldwegen sowie an den nach der Separation entstandenen Feldgrenzen orientierte, deckte mit den Abteilungen VII und VIII ganz Moabit ab.

Im Unterschied zu anderen Stadtteilen plante James Hobrecht für Moabit weder repräsentative Ringstraßen und Boulevards noch große Schmuckplätze. Moabit mit seinem Zellengefängnis und den Kasernen wurde von Seiten der Behörden gering geschätzt. Platzanlagen waren anfangs nur auf dem früheren Pulvermühlengelände südlich der Straße Alt-Moabit vorgesehen. Jedoch musste auch dort die großzügige Planung schon bald aufgegeben werden. Der Bahnhof der 1871 eröffneten Berlin-Lehrter Eisenbahn und die Gleisanlagen des Lehrter und Hamburger Güterbahnhofs am Spreeufer machten Revisionen in den Jahren 1872–85 erforderlich. Die Eisenbahngesellschaften konnten ihren immensen Flächenbedarf geltend machen. Im Norden war eine exakte Planung von neuen Straßen und Plätzen erst nach der Verlegung des Pulverlaboratoriums nach Tegel möglich. Erst im Rahmen dieser Veränderung wurden größere Stadtplätze in das Straßennetz eingefügt. Während der Platz vor dem neuen Bahnhof Moabit, der Unionplatz, erhalten blieb, fiel das Platzkarrée an der Dreysestraße durch den Bau des 1871 eröffneten Barackenlazaretts gänzlich fort. Funktionsbauten des Militärs, des Verkehrs und der Industrie hatten in Moabit meist den Vorrang vor städtebaulicher Schönheit.

Mietshausbau

Der Hobrechtplan und die Bauordnung von 1853 mit ihren Verwertungsmöglichkeiten ebneten den Weg für die dichte Bebauung des Quartiers mit großstädtischen Mietshäusern. Die offene, lockere Bauweise mit großen Acker- und Gartenflächen wurde von geschlossenen Mietshausreihen abgelöst. Auf privater Basis begann in den 1870er Jahren die Erschließung des in Baublöcke aufgeteilten Geländes. Wie auch in anderen Stadtteilen waren in Moabit Terrain- und Baugesellschaften tätig, die den Boden billig erwarben und die baureif gemachten Parzellen mit hohem Gewinn an Bauinteressenten veräußerten oder als Bauherrn auftra-

Alt-Moabit. Mietshäuser. Aufnahme 1955

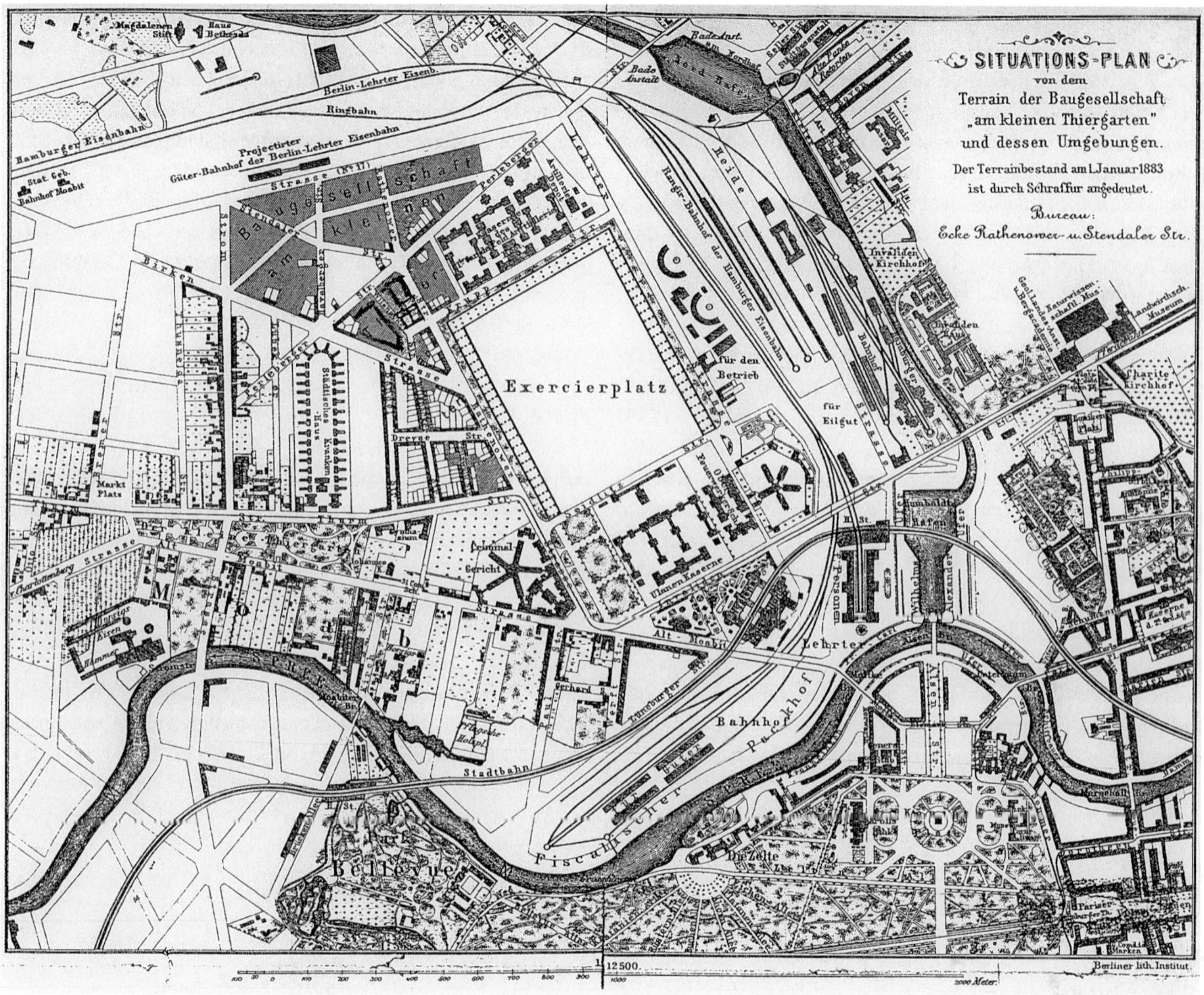

Situations-Plan von dem Terrain der Baugesellschaft „am kleinen Thiergarten" und dessen Umgebungen, 1883

ten und das Mietshaus unmittelbar nach der Fertigstellung verkauften.

Als erste Terraingesellschaft trat die 1872 von Baumeister Johannes Otzen mit Hamburger Kapitalgebern gegründete Baugesellschaft „Am Kleinen Tiergarten" in Neu-Moabit in Erscheinung.[55] Als Generalbevollmächtigter des Unternehmers Johann Anton Wilhelm v. Carstenn hatte Johannes Otzen das Geschäft der Bau- und Bodenspekulation in Lichterfelde und Friedenau kennen gelernt. In Moabit erwarb seine Baugesellschaft zwischen dem Barackenlazarett, später Krankenhaus Moabit, und dem Exerzierplatz das aufgegebene Gelände der Pulvermagazine sowie ein den Spickermannschen Erben gehörendes Landstück. Unmittelbar darauf begann man auf einem Terrain, das von der Turmstraße über den neu eingefügten Stephanplatz bis zur Quitzowstraße reichte, mit der Anlegung der Straßen und der technischen Infrastruktur.[56] Die ersten Grundstücke konnten bereits 1873 verkauft werden.

Die Baugesellschaft veräußerte baureife Parzellen, finanzierte aber auch den Bau eigener Mietshäuser, die zum Teil die leitenden Architekten Johannes Otzen, Bernhard Wieck und I. Rohde selbst entwarfen. Um den Verkauf der Parzellen zu beschleunigen, ließ die Baugesellschaft 1874–75 an städtebaulich repräsentativen Stellen, zum Beispiel an der Kreuzung Birkenstraße und Perleberger Straße, Eckgebäude errichten, die Johannes Otzen in dem für ihn typischen gotisierenden Rohziegelbaustil der Hannoverschen Schule entwarf. Von diesen Bauten ist nur das Mietshaus Birkenstraße 17, Ecke Havelberger Straße 31, erhalten geblieben. Später entstanden ganze planmäßig bebaute Straßenzüge wie die Mietshäuser Stephanstraße 4-15, die alle 1886 unter Betreuung des Baumeisters Bernhard Wieck erbaut wurden.[57] Die einheitlichen Häuserreihen sind ein ausgezeichnetes Beispiel dafür, dass es der Baugesellschaft „Am Kleinen Tiergarten" gelang, auf die Entwicklung eines ganzen Wohnviertels Einfluss zu nehmen. Der Stephanplatz mit seinen teilweise von der Baugesellschaft geschaffenen Mietshäusern und seinen Schulgebäuden bildet den städtebaulichen und sozialen Mittelpunkt des Viertels.

Wohnqualität und bautechnische Ausführung lagen auf einem hohen Niveau, vergleicht man das Viertel um den Stephanplatz mit anderen Arbeiterwohnquartieren. Die Baugesellschaft verzichtete auf Kellerwohnungen, richtete im Erdgeschoss Geschäfte ein und sorgte sich um eine Grundrissteilung mit gut belichteten Klein- und Mittelwohnungen, die mindestens über eine Innentoi-

lette verfügten. Die Baugesellschaft „Am Kleinen Tiergarten", die 1881 in eine Aktiengesellschaft umgewandelt worden war, überstand alle strukturellen Krisen und wirtschaftete bis zu ihrer Liquidation 1902 mit Gewinn.[58]
Zum berüchtigten Berliner Mietskasernensystem mit dicht bebauten Hinterhöfen und hygienisch wie bautechnisch schlechten Kleinwohnungen führte die Bodenspekulation westlich der Beusselstraße, zwischen Hutten-, Berlichingen- und Sickingenstraße. Dort hatte die Baugesellschaft Berlin-Moabit AG 1887 ein großes Landstück aus dem umfangreichen Besitz der Ackerbürgerfamilie Beussel erworben, einige Erschließungsstraßen angelegt und ab den 1890er Jahren mit dem Verkauf der schmalen, tiefen Parzellen begonnen. Bis zum Anfang des 20. Jahrhunderts bildete sich ein eng bebautes Mietshausviertel, in dem 52 % der Wohnungen auf Hinterhöfen lagen. Die kleinen Wohnungen ohne Bad, meist mit Podesttoiletten, einige nur mit einer Stube mit Kochofen, waren oftmals überbelegt. Mit bis zu 200 Bewohnern pro Grundstück gehörte das Quartier zu den am dichtesten besiedelten Wohngebieten Berlins. Hier lebten vor allem Fabrikarbeiter des angrenzenden Industrieviertels um die Huttenstraße, das sich zur selben Zeit zu einem wichtigen Standort des Werkzeugmaschinenbaus und der Elektroindustrie entwickelte.
Eine weitaus bessere Wohnqualität wiesen die Mietshäuser auf, die man auf den frei gewordenen Gewerbeflächen in Alt-Moabit errichtete. Die Nähe zu den Kasernen und zum vornehmen Hansaviertel und nicht zuletzt der 1882 eröffnete Stadtbahnhof Bellevue, den man über die Moabiter Brücke gut erreichen konnte, ließ Mietshäuser mit zum Teil großzügig geschnittenen Wohnungen entstehen. Auch in diesem Gebiet übernahmen Bau- und Terraingesellschaften die Erschließung. So hatte bereits 1881 die Baugesellschaft Alt-Moabit das Pflugsche Fabrikgelände erworben, das sie 1884 für eine Mietshausbebauung parzellierte. Die Baugesellschaft legte Spener- und Calvinstraße an, während die Melanchthonstraße bereits 1877 bei der Auflösung der Pflugschen Werkstätten abgesteckt worden war. Die bis zur Straße Alt-Moabit reichende Bebauung umgab die vor dem Abbruch bewahrte Pflugsche Villa mit Garten.
Auch die Firma Borsig vermarktete das Gelände der nach Tegel verlagerten Fabriken. 1898 erwarb die Magdeburger Bau- und Credit-Anstalt das Terrain der Maschinenbauanstalt zwischen Kirch- und Calvinstraße. Es entstand ein kleines, gutbürgerliches Wohnquartier mit abwechslungsreichen Putzfassaden, Treppenaufgängen im Jugendstil und zum Teil zeitgemäßen, reduzierten Architekturformen, woran Richard Schirrmacher als Chefarchitekt der Magdeburger Bau- und Credit-Anstalt großen Anteil hatte.[59]
Ein größeres Baugelände hatte die Neu-Bellevue-Aktiengesellschaft für Grundstücksverwertung zur Verfügung. Sie war eigens von Borsig gegründet worden, um das weiträumige Fabrikgrundstück des Borsigschen Eisenwerkes zu verwerten.[60] Die Terraingesellschaft ließ einen Parzellierungsplan aufstellen, der sich an der Hobrechtplanung orientierte und 1902 genehmigt wurde. Für die Anlegung neuer Erschließungsstraßen zwischen Elberfelder Straße und Stromstraße musste der Restbestand der ehemals Kö-

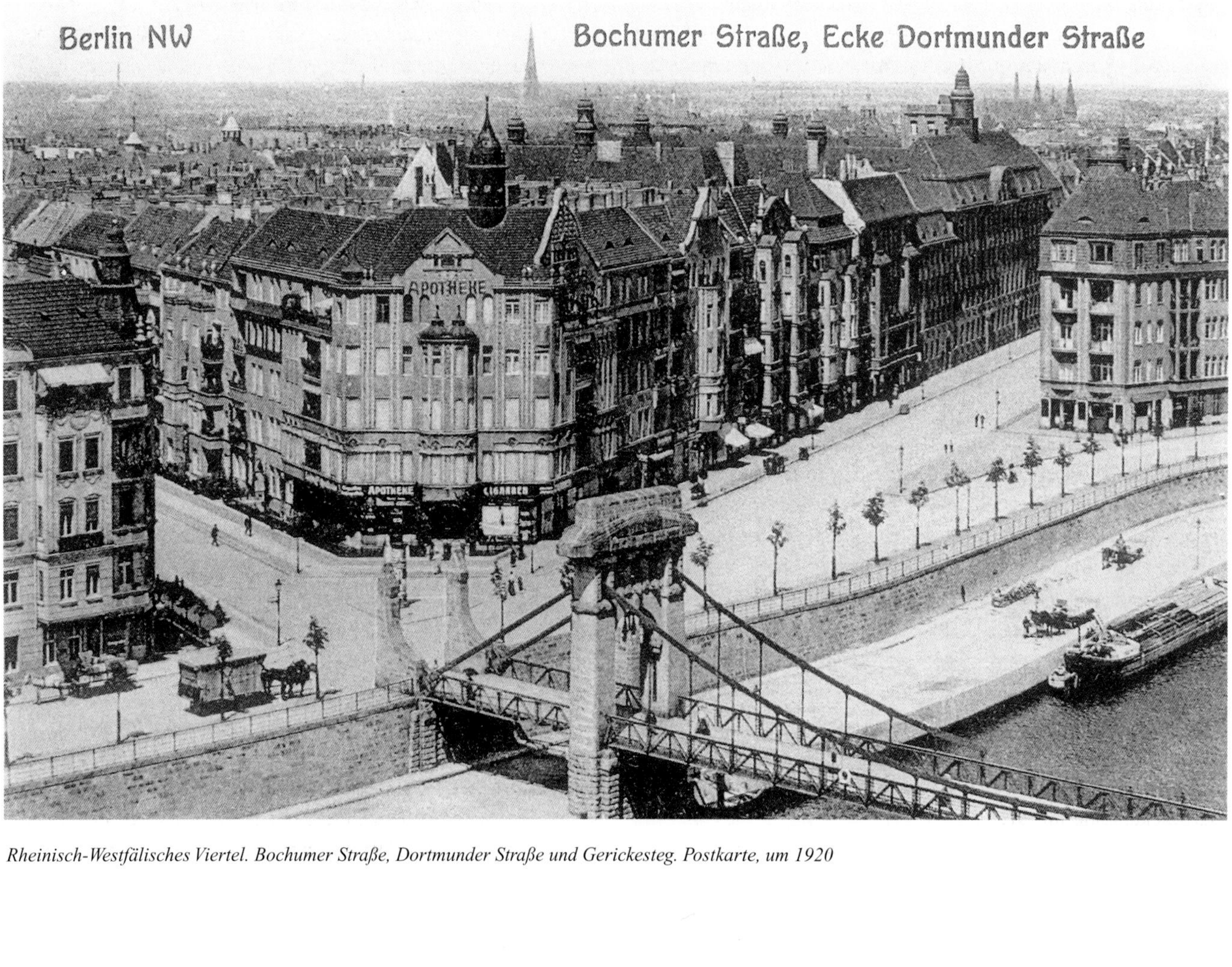

Rheinisch-Westfälisches Viertel. Bochumer Straße, Dortmunder Straße und Gerickesteg. Postkarte, um 1920

niglichen, später Borsigschen Baumschule abgeholzt werden. Die neuen Straßen erhielten Namen nach Städten im Rheinland und in Westfalen (Elberfelder, Krefelder, Bochumer, Dortmunder und Essener Straße). Die Neu-Bellevue-Aktiengesellschaft für Grundstücksverwertung wollte auf diese Weise werbewirksam, ähnlich wie im nahen Hansaviertel, ihrem neuen bürgerlichen Wohnviertel eine unverwechselbare Identität geben. Das Quartier nannte man schon bald „Rheinisch-Westfälisches Viertel". Die nach der Erschließung der Parzellen in Liquidation gegangene Terraingesellschaft beschränkte sich auf den Verkauf der baureifen Grundstücke, nahm aber über die Auswahl der Architekten Einfluss auf die Gestaltung der Fassaden und eine angemessene Ausstattung der Wohnungen, die größtenteils über Bäder verfügten. Die Mietshäuser im Rheinisch-Westfälischen Viertel hoben sich mit ihrem höherem Komfort von den älteren Mietskasernen ab. Um die Grundstücke besser verwerten zu können, ließ die Terraingesellschaft auf eigene Kosten eine Spreebrücke, den Borsigsteg, bauen, der für die Anbindung des Stadtviertels an den südlich der Spree gelegenen Stadtbahnhof Bellevue sorgte. Die an Ketten aufgehängte eiserne Fußgängerbrücke wurde von Bruno Möhring in Jugendstilformen gestaltet. Die neu angelegten Straßen des Viertels wurden, abgesehen vom östlichen Teilstück der Essener Straße, bis zum Ersten Weltkrieg durchweg mit fünfgeschossigen Mietshäusern bebaut. Die über das Grundstück der 1911 abgebrochenen Borsigvilla weitergeführte Essener Straße erhielt schließlich in den 1920er Jahren eine geschlossene Bebauung mit Reformwohnungsbauten.

Im Spreebogen südlich der Levetzowstraße, auf der ehemaligen Judenwiese, begann die planmäßige Erschließung erst kurz vor dem Ersten Weltkrieg. Das bereits von James Hobrecht beplante, bisher unbebaute Überschwemmungsland der Spree musste erst mit Sand aufgeschüttet werden. Auch die notwendige Pfahlgründung erschwerte die zügige Verwertung, die in den Händen der Neues Hansaviertel Terrain-Aktiengesellschaft und der Boden-Aktiengesellschaft Berlin-Nord lag. Trotz der guten Erreichbarkeit über Gotzkowsky- und Hansabrücke konnte das Wohnviertel vor dem Ersten Weltkrieg nicht vollständig mit Mietshäusern bebaut werden. Die Lücken wurden in den 1920er und 1930er Jahren von gemeinnützigen Baugesellschaften geschlossen. Die fertig gestellten Mietshäuser, bestimmt für Bewohner der Mittelschicht, zeichneten sich auch hier durch einen anspruchsvollen Wohnkomfort aus. Das verdeutlicht das von Gustav Hörnicke entworfene, im Zweiten Weltkrieg zerstörte Mietshaus Tile-Wardenberg-Straße 3-4.[61] Hinter der Putzfassade, die mit einer Mischung aus Jugendstilformen und Elementen des Landhausstils zeittypisch gestaltet war, besaß das Doppelmietshaus einen bemerkenswerten rationellen Grundrisszuschnitt mit zusammengelegten Seitenflügeln. Man benötigte so nur ein in der Mitte angeordnetes Treppenhaus, das auf jedem Stockwerk vier Wohnungen erschloss. Die zur Straße orientierten herrschaftlichen Wohnungen umfassten acht Zimmer.

Bis zum Ausbruch des Ersten Weltkriegs waren Alt- und Neu-Moabit vollständig erschlossen. Die Terrain- und Bauspekulation war bis zum Eisenbahngelände im Norden, dem Exerzierplatz mit den Kasernen im Osten und den Betrieben des Industriegebiets Martinickenfelde im Westen vorgedrungen. Das Wirken der verschiedenen Baugesellschaften und privater Einzelunternehmen brachte jedoch kein einheitliches Stadtbild hervor. Es bildeten sich stattdessen, dem Grundbesitz der Terraingesellschaften entsprechend, inselartige Quartiere, die von den Bewohnern jedoch angenommen wurden.[62] Beusselkiez und Stephankiez sind die bekanntesten Arbeiterviertel in Moabit. Diese Namen leben bis heute im Sprachgebrauch und im Bewusstsein der Anwohner weiter.

Die 1887 für Berlin und seine Vororte erlassene neue Bauordnung konnte nur wenig zur Verbesserung der Wohnverhältnisse in den Arbeitervierteln Moabits beitragen, obwohl sie eine Beschränkung der Grundstücksausnutzung vorsah. Mehrere soziale Einrichtungen versuchten, die Wohnungsnot in den Arbeiterquartieren zu lindern. Die 1914 eröffneten Ledigenheime für Arbeiter, Waldenserstraße 31, und für Arbeiterinnen, Alt-Moabit 38-39, waren beachtenswerte Beispiele der privaten Fürsorge. In den beiden Wohnheimen wurden möblierte Zimmer an allein stehende Männer und Frauen vermietet, die sich keine eigene Wohnung leisten konnten. Damit sollte verhindert werden, dass sich die betreffenden Personen als „Schlafgänger" einen Übernachtungsplatz in den ohnehin beengten Arbeiterwohnungen suchten. Um der Wohnungsnot zu begegnen, bildete sich um 1900 eine vielschichtige Reformbewegung, die nach neuen Ansätzen für ein gesundes Wohnen in der Großstadt suchte. Es waren vor allem Genossenschaften, die Neuerungen in der Wohnkultur einleiteten und nach einem Gegenmodell zum traditionellen Mietshaus suchten.[63] In Moabit wurden vor dem Ersten Weltkrieg mehrere Wohnanlagen errichtet, die mit begrünten Innenhöfen und großzügig ausgestatteten Wohnungen beispielhaft den Reformgedanken zeigen. Die genossenschaftlichen Wohnanlagen befanden sich in Gemeinschaftseigentum. Ausdruck des angestrebten Gemeinsinns waren die umfassenden Gemeinschaftseinrichtungen wie Bibliothek, Veranstaltungsräume und Badeanstalt. Zu den frühen Reformwohnungsbauten in Berlin gehört die 1896–97 erbaute Wohnanlage des Berliner Spar- und Bauvereins in der Sickingenstraße, für die Alfred Messel die architektonische Gestaltung übernahm. In der Elberfelder Straße errichtete der Erbbauverein Moabit 1909–11 eine von Adolph Mattheus entworfene Wohnanlage. Erich Köhn gestaltete die 1904 ausgeführte Wohnanlage des Beamten-Wohnungs-Vereins zu Berlin in der Stromstraße.

Die großflächige Bebauung Moabits führte zu einem raschen Bevölkerungswachstum. 1871 zählte der Ort gerade 14.818 Bewohner, zur Jahrhundertwende waren es schon 159.791 und bis 1910 stieg die Einwohnerzahl auf 190.000 an.

Ausbau der Infrastruktur

Moabit wurde im ausgehenden 19. Jahrhundert von der rasch wachsenden Großstadt Berlin vereinnahmt. Das Stadtviertel, das schon früh Einrichtungen wie Gefängnisse und Kasernen aufgenommen hatte, die in der Berliner Innenstadt keinen Platz mehr fanden, wurde wegen verkehrsgünstig gelegener Freiflächen in Stadtnähe auch weiterhin für neue Industriebetriebe, Anlagen des Verkehrs, Kraftwerke und Straßenbahnhöfe genutzt. Auch kamen weitere Großbauten für Militär und Justiz hinzu. Die wachsende Einwohnerschaft erforderte, über den gesamten Stadtteil verstreut, den Bau von Gemeindeschulen, evangelischen und katholischen Kirchen sowie Wohlfahrtseinrichtungen. Oft musste man auf Blockinnenflächen oder unbebaut gebliebene Mietshausparzellen ausweichen. Auf diese Weise bildete sich die für Moabit typische enge Durchmischung von Wohnen und Versorgungseinrichtungen.

Die Stadt Berlin errichtete 1871–73 auf einem weiten Gelände zwischen Turm- und Birkenstraße ein Lazarett mit freistehenden Baracken. Das den damaligen hygienischen Erkenntnissen entsprechend im Pavillonsystem gebaute Krankenhaus war ursprünglich als Aufnahmestation bei Pocken-, Cholera- und Typhus-Epidemien gedacht. Die stetig erweiterte Anstalt wandelte sich jedoch in ein allgemeines Krankenhaus, das die Moabiter Bevölkerung versorgte, aber auch auf dem Gebiet der Forschung An-

Moabit. Luftaufnahme des dicht bebauten Stadtgebiets. Befliegung vom 11. April 1944

Moabit. Heilandskirche, 1892–94 von Friedrich Schulze. Postkarte, um 1925

sehen erlangte. Hier führte Robert Koch in den 1880er Jahren einige seiner berühmten Experimente zu Methoden der Desinfektion und Sterilisation durch. Architektonisch trat das Krankenhaus vor allem mit den ab 1904 fertig gestellten und von Stadtbaurat Ludwig Hoffmann entworfenen Erweiterungsbauten in Erscheinung, die unter anderem den Hauptzugang an der Turmstraße neu fassten. Der Architekt errichtete an der Zufahrt in offener Bauweise zwei Wohnhäuser für Pfleger und Pflegerinnen und ein Verwaltungsgebäude mit einer repräsentativen Schaufront zur Turmstraße. Die Backsteinbauten zeigten den für Ludwig Hoffmann typischen sachlichen Stil mit Anklängen an den strengen Barock des ausgehenden 18. Jahrhunderts. Die Fassaden waren mit bildhauerischem Schmuck aus Sandstein lebendig gestaltet.
Im Osten Moabits verdichtete sich der breite Gürtel der Militär-, Verkehrs- und Justizeinrichtungen. Die Güter- und Rangierbahnhöfe der Hamburg-Lehrter Eisenbahn an der Heidestraße und am Spreeufer wurden weiter ausgebaut und um Werkstätten und Gleisanlagen für den Güterumschlag erweitert. Ebenfalls an der Spree entstand 1883–86 der neue Packhof. Die Berliner Kaufmannschaft benötigte zentrale Lagerstätten für die zollfreie Lagerung von Waren, die durch Eisenbahn und Schiff erreichbar sein mussten. Der neue Packhof ersetzte Karl Friedrich Schinkels alten Packhof auf der Museumsinsel. An der Straße Alt-Moabit, ne-

Krankenhaus Moabit. Luftaufnahme, 1919

Lehrter Bahnhof. Marine-Panorama und Universum-Landesausstellungspark. Luftaufnahme, um 1910

Lehrter Bahnhof, 1869–71 von B. Scholz und La Pierre. Aufnahme vor 1939

Altes Kriminalgericht, 1877–82 von August Busse und Herrmann. Aufnahme von F. A. Schwartz vor 1886

ben der Zufahrt zum Packhof, fanden die Hauptniederlassung der Provinzial-Steuerdirektion und dahinter das Hauptzollamt ihren Standort.[64]

1891 wurde die Moltkebrücke eröffnet, die mit ihren prunkvollen Reliefs und Skulpturengruppen zu den am reichsten geschmückten Spreebrücken gehört. Wenn man vom Alsenviertel aus die Brücke überquert hatte, erreichte man am nördlichen Spreeufer das 1893 erbaute Marine-Panorama, ein kreisrundes Gebäude mit Glaskuppel, in dem nach 1899 das Deutsche Kolonialmuseum untergebracht war.[65] Dahinter folgte der grandiose, bereits 1871 fertig gestellte Lehrter Fernbahnhof und weiter westlich, zwischen dem Viadukt der Stadtbahn und den Fernbahngleisen, ein 1883 errichteter Glaspalast, der zum 1879 eröffneten Landesausstellungsgelände gehörte. Die Eisen-Glas-Konstruktion der Kuppel war von Walter Kyllmann und Adolf Heyden unter Beteiligung der Ingenieure Scharowsky und Pröll entworfen worden. Die eindrucksvollen, stadtbildprägenden Bauten wurden, abgesehen von der Moltkebrücke, im Zweiten Weltkrieg zerstört und in der Nachkriegszeit abgetragen.

Nördlich der Straße Alt-Moabit war 1877–82 in der Nähe des Zellengefängnises an der Einmündung der Rathenower Straße das Alte Kriminalgericht von Oberbaudirektor Herrmann unter Mitwirkung von August Busse errichtete worden, zu dem ein sternförmiges, panoptisch aufgebautes Untersuchungsgefängnis gehörte. Damit war der Grundstein für das Justizviertel gelegt, das in der Folgezeit noch erweitert wurde. Nach Entwürfen von Rudolf Mönnich und Carl Vohl entstand 1902–06 an der Turmstraße das Neue Kriminalgericht. Die Gerichtsgebäude und die Bauten des Strafvollzugs nahmen den gesamten Block von der Rathenower Straße bis zur Turmstraße und Wilsnacker Straße ein. Mit Ecktürmen, Portalen, Kuppeln und übergiebelten Risaliten formierte sich ein imposanter Justizkomplex der wilhelminischen Ära.

Um den Exerzierplatz gruppierten sich neue Militärgebäude mit Kasernen, Militärarrestanstalt, Oberfeuerwerkerschule und Corps-Bekleidungsamt. Auch hier war der Ausbau durch die vorhandene Ulanenkaserne an der Invalidenstraße und durch den militärfiskalischen Grundbesitz vorbestimmt. Zunächst ließ die Militärverwaltung 1878–81 zwischen Perleberger Straße und Kruppstraße anstelle des aufgegebenen Pulverlaboratoriums eine ausgedehnte Baugruppe mit Kasernen, Stallungen sowie Fahrzeug- und Geschützremisen für das 1. Garde-Feld-Artillerie-Regiment errichten. Zur ersten Bauetappe gehörte das Offizierskasino an der Perleberger Straße, umgeben von einer kleinen Parkanlage. Nördlich der Ulanenkaserne folgten 1893 die längs der Rathenower Straße aufgereihten Bataillonsgebäude des 4. Garde-Regiments zu Fuß, die die westliche Einfassung des Exerzierfelds bildeten. Auf der gegenüberliegenden Seite, an der Lehrter Straße, entstand 1896–98 das dorthin verlegte Königliche Corps-Bekleidungsamt und bis 1901 weiter südlich das lang gestreckte Gebäude der Militärarrestanstalt.[66] Damit ergab sich in Moabit ein Militärbezirk von gewaltigen Ausmaßen, der in Größe und Bedeutung mit dem Arsenal in Wien vergleichbar ist.[67]

Bedeutende Ausstellungen, die Präsentation technischer und sozialer Errungenschaften fanden auf dem Ausstellungsgelände am Lehrter Bahnhof statt. 1879 war es mit der Gewerbeausstellung eröffnet worden. Siemens stellte dort erstmals eine elektrisch betriebene Bahn vor. Seit 1882 führte die Stadtbahn in einem Bogen am Ausstellungsgelände vorbei. Die Stationen Lehrter Bahnhof und Bellevue brachten Moabit eine bessere Anbindung an den öffentlichen Nahverkehr. Die Stadtbahn, ein in Linienführung und Betrieb völlig neuartiges Verkehrsmittel, hatte großen Einfluss auf die Stadtentwicklung. Die ersten Anregungen für den Bau einer Stadteisenbahn, die Berlin in seiner größten Ausdehnung von Ost nach West durchqueren und die Ringbahn mit der Innenstadt verbinden sollte, hatte schon 1871 August Orth gegeben. 1874 formierte sich die Stadteisenbahngesellschaft, die jedoch am Bodenerwerb und an den benötigten Finanzmitteln scheiterte. Der preußische Staat übernahm daraufhin Planung und Ausführung des Bahnprojekts. Um eine Behinderung des stark angewachsenen Straßenverkehrs auszuschließen, verlegte man die Bahngleise des Fern- und Nahverkehrs auf 731 gemauerte Viaduktbögen. Damit war ein kreuzungsfreier Zugbetrieb möglich. Die neuen Stationen der Stadtbahn, der Lehrter Stadtbahnhof und der Bahnhof Bellevue, versorgten in erster Linie das Wohnviertel um den Hansaplatz und das Kasernen-, Eisenbahn- und Justizgelände um Invalidenstraße und Rathenower Straße.

Eine große Bedeutung für das Stadtwachstum hatte auch die Ringbahn, die Moabit im Norden tangierte. Die erste für den Nahverkehr bestimmte Eisenbahnlinie in Berlin verband in einem Ring um die Innenstadt alle acht Kopfbahnhöfe. Die 1872 im östlichen und 1877 im westlichen Abschnitt in Betrieb genommene Bahnlinie erlaubte es, in wenigen Minuten mit einem günstigen Vororttarif die Gebiete am Stadtrand zu erreichen. Angesichts der in der Innenstadt herrschenden Wohnungsnot konnten neue Wohngebiete erschlossen werden. In Moabit war die Ringbahn ein wichtiger Faktor für den raschen Ausbau des Industriegebiets Martinickenfelde, das den Fabrikstandort in Alt-Moabit ablöste. Der 1871 eingerichtete Bahnhof Moabit wurde später durch zwei neue Stationen ersetzt, den 1894 eröffneten Bahnhof Beusselstraße an der Beusselbrücke und den 1898 in Betrieb genommenen Bahnhof Putlitzstraße an der Putlitzbrücke. Damit war eine optimale Anbindung der Industriebetriebe und der umliegenden Mietshausquartiere an den Nahverkehr gegeben. Der enorm gestiegene Güterumschlag ließ an der Ringbahn einen breiten Eisenbahngürtel mit Lagergebäuden, Lokomotivschuppen und Werkstätten entstehen. Personen-, Güter- und Rangiergleise der Berlin-Hamburger Eisenbahn, Berlin-Lehrter Eisenbahn und der Ringbahn formierten sich im Norden Moabits zu einem verflochtenen Gleisband, das nur mittels langer Brückenkonstruktionen überwunden werden konnte. Die 1912 von Arno Koernig und Friedrich Krause geschaffene Putlitzbrücke bildete architektonisch und konstruktiv eine gelungene Lösung, um dieses städtebauliche Hindernis zu überwinden. Zusammen mit dem 1900 dort fertig gestellten Kraftwerk Moabit, dessen architektonische Ge-

Kraftwerk Moabit. Eisenbahngelände und Putlitzbrücke. Luftaufnahme, um 1920

stalt von Franz Schwechten stammte, war ein für die Großstadt unentbehrlicher Verkehrs- und Versorgungsschwerpunkt entstanden.
Einen Fortschritt in der Verkehrsanbindung brachten die in die Stadtmitte führenden Pferdeeisenbahnlinien der Großen Berliner Pferdeeisenbahn-Aktiengesellschaft. Die Einrichtungen der Pferdeeisenbahn gehören zusammen mit der Stadt- und Ringbahn zur großstädtischen Infrastruktur, wie sie die europäischen Metropolen zur Jahrhundertwende kennzeichnete. Die Große Berliner Pferdebahn-Aktiengesellschaft, später Große Berliner Straßenbahn-Aktiengesellschaft, ließ Betriebshöfe in der Waldenser-, Wald- und Wiebestraße errichten, wobei die riesige vierschiffige Wagenhalle des Straßenbahndepots an der Wiebestraße 320 Wagen aufnehmen konnte. Für die Gestaltung aller Betriebshöfe war der Leiter der technischen Abteilung, Oberingenieur Joseph Fischer-Dick, verantwortlich.
Mit dem anhaltenden Wachstum der Mietshausviertel wandelten sich die Straßenzüge Turmstraße und Alt-Moabit immer mehr in Geschäftsstraßen mit zahlreichen Läden und Warenhäusern. Zum Beispiel zog in das Geschäftshaus Turmstraße 76-76 A, Ecke Ottostraße 21, 1900 das Warenhaus Lachmann & Scholz ein.[68] Ein ganzes Straßengeviert nahm die städtische Markthalle ein, die 1890–91 von Stadtbaurat Hermann Blankenstein errichtet wurde. Sie verbesserte die Versorgung der Bevölkerung mit hygienisch einwandfreien Lebensmitteln. Bis zum Bau des Rathauses Tiergarten in den 1930er Jahren wirkte die Markthalle mit einer vorgelegten Loggia über den Arminiusplatz hinweg in den Stadtraum der Turmstraße hinein.

Industriegebiet Martinickenfelde

Zwischen Moabit und Charlottenburg entwickelte sich zeitgleich mit dem Niedergang des Industriestandorts Alt-Moabit ab dem letzten Drittel des 19. Jahrhunderts ein neues Industrierevier, das Fabrikviertel Martinickenfelde.[69] Mit der zunehmenden Mechanisierung benötigten die aus dem dicht bebauten Stadtgebiet abgewanderten Unternehmen immer mehr Raum, der in der Innenstadt angesichts der Citybildung mit drastisch gestiegenen Bodenpreisen nicht mehr zur Verfügung stand. Westlich der Beusselstraße war noch ausreichend unbebautes Terrain vorhanden, das, weil es von der Spree bis zur heutigen Huttenstraße zur Gemarkung Charlottenburg gehörte, verlockende Steuerbedingungen bot. Die ersten Fabriken siedelten sich daher ausschließlich auf diesem Geländestück an.
Der Name „Martinickenfelde" leitet sich von einem unter Friedrich Wilhelm I. angesiedelten Réfugié namens Martin her, der etwa an der heutigen Kreuzung Gotzkowskystraße und Alt-Moabit das unter den Berlinern beliebte Ausflugslokal „bei Martinicken" betrieb. Im 19. Jahrhundert ging der Name auf das umgebende Acker- und Heideland über, das im Besitz der Ackerbürgerfamilie Beussel war. Die guten Standortbedingungen, zu denen die vorbeifließende Spree zählte, wurden aber erst nach 1870 erkannt, als auf dem gegenüberliegenden Spreeufer die ersten Industriegebiete Charlottenburgs im Umkreis der heutigen Franklinstraße im Entstehen begriffen waren. Als sich die Grundstücke dort immer mehr füllten, sprang die Entwicklung auf Martinickenfelde über. Ende

Jul. Straube's Übersichtsplan von Berlin, berichtigt 1908–10. Ausschnitt Industriegebiet Martinickenfelde

des 19. Jahrhunderts kam es zur Zuwanderung von innovativen Betrieben der Werkzeugmaschinen- und Elektroindustrie, die mit ihrem hohen Flächenbedarf erstmals auch das zu Berlin gehörende Gebiet nördlich der Huttenstraße vereinnahmten. Bis zum Ersten Weltkrieg wuchs Martinickenfelde zu einem führenden Standort moderner Industriezweige heran, vertreten von der Ludwig Loewe & Co. AG und der Allgemeinen Elektricitäts-Gesellschaft (AEG), die die Stellung Berlins als führende Industriestadt Deutschlands mit begründeten.
Während der schmale Uferstreifen des Spreebogens schon frühzeitig mit Gerbereien und Mühlen besetzt war, siedelte sich weiter nördlich, zwischen Beussel- und Reuchlinstraße, als erstes größeres Unternehmen 1867 die Berliner Cichorien-Fabrik von Gustav Noah an, in der das damals viel verwendete Kaffee-Surrogat geröstet wurde.[70] Es folgte die Metallurgisch-Chemische Fabrik von Kayser & Co., die Berliner Porzellan-Manufaktur von M. Ludloff und eine Asphalt-Fabrik. Alle diese Unternehmen mussten jedoch später dem spekulativen Mietshausbau weichen, als zwischen 1890 und 1900 das Quartier an der Beusselstraße, gedacht für die Fabrikarbeiter in Martinickenfelde, aufgebaut wurde. Der Schwerpunkt der Industrialisierung verlagerte sich nunmehr zum Gebiet westlich des Straßenzugs Reuchlin- und Berlichingenstraße. Dort hatte sich bereits 1872 die vom Moabiter Fabrikbesitzer Emil Blum mitgegründete Berlin-Anhaltische Maschinenbau-Aktiengesellschaft (BAMAG) niedergelassen, die auf dem Gebiet der Herstellung und Einrichtung von Gas- und Wasserwerken führend war.[71] Die BAMAG, die ihr Betriebsgelände zwischen Kaiserin-Augusta-Allee und Huttenstraße durch Grundstückskäufe immer mehr ausweitete, entwickelte sich zum ersten Großbetrieb in Martinickenfelde. Lag dieser Ansiedlung noch der gründerzeitliche Fabrikbau mit backsteinsichtigen Werkstatt- und

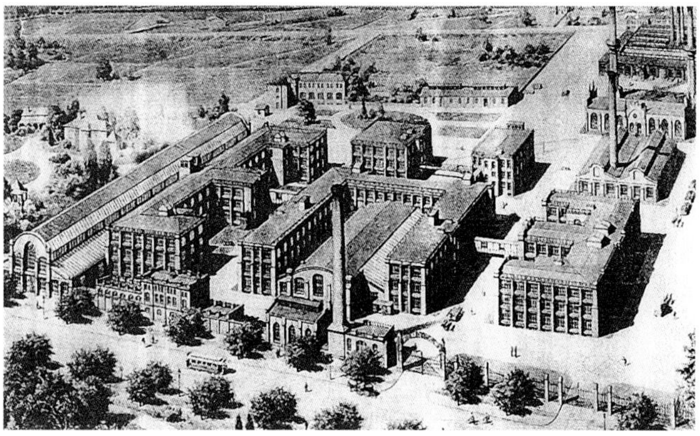

Maschinenfabrik der Ludwig Loewe & Co. AG an der Huttenstraße, 1897–98 von Arnold Vogt. Lithographie um 1900

Fabrikgebäuden ohne großen Repräsentationsanspruch zugrunde, ausgeführt von Bau- und Maurermeistern, so änderte sich das Bild bei den nachfolgenden Unternehmen des Werkzeugmaschinenbaus und der Elektroindustrie gravierend. Nunmehr galt es, den modernen, funktionalen Fabriken ein zeitgemäßes Gesicht zu geben. Die Fabrikbesitzer und Unternehmer entdeckten die Fabrik als Repräsentationsgebäude, als Markenzeichen für Leistungskraft und Ansehen des Unternehmens, sodass sie junge Architekten beauftragten, die für eine ambitionierte moderne Architektur eintraten.

Die Ludwig Loewe & Co. AG prägte das Industriegebiet mit mehreren Fabriken und Niederlassungen. Zunächst ließ das 1869 in der Luisenstadt gegründete Unternehmen 1888 die Deutschen Waffen- und Munitionsfabriken erbauen, die neben der BAMAG den restlichen Baublock zwischen Huttenstraße und Kaiserin-Augusta-Allee beanspruchten.[72] Um die Jahrhundertwende waren mehr als 2.500 Arbeiter in der Waffenfabrik beschäftigt. Für ein zweites Tochterunternehmen, die Union Elektricitäts-Gesellschaft (UEG), und für die nach Martinickenfelde verlegte Maschinenbauabteilung wurden nach 1896 weitere Fabrikgebäude errichtet, erstmals nördlich der Huttenstraße, also auf dem Gebiet der Stadt Berlin. Mit der Ansiedlung der UEG veränderte sich der Schwerpunkt des Industriegebiets. Neben dem Werkzeugmaschinenbau spielte nun die Elektroindustrie eine führende Rolle. Die Ludwig Loewe & Co. AG erwarb das gesamte Areal zwischen Wiebestraße und Berlichingenstraße, das im Norden teilweise bis zur Sickingenstraße reichte, wobei die UEG den östlichen Geländeteil zugewiesen bekam.[73] Dicht verzahnt entstanden zwischen 1896 und 1907 mehrere Produktions- und Verwaltungsgebäude. Zusammen mit der Waffenfabrik, die man allerdings zu Beginn des 20. Jahrhunderts nach Borsigwalde verlegte, umfassten die Betriebe ein zusammenhängendes Areal von annähernd 200.000 Quadratmetern. Die um 1900 beginnende Verknüpfung von mechanischer Industrie und Elektroindustrie wurde hier auf engem Raum anschaulich vorgeführt.

Während Theodor Rönn für die UEG eine lichterfüllte, geräumige dreischiffige Montagehalle mit Seitenemporen entwarf, war Arnold Vogt für den Bereich des Werkzeugmaschinenbaus zuständig. Unter seiner Leitung ließ die Ludwig Loewe & Co. AG 1897–98 eine nach modernen Produktionsabläufen konzipierte Maschinenfabrik, die spätere Normenteilefabrik, erbauen. Nach

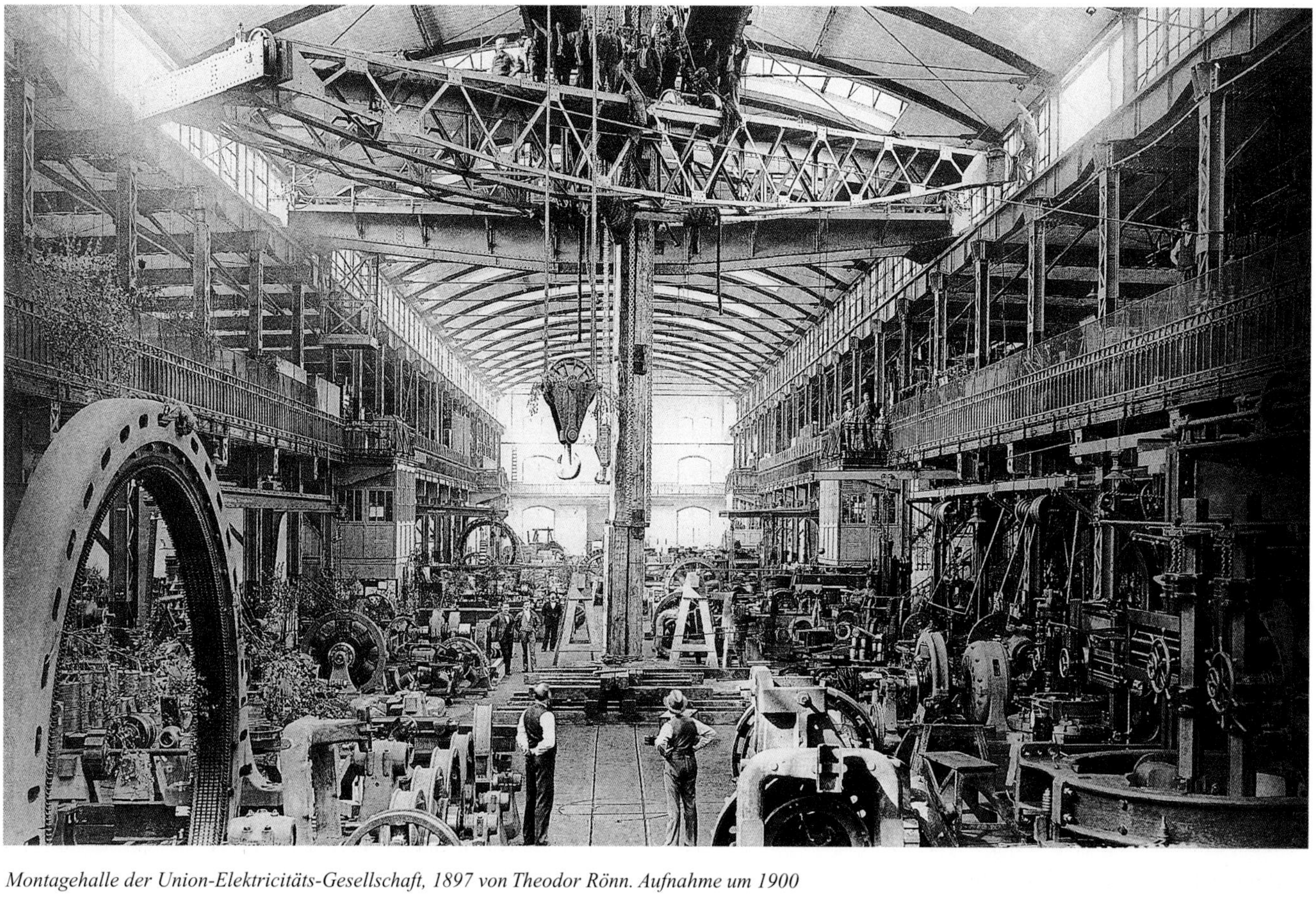

Montagehalle der Union-Elektricitäts-Gesellschaft, 1897 von Theodor Rönn. Aufnahme um 1900

AEG-Turbinenfabrik, 1908–09 von Peter Behrens. Aufnahme um 1910

amerikanischem Vorbild entstand ein völlig neuartiger Fabriktyp. Gemäß dem Produktionsprozess ordnete Arnold Vogt mehrgeschossige pavillonartige Bauten an, die untereinander durch Transportbahnen erschlossen waren. Die internationale Fachwelt beobachtete aufmerksam den neuen Fabriktyp, wurde doch mit ihm erstmals eine innovative Betriebsorganisation erprobt, die auf den von Frederick Winslow Taylor propagierten Grundsätzen einer wissenschaftlichen Betriebsführung beruhte. Mit dem Transportsystem und den in Pfeilern und Fensterflächen aufgelösten Wänden entwickelte Arnold Vogt eine angemessene Bauform, die Ordnung, Licht und Luft in die Maschinenfabrik brachte.[74]

Nach außen trat die Ludwig Loewe & Co. AG, die inzwischen zur Weltfirma aufgestiegen war, mit einer 1908 fertig gestellten repräsentativen Verwaltungszentrale an der Huttenstraße in Erscheinung. Mit Alfred Grenander, der den lang gestreckten hellroten Backsteinbau mit seinen imposanten Turmaufsätzen entwarf, hatte das Unternehmen einen der führenden modernen Architekten gewinnen können. Noch monumentaler wirkt die letzte große Niederlassung der Ludwig Loewe & Co. AG in Martinickenfelde, die ebenfalls von Alfred Grenander gestaltet wurde. Die Fräs- und Bohrmaschinenfabrik an der Ecke Huttenstraße und Wiebestraße entstand 1914–16. Das blockhafte mehrgeschossige Gebäude diente im Ersten Weltkrieg als Rüstungsbetrieb zur Herstellung von Waffen und Munition.

Bereits 1904 geriet die UEG, abhängig von Aufträgen auf dem Gebiet des elektrischen Bahnbaus, in wirtschaftliche Schwierigkeiten. Das Unternehmen fusionierte mit der Allgemeinen Elektricitäts-Gesellschaft (AEG). Die AEG, die großes Interesse an der innovativen Turbinentechnik hatte, gelangte dadurch in den Besitz amerikanischer Patente zur Produktion leistungsstarker Turbinenaggregate des Systems Curtis. Sie übernahm die vorhandenen Bauten der UEG und ließ 1908–09 auf dem noch freien Grundstücksteil an der Ecke Hutten- und Berlichingenstraße eine neue Turbinenhalle errichten. Das epochale Bauwerk aus Beton, Eisen und Glas mit dem markanten Giebel zur Huttenstraße entstand nach Entwurf von Peter Behrens, der 1907 zum künstlerischen Berater der AEG berufen worden war. Für die moderne Konstruktion war der Ingenieur Karl Bernhard verantwortlich. Die Turbinenhalle der AEG bereitete den Weg für die neuzeitliche Industriearchitektur des 20. Jahrhunderts. Das imposante Bauwerk galt in jener Zeit als Sinnbild für den technischen Fortschritt der deutschen Industrie. Neben der Turbinenfabrik errichtete die AEG eine neue Glühlampenfabrik. Der riesige Geschossbau, der einen ganzen Baublock an der Ecke Sickingen- und Berlichingenstraße einnimmt, wurde zwischen 1904 und 1912 in mehreren Abschnitten von Johannes Kraaz gemeinsam mit den Bauingenieuren Viktor Kühn und Gustav Teske geschaffen. Die Glühlampenfabrik erhielt einen modernen

funktionellen Aufbau, wobei die innen liegende Eisenkonstruktion eine offene Grundrissgestaltung erlaubt.
Mit der vor dem Ersten Weltkrieg fertig gestellten Glühlampenfabrik war die Entwicklung des Industrieviertels Martinickenfelde weitgehend abgeschlossen. Im Osten und Westen verhinderten Mietshäuser einen weiteren Ausbau des Industriegebiets, im Süden bildete die Spree eine natürliche Barriere und im Norden wirkte das breite Band der Eisenbahngleise als städtebauliche Begrenzung. Bis 1938 war Martinickenfelde administrativ geteilt. Der Abschnitt südlich der Huttenstraße gehörte zur Stadt Charlottenburg. Bei der Bezirksreform 1938 musste der Bezirk Charlottenburg den Geländestreifen an den Bezirk Tiergarten abgeben.

Der Berliner Tiergarten und seine Randsiedlungen

Der Große Tiergarten

Der Große Tiergarten ist älter als alle Ansiedlungen, die ihn heute umgeben, und die mit ihm zusammen den Ortsteil Tiergarten ausmachen.
Die Anfänge des Tiergartens reichen bis in das 15. Jahrhundert zurück, als Kaiser Sigismund dem Nürnberger Burggrafen Friedrich (1371–1440) zuerst die Statthalterschaft in Brandenburg und 1415 den erblichen Besitz sowie den Titel eines Kurfürsten von Brandenburg verlieh. Friedrich I. war zugleich der erste Herrscher, der auf dem Gelände des späteren Tiergartens zu jagen pflegte, denn, mit baumbestandenen Wiesen und kleinen Seen ausgestattet, war dieses Gebiet in der Nähe der Doppelstadt Berlin-Kölln hierfür ideal.
Als sein Sohn, Friedrich II. (1413–1470), genannt „Eisenzahn", 1443 begann, eine Zwingburg, den Vorläuferbau des späteren Schlosses, errichten zu lassen und hier auch seinen dauernden Wohnsitz nahm, wurde auch ein kleiner Tiergarten, das heißt ein eingezäuntes Wildgatter, angelegt, wie es in vielen europäischen Residenzen bereits üblich war.
Nach heutigem Kenntnisstand war es jedoch erst Johann Cicero (1455–1499), der als passionierter Jäger Teile des unmittelbar vor den Toren der Stadt liegenden Terrains aufkaufte und dadurch den Tiergarten arrondierte. Die früheste urkundliche Erwähnung von einem *„Thier- und Lustgarten"* 1527, im Zusammenhang mit Kurprinz Joachim (1505–1571), dann Joachim Friedrich II. Hektor, bezieht sich jedoch keineswegs schon auf den künftigen Großen Tiergarten, sondern auf einen abgegrenzten, an der Stadtmauer gelegenen Garten, später auch *„Thiergarten vor Cölln"* genannt; es war lediglich eine kleine Menagerie, die 1616 aufgelöst wurde. Unter Joachim I. Nestor (1484–1535) wird der Tiergarten 1530 erstmals urkundlich nachweisbar.[75] Köllnische Bürger verkauften für 125 Gulden im Zuge der auch vom Sohn Johann Ciceros weiter betriebenen Arrondierungen ihre Äcker *„an der kortzen Heide"*, Flächen im südwestlichen Teil des heutigen Parks.[76]
Der so genannte *„Alte Thiergarten"*, die eigentliche Keimzelle der Anlage, befand sich in der Gegend des Großen Sterns. Bis weit ins 18. Jahrhundert hinein sollte die kurfürstliche Grunderwerbspolitik zur Ergänzung des Geländes fortgesetzt werden.
Es galt, nicht nur den Verkehr fremder Eigentümer, mit der ständigen Gefahr der Wilderei, drastisch einzuschränken, sondern auch dem Wild in dem dann später vollständig eingezäunten Jagdrevier Rückzugsmöglichkeiten zu geben. Vermutlich geht die mit Holzplanken und Reisern vorgenommene Umhegung des Tiergartens schon auf das Ende des 16. Jahrhunderts zurück. Aus den Jahren 1606–14 sind jedenfalls Briefe von Kurfürst Joachim Friedrich (1546–1608) und seines Sohnes Johann Sigismund (1572–1619) an die Hofjägermeister und Förster wegen der Ausbesserung des Zaunes und Beschaffung von „Zaunreiß" erhalten.[77]
Der Kurfürst ließ nach dem Dreißigjährigen Krieg den Zaun erneuern, Eichen nachpflanzen und Wild aussetzen.[78]
Die Verkehrserschließung, d.h. vor allem auch eine Anbindung an das Schloss auf der Spreeinsel, erhielt durch den Bau der Straße Unter den Linden ihren ersten und entscheidenden Impuls. Noch von Kleve aus, wo sich das jung vermählte kurfürstliche Paar als Gast von Johann Moritz von Nassau-Siegen (1604–1679) in seiner Residenz aufhielt, erteilte Friedrich Wilhelm, der Große Kurfürst (1620–1688), im Jahre 1647 die Order, eine Galerie von Nuss- und Lindenbäumen von der Hundebrücke bis zum Beginn des Tiergartens anzupflanzen.[79] Im selben Zug wurde der Reitweg, der das Stadtschloss mit dem Jagdgebiet des Tiergartens verband, planiert und unter der Leitung des Gärtners Michael Hanff mit 1.000 Linden und 1.000 Nussbäumen in Form einer sechsreihigen Allee bepflanzt. Wir können davon ausgehen, dass nicht nur die zeitgleiche Anlage des Lustgartens am Schloss auf Anregung von Johann Moritz zurückging, sondern auch die dominante Anlage der konsequent axial geführten Linden. Das, was dann erst unter dem Sohn und Nachfolger, Friedrich III. (1688–1713), später König Friedrich I., im Tiergarten selber zielstrebig begonnen wurde, nämlich die Umgestaltung des der Residenz nahe gelegenen Tiergartens in eine großzügig angelegte „Kunstlandschaft", hat seine Wurzeln in der für Berlin und Potsdam relevanten, vor allem durch Holland beeinflussten, künstlerisch-städtebaulichen Aufbruchzeit nach dem Dreißigjährigen Krieg.
Ab 1668 entstand auf der Nordseite der Straße Unter den Linden die nach der zweiten Frau des Kurfürsten benannte Dorotheenstadt. Zwanzig Jahre später wurde auch das Areal südlich der Linden mit der „Friedrichstadt" bebaut. So entwickelte sich die 60 Meter breite Allee zunehmend zu einer innerstädtischen Magistrale. Der mit einer hohen Barriere begrenzte Mittelweg in den Tiergarten war im Übrigen von Anfang an Fußgängern vorbehalten und somit die erste öffentliche Promenade Berlins.
Auf einer topografischen Karte des Festungsbaumeisters Johann Gregor Memhardt (1607–1678)[80] finden wir 1656 erstmals einen unmittelbar in den Tiergarten führenden und das Ende der Straße Unter den Linden mit der Spree verbindenden Weg mit der Bezeichnung „Allee". Es ist die spätere Zeltenallee, der vermutlich älteste systematisch bepflanzte Weg innerhalb des Tiergartens. Außerdem sind auf diesem Plan auch schon die den Tiergarten nordsüdlich querende „Kleine Querallee" sowie die spätere „Große Querallee" verzeichnet. Das Jagdrevier erfreute sich großer Beliebtheit, und in einer Beschreibung heißt es: *„Berlin ... hat auch ein Wäldlein 500 Schritt groß (...); dienet dem Churfürsten zur Ergötzlichkeit, gestalten viel Wild darinnen unterhalten werden, da dann der Churfürst zum öfteren nur mit wenig Personen jaget"*.[81]
Der Tod des Großen Kurfürsten führte zu Veränderungen und das Gelände wurde nicht mehr in dem Maße wie zuvor als Jagdrevier genutzt. Als Kurfürst Friedrich III. seiner Gemahlin das Dorf Liet-

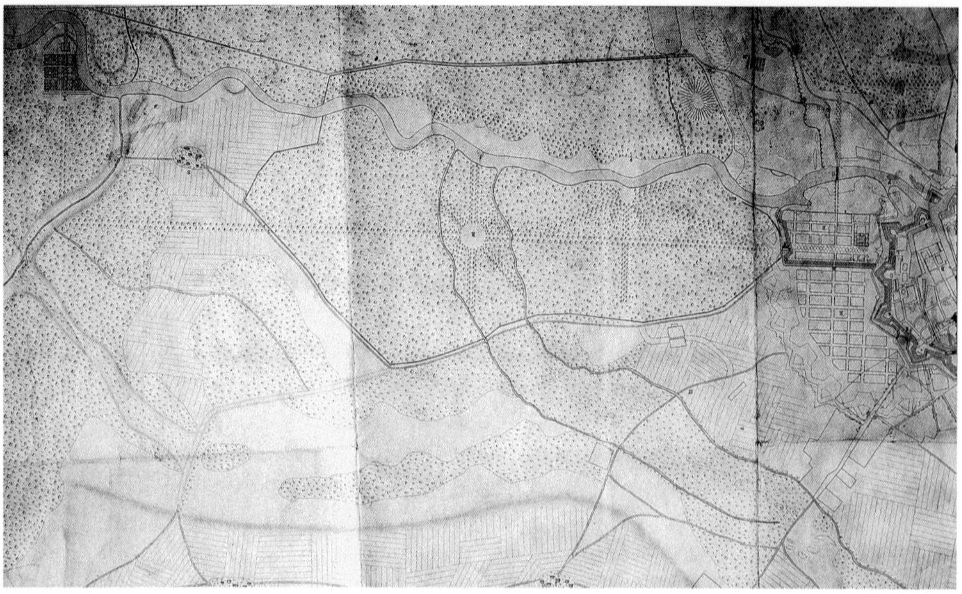

Plan von Berlin mit der südlichen und westlichen Umgebung. 1698. Ausschnitt Tiergarten

zow schenkte und diese sich dort ab 1695 ein Schloss bauen ließ, ergab sich die Notwendigkeit einer direkten Verbindung zwischen Residenz und neuem Landsitz, denn bis dahin bestand dort nur ein einfacher Weg.

Mit der Schenkung des Dorfes Lietzow durch Kurfürst Friedrich III. an seine zweite Gemahlin, Sophie Charlotte (1668–1705), begann die Gestaltung des Tiergartens als integraler Bestandteil der sich entwickelnden Residenzstadt. Schon ein „Plan der Stadt Berlin mit der südlichen und westlichen Umgebung“[82] von 1698, das heißt nur wenige Jahre nach dem Beginn der Erbauung des damals noch bescheidenen „Landhauses“ in Lietzow, zeigt, dass es dem Kurfürsten keineswegs nur um den Bau neuer Gebäude zwecks Aufwertung der Stadtsilhouette ging, sondern auch um eine geordnete Weiträumigkeit im Sinne selbstbewusster Staatsrepräsentation. Es wurde notwendig, die „Linden“ durch angemessene „Communicationswege“ durch den Tiergarten in geeigneter Weise fortzuführen und mit der direkt auf Schloss Lietzow rechtwinklig zulaufenden Schloßstraße zu verbinden. Man erkennt nicht nur die Planung für den Ausbau des späteren Zeltenplatzes, sondern vor allem auch den „Großen Stern“ mit den acht hier einmündenden Alleesträngen und das Teilstück der späteren Charlottenburger Chaussee.

Mit dem Bau des Schlosses Lietzow wurde der Tiergarten und seine Umgebung in einen komplexeren räumlichen Kontext gestellt. Die bedeutende Karte von 1698 zeigt jenseits einer durch den Garten von Lietzow und die Jungfernheide geführten Blickbeziehung alleeartig aufgepflanzte Schneisen mit Sichtbezug vom Schloss Lietzow auf die vom Kurfürsten 1691 beziehungsweise 1693 erworbenen Schlösser Schönhausen und Tegel. Darüber hinaus sieht man eine vom Schloss Oranienburg ausgehende, geradewegs nach Süden führende Allee. Die architektonische Vision Friedrich Wilhelms sollte erst unter seinem Sohn, Friedrich I., 1696/97 realisiert werden. Es handelt sich um den ersten systematischen Ausbau der seitdem für den Tiergarten charakteristischen, 60 Fuß breiten Ost-West-Achse, einhergehend mit einem sukzessiven Wandel des Jagdreviers zum „Lustwald“. Den Großen Stern auf halber Strecke soll Martin Ludwig Heydert, der als Hofgärtner von Glienicke auch für die Alleen zuständig war, mit Eichen umpflanzt haben.[83] Da dieser Sternplatz vor allem die Funktion eines Schmuckplatzes hatte, bleibt festzuhalten, dass es sich hier um einen städtebaulichen Wurf handelt, ähnlich dem nach 1717 ausgebauten Zirkel an der Spree, dem späteren Zeltenplatz. Der Name ergab sich durch die Aufstellung von Leinwandzelten, in denen Getränke ausgeschenkt wurden. Aus diesen Zelten wurden im 19. Jahrhundert die bei den Berlinern beliebten Restaurationsbetriebe. Auch wenn viele der in der ersten Hälfte des 18. Jahrhunderts im Tiergarten geschaffenen Alleen nicht gepflanzt, sondern lediglich aus dem Baumbestand gehauen waren, wissen wir, dass zumindest die ostwestliche Hauptallee 1697 aus mehr als 6.000 Linden errichtet worden ist.

Unter dem ersten preußischen König wurde der Tiergarten nicht nur erschlossen, sondern auch versucht, das seit jeher in weiten Teilen sumpfige Gelände trockenzulegen. Friedrich I. ließ ab 1701 den Schafgraben, den späteren Landwehrgraben räumen, zum Vorfluter ausbauen und 1705 in die Spree führen.[84] Die westlich des neuen Grabens gelegenen Partien des Tiergartens wurden gerodet und den Bürgern der neuen Stadt Charlottenburg als Acker und Wiese überlassen. Folge dieser generösen Erschließung war, dass der Tiergarten nicht mehr bis zum so genannten „Knie“ (heute Ernst-Reuter-Platz) reichte, sondern nur noch bis zur Mahlbrücke, gegenüber der heutigen Porzellanmanufaktur.

Unter Friedrich Wilhelm I. (1688–1740), dem Soldatenkönig, erweiterte Philipp Gerlach (1679–1738) die Stadt um die Friedrichstadt nach Süden und zwei Jahre später um die Dorotheenstadt nach Westen. Im Zuge dieser gravierenden Erweiterung wurde ein breiter Tiergartenstreifen vollständig abgeholzt. Nachweislich ein Jagdliebhaber, ließ der König zwar noch kurz nach seiner Thronbesteigung den Staketenzaun um den Tiergarten ausbessern, aber schon 1718, verfügte der bekanntermaßen äußerst sparsame König, *„Sol nichts gemachet werden, sol kein tirgarten mehr sein“*.[85] Dieser Befehl bedeutete das endgültige Aus für das Jagdrevier. Um 1730 ließ der Monarch statt dessen vor dem Brandenburger Tor einen Exerzierplatz, den heutigen Platz der Republik, anlegen und 1733–34 im Zusammenhang mit der Errichtung der Akzisemauer das „Quarree“, den späteren Pariser Platz. Schon kurz nach der Thronbesteigung Friedrichs II. (1712–1786) im Jahr 1740 erhielt Georg Wenzeslaus von Knobelsdorff (1699–1753) als *„Surintendant aller Königl. Schlösser, Häuser und Gärten (und) Directeur en chef aller Bauten in denen sämtlichen königlichen Provinzen"* die Order zur Neuanlage und Umwandlung des Tiergartens in eine Schmuckanlage, damals unter der Bezeichnung „Lustwald" bekannt; sein Hauptaugenmerk galt dem Großen Stern sowie dem Gelände nahe dem Brandenburger Tor. 1742 wurden die 820 preußischen Morgen des Tiergartens vermessen. Gleichzeitig wurde der Zaun restlos entfernt. Knobelsdorff bepflanzte die Allee nach Charlottenburg mit einer vierfachen Baumreihe und musste dafür breite Schneisen freischlagen lassen, damit die jungen Bäumen genügend Raum bekamen.

Zu Knobelsdorffs bemerkenswerten Leistungen gehört, dass er das Herzstück des Parks, den Großen Stern, durch Hecken fassen und die schon früher gepflanzten, den Platz rahmenden Eichen, verdoppeln ließ. Barockem Parkrepertoire entsprechend wurden sechzehn Sandsteinskulpturen platziert, antike Götter darstellend, im Berliner Volksmund bald „die Puppen"[86] genannt. Weitere Skulpturen wurden an ausgewählten Plätzen installiert. Am Beginn der Straße nach Charlottenburg, vor dem Brandenburger Tor, wurden 1765 zwei Kolossalfiguren, Apoll und Herkules, aufgestellt, die der Bildhauer Ebenhech um 1745 ursprünglich für das Potsdamer Stadtschloss gefertigt hatte; sie sollen dort bis 1839 gestanden haben, später wechselte der Standort mehrmals.[87]

Besonderes Augenmerk richtete Knobelsdorff, der ein eigenes Haus und eine 1718 auf Veranlassung des Königs gepflanzte weitläufige Maulbeerplantage auf dem Gelände des heutigen Schlosses Bellevue besaß, auf die Alleen des Tiergartens. Er vervollständigte die nach Südosten auf das Anwesen des Obersten von Kleist ausgerichtete Allee, die erst „Kleistens Allee", später „Große Stern Allee" hieß. Der ebenfalls vom Großen Stern nach Südwesten zur jenseits des Schafgrabens liegenden Fasanerie, dem Gelände des heutigen Zoologischen Gartens, führende Weg, wurde nach der 1742 erfolgten Bepflanzung „Fasanerieallee" genannt. Die vom Stern direkt nach Süden führende Straße erhielt den Namen „Hofjägerallee", nach dem Bauerngut des königlichen Tiergarten-Aufsehers Borsdorf. Die in nördlicher Richtung vom Großen Stern wegführenden Alleen blieben, bis auf den Spreeweg, lediglich als Rudimente erhalten, da sie nur auf die Schöneberger

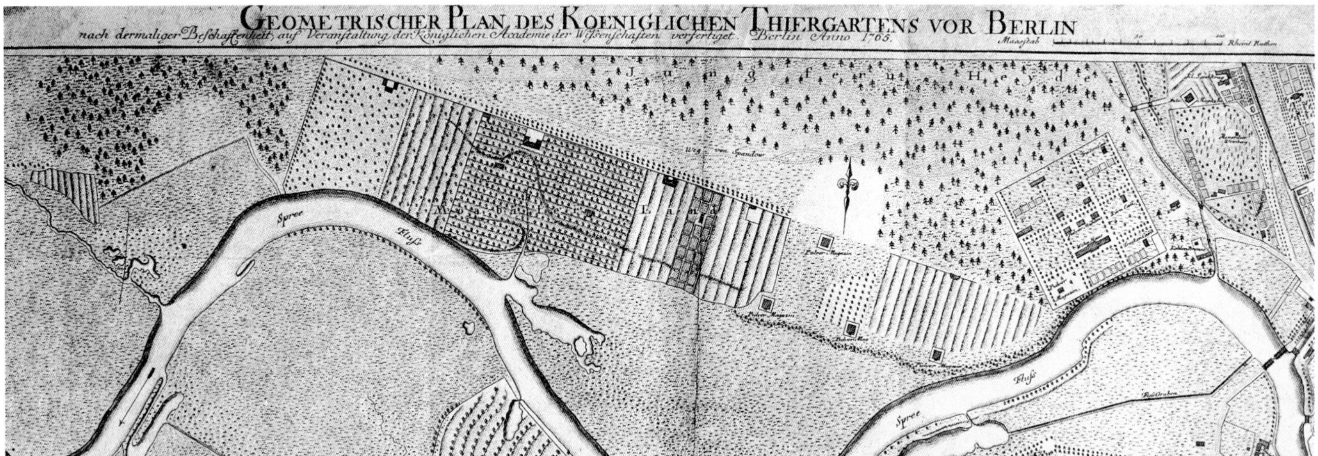

Geometrischer Plan des Königlichen Thiergartens vor Berlin, 1765

Die Rousseauinsel im Tiergarten. Kupferstich, um 1830

Wiesen beziehungsweise in die Knobelsdorffsche Maulbeerplantage führten. Die im südlichen Umfeld des Großen Sterns konzentrierten Labyrinthe von Knobelsdorff waren, im Gegensatz zu den Salons mit ihren schon sehr viel mehr auf Vereinzelung und stillen Naturgenuss angelegten Schlängelwegen, Vorboten eines neuen, frühromantischen Gartenstils.[88] 1747 wurden drei Labyrinthe angelegt. Ein Waldweg, der Poetensteig, der heutige Große Weg, verband diese abwechslungsreich gestalteten Bereiche. Zusätzlich erschlossen ein dichtes Netz von parallel und sternförmig geführten schmalen Pfaden den sich schrittweise in eine Parklandschaft verwandelnden Tiergarten.

1792, während der Regentschaft Friedrich Wilhelms II. (1744–1797), wurde der erste Teil des Tiergartens, die Partie zwischen Kleistens Allee und Kleiner Sternallee, im neu aufgekommenen und sich von England aus verbreitenden landschaftlichen Gartenstil von Hofgärtner Justus Ehrenreich Sello (1758–1818) gestaltet. Festzuhalten bleibt aus dieser Phase ferner, dass die Charlottenburger Chaussee 1798–99 befestigt wurde. Eine weitere Veränderung erfolgte durch Erweiterung eines Wasserzuges, wodurch man eine seeartige Anlage mit eingestreuten Inseln schuf. Eine besonders reizvoll gelegene Insel erhielt durch die Errichtung einer Säule mit bekrönender Vase den Namen „Rousseauinsel“, eine Nachbildung der bekannten Ruhestätte des Naturphilosophen Jean Jacques Rousseau (1712–1778) im Park zu Ermenonville bei Paris. Ein ebenbürtiges Kunstwerk befand sich im Tiergarten nicht weit entfernt auf einer anderen Insel, ein stelenförmiges, nach Entwurf von Johann Gottfried Schadow (1764–1850) entstandenes Monument für die über ihre Zeit hinaus populäre Königin Luise; das Eiland trägt ihren Namen.

Zum Hauptprotagonisten des Landschaftsgartens im 19. Jahrhundert wurde Peter Joseph Lenné.[89] Rezeptionsgeschichtlich oft verklärt, wird meistens vergessen, welche Schwierigkeiten er permanent zu überwinden hatte, um seine Ideen durchsetzen zu können. Ein Hindernis war die notorische Sparsamkeit seines Auftraggebers Friedrich Wilhelm III. (1770–1840). Um so größer ist seine von 1833–39 in sieben Abschnitten erfolgte Um- und Neugestaltung des Tiergartens zu bewerten, eine Arbeit, die trotz der Fülle von Kompromissen nie das selbst gesteckte Ziel aus den Augen verlor. Bei den schon vor 1820 beginnenden ersten Umgestaltungs- und Neuordnungsplänen Lennés für den Tiergarten war er stets von dem Gedanken geleitet, dem Mangel an öffentlichen Spazierwegen in Berlin, die er *„nicht allein des Vergnügens wegen, sondern auch aus Rücksicht auf die Gesundheit“* der Bevölkerung zu den notwendigen Einrichtungen einer Großstadt rechnete, durch entsprechende Konzeptionen Rechnung zu tragen.[90] Über einen Planungs- und Ausführungszeitraum von dreißig Jahren hat Lenné diese Idee im Berliner Tiergarten durchgesetzt, und ihr Grundmuster bewährt sich noch immer.[91]

Schon 1819 hatte Oberförster Friedrich Fintelmann (1775–1837) – im selben Jahr zum Nachfolger Sellos berufen – einen Plan zur Neuanlage des Tiergartens eingereicht,[92] vermutlich als Gegenentwurf zum ersten umfassenden Konzept Lennés. Weder diese beiden Vorschläge, noch weitere, von Lenné eingereichte, akzeptierte der König. Es sollte noch über zehn Jahre dauern, bis sich der sparsame und bei Entscheidungen zögerliche Monarch nach den Napoleonischen Kriegen zu einer überfälligen Instandsetzung des Tiergartens durchringen sollte. 1832 wurde Lenné schließlich vom Finanzminister aufgefordert, Entwürfe vorzulegen, Entwürfe, die endlich Wohlwollen fanden.

Die waldartigen Bestände wurden nun an den Rändern stark aufgelockert. *„Sie bilden die Baumwände für verstärkt eingefügte, oft mehrere hundert Meter lange Sichten, die oft quer oder diagonal zum langgestreckten Tiergarten verlaufen (...) Die alten Alleen bleiben bis auf wenige erhalten. Wege, je nach ihrer Funktion für Fußgänger oder Reiter in der Breite unterschiedlich, erschließen den gesamten Park.“*[93]

Wie wichtig Lenné neben den sozialhygienischen Aspekten stets das künstlerische Moment war, zeigt sich im Tiergarten in den besonders sorgfältig durchgestalteten, mit reichen Schmuckbeetanlagen ausgestatteten und zum Verweilen einladenden kleinen Plätzen. In seiner am 1. Januar 1839 eingereichten Denkschrift über die Umgestaltung des fast fertig gestellten Tiergartens heißt es daher: *„Vor allem erfordern aber die zu Schmuck- und Blumenanlagen eingerichteten Plätze eine vollständige und sorgfältige Bearbeitung, wie das bisher auszuführen nicht möglich war (...). Solche Schmuckplätze gewähren nur dann großen Genuß, wenn sie stets wohl geordnet und in reicher Blumenfülle erhalten werden. Ein so geräumiger Park wie der Tiergarten es ist, würde ohne solche Schmuckplätze seinen vorzüglichen Genuß, nämlich den der Mannigfaltigkeit und der Überraschungen entbehren!“*[94]

Elf erhaltene Lenné-Pläne[95] belegen eindrucksvoll die Kreativität dieses außergewöhnlichen Gartenkünstlers, aber auch sein unermüdliches Bemühen, Vorhandenes organisch einzubeziehen, ohne in utopische Fantasien zu verfallen. Die Pläne verdeutlichen zugleich die in verschiedenen Schriften von ihm fixierten Gestaltungsprinzipien. Wichtig waren ihm die zusammenhängenden, pittoresk komponierten, durch Entsumpfung und Aushub gebildeten Wasserflächen. Die in weiten Schwüngen geführten Wege sollten nach Möglichkeit in Ufernähe geführt werden, sodass sich dem Besucher stets wechselnde Bilder ergeben. Mit Bänken ausgestattete Ruheplätze laden zum Verweilen ein. Lenné ließ auch die inzwischen verfallenen Skulpturen im Park erneuern. So wurde unter anderem die zerstörte Sandsteinskulptur der Venus am gleichnamigen Bassin 1841 durch eine Statue der Venus von Capua als Zinkguss erneuert, die Plastik der Flora im Florasalon lediglich instand gesetzt, aber auch neue Skulpturen wie das 1849 errichtete Marmordenkmal für König Friedrich Wilhelm III. von Johann Friedrich Drake in der Nähe der Luiseninsel aufgestellt. Neu hinzu kamen Elemente wie die Löwenbrücke mit den von Friedrich Tieck entworfenen und bei Borsig gegossenen Tierplastiken. Mit der Anlage des Exerzierplatzes – Vorläufer des späteren Königsplatzes, nun Platz der Republik –, der Anlage des Seeparkes am Neuen See sowie des Hippodroms auf der Höhe des heute an dieser Stelle liegenden Gartenbaugeländes des Zoologischen Gartens sollte Lennés Entwurfstätigkeit für den Tiergarten enden.

Lennés umfassende Konzeption für die *„Umwandlung des Tiergartens in einen vielversprechenden Erholungsort, einen Volksgarten, der aber zugleich dem Repräsentationsbedürfnis des Kö-*

Der Tiergarten bei Berlin im Jahre 1840. Nach den Originalplänen des Königl. Gartendirektors pp Herrn Lenné (Koeber-Plan), 1840

Allee durch den Tiergarten nach Charlottenburg. Ansicht vom Brandenburger Tor aus. Kupferstich, 1831

nigs zu genügen hatte", war anfangs stark geprägt von patriotisch-romantischen Zügen als Folge der Befreiungskriege.[96] Den Tiergarten, und besonders das Brandenburger Tor, interpretierte er als großes Nationaldenkmal, denn *„nirgendwo ist das Herz und die Einbildungskraft für Eindrücke, welche Denkmäler dieser Art auf unser Gemüt machen, so empfänglich als in der Natur"*.[97] Dieser Idealismus, der 1818/19 noch vorherrschte und aus dem Tiergarten eine Art preußischen Nationalpark machen sollte, wich in den Entwürfen der 1830er Jahre einem pragmatischen Impetus. Karl Friedrich Schinkel (1781–1841), der sich ebenso intensiv wie Lenné mit Gestaltungsfragen des Tiergartens auseinander setzte und schon 1815 einen Plan gezeichnet hatte, *„da die Anlage für Berlin so wertvoll, in ihrer Schönheit erhalten und vervollkommnet werden müßte"*,[98] legte 1835 einen bemerkenswerten Entwurf vor, der bei einer Realisierung im Wesentlichen das vorweg nahm, was erst zu Beginn des 20. Jahrhunderts durch Ernst von Ihne (1848–1917) annähernd verwirklicht werden konnte. Der Veränderungen gegenüber wenig aufgeschlossene Friedrich Wilhelm III. verhinderte die Umsetzung des beeindruckenden Schinkel-Entwurfes wie auch andere Planungsansätze.

1840, nach Abschluss der mehrjährigen Um- und Neugestaltung des Tiergartens unter der Leitung Lennés, kam es zwar zu einer formal-geometrisch gestalteten platzartigen Aufweitung vor dem Brandenburger Tor, jedoch entbehrte diese sehr schlichte Variante jedes baulich-skulpturalen oder sonstigen Schmucks. Der Platz vor dem Tor war bis weit in das 19. Jahrhundert hinein aus verkehrstechnischen Gründen wichtig und diente insbesondere als Aufstellungsfläche für die in Richtung Potsdam abgehenden Kutschen und Kremser sowie als Aufmarschfläche für das Militär.

Die acht Jahre andauernde Umgestaltung des Tiergartens wurde durch einen besonders befähigten Mitarbeiter Lennés, Gerhard Koeber, begleitet. Als Hauptzeichner Lennés wirkte er von 1830–42 in der Gartendirektion, ehe er auf sein Betreiben 1842 das Amt des Tiergarteninspektors antrat. Von ihm stammt der 1840 erschienene große Schauplan, auch Koeber-Plan genannt, der den Tiergarten in seiner großartigen, aber auch einzigartigen Synthese barocker wie auch landschaftlicher Gartenkunst abbildet.[99]

Erst nach dem Tod Peter Joseph Lennés 1866 war es dem Hofgarteninspektor Eduard Neide (1818–1883), seit 1867 Tiergartendirektor, vergönnt, dem im Einflussbereich des Brandenburger Tores liegenden östlichen Tiergarten ein neues Gesicht zu geben. Ausgehend von der zwischen 1869 und 1873 erfolgten Errichtung der von Oberhofbaurat Johann Heinrich Strack (1805–1880) entworfenen Siegessäule auf dem Königsplatz, zum Gedenken an die siegreichen Feldzüge von 1864, 1866 und 1870/71, legte Neide einen streng geometrisch gehaltenen Entwurf für das Umfeld des Monuments vor, der 1876 realisiert wurde. Als Folge der Neugestaltung des weitflächigen Königsplatzes schuf Neide mit der Anlage der 1871 angelegten Friedensallee eine repräsentative Verbindung zwischen Königsplatz und Brandenburger Tor, wobei sowohl Tor als auch Siegessäule jeweils den Point de vue für die darauf axial ausgerichteten neuen Alleen bildeten, und zugleich dem Platz vor Berlins emblematischem Wahrzeichen ein besonderer Charakter verliehen wurde.[100] Auch wenn den sozialen Aspekten der Parkanlage beispielsweise durch vermehrtes Aufstellen von Ruhebänken sowie die Einrichtung zahlreicher, damals noch unüblicher Kinderspielplätze zunehmend Beachtung geschenkt wurde, sollte das Erscheinungsbild des Tiergartens würdig-repräsentativ bleiben. Aus dieser Haltung heraus erklärt sich der Beitrag Wilhelms II. (1859–1941), der in einem Erlass anlässlich seines Geburtstags 1895 die Errichtung der Siegesallee verfügte. Demzufolge wurden 32 Skulpturengruppen vormals regierender Herr-

Die Siegesallee, Aufnahme um 1900

scher Brandenburg-Preußens zusammen mit je zwei bedeutenden Zeitgenossen aufgestellt.
Schon unter Kaiser Wilhelm I. waren zahlreiche Denkmäler im Tiergarten aufgestellt worden, so beispielsweise um 1882 vier von Rudolf Schweinitz geschaffene Sandsteingruppen, Rhein, Elbe, Oder und Weichsel darstellend, und 1888 ein Bassin mit Marmor-Triton von Joseph von Kopf auf dem Großfürstenplatz, außerdem der Rolandbrunnen von Otto Lessing am Kemperplatz. Ebenfalls 1880 erhielt das auf Erdmann Encke zurückgehende Denkmal der Königin Luise seinen Standort in direkter Blickbeziehung zum Ufer vis-à-vis dem dort schon seit 1849 für ihren Gemahl Friedrich Wilhelm III. aufgestellten, von Johann Friedrich Drake aus Marmor gearbeiteten Denkmal.[101] 1890 schuf Otto Lessing für seinen Urgroßonkel, Gotthold Ephraim Lessing, das Bronzedenkmal, das als herausragendes Beispiel des Historismus gilt, *„als konsequent formale und stilistische Weiterentwicklung der beiden wichtigsten Dichterdenkmäler der frühen und mittleren Kaiserzeit in Berlin, nämlich des Schiller- und Goethedenkmals"*.[102] Am Goldfischteich wurde unter Entfernung der Zinkguss-Venus 1904 das bei Berlinern als „Musikerofen" bespöttelte und von Rudolf Siemering gearbeitete, zehn Meter hohe Marmordenkmal für Beethoven, Haydn und Mozart errichtet. Weitere Künstlerdenkmale folgten, so das 1903 dicht an der Tiergartenstraße stehende, von Gustav Eberlein in Marmor gemeißelte für Richard Wagner; durch Bildhauerarbeiten gewürdigt werden im Tiergarten gleichfalls Albert Lortzing und Theodor Fontane. Ebenfalls 1880 wurde am östlichen Tiergartenrand das monumentale Goethe-Denkmal von Fritz Schaper enthüllt, fast in Sichtweite zu der 1872/74 von Wilhelm Wolff geschaffenen und 1878 aufgestellten Löwengruppe aus Bronze.
An städtebaulich prominenter Stelle, direkt am Brandenburger Tor, weihte man 1903 den mit weißem Marmor in neobarockem Stil nach dem Entwurf des kaiserlichen Hofarchitekten Ernst von Ihne neu gefassten Vorplatz zum Tiergarten hin ein. Brüstungen mit Prunkvasen aus dem gleichen Material säumten den Platz bis zum Zweiten Weltkrieg. Neben Schalenbrunnen dominierten die spiegelbildlich angeordneten Marmorstatuen Kaiser Friedrichs III. (1831–1888) und seiner Gemahlin Victoria. 1904 kam im Tiergarten als weiterer Skulpturenschmuck das Ensemble des Hubertus-Brunnens von Cuno v. Uechtritz-Steinkirch am Bellevuepark hinzu, sowie vier Jagdgruppen, aufgestellt jeweils beiderseits der Charlottenburger Chaussee: eine Altgermanische Büffeljagd von Fritz Schaper, eine Eberjagd von Karl Begas, die Hasenhetze von Max Baumbach und die Fuchsjagd von Wilhelm Haverkamp, nachdem ebenfalls 1904 acht Tierplastiken von Rudolf Siemering um den Floraplatz herum angebracht worden waren. Wilhelm II. selbst regte eine Hinwendung zum Neoklassizismus an. In diesen Themenkreis gehören zum Beispiel die von Louis Tuaillon geschaffene Amazone zu Pferde, die 1906 auf dem Floraplatz aufgestellt wurde, eine vergrößerte Nachbildung der vor der Alten Nationalgalerie aufgestellten Reiterfigur. Im 1909 von Tiergartendirektor Felix Freudemann (1859–1912) angelegten Rosengarten bekam eine von Carl Begas geschaffene Marmorstatue der Kaiserin Auguste Viktoria ihren Platz.

Schloss und Schlosspark Bellevue

1785 ließ sich Prinz August Ferdinand von Preußen, der jüngste Bruder Friedrichs des Großen, von Michael Philipp Daniel Boumann das dreiflügelige Schloss Bellevue als Sommersitz an der Spree erbauen. Dieses erste klassizistische Schloss in Preußen hatte als Vorbild das 1769–73 von Friedrich Wilhelm v. Erdmannsdorff nach englischen Vorbildern erbaute Schloss Wörlitz. Hofgärtner Weil legte für den Prinzen einen damals modernen englischen Garten an. Vermutlich wirkte daran Johann August Eyserbeck (1762–1801) mit, der Schöpfer des Dessau-Wörlitzer Gartenreichs, des ersten Landschaftsgartens auf dem europäischen Kontinent.[103] Schon in Friedrichsfelde, seinem Vorbesitz, war der Prinz unter dem Einfluss von Wörlitz damit beschäftigt, die obsoleten barocken Gartenstrukturen aufzulösen. Was er hier begann, setzte er in Bellevue fort. Zudem war August Ferdinand bemüht, seine Anlage durch Zukäufe zu vergrößern und den heute noch in Resten im Park vorhandenen Sichtenfächer mit seinen Blickachsen nach Charlottenburg, in

Schloss Bellevue. Ansicht vom Ehrenhof aus. Aquatinta von F. Brohm, nach 1810

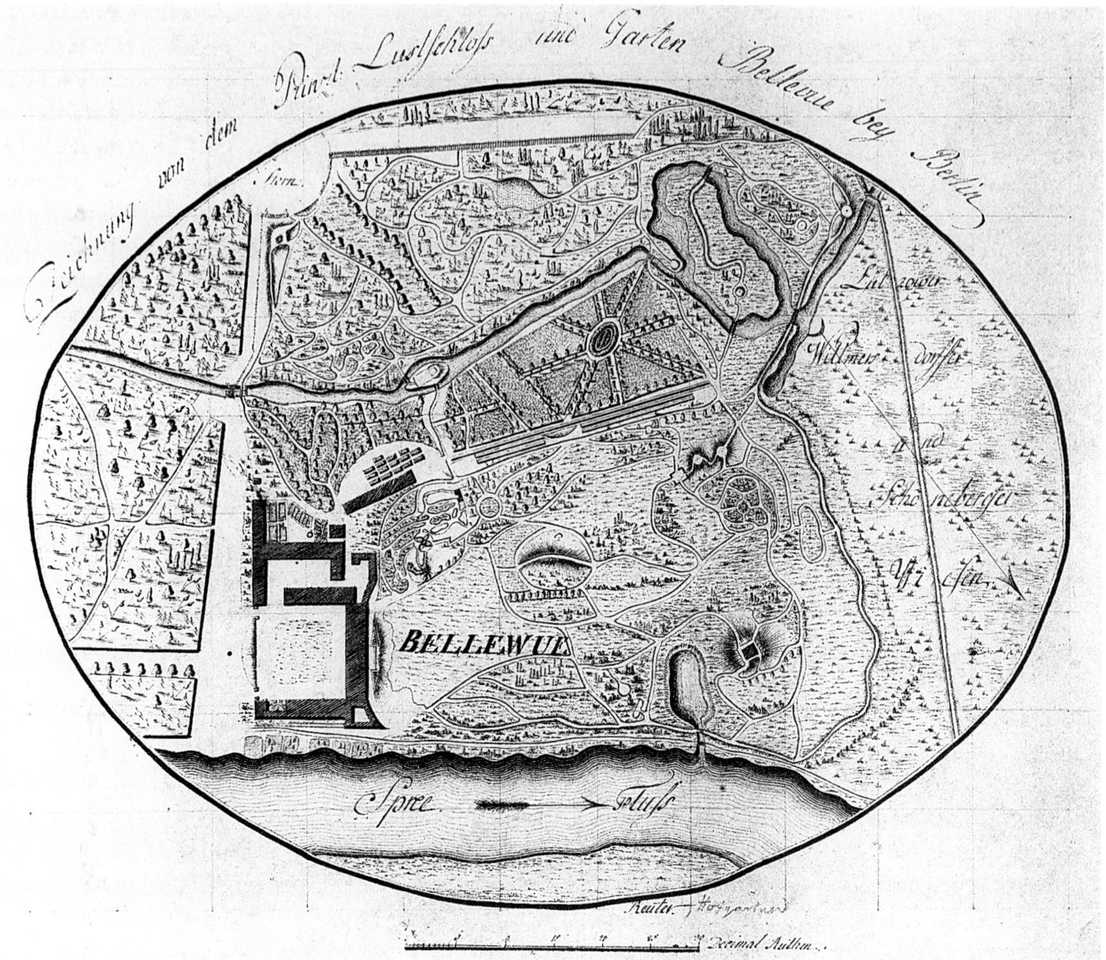

Zeichnung von dem Prinzl. Lustschloß mit Garten Bellevue bey Berlin. Zeichnung des Hofgärtners Reuter, um 1800

die Weiten der Moabiter Wiesen und auf die Spree, mit den in der Ferne gelegenen Kirchtürmen von Spandau, auszubauen. *„Die Gestaltungstätigkeit des Prinzen Ferdinand hat bis zur napoleonischen Invasion 1806 nicht geruht, so daß die Zeit von 1784–1806 als Ferdinand'sche Gestaltungsepoche zu definieren ist. Der Park Bellevue wurde damals ein herausragendes Schmuckstück der Preußischen Gartenkunst."*[104] Für die Entwicklung der frühlandschaftlichen Tendenzen im Tiergarten war zweifellos der Park von Schloss Bellevue ein Vorbild.
Zum frühromantischen Park gehörten zahlreiche Gartengebäude, die den besonderen Reiz der Anlage ausmachten. So gab es u. a. einen Chinesischen Parasol, ein Gotisches und ein Schweizer Haus, einen Geflügelhof mit Taubenhaus sowie die von Friedrich Gilly entworfene Meierei. Durch Kriegseinwirkungen zerstört, wurde der wegen seines visionären Architekten bemerkenswerte Bau durch das 1952 an dieser Stelle erbaute „Parkhaus" im Englischen Garten ersetzt.
Der Sohn des Prinzen August Ferdinand, August (1779–1843), erhielt Schloss und Park und ließ die Orangerie und den Gartensalon von Karl Friedrich Schinkel einfügen. Erhebliche Änderungen kamen erst Ende des 19. Jahrhunderts auf Veranlassung von Kronprinzessin Victoria zustande, welche die Gewässer zuschütten ließ. Trotz weiterer Vereinfachungen und deutlicher Grundstücksabtretungen nach dem Zweiten Weltkrieg ist Bellevue ein Kleinod geblieben, das sich noch immer deutlich vom Großen Tiergarten unterscheidet.

In den Zelten

Am nördlichen Tiergartenrand erhielten 1745 zwei eingewanderte Hugenotten, Dortu und Thomassin, von König Friedrich II. die Genehmigung, auf einer nahe dem Spreeufer gelegenen Lichtung Leinwandzelte zum Verkauf von Erfrischungen aufzustellen, denen bald weitere Zelte folgten.[105] Die Stelle war gut gewählt, denn in der Nähe befand sich der „Zirkel", ein beliebter Ausflugsort der vornehmen Berliner Gesellschaft. Der halbrunde Platz, von dem sieben Alleen, die „sieben Kurfürsten", fächerförmig abgingen, zählte zu den schönsten Gegenden des Tiergartens und war bereits Ende des 17. Jahrhundert unter Kurfürst Friedrich III. angelegt worden. Als man die ersten Zelte aufstellte, waren gerade die von Knobelsdorff vorgenommenen Verschönerungen für den Zirkel vollendet. Der Halbstern hatte neben einer doppelten Baumreihe von Ulmen und Eichen Balustraden, Bänke und Standbilder nach antiken Vorbildern bekommen. Bis Ende des 18. Jahrhunderts wurden die nur für den Sommer gedachten einfachen Zelte durch Holzhütten ersetzt, die als Wohnung und als Schankstätte auch im Winter benutzt werden konnten.
Obwohl die Tiergartenverwaltung Wert darauf legte, dass die „Zelten" ein Ausflugsziel der Berliner blieben, verloren sie in der ersten Hälfte des 19. Jahrhunderts wegen der vielen neuen großen Kaffeegärten und Gaststätten an der Tiergartenstraße an Bedeutung. Gleichwohl entwickelten sich die vorhandenen Einrichtungen ab 1811 zu massiven Gastwirtschaften, als die Baubeschränkungen

Schloss Bellevue. Meierei Louisa der Prinzessin Luise. Entwurf 1801 von Friedrich Gilly

Tiergartenviertel. Landhaus des Theaterdirektors August Wilhelm Iffland an der Tiergartenstraße, erbaut 1800–01 von Carl Gotthard Langhans

wegfielen. Die „Zelten" blieben ein beliebter Treffpunkt, und ihre attraktive Lage an der Spree ließ im Anschluss an die Gaststätten ein kleines vornehmes Quartier Berliner Künstler und Intellektueller entstehen. Sie siedelten sich an der 1832 eingerichteten Straße In den Zelten an, die vom Kurfürstenplatz, früher „Zirkel" genannt, bis zum Königsplatz führte. Mit dem repräsentativen Ausbau des Königsplatzes und des angrenzenden Alsenviertels vollzog sich auch der Aufschwung des Viertels. Die Gaststätten wurden immer aufwendiger umgebaut oder neu errichtet. Besonders eindrucksvoll mit seinen riesigen Festsälen und einem aufwendigen Schaugiebel war das von Hans Grisebach entworfene „Kronprinzenzelt" (Zelt 1), erbaut 1887–88. Auch die Wohnbebauung, die aus palaisartigen Gebäuden und herrschaftlichen Mietshäusern bestand, war anspruchsvoll. Unter den Bewohnern befanden sich berühmte Persönlichkeiten der Berliner Kulturgeschichte. Bettina v. Arnim lebte von 1847 bis zu ihrem Tod 1859 in dem 1829 erbauten Haus In den Zelten 5, und der Geiger Josef Joachim besaß eine 1871–72 von Richard Lucae erbaute Villa an der Einmündung der Beethovenstraße. Die Erschließung des gesamten Quartiers war um 1900 abgeschlossen.

Tiergartenviertel

Zu Beginn des 19. Jahrhunderts zog Berlin als Haupt- und Residenzstadt, als Garnisonsstandort und Verwaltungszentrum und nicht zuletzt als Standort zahlreicher Fabriken und Gewerbebetriebe immer mehr Menschen an, die sich in der Stadt eine Arbeits- und Existenzmöglichkeit erhofften. Das Bevölkerungswachstum beschleunigte den Ausbau der Vorstädte innerhalb und außerhalb der Stadtmauer. Während sich die nördlichen, östlichen und südlichen Vorstädte eher zu Arbeiterwohngebieten entwickelten, ließ sich das wohlhabende Bürgertum vorwiegend im Westen nieder, zunächst am südlichen Rand des Tiergartens.[106] Dort erstreckten sich von der Tiergartenstraße bis zum Schafgraben die streifenförmigen, schmalen Garten- und Ackerparzellen der französischen Siedler. Neben den Gärtnerhäusern und Ausflugslokalen, die sich bereits auf den ehemaligen Gehöften angesiedelt hatten, ließen wohlsituierte Berliner Bürger um 1790 die ersten Sommer- und Landhäuser erbauen. Mit der Erweiterung der Friedrichstadt 1732–38 und der Anlage des Octogons (heute Leipziger Platz) entstand der angrenzende Potsdamer Torplatz mit drei von ihm ausgehenden Alleen, der Bellevuestraße, der Potsdamer Chaussee und der Communication (heute Ebertstraße). Damit erhielt der Tiergartenrand seine charakteristische östliche Begrenzung. Zwischen Brandenburger und Potsdamer Tor verlief die Communication entlang der Akzisemauer, die die erweiterte Friedrichstadt umgab.
In der Zeit biedermeierlicher Naturschwärmerei fühlten sich die neuen Bewohner des Tiergartenviertels besonders von den Naturschönheiten des benachbarten Parks angezogen, den der Hof-

gärtner Justus Ehrenreich Sello nach 1792 mit Elementen des englischen Landschaftsparks ausgestattet hatte. Die ersten eingeschossigen Wohnhäuser, die zunächst nur für die Sommerfrische gedacht waren, hatten ein einfaches, dreiachsiges, symmetrisches Grundrissschema und umfassten einen großen Gartensaal, Schlafräume und ein Gästezimmer. Diesem Grundriss folgte das Landhaus Mölter, das 1799 von Friedrich Gilly erbaut wurde. Die deutlich größeren Landhäuser des Oberhofbaurats Friedrich Becherer, erbaut um 1790, und des Theaterdirektors August Wilhelm Iffland, erbaut 1800 von Carl Gotthard Langhans, waren bereits für ganzjähriges Wohnen gedacht.[107]

Zu gravierenden Veränderungen in Tiergarten und Tiergartenviertel kam es in der ersten Hälfte des 19. Jahrhunderts. Gartendirektor Peter Joseph Lenné gestaltete zwischen 1830–40 den Tiergarten in einen landschaftlich geprägten Volkspark nach englischem Muster um. 1844 richtete er einen Zoologischen Garten anstelle der Fasanerie ein, und 1845–50 wurde der Schafgraben zum schiffbaren Landwehrkanal mit baumbepflanzten Uferstraßen und Promenaden ausgebaut. Zugleich entwickelte sich das Viertel am südlichen Rand des Tiergartens zu einer Villenkolonie mit großzügigen Villen und Mietshäusern sowie parkähnlichen Gärten. Alle bedeutenden preußischen Architekten waren am Ausbau des Villenviertels betei-

Tiergartenviertel. St. Matthäus-Kirche am Matthäikirchplatz, 1844–46 von Friedrich August Stüler. Aufnahme 1893 von G. Bartels

Tiergartenviertel. Villa des Bankiers Philipp Georg Lintz an der Victoriastraße, Ecke Margaretenstraße, 1857 von Friedrich Hitzig. Aufnahme vor 1930

ligt, unter ihnen Friedrich August Stüler, Ludwig Persius, Eduard Knoblauch und Friedrich Hitzig. Grundlagen waren der 1828 erlassene Bebauungsplan von Oberbaurat Schmid sowie das von Peter Joseph Lenné durchgesetzte Verbot der Errichtung von Fabriken. Im Tiergartenviertel, diesem *„außerordentlich anmutigen und in seiner künstlerischen Mannigfaltigkeit anziehenden Stadtviertel"*, ließen sich reiche Bankiers und Unternehmer, einflussreiche Politiker sowie bedeutende Wissenschaftler und Künstler nieder.[108] Als Untere Friedrichvorstadt wurde das Villenviertel bereits 1841 in die Stadt Berlin eingemeindet.

Der Ausbau zum vornehmsten Wohnquartier Berlins war in der Mitte des 19. Jahrhunderts in weiten Teilen abgeschlossen. Nur noch am südlichen Rand in der Nähe des Schafgrabens gab es Gärtnereien. Später erschlossen Bauunternehmer die großen Gartengrundstücke durch neue Stichstraßen wie Bendlerstraße, Viktoriastraße, Hildebrandsche Privatstraße bis zum neuen Landwehrkanal und bebauten sie mit großzügig geschnittenen komfortablen Vorstadthäusern. Einen städtebaulichen Mittelpunkt bildete der Matthäikirchplatz, der 1844 angelegt wurde. Die viergeschossige Platzumbauung der 1846 eingeweihten St. Matthäuskirche hatte bereits städtischen Charakter. Das Quartier um den lang gezogenen Platz entwickelte sich zum sozialen und gesellschaftlichen Mittelpunkt des gesamten Tiergartenviertels.

Die spekulative Erschließung der tiefen, schmalen Parzellen zwischen Tiergartenstraße und Landwehrkanal dauerte bis zur Reichsgründung an. Neben hochherrschaftlichen mehrgeschossigen Mietshäusern mit ein bis zwei Luxuswohnungen pro Stockwerk nach dem Vorbild der Hitzigschen Häuser in der Victoriastraße wurden vor allem aufwendig gestaltete Villen erbaut, deren Grundriss den veränderten Bedürfnissen der Bauherren entsprach.[109] Um das Erdgeschoss repräsentativ nutzen zu können, wurden die Privatzimmer im Obergeschoss und die Wirtschaftsräume im Souterrain untergebracht. Mit dem Hauseingang war ein Vestibül und eine großzügige Treppenanlage verbunden. Zum Garten öffneten sich Loggien und Terrassen mit Freitreppenanlagen. Diesem Villentypus folgt die Villa des preußischen Handels- und Finanzministers August Freiherr von der Heydt, die 1860–62 von Hermann Ende unter Beteiligung von G. A. Linke erbaut wurde.[110] Die exponiert am Landwehrkanal gelegene Villa, gestaltet im spätklassizistischen Stil der Berliner Schule, ist das einzige Gebäude dieser Zeit, das bis heute erhalten geblieben ist.

Ende der 1880er Jahre begannen einzelne Terraingesellschaften, das noch freie, von Gärtnereien und Gastwirtschaften genutzte Gelände im Westen aufzuteilen. Die Hofjäger- und Corso-Straßen-Actiengesellschaft parzellierte 1872 die ausgedehnten Grundstücke der früheren Ausflugslokale „Moritzhof" und „Hofjäger" und legte die Friedrich-Wilhelm-Straße und die Kaiserin-Augusta-Straße an (heute Klingelhöfer- und Köbisstraße). Mit vier- bis fünfgeschossigen Mietshäusern, die große Wohnungen gehobenen Standards enthielten, entstand eine verdichtete Bebauung, die es im

Tiergartenviertel bis dahin nicht gegeben hatte. Auch an der Potsdamer Straße und den Querstraßen der Tiergartenstraße wurden immer mehr Mietshäuser mit Seiten- und Hintergebäuden errichtet. Das Quartier geriet vor dem Ersten Weltkrieg zunehmend in den Einflussbereich der sich sprunghaft entwickelnden Großstadt Berlin. Die Nähe zum Regierungsviertel an der Wilhelmstraße, zum Potsdamer Platz mit seiner großstädtischen Atmosphäre, zum Potsdamer sowie Anhalter Bahnhof und zu den besseren Hotels ließ auch am südlichen Rand des Tiergartens Regierungs- und Verwaltungseinrichtungen, außerdem Luxushotels und vornehme Restaurants entstehen. Darunter befand sich das 1906–07 erbaute und 1910–11 erweiterte Grandhotel Esplanade in der Bellevuestraße, von dem im Sony-Center einige neubarocke Festsäle erhalten geblieben sind.[111]

Um 1900 brach man die letzten Landhäuser der ersten Bebauungsphase ab, um statt dessen Villen und luxuriöse Wohnhäuser mit bis zu zwanzig Zimmern für das reiche Berliner Bürgertum zu errichten. Auch in den Seitenstraßen entstanden elegante Wohnhäuser, die zumeist in eine Blockrandbebauung eingebunden waren und daher Stadtvillen genannt werden. Ein typisches Beispiel ist das Palais Staudt in der Regentenstraße, das 1897–99 von Otto Rieth errichtet wurde.[112] Erhalten blieb das Haus des Verlagskaufmanns Paul Parey in der Sigismundstraße, erbaut 1895–96 von Heinrich Kayser und Karl v. Großheim,[113] außerdem das Palais des Geheimen Baurats Paul v. Gontard in der Bendlerstraße (heute Stauffenbergstraße), erbaut 1907–08 von Wilhelm Cremer und Richard Wolffenstein.[114] Am Landwehrkanal ließen sich staatliche Verwaltungseinrichtungen nieder, die ebenso Wert auf eine vornehme Adresse im Tiergartenviertel legten, darunter das Reichsversicherungsamt und das Reichsmarineamt.[115] Die mächtigen Neubauten, die mit ihrer monumentalen Architektur den wilhelminischen Staat repräsentieren sollten, griffen empfindlich in das kleinteilige Parzellennetz des Tiergartenviertels ein.

Mit der Ansiedlung staatlicher Einrichtungen begann die Umwandlung des reinen Wohngebiets in ein Mischviertel mit Büro- und Verwaltungsgebäuden. Gleichzeitig verlegten mehrere ausländische Vertretungen ihren Sitz ins Tiergartenviertel. Die Botschaft des Königreichs Spanien zog 1898 in das Palais v. Thiele-Winckler in der Regentenstraße, das Wohnhaus v. Bethmann-Hollweg in der Victoriastraße nahm 1907 die Italienische Botschaft auf, während die Botschaft Griechenlands 1920 in die Villa Bergmann in der Hildebrandstraße (heute Hiroshimastraße) zog. 1930 zählte man im Tiergartenviertel bereits dreißig ausländische Vertretungen.

Königsplatz und Alsenviertel

Eine ganz andere Entwicklung nahm das Gelände am nördlichen Tiergartenrand, wo sich heute das Regierungs- und Parlamentsviertel mit Bundeskanzleramt und Reichstag befindet.[116] Die sandigen Böden und sumpfigen Wiesen der Spreebögen eigneten sich nicht besonders für die Ansiedlung von Villen und Sommerhäusern. Außerdem war schon frühzeitig der östliche Spreebogen am Unterbaum von militärischen Einrichtungen besetzt, die zusammen mit fiskalischen und privaten Holzmärkten sowie einem kurfürstlichen Vorwerk eine unwirtliche Mischung aus eingezäunten Lagerplätzen und einfachen Zweckbauten abgaben.[117]

Friedrich Wilhelm I. hatte 1730 südlich der Holzplätze einen Exerzierplatz der Berliner Garnison anlegen lassen.[118] Dort fanden jedes Jahr die großen Revuen der Berliner Regimenter statt. Das sandige Areal, das ringsum von Kastanien und Linden eingefasst war, behielt dieses Aussehen bis zur Mitte des 19. Jahrhunderts. Beim Unterbaum entstanden 1767 die Kasernen des Herzog Friedrichschen Infanterie-Regiments. Dort musste die Stadtmauer etwas herausgerückt werden. Allmählich begann die systematische Erschließung des Spreebogens. Die ersten Landhäuser wurden gegen Ende des 18. Jahrhunderts in der Nähe des Exerzierplatzes errichtet. Als das Areal nach den Befreiungskriegen immer seltener für Truppenübungen genutzt und in die Bebauungspläne von Schinkel und Lenné für das Pulvermühlengelände nördlich der Spree aufgenommen wurde, entwickelte sich das Gelände zu einem bevorzugten Wohnbezirk unmittelbar vor dem Brandenburger Tor.

Mit dem 1843 erarbeiteten Bebauungsplan von Peter Joseph Lenné, der 1853 die Zustimmung des Königs erhielt, bestand Planungssicherheit für den Ausbau des Stadtviertels. An der Stelle des früheren Exerzierplatzes, den man nach Moabit verlegte,

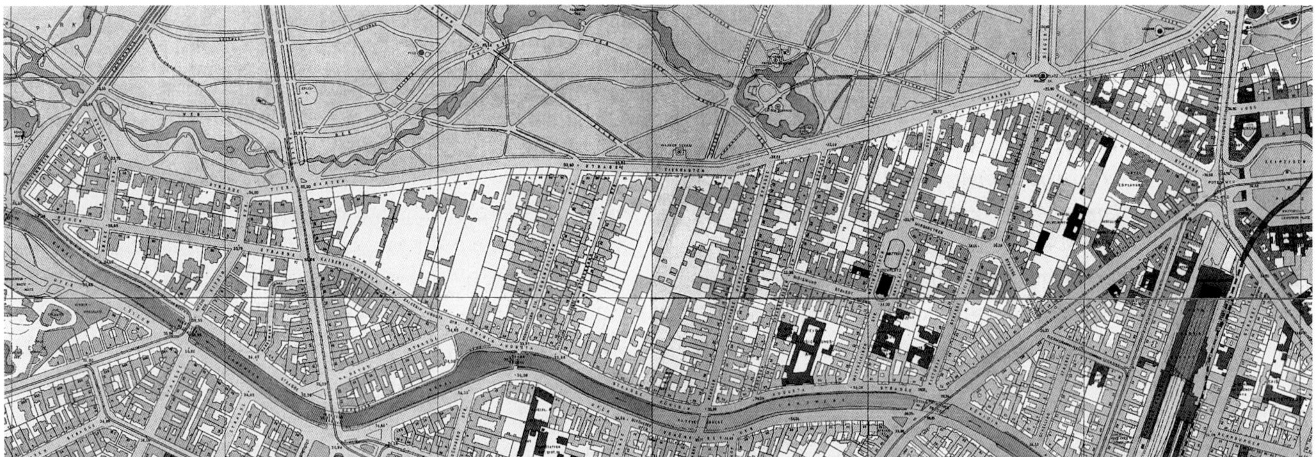

Jul. Straube's Übersichtsplan von Berlin, berichtigt 1908–10. Ausschnitt Tiergartenviertel

Der Königsplatz mit dem Palais Raczynski. Kupferstich, um 1850

wurde in den 1840er Jahre nach Lennés Vorstellungen ein Paradeplatz angelegt, gerahmt von halbrunden Grünflächen sowie Baumalleen und Wandelwegen. Am Rand des Königsplatzes, der seinen Namen 1864 erhielt, entstanden repräsentative Bauten. Im Osten ließ Athanasius Graf Raczynski 1844–46 ein großzügiges Palais mit Gemäldegalerie errichten,[119] im Westen wurde 1844 der Krollsche Wintergarten eröffnet.[120] Zu dieser prächtig ausgestatteten Vergnügungsstätte gehörten Restaurants, ein Theater und Konzertsäle, die zusammen bis zu 6.000 Besucher fassen konnten. Erst gegen Ende der 1860er Jahre legte man im Norden anstelle der Holzplätze das Straßennetz des Alsenviertels an, bestehend aus Moltke-, Alsen- und Roonstraße, die strahlenförmig auf den Königsplatz zuliefen und mit aufwendigen Brückenanlagen über die Spree führten. Das Alsenviertel, benannt nach der Insel Alsen, deren Eroberung 1864 den Krieg gegen Dänemark entschied, war ein sehr vornehmes Wohnquartier. In den noblen Stadtvillen wohnten vor allem Adlige, Unternehmer und reiche Bürger der Berliner Oberschicht. Die bauliche Entwicklung war um 1900 abgeschlossen. Damit hatte man ein Stück der Verschönerungsplanung Lennés für die Residenz Berlin verwirklichen können.

Die zentrale Lage des Alsenviertels unweit der Regierungsstellen Preußens und des Reichs führte zu einem Zuzug von Verwaltungsstellen des Militärs, von Einrichtungen der Regierung und des Parlaments sowie von ausländischen Vertretungen, sodass sich ein kompaktes Regierungsviertel bildete. Den Anfang machte der preußische Generalstab, der 1871 ein großes, von August Ferdinand Fleischinger entworfenes Gebäude bezog. Das Generalstabsgebäude wurde zwischen 1873 und 1882 mehrfach erweitert, bis es einen ganzen Baublock in der Nähe der Moltkebrücke einnahm.[121] Das Palais des Grafen Raczynski an der Ostseite des Königsplatzes musste dem monumentalen Reichstagsgebäude weichen, das 1894 feierlich eingeweiht wurde. Das prachtvolle Gebäude im Stil der italienischen Hochrenaissance, entworfen von Paul Wallot, beherrschte mit seiner aufragenden Eisen-Glas-Kuppel den Königsplatz. Das Bauwerk diente nicht nur als Sitz des Reichstags und des Bundesrats, sondern sollte zugleich die Einigkeit und die Macht des Deutschen Reiches demonstrieren. Den staatlichen Einrichtungen am Königsplatz folgten nach der Jahrhundertwende mehrere deutsche Großunternehmen, die im Alsenviertel Wohngebäude erwarben und dort ihre Firmenzentralen einrichteten.

Vor dem Reichstag stand inmitten des Königsplatzes die 1865–73 erbaute Siegessäule, die an die siegreichen Kriege gegen Dänemark, Österreich und Frankreich erinnerte. Heinrich Strack entwarf das Säulenmonument, das von einer vergoldeten Siegesgöttin, zugleich Viktoria und Borussia, bekrönt wird. Dem Bau der Siegessäule folgte 1876–80 eine gärtnerische Umgestaltung des Königsplatzes. Die Platzmitte erhielt eine kreisrunde Form, die Wege wurden mit Mosaikpflaster befestigt. Der nördlich anschließende Alsenplatz blieb in seiner rechteckigen Form bestehen. Zusammen mit der Siegessäule entstand die Siegesallee, die ausgehend vom Kemperplatz axial durch den Tiergarten bis zum Königsplatz verlief.

Krolls Etablissement zu Berlin. Stahlstich, 1855

Alsenviertel. Roonstraße, Ecke Königsplatz. Aufnahme um 1900

Reichstagsgebäude, 1884–94 von Paul Wallot. Aufnahme um 1900

Der Königsplatz mit Siegessäule, Bismarck-Denkmal und Reichstagsgebäude. Luftaufnahme 1929

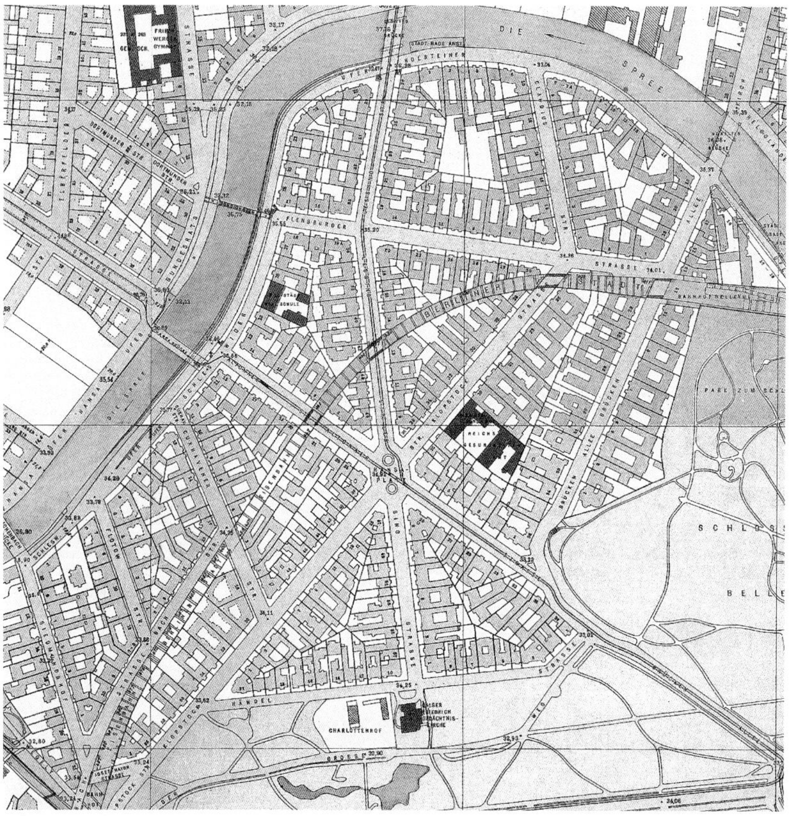

Jul. Straube's Übersichtsplan von Berlin, berichtigt 1908–10. Ausschnitt Hansaviertel

Hansaviertel. Luftaufnahme um 1930

Hansaviertel. Wohnhaus Klopstockstraße 22, 1896/97 von W. Lückerath

Hansaviertel

Die nassen, feuchten Niederungen des Spreebogens beim Schloss Bellevue nannte man seit dem 18. Jahrhundert die Schöneberger Wiesen. König Friedrich II. hatte 1762 den Bauern des Dorfs Schöneberg und den Schnittern aus Wilmersdorf und Lietzow das Recht zugesprochen, das Wiesengelände zu nutzen. Am Schlosspark verlief seit langem ein Wiesenweg vorbei, der bis zur Moabiter Brücke führte, die 1821 der Hofzahnarzt Baillif errichtet hatte. Im Südwesten, an der späteren Händelallee, lag die 1824 von Karl Friedrich Schinkel entworfene Villa Finkenherd, die man 1880 in die Gaststätte „Charlottenhof" umwandelte.[122] Der 1862 erlassene Bebauungsplan von James Hobrecht sparte den feuchten, überschwemmungsgefährdeten Spreebogen aus.

Als die Berlin-Hamburger Immobilien AG 1872 mit der Erschließung der Schöneberger Wiesen begann, war das Gebiet noch unbebaut. Die Terraingesellschaft, getragen von Unternehmern aus Berlin und Hamburg, wurde auf Anregung von Johann Anton Wilhelm v. Carstenn gegründet, der einen Großteil des Wiesenlands spekulativ erworben hatte. Der von Otto und Conrad Busse aufgestellte Bebauungsplan sah in Anlehnung an die Sternplätze im Tiergarten einen zentralen Platz vor, den Hansaplatz, auf den neun neue Straßen zuliefen. Die unmittelbar am Tiergartenrand verlaufende Brückenallee, an der später in bester Wohnlage die vornehmsten Wohnhäuser entstanden, integrierte man in den Grundriss des Stadtviertels.[123]

Um die Parzellen verkaufen zu können, musste die Berlin-Hamburger Immobilien AG das gesamte feuchte, morastige Wiesengelände erst einmal mit Sand auffüllen und befestigen, wofür ein Teil der Havelhöhen gegenüber Schildhorn abgetragen wurde. 1877 begann die Terraingesellschaft mit der Errichtung der ersten Mietshäuser, zunächst in der Nähe des Tiergartens an der Händel- und Brückenallee sowie an der Klopstockstraße. Die 1882 eröffnete Stadtbahn, deren Viadukt durch den Spreebogen geführt wurde, zerschnitt das Hansaviertel in einen nördlichen und südlichen Teil, sorgte aber mit dem Bahnhof Bellevue für eine optimale Anbindung an den öffentlichen Nahverkehr. Die Berlin-Hamburger Immobilien AG, die sich mit der aufwendigen Erschließung übernommen hatte, musste 1882 in Liquidation gehen. Die weitere Vermarktung der Grundstücke, die nach der Eröffnung der Stadtbahn rasch voranschritt, übernahm größtenteils die Bau- und Terrain-Gesellschaft Bellevue. In den bürgerlichen, reich ausgestatteten Mietshäusern wohnten etwa 15.000 Menschen. Das Hansaviertel galt als vornehmes Wohnquartier, das die Spree von den nördlichen Moabiter Arbeitervierteln trennte. Der Flusslauf wirkte nicht nur als städtebauliche Barriere, sondern auch als Grenze ungleicher sozialer Welten.[124]

Der vornehme Charakter des Hansaviertels ging einerseits auf das Bestreben der Terraingesellschaft zurück, eine anspruchsvolle Bebauung nach Hamburger Vorbild zu schaffen, andererseits auf einen königlichen Erlass von 1874, der die Bebauung auf drei Geschosse begrenzte sowie Fabriken und Gewerbebauten verbot. Diese Beschränkungen galten bis 1910. Allerdings hielten sich viele Bauherren nicht an die Begrenzung der Geschosszahl, wodurch die spekulative Geländeerschließung auch im Hansaviertel zu einer verdichteten Blockrandbebauung mit Seiten- und Quergebäuden führte. Die Gebäude waren mit großzügigen Wohnungen gehobenen Standards ausgestattet. In den Vorderhäusern wohnten vor allem Ärzte, Juristen, hohe Staatsbeamte und Offiziere, Intellektuelle und Künstler, während in den Hintergebäuden überwiegend niedrige Beamte und Angestellten mit ihren Familien lebten. So enthielt das dreigeschossige Mietshaus Brückenallee 4, das 1896–97 von Solf & Wichards erbaut wurde, pro Stockwerk zwei Zehnzimmerwohnungen. Die nach Osten weisenden Räume hatten große Loggien mit Blick auf dem Schlosspark Bellevue, während im Dachgeschoss Atelierwohnungen untergebracht waren.[125]

Großzügig geschnittene Wohnungen, die meist vom Vorderhaus über den Seitenflügel bis ins Quergebäude reichten, aufwendige historistische Fassaden im hanseatischen Stil mit Motiven der norddeutschen und niederländischen Renaissance, Reitställe im Hinterhof, weil die Nähe des Tiergartens ein Ausreiten ermöglichte, und breite, von Bäumen und Vorgärten gesäumte Straßen machten das großbürgerliche Kolorit des alten Hansaviertels aus. Namhafte Architekten wie Hart & Lesser, Alfred Messel, Solf & Wichards, Holst & Zaar und Hans Grisebach wirkten an der Gestaltung und Ausstattung der Wohnhäuser mit. Die Bebauung des Hansaviertels war noch vor dem Ausbruch des Ersten Weltkriegs abgeschlossen.

Hansaviertel. Kaiser-Friedrich-Gedächtniskirche, 1892–95 von Johannes Vollmer. Aufnahme 1896

Die Schöneberger Vorstadt

Villen neben Gemüseäckern

Der Schafgraben, der 1845–50 zum Landwehrkanal ausgebaut wurde, trennte jahrhundertelang die Feldmark der Stadt Kölln von der Schöneberger Feldmark.[126] Das Dorf Schöneberg war vom Schafgraben mehr als zwei Kilometer entfernt, sodass von dort auf das abgelegene Gebiet im Norden keine entscheidenden Impulse für die städtebauliche Entwicklung ausgehen konnten. Weiter westlich, auf der Höhe des heutigen Lützowplatzes, begann die Feldmark des Dorfes Lietzow, während im Osten, bei der heutigen Flottwellstraße, die Felder der Gemarkung Tempelhof lagen. Das Gebiet am Schafgraben wurde vor allem als Weideland genutzt, lag doch westlich der Landstraße zwischen Berlin und Potsdam, der Potsdamer Straße, der größte Teil der Schöneberger Wiesen. Im frühen 19. Jahrhundert, nach der ersten Separation und der Entwässerung der feuchten Niederung, kamen Gärten mit Gemüse- und Obstpflanzungen hinzu. Der Gartenbau blieb bis zur Eingemeindung 1861 die vorherrschende Art der Landnutzung.

Noch vor der Verstädterung des Dorfes Schöneberg begann die Vorstadtbildung im nördlichen Abschnitt der Potsdamer Straße. Als am südlichen Rand des Tiergartens Ende des 18. Jahrhunderts die ersten Sommer- und Landhäuser entstanden, griff diese Entwicklung auch auf den Geländestreifen jenseits des Schafgrabens über. Seit der Erweiterung der Friedrichstadt 1732–38 nach Südwesten, zu der die Anlage des Leipziger Platzes gehörte, ging vom Platz vor dem Potsdamer Tor die Landstraße nach Potsdam ab, die über Schöneberg führte. Unter der Leitung von Carl Gotthard Langhans war die Potsdamer Straße 1791–94 zur ersten Chaussee im Königreich Preußen ausgebaut worden. An der befestigten Straße entstanden zunächst bis zur Schafgrabenbrücke kleine Landhäuser und vorstädtische Villen mit rückwärtigen Gärten, die meist für den Sommeraufenthalt ge-

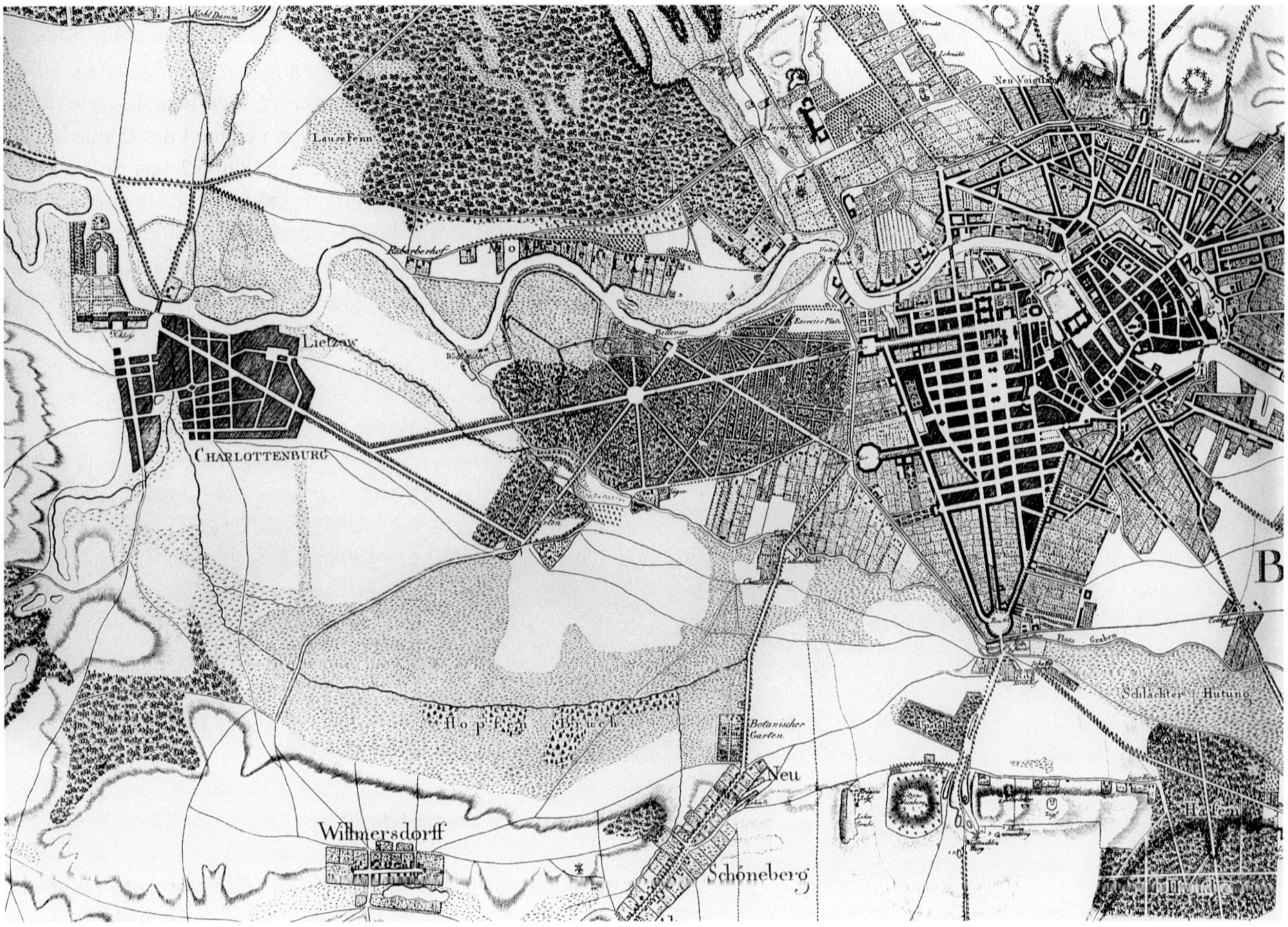

Plan von Berlin nebst umliegenden Gegenden im Jahr 1798. Ausschnitt mit Schöneberg, Wilmersdorf, dem Tiergarten und Charlottenburg

dacht waren. Erst allmählich, am Anfang des 19. Jahrhunderts, übersprang die lockere Bebauung, die sich am Verlauf der Potsdamer Chaussee orientierte, den Schafgraben.

Bis zur Eingemeindung 1861 entwickelte sich eine geschlossene Häuserreihe mit ländlichen Büdnerhäusern, einzelnen Villen und vorstädtischen zwei- bis dreigeschossigen Miethäusern, in denen Beamte, Kaufleute, Offiziere, Handwerker, Rentiers und Gärtner in ländlicher Abgeschiedenheit wohnten.[127] Nachdem 1845–50 der Schafgraben zum Landwehrkanal ausgebaut worden war, begann der Bau von Mietshäusern gehobenen Anspruchs. Die baumbestandenen Uferstraßen sorgten für eine attraktive Wohnlage am Kanal, sodass das Gelände rasch parzelliert wurde. Die geringen Steuern und die niedrigen Kosten für Grund und Boden lockten außerdem einige Gewerbebetriebe und Fabriken an, zum Beispiel die Fabrik für Eisenbahnwaggonbau in der Nähe des Landwehrgrabens beim späteren Blumeshof oder die Buchdruckerei Hänel am Lietzower Weg. Der Buchdrucker Hänel hatte sich in der Nähe seiner Fabrik, an der Potsdamer Chaussee, von Eduard Knoblauch 1840 eine klassizistische Villa im italienischen Stil erbauen lassen.[128] Einen großen Anteil am lokalen Gewerbe hatten die vielen Windmühlen entlang des Mühlenwegs (heute Kurfürstenstraße), die nach Aufhebung des Mühlenzwangs 1810 wie überall im Umland von Berlin entstanden. Mühlenweg und Lietzower Weg (später Lützowstraße) waren die einzigen parallel verlaufenden Feldwege, die vom Halleschen Tor bis zum Dorf Lietzow führten und dabei die Potsdamer Chaussee kreuzten.

Eine eigenständige kleine Villenkolonie mit parkartigen Gärten bildete sich an der Schafgrabenbrücke, östlich der Potsdamer Chaussee, dort, wo zuvor die Kattunbleiche des Dorfs Schönebergs lag. Auf dem großen Wiesengrundstück betrieben die aus Böhmen stammenden Gebrüder Chmelnick seit Ende des 18. Jahrhunderts eine Kattunfabrik mit Färberei, zu der 1820 ein Badehaus hinzukam, das – an den Heimatort der Bauherren erinnernd – den Namen „Karlsbad“ erhielt. Später bildete das in eine Gastwirtschaft umgewandelte Anwesen den Kern der Villenkolonie, die nach dem einstigen Badehaus als Karlsbadviertel benannt wurde.[129] Den entscheidenden Anschub für die Bebauung gab der 1828 genehmigte Bebauungsplan des Oberbaurats Schmid für das Gebiet vor dem Potsdamer Tor. Nun konnte der Bankier Seeger einen von der Potsdamer Chaussee abzweigenden Privatweg (heute Am Karlsbad) anlegen und das Gelände parzellieren lassen. Zu den ersten Ansiedlern gehörten 1831 der Maler Carl Begas und 1837 der Architekt Wilhelm Stier, bedeutende Persönlichkeiten der damaligen Berliner Kulturszene. Nur am Karlsbad konnte Wilhelm Stier einen seiner originellen Turmvillenentwürfe realisieren. Das Wohnhaus des Architekten wurde wegen seiner ausgefallenen Gestaltung „Stierburg“ genannt. Jahrzehnte später folgten weitere Künstler, zum Beispiel der Schriftsteller und Maler Heinrich Seidel sowie der Architekt Martin Gropius, der am Karlsbad zusammen mit Heino Schmieden ein Atelier unterhielt. Die Künstler gaben dem Karlsbadviertel ein kultiviertes, intellektuelles Gepräge.[130]

Schöneberger Vorstadt. Wohnhaus des Malers Heinrich Seidel, Am Karlsbad 11, von F. Eggers, um 1870, mit Sgrafittomalereien. Aufnahme um 1895

Vorstadtbildung

Ab der Mitte des 19. Jahrhunderts beschleunigte sich die Verstädterung des Viertels an der Potsdamer Straße. Die Nähe zu den beiden Kopfbahnhöfen der Potsdamer und Anhalter Eisenbahn, die 1838 und 1841 ihren Betrieb aufnahmen, der Ausbau des Landwehrkanals und vor allem die Eingemeindung nach Berlin 1861 führten zu einer regen Bautätigkeit. In die ländliche Gartenidylle drangen mehrgeschossige Mietshäuser ein, die nun auch die Seitenstraßen säumten. Einzelne Unternehmer wie der Zimmermann Johann Daniel Willmann, der an der Potsdamer Straße zwischen Lützow- und Pohlstraße mehrere Parzellen bebauen ließ, trieben die Vorstadtbildung voran. Der alteingesessenen Bauernfamilie Willmann gehörte ehemaliges Ackerland der Schöneberger Feldmark,[131] das jedoch erst verwertet werden konnte, nachdem der endgültige Verlauf des Landwehrkanals festgelegt worden war. Bis 1861 errichtete Johann Daniel Willmann neben seinem eigenen Wohnhaus Potsdamer Straße 81 drei weitere spätklassizistische Mietshäuser mit jeweils vier Stockwerken und Drei- bis Vierzimmerwohnungen, größtenteils mit Bädern und Innentoiletten. An der Potsdamer Straße sind zwei der Willmannschen Mietshäuser erhalten geblieben. Sie gehören zu den wenigen Beispielen der ersten Verstädterungsphase.

Bei der Eingemeindung 1861 kam der nördliche Teil des Schöneberger Viertels, den man nunmehr Schöneberger Vorstadt nannte, an Berlin. Die südliche Stadtgrenze rückte bis zur späteren Grunewald- und Großgörschenstraße vor, bis 1938 der südliche Teil der Schöneberger Vorstadt wieder an den Bezirk Schöneberg abgetreten wurde. Seitdem verläuft die Bezirksgrenze entlang der Kurfürstenstraße. Nach der 1861 vollzogenen Eingemeindung nahm der Einfluss der expandierenden Großstadt immer mehr zu. Berlin, seit 1871 Hauptstadt des Deutschen Reichs, profitierte vom politischen und wirtschaftlichen Aufstieg und entwickelte sich zu einem Mittelpunkt von Industrie, Handel und Gewerbe. Immer mehr Menschen strömten in die rasant wachsende Großstadt, sodass die Wohnungsnot zunahm und neue Wohngebiete erschlossen werden mussten. Planungsgrundlage des Stadtwachstums war der 1861 erlassene Bebauungsplan, den der Architekt und Tiefbauingenieur James Hobrecht seit 1858 ausgearbeitet hatte. Dem Hobrechtplan, der in vielen Teilen auf älteren Planungen von Oberbaurat Schmid und Gartenbaudirektor Lenné basierte, kam die Aufgabe zu, die Expansion der Kernstadt mit der des städtischen Umlands zu koordinieren. Die Abteilungen III bis V

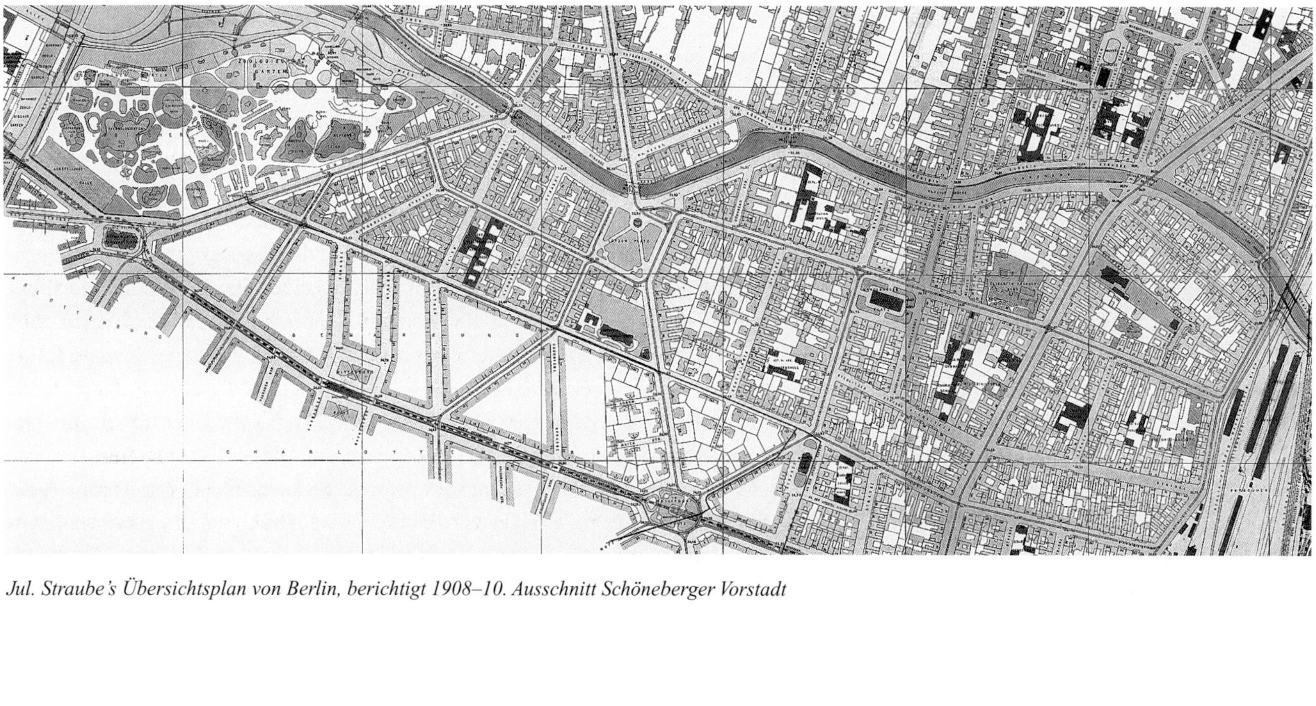

Jul. Straube's Übersichtsplan von Berlin, berichtigt 1908–10. Ausschnitt Schöneberger Vorstadt

des Hobrechtplans berührten das Gebiet der gerade eingemeindeten Schöneberger Vorstadt.

Die planungsrechtlichen Festlegungen des Hobrechtplans versprachen für die noch ländlich geprägten Grundstücke innerhalb der Stadtgrenzen Berlins einen enormen Wertzuwachs, sodass die private Terrain- und Bauspekulation aufblühte. Vielerorts traten Aktiengesellschaften oder kapitalkräftige Einzelunternehmer auf und kauften die zu Bauland gewordenen Äcker, Wiesen und Gärten, parzellierten sie, um anschließend die Baugrundstücke mit hohem Gewinn zu veräußern. Nur bei repräsentativen Erschließungsvorhaben beauftragte man für den Entwurf eines Bebauungsplans einen Architekten oder Baumeister. Da der Hobrechtplan dem Grundeigentümer keine Beschränkungen über die Bebauungsart oder den Nutzungsumfang auferlegte, konnten er den Verwertungsgrad des Grundstücks weitgehend selbst bestimmen. Auf diese Weise entstand, auf der Grundlage der 1853 erlassenen Bauordnung, deren Bestimmungen sich nur auf Feuerschutz und Standsicherheit bezogen, die von den Wohnungsreformern angeprangerte dichte Mietshausbebauung mit ihren engen Hinterhöfen und hohen Wohngebäuden.

Von dieser Entwicklung war auch die Schöneberger Vorstadt südlich des Landwehrkanals betroffen, wobei dort verschiedene, parallel verlaufene Bebauungsprozesse stattfanden. Der ländliche, abgeschiedene Charakter, der außerhalb der Potsdamer Straße noch zu erleben war, änderte sich rasch, denn die Schöneberger Grundeigentümer boten den nach der Separation frei verfügbaren Boden bereitwillig zum Verkauf an, da sie ihre schmalen Acker- und Wiesenstreifen selbst schlecht bebauen konnten. Die Feldwege in Ost-West-Richtung wurden verbreitert, um Querstraßen ergänzt und durch große Stadtplätze aufgelockert, sodass sich das für den Hobrechtplan typische rechteckige Blockraster bildete. Als rechteckige Stadtplätze legte man den Magdeburger Platz und den Lützowplatz an, wobei der städtebaulich wichtige Lützowplatz die Aufgabe erhielt, zwischen der Schöneberger Vorstadt und dem Tiergarten zu vermitteln. Die Platzanlage war in eine wichtige Nord-Süd-Achse eingebunden, die am Großen Stern begann, über Hofjägerallee, Friedrich-Wilhelm-Straße und Maaßenstraße bis zum Winterfeldtplatz führte und am Nollendorfplatz den so genannten Generalszug kreuzte.[132]

„Alter Westen"

Entlang der Potsdamer Straße begann bereits in den 1870er Jahren der Abbruch der niedrigen landhausähnlichen Wohngebäude, die einer geschlossenen Blockrandbebauung mit mehrgeschossigen Mietshäusern weichen mussten. Es kam zu einer verdichteten Bebauung der Blockinnenflächen mit engen Hinterhöfen, Seiten- und Quergebäuden, Werkstätten und Gewerbebetrieben, während die Vorderhäuser an der Straße großzügige Wohnungen, Restaurants und vornehme Geschäfte aufnahmen, die ein großbürgerliches Flair vermittelten. Das Mietshaussystem drang in die Nebenstraßen der Potsdamer Straßen vor und erfasste bis zur Jahrhundertwende das gesamte Gebiet der Schöneberger Vorstadt. Die Gegend um den gärtnerisch gestalteten Lützowplatz entwickelte sich dabei, wohl auch wegen der Nähe zum Tiergarten, zu einem bevorzugten Wohnort gut situierter Berliner Bürger.[133] Auch

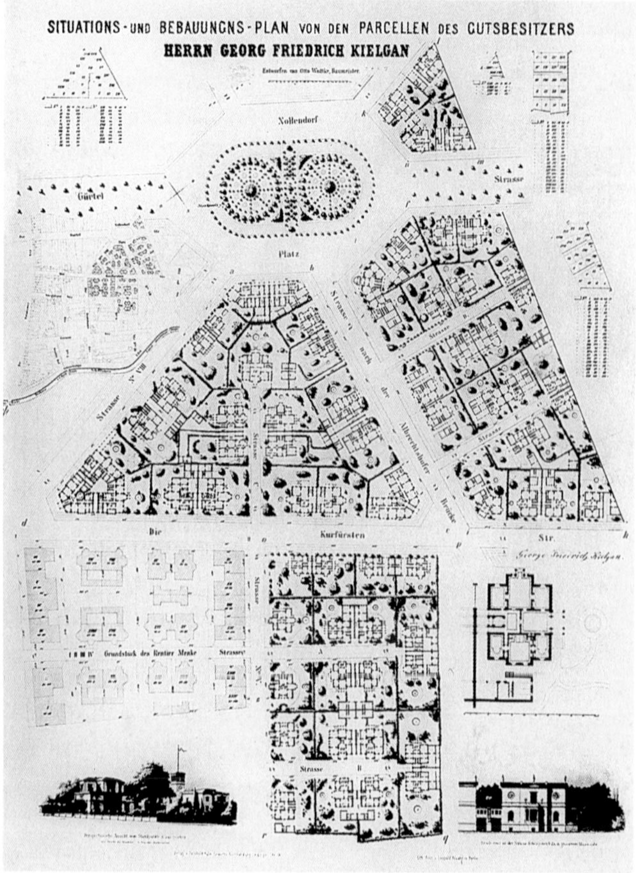

Situations- und Bebauungs-Plan von den Parcellen des Gutsbesitzers Herrn Georg Friedrich Kielgan, aufgestellt von Otto Wuttke, 1867

Künstler, Literaten und Intellektuelle zogen in den „Alten Westen", wie das Viertel genannt wurde. Autoren wie Franz Hessel, Marie v. Bunsen und Walter Benjamin beschrieben diese Gegend in einigen ihrer Werke.[134] Der „Alte Westen" bezeichnete das Stadtgebiet zwischen dem Eisenbahngelände im Osten und dem Zoologischen Garten im Westen, zwischen dem Tiergarten und der südlichen Stadtgrenze Berlins. Der Begriff kam nach der Bildung des „Neuen Westens" um Kurfürstendamm und Tauentzienstraße Ende des 19. Jahrhunderts auf.

Waren die ersten Wohngebäude am Lützowplatz noch villenartige, zwei- bis dreigeschossige Stadthäuser, zum Beispiel das von Wilhelm Neumann für den Kaufmann Zimmermann 1873–74 erbaute Wohnhaus,[135] so folgten schon bald großstädtische Mietshäuser.

Von der Ausbreitung der Mietshäuser blieb ein südöstlich des Lützowplatzes gelegenes Villenviertel ausgespart, das von der Derfflingerstraße über die Kurfürstenstraße bis zum Nollendorfplatz reichte.[136] Dort hatte der Gärtner Georg Friedrich Kielgan 1867 begonnen, seine 80 Morgen großen Spargel- und Gemüsefelder in Bauland umzuwandeln.[137] Die Gärtnerfamilie Kielgan besaß zwischen Genthiner Straße und Krugs Garten, einem Ausflugslokal am südlichen Tiergartenrand, weitläufige Ländereien, die nach dem 1862 erlassenen Hobrechtplan einen großen Wertzuwachs versprachen. Jedoch dachten Georg Friedrich Kielgan und sein Partner, der Baumeister Otto Wuttke,[138] nicht an ein neues Mietshausviertel, sondern an die Anlage einer Villenkolonie mit *„gesunden* *rings von Gärten umgebenen, dem Geschäftsverkehr der Stadt entrückten Wohnungen für begüterte Familien*".[139] Das Gelände, das später Kielganviertel hieß, wurde nach einem Bebauungsplan von Otto Wuttke durch fünf kurze Stichstraßen erschlossen. Maien-, Ahorn- und Kielganstraße, die heute zu Schöneberg gehören, existieren noch, während Ulmen- und Buchenstraße in den 1970er Jahren aufgehoben wurden. Um 1880 waren die meisten Parzellen des Kielganviertels mit zwei- bis dreigeschossigen Villen oder villenartigen Mietshäusern bebaut. Außerhalb der Stadtgrenze Berlins ließ Georg Friedrich Kielgan die Maaßenstraße (heute Einemstraße) und den Nollendorfplatz auf eigene Kosten anlegen. Die Kurfürstenstraße durchschnitt das nach dem Gründer benannte Kielganviertel in Ost-West-Richtung.

Grundbuchliche Eintragungen sollten den Villencharakter des Viertels sichern, um *„den Wohnungen mehr Luft und Licht zuzuführen, als die Baupolizei-Gesetze forderten"*,[140] wie Otto Wuttke später ausführte. Als vorherrschenden Haustyp sah der Bebauungsplan die „Zwillingsvilla" vor, ein im Villenstil entworfenes Doppelwohnhaus. Davon ist nur noch ein Beispiel im Ortsteil Schöneberg erhalten.[141] Jedoch wurden viele Grundstücke von Anfang an individuell bebaut. So schuf der Architekt Carl Schwatlo an der Kurfürstenstraße, Ecke Derfflingerstraße für sich selbst ein großzügiges Wohn- und Atelierhaus.[142] Das unverputzte Backsteingebäude besaß eine ungewöhnliche Formgebung und Raumaufteilung, mit der es sich von den benachbarten Villen unterschied. Würfelförmige, ineinander verkantete Baukörper türmten sich auf und spiegelten die symmetrische Anordnung der Wohnräume wider. Die Raumteilung war ganz auf die Bedürfnisse des Bauherrn zugeschnitten. Carl Schwatlo erwies sich bei seinem eigenen Gebäude als Neuerer der spätklassizistischen Berliner Schule. Bei dem 1938–40 ausgeführten Umbau verschwand die prismatische Form der Backsteinkuben hinter einer wuchtigen neoklassizistischen Werksteinfassade. Dem üblichen klassizistischen Villentypus folgt die 1872–73 erbaute Villa des Barons Helmuth von Maltzahn-Gültz in der Derfflingerstraße, die zu den ältesten Gebäuden des Kielganviertels zählt. Grundriss und Aufbau entsprachen der damaligen Auffassung von einem herrschaftlichen und stadtnahen Wohnen. Für die architektonische Gestaltung war Otto Wuttke verantwortlich, der neben dem Bebauungsplan auch zahlreiche Villen des Wohngebiets selbst entwarf.

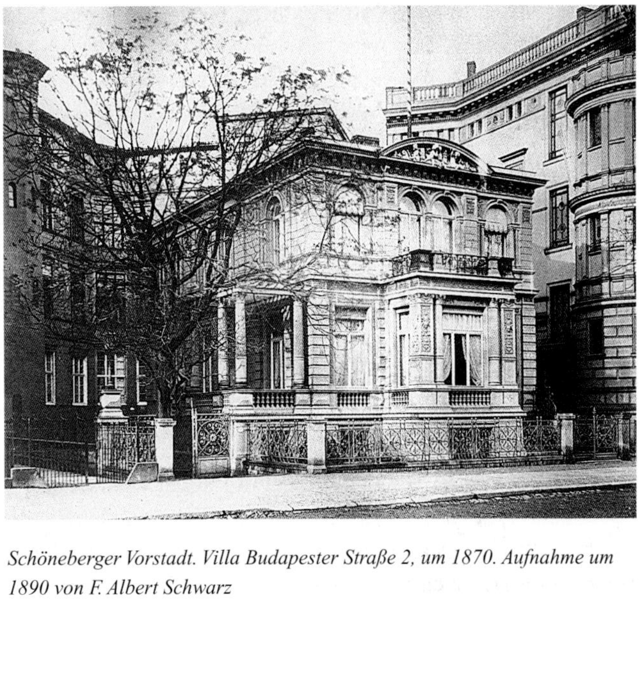

Schöneberger Vorstadt. Villa Budapester Straße 2, um 1870. Aufnahme um 1890 von F. Albert Schwarz

Außerhalb des Kielganviertels verlief die Bautätigkeit in anderen Bahnen. Dort fehlten die einschränkenden Bestimmungen, wie sie der Bebauungsplan von Otto Wuttke vorschrieb, sodass eine höhere Ausnutzung der Grundstücke möglich war. Zwar hatte der Rentier Menke auf dem benachbarten Gelände zwischen Derfflingerstraße und Genthiner Straße ebenfalls Villen und herrschaftliche Mietshäuser geplant, jedoch ließ sich das Vorhaben nicht realisieren.[143] Unterdessen entstanden im Lützowviertel sowie an der Potsdamer Straße und ihren Seitenstraßen vier- bis fünfgeschossige Mietshäuser, sodass in der Schöneberger Vorstadt Villen mit großen Gärten und die für Berlin typischen großstädtischen Mietshäuser unmittelbar nebeneinander lagen. Das betraf auch den westlichen Teil des Stadtgebiets. Der Actienbauverein Thiergarten, der das Gelände zwischen Lützowplatz und Zoologischem Garten besaß, versuchte, großzügige Villengrundstücke zu veräußern. Die Gegend in der Nähe des Zoologischen Gartens war nach dem Ausbau des nahe gelegenen Kurfürstendamms zu einer attraktiven Wohnlage geworden. Um den Verkauf der Parzellen zu beschleunigen, ließ die Terraingesellschaft sogar 1874–75 die Corneliusbrücke erbauen, die in der Achse des Kurfürstendamms (heute Budapester Straße) über den Landwehrkanal zum Tiergarten führte. Bald darauf ging jedoch der Actienbauverein Thiergarten in Liquidation. Die in den 1870er Jahren errichteten Villen und villenartigen Doppelwohnhäuser an der Budapester Straße wurden bis zur Jahrhundertwende von großstädtischen Mietshäusern, Hotels und Vergnügungsstätten verdrängt. Lediglich das freistehende Wohnhaus Budapester Straße 5, das 1876–77 von H. Meyer für den Maurermeister Julius Schröder errichtet wurde, erinnert heute noch, wenn auch vielfach umgebaut, an die frühe Bebauung des Viertels am Zoologischen Garten.

Mehr unternehmerisches Geschick bewies der Hofbaurat des Herzogs von Oldenburg, Ernst Klingenberg, der in den 1870er Jahren den Versuch unternahm, die Blockinnenflächen in der Schöneberger Vorstadt durch die Anlage von Wohnhöfen mit villenartigen Hauseinheiten aufzuwerten. Auf seine Initiative bildete sich der Actien-Bau-Verein Königstadt, der die Wohnanlage an der Potsdamer Straße 81 A-F errichtete, während Klingenberg auf eigene Rechnung die Wohnanlage Genthiner Straße 30 A-F erbauen ließ.[144] Um eine kurze Stichstraße mit Wendekreis gruppieren sich villenartige Reihenhäuser, die gemeinsam einen intimen, beschaulichen Wohnhof bilden. Die Aufschließung der Blockinnenflächen mittels Stichstraßen und Reihenhäusern war damals ungewohnt und unüblich. Erst der Reformwohnungsbau und die Gartenstadtbewegung entwickelten zur Jahrhundertwende ähnliche Wohnformen, um dem Mietshaussystem mit seinen engen Hinterhöfen eine gesündere Bauweise entgegenzusetzen. Auch Ernst Klingenberg wollte mit seinen Bauvorhaben ruhige Wohnungen schaffen und den Eindruck von Hinterhofgebäuden vermeiden. Allerdings waren seine im spätklassizistischen Stil erbauten Stadtvillen für das wohlhabende Bürgertum bestimmt. In die großzügigen Wohnungen gehobenen Anspruchs, teilweise mit Hausgärten versehen, zogen vor allem Künstler und Intellektuelle, die sich für die ruhige Wohnlage entschieden, um dem geschäftigen Leben der Großstadt zu entfliehen.

Im ausgehenden 19. Jahrhundert, als die Bodenpreise immer mehr anstiegen, wurde die Idee der Blockerschließung durch Privatstraßen nochmals aufgegriffen. In der Nähe des Karlsbads entstand eine vornehme Mietshausgruppe, die das parkartige Grundstück der Königlichen Hochschule der Musik umfasste. Die L-förmige Privatstraße, heute Bissingzeile, führte von der Potsdamer Straße bis zur Lützowstraße. Als Bauherr trat die Potsdamer Straße Baugesellschaft mbH auf, die von den Maurermeistern Paul Garnn und Otto Krantz gegründet worden war, während Wilhelm Cremer und Richard Wolffenstein mit der architektonischen Gestaltung der Wohnanlage beauftragt wurden.[145] Ein zweites Bauvorhaben betraf das Hinterland der Grundstücke Schöneberger Ufer 65 und 67. Der Architekt Rudolf Goldschmidt errichtete dort an einer Privatstraße drei vornehme Mietshäuser mit bis zu fünf Geschossen.[146] Beide Wohnanlagen warben mit ihren riesigen Luxuswohnungen, die ohne die sonst üblichen Berliner Durchgangszimmer jeweils ein ganzes Stockwerk einnahmen und bis zu zehn Wohnräume umfassten. Die Ausnutzung der Blockinnenflächen waren zunächst eine Reaktion auf die außerordentlichen hohen Grundstückskosten, das Ergebnis kann aber als zukunftsweisende Lösung für eine neue Art des städtischen Bauens jenseits des starren Mietshausschemas mit Vorderhaus, Seitenflügel und Quergebäude betrachtet werden.

Das Wachstum der Wohngebiete in der Schöneberger Vorstadt erforderte auch den Ausbau der städtischen Infrastruktur. Ein Krankenhaus, mehrere Schulen und ein Pumpwerk entstanden in Blockinnenflächen. Bereits 1837 wurde in einem kleinen Wohnhaus an der Potsdamer Straße 31 das Elisabeth-Kranken- und Diakonissenhaus eröffnet. Das erste evangelische Krankenhaus Berlins, das 1865–67 unter Leitung von Ludwig Ferdinand Hesse ausgebaut und erweitert wurde, ging aus einer Stiftung des 1833 gegründeten Frauenkrankenvereins hervor.[147] Nicht weit davon entfernt entstand 1877–80 als größter Schulbau im Viertel das Falk-Realgymnasium mit der Charlotten-Töchterschule. Die Doppelschule, die einen Geländestreifen zwischen Lützowstraße und Pohlstraße einnimmt, gehörte zu den ersten Bauvorhaben von Hermann Blankenstein, der 1872 sein Amt als Stadtbaurat antrat. Der Schulkomplex ist im typischen Backsteinstil der Berliner Schule gehalten.

Verborgen hinter den vornehmen Mietshäusern des Lützowviertels ging 1885 das Pumpwerk Tiergarten in Betrieb, das als Teil der Abwasserbeseitigung die hygienischen Verhältnisse im Stadtgebiet entscheidend verbesserte. Anders als im Arbeiterviertel Moabit, wo die Pumpstation unverdeckt an der Straße Alt-Moabit gebaut wurde, lag das Pumpwerk Tiergarten mitten im Baublock zwischen Landwehrkanal, Lützowstraße, Genthiner Straße und der heute aufgegebenen Dörnbergstraße. Die Station war Teil des von James Hobrecht konzipierten Systems, nach dem man das Abwasser dezentral in zwölf Radialsystemen sammelte und mittels Pumpwerken zur Reinigung auf die Rieselfelder außerhalb Berlins leitete. Das Radialsystem VII deckte die Schöneberger Vorstadt, aber auch Teile von Charlottenburg und Schöneberg ab.

Auch für den Neubau der großen liberalen Synagoge 1897–98 an der Lützowstraße 16 konnte nur noch ein Bauplatz im Blockinnern gefunden werden.[148] Für die stark gewachsene jüdische Gemeinde in den westlichen Berliner Vororten gab es keinen größeren Kultbau. Nur am Schöneberger Ufer befand sich eine kleinere Synagoge von 1876, die allerdings einem orthodoxen Verein gehörte. Die im Tiergartenviertel und in der Schöneberger Vorstadt lebenden wohlhabenden Gemeindemitglieder gehörten jedoch liberalen Kreisen an, für die ein Großbau geschaffen werden musste. Obwohl die Schöneberger Vorstadt gegen Ende des 19. Jahrhunderts noch nicht völlig besiedelt war, gab keine kostengünstigen Grundstücke in repräsentativer Lage mehr. Die Gemeinde erwarb eine lang gestreckte Hinterhofparzelle zwischen Potsdamer Straße und Flottwellstraße, die nur über einen Zugang an der Lützowstraße verfügte und auf der zudem ein älteres Vorderhaus stand. Die Architekten Wilhelm Cremer und Richard Wolffenstein legten daher den Synagogenbau auf den Hinterhof, während an der Straße anstelle des Mietshauses ein Gemeindehaus mit Wohnungen und Schulräumen entstand. Hinter der engen Durchfahrt des Gemeindehauses öffnete sich dem Betrachter die Schauseite der Synagoge mit einer reich dekorierten Ziegelsteinfassade, die in ihrer Anlehnung an mittelalterliche Backsteinbauten durchaus mit zeitgenössischen protestantischen Kirchen vergleichbar war.[149]

Im Sog der Großstadt

Der wirtschaftliche Aufschwung zwischen 1890 und dem Ersten Weltkrieg ging einher mit einem Ausbau der Wohnblöcke in der Schöneberger Vorstadt und einer weiteren Verdichtung der Blockinnenflächen. Berlin war im frühen 20. Jahrhundert die am dichtesten besiedelte Stadt der Welt. Mit der wachsenden Bedeutung als Industrie- und Behördenstadt, als Banken- und Handelszentrum stieg die deutsche Hauptstadt zur Weltstadt auf. Im Mittelpunkt dieser Entwicklung standen große Repräsentationsbauten in der Innenstadt sowie der Ausbau der Massenverkehrsmittel. So wurde 1902 die erste elektrisch betriebene Hoch- und Untergrundbahnlinie eröffnet, die zwischen Warschauer Brücke und Zoologischem Garten mit einem Abzweig zum Potsdamer Bahnhof die Schöneberger Vorstadt berührte. In der Innenstadt kam es zur Citybildung, die mit einer Verdrängung der Wohnbevölkerung einherging. Es bildeten sich Geschäftsviertel, in denen bestimmte Branchen konzentrierten waren. In Reichweite der Schöneberger Vorstadt lag das Einkaufsviertel am Leipziger und Potsdamer Platz und in der Leipziger Straße mit seinen großen Kaufhäusern. Der Potsdamer Platz galt als verkehrsreichster Platz Europas. In der Nähe des Potsdamer und Anhalter Bahnhofs entstanden neue Geschäftshäuser, Luxushotels und Vergnügungspaläste. Die großstädtische, betriebsame Atmosphäre des Potsdamer Platzes strahlte bis ins Tiergartenviertel und in die Schöneberger Vorstadt aus. An der Potsdamer Straße entstanden Geschäfts- und Bürohäuser sowie Restaurants, die sich mit ihren aufwendigen Werksteinfassaden deutlich von den älteren Mietshäusern abhoben. Darunter befand sich das 1901 eröffnete Verkaufshaus der Möbelfabrik von A. S. Ball an der Potsdamer Straße 68, errichtet von Kurt Berndt und A. F. M. Lange, dessen stützenloser Grundriss die Einrichtung von bis zu 84 Meter langen Verkaufs- und Ausstellungsräumen erlaubte.[150] Die modern wirkende Straßenfront war in Wandpfeiler und sprossenlose Glasfelder aufgelöst. Einen neuen Geschäftshaustyp verkörperte das

Schöneberger Vorstadt. Luftaufnahme mit Blick auf den Lützowplatz, 1914

„Hansa-Haus des Westens", das sich der Weinhändler Ernst Ullmann 1910–11 ebenfalls von Kurt Berndt errichten ließ. Das Gebäude enthielt auf fünf Geschossen ausschließlich Räume für Geschäftszwecke, die man entsprechend den Bedürfnissen der Mieter in unterschiedliche Einheiten teilen konnte. Es handelte sich um einen modernen Bürobau, der sich an der Potsdamer Straße aufgrund der außerordentlich hohen Grundstückskosten eher rentierte als ein Mietshaus.

Der Strukturwandel, der um die Jahrhundertwende einsetzte, beschränkte sich nicht nur auf die Potsdamer Straße, sondern erfasste auch die Seitenstraßen.[151] In das Karlsbadviertel, bisher ein ruhiges Wohngebiet, drängten nun Versicherungen, Verbände und Handelsgesellschaften, die repräsentative Geschäftszentralen errichteten. Dabei überwog der neoklassizistische Baustil, der vor dem Ersten Weltkrieg prägend für die Geschäftshausarchitektur war. Mit ihm ließen sich Würde und Ansehen des Bauherrn herausstellen und für die Produkte und Dienstleistungen des Unternehmens werben. Beispiel für diese Bauauffassung ist das Afrikahaus am Karlsbad mit seiner Pilastergliederung. Es wurde 1911 als Zentrale der 1887 gegründeten Deutschen Kolonialgesellschaft errichtet.

Während die Gegend am Lützowplatz weiterhin ein vornehmes Wohngebiet für Gelehrte, Künstler und höhere Beamte blieb, konzentrierten sich die Geschäftsgebäude im östlichen Teil des Lützowviertels. Vor allem an der Lützowstraße entstanden neben den Mietshäusern prächtige Geschäftshäuser, erbaut von erfolgreichen Industrie- und Handelsbetrieben, die ihren Verwaltungssitz in die deutsche Hauptstadt verlegten. Die eindrucksvollste Niederlassung war die 1911 fertig gestellte Firmenzentrale der in Singen gegründeten Maggi GmbH an der Lützowstraße 102-104, die sich mit mehreren Innenhöfen tief in den Blockinnenraum erstreckte. Der *„Geschäfts- und Industriepalast"*, wie ihn die zeitgenössische Fachpresse bezeichnete, nahm gleich drei Parzellen ein, die zuvor mit Mietshäusern bebaut waren.[152] Die breite Schauseite mit Attikageschoss und skulpturaler Durchbildung diente der Selbstdarstellung des Unternehmens, das während des wirtschaftlichen Aufschwungs des Kaiserreichs eine führende Marktstellung erlangt hatte.

Weiter im Westen, auf dem Grundstück Lützowstraße 33-36 und Genthiner Straße 15, wurde zur gleichen Zeit die Geschäftszentrale der Rütgerswerke AG errichtet. Dem raumgreifenden Eckbau musste das Paulinenstift weichen, eine höhere Erziehungsanstalt für Jungen, die sich seit 1864 auf dem hinteren Teil des Grundstücks befunden hatte. Das durch ein besonderes Holzimprägnierungsverfahren groß gewordene Unternehmen, gegründet von Julius Rütgers, unterhielt am Südufer des Berlin-Spandauer Schiffahrtskanals umfangreiche Werkstätten. Die Rütgerswerke AG verfügte nicht nur in Deutschland über zahlreiche Niederlassun-

Blick über die Potsdamer Brücke in die Potsdamer Straße, Aufnahme 1924

Grand Hotel Esplanade in der Bellevuestraße. Postkarte, um 1910

gen, auch im Ausland wurden Dependancen eröffnet, sodass die Einrichtung einer Geschäfts- und Verwaltungszentrale erforderlich war. Gemäß der wirtschaftlichen Bedeutung der Rütgerswerke AG legte der mit der Gestaltung beauftragte Architekt Hermann Dernburg besonderes Gewicht auf eine monumentale Wirkung. Ein kräftig bossierter Sockel mit Korbbogenöffnungen, vorgesehen für Läden, die Eckquaderung und ein wuchtiges Kranzgesims mit Attika setzen gebührende Akzente.

Der Ausbruch des Ersten Weltkriegs beendete den Strukturwandel, bei dem sich die Schöneberger Vorstadt von einem reinen Wohnviertel in ein Mischgebiet mit Büro-, Verwaltungs- und Gewerbeeinrichtungen entwickelt hatte. Die Verdichtung der Baublöcke, die zu dieser Zeit weitgehend abgeschlossen war, hatte zu einer Funktionsmischung geführt, wie sie für viele Stadtviertel Berlins typisch ist. Unmittelbar neben den Wohngebäuden gab es Geschäftshäuser, Werkstätten, Gewerbebetriebe, Schulen und andere Einrichtungen der öffentlichen Infrastruktur. Während im Osten die ausgedehnten Güterbahnhöfe der Berlin-Potsdamer und der Berlin-Anhalter Eisenbahn ein Zusammenwachsen mit der Tempelhofer Vorstadt verhinderten, verschmolz im Westen, in Charlottenburg zwischen Wittenbergplatz und Zoologischem Garten das Häusermeer des „Alten Westens“ mit dem „Neuen Westen“. Das Kielganviertel behielt jedoch seine offene Bebauung mit Villen und Gartengrundstücken. Bis zu den Zerstörungen des Zweiten Weltkriegs blieben die im 19. Jahrhundert gewachsenen städtebaulichen Strukturen der Schöneberger Vorstadt erhalten, abgesehen von wenigen Ergänzungen der 1920er und 1930er Jahre.

Ausbau der Infrastruktur und Hauptstadtplanung 1920 bis 1945

Die Bildung des Bezirks Tiergarten

Nach der Gründung der Weimarer Republik und demokratischen Wahlen konnte in Berlin ein lange ungelöstes kommunales Problem in Angriff genommen werden. Am 17. April 1920 wurde der Zweckverband Groß-Berlin von der neuen Einheitsgemeinde Groß-Berlin abgelöst, die acht Städte, 59 Landgemeinden und 27 Gutsbezirke vereinte. Der einheitliche Wirtschafts- und Planungsraum sollte für einen Lastenausgleich zwischen den reichen Gemeinden im Südwesten und den steuerarmen Vororten im Osten und Norden sorgen. Eingeführt wurde eine zweistufige Verwaltung mit übergeordnetem Magistrat und Stadtver-

Haus Alt Bayern, Potsdamer Straße 24, 1904 von W. Walther. Innenhof. Aufnahme 1905. Der aus mehreren Restaurants bestehende Vergnügungspalast wurde 1975 abgebrochen

Potsdamer Platz mit Columbus-Haus. Aufnahme 1935

ordnetenversammlung sowie Bezirksämtern und Bezirksverordnetenversammlungen in den zwanzig neuen Verwaltungsbezirken. Die Kernstadt, das alte Berlin, wurde in sechs Bezirke geteilt. Aus den westlichen Stadtteilen Moabit, Tiergarten, Untere Friedrichvorstadt und Schöneberger Vorstadt bildete man den 2. Verwaltungsbezirk, der die Bezeichnung „Tiergarten" erhielt.[153] Die neue Verwaltungseinheit verfügte noch nicht über ein eigenes Rathaus, sodass die Verwaltungsstellen auf verschiedene Bürogebäude und Privathäuser verteilt werden mussten. Die Bezirksverordnetenversammlung tagte in der Schule an der Bochumer Straße. Erst 1937 konnte die Bezirksverwaltung im neu erbauten Rathaus an der Turmstraße zusammengefasst werden.

Bereits bei Ausbruch des Ersten Weltkriegs war die städtebauliche Entwicklung auf dem Gebiet des späteren Bezirks Tiergarten weitgehend abgeschlossen. In den 1920er Jahren war Bauland kaum noch vorhanden, und eine weitere Verdichtung der Blöcke oder eine zusätzliche Bebauung des Tiergartens schloss die 1925 erlassene Bauordnung aus, die eine Auflockerung der Wohnviertel und eine klare Funktionstrennung der einzelnen Stadtgebiete zum Ziel hatte.[154] Die Bauordnung berücksichtigte wesentliche Forderungen der Wohnreformer. Die Ausnutzung der Grundstücke wurde eingeschränkt, Seitenflügel und Quergebäude im Hof durften nicht mehr errichtet werden. Der Reformwohnungsbau mit seinen großen Baublöcken und Großsiedlungsprojekten fand vor allem in den äußeren Bezirke Berlins statt, dort, wo noch ausreichend unbebauter Boden vorhanden war. In der Kernstadt verstärkte sich mit der Ansiedlung von Geschäftszentralen die Citybildung, die mit einer Verdrängung der Wohnbevölkerung einherging. So ging im Bezirk Tiergarten in den Jahren bis zum Zweiten Weltkrieg die Einwohnerzahl zurück.[155]

In den vornehmen Stadtteilen des Bezirks, im Tiergarten-, Lützow- und Hansaviertel, nahm man – wie auch in den anderen bürgerlichen Wohnquartieren der Innenstadt – Wohnungsteilungen vor, um die Wohnungsnot zu lindern. Die bis zu zwölf Zimmer großen Wohnungen wurden in kleinere Wohneinheiten aufgeteilt. Großbürgerliche Wohnformen blieben auf einzelne Anlagen wie zum Beispiel die Wohnanlage an der Potsdamer Privatstraße, heute Bissingzeile, oder auf das Villengebiet des Tiergartenviertels beschränkt. Aber auch im Tiergartenviertel setzte die Umwandlung zu einem Geschäftsviertel ein. Das 1931 fertig gestellte Shellhaus an der Königin-Augusta-Straße (heute Reichpietschufer) bezeugt diese Entwicklung. Für die zehngeschossige Verwaltungszentrale des amerikanischen Mineralölkonzerns Rhenania-Ossag (Shell) mussten mehrere klassizistische Villen abgerissen werden. Der Düsseldorfer Architekt Emil Fahrenkamp entwarf einen vierflügeligen Stahlskelettbau, der mit seiner wellenförmig gestaffelten Travertinfassade am Landwehrkanal zum Sinnbild des „Neuen Berlin" wurde. In den 1930er Jahren wurde

Lenz-Haus, Burggrafenstraße/Kurfürstenstraße, 1928–29 von Heinrich Straumer. Aufnahme um 1930

diese Entwicklung gestoppt, um in diesem Gebiet die Botschaften und ausländischen Vertretungen anzusiedeln.
Größere städtebauliche Projekte zur Verbesserung der Verkehrsverhältnisse und zur Überwindung der Nord-Süd-Teilung durch den Tiergarten, wie sie der Wettbewerb „Groß-Berlin" von 1910 angeregt hatte, konnten nicht verwirklicht werden. Die großräumigen Planungen von Martin Mächler und Hugo Häring wie das Projekt einer Nord-Süd-Achse durch den Tiergarten, die eine Neuordnung weiter Gebiete des Bezirks bewirkt hätten, blieben eine unerfüllte Vision.[156] Die finanziellen Möglichkeiten waren in den Jahren der Weimarer Republik begrenzt, die Phase der wirtschaftlichen Stabilität war zu kurz, um grundlegende Änderungen und Entwicklungen zuzulassen.
Ausgeführt wurden hingegen wichtige Vorhaben, die den Nahverkehr und die Güterversorgung der Reichshauptstadt verbesserten. Nach der Inflationszeit wurde der Ausbau des Schnellbahnnetzes vorangetrieben. Die Hoch- und Untergrundbahn-Gesellschaft stellte 1926 die Verstärkungslinie fertig, die zwischen Gleisdreieck und Wittenbergplatz verläuft (heute U1) und dadurch die parallel geführte Hochbahnstrecke (heute U2) entlastet.[157] Am Gleisdreieck hatte man die Arbeiten schon 1912 aufgenommen. Hinter dem U-Bahnhof Kurfürstenstraße verlässt die Verstärkungslinie den Tunnel, um auf einer eigens erbauten Rampe durch den Häuserblock und ein Mietshaus an der Dennewitzstraße in Richtung Gleisdreieck geführt zu werden.

Shell-Haus, Reichpietschufer, 1930–32 von Emil Fahrenkamp. Aufnahme 1935

Westhafen und Poststadion

Im Norden des Ortsteils Moabit konnte der Westhafen, der als zweiter Berliner Großhafen nach dem Osthafen an der Oberspree seit Ende des 19. Jahrhunderts geplant war, erst 1923 eröffnet werden.[158] Die Planung der Gesamtanlage oblag Stadtbaurat Friedrich Krause unter Mitwirkung von Carl Zaar und Lorenz, während der renommierte Architekt Richard Wolffenstein die äußere Gestaltung der Gebäude übernahm. Nicht nur der Erste Weltkrieg hatte die Ausführung verzögert, auch der Grundstückserwerb nahm viele Jahre in Anspruch. Nach langen Verhandlungen hatte die Stadt Berlin 1906 das Gelände des von Johann Hinrich Wichern gegründeten Johannisstifts erwerben können, das mit seinen 700 Bewohnern nach Spandau umzog. Das weiträumige Terrain im Norden des Bezirks Tiergarten, an der Einmündung des 1866–75 angelegten Charlottenburger Verbindungskanals in den Berlin-Spandauer Schiffahrtskanal, war verkehrsgünstig gelegen. Im Süden verliefen die Gleise der Hamburg-Lehrter Eisenbahn und der Ringbahn. Die beiden Kanäle, integriert in den Großschiffahrtsweg Berlin-Stettin, sorgten für einen Anschluss an Oder und Elbe.
Die 1923 fertig gestellte Anlage mit zwei Hafenbecken, fünf Speichergebäuden, Verwaltungszentrale, Casino und kleineren technischen Bauten wurde von der Berliner Hafen- und Lagerhaus AG (BEHALA) bewirtschaftet, die zu 75 % von privaten Speditionsfirmen und zu 25 % von der Stadt Berlin getragen wurde. Güterumschlag und Speicherbetrieb florierten, sodass 1924–27 eine Erweiterung des Westhafens mit einem dritten Hafenbecken und neun weiteren Lagergebäuden ausgeführt werden konnte. Als 1937 die BEHALA aufgrund einer Aktientransaktion in Be-

Westhafen. Luftaufnahme, um 1980

drängnis geriet, übernahm die Stadt Berlin die Betreibergesellschaft. Bis zum Zweiten Weltkrieg war der Westhafen der zweitgrößte Binnenhafen Deutschlands.

Friedrich Krause und Richard Wolffenstein haben eine autarke Hafenstadt geschaffen, die mit ihren modernen Lager- und Umschlageinrichtungen architektonisch wie technisch auf höchstem Niveau stand. So folgten die Abmessungen der Hafenbekken technischen Vorgaben. Mit einer Breite von 55 Metern sollte jedes Hafenbecken zwei Reihen mit Kähnen aufnehmen, während in der Mitte ausreichend Raum für zwei einander begegnende Schiffe blieb. Die Höhe der Kaimauern war von der Höhe der Schiffsaufbauten bestimmt. Zwischen den Kaimauern und den Laderampen der Speicher ließ man ausreichend Raum für zwei oder drei Gleise der Hafenbahn und Kräne, sodass vom Schiff direkt auf Eisenbahnwaggons umgeladen werden konnte. Die stattlichen Fassaden und vor allem das ordnende Achsensystem geben der gesamten Anlage eine architektonische Geschlossenheit, die die einstige wirtschaftliche Kraft Berlins beeindruckend zur Geltung bringt. Der Westhafen hatte eine große Bedeutung für das Wachstum Berlins in den 1920er und 1930er Jahren.

Infolge der Entmilitarisierung Deutschlands, die der Versailler Vertrag vorschrieb, kam es auch in der Reichshauptstadt zur Umnutzung früherer militärischer Einrichtungen. Für einen Teil des Moabiter Exerzierplatzes war eine zivile Verwendung vorgesehen. Dort bestand die Möglichkeit, eine große Volkssportstätte anzulegen, wie sie der neue Stadtbaurat Martin Wagner mit seiner sozial motivierten Freiflächenpolitik einforderte. Martin Wagner sah im Bau von Sportanlagen ein sozialpolitisches und stadthygienisches Instrument, um einen Ausgleich für die beengten Verhältnisse der Mietskasernenstadt zu schaffen. Zusammen mit Walter Koeppen formulierte er 1929 in einer Denkschrift die Ziele einer weltstädtischen Freiflächenpolitik: *„Die Aufgabe der Freiflächen, einen Ausgleich für die ungünstigen Lebensverhältnisse der Stadtbewohner zu schaffen, ist besonders wichtig für eine Riesenstadt wie Berlin, in welcher die Einwohner neben den Schädigungen des Berufs, Beeinträchtigungen durch das Hasten und den Lärm der Stadt, durch Verkehrsschwierigkeiten erleiden und zum übergroßen Teil in veralterten schlechten Wohnquartieren hausen."*[159]

In der Nähe des Arbeiterwohnviertels Moabit wurde 1926–29 eine solche Mustersportstätte angelegt, die der Allgemeinheit offen stand. Georg Demmler entwarf für den Postsportverein der Reichspostverwaltung einen weitläufigen Sportpark, in dem Rasen-, Wasser- und Hallensportanlagen vereinigt waren. Das Herzstück bildete das Poststadion, ein zentral gelegenes Stadion mit Tribünengebäude und flach ansteigenden Stehrängen. Zur Anlage gehörten zehn Tennisplätze mit einem Tennisstadion, vier Fußballplätze, ein ovaler Kampf- und Spielplatz, eine Schwimm- und Ruderhalle sowie ein Sommerbad. Den Hauptzugang mit einfas-

Poststadion an der Lehrter Straße. Luftaufnahme 1967

senden Kassenhausreihen richtete man an der Lehrter Straße ein. Damit war innerhalb weniger Jahre eine der größten Sportstätten Berlins entstanden.

Die nationalsozialistische Umgestaltung der Reichshauptstadt

Nach der Machtergreifung der Nationalsozialisten 1933 wurde im Rahmen einer weitgehenden „Neugestaltung deutscher Städte" der Reichshauptstadt Berlin eine herausragende Rolle zuerkannt. Berlin, das man 1950 in „Germania" umbenennen wollte, sollte durch monumentale Anlagen und Bauten auch städtebaulich die Metropole der „Großmacht Deutschland" werden, um der Bedeutung und dem Anspruch des Nationalsozialismus Ausdruck zu geben. Die geplante Neugestaltung Berlins war daher weniger als eine Bewältigung der seit Ende des 19. Jahrhunderts vorhandenen Großstadtprobleme gedacht, sondern vielmehr als eine Demonstration nationalsozialistischen Herrschaftsanspruchs durch städtebauliche Maßnahmen. Gleich nach der Machtübernahme kam es in der Berliner Verwaltung zu einschneidenden Veränderungen, die 1937 zur Einrichtung der Behörde des Generalbauinspektors für die Reichshauptstadt Berlin (GBI) führten. Zum Generalbauinspektor wurde der Architekt Albert Speer ernannt. Die Behörde übernahm die Planungshoheit für die beabsichtigte Neugestaltung der Reichshauptstadt und für sämtliche Bauvorhaben

Schaubild der Nord-Süd-Achse, um 1939 von Albert Speer

Nord-Süd-Achse. Aufmarschplatz, Große Halle, Wasserbecken und Nordbahnhof. Modell um 1939

mit einer Größe von mehr als 50.000 Quadratmetern. Der baupolitische Einfluss der Stadtverwaltung war damit faktisch aufgehoben. Die bestehende Baugesetzgebung war für die Vorhaben des Generalbauinspektors nicht bindend, die Bauordnung war außer Kraft gesetzt.[160]

Acht bis zehn Millionen Menschen sollte die Reichshauptstadt, die Machtzentrale des nationalsozialistischen Staats, aufnehmen. Hauptmotiv der städtebaulichen Planung war ein Straßenkreuz, dessen Achsen in Nord-Süd- und Ost-West-Richtung die gesamte Stadt durchliefen, um sich im Tiergarten, vor dem Brandenburger Tor, zu kreuzen. Kernstück war die über den Tiergarten hinausgehende, über sieben Kilometer lange Nord-Süd-Achse, die mit gigantischen Bauten zur monumentalen Prachtstraße ausgebaut werden sollte.[161] Als Ausgangspunkt war ein Nordbahnhof im Wedding vorgesehen. Die Straßenachse sollte durch das Alsenviertel zum Königsplatz (heute Platz der Republik) führen, in die verbreiterte Siegesallee einmünden, um dann, geradlinig nach Süden verlaufend, das Tiergartenviertel und die Ortsteile Schöneberg und Tempelhof zu durchqueren, um an einem neuen Südbahnhof zu enden. Mit monumentalen Staatsbauten, Verwaltungsgebäuden und Geschäftszentralen wäre die Nord-Süd-Achse, die politische, wirtschaftliche und kulturelle Funktionen übernommen hätte, zum neuen Zentrum der Reichshauptstadt geworden.

Die Planungen beanspruchten einen Großteil der Fläche des Bezirks Tiergarten. Weite Gebiete am Reichstag, um den Lehrter Bahnhof, am Exerzierplatz in Moabit und im Tiergartenviertel wurden 1939 der privaten Bautätigkeit entzogen und für die Hauptstadtplanung reserviert. Danach brach man im Spreebogen, nördlich des Königplatzes, am Matthäikirchplatz und im Gebiet nördlich der Potsdamer Brücke zahlreiche Gebäude ab. Ganze Straßenzüge verschwanden, die zum Teil noch aus der ersten klassizistischen Bauphase stammten. *„Was nicht in das Maß des Neuen sich einzufügen vermag, muß verschwinden"* gab die Baugilde unmissverständlich bekannt.[162] Am Königsplatz begannen erste vorbereitende Arbeiten für die geplante „Große Halle", die mit einer riesigen, weit aufragenden Kuppel die Nord-Süd-Achse dominieren sollte. Um den Königsplatz als Aufmarschplatz nutzen zu können, musste die Siegessäule versetzt werden. Sie wurde 1938–39 demontiert und zur monumentalen Ausstattung der Ost-West-Achse am Großen Stern wiedererrichtet.

Der Ausbau der Ost-West-Achse, der „via triumphalis" zwischen Schlossplatz und Reichssportfeld, begann 1938 nach Plänen des Generalbauinspektors. Die Achse geht größtenteils auf vorhandene Straßen zurück (Unter den Linden, Charlottenburger Chaussee, heute Straße des 17. Juni, Kaiserdamm, Heerstraße),

Ost-West-Achse mit Torhäusern und Siegessäule. Aufnahme 1939

Japanische Botschaft, Tiergartenstraße, 1938–42 von Ludwig Moshamer. Aufnahme um 1942

Das kriegszerstörte Tiergartenviertel. Das zur Nord-Süd-Achse gehörende "Haus des Fremdenverkehrs" war zu Kriegsende im Rohbau fertiggestellt. Aufnahme 1945

deren Profil jedoch erheblich verbreitert werden musste.[163] Der Große Stern erhielt eine völlig neue Gestalt. Der unter Kurfürst Friedrich III. angelegte kreisrunde Platz wurde im Gedenken an das kaiserliche Deutschland zum „Forum des Zweiten Reichs" ausgebaut.[164] Vom Königsplatz kamen die Siegessäule und die Denkmäler von Bismarck, Moltke und Roon, die dort der Neugestaltung im Weg standen. Die Siegessäule in der Mitte des von 100 auf 200 Meter Durchmesser erweiterten Platzes erhielt zusätzlich eine Säulentrommel und zudem einen vergrößerten Unterbau. Beiderseits der Charlottenburger Chaussee entstanden bis 1941 als Zugang zu einer Tunnelunterführung zwei Torhäuser, von denen aus die Mittelinsel mit der Siegessäule zu erreichen ist. Die Charlottenburger Chaussee wurde von 27 auf 53 Meter verbreitert. Die noch auf Veranlassung Lennés gepflanzten Lindenbäume mussten dem Ausbau der Ost-West-Achse weichen, an ihre Stelle setzte Albert Speer von ihm entworfene Kandelaber. Diese Maßnahmen waren schwerwiegende Eingriffe in die Gestalt des Tiergartens.

Für das Villenviertel zwischen Tiergarten und Landwehrkanal plante Albert Speer eine völlig neue Struktur. Hier sollten sich in der Nähe der Nord-Süd-Achse die diplomatischen Vertretungen ansiedeln, die ihre alten Gebäude zugunsten von Neubauten nach nationalsozialistischen Formvorstellungen aufzugeben hatten. Das Gebiet am südlichen Tiergartenrand wurde 1937 gesetzlich als „Diplomatenviertel" ausgewiesen.[165] Mit der Grundsteinlegung am 14. Juni 1938 durch Adolf Hitler für das „Haus des Fremdenverkehrs" am Runden Platz, der im Schnittpunkt der Nord-Süd-Achse mit der Potsdamer Straße geplant war, sollte die Neuordnung der Reichshauptstadt und damit auch die Umgestaltung des Tiergartenviertels beginnen.[166] Das hatte den flächendeckenden Abriss des Quartiers zwischen der St. Matthäus-Kirche und der Potsdamer Straße zur Folge. Historisch bedeutsame Bauten des 19. Jahrhunderts verschwanden.

Auch dem Neubau der aufwendigen Botschaftsgebäude an Tiergartenstraße, Rauchstraße und Lichtensteinallee mussten mehrere Wohnhäuser weichen.[167] Die Monumentalität der Botschaften zeugt vom Machtbewusstsein des nationalsozialistischen Staats, sollte doch jedem der Beginn eines neuen Zeitalters, die Ordnung und Dauerhaftigkeit des erneuerten Deutschen

Reichs, vor Augen geführt werden. Allein der Bau der Botschaft Japans, das seit 1936 mit Deutschland verbündet war, verschlang 60 Millionen Reichsmark. Alle Entwürfe der ausländischen Gesandtschaften mussten dem Generalbauinspektor Albert Speer, der die Architekten bestimmt hatte, persönlich zur künstlerischen Begutachtung vorgelegt werden. Bis 1943 wurden sieben mächtige Botschaftsgebäude errichtet. Neben den diplomatischen Vertretungen drängten Verwaltungszentralen der NSDAP und der Wehrmacht ins Tiergartenviertel. Das ehemalige Reichsmarineamt wurde zum Oberkommando der Wehrmacht ausgebaut und um ein neues Gebäude an der Bendlerstraße, den so genannten Bendlerblock, ergänzt.

Auch das vornehme Karlsbadviertel südlich des Landwehrkanals wurde von den Neugestaltungsmaßnahmen erfasst. Es begann die Umwandlung in ein Geschäftshausquartier, wobei für die Nord-Süd-Achse nahezu alle Gebäude abgerissen werden sollten. Nur die 1936 fertig gestellte Geschäftszentrale der Feuersozietät, entworfen von Paul Mebes und Paul Emmerich, sollte vom Abbruch ausgenommen werden. Der traditionsbewusste und zugleich sachliche Repräsentationsbau war für die nationalsozialistische Baugesinnung wohl akzeptabel, sodass man ihn in die Achsenplanung integrieren wollte.

1942 kam es zur Einstellung der Bautätigkeit. Abgesehen von den Botschaften des Diplomatenviertels und dem weitgehend fertig gestellten „Haus des Fremdenverkehrs“ am Runden Platz hatte man nur wenige Bauten vollenden können. Albert Speer, der durch seine Abrisse die Urbanität großer Teile des Bezirks Tiergarten ausgelöscht hatte, wurde 1942 zum Reichsminister für Rüstung und Kriegsproduktion ernannt. Das Bombardement durch die britische und amerikanische Luftwaffe, das 1943 einsetzte, führte zur endgültigen Zerstörung des Tiergartenviertels und der Stadtteile am Spreebogen.

Der Große Tiergarten 1920-1945

War der Große Tiergarten maßgeblich auf Initiative der preußischen Herrscher entstanden, erweitert und verändert worden, so bedeutete das Ende der Monarchie eine politische Zäsur, die auch für die inmitten einer nun zur pulsierenden Metropole avancierten Stadt gelegenen Anlage Konsequenzen hatte. Notjahre während und nach dem Ersten Weltkrieg ließen keine gestalterischen Veränderungen zu. Die in Jahrhunderten entwickelte Struktur des Tiergartens wurde erst in den 1930er Jahren wieder einschneidend verändert. Schon 1936 begannen rücksichtslose Eingriffe in den historisch gewachsenen Baumbestand, der Abriss des Viktoriaviertels am Kemperplatz und des Alsenviertels im Spreebogen. Um die Siegesallee als Triumphstraße ausbauen zu können, die zur „Großen Halle“ führen sollte – einem monströsen Kuppelbau mit 250 Metern Durchmesser und einer Höhe von 220 Metern – demontierte man alle flankierenden Skulpturen und stellte sie noch vor Kriegsbeginn an der Großen Sternallee auf.[168] Wegen der Umgestaltung des Großen Sterns mussten die dort aufgestellten Skulpturen, der Hubertus-Brunnen und die Jagdgruppen, weichen, wobei der Brunnen eingeschmolzen wurde und die Jagdgruppen in die Fasanerieallee kamen. Die im 19. und frühen 20. Jahrhundert den Großen Stern rahmenden Taxushecken wurden gleichfalls beseitigt und durch bis heute erhaltenen Sandsteinmauern mit dekorativen Vasen ersetzt. Die Chaussee selbst wurde unter Abholzung von vier Alleereihen von 27 auf 53 Meter erweitert, jedoch ohne eine Neupflanzung von Bäumen. Stattdessen ließ Speer die ebenfalls von ihm entworfenen Kandelaber sowie Pylone und Fahnen als Kulissen für propagandistische Großveranstaltungen aufstellen.

Strukturwandel nach 1945

Kriegszerstörung und Identitätsverlust

Die Kriegszerstörung, deren Ausmaß vor allem im Bereich der Innenstadt sehr groß war, bestimmte die Verhältnisse Berlins in den ersten Nachkriegsjahren. Tiergarten gehörte nach dem Bezirk Mitte zu den am stärksten zerstörten Gebieten Berlins. Eine einzige Trümmerlandschaft breitete sich vom Lehrter Bahnhof bis zum Lützowplatz aus. Fast ein Drittel der Gebäude waren total zerstört, 22 % waren schwer geschädigt und nur 30 % waren leicht oder gar nicht beschädigt. Entsprechend hoch war der Verlust an Wohnraum. Im Hansaviertel waren von insgesamt 343 Häusern der Vorkriegszeit nur noch 70 erhalten geblieben. Noch schwerer war der Verlust bedeutender Bausubstanz im „Alten Westen“ mit seinen vornehmen Wohnquartieren, während Moabit bis auf den Beusselkiez und das östliche Gebiet mit den Bahnhöfen, Kasernen und Justizeinrichtungen nicht so stark betroffen war. Dort entstand im Rahmen eines Notstandsprogramms ab 1949 auf der Restfläche des Exerzierplatzes der Fritz-Schloß-Park, eine auf Trümmerschutt angelegte 16 Hektar große Parkanlage.

Der enorme Zerstörungsgrad bedeutete nicht nur Wohnraumverlust. Ganze Stadtteile verloren ihre historisch gewachsene Identität. Der flächendeckenden Trümmerbeseitigung folgte der Abbruch von historisch bedeutenden Gebäuden. Vieles, was bei der ersten Trümmerbeseitigung stehen blieb, musste in den 1950er und 1960er Jahren den veränderten städtebaulichen Leitbildern weichen. So verschwanden bedeutsame, nur teilzerstörte Gebäude, zum Beispiel der Lehrter Fernbahnhof, das alte Zellengefängnis und die Garde-Ulanenkaserne an der Invalidenstraße, der Packhof mit dem Hauptzollamt an der Spree, das Landesausstellungsgebäude am Lehrter Stadtbahnhof, die Krolloper und das Generalstabsgebäude am Königsplatz. Vom alten Alsenviertel im Spreebogen blieben lediglich das Haus der Schweizer Gesandtschaft und der Reichstag stehen, sodass sich dort eine städtebauliche Einöde ausbreitete.

Bei der Aufteilung des Berliner Stadtgebiets durch die Siegermächte kam der Bezirk Tiergarten unter britische Militärverwaltung. Unmittelbar nach 1945 begann die Reorganisierung der öffentlichen Verwaltung, wobei in Anlehnung an die 1920 gebildete Einheitsgemeinde Groß-Berlin eine dezentrale Verwaltungsstruktur geschaffen wurde. Nach der politischen und wirtschaftlichen Teilung Berlins 1948/49 wurde für die westliche Stadthälfte eine Verfassung erarbeitet, die am 1. Oktober 1950 in Kraft trat.

Der abgeholzte und landwirtschaftlich genutzte Tiergarten mit den Resten der vor Kriegsbeginn in die Große Sternallee verlegten Siegesallee. Im Hintergrund das Diplomatenviertel. Aufnahme um 1946

Der Große Tiergarten und der Schlosspark Bellevue nach dem Zweiten Weltkrieg

Der sich noch bis zum Beginn des Zweiten Weltkriegs 1939 mit dichtem Baumbestand präsentierende Tiergarten hatte im Krieg zunehmend unter dem Bombenhagel gelitten, der sich insbesondere um den Reichstag, das Brandenburger Tor und die in der Wilhelmstraße gelegenen Ministerien konzentrierte.

Endgültig zugrunde ging der Baumbestand des Tiergartens nach Kriegsende, als die Bevölkerung den Park verständlicherweise bis auf geringe Reste abholzte, um in den eisigen Nachkriegswintern in der zerstörten Stadt nicht zu erfrieren. Von den etwa 200.000 Bäumen blieben nur ca. 700 übrig.[169] Außerdem nutzte man den Park nach 1945 zur Versorgung und legte Kleingärten an, insgesamt 2.500 Parzellen, um durch Gemüse- und Kartoffelanbau den schlimmsten Hunger zu bekämpfen.

Unweit des Brandenburger Tors wurde das Sowjetische Ehrenmal errichtet, das zugleich letzte Ruhestätte von 2.500 gefallenen Soldaten ist. An der ehemaligen Siegesallee und im Stadtzentrum gelegen, erhält der Ort dadurch eine hohe symbolische Bedeutung. Schon im Mai 1945 beschlossen, beauftragte Marschall Georgi K. Schukow den Bildhauer Lew E. Kerbel mit dem Entwurf des Siegerdenkmals. Durch ein Arbeitskollektiv wurde das 6 ha große Gelände unter Verwendung abgetragener Granitmauern der Reichskanzlei gestaltet und war im November desselben Jahres fertig.[170]

Als Folge der bereits im Mai 1946 vom Alliierten Kontrollrat erlassenen Richtlinie Nr. 30 über die „Liquidierung deutscher militärischer und nazistischer Denkmäler und Museen" wurden im Tiergarten Statuen abgeräumt. Nach dem Magistratsbeschluss vom Juni 1947, die Siegesallee vollständig zu entfernen, konnte ein großer Teil der Marmorskulpturen nur gerettet werden, weil sie auf Initiative des Denkmalpflegers Hinnerk Scheper in der Nähe von Schloss Bellevue eingegraben wurden. Seit 1978/79 stehen sie im ehemaligen Pumpwerk am Schöneberger Ufer.

Ein Neubeginn für den Tiergarten ergab sich am 17. März 1949 mit der symbolischen Pflanzung der ersten Linde in der Hofjägerallee durch den Regierenden Bürgermeister Ernst Reuter. Die schrittweise Wiederherstellung der grünen Lunge Berlins fand in der folgenden Dekade aufgrund von Überlegungen der Arbeitsgemeinschaft Fritz Witte, Hans Migge und Eva Wedel unter Hinzuziehung des für den Park 1954 bis 1961 verantwortlichen Willy Alverdes (1896–1980) statt.

Nachdem es Fritz Witte, dem Leiter des West-Berliner Amtes für Grünflächen, gelungen war, die Wiederherstellung des Tiergartens in das Notstandsprogramm aufzunehmen, wurde mit dem Vorha-

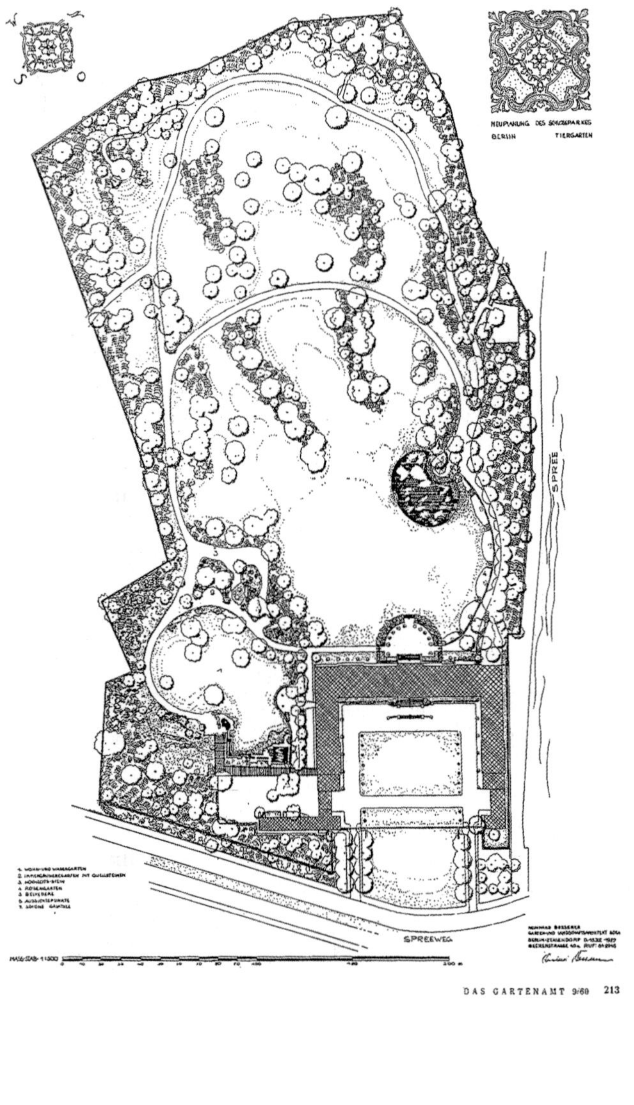

ben begonnen, einen möglichst naturnahen, mit einheimischen Gehölzen und offenen Wiesen ausgestatteten landschaftlichen Erholungspark zu schaffen. Allerdings wurden die im Kern erhaltenen überlieferten Strukturen der Anlage – bis auf wenige Ausnahmen – als nicht mehr zeitgemäß betrachtet. Mit dem Verzicht auf die Rückgewinnung der Alleen und Plätze ging jedoch der Verlust der typischen Mannigfaltigkeit einher, jener einmaligen Synthese von formalen und landschaftlichen Elementen, Orientierungspunkten und Erlebnisqualitäten, die für den Tiergarten stets das Charakteristikum waren.

Nach Reinigung der in ihren Lennéschen Konturen fast vollständig erhaltenen Gewässer wurde der Boden für umfangreiche Baumpflanzungen – größtenteils Spenden deutscher Städte – vorbereitet. Als Neuerung wurde schließlich ab 1951 im südlichen Teil des Bellevue-Schlossparks, den der Staat an die Stadt Berlin abgetreten hatte, der 40.000 Quadratmeter große Englische Garten angelegt.[171] Dieser Sondergarten, um das „Parkhaus" gruppiert, besteht aus fünf Themengärten: Natur-, Teich- und Steingarten nebst einem formalen Gartenparterre und der Terrassenanlage um das Gebäude. Der Gartenname bezieht sich auf das Engagement des damaligen britischen Stadtkommandanten Bourne, der die Anlage angeregt und durch Vermittlung von Pflanzenspenden zu ihrem Entstehen ganz entscheidend beigetragen hatte.

oben: Der Englische Garten, ab 1951 von Willy Alverdes, Witte und Thrower. Aufnahme um 1955

Neuplanung des Schlossparkes Berlin Tiergarten (Bellevue), 1958 von Reinhard Besserer

Zum Gedenken an die blutig niedergeschlagenen DDR-Arbeiteraufstände 1953 wurde die dominante Ost-West-Achse in Straße des 17. Juni umbenannt.
Durch den Bau der Mauer am 13. August 1961 verlor der Tiergarten seine zentrale Lage und rückte räumlich an die Peripherie der geteilten Stadt. Da der Park nun aber für die West-Berliner Bevölkerung mehr denn je die wichtigste Naherholungsanlage darstellte, beeinträchtigten Über- und Fremdnutzungen seine Qualität, besonders die der ökologisch wertvollen, artenreichen Langgraswiesen. Darüber hinaus setzte der Bau der notwendig gewordenen Entlastungsstraße der „grünen Insel“ zu. Es wurde deutlich, dass es mangels eines langfristigen Entwicklungskonzeptes, das neben ökologischen und städtebaulichen vor allem gartenkünstlerische Aspekte hätte verbindlich vorgeben müssen, zu gravierenden Fehlentwicklungen kam, mit dem Ergebnis, dass der bis in die 1950er Jahre unter höchstem Anspruch entwickelte und gepflegte Tiergarten allmählich seine Einzigartigkeit und Gestaltqualität zu verlieren drohte. Dieser Umstand veranlasste die Gartendenkmalpflege 1984, ein Parkpflegewerk in Auftrag zu geben.
Ausgangspunkte dieses Gutachtens und der dadurch initiierten Maßnahmen, die anlässlich der 750-Jahr-Feier Berlins 1987 einen nachhaltigen Instandsetzungsschub bewirkten, waren folgende Prämissen: die exponierte Bedeutung des Parks für Berlin zu stärken, seine historische Vielschichtigkeit zu erforschen, die sich in der gartenkünstlerischen Individualität, einer spannungsreichen Verquickung architektonisch geformter Elemente und landschaftlicher Strukturen ausdrückt, und vor allen Dingen, diese wieder ablesbar zu machen. Der Tiergarten sollte damit vor dem Schicksal einer ahistorisch wirkenden, beliebig austauschbaren Parkanlage bewahrt werden. Ferner war beabsichtigt, der eminenten ökologischen Bedeutung des Tiergartens Rechnung zu tragen und Überbeanspruchungstendenzen entgegenzuwirken, das heißt, den landschaftlichen Park auch zukünftig vorrangig als Refugium für Erholungssuchende zu schützen, indem zusätzliche Flächen im näheren und weiteren Umfeld für zerstörerisch wirkende Freizeitaktivitäten erschlossen würden. Bei allen denkmalpflegerischen Maßnahmen hatte der historische und der nachkriegszeitliche Zustand Priorität.[172]
Seit 1986 konnten durch kontinuierlichen restauratorischen Einsatz die Instandsetzung der Lennéschen Wasserpartien, der zahlreichen gartenkünstlerischen Denkmalbereiche und Sondergärten und des für das Gesamtbild bedeutenden Alleensystems vorangetrieben sowie die vielfältigen Platzstrukturen samt skulpturaler Ausstattung bearbeitet werden. Zu den herausragenden Leistungen gehören vor allem die Restaurierung des Englischen Gartens und der Luiseninsel mit ihrem benachbarten Denkmalbereich für Friedrich Wilhelm III., die Instandsetzung des Großfürstenplatzes, der Rousseauinsel mit dem von Günter Anlauf neu gestalteten Rousseau-Denkmal wie auch des Lessing-Denkmals mit seiner schmuckgärtnerischen Umgebung. In bestem Zustand präsentiert

Schloss Bellevue, Schlosspark, Englischer Garten und Hansaviertel. Luftaufnahme 1963

sich die alleemäßige Wiederaufpflanzung entlang der Straße des 17. Juni im Abschnitt Entlastungsstraße – Großer Stern. Besonders an dieser Stelle hat man den Eindruck, dass der jahrzehntelang förmlich auseinander gerissene Tiergarten in angemessener Weise wieder zusammengeführt worden ist.
Die Nachkriegsjahre mit der 1951 getroffenen Entscheidung, das Schloss Bellevue als Wohnsitz des Bundespräsidenten zu nutzen, führten zu einer Dreiteilung des historischen Schlossgartens. Sowohl Willy Alverdes als auch Reinhard Besserer (1907–1976), der Schöpfer des Präsidialgartens, haben hier in den 1950er Jahren gestalterische Spuren hinterlassen. Heute stellt der Schlosspark von Bellevue ein im Laufe von zweihundert Jahren gewachsenes Gartenkunstwerk dar, das sowohl noch Elemente aus der Entstehungszeit, das heißt Sichtenfächer und Reste der einstigen reichen skulpturalen Ausstattung aufweist, aber auch Bildwerke aus jüngster Zeit wie die von Ulrich Beier stammende und 1974 aufgestellte zweiteilige Skulptur „Zwei sich wandelnde Vasen".
Durch die Entscheidung des Parlaments, Berlin nach dem Mauerfall wieder zur Hauptstadt zu machen, ergaben sich für Schloss Bellevue als nun offiziellem Dienstsitz des Bundespräsidenten andere Erfordernisse, das heißt ein erhöhter Raumbedarf für den Mitarbeiterstab. In einem 1994 ausgelobten internationalen Wettbewerb errangen die Architekten Martin Gruber und Helmut Kleine-Kranenburg den ersten Preis. Sie entwarfen das auf elliptischem Grundriss angelegte Bundespräsidialamt. Mit seiner unprätentiösen Schlichtheit fügt es sich behutsam in den Altbaumbestand des Tiergartens ein. Durch die elegante Form bestechend, entstand ein reizvoller Kontrast zwischen Alt- und Neubau und den teilweise über 200-jährigen Buchen.[173]

Von der City-West zum Kulturforum

In den zerstörten Kerngebieten Berlins stand nach dem Krieg die Trümmerbeseitigung im Vordergrund, der erste notdürftige Instandsetzungen zur Wohnraumbeschaffung folgten. Die Wiederaufbaupläne unmittelbar nach Kriegsende, zunächst unter der Leitung von Hans Scharoun und nach 1946 unter Karl Bonatz, beabsichtigten einen radikalen Bruch mit der historisch gewachsenen Stadt des 19. Jahrhunderts. Im Vordergrund stand die Weiterentwicklung städtebaulicher Leitbilder der 1920er Jahre. Man strebte eine aufgelockerte, durchgrünte Stadtlandschaft sowie eine autogerechte Stadt mit einem hierarchisch strukturierten Verkehrsnetz an. Die wirtschaftlichen und politischen Unwägbarkeiten der von den Besatzungsmächten kontrollierten Stadt verhinderten jedoch diesen radikalen gesamtstädtischen Neuanfang. Eine völlige Neuordnung des Straßensystems scheiterte schon an den wertvollen unterirdischen Ver- und Entsorgungsleitungen, die man nicht mit Milliardenaufwand neu anlegen konnte.
Nach der Teilung Berlins setzte eine getrennte Entwicklung der Stadthälften ein. Trotzdem gingen die weiträumigen Planungen beider Seiten anfangs noch von einer wiedervereinigten Hauptstadt aus, wobei die westliche Stadtplanung auch noch nach dem

Hilton-Hotel an der Budapester Straße. Aufnahme 1960

Philharmonie, 1960–63 von Hans Scharoun. In dem großflächig beräumten Gebiet nahe der Sektorengrenze sollte das Kulturforum entstehen

Bau der Mauer eine Flächenreservierung für die zukünftige Hauptstadt Berlin betrieb. Dieses betraf vor allem Gebiete entlang der Sektorengrenze. So verloren das Spreebogenareal mit dem Reichstag und das Tiergartenviertel, flächendeckend leer geräumt, nun endgültig ihre urbanen Qualitäten.

Erst spät begann in West-Berlin der eigentliche Wiederaufbau. Die Stadt hatte ihre Stellung als bedeutendste deutsche Industriestadt verloren und war, umgeben von der DDR, von ihrem angestammten Umland und vom Bundesgebiet abgeschnitten. Der Neubeginn musste daher mit Fremdmitteln gefördert werden. Ab 1950 flossen amerikanische Gelder aus dem Marshallplan in die Frontstadt, die zunächst für Instandsetzungen und Grundstücksfreiräumungen verwendet wurden.[174] Größere Bauvorhaben, wie sie im Ostteil der Stadt mit der Stalinallee ab 1951 entstanden, konnten anfangs nicht realisiert werden. Erst nach der Mitte der 1950er Jahre entwickelte sich die Gegend um den Zoologischen Garten und um den Kurfürstendamm zur City-West. Das kommerziell und kulturell geprägte Zentrum West-Berlins bot als „Schaufenster der freien Welt“ eine demonstrative Antwort auf die Vorzeigeprojekte in Ost-Berlin.

Ausgangspunkt war der Wettbewerb „Rund um den Zoo“, der 1948 ausgelobt wurde, um für die Berliner Bekleidungsindustrie neue Geschäftsräume zu schaffen. Anstelle des nicht umgesetzten Wettbewerbsergebnisses begann man 1955 mit einer städtebaulich einheitlichen Umbauung des Zoologischen Gartens auf Charlottenburger Gebiet. Paul Schwebes und Hans Schoszberger errichteten bis 1957 das „Zentrum am Zoo“, dessen Bauten vom Hardenbergplatz bis zum Aquarium an der Budapester Straße reichen. Die aufgelockerte Randbebauung mit Büros, Läden, Gaststätten, Kinos und Wohnungen fand mit dem 1960 fertig gestellten Hilton-Hotel an der Budapester Straße einen fulminanten Abschluss. Die amerikanischen Architekten William Pereira und Charles Luckman entwarfen zusammen mit den deutschen Kontaktarchitekten Paul Schwebes und Hans Schoszberger einen vielgliedrigen Hotelkomplex mit einem dreizehngeschossigen Scheibenhochhaus und anschließenden Restaurant- und Saaltrakten. Nach der Vernichtung der Luxushotels in Berlin-Mitte begründete das Hilton-Hotel ein neues Hotelviertel in der westlichen Innenstadt.

Im Tiergartenviertel ging der Abbruch der zerstörten Bausubstanz weiter, um das ehemalige Botschaftsviertel für zukünftige Hauptstadtaufgaben vorzubereiten. Es blieben lediglich einige Botschaftsgebäude aus nationalsozialistischer Zeit, vier Wohnhäuser der Jahrhundertwende, die St. Matthäus-Kirche, die Villa von der Heydt sowie drei Verwaltungsgebäude am Landwehrkanal stehen. Der damit verbundenen Zerstörung urbaner Qualitäten stand allein das Versprechen einer neuen Hauptstadt, der Hauptstadt eines wiedervereinigten Deutschlands, gegenüber.

Während der westliche Teil des Tiergartenviertels ein unwirtlicher Raum in Wartestellung blieb, wurde an der Potsdamer Straße damit begonnen, ein „Kulturforum“ zu errichten. Bereits der städtebauliche Ideenwettbewerb „Hauptstadt Berlin“ von 1957 hatte einen Kulturstandort am südlichen Tiergartenrand vorgesehen. Mit der Planung der Philharmonie griff Hans Scharoun 1959 diesen Gedanken auf und verband ihn mit seinen städtebaulichen Überlegungen von 1946.[175] Im Gegensatz zur historischen Stadt des

19. Jahrhunderts mit ihren dichten, durchmischten Quartieren sollte eine aufgelockerte Stadtlandschaft mit räumlich getrennten Funktionsinseln für Arbeiten, Wohnen, Kultur und Politik treten. Für den Bereich der Kultur bot sich das leer geräumte Areal zwischen Matthäikirch- und Kemperplatz an, das man bis 1961 vom Ostteil der Stadt leicht erreichen konnte. Bei der Einweihung der Philharmonie 1963 war der gewählte Standort jedoch ganz an den Rand gerückt, denn zwei Jahre zuvor war die Mauer mitten durch Berlin errichtet worden. Die Vision eines „Kulturbands" von der Museumsinsel über das Kulturforum bis zum Schloss Charlottenburg war illusorisch geworden. Dennoch setzte man den Aufbau des Kulturforums fort. Hans Scharoun erarbeitete weitere Bebauungsstudien für das kulturelle Zentrum, in das er die wieder aufgebaute St. Matthäus-Kirche als „verkehrsbefreite Traditionsinsel" einband. Nach seinem Konzept entstand 1967–78 die Staatsbibliothek der Stiftung Preußischer Kulturbesitz östlich der verschwenkten Potsdamer Straße.[176] Edgar Wisniewski ergänzte die Philharmonie 1978–84 um das Musikinstrumentenmuseum und 1984–87 um den Kammermusiksaal. Für die Neue Nationalgalerie und den Neubau der Staatsbibliothek wurde das kriegsbeschädigte „Haus des Fremdenverkehrs" abgerissen, das nach der Planung von Albert Speer den Runden Platz der Nord-Süd-Achse begrenzen sollte. Gleichzeitig besetzte der großvolumige Baukomplex die alte Potsdamer Straße, die nun verlegt wurde, da an ihrer Stelle an der Ostseite eine Stadtautobahn entlanggeführt werden sollte. Seitdem existiert von der ersten preußischen Chaussee nur noch ein kurzes Stück zwischen Potsdamer Platz und Staatsbibliothek, das in die Neubebauung des Areals 1993–98 integriert wurde.

Nicht von Scharoun stammen die Museumsbauten des Kulturforums. Die Staatlichen Museen Preußischer Kulturbesitz benötigten nach der Teilung der Stadt neue Ausstellungs- und Depotflächen, sodass entschieden wurde, die Museen Europäischer Kunst am Kulturforum anzusiedeln. 1962 entwarf Ludwig Mies van der Rohe die Neue Nationalgalerie, die 1966–68 zwischen Landwehrkanal und Sigismundstraße ausgeführt wurde.[177] Es ist das einzige Bauwerk, das Mies van der Rohe nach seiner Emigration 1938 in Deutschland errichten konnte. Die Neue Nationalgalerie zählt zu den großen Monumenten der modernen Architektur des 20. Jahrhunderts. Nach einem Wettbewerb von 1968 übernahm Rolf Gutbrod die Planung für weitere Museumsbauten. Er entwarf das Kunstgewerbemuseum, das nach langen Verzögerungen erst 1978–85 ausgeführt wurde, und eine schräg ansteigende Piazzetta als Bindeglied zur Kunstbibliothek, die jedoch im Rohbau stehen blieb. Nach heftiger Kritik an der Architektur Gutbrods wurde die Gesamtplanung 1988 an die Münchner Architekten Christoph Hilmer und Heinz Sattler übertragen, die das Gebäude der Kunstbibliothek und des Kupferstichkabinetts verändert zu Ende führten und im Anschluss daran die Gemäldegalerie errichteten. Das 1998 eröffnete Museum gibt dem Kulturforum einen vorläufigen Abschluss.

Die Wiedervereinigung Berlins hob die Grenze zwischen dem Tiergarten und der historischen Stadtmitte auf. Die seit Ende des Krieges brachliegenden Flächen am Potsdamer Platz wurden dadurch zu hochwertigem innerstädtischen Bauland. Nach dem Modell der Stadt des 19. Jahrhunderts entstanden neue großstädtische Geschäftsquartiere mit durchgehender Blockrandbebauung, geschlossenen Straßen und Plätzen. Das Kulturforum in der unmittelbaren Nachbarschaft, mit seiner städtebaulich völlig anders definierten Struktur, verkörpert dagegen die Architekturauffassung der Nachkriegszeit, die sich wiederum auf Ideen der 1920er Jahre bezog. Mit ihren architektonischen Meisterstücken in offenen, begrünten Räumen reflektieren Hans Scharoun und Mies van der Rohe die Architekturgegensätze ihrer Generation, den Gedanken des organischen Bauens und einen in Glas und Stahl aufgelösten Funktionalismus. Zugleich offenbart das nie vollständig fertig gestellte Kulturforum jedoch in seiner fragmentierten Monofunktionalität einen signifikanten Mangel: Urbanität konnte bisher nicht entstehen.[178]

Neubeginn im Hansaviertel und im Spreebogen

Auch der nördliche Tiergartenrand, dort, wo vor dem Zweiten Weltkrieg das Alsenviertel, die „Zelten" und das alte Hansavier-

Neue Nationalgalerie, 1965–68 von Ludwig Mies van der Rohe. Aufnahme um 1970

Hansaviertel. Bauten der Interbau 1957. Luftaufnahme 1962

tel lagen, wies noch lange nach Kriegsende leer geräumte Brachflächen auf. Dort sollten ebenso wie im Tiergartenviertel politische und kulturelle Einrichtungen angesiedelt werden, um den Anspruch Berlins als Hauptstadt eines vereinigten Deutschlands zu bekräftigen. Beispielhaft dafür begann unter der Leitung von Paul Baumgarten 1957 der Wiederaufbau des Reichstags, wobei das Gebäude bis 1973 im Innern vollkommen umgestaltet wurde.

Das neue Hansaviertel am nordwestlichen Rand des Tiergartens gilt als bedeutendste Wiederaufbauleistung der 1950er Jahre in West-Berlin.[179] In den ersten Nachkriegsjahren blieb das zerstörte Quartier vom Wiederaufbau unberührt. Erst mit den großstädtischen Planungen in Ost-Berlin und dem Aufbau der Stalinallee wurde im Westteil der Stadt nach angemessenen Antworten gesucht. Die bevorzugte Lage am Tiergarten und die Nähe zur Sektorengrenze ließen das Gelände des Hansaviertels geeignet erscheinen, um ein neues Wohnviertel zu errichten. Der Berliner Senat schrieb 1953 einen Ideenwettbewerb aus. Nicht dicht bebaute Stadtquartiere waren nunmehr gefragt, sondern großräumige Lösungen, die dem damaligen Leitbild der aufgelockerten und durchgrünten Stadt entsprachen. Der mit dem ersten Preis ausgezeichnete Entwurf von Gerhard Jobst, Willy Kreuer und Wilhelm Schließer gab wichtige Anregungen, wurde aber nicht ausgeführt. Der Senat beschloss, das Stadtviertel zum Kerngebiet einer Internationalen Bauausstellung (Interbau) zu machen, die zunächst für 1956 geplant war. Durch die Beteiligung ausländischer Architekten sollte *„eine Fülle von baulichen Individualitäten geschaffen werden"*, die *„einen Querschnitt durch alle baulichen Möglichkeiten und alle Bauformen der Gegenwart"* wiederzugeben hatten.[180] Vorbereitend begann man mit dem Abbruch der letzten noch vorhandenen Wohnhäuser des 19. Jahrhunderts. Die alten, kleinteiligen Parzellen wurden von der Aktiengesellschaft für den Aufbau des Hansaviertels (Hansa AG) erworben und zu großen Grundflächen zusammengeschlossen. Die Neuordnung der Besitzverhältnisse verstand man damals als Voraussetzung für eine moderne Siedlungsplanung.

Der „Leitende Ausschuss" unter Vorsitz von Otto Bartning beschloss 1955 den endgültigen Siedlungsplan des neuen Hansaviertels. Neben Scheibenhochhäusern und Zeilenbauten sollten kettenartig angeordnete Punkthochhäuser und eine niedrige, zusammenhängende „Teppichbebauung" ausgeführt werden. Für die vorgesehenen 45 Bauten, die *„in einem neuzeitlichen Geiste [...] als Ausdruck einer baulichen Gesinnung, die dem Denken und den Lebensformen der freien Völker entspricht"* geplant werden sollten, wurden 54 Architekten aus 13 Ländern ausgewählt.[181] Es beteiligten sich international angesehene Architekten wie Walter Gropius, Wassili Luckhardt, Max Taut, Pierre Vago, Arne Jacobsen, Sep Ruf, Hans Schwippert, Oscar Niemeyer, Egon Eiermann und Alvar Aalto. Bis auf die Einfamilienhäuser wurden alle Wohngebäude mit Mitteln des sozialen Wohnungsbaus als Demonstrativbauvorhaben vom Bund und vom Berliner Senat gefördert. Da im Juli 1955 noch immer keine fertigen Pläne für die Einzelbauten vorlagen, beschloss der „Leitende Ausschuss“, die Internationale Bauausstellung auf 1957 zu verschieben. Zur Eröffnung der Interbau war ein Drittel der Gebäude fertig gestellt, die übrigen wurden bis 1962 vollendet. Die Bauausstellung bildete eine demonstrative Antwort auf die Stalinallee in Ost-Berlin. Bausenator Karl Mahler betrachtete die Interbau als *„klares Bekenntnis zur Architektur der westlichen Welt. Sie soll zeigen, was wir unter modernem Städtebau und anständigem Wohnbau verstehen im Gegensatz zu dem falschen Prunk der Stalinallee“.*[182]

Dem neuen Hansaviertel liegen Leitgedanken des Städtebaus der 1950er Jahre zugrunde. Zeilenwohnhäuser, Punkt- und Scheibenhochhäuser, Reihenhäuser und Atriumhäuser als „Teppichbebauung“ bilden einen aufgelockerten, gegliederten Stadtraum. Das Idealbild war die offene Stadt mit durchgrünten, fließenden Räumen anstelle der alten „Korridorstraßen“. *„Man hat gar nicht die Empfindung, in einer Straße zu sein. [...] Einzelne Hochhäuser mit dem sie umgebenen freien Raum beleben die Stadtlandschaft und verhindern, daß eine moderne Siedlung bei größerer Ausdehnung ein eintöniges Bild bietet“.*[183] Mit der Kombination unterschiedlicher Haus- und Wohnungstypen sollte jeder gesellschaftlichen Schicht eine adäquate Wohnform zugewiesen werden. So bestimmt das Nebeneinander von hoher und niedriger Bebauung, verbunden mit einer hierarchisch geordneten Erschließung aus Hauptverkehrsstraßen, Wohnsammelstraßen und Einhängern das neue Hansaviertel.

Das nördlich des Stadtbahnbogens gelegene Quartier, das nicht zur Interbau gehörte, konnte wenig später 1958–63 nach Plänen von Peter Poelzig, Gerd Hänska und Hans-Heinrich Moldenschardt bebaut werden. Mit einer ähnlichen Mischung unterschiedlicher Haustypen in offener Bauweise, jedoch unter Einbeziehung der verbliebenen Altbausubstanz bildet der nördliche Teil des Hansaviertels eine interessante Ergänzung zu den Bauten der Internationalen Bauausstellung.[184] An der Lessingstraße wurde 1958 die von Bruno Grimmek entworfene Hansaschule eröffnet, die noch zum Ausstellungskonzept der Interbau gehörte. Mit Klassentrakten in Flachbauweise und vorgelagerten Pavillons verkörpert die Schule architektonisch wie konzeptionell einen neuen Bautyp, der auf dem Leitbild demokratischer Offenheit beruhte.

Am Rand des Tiergartens entstanden außerhalb des eigentlichen Ausstellungsgeländes im Rahmen der Interbau weitere öffentliche Gebäude, die zwischen Park und Stadtraum vermitteln sollten. Den Tiergarten betrachtete man nicht mehr als geschlossene Insel im Stadtgebiet, sondern als landschaftlich gestaltete Freifläche, die sich den umliegenden Quartieren öffnet. Am östlichen Rand des Hansaviertels wurde 1959–60 das Ausstellungs- und Veranstaltungsgebäude der Akademie der Künste errichtet.[185] Dieses Haus zählt zu den eindrucksvollsten Gebäuden, die Wer-

Hansaviertel. Interbau 1957. „Teppichbebauung“ mit Atriumhäusern. Aufnahme 1958

Kongresshalle, 1956–57 von Hugh A. Stubbins. Nachtaufnahme 1957

ner Düttmann, von 1960 bis 1966 Senatsbaudirektor und später selbst Präsident der Akademie, schuf.[186] Die aus drei Nutzungsbereichen zusammengesetzte Baugruppe steht sinnbildlich für eine demokratische, gesellschaftsoffene Akademie ohne repräsentative Überhöhung.

Die Kongresshalle zwischen John-Foster-Dulles-Allee und Spreeufer, entworfen von Hugh A. Stubbins, war als Beitrag der Vereinigten Staaten von Amerika für die Interbau 1957 gedacht.[187] Mit einem großen Konferenzsaal für internationale Tagungen sollte sie die Gedankenfreiheit als bestimmendes Prinzip der westlichen Gesellschaft herausstellen. Zugleich demonstrierte die Aufsehen erregende geschwungene Dachkonstruktion in Spannbeton die Leistungsfähigkeit der zeitgenössischen westlichen Architektur. Nach dem Einsturz des Spannbetondachs 1980 wurde die Kongresshalle 1984–87 wieder aufgebaut. Heute ist in dem Gebäude, einem Denkmal der deutsch-amerikanischen Freundschaft, das „Haus der Kulturen der Welt" untergebracht.

Flächensanierung und Stadtreparatur

Die Teilung Berlins durch den Mauerbau am 13. August 1961 ließ die visionären Hauptstadtplanungen völlig obsolet werden. Die scheinbar endgültige Teilung der Stadt hatte für den Bezirk Tiergarten, der nun vollends in eine Randlage geriet, einschneidende Folgen. Die grenznahen Gebiete zwischen Potsdamer Platz und Nordhafen blieben öde Brachflächen. In den Wohnvierteln nördlich des Tiergartens nahm der Wohnungsneubau zu, galt es doch, für die angeworbenen westdeutschen und ausländischen Arbeitnehmer Wohnraum zu schaffen. Dort, wo noch Altbauquartiere vorhanden waren, setzte Mitte der 1960er Jahren die Flächensanierung ein, die auf dem Ersten Stadterneuerungsprogramm von 1963 beruhte. Bereiche mit sehr dichter Bebauung mit Hinterhöfen und Wohnungen ohne ausreichende sanitäre Ausstattung wurden als Sanierungsgebiete festgelegt. Hierzu zählte der dreieckige Block zwischen Werftstraße, Lüneburger Straße und Alt-Moabit. Dort wurden 1964–67 durch Zusammenlegung der Grundstücke, Abbruch und Neubebauung 136 alte Wohnungen durch 103 neue ersetzt.[188] Auch im Gebiet nördlich der Turmstraße, an Bandelstraße, Wilsnacker Straße und Pritzwalker Straße, wurde mit der gleichen Sanierungspraxis fortgefahren. Die Entkernung, verbunden mit Teilabbrüchen, führte zum unregelmäßigen Aufbrechen der Blockstruktur.

Die stadträumlichen und sozialen Folgen dieser Flächensanierung bewirkten in den 1980er Jahren eine Rückbesinnung auf traditionelle Wohnformen in der Innenstadt. Als neues Leitbild galt nun die behutsame Stadterneuerung, bei der die städtische Infrastruktur und die Mischung von Wohnen und Arbeiten erhalten bleiben sollten. Beispielhaft konnte im Bezirk Tiergarten das neue Sanierungskonzept im Stephankiez, das die Miethausblöcke an der Stephanstraße bis zur Birkenstraße und Perleberger Stra-

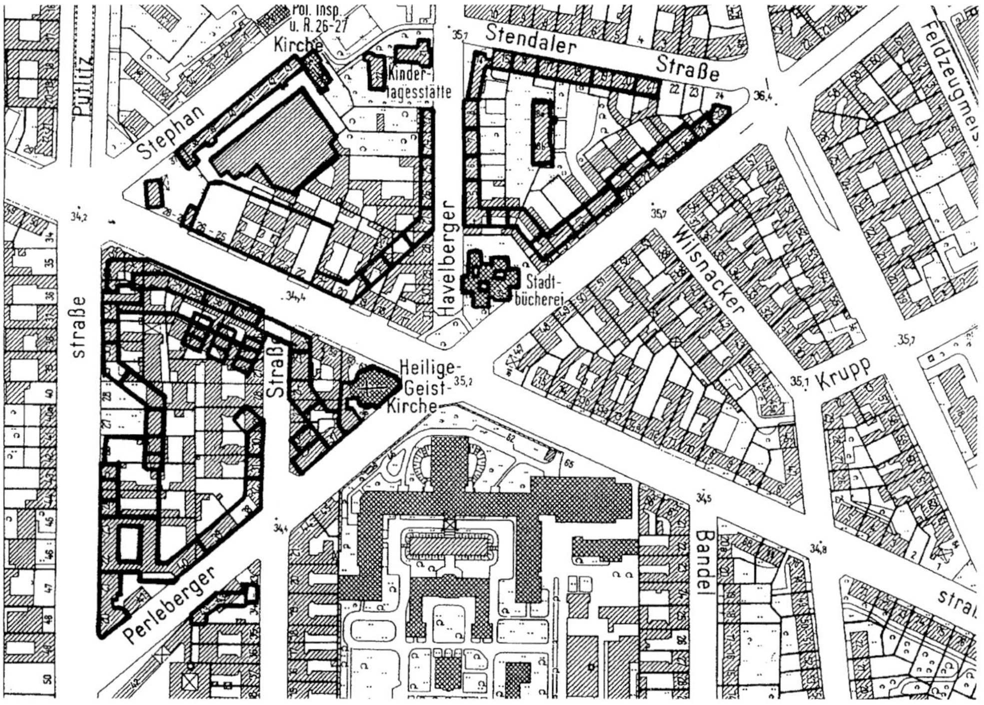

Moabit. Flächensanierungsplanung mit Neubaublöcken im Stephankiez, 1970

ße umfasst, umgesetzt werden. Dort hatte man 1974 ein Sanierungserwartungsgebiet ausgewiesen und den großflächigen Abbruch der alten Mietshäuser vorbereitet. Durch die Initiative der Eigentümer und mit einem neuen Entwicklungsträger, der S.T.E.R.N. Gesellschaft der behutsamen Stadterneuerung mbH, gelang es seit Ende der 1980er Jahre, möglichst viel Altbausubstanz zu bewahren und die charakteristische Durchmischung des Viertels zu erhalten. Seit 1991 gilt für den Stephankiez eine vom Bezirksamt erlassene Erhaltungsverordnung mit Milieuschutz.

Südlich des Landwehrkanals, zwischen Lützowplatz und Potsdamer Straße, hatte die großflächige Enttrümmerung nach dem Zweiten Weltkrieg zu einer Verödung des Stadtraums geführt. Während der Wiederaufbau des Zooviertels, zugehörig zur City-West, bereits in den 1950er Jahren begonnen hatte, kam es in der Schöneberger Vorstadt nur zu vereinzelten, nicht zusammenhängenden Bauvorhaben. Städtebaulich nachteilig wirkte der Flächennutzungsplan von 1965, der das Quartier um Lützowplatz und Magdeburger Platz zum Kerngebiet erklärte und gebietsfremde

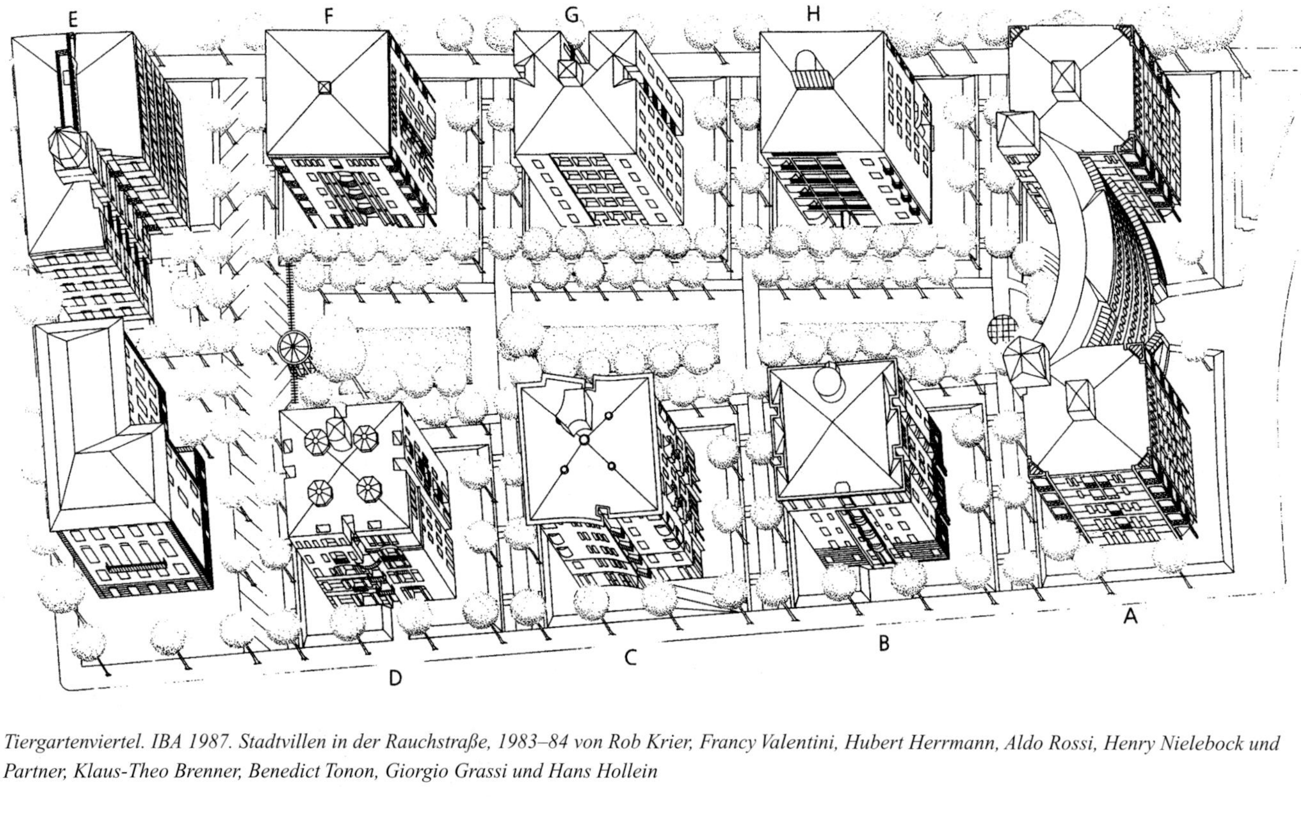

Tiergartenviertel. IBA 1987. Stadtvillen in der Rauchstraße, 1983–84 von Rob Krier, Francy Valentini, Hubert Herrmann, Aldo Rossi, Henry Nielebock und Partner, Klaus-Theo Brenner, Benedict Tonon, Giorgio Grassi und Hans Hollein

Geschäfts- und Gewerbezentrum in Moabit. Meierei Bolle, 1893, 1992–95 umgebaut von Wolf-Rüdiger Borchardt, Innenministerium, 1992–95 von Bernd Kühn, Ulrich Bergander und Jochen Bley

vielgeschossige Gewerbe- und Verwaltungsbauten entstehen ließ. An der Genthiner Straße entstand eine Gruppe großer Möbelkaufhäuser. Zugleich wandelte sich in den 1960er Jahren der Lützowplatz zu einem autogerechten Verkehrsknotenpunkt. Die ursprüngliche Gestalt des stadträumlich wichtigen Platzes ging dabei verloren. Die stark verbreiterte Schillstraße, die den Hauptverkehrsfluss aufnahm, schnürte den Lützowplatz ab. Zudem hatte er im Zweiten Weltkrieg seine geschichtlich bedeutsame Umbauung mit Wohn- und Geschäftshäusern fast gänzlich verloren. Die am Ende der 1970er Jahre konstituierte Internationale Bauausstellung in Berlin (IBA 1987) führte zu einem Umdenken. Es kam zu einer Rückbesinnung auf die Qualitäten der überkommenen Stadtstruktur des 19. Jahrhunderts, wobei die „Innenstadt als Wohnort" wieder in den Mittelpunkt der Stadtplanung rückte. Blocksanierung und Blockergänzung unter Verwendung historischer Spuren bildeten das neue Leitbild. Die Schöneberger Vorstadt südlich des Landwehrkanals wurde zu einem Schwerpunkt der Internationalen Bauausstellung erklärt. Von den 39 geplanten Projekten konnten 35 verwirklicht werden. Sie führten zu einer Reaktivierung der alten Straßen- und Platzräume, konnten aber die desolate städtebauliche Situation, zum Beispiel aufgebrochene Blöcke mit großräumigen Gewerbeeinrichtungen, nicht gänzlich beseitigen. Im Mittelpunkt stand die Reurbanisierung des Lützowplatzes, der mit einer großstädtischen Umbauung aus Hotel-, Büro- und Wohngebäuden seine Platzkanten zurückerhielt. Auch wurden große Baulücken im früheren Karlsbadviertel, an der Potsdamer Straße und Am Karlsbad, geschlossen. Dort wurde 1984–85 eine U-förmige Wohnanlage errichtet, die an die alte Blockrandbebauung anschließt. An der Potsdamer Brücke entstand ein zehngeschossiges Eckgebäude, das zusammen mit dem gegenüberliegenden historischen Geschäftshaus Loeser & Wolff den Zugang zur Potsdamer Straße torartig rahmt. Nördlich des Landwehrkanals erregten die „Stadtvillen" an der Rauchstraße großes Aufsehen. Mit den freistehenden, villenartigen Wohngebäuden wurde an die Bauweise des alten Tiergartenviertels angeknüpft.

Hauptstadtplanung nach dem Mauerfall

Der Kern des Tiergartenviertels mit den alten Botschaften und den grenznahen Flächen am Potsdamer Platz, im Spreebogen und am Lehrter Bahnhof war nicht von der Internationalen Bauausstellung der 1980er Jahre erfasst worden. Aus der Leere und Einöde ragten nur wenige Gebäude heraus, zum Beispiel das Weinhaus Huth und der Überrest des einstigen Grandhotels Esplanade am Potsdamer Platz, der Reichstag und die Schweizerische Gesandtschaft am Platz der Republik und der Hamburger Bahnhof jenseits des Humboldthafens. Die Situation änderte sich schlagartig mit der deutschen Wiedervereinigung und dem Bundestagsbeschluss, die Hauptstadt Berlin zum Sitz von Parlament und Regierung auszubauen. Der Bezirk Tiergarten gehörte nun wieder zur Mitte Berlins. Die öden Brachflächen an der einstigen Mauer boten sich als Verdichtungs- und Ergänzungsraum an. Dort konnten Wohnbauten für die zugezogenen Mitarbeiter der Regierung, Bürohochhäuser, Geschäftszentralen, Läden, Gaststätten und kulturelle Einrichtungen errichtet werden. Zu den Auflagen gehörte es, die übrig gebliebenen Altbauten zu erhalten und in die neuen urbanen Konzepte einzubinden.

In Moabit hatte man bereits 1987 mit der Sprengung der Lagerhäuser und Silos der Kampffmeyer-Mühlen am Spreeufer begonnen, um ein neues Büro- und Geschäftsviertel zwischen Strom- und Kirchstraße aufzubauen. Der Mauerfall 1989 eröffnete völlig neue Aussichten und ließ eine großzügige Neubebauung entstehen, in die bauliche Fragmente des alten Industriestandorts eingebunden sind. Durch die Nähe zum Regierungsviertel und zur historischen Mitte Berlins wurde Moabit zu einem attraktiven Standort für innovative Firmen. Zunächst entstand auf dem früheren Mühlengelände in der Nähe der Lessingbrücke 1988–92 der „Focus-Teleport“, ein Büro- und Produktionszentrum für Unternehmen der Computer- und Elektronikbranche. Das Dienstleistungszentrum, entworfen von Joachim Ganz und Walter Rolfes, integriert den an der Spree gelegenen Fabrikbau der Bergmann'schen Wäscherei sowie zwei kleinere Mühlengebäude, das alte Verwaltungsgebäude der Dampfmühle F. W. Schütt und den 1940 zum Ausladen des Getreides erbauten Turm. Weiter östlich auf dem Gelände der ehemaligen Meierei Bolle konnte bei der grundlegenden Neugestaltung in den 1980er Jahren das 1893 erbaute Meiereigebäude mit dem zugehörigen Verwaltungstrakt an der Straße Alt-Moabit vor dem Abbruch bewahrt werden. Auf dem Gelände entstand 1992–95 ein multifunktionales Stadtquartier mit Büros, Wohnungen, Hotel, Restaurants, Markthalle und Läden. Das alte Meiereigebäude, das von Wolf-Rüdiger Borchardt umgebaut wurde, nimmt Geschäfte und Büros auf. Bernd Kühn, Ulrich Bergander und Jochen Bley entwarfen ein U-förmiges Bürohaus, das vom Bundesministerium des Innern genutzt wird und den bezeichnenden Namen „Spreebogen“ trägt. Die imposante Glas-Stein-Fassade, die an den abgerundeten Flügelenden bis auf vierzehn Geschosse aufsteigt, ist ein Sinnbild für den Strukturwandel im einstigen Fabrik- und Arbeiterviertel Moabit. Einem ähnlich schnellen Veränderungsprozess war das Eisenbahngelände des früheren Hamburg-Lehrter Güterbahnhofs zwischen Spree und Stadtbahn ausgesetzt. Aufgrund der Neuordnung des Berliner Eisenbahnnetzes mit einem neuen Kreuzungsbahnhof anstelle des Lehrter Stadtbahnhofs wurden die größtenteils brachliegenden Flächen nicht mehr für den Güterumschlag benötigt. Das attraktiv an der Spree gelegene Gelände, das den ehemaligen Packhof mit einschließt, kam als „Moabiter Werder“ in den Sog der Hauptstadtplanung. Dort sollten Wohnungen für Bundesbedienstete entstehen. Nach mehreren Wettbewerben setzte sich das Konzept des Architekten Georg Bumiller durch, das neben den Wohnungsneubauten („Schlange“) auch die Einbindung des 1934–35 ausgebauten Güterbahnhofs vorsah. Das so genannte „Band des Bundes“, das ordnende Gliederungselement des Regierungs- und Parlamentsviertels im Spreebogen, greift mit dem Garten des Bundeskanzleramts auch auf den „Moabiter Werder“ über.

Das von Axel Schultes und Charlotte Frank konzipierte „Band des Bundes“ war das größte städtebauliche Vorhaben für Parlament und Regierung in Berlin. Es verbindet mit dem Kanzlergarten, dem Bundeskanzleramt und den Abgeordnetenbüros in den Alsen-, Luisen- und Dorotheenblöcken sinnbildlich die lange getrennten Stadthälften und bezieht auch die jeweiligen Uferzonen der Spree mit ein. Mit der Bestimmung des Spreebogens zum Standort von Bundeskanzleramt und Bundestag ging nicht nur ein jahrelang unsicherer Planungszustand zu Ende, es erfüllte sich auch die Idee eines „republikanischen Forums“, die in den 1920er Jahren unter anderem von Martin Mächler, Hugo Häring und Bruno Taut entwickelt worden war. Neben dem Reichstag, der mit der

Bundeskanzleramt, 1997–2000 von Axel Schultes und Charlotte Frank, Aufnahme 2001

Hauptbahnhof/Lehrter Bahnhof, Von Gerkan, Marg und Partner (gmp), Fertigstellung für 2006 geplant, Aufnahme 2004

markanten gläsernen Kuppel 1994–99 von Sir Norman Foster für den Deutschen Bundestag neu gestaltet wurde, blieb vom Alsenviertel der Vorkriegszeit nur das Gebäude der Schweizerischen Botschaft erhalten.

Mit dem Bau des neuen Hauptbahnhofs nördlich des Spreebogens wird die seit dem frühen 20. Jahrhundert bestehende Idee eines zentralen Kreuzungsbahnhofs verwirklicht. Nach der Wiedervereinigung bot die Neuordnung des Eisenbahnwesens die Chance, durch die Schaffung eines Nord-Süd-Tunnels, der den Tiergarten unterquert, die dezentrale Struktur des Berliner Eisenbahnnetzes zu korrigieren. Die Eisenbahnlinien in Ost-West- und Nord-Süd-Richtung werden an einem Zentralbahnhof zusammengeführt, sodass zusammen mit der Regionalbahn und der S-Bahn ein bedeutender Knotenpunkt entsteht. Erstmals werden alle Fernbahnlinien im Stadtzentrum halten können. Das gesamte Areal westlich des Humboldthafens, auf dem einst der Lehrter Fernbahnhof stand, bildet seit 1993 ein gigantisches Baufeld. Der Lehrter Stadtbahnhof, der bis dahin erhaltene historische Viaduktbahnhof der Stadtbahn, der zuletzt 1983 restauriert worden war, musste 2002 abgerissen werden, um dem Zentralbahnhof Platz zu machen. Der neue Hauptbahnhof, entworfen durch das Büro Von Gerkan, Marg & Partner, wird mit seiner gewaltigen Stahl-Glas-Architektur das neue Bahnhofsviertel nördlich der Spree dominieren. Er umfasst mehrere Ebenen unter einem riesigen gläsernen Hallendach in Ost-West-Richtung. Die Halle wird von zwei parallelen Hochhausscheiben gekreuzt, die den unterirdischen Nord-Süd-Bahnhofsteil markieren. Die Fertigstellung ist für 2006 geplant.

Schon bald nach dem Hauptstadtbeschluss begann die Wiederbelebung des Botschaftsviertels südlich des Tiergartens. Die meisten der ausländischen Vertretungen, die dort bereits 1945 ansässig waren, beschlossen, an ihre historischen Standorte zurückzukehren. Die alten, meist ruinösen Botschaftsgebäude wurden wieder hergerichtet, oder die Landesvertretungen zogen in neu erbaute Repräsentanzen. Daneben siedelten sich mehrere Landesvertretungen deutscher Bundesländer an. Die wenigen unter Denkmalschutz stehenden Vorkriegsbauten konnten dabei erhalten werden. Die alten Botschaften wurden instand gesetzt, umgebaut und den neuen Nutzungserfordernissen angepasst.

Auch die Reurbanisierung der Brachflächen am Potsdamer Platz setzte bald nach dem Mauerfall ein. Auf dem weiträumigen Areal zwischen Lennéstraße und Landwehrkanal, im Westen vom Kulturforum begrenzt, entstand 1993 bis 2004 ein vollständig neuer Stadtteil.[189] Am Anfang stand ein städtebaulicher Ideenwettbewerb, den die Münchner Architekten Christoph Hilmer und Heinz Sattler gewannen und dem sich Realisierungswettbewerbe der Großinvestoren Sony, Daimler-Benz und ABB anschlossen. Das Quartier am Potsdamer Platz gilt als das anspruchsvollste innerstädtische Bauvorhaben nach der Wiedervereinigung. Es soll als städtebauliches Gelenk zwischen der City-Ost und der Ci-

Neubauten am Potsdamer Platz, Aufnahme 2003

ty-West vermitteln. Um den Großstadtmythos des Potsdamer Platzes wieder zu beleben, der mit seinen Vergnügungspalästen, Grandhotels und Luxusläden und der verkehrsreichen Kreuzung zum Sinnbild großstädtischen Lebens geworden war, entschloss man sich, historische Bezüge als Entwurfsgrundlage aufzugreifen, vor allem den alten Straßen- und Platzgrundriss. Renzo Piano und Christoph Kohlbecker, die den Masterplan für das Daimler-Benz-Areal entwarfen, knüpften mit engen Straßen und geschlossenen Häuserfronten bewusst an die Stadt des 19. Jahrhunderts an. Ein anderes Bild bietet das Sony-Center, bei dem großflächig verglaste Geschäftshäuser eine Platzfläche umgeben, über die ein riesiges Zeltdach gespannt ist. Helmut Jahn gestaltete hier einen völlig neuartigen Stadttypus. Aber auch die kompakte, multifunktionale Gebäudeanlage des Sony-Centers integriert historische Spuren. Die Reste des ehemaligen Luxushotels Esplanade – die Straßenfront an der Bellevuestraße, der Frühstückssaal und der Kaisersaal – wurden als Fragmente in die Stahl-Glas-Architektur eingebunden. Der Kaisersaal musste dabei hydraulisch verschwenkt werden, um die neue Potsdamer Straße verbreitern zu können.

Im Daimler-Benz-Areal südlich der neu geführten Potsdamer Straße entwickelte sich die Allee der Alten Potsdamer Straße, die durch den Neubau der Staatsbibliothek zur Sackgasse geworden ist, zum Mittelpunkt des großstädtischen Stadtviertels. Die Allee endet nun am Marlene-Dietrich-Platz. Auch das einzige Zeugnis der ursprünglichen Bebauung, das Weinhaus Huth, konnte gerettet und ohne größere Veränderungen in das neue Areal integriert werden. Das Geschäftshaus der Kaiserzeit erinnert an das verloren gegangene Fluidum des Potsdamer Platzes, an das pulsierende ehemalige Zentrum der Geschäftswelt und der Vergnügungskultur, das jetzt langsam wiederersteht.

DIE DENKMALE IN MOABIT, HANSAVIERTEL UND TIERGARTEN

Gebiet 1

Tiergarten

Der Große Tiergarten

Der **Große Tiergarten** (Abb. 1–14, Liste Nr. 232) ist die älteste und bedeutendste, im Verlauf von mehr als 500 Jahren gestaltete Parkanlage Berlins und stellt mit seinen vielseitigen Struktur- und Ausstattungselementen ein kulturgeschichtliches Zeugnis von nationaler Bedeutung dar.[190] Er ist mit der städtebaulichen Entwicklung und Geschichte Berlins über Jahrhunderte eng verbunden und war seit der Mitte des 18. Jahrhunderts als Erholungspark zum Promenieren, spazieren gehen und für vielfältige sonstige Aktivitäten der Bevölkerung stets offen und zugänglich. In allen Epochen seit seinem Bestehen ist er darüber hinaus als Ort historischer Ereignisse auf das engste mit der preußisch-deutschen Geschichte und mit der Entwicklung Berlins verknüpft und somit zugleich Zeugnis für eine jahrhundertelange Kontinuität eines außerordentlichen gartenkünstlerischen Leistungswillens. Neben den bedeutenden preußischen Gartenarchitekten wie Knobelsdorff und Lenné sind mit der planmäßigen Anlage, den Neu- und Umgestaltungen und den schwierigen Unterhaltungsmaßnahmen die hervorragendstem Vertreter der traditionsreichen Berlin-Potsdamer Gärtnerdynastien verbunden, in ihrem Wirken maßgeblich geprägt durch die Wünsche und Vorstellungen des jeweiligen Herrschers.

Trotz unablässiger Eingriffe, Veränderungen und Zerstörungen, die in jedem Jahrhundert das Erscheinungsbild des Tiergartens neu und nachhaltig prägen sollten, stellt er dennoch eine in vielen Generationen organisch gewachsene Parkanlage dar. Ein charakteristisches Wesensmerkmal des Tiergartens ist eine sich bedingende und immer wieder ergänzende Kontinuität mit einer sich daraus ergebenden ganz einzigartigen Mischung barock-formaler Gestaltungsebenen aus dem 18. Jahrhundert, ein ebenso reiches gartenkünstlerisches Erbe aus der landschaftlichen Gartenphase des 19. Jahrhunderts sowie die den Tiergarten noch immer nachdrücklich prägende Nachkriegszeit, in der der zerstörte Tiergarten als landschaftlich gestalteter Erholungspark neu angelegt wurde.

Schon vor 1700 beginnt der schrittweise Umbau des Wildgatters für die kurfürstliche Jagd zu einem repräsentativen königlichen Lustwald, einem mit breiten Alleen und Aufenthaltsplätzen gegliederten und gestalteten und somit für die Öffentlichkeit erstmalig erschlossenen Wald. Sowohl die damals angelegte spätere Charlottenburger Chaussee – Teilstück des Verbindungsweges zwischen den beiden königlichen Residenzen Berlin und Charlottenburg – als auch der Große Stern mit seinen acht hier einmündenden alleeartig gefassten Wegen, der an der Spree gelegene Zeltenplatz mit der schon unter dem Großen Kurfürsten angelegten Zeltenallee sowie der „Kleinen- und Großen Querallee“ sind sichtbare Zeugnisse einer ersten systematischen Gestaltung des Tiergartens im Zeitalter des Barock. Noch immer vermitteln manche, erst unter Knobelsdorff alleemäßig aufgepflanzte, oder wie die Fasanerie- oder die Große Sternallee, aus dem Wald des Tiergartens gehauene Alleeräume etwas von der prägenden Kraft der den Tiergarten noch immer nachhaltig dominierenden Alleen. Auch der Floraplatz mit benachbartem Goldfischteich, ehemals Venusbassin, oder der Großfürstenplatz sind erhaltene Dokumente spätbarocker Gestaltung im Tiergarten. Der Beginn der landschaftlichen Gartenphase, im Sinne eines noch ganz sentimental geprägten Naturideals ist gekennzeichnet durch die 1792 durch Hofgärtner Justus Ehrenreich Sello d. J. angelegte „Neue Partie“, ein seenreiches Parkareal im Herzen des Tiergartens mit der Rousseauinsel.

Die Zeit des klassischen Landschaftsparks, in sieben Teilabschnitten 1833–38 durch Peter Joseph Lenné angelegt, prägt den Tiergarten ebenfalls bis heute. Nach wie vor bestimmen dichte Gehölzbestände im Wechsel mit einer Vielzahl von Lichtungen und malerisch gestalteten Rändern, oftmals vorgestellten Baumgruppen, aber auch wertvollen Einzelbäumen sowie teilweise hainartig-licht überpflanzten Parkwiesen das Parkbild.

Ein ebenso wertvolles Zeugnis Lennéscher Gestaltungskraft sind die unzerstört erhalten gebliebenen und in der Neuanlage des Tiergartens nach 1950 unverändert beibehaltenen ungemein vielgestaltigen, buchtenreich ausgezogenen und teilweise mit Inseln versehenen Wasserzüge. Auch wenn Lenné das großartige barocke Straßen- und Wegesystem, als ein den Tiergarten gliederndes und verkehrlich sinnvoll erschließendes Strukturelement beibehielt, so legte er doch ebenfalls ein bis heute weitgehend erhaltenes neues, nunmehr landschaftlich geführtes Wegesystem sowohl nach praktischen als auch nach ästhetisch-landschaftlichen Gesichtspunkten an. Die Schönheit und Qualität dieser Lenné'schen Wege lässt sich vor allem in unmittelbarer Nähe seiner von ihm geschaffenen Wasserzüge, beispielsweise im Umfeld der Luiseninsel, aber auch an der Rousseauinsel, nicht zuletzt am so genannten Seepark im westlichen Tiergarten studieren und erleben.

Die Jahrzehnte von der Reichsgründung bis zum Ausbruch des 1. Weltkrieges waren im Wesentlichen durch die Anlage des Königsplatzes, der Siegesallee, den Platz vor dem Brandenburger Tor sowie die Anlage weiterer Schmuckplätze, wie der Luiseninsel und dem Rosengarten geprägt. Hinzu kamen eine Vielzahl zeittypischer Denkmäler, aber auch die erstmalige Anlage von Kinderspielplätzen sowie die Aufstellung zahlreicher Sitzbänke in zeittypischer Astholzform.

In der Zeit des Nationalsozialismus sollte Berlin entsprechend den politisch motivierten gigantischen Plänen von Adolf Hitler und seines Generalbauinspekteurs Albert Speer ein neues städtebauliches Konzept erhalten. Ein dominierendes Achsenkreuz, das die Charlottenburger Chaussee und die Siegesallee als Schnittpunkt einbezog, war mit zugeordneten Bauwerken kilometerweit nach Osten und Westen beziehungsweise Norden und Süden geplant. Die Realisierung erfolgte kriegsbedingt nur im Bereich der von 27 Meter auf 52 Meter verbreiterten Charlottenburger Chaussee (heute Straße des 17. Juni) und des vergrößerten Sterns, in dessen Zentrum die Siegessäule versetzt wurde. Der Bombardierung des Tiergartens folgte in den ersten Jahren nach 1945 die weitere Zerstörung durch Holzeinschlag für die Brennholzgewinnung

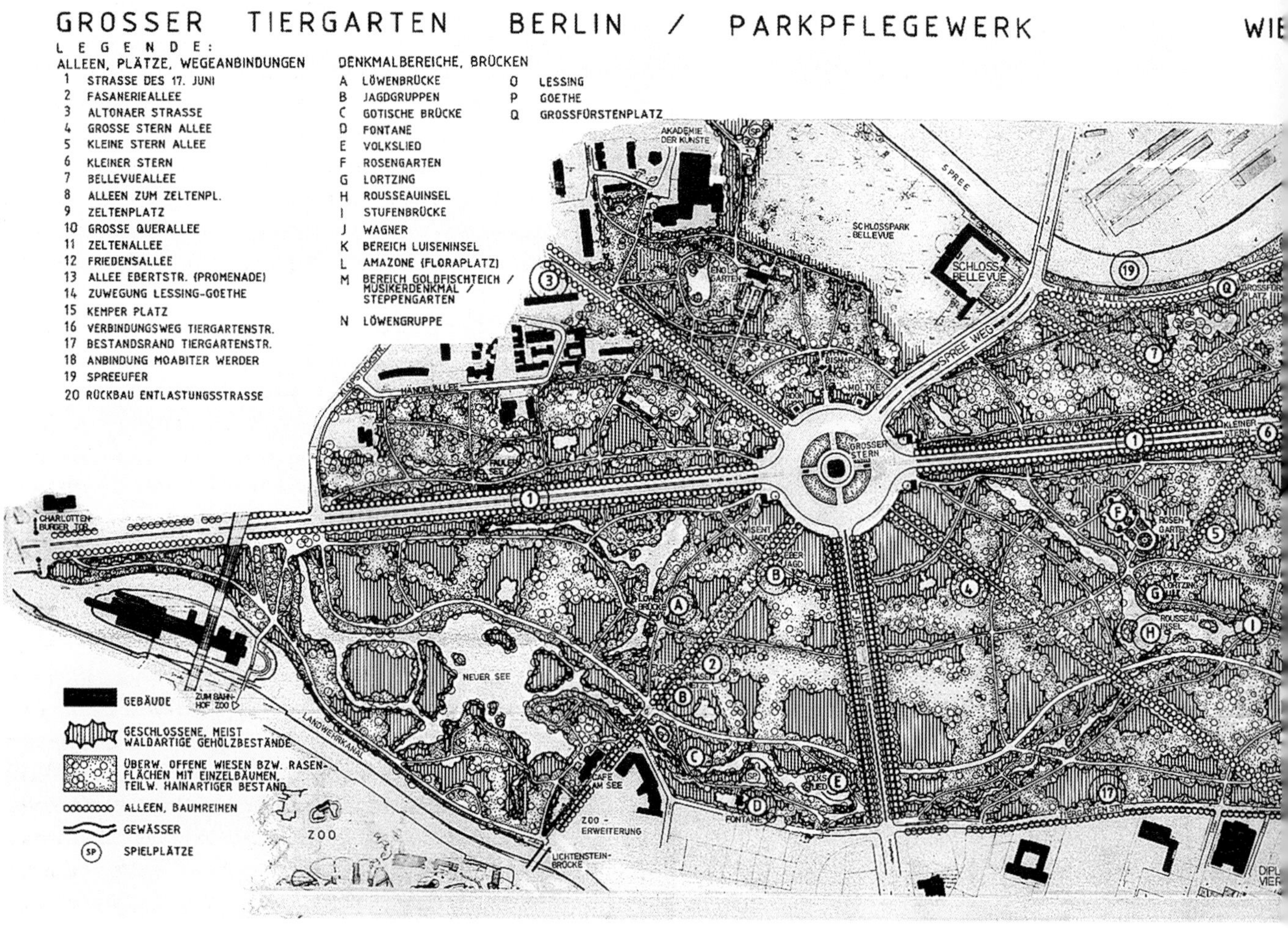

1. Großer Tiergarten, Gesamtplan, Parkpflegewerk 1991

und den Anbau von Gemüse und Kartoffeln. Dabei wurde der Park in seinen prägenden strukturellen Elementen keineswegs völlig vernichtet. Der 1949/50 erarbeitete Plan des Hauptamtes für Grünflächen und Gartenbau von Fritz Witte, Hans Migge und Eva Wedel bildete schließlich die Grundlage der Entscheidungen bei den Wiederherstellungsarbeiten im Tiergarten und der späteren planerischen Weiterbearbeitung und Ausführung durch Willy Alverdes, von 1950–61 Amtsleiter im Tiergarten. Der Konzeption der Neubepflanzung lag der Gedanke zugrunde, einen möglichst ruhigen und weiträumigen Erholungspark im Urstromtal der Spree unter starker Betonung der heimatlichen Pflanzenwelt anzulegen. Das Tiergartensanierungsprogramm wurde schließlich ab 1950 im Rahmen von Notstandsprogrammen umgesetzt und orientierte sich, trotz gewisser Modifikationen, in vielen Bereichen am Zustand des Tiergartens der Vorkriegszeit. Anlagen, wie der Rosengarten, wurden zwar unter Verzicht auf die Seerosenbecken deutlich verkleinert, jedoch weiterhin streng formal unter Beibehaltung der historischen Pergola neu angelegt. Noch immer erfreuen in dieser im Kern noch auf Lenné zurückgehende Anlage im Sommer eine großartige Fülle blühender und duftender Rosen – ergänzt um zahlreiche Stauden – den Tiergartenbesucher. Auch aus der Nachkriegszeit finden sich zahlreiche eigenständige und bis heute den Tiergarten prägende Gestaltungen von Willy Alverdes, wie zum Beispiel die Rhododendronpflanzungen mit den für die 1950er Jahre typischen malerisch geführten Erschließungswegen in Form von großen Natursteinplatten, oftmals auch lediglich als lockere Trittsteinplatten in Staudenpflanzungen verlegt. Charakteristisch war die Anlage besonderer Langgraswiesen mit einer ganz eigenen Gehölzvegetation im östlichen Tiergarten oder zahlreicher gut ausgestatteter Kinderspielplätze sowie spezieller Spiel- und Aufenthaltsbereiche für Erwachsene.

Diese jüngsten, gartenhistorisch besonders zu achtenden Gestaltungen der „Alverdes-Zeit“ werden, namentlich dort, wo im großen überlieferten Tiergarten-Rahmen eigenes geleistet wurde, auch zukünftig Bestand haben. Die „Rhododendron-Täler“ im Seepark oder in der Nähe der Rousseauinsel, aber auch die Wiesenräume in Verbindung mit zeittypischen Baumpflanzungen in vielen Abschnitten des Tiergarten sowie neu entworfene Bereiche wie der Englische Garten sind wichtige und damit unbedingt denkmal- und erhaltenswerte Nachkriegssetzungen.

Verlässt man die Innenstadt Berlins durch das Brandenburger Tor, so erlebt man bis heute die historische Grenze zwischen Stadt und vorgelagerter Landschaft. Der Erhalt des Tiergartens als zentraler Berliner Park hat die Peripherie des alten Berlins nur noch an dieser Stelle bis heute konserviert. Im sonstigen Stadtbereich ist das Häusermeer seit langen über die alten Grenzen der Stadt hinausgewachsen und hat sie weitgehend verwischt. Das letzte erhaltene der historischen Stadttore Berlins vermittelt daher, wie es seine Bestimmung ist, immer noch zwischen umbautem Stadtplatz und grünem Umland.

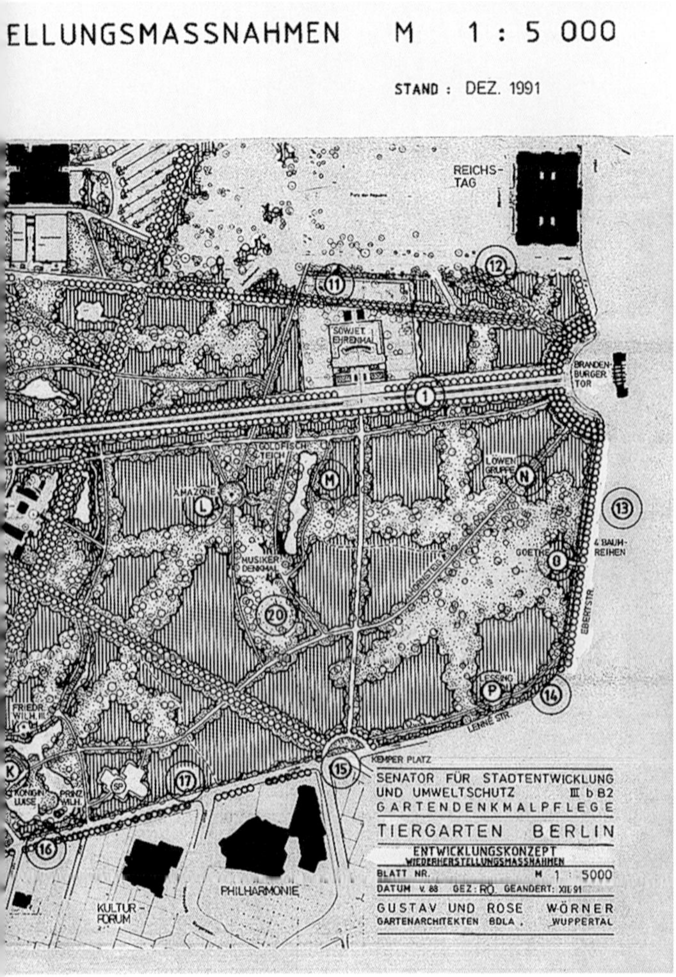

Westlich des Brandenburger Tores bietet sich dem Betrachter ein tiefer Blick in die den Tiergarten durchquerende ehemalige Charlottenburger Chaussee (heute Straße des 17. Juni).

Vielfältig sind an dieser zentralen Achse geschichtliche Spuren einer über 300-jährigen städtebaulichen sowie bau- und gartenkünstlerischen Entwicklung ablesbar.

Die Nachkriegszeit dokumentiert sich im großen Halbrund der durch drei Linden-Baumreihen gebildeten strengen Rahmung des Tiergartens. Den seit den Lennéschen Umbauplanungen an dieser Eingangsseite des Tiergartens ausgebaute Wegedreistrahl führte der königliche Tiergartendirektor Eduard Neide im Jahr 1875 auf das genannte Platzhalbrund. Mit dem nach Neides Plan neu geschaffenen Platz vor dem Brandenburger Tor wurde auch der Verbindungsweg zum damals neuen Königsplatz, dem heutigen Platz der Republik, mit einer mehrreihigen Baumallee bepflanzt sowie die spiegelbildlich dazu angeordnete, zur Luiseninsel führende Ahornpromenade ebenfalls ausgebaut. Die nach 1990 wieder aufgepflanzte Friedensallee stellt gemeinsam mit der auf halbem Weg in Richtung Westen abknickenden Zeltenallee ein Stück ältester, noch aus der Zeit des Großen Kurfürsten stammende wegemäßige Erschließung des Tiergartens dar. Eine vermutlich über 300 Jahre alte Eiche in unmittelbarer Nähe der Allee ist aus dieser Zeit noch erhalten.

Das zwischen dem Platz der Republik und der Straße des 17. Juni gelegene Tiergartenareal prägt das schon kurz nach dem Ende des Zweiten Weltkrieges auf dem Gelände der vormaligen Siegesallee errichtete Sowjetische Ehrenmal. Die bis heute wirksamen Umbauarbeiten aus der Zeit des Nationalsozialismus zeigen sich im Tiergarten noch an dem extrem aufgeweiteten Straßenquerschnitt der alten Charlottenburger Chaussee – heute unter anderem noch sichtbar im Abschnitt Platz vor dem Brandenburger Tor bis zur Entlastungsstraße – und der Gestaltung des Großen Sterns von 1938.

Die in Richtung Süden, zur Tiergartenstraße hin gelegene Hälfte des östlichen Tiergartens – durch die vom Platz vor dem Brandenburger Tor aus diagonal in Richtung Kemperplatz hin geführte „Ahornpromenade" erschlossen – wird deutlich von der Nachkriegsgestaltung der 1950er Jahre dominiert. Die auf Tiergartendirektor Alverdes zurückgehende, landschaftlich geprägte Erholungsanlage wird durch weite Wiesenräume, vereinzelt stehende Laubbäume und Kiefern sowie rahmende waldartige Gehölzpartien geprägt. Die Langgraswiesen haben sich durch die seit Öffnung der Mauer zu beobachtende intensive Nutzung inzwischen zu ruderal geprägten Trockenrasenbereichen weiterentwickelt.

Am ursprünglichen Kemperplatz mündend, trennt noch immer die nach dem Mauerbau 1961 notdürftig durch den Tiergarten gelegte Entlastungsstraße den östlichen Tiergarten vom übrigen Parkbereich. In unmittelbarer Nähe der Entlastungsstraße befindet sich der Goldfischteich (Abb. 2), das ehemalige Venusbassin, mit dem 10 m hohen, vom Bildhauer Rudolf Siemering geschaffenen Denkmal der drei bedeutenden Komponisten Haydn, Beethoven und Mozart. In diesem, noch immer die Planungsintentionen Knobelsdorffs widerspiegelnden Bereich liegt, jedoch schon westlich der Entlastungsstraße, der Floraplatz. Neben der Grundfigur des Großen Sterns und dem Zeltenplatz, vermitteln die beiden genannten Anlagen ein Stück barocker Gestaltungskultur im heutigen Tiergarten. Statt der ursprünglichen Flora aus Sandstein steht nunmehr im Zentrum des Floraplatzes das 1906 hier aufgestellte Bronzebildwerk der reitenden Amazone von Louis Tuaillon. Hier hat man durch die das Platzrund neuerlich wieder stärker rahmenden Nachpflanzungen sowie die Herausarbeitung der axial auf das lichte Platzrund mündenden, aus dem Dunkel des waldartig gehaltenen Tiergartens kommenden Wege einen deutlichen Eindruck von den unter Knobelsdorff durch Freischlagen im Wald des Tiergartens geschaffenen „Salons" gewinnen.

Weiter westlich erreicht man die Große Stern- und die Bellevueallee, die einen weiträumigen zusammenhängenden Bereich des Tiergartens seit alters her sinnvoll erschließen.

Die 120 Meter lange Bellevueallee, am ursprünglichen Kemperplatz beginnend, kreuzt auf der Höhe des Gartenbauamtes Tiergarten die noch aus dem 17. Jahrhundert stammende Große Querallee und im Bereich des räumlich ein wenig aufgeweiteten so genannten Kleinen Sterns die Straße des 17. Juni, um schließlich am Spreeweg endend, den Blick auf das Schloss Bellevue freizugeben. Auch die sich noch im Bestand in Form einiger erhaltener alter Alleebäume abzeichnende Große Sternallee – ursprünglich Kleistens Allee – ist eine bei Anlage des Großen Sterns „geschlagene" und nicht gepflanzte Allee.

Zwischen dem südlichen Ende der Rüsternallee und der genannten Großen Sternallee befindet sich einer der schönsten landschaftlichen Bereiche des Tiergartens, nämlich die 1792 von Hofgärtner Justus Ehrenreich Sello geschaffene „Neue Partie" mit der Rousseauinsel im Zentrum. Ein Entwässerungsgraben wurde zu einem kleinen lang gestreckten See mit buchtenreicher Uferlinie er-

2. Großer Tiergarten, Goldfischteich, ehemals Venusbassin

weitert, der mehrere Inseln einschloss. Dies war die erste „Englische Partie" im Tiergarten, die als frühsentimentale Anlage entstand, rund vierzig Jahre bevor Peter Joseph Lenné den Tiergarten insgesamt landschaftlich umgestalten sollte.
Entsprechend dem Vorbild in Ermenonville bei Paris war auch die kleine Rousseauinsel im Tiergarten mit einem Bildwerk geschmückt (Abb. 3). In Sichtweite hierzu befindet sich das 1904–06 von Gustav Eberlein geschaffene Marmorstandbild von Albert Lortzing und ebenfalls nicht weit hiervon, die 1988–92 mit erheblichem konservatorischem Aufwand restaurierte Stufenbrücke. Von dieser Brücke aus hat man die vielleicht schönsten Blicke in die scheinbar unendliche Tiefe der von Peter Joseph Lenné gestalteten wasser- und seenreichen Parklandschaft des Tiergartens.
Von der Stufenbrücke in Richtung zur Luiseninsel gehend erlebt man einen authentischen Bereich Alverdes'scher Tiergartengestaltung. Hier, wo ein feuchter Stieleichen-Hainbuchenwald seinen natürlichen Standort hat, legte er einen großzügigen Rhododendronhain an, ergänzt durch zahlreiche Halbschattenstauden und durch Pfade mit Trittplatten erschlossen. Schließlich gelangt man zur vielleicht reizvollsten Insel in einem Tiergartengewässer, der Luiseninsel (Abb. 4). An zentraler und gut sichtbarer Stelle befindet sich das 1880 eingeweihte Denkmal der Königin Luise (heute eine Kopie). Gartenarchäologische Grabungsbefunde ermöglichten eine genaue Wiederherstellung der repräsentativen Treppenanlage. Nach dem detailliert überlieferten Ausführungsplan von Eduard Neide aus dem Jahre 1880 konnte in den 1980er Jahren auch die reich ornamentierte Teppichbeetanlage zu Füßen der Königin rekonstruiert werden. In Blickbeziehung zur Königin Luise, jenseits einer trennenden Wasserfläche, steht das Denkmal ihres Ehemanns Friedrich Wilhelms III. (heute eine Kopie) und nördlich auf der ursprünglich sehr viel kleineren Luiseninsel, das Denkmal ihres Sohnes, des jungen Prinzen von Preußen, des späteren Kaisers Wilhelm I.
Die Große Sternallee in südwestliche Richtung querend, kommt man in einen besonders großzügig gestalteten Bereich des Tiergartens. Von der Adlerbrücke aus eröffnen sich reizvolle landschaftliche Szenerien, weite Wiesenflächen wechseln mit geschlossenen Gehölzrändern, aber auch frei in den Wiesen stehende Gruppen von Bäumen mit wertvollen Einzelbäumen, deren malerische Traufen in der Großstadt Berlin den Eindruck ländlicher Abgeschiedenheit vermitteln.
Ein ähnliches Bild bietet sich im entgegengesetzten Bereich, nordöstlich der Großen Sternallee. Durch den 1951 angelegten Bremer Weg ging dort mehr als ein Drittel des alten Rosengartens mit zwei Seerosenbecken verloren. Alverdes legte hier einen „Sommerblumengarten" an. Der Rest des Rosengartens wurde nach 2000 grunderneuert (Abb. 5). Von einer steinernen Pergola und einer streng linear geführte Hecken gerahmt, empfängt den Besucher mitten im hier geschlossenen waldartigen Bestand des Tiergartens eine überwältigende Fülle unterschiedlicher Rosen in streng formal angelegten Beeten angepflanzt, untermischt mit passenden Stauden. Der

3. Großer Tiergarten, Rousseauinsel

4. Großer Tiergarten, Luiseninsel, Denkmale für Königin Luise und Friedrich Wilhelm III.

5. Großer Tiergarten, Rosengarten

Rosengarten unterstreicht damit eindrucksvoll, was schon Knobelsdorff, aber auch Lenné mit ihren sorgfältig durchgestalteten, mit reichen Schmuckbeetanlagen sowie mit Statuen versehenen Plätzen und Sondergärten beim Betrachter erzielen wollten, nämlich: *„Ein so geräumiger Park wie der Tiergarten es ist, würde ohne solche Schmuckplätze seinen vorzüglichsten Genuß, nämlich den der Mannigfaltigkeit und der Überraschung entbehren“.*[191]
In westlicher Richtung gelangt man nach Überquerung der Hofjägerallee in den gewässerreichsten Teil des Großen Tiergartens, auch Seepark genannt (Abb. 6). Mit dieser nach 1845 begonnenen Anlage den Neuen Sees wurde eine sumpfige Bruchlandschaft trokkengelegt. So entstand eine vielfältige, buchtenreiche und mit zahlreichen Inseln ausgestattete große Seenfläche im Tiergarten. Am Rand des südlichen Tiergartens weitergehend überquert man die Ende der 80er Jahre durch Nachguss zurückgewonnene „Gotische Brücke“ aus Gusseisen (Abb. 7), und gelangt gegenüber der Spanischen Botschaft an die Einmündung der Lichtensteinallee in die Fasanerieallee. Die im Kern über 300 Jahre alte Fasanerieallee konnte 1985 durch behutsames Freistellen alter Alleebäume sowie entsprechender Baumnachpflanzungen instand gesetzt werden.
Den besonderen Reiz der Fasanerieallee machen jedoch die 1986–88 restaurierten beziehungsweise wieder auf vier Jagdgruppen komplettierten bronzenen Figurengruppen aus. Westlich der Fasanerieallee durchschreitet man die auf Alverdes zurückgehende Rhododendron-Anlage und nähert sich bald der markanten Löwenbrücke, ursprünglich 1838 vom Bildhauer Christian Friedrich

6. Großer Tiergarten, Tiergartengewässer

Tieck geschaffen und vom Architekten Ludwig Ferdinand Hesse als dekorative Hängebrücke im Tiergarten errichtet, die um 1987 in veränderter Form wieder aufgebaut wurde (Abb. 8). Weitergehend in Richtung zur Unterschleuse, Untere Freibrücke genannt, nun schon in unmittelbarer Nähe des Zoologischen Gartens, bemerkt man auf einer Insel einen nahezu bewaldeten großen Hügel. Darunter verbirgt sich der 1952 gesprengte Feuerleitturm der 1941 errichteten Flugabwehrstellung am Zoo. Die Reste des Bunkers wurden eingeschüttet, komplett begrünt, als besonderes Vogelschutzgebiet ausgewiesen und damit dem normalen Besucherverkehr entzogen.

Die jenseits der Straße des 17. Juni unmittelbar zum Hansaviertel hin gelegene Tiergartenfläche mit dem „Faulen See" im Zentrum ist um den See herum mit zahlreichen Sitzgelegenheiten und mit einem besonders großen Kinderspielplatz ausgestattet.

Jenseits der Altonaer Straße nimmt der Englische Garten gut die Hälfte des Tiergartengeländes ein, das in den 1950er Jahren vom Schlosspark Bellevue abgetrennt und dem Tiergarten zugeschlagen wurde. Der Entwerfer des 1952 eingeweihten Englischen Gartens, Willy Alverdes, nutzte geschickt die reizvolle Topografie des Geländes, namentlich eine zwei Meter tiefe Mul-

7. Großer Tiergarten, Gotische Brücke

8. Großer Tiergarten, Löwenbrücke

9. Großer Tiergarten, Englischer Garten, Parkhaus

de, um hier als Herzstück der etwa 40.000m^2 großen Anlage einen Teich mit zwei Inseln anzulegen. Von der Altonaer Straße aus kommend, durchschreitet man zuerst den größten zusammenhängenden Teil des aus fünf Gartenbereichen bestehenden Sondergartens, nämlich den Naturgarten, wo sich Alverdes eine mit Wildblumen durchsetzte Rasenfläche vorstellte, gerahmt durch malerische Gruppen von Bäumen, Sträuchern und Stauden, ehe man schließlich zum Teichgarten mit seiner interessanten Ufervegetation gelangt. Diesen umschreitend, entdeckt man am nördlichen Teichufer einen Steingarten – seinerzeit auf besondere Anregung der britischen Besatzungsmacht angelegt – und daran anschließend eine Rhododendronpflanzung. Beide Bereiche waren mit Pfaden aus zeittypischen Natursteinplatten durchzogen. Hier hatte Alverdes die Idee, den mit privatem Grün unterversorgten Berlinern die Möglichkeit einzuräumen, *„behutsam durch die Blumen schlendern zu können und die Nase voll Duft zu nehmen wie im eigenen Garten.“*[192] Weitergehend gelangt man, vorbei am geschützten Lesegarten, zur Terrassenfläche des Parkhauses (Abb. 9). Von hier aus hat man den schönsten Blick in den formalen Garten, mit seinen streng geschnittenen Eibenhecken, typisch für alte englische Gärten. Hier ist ein deutlicher englischer Einfluss, namentlich des für die Verteilung der britischen Pflanzenspenden nach dem Krieg verantwortlichen Mr. I. Thrower, Gartendirektor der Stadt Shrewsbury, zu spüren.

Die im direkten Umfeld des Englischen Gartens befindlichen, noch aus dem frühen 19. Jahrhundert stammenden stattlichen Rotbuchen hat Alverdes als ein besonders wertvolles Erbe des alten Schlossgartens von Bellevue sorgfältig erhalten und in sein Parkkonzept mit einbezogen. Diese wertvollen Alt-Buchen, die das Inferno der Kriegs- und Nachkriegszeit überstanden haben, prägen heute – gemeinsam mit den fünf Sondergartenbereichen des Englischen Gartens – noch immer in besonderer Weise diesen Teil des Tiergartens.

Nordöstlich des Spreeweges beginnt der unmittelbar der Spree zugewandte Teil des Tiergartens, der insbesondere durch den zentralen Zelten- oder Kurfürstenplatz, aber auch den sehr viel kleineren Großfürstenplatz geprägt ist. Letzterer ist ein halbrunder Platz, der von einer Taxushecke gefasst wird. In seinen ausgesparten Konchen bilden die 1882 von der ehemaligen Königsbrücke hierher übertragenen vier Allegorien der „Deutschen Ströme“ aus Sandstein einen besonderen Blickpunkt.

Die Rüsternallee ist eine der sechs Alleen, die bei der Grundinstandsetzung des Zeltenplatzes 1987 noch teilweise vorhanden war und damit wie bei der Kastanienallee lediglich ergänzt oder wie bei der Platanenallee allerdings auch völlig neu aufgepflanzt wurden. Der großartige Alleefächer des Zeltenplatzes oder Kurfürstenplatzes gehört seit über 250 Jahren zum traditionellen Erscheinungsbild des Tiergartens. Die meisten Altbäume enthielt die Buchenallee, sodass hier nicht nur die Arten sondern auch die Lage und der Baumabstand bei der partiellen Nachpflanzung im Jahr 1987 exakt dokumentiert war. Zwischen Buchen- und wieder aufgepflanzter Rüsternallee stehen zudem einige über 300 Jahre alte Stieleichen, die aufgrund ihres Alters, aber auch ihrer Höhe von fast 30 Metern zu den bedeutendsten Bäumen im Tiergarten zählen.

Von hier aus, in die Große Querallee in Richtung Carrillon gehend, biegt man auf der Höhe der John-Foster-Dulles-Allee wieder in die alte Zeltenallee ein, um am Russischen Ehrenmal vorbeigehend nach wenigen Minuten wieder am Brandenburger Tor, dem klassischen Eingangstor der Stadt Berlin, angekommen zu sein.

Die erhaltenen **Skulpturen im Großen Tiergarten** illustrieren den Wandel des einstigen Jagdreviers zum Volkspark und Repräsentationsort der höfischen und bürgerlichen Gesellschaft Berlins. Die über fünfzig heute dort vorhandenen Gedenksteine und Statuen stammen aus unterschiedlichen Zeiten und ver-

schiedensten gesellschaftlichen und künstlerischen Vorstellungswelten.
Die ersten über die übliche Skulpturenausstattung eines Parks hinausgehenden Denkmalsetzungen gegen Ende des 18. Jahrhunderts sollten die Empfindungen und romantischen Vorstellungen der Parkbesucher ansprechen. Auf einer von Justus Ehrenreich Sello gestalteten Insel wurde um 1790 ein Erinnerungsmal für den Philosophen Jean-Jacques Rousseau aufgestellt.[193] Die Urne ging schon im 19. Jahrhundert verloren und wurde 1987 durch eine „Säule" des Bildhauers Günter Anlauf ersetzt. Auch der Luisenaltar von Johann Gottfried Schadow blieb nicht erhalten. Die Bewohner des Tiergartenviertels hatten den Stein 1809 anlässlich der Rückkehr der beliebten preußischen Königin Luise nach Berlin gestiftet und auf der Luiseninsel, einem Lieblingsplatz der Königin, aufgestellt.[194]
Der Kult um die jung verstorbene Luise, die in Preußen als „moralische Lichtgestalt" verehrt wurde, war der Ausgangspunkt für ein sentimentales, eher bürgerlich geprägtes Denkmalprogramm. Die „dankbaren Bürger Berlins", die 1848 noch auf die Barrikaden gegangen waren, widmeten 1849 dem Ehemann Luises, Friedrich Wilhelm III., ein von Friedrich Drake geschaffenes Marmorstandbild (1981 durch eine Kopie ersetzt),[195] das sich von damals noch üblichen dynastischen Herrscherdenkmalen deutlich unterscheidet (Abb. 10). Der König trägt keine Uniform mehr, sondern eine einfache zivile Kleidung, er ist nicht als Monarch dargestellt, sondern als Naturfreund und stiller Spaziergänger im Sonntagsrock. Das Sockelrelief schildert die „Segnungen des Friedens" und die Wohltaten des Königs für den Tiergarten. Dazu passend gestaltete Erdmann Encke das 1880 enthüllte Denkmal der Königin Luise (1983–84 durch eine Kopie ersetzt).[196] Luise ist als mütterliche Frau dargestellt, wobei die Kleidung die eher private Auffassung des Herrscherbildes betont. Das Relief des Rundsockels zeigt Szenen aus den Befreiungskriegen. Kaiser Wilhelm II. fügte 1904 das von Adolf Brütt geschaffene Jung-Wilhelm-Denkmal hinzu, das den nachmaligen Kaiser Wilhelm I. als siegreichen Offizier der Befreiungskriege 1813/14 zeigt (Abb. 11).[197] Der zweitälteste Sohn der Königin Luise ist als Jüngling in gelöster Haltung abgebildet, er blickt freundlich um sich. Das Denkmal gehörte zum Zeitpunkt der Aufstellung zu den modernsten Bildwerken im öffentlichen Raum, denn es zeigt nicht mehr die pathetische Darstellungsweise des Neubarock, sondern eine reduzierte neoklassizistische Formensprache.
Zwei bedeutende Denkmalgruppen des Großen Tiergartens gehörten ursprünglich zur Neuen Königsbrücke, die unweit des Alexanderplatzes über den Königsgraben führte. Auf der 1871–73 erneuerten Brücke waren vier Allegorien der deutschen Ströme und vier Kriegergruppen aufgestellt, für die Alexander Cala-

10. Großer Tiergarten, Denkmal Friedrich Wilhelm III., 1849 von Friedrich Drake (Kopie 1981)

11. Großer Tiergarten, Jung-Wilhelm-Denkmal, 1904 von Adolf Brütt

12. Großer Tiergarten, Denkmal für Gotthold Ephraim Lessing, 1890 von Otto Lessing

ndrelli den Gesamtentwurf erstellt hatte.[198] Als der Königsgraben 1882 zugeschüttet wurde, setzte man die Figuren in den Tiergarten um. Die vier deutschen Ströme („Rhein" von Rudolf Schweinitz, „Elbe" von Alexander Calandrelli, „Oder" von Rudolf Schweinitz, „Weichsel" von Hermann Wittig) kamen auf den Großfürstenplatz. Die vier Kriegergruppen („Der Auszug des Kriegers" von Hermann Wittig, „Der Kampf" von Rudolf Schweinitz, „Der verwundete Krieger" von Ludwig Brodwolf, „Die glückliche Heimkehr des Kriegers" von Alexander Calandrelli) standen zunächst auf dem Alsenplatz und wurden 1939 in die Rüsternallee südlich des Kurfürstenplatzes umgesetzt.

Zwischen 1880 und 1910 entstand im Tiergarten eine „Heldengalerie" der großen deutschen Dichter und Komponisten, ohne dass dem jedoch ein einheitliches Konzept zugrunde lag. Die überlebensgroßen Monumente wurden von einzelnen Denkmalkomitees aufgestellt, in denen die bürgerliche Gesellschaft Berlins vertreten war. Der Kaiser nahm mehrfach Einfluss auf die Auftragsvergabe und die Denkmalgestaltung. 1861 wurde beschlossen, die Dichter Goethe, Schiller und Lessing mit einem Denkmal im Tiergarten zu ehren, aber es dauerte zwanzig Jahre, bis das erste Monument enthüllt werden konnte. Das Goethe-Denkmal von Fritz Schaper (1987 von Harald Haacke durch eine Kopie ersetzt) zeigt den Dichter als „Geistesheros" im Alter von etwa vierzig Jahren.[199] Den Sockel umgeben allegorischen Figurengruppen, die das künstlerische Werk des Dichters glorifizieren.[200] Das 1890 enthüllte Denkmal für Gotthold Ephraim Lessing gestaltete der Bildhauer Otto Lessing, ein Nachkomme des Dichters (Abb. 12).[201] Der üppigen Sockeldekoration mit Bildnissen des jüdischen Schriftstellers und Philosophen Moses Mendelssohn, des Dichters Ewald von Kleist und des Verlegers Friedrich Nicolai liegt ein ausgesprochen liberales Bildprogramm zugrunde. Der geflügelte Genius der Humanität, der sich auf eine Schrifttafel mit den Kernsätzen der Ringparabel aus Lessings „Nathan der Weise" stützt, symbolisiert die Gedanken der Aufklärung: Toleranz und Menschlichkeit. Ein ungewöhnlich geformtes Denkmal ist Joseph Haydn, Wolfgang Amadeus Mozart und Ludwig van Beethoven gewidmet. Rudolf Siemering gestaltete das 1904 enthüllte Monument in einem Mischstil aus Elementen des Barock, Rokoko und Jugendstil.[202] Die hüfthohen Bildnisse der drei Komponisten aus weißem Marmor zieren eine mächtige farbige Stele mit vergoldetem Kuppeldach, bekrönt von drei Putten, die einen Lorbeerkranz halten. Materialvielfalt und Polychromie kennzeichnen diese Richtung der Bildhauerkunst um 1900. Ein pathetisch aufgeladenes Richard-Wagner-Denkmal entwarf 1903 Gustav Eberlein, der stark durch den neubarocken Stil des Bildhauers Reinhold Begas geprägt war.[203] Der Komponist thront auf einem hohen Sockel, umgeben von Assistenzfiguren, die auf die großen Opern Wagners hinweisen.[204] Das 1906 eingeweihte Denkmal für Albert Lortzing geht auf den gleichen Bildhauer zurück, ist aber eher konventionell gestaltet.[205] Mit dem Fontane-Denkmal (um 1985 durch eine Kopie ersetzt), dem letzten großen Personendenkmal der Berliner Bildhauerschule, wurde 1910 die Denkmalserie der Dichter und Komponisten abgeschlossen.[206] Max Klein stellte Theodor Fontane als Spaziergän-

13. Großer Tiergarten, Jagdszenen, hier: „Fuchsjagd um 1900", 1904 von Wilhelm Haverkamp

14. „Amazone zu Pferde", 1895 von Louis Tuaillon

ger dar. Stock und Hut erinnern an die „Wanderungen durch die Mark Brandenburg".

Die Jagdgruppen und Tierfiguren, die Kaiser Wilhelm II. im Park aufstellen ließ, illustrieren die Bedeutung des Tiergartens als ehemaliges kurfürstliches Jagdrevier der Hohenzollern. Cuno v. Uechtritz-Steinkirch schuf 1904 den imposanten Hubertusbrunnen am Großen Stern, der 1938 beseitigt wurde. Die zugehörigen Jagdszenen („Altgermanische Wisentjagd" von Fritz Schaper, „Eberjagd um 1500" von Carl Begas", „Hasenhetze um 1750" von Max Baumbach, „Fuchsjagd um 1900" von Wilhelm Haverkamp) stehen heute in der Fasanerieallee (Abb. 13).[207] Die dramatisch inszenierten Figurengruppen aus Bronze verraten die damals vorherrschende neubarocke Stilrichtung. Bei einem Besuch im Atelier des Bildhauers Rudolf Siemering sah Wilhelm II. die Entwürfe für das 1897 eingeweihte monumentale Washington-Denkmal in Philadelphia (USA). Besonders beeindruckten ihn die naturalistisch wiedergegebenen Tiere am Denkmalsockel, von denen er Nachgüsse für den Tiergarten bestellte.[208] Zwei der acht Tierfiguren, gegossen 1902, gingen im Zweiten Weltkrieg verloren, sechs sind an unterschiedlichen Orten im Tiergarten aufgestellt.

Auch die 1906 auf dem Floraplatz aufgestellte „Amazone zu Pferde" spielt auf Jagd und Natur an (Abb. 14).[209] Der in Rom und Berlin tätige Bildhauer Louis Tuaillon formulierte mit der berühmten Amazone eine Gegenposition zum bis dahin vorherrschenden neubarocken Stil. In der klaren tektonischen Ordnung des unbewegt stehenden Pferdes und der inneren Ruhe der Amazone äußert sich die neoklassizistische Haltung Tuaillons, die sich zu Beginn des 20. Jahrhunderts durchsetzen sollte. Die Aufstellung im Tiergarten geht auf Kaiser Wilhelm II. zurück, der für den Park eine vergrößerte Version der ersten, vor der Nationalgalerie aufgestellten Fassung bestellt hatte.

In der Mitte des **Großen Sterns** erhebt sich die 1865–73 errichtete **Siegessäule** (Abb. 15–17, Liste Nr. 21, 232), die bis zur Umsetzung zum heutigen Standort 1938–39 auf dem Königsplatz (heute Platz der Republik) stand.[210] Das reich ausgestattete Gesamtkunstwerk der spätklassizistischen Architekten- und Bildhauerschule gilt heute als Wahrzeichen Berlins (Abb. 15). Das 61 m hohe Säulenmonument war ursprünglich als Siegeszeichen des dänischen Feldzugs 1864 gedacht, wurde aber durch die rasch folgenden Kriege gegen Österreich 1866 und Frankreich 1870–71 zum Denkmal für die drei siegreich beendeten Kriege und die dadurch ermöglichte Gründung des Deutschen Reichs. Der Entwurf stammt von Heinrich Strack, der sich antike römische Säulenmonumente zum Vorbild nahm. Der Säulenschaft, der innen eine Wendeltreppe enthält, ruht auf einem wuchtigen Unterbau aus rotem Granit. An den vier Seitenflächen sind monumentale Bronzereliefs von Alexander Calandrelli, Carl Keil, Moritz Schulz und Albert Wolff angebracht, die die Geschichte der Einigungskriege erzählen.[211] Dargestellt sind der Sturm auf die Düppeler Schanzen 1866, die Schlacht von Königgrätz 1866, die Kapitulation der französischen Truppen vor Sedan 1870 und der Einzug des siegreichen deutschen Heeres in Berlin am 16. Juni 1871. Die Reliefs wurden nach 1945 entfernt, aber 1987 wieder angebracht. Über dem vierseitigen Unterbau folgt eine kreisrunde Säulenhalle, die Heinrich Strack nach dem Vorbild der Großen Neugierde im Schlosspark Glienicke, einem Bau von Karl Friedrich Schinkel, gestaltete. Am inneren Säulenschaft ist ein umlaufendes farbiges Mosaik zu sehen, das nach Zeichnungen Anton von Werners in der venezianischen Glasmanufaktur Salviati angefertigt wurde. Kaiser Wilhelm I. hatte als Thema die „Rückwirkung des Kampfes gegen Frankreich auf die deutsche Einigung und die Schaffung des Deutschen Kaiserreiches" vorgegeben. Mit einer Mischung aus realistischen und allegorischen Szenen wird der Sieg über Frankreich und die Einigung Deutschlands glorifiziert. Anstelle des Kaisers nimmt Germania, die vor einem prächtigen Thron steht, die Kaiserkrone in Empfang. Auch der aus Sandstein bestehende Säulenschaft enthält eine politische Aussage, denn die drei unteren Säulentrommeln spielen auf die drei siegreichen Krie-

15. Großer Stern, Siegessäule, 1865–73 von Johann Heinrich Strack, mit Viktoria von Friedrich Drake

ge an. In den Kanneluren sind vergoldete Beutekanonen aus Dänemark, Österreich und Frankreich angebracht. Der Bildhauer Friedrich Drake schuf die vergoldete Viktoria, die über der achteckigen Aussichtsplattform das Säulenmonument bekrönt. Die geflügelte Siegesgöttin in einem vom Wind aufgeblähten Gewand hält Siegeskranz und Feldzeichen. Mit dem preußischen Adlerhelm ist sie zugleich als Borussia zu verstehen.

Die Siegessäule wurde 1938–39 zum Großen Stern versetzt,[212] weil der Königsplatz nach Plänen des Generalbauinspektors für die Reichshauptstadt, Albert Speer, in eine riesige Aufmarschfläche umgewandelt werden sollte. Albert Speer nutzte die Siegessäule, um die ausgebaute und verbreiterte Ost-West-Achse durch Berlin mit einem weithin sichtbaren Wahrzeichen zu versehen. Der Große Stern in der Achse der Charlottenburger Chaussee wurde deutlich vergrößert und mit der Siegessäule und den am nördlichen Rand aufgestellten Denkmälern von Bismarck, Moltke und Roon zu einem Forum des 1918 untergegangenen Kaiserreichs umgestaltet. Um städtebauliche Wirkung des Säulenmonuments zu verbessern, ließ Albert Speer den Sockel verbreitern und den Schaft um eine vierte Säulentrommel erhöhen. Die kreisrunde Verkehrsinsel des Großen Sterns mit der Siegessäule ist über zwei Fußgängertunnel zu erreichen, die man über vier **Torhäuser** betreten kann. Die tempelartigen Sandsteingebäude, die die Ost-West-Achse begrenzen, wurden von Johannes Huntemüller entworfen, der sich für eine strenge klassizistische Architektursprache mit stark reduzierten Schmuckformen entschied. An der Eingangsseite ist eine von vier Pfeilern getragene Vorhalle ausgebildet.[213] Zusammen mit den Kandelabern der Straße des 17. Juni erinnern die Torhäuser an den Ausbau der Ost-West-Achse im Rahmen der nationalsozialistischen Hauptstadtplanung.

Zusammen mit der Siegessäule wurden 1938–39 drei Denkmäler vom Königsplatz zum Großen Stern versetzt, die das Forum des wilhelminischen Kaiserreichs ergänzen. In der verlängerten Achse der Hofjägerallee steht das 1897–1901 geschaffene **Bismarck-Nationaldenkmal**, das ursprünglich den Vorplatz des Reichstagsgebäudes schmückte (Abb. 16).[214] Das monumentale Denkmal des Reichskanzlers Otto v. Bismarck ist ein typisches Werk der staatlichen Auftragskunst des Kaiserreichs. Mit der Ausführung wurde Reinhold Begas, ein von Wilhelm II. bevorzugter Bildhauer, beauftragt. Dessen neubarocker Stil war zur Jahrhundertwende längst überholt. Das Nationaldenkmal besteht aus fünf Bronzefiguren. Die hoch aufgerichtete Gestalt des Reichskanzlers im Waffenrock überragt auf einem Granitsockel vier um das Postament gruppierte allegorische Darstellungen der Reichsgründung. Vor dem Sockel kniet Atlas mit der Weltkugel, der die Kraft und Stärke des 1871 gegründeten Reichs symbolisiert, hinten sieht man Siegfried, der als „Reichsschmied“ sein Schwert schmiedet.

16. Großer Stern, Denkmal Otto von Bismarck, 1897–1901 von Reinhold Begas

Die Frauengestalt rechts, die ihren Fuß auf einen Panther stellt,[215] steht für die Staatsgewalt, während die Sibylle, die sich an eine Sphinx anlehnt, die Staatsweisheit verdeutlicht. Mit dem Denkmal wird Bismarck, befreit von individuellen Zügen, als übernatürlicher Held glorifiziert.

Während das Bismarck-Denkmal in den Tiergarten hineingerückt ist, wendet sich das links angeordnete **Roon-Denkmal** unmittelbar dem Großen Stern zu (Abb. 17). Das von Harro Magnussen geschaffene Bronzestandbild,[216] eine herausragende Arbeit der Berliner Bildhauerschule, wurde 1904 an der Nordseite des Königsplatzes direkt an der Einmündung der Alsenstraße aufgestellt. Der Kriegsminister und Generalfeldmarschall Albrecht v. Roon, der mit seiner Heeresreform die siegreichen Einigungskriege vorbereitete, ist in Uniform mit herabgesunkenem Mantel und abgesetztem Helm dargestellt. Aufrecht stehend blickt er würdevoll ins Weite.

Das rechts angeordnete **Moltke-Denkmal** ist das Gegenstück zum Roon-Denkmal. Das 1905 enthüllte Marmorstandbild stand ursprünglich an der Westseite des Königsplatzes, unweit des Generalstabsgebäudes, denn Helmuth Graf v. Moltke, der das preußische Heer in die Kriege gegen Dänemark, Österreich und Frankreich führte, war Chef des Generalstabs der Armee.[217] Die Statue folgt einer zeitgemäßen, modernen Denkmalauffassung. Joseph Uphues, ein Schüler von Reinhold Begas, rückte die geistigen Leistungen des Generalfeldmarschalls in den Mittelpunkt, indem er sich, alle Attribute beiseite lassend, auf die intellektuelle Ausstrahlungskraft konzentrierte. Im Gegensatz zu Bismarck erscheint Moltke, der sich in ruhiger Haltung gegen ein Podest lehnt, als geistige Persönlichkeit ohne dekoratives Heldentum. Das scharf gezeichnete Gesicht mit dem schmallippigen Mund verdeutlicht Ausgeglichenheit und Selbstbewusstsein.

17. Großer Stern, Denkmal Albrecht von Roon, 1904 von Harro Magnussen

18. Schloss Bellevue, 1785 von Michael Philipp Daniel Boumann

Schloss Bellevue

Das **Schloss Bellevue** (Abb. 18, 19, Liste Nr. 187) an der Spree am nördlichen Rand des Tiergartens, **Spreeweg 1** und **Bellevue-Ufer**, dient heute als Residenz des Bundespräsidenten der Bundesrepublik Deutschland. Prinz August Ferdinand von Preußen, der jüngste Bruder Friedrichs des Großen, ließ das Schloss 1785 von Michael Philipp Daniel Boumann als Sommersitz erbauen.[218] In die Dreiflügelanlage nach französischem Muster wurde eine frühere Lederfabrik einbezogen, ein zweistöckiges Gebäude am Spreeufer, das den rechten Seitenflügel des Schlosses bildet.[219] Durch den ausdrücklichen Wunsch des Bauherrn, das ältere, seit 1764 bestehende Gebäude zu erhalten, waren Richtung und Lage des Schlosses innerhalb des Tiergartens vorgegeben. Das Schloss Bellevue war der erste klassizistische Schlossbau in Preußen. Michael Philipp Daniel Boumann orientierte sich am Schloss in Wörlitz, das 1769–73 von Friedrich Wilhelm v. Erdmannsdorff im neuen klassizistischen Stil nach englischen Vorbildern erbaut worden war. Der Hauptbau, das Corps de Logis, umfasst zwei Geschosse sowie ein eingeschobenes Mezzaningeschoss. Verputzte Fassaden mit einer einfachen, zurückhaltenden Gliederung unter einem schlichten Walmdach sind für den frühen Klassizismus typisch. Der Mittelrisalit wird durch korinthische Pilaster und einem Dreiecksgiebel hervorgehoben, enthielt aber ursprünglich keinen Eingang. Das Schloss konnte damals nur durch die Torbögen der Seitenrisalite betreten werden. Über dem Gebälk des Mittelrisalits ist in vergoldeten Lettern „Bellevue" zu lesen. Das anfangs leere Giebelfeld wurde 1790 mit einer Uhr und rahmenden Relieffiguren von Christian Eckstein und Johann Gottlieb Heymüller versehen. Die Personifikationen von Ackerbau, Jagd und Fischzucht erinnern an die einstige ländliche Umgebung des Schlosses. An der zum Garten gerichteten Rückseite wird die zurückhaltende, vornehme Gestaltung fortgesetzt. In der Mittelachse ist über vier rustizierten Wandpfeilern ein Balkon ausgebildet, während eine Streifenquaderung die Seitenrisalite hervorhebt. Die niedrigen dreigeschossigen Seitenflügel, die den Cour d´honneur einfassen, sind ganz schlicht gehalten. Die alten Mansarddächer hat man 1938–39 durch flache Walmdächer ersetzt. Dem Spreeflügel ist ein Torhaus vorgelagert.

Einen ovalen, die ganze Gebäudetiefe einnehmenden Festsaal im Obergeschoss des Mittelbaus fügte 1791 Carl Gotthard Langhans ein. Acht eingestellte korinthische Säulen trugen ein flaches Gewölbe. An den Längsseiten waren Kamine ausgebildet, gerahmt von Atlanten auf Hermenpfeilern, während sich in den vom Oval ausgesparten Zwickeln die Eingangstüren öffneten. Die Supraporten in Form von Rundnischen mit Sphingen, die Pilaster und Säulen sowie die Wandflächen in einer fein abgestimmten Farbgebung gaben dem Saal eine vornehme Note.

19. Schloss Bellevue, Ovaler Saal, 1791 von Carl Gotthard Langhans, 1954–59 Wiederherstellung durch Carl-Heinz Schwennicke

Um das Schloss als Museum für Deutsche Volkskunde nutzen zu können, veränderte Erich Schonert 1934–35 das Innere.[220] Schon 1938–39 folgt der nächste Umbau, verbunden mit erheblichen Eingriffen, nachdem das Schloss Bellevue zum Gästehaus des Deutschen Reichs bestimmt worden war. Paul Baumgarten d. Ä. fügte an den linken Seitenflügel einen L-förmigen Erweiterungsbau an und verlegte den Haupteingang zum Mittelrisalit, wo er sich noch heute befindet.[221] Das Schloss erhielt eine repräsentative Ausstattung unter Verwendung wertvoller Kunstgegenstände verschiedener Zeiten.

Im Zweiten Weltkrieg wurde besonders der Hauptbau des Schlosses Bellevue mit dem Langhanssaal durch Bomben stark zerstört. Die Flügel erlitten nur leichte Beschädigungen.

Beim Wiederaufbau 1954–59 unter Leitung von Carl Mertz wurde abermals versucht, repräsentative Innenräume zu gestalten, denn das Schloss Bellevue sollte den Berliner Amtssitz des Bundespräsidenten aufnehmen.[222] Der Langhaussaal wurde 1954–59 in alter Form wieder hergestellt. Die von Carl-Heinz Schwennicke entworfene Ausstattung des Schlosses zeichnete sich durch eine eigentümliche Mischung konservativer und moderner Elemente aus. Die Materialien und Formen atmeten den Geist der 1950er Jahre, auch wenn auf die sachliche Klarheit des zeitgenössischen Designs verzichtet wurde. Das bezeugen nur noch zwei Salons im Obergeschoss. Alle anderen Innenräume wurden 1986–87 durch Otto Meitinger in einem abstrahierend klassizistischen Stil neu gestaltet, wobei man die Säle und Empfangsräume dem noblen Charakter des Langhanssaals anglich.

Der **Schlosspark Bellevue** (Abb. 20, Liste Nr. 231) zeigt heute eine Synthese verschiedener Gestaltungen, wobei noch einige bemerkenswerte Struktur- und Ausstattungselemente des 18. und 19. Jahrhunderts bewahrt sind. Sein Erscheinungsbild wird maßgeblich durch die Neugestaltungen ab 1951 und ab 1959 von Reinhard Besserer sowie einige Umgestaltungen von 1997–98 für einen repräsentativen und funktionsgerechten Amtssitz des Bundespräsidenten bestimmt.[223]

Unter Prinz August Ferdinand von Preußen, dem jüngsten Bruder von Friedrich II., wurde noch vor dem Schlossbau 1784 die Bellevueallee angelegt. Der Schlosspark entstand als einer der frühesten landschaftlichen Gärten Preußens 1784 bis 1806 unter Leitung des auch schon in Friedrichsfelde für den Prinzen tätigen Hofgärtners Weil. Die Anlage wurde 1787 bis 1790 westlich und südlich erweitert. Die einzigartige Lage von Schloss und Park in der Spreeniederung und am Rande des Großen Tiergartens erlaubte weite Sichten in die Landschaft. Ein heute reduzierter Sichtenfächer eröffnete Blickbeziehungen nach Charlottenburg, in die Moabiter Wiesen und auf die Spree mit den fernen Türmen von Spandau und Charlottenburg. Derartige Sichtachsenfächer gab es auch im Wörlitzer Park, der zusammen mit dem ab 1797 angelegten Garten von Garzau als gestalterisches Vorbild diente.[224] Außer einem Küchengarten mit Gewächshäusern gehörten zahlreiche, nicht mehr erhaltene Parkgebäude sentimentalen Charakters sowie zahlreiche Denkmäler und stilistisch unterschiedliche Brücken zur Ausstattung des noch etwas kleinteiligen frühsentimentalen Gartens.[225] Unter Prinz August und seinem Gärtner Heinrich August Brasch entwickelte sich die Anlage zu einem der bedeutendsten Privatgärten Berlins.[226] Die 1844 für die Berliner

20. Schlosspark Bellevue, Präsidentengarten, 1959 von Reinhard Besserer

geöffnete Anlage wurde schließlich im letzten Drittel des 19. Jahrhunderts erheblich verändert, als Gelände für den Spreeuferweg, die Stadtbahn und die gründerzeitliche Wohnbebauung im Nordwesten abgegeben wurde. Vereinfachungen des Wegenetzes vor 1880 sowie 1882 nach einem Entwurf von Ferdinand Jühlke führten zu einer großzügigeren Gestaltung des Schlossparks. Mit der anschließenden Zuschüttung der Parkgewässer wurden auch die Brücken abgebrochen. Trotz weiterer Veränderungen und Kriegszerstörungen hatte das bedeutende Gartenkunstwerk, das sich deutlich vom Tiergarten unterschied, jedoch bis 1945 Bestand.[227]

Die Anlage des Englischen Gartens 1951–52 und der Bau der Akademie der Künste bis 1960 führten zu erheblichen Reduzierungen des Parkareals im Südwesten und Westen der Anlage. Die Hochhäuser des Hansaviertels und Abpflanzungen an den Parkrändern und zur Spree schränkten die Sichtbezüge in die Landschaft ein.

Die Bellevueallee eröffnet eine großartige Sicht über den Ehrenhof mit seinem begrenzenden „Aha“, einem der wenigen überlieferten Elemente aus dem 18. und 19. Jahrhundert.[228] Das „Aha“ mit einer Stützmauer aus Kalkstein an einem Trockengraben bietet eine Sicht vom Schloss in die Bellevueallee und den Tiergarten und erweckt die Illusion eines vergrößerten Parks. Daran grenzt ein zentrales, von Taxuskegeln seitlich gesäumtes Rasenstück an, das von der gepflasterten Vorfahrt eingefasst wird. Die beiden Gittertore der Zufahrt flankieren je zwei steinerne Kopien von Leuchterfiguren des 18. Jahrhunderts, die Johannes Eckstein und Johann Gottlieb Heymüller zugeschrieben werden. Vor den Seitenrisaliten der Hauptfassade des Schlosses befinden sich Kopien von vier Leuchterfiguren-Gruppen aus Sandstein, deren Originale vermutlich J. Eckstein um 1785–87 schuf.[229]

Gartenseitig präsentiert sich die Anlage mit einer halbkreisförmigen Schlossterrasse, seitlichen Rampen und einer gepflasterten Vorfahrt in geschwungener Führung, die in Anlehnung an die Situation um 1806 zur Gewinnung der Protokollfläche 1997–98 neu gestaltetet wurde. Eine zentrale Rasenfläche fasst in Schlossnähe eine niedrige Taxushecke mit schmückenden Taxuskugeln ein. Die Schlossterrasse bietet Ausblicke über den großzügigen zentralen Wiesengrund, der zu einem nierenförmigen Seerosenteich von 1959 leicht abfällt. Der lockere Baumbestand der Wiesen im hinteren Parkbereich lässt noch drei historische Sichten offen. Da-

21. Spreeweg, Lutherbrücke, 1891–92 von Otto Stahn und Karl Bernhard

von führt eine Blickachse auf den Eiskellerhügel von 1789 in Spreenähe. In der Sicht erscheinen wirkungsvoll Skulpturen. Die barocke Sandsteinfigur einer „Galathea" war ein Geschenk Friedrichs II. an seinen jüngeren Bruder (1964 von Harald Haacke durch eine Kopie ersetzt). Ein klassizistischer Hochzeitsgedenkstein aus der Werkstatt von Johann Gottfried Schadow erinnert an die Goldene Hochzeit des Prinzen August Ferdinand und der Prinzessin Luise, geborene Markgräfin von Brandenburg-Schwedt, am 27. September 1805. Blickpunkte bilden auch bemerkenswerte zeitgenössische Bildwerke, wie die „Große Flora" Nr. 2", 1970/1991 von Fritz Koenig, eine Stahlplastik-Säule mit einem Aufsatz in abstrakten floralen und vegetabilen Formen, die am nordwestlichen Teichufer aufragt. Hier vereinen sich zwei Rundwege, die den älteren Parkraum mit seinem strukturbestimmenden Altbaumbestand und den naturnahen Bereichen im Nordwesten und Westen erschließen und an den beiden Eiskellern vorbeiführen, gleichzeitig auch die 1959 behutsam eingefügten Sondergärten von Besserer erschließen. Hierzu gehören der Rosengarten an der nordöstlichen Parkgrenze, der unweit davon gelegene Casinogarten, auch der Immergrüne Garten westlich des Schlosses mit einzelnen Bildwerken und den runden Quellsteinen. Der Präsidentengarten vor dem Südflügel des Schlosses ist der am intensivsten gestaltete Bereich der 1950er Jahre, der auch am besten die zeittypische Gestaltung Besserers widerspiegelt. Vor einer abgewinkelten Pergola im Südosten befinden sich mehrere reich gegliederte Wasserbecken regelmäßiger Form inmitten lokker angeordneter Staudenpflanzungen. Ein frei geführter Weg umschließt eine mittige Rasenfläche und die erhöhte Terrasse am Schloss mit ihren Belägen aus Schieferplatten und kleinen Pflanzflächen. Abschirmende Gehölzsäume und interessante Gestaltungsdetails betonen den intimen Charakter der Anlage.

Um das Bundespräsidialamt in der Nähe des Schlosses Bellevue unterzubringen, wurde im Schlosspark 1996–98 ein Neubau errichtet. Martin Gruber und Helmut Kleine-Kranenburg entwarfen ein elliptisches Gebäude, das sich mit seiner schwarz glänzenden Granitverkleidung zurückhaltend in den alten Baumbestand einfügt.

Die 1891–92 errichtete **Lutherbrücke** (Abb. 21, Liste Nr. 186) unweit des Schlosses Bellevue verbindet mit drei steinernen Brükkenbögen **Spreeweg** und **Paulstraße**.[230] Der Bau der Spreebrükke wurde von der Stadt Berlin betrieben, um die Anbindung des Tiergartens an die Versorgungseinrichtungen im nördlich angrenzenden Moabit zu verbessern. An der Paulstraße befanden sich die Gebäude des Königlichen Proviantamts und des Hamburg-Lehrter Güterbahnhofs. Die Nachbarschaft des Schlosses Bellevue verlangte nach einer angemessenen Gestaltung. Otto Stahn schmückte die Brücke mit mächtigen Flusspfeilern aus Sandstein, backsteinverkleideten Stirnflächen, schmiedeeisernen Geländern und gusseisernen Kandelabern. Obelisken an den Brückenköpfen, bekrönt von goldenen Sternen, sorgen zusammen mit den kugelgeschmückten Sandsteinsockeln für die gewünsch-

22. Straße des 17. Juni, Sowjetisches Ehrenmal, 1945–46

te Monumentalität. Die im Zweiten Weltkrieg schwer beschädigte Lutherbrücke wurde 1950–51 wieder hergestellt. Die zerstörten Kandelaber wurden 1974–79 ergänzt.

Platz der Republik

Die durchgehende Achse im Tiergarten, die am Kemperplatz beginnt und an der Straße des 17. Juni endet, erinnert an die frühere Siegesallee, die man 1873 zusammen mit der Aufstellung der Siegessäule am damaligen Königsplatz angelegt hatte, um der siegreichen Kriege gegen Dänemark, Österreich und Frankreich zu gedenken. Die Siegesallee musste 1938–39 der monumentalen Nord-Süd-Achse weichen, die nach Plänen Albert Speers zur Prachtstraße des nationalsozialistischen Berlin ausgebaut werden sollte. Angesichts dieser Zusammenhänge verwundert es nicht, dass das erste große **Sowjetische Ehrenmal** (Abb. 22, Liste Nr. 190, 232) nach dem Zweiten Weltkrieg genau in der Achse der alten Siegesallee und damit in der Nähe des Reichstages und des Brandenburger Tors errichtet wurde.[231] Das Ehrenmal wendet sich der **Straße des 17. Juni** zu, während die Rückseite zum Platz der Republik weist. Die in mehreren Stufen terrassierte, teils gepflasterte, teils gärtnerisch gestaltete Anlage wurde 1945–46 auf Befehl der Roten Armee von deutschen Arbeitskräften ausgeführt. Eine halbrunde, Pfeilerarchitektur mit wuchtigen blockhaften Granitpfeilern bildet die Rückwand für einen von Panzern und Geschützen gesäumten Vorplatz, auf dem zwei Sarkophage angeordnet sind. Die Pfeiler stehen für die Waffengattungen der Roten Armee, die dort angebrachten Namen erinnern an die militärischen Einheiten, die an der Schlacht um Berlin beteiligt waren, und an die gefallenen Soldaten. Über dem mittleren Postament steht eine überlebensgroße, von Lew Kerbel geschaffene Bronzefigur. Sie zeigt einen siegreichen, heldenhaften Sowjetsoldaten, der auf seine gefallenen Gefährten hinweist. Die seitlich aufgestellten sowjetischen Panzer des Typs T 34 waren die ersten, die das Stadtgebiet Berlins erreichten, während die beiden Geschütze am 1. Mai 1945 das Ende der Kämpfe verkündet haben sollen. Im rückwärtigen, gärtnerisch gestalteten Teil, der von einer Kolonnade und zwei Wachgebäuden begrenzt wird, ruhen 2.500 gefallene Soldaten. Das Ehrenmal bildete bis 1990 eine sowjetische Enklave im britischen Sektor Berlins.[232]

Der Platz der Republik hat nach der Wiedervereinigung einen tief greifenden Wandel erlebt. Auf dem abgelegenen Gelände nahe der Berliner Mauer bildete sich das Regierungs- und Parlamentsviertel der deutschen Hauptstadt. Am Platz der Republik haben Bundestag und Bundeskanzler, die legislativen und exekutiven Verfassungsorgane, ihren Amtssitz. Aus der Vorkriegszeit sind nur wenige Reste erhalten geblieben. Die Bauten am ehemaligen Königsplatz und im Alsenviertel sind zerstört, abgesehen vom Reichstagsgebäude und der Schweizerischen Botschaft. Der Platz der Republik wurde in der Nachkriegszeit als durchgehende Rasenfläche gestaltet. Die heutige Struktur basiert auf dem 1993 zur Ausführung bestimmten städtebaulichen Entwurf von Axel Schultes und Charlotte Frank, der die nach Berlin verlagerten staatlichen Einrichtungen von Parlament und Regierung in einem „Band des Bundes" zusammenfasste. Dieses Band von Gebäuden und Freiflächen reicht über die frühere Grenze zwischen Ost und West hinweg und überquert zweimal die Spree. Es beginnt mit drei großen Gebäudeblöcken des Deutschen Bundestags mit Abgeordnetenbüros und Sitzungssälen. Östlich des Reichstags steht der zusammenhängende Komplex des Jakob-Kaiser-Hauses. Im Norden bilden das Marie-Elisabeth-Lüders-Haus und das lang gestreckte Paul-Löbe-Haus eine die Spree übergreifende Spange. In dieser Achse ist das mächtige Bundeskanzleramt angeordnet, das an der Westseite des Platzes der Republik den gesamten Spreebogen beherrscht. Der zugehörige Kanzlergarten, der das „Band des Bundes" abschließt, liegt am anderen Spreeufer in Moabit. Er umfasst das Gelände westlich des Spreebogens, das als Moabiter Werder bezeichnet wird. Die 1956–57 erbaute Kongresshalle, heute ein Kultur- und Veranstaltungszentrum, gehört nicht zum „Band des Bundes", sie setzt jedoch in der Achse des Reichstags die bandartige Abfolge der Großbauten fort.

Das **Reichstagsgebäude** (Abb. 23, Liste Nr. 158), **Platz der Republik 1**, heute Sitz des Deutschen Bundestags, ist ein bedeutendes Monument deutscher Geschichte.[233] Das mächtige Bauwerk wurde für das aus allgemeiner, direkter und geheimer Wahl hervorgegangene Parlament des 1871 gegründeten Deutschen Kaiserreichs und auch für den Bundesrat, der Vertretung der im Reich vereinigten Länder, gebaut.

Der Reichstag, der anfangs in Häusern an der Leipziger Straße untergebracht war, beschloss bereits 1871, ein eigenes Parlamentsgebäude zu errichten. Als Standort wurde die Ostseite des Königsplatzes bestimmt. Nach langwierigen Planungen und Verhandlungen wurde der Architekt Paul Wallot, der den zweiten Reichstagswettbewerb 1882 gewonnen hatte, mit der Ausführung beauftragt. Kaiser Wilhelm I. legte 1884 den Grundstein. Nach zehn Jahren Bauzeit konnte der Reichstag 1894 eingeweiht werden. Paul Wallot gestaltete das monumentale, breit gelagerte Gebäude in den Formen der italienischen Hochrenaissance. Nur dieser Baustil schien angemessen für die glanzvolle Repräsentation des deutschen Kaiserreichs. Ausgehend vom Reichstagsgebäude entwickelte Paul Wallot den „Reichsstil", der mit Elementen von Renaissance und Barock ein einigendes Band, übergreifend über die regionalen Bautraditionen der deutschen Bundesstaaten, bilden sollte.[234] Über einem rustizierten Sockelgeschoss sind zwei Hauptgeschosse ausgebildet, die durch kolossale Dreiviertelsäulen zwischen den Fensterachsen vertikal gegliedert werden. Vier markante Ecktürme, die nach dem Zweiten Weltkrieg vereinfacht wieder hergestellt wurden, verleihen dem Reichstag eine wehrhafte Massivität. Der Mitteltrakt, der den Plenarsaal enthält, wurde an der Westseite, die zum Königsplatz weist, mit einem Portikus hervorgehoben, bei dem sechs korinthische Säulen einen Dreiecksgiebel tragen. An der Ostseite bildet Paul Wallot ein triumphbogenartiges Kaiserportal aus. Die Kuppel, die den Plenarsaal bekrönte, bestand aus einer Eisen-Glas-Konstruktion, die damals außerordentlich modern war. Der Reichstag erhielt einen überaus reichen, heraldisch geprägten Bildschmuck. Da eine parlamentarische Symbolik noch nicht entwickelt war, schmückte

23. Platz der Republik 1, Reichstagsgebäude, 1884–94 von Paul Wallot

man das Bauwerk vor allem mit Kaiserkronen, die die deutsche Einheit symbolisieren, und Wappen der deutschen Bundesstaaten, die die Vielfalt des Reichs zum Ausdruck bringen. Das vermittelt heute noch der Westeingang. Zusammen mit den Monogrammen der Hohenzollernkaiser in den Deckenkassetten der Vorhalle geben die von Otto Lessing geschaffenen Reliefs neben dem Portal einen Eindruck von der überaus reichen symbolhaften Dekoration, die ehemals den ganzen Reichstag schmückte. Über Personifikationen der Grenzflüsse Rhein und Weichsel wachsen große Bäume auf. An deren Ästen sind die Wappen der vier Königreiche Preußen, Bayern, Sachsen und Württemberg und der kleineren deutschen Bundesstaaten befestigt. In den Baumkronen sieht man einen Adler mit der Kaiserkrone in den Fängen. Das dreieckige Giebelfeld von Fritz Schaper zeigt das Reichswappen, umgeben von wehrhaften Gestalten. Unter deren Schutz blühen Kunst und Wissenschaft, Handel und Gewerbe. Die Inschrift „DEM DEUTSCHEN VOLKE" wurde erst 1916 angebracht. Die Buchstaben gestaltete Peter Behrens. An den anderen Teilen des Gebäudes

wurde der skulpturale Schmuck in der Nachkriegszeit abgeschlagen. Dabei blieben jedoch die allegorischen Figuren erhalten, die an den vier Ecktürmen über dem verkröpften Gebälk stehen und auf Industrie, Landwirtschaft, Erziehung, Militärwesen und andere Zweige des öffentlichen Lebens verweisen.[235]

Der Plenarsaal des Reichstags brannte im März 1933 durch Brandstiftung aus. Das in den letzten Kriegstagen stark umkämpfte Gebäude erlitt erhebliche Zerstörungen. Die Kuppel wurde 1954 gesprengt. Der Wiederaufbau des Gebäudes, der deutlich machen sollte, dass Berlin weiterhin die Hauptstadt Deutschlands war, begann 1957. Dabei ließ die Bundesbauverwaltung den wilhelminischen Bilderschmuck weitgehend beseitigen. Paul Baumgarten d. J. gestaltete 1961–71 den großen Plenarsaal, der sich durch eine zeitgemäße Eleganz und sachliche Grundhaltung auszeichnete. Nach dem Beschluss, Parlament und Regierung von Bonn nach Berlin zu verlegen, beauftragte der Bundestag den britischen Architekten Sir Norman Foster mit dem Umbau des Reichstags, der von 1995 bis 1999 dauerte. Die Einbauten der 1960er Jahre wurden beseitigt, die Reste der historischen Innenräume freigelegt und um eine moderne, sachliche Gestaltung ergänzt. Der Reichstag erhielt eine aufwendige Ausstattung mit Werken zeitgenössischer Künstler.[236] Über dem neuen Plenarsaal ordnete der Architekt eine parabolische Kuppel an, die staatsbürgerliche Offenheit und parlamentarische Transparenz symbolisiert. Die von innen beleuchtete Kuppel ist inzwischen zum Symbol der neuen Berliner Republik geworden.

Das Reichstagsgebäude war Schauplatz bedeutender Ereignisse deutscher Geschichte. Das 1871 eingerichtete Parlament war das politische Forum der sich zunehmend verbürgerlichenden Gesellschaft des deutschen Kaiserreichs und Ort großer Debatten über die deutsche Außenpolitik. Am 9. November 1918 rief Philipp Scheidemann von einem Balkon des Reichstags die Republik aus. Der 1933 gelegte Reichstagsbrand diente dem nationalsozialistischen Regime als Vorwand, um die politischen Gegner auszuschalten. Für die sowjetischen Soldaten, die Berlin 1945 eroberten, verkörperte der Reichstag das nationalsozialistische

Deutschland, obwohl das Gebäude nach 1933 nicht mehr als Parlamentsgebäude benutzt worden war. Auf dem hart umkämpften Reichstag wurde am 2. Mai 1945 die Rote Fahne als Zeichen des errungenen Sieges gehisst. Die Soldaten hinterließen im Reichstag zahlreiche Inschriften, die die Freude über den Sieg, oftmals aber auch den Hass auf den besiegten Feind wiedergeben. Einige dieser 1995–99 freigelegten Inschriften werden heute als Geschichtsdokumente gezeigt. In der Nachkriegszeit galt die mächtige Ruine als architektonisches Symbol der Frontstadt Berlin. Am 9. September 1948, nach Beginn der Berlin-Blockade, hielt Ernst Reuter vor dem Reichstagsgebäude seine berühmte Rede an die Völker der Welt. Die Kundgebungen am 1. Mai auf dem Platz der Republik demonstrierten den Selbstbehauptungswillen und das Freiheitsstreben der westlichen Stadthälfte. Mit einer übergroßen schwarzrotgoldenen Fahne wurde in der Nacht vom 2. zum 3. Oktober 1990 die Wiedervereinigung gefeiert.

Das Alsenviertel, das den nördlichen Teil des Spreebogens einnahm, wurde nach 1938 abgerissen, weil dort die von Albert Speer entworfene „Halle des Volkes" errichtet werden sollte, die dann kriegsbedingt nicht zur Ausführung kam. Auf der Brachfläche entstand 1997–2000 nach Plänen von Stephan Braunfels das 200 m lange Paul-Löbe-Haus, das Büros und Sitzungssäle der Bundestagsabgeordneten enthält. An das untergegangene Alsenviertel erinnert nur noch die **Schweizerische Botschaft** (Abb. 24, Liste Nr. 154), **Otto-von-Bismarck-Allee 4**, die sowohl die Abbruchkampagne als auch die Kriegszerstörungen überlebt hat.[237] Die Stadtvilla, die ursprünglich in eine geschlossene Blockrandbebauung eingebunden war, geht im Kern auf ein zweigeschossiges Wohnhaus zurück, das Friedrich Hitzig 1870–71 im spätklassizistischen Stil für den Medizinprofessor Friedrich Theodor Frerichs errichtet hatte. Paul Baumgarten d. Ä. baute die Stadtvilla 1910–11 im Auftrag des Fabrikanten Erich Kunheim um, wobei sie um zwei Achsen erweitert und aufgestockt wurde. Das Gebäude, das eine einzige Wohnung enthielt, ist ein typisches Beispiel für die Architektur des Alsenviertels, eines noblen Wohngebiets, in dem vor allem Adlige, wohlhabende Unternehmer, Offiziere und Wissenschaftler lebten. Die klassizistische Fassade wirkt vornehm und repräsentativ. Dafür sorgt der gleichmäßige, ruhige Aufbau mit Sockelgeschoss, Mittelteil, Gebälk und Attika. Die äußeren Achsen sind leicht zurückgesetzt. Die Obergeschosse werden durch ionische Dreiviertelsäulen, eingestellt in Wandnischen, vertikal gegliedert. Am Gebälk ist ein allegorischer Figurenfries zu sehen. Die Durchfahrt erschließt einen seitlich angeordneten Treppenaufgang zum Hochparterre. Durch die holzvertäfelte Eingangshalle kann man die reich ausgestatteten Empfangsräume betreten. Das ehemalige Herrenzimmer im Obergeschoss besitzt eine Stuckkassettendecke nach Vorbildern der italienischen Hochrenaissance. Die Stadtvilla wurde 1920 von der Botschaft der Schweiz übernommen, die das Gebäude bis heute nutzt. Nach Plä-

24. Otto-von-Bismarck-Allee 4, Schweizerische Botschaft, 1870–71 von Friedrich Hitzig, 1910–11 von Paul Baumgarten d. Ä.

25. Willy-Brandt-Straße, Moltkebrücke, 1888–91 von Otto Stahn und Karl Bernhard

nen der Architekten Diener & Diener wurde 1999–2001 ein blockhafter Verwaltungstrakt angefügt, der mit seinen ungegliederten Betonflächen einen Gegensatz zur alten Stadtvilla bildet.[238]

Die **Moltkebrücke** (Abb. 25, Liste Nr. 218) zwischen der **Willy-Brandt-Straße** und **Alt-Moabit** verbindet das Regierungs- und Parlamentsviertel am Platz der Republik mit dem Moabiter Werder und dem Berliner Hauptbahnhof.[239] An dieser Stelle bestand seit 1851 eine einfache Holzbrücke, die 1864–65 durch eine schmiedeeiserne Bogenbrücke ersetzt wurde.[240] Die heutige steinerne Brücke ließ die Stadt Berlin 1888–91 unter der künstlerischen Leitung von Otto Stahn erbauen. Das prachtvolle Brückenbauwerk, benannt nach Helmuth von Moltke, dem Chef des Generalstabs der preußischen Armee, ist außerordentlich reich geschmückt. Die Bildwerke, Skulpturen und Kandelaber stammen von bedeutenden Bildhauern der wilhelminischen Ära. Die Ansichtsflächen, verblendet mit rotem Mainsandstein, und die Flusspfeiler, geschmückt mit aufgetürmten Trophäen und allegorischen Darstellungen, beziehen sich auf die militärischen Leistungen Moltkes. Die Eule, die vor Büchern und einer Landkarte hockt, verweist auf die Weisheit des Feldherrn, während der preußische Adler über erbeuteten Waffen den Sieg im Krieg gegen Frankreich symbolisiert. Diese Bildhauerarbeiten stammen von Johannes Boese. Carl Begas schuf die Schlusssteine der Brükkenbögen, die mit Porträtköpfen versehen sind. An der Ostseite sieht man die Porträts von Moltke, Derfflinger und Blücher, an der Westseite erscheint abermals Moltke, umgeben von Köpfen römischer Feldherren. Von Carl Begas stammen auch die Bildhauerarbeiten der Brückenbalustrade. Über reich gegliederten Steinsockeln erheben sich acht Bronzekandelaber, deren Schäfte von Kindern in römischer Soldatenkleidung umstellt sind. An den Enden der Balustrade sitzen eindrucksvolle Greifen mit Wappenschilden, geschaffen von Carl Piper.[241] In den letzten Tagen des Zweiten Weltkriegs wurde die Moltkebrücke hart umkämpft, als die sowjetische Armee von Moabit her ihren verlustreichen Angriff auf den Reichstag begann.[242] Die kriegsbeschädigte Moltkebrücke konnte bereits 1947 wieder hergestellt werden. Der Bildschmuck wurde 1983–86 umfassend restauriert und ergänzt.[243]
Der Platz am Paul-Löbe-Haus und an der Schweizer Botschaft wird von dem beeindruckenden Bundeskanzleramt beherrscht, das 1997–2001 von Axel Schultes und Charlotte Frank errichtet wurde. Der blockhafte Mitteltrakt mit Sitzungssälen und Arbeitsräumen des Bundeskanzlers ist von lang gestreckten Seitenflügeln eingefasst, sodass ein rechteckiger Ehrenhof entsteht, der durch amorph geformte Betonsäulen gegliedert wird. Die Seitentrakte reichen bis zum Spreeufer, wobei fensterlose Wandabschnitte mit verglasten Innenhöfen wechseln.

Die **Kongresshalle, John-Foster-Dulles-Allee 10** (Abb. 26, Liste Nr. 24) wurde 1956–57 von Hugh A. Stubbins unter Mitarbeit von Werner Düttmann und Franz Mocken als amerikanischer Beitrag zur Internationalen Bauausstellung 1957 errichtet.[244] Der Standort am Spreebogen, in der Achse des Reichstags, nahe der

26. John-Foster-Dulles-Allee 10, Kongresshalle, 1956–57 von Hugh A. Stubbins, Werner Düttmann und Franz Mocken

Sektorengrenze, wurde bewusst ausgewählt, denn die Kongresshalle, ein Geschenk der USA, sollte die Verbindung West-Berlins mit der freien Welt zum Ausdruck bringen und die kulturelle Überlegenheit der demokratischen Gesellschaft des Westens demonstrieren. Die Kongresshalle wurde als Sinnbild geistiger Freiheit und deutsch-amerikanischer Freundschaft verstanden.

Das markante Gebäude mit seinem geschwungenen Dach, das wie eine „urbane Skulptur" wirkt, spiegelt sich in zwei großen, rechteckigen Wasserbecken. Über einen asymmetrisch angeordneten Steg gelangt man zu einer Freitreppe, die auf eine nahezu quadratische Plattform führt. Dort erhebt sich über einem eiförmigen Grundriss der Oberbau der Hallenkonstruktion mit dem Auditorium und dem weit überstehenden anmutigen Spannbetondach.[245] Die kühn konstruierte, zweifach gekrümmte Dachschale, die nur an zwei Punkten den Boden berührt, bildet das architektonische Markenzeichen der Kongresshalle. Eine frei tragende Konstruktion dieser Spannweite war in den 1950er Jahren noch nicht ausführbar. Daher wurde die Last des auskragenden Dachbalkens auf einen Ringanker abgeleitet, der auf den Wänden des Auditoriums ruhte. In der Frontstadt des Kalten Krieges wurde das geschwungene Betondach sofort mit einer politischen Botschaft aufgeladen. Das Meisterstück neuzeitlicher Ingenieurkunst symbolisierte Freiheit und Modernität. Plattform und Freitreppe sind ausschließlich als gestalterische Motive zu verstehen, denn sie dienen nicht der Erschließung der Kongresshalle. Der Haupteingang befindet sich, hinter den Wasserbecken, im Sockelbereich. An das großzügige Foyer schließen sich Garderoben, Sitzungs- und Ausstellungssäle sowie ein Restaurant an. Über eine Zwischenebene und eine frei in den Raum gehängte Treppe gelangt man zum Eingang des Auditoriums. Der eiförmige Mehrzweckraum wurde für Kongresse und Tagungen aller Art genutzt. Mehrfach diente er dem Bundestag als Parlamentssaal, der mit seinen Sitzungen in Berlin die Zugehörigkeit West-Berlins zur Bundesrepublik Deutschland demonstrieren wollte.[246] Aufsehen erregte der Einsturz der Kongresshalle am 21. Mai 1980. Durch Materialermüdung brach der südliche Randbalken des Spannbetondachs ab. Angesichts der politischen und symbolischen Bedeutung der Kongresshalle wurde ein Wiederaufbau in Angriff genommen, der bis 1987 dauerte. Das Betondach wurde, den ursprünglichen Vorstellungen entsprechend, nun tatsächlich als frei tragende Konstruktion ausgeführt. Die Lasten werden über

kräftige Randbalken zu den beiden seitlichen Widerlagern abgeleitet. Die Kongresshalle, heute Haus der Kulturen der Welt, wird als Veranstaltungs- und Kulturzentrum genutzt.

Die Gestaltung der **Außenanlagen an der Kongresshalle** 1956 bis 1958 sollte die künstlerisch-architektonische Wirkung des Gebäudes akzentuieren und es in die umgebende Stadtlandschaft mit dem Großen Tiergarten im Süden sowie der Spree im Norden und Westen einbinden.[247] An der Freiraumgestaltung wirkten mehrere Architekten und Gartenarchitekten mit. Hugh A. Stubbins lieferte die Entwürfe für das der Halle südlich vorgelagerte große rechteckige Spiegelwasserbecken, das eine Steganlage asymmetrisch teilt. Er gestaltete auch die anschließende großzügige Freitreppe und die Aussichtsplattform um das Auditorium mit ihrem gerasterten Belag großformatiger Waschbetonplatten. Der beim Senator für Bau- und Wohnungswesen tätige Gartenarchitekt Hans Migge erstellte den Gesamtentwurf für die umgebenden Grünanlagen. Bei der Geländemodellierung entsprach er den Forderungen Stubbins'. Zur Betonung der räumlichen Wirkung und der Bedeutung der Haupthalle mit ihrer eigenwilligen Dachkonstruktion wurde das Gebäude auf einer sanft ansteigenden Anhöhe errichtet. Zudem sind die Grünanlagen im Querprofil starke ausgemuldet. Von der Anschüttung wurden die in Erdgeschosshöhe gelegenen Höfe, der westliche Ausstellungs- und der östliche Delegiertengarten ausgespart. Willy Alverdes gestaltete sie regelmäßig mit Rastern aus Granitpflaster, eingefasst von Streifen aus dunklen Colomentplatten, wobei er nur wenige Rasen- beziehungsweise Pflanzflächen aussparte. Stützmauern fangen die Höhenunterschiede nördlich und südlich der Höfe auf.

An der Spreeseite entstand nach Entwurf von Düttmann und Mocken eine Schiffsanlegestelle mit Hafenplattform, von der breite terrassenförmige Treppen den Zugang vom Wasser eröffnen. Eine Uferpromenade führt an den sorgfältig modellierten Böschungen nordwestlich des Gebäudes entlang und umgibt an der Nordseite den fast dreieckigen Parkbereich zwischen Spree und John-Foster-Dulles-Allee. Hans Migge entwarf die raumbildenden Gehölzgruppen und Solitärs, die um einen Randweg entlang einer großen Wiesenmulde angeordnet sind. Mehrere von Blumenbeeten begleitete Sitzplätze in Nähe des Uferweges bieten wechselnde Aussichten auf die Spreelandschaft, in den Tiergarten und auf die Kongresshalle. Einzelheiten der Gestaltung wie die Form und die Beläge der Sitzplätze aus Colomentplatten, die Ausbildung von Treppen und Stützmauern sowie die Gehölz- und Staudenverwendung sind auf den Leiter des Gartenbauamtes Tiergarten, Willy Alverdes, zurückzuführen. Unter Alverdes und seiner Bauleiterin Anna-Lore Waschnek entstand in Abstimmung mit den Hochbauarchitekten auch der Vorplatz am Spiegelbecken, mit der Pflasterung aus Colomentplatten in verschiedenen Grautönen, formalen Kleinsteinmosaik-Feldern und ausgesparten Pflanzflächen. Dazu gehören auch der Steg mit seinen flankierenden Pflanzstreifen und den seitlichen Rasenflächen zwischen Bassin und der repräsentativen, rötlich getönten Vorfahrt. Einige Wacholder und Immergrüne sowie Stauden und Ziersträucher beleben die Randbereiche. Alverdes sorgte auch für eine Einbindung des Gebäudes in die Parklandschaft des Großen Tiergartens. Mit dem Ziel, die Kongresshalle in ihrer Bedeutung als modernen Bau und internationale Begegnungsstätte hervorzuheben, ließ er von der Straße des 17. Juni eine Schneise keilförmigen Zuschnitts bis zur heutigen John-Foster-Dulles-Allee in den Baumbestand schlagen. Diese über einen kleinen Teich führende Sichtachse sollte die Halle in ihrer perspektivischen Wirkung von Süden akzentuieren. Sie zeichnet sich trotz späterer Anpflanzungen noch im Gelände ab.

Anlässlich der 750-Jahrfeier Berlins wurde 1987 die Bronzeplastik „Large Divided Oval:Butterfly", eine abstrakte Skulptur des englischen Künstlers Henry Moore, vor der Kongresshalle aufgestellt. Die monumentale, 1986 in der Bildgießerei Noack in Berlin-Friedenau gegossene Bronzeplastik ist die letzte öffentliche Arbeit des international bedeutenden Künstlers. Sie besitzt die Form eines Kugelsegments und ruht auf einem Punkt ihrer Rundung. Die runden ausladenden seitlichen Formen werden im Zentrum vorn zusammengeführt. Die nach oben geöffnete halbrunde Grundform der abstrakten Gestalt korrespondiert mit der konkaven Dachkantenwölbung der Kongresshalle. Die Aufstellung im westlichen „reflecting pool" unterstützt die Wirkung des scheinbaren Schwebens trotz der Monumentalität der Skulptur.

Gebiet 2

Tiergartenviertel

Das Viertel am südlichen Rand des Tiergartens ist aus einem vornehmen Wohngebiet hervorgegangen, das den Zweiten Weltkrieg nicht überstanden hat. Der Geländestreifen, der bis zum Landwehrkanal reicht, wurde bereits 1841 dem Stadtgebiet Berlins angeschlossen, während der Tiergarten erst 1881 eingemeindet wurde. Das Tiergartenviertel ist im Stadtgrundriss deutlich zu erkennen. Das Viertel beginnt an der den Tiergarten begrenzenden Tiergartenstraße, verlängert durch Lennéstraße und Thomas-Dehler-Straße. Im Osten grenzt es an die Ortsteile Mitte und Kreuzberg. Die Ortsteilgrenze entlang der Ebertstraße trennt den Potsdamer Platz, der noch zum Tiergartenviertel gehört, von dem unmittelbar anschließenden Leipziger Platz. Die Berliner Mauer, die zwischen 1961 und 1990 das Stadtzentrum durchschnitt, folgte dieser Grenzlinie.[248] Der 1845–50 ausgebaute Landwehrkanal, hervorgegangen aus einem Wassergraben, bildet ein städtebauliches Hindernis zwischen dem Tiergartenviertel und der südlich angrenzenden Schöneberger Vorstadt. Mehrere Brücken überqueren den Kanal. Der Geländestreifen des Tiergartenviertels, der nach Westen immer schmaler wird, reicht bis zur Lichtensteinallee. Dabei greift das 1987 eröffnete Erweiterungsgebiet des Zoologischen Gartens, das sich nördlich des Landwehrkanals erstreckt, auf das Tiergartenviertel über.

Das sich um 1800 herausbildende Tiergartenviertel war ein bevorzugtes Wohngebiet des vermögenden Berliner Bürgertums. Von den prächtigen Villen, teils mit Gärten versehen, teils in eine Blockrandbebauung eingebunden, sind nur wenige Beispiele erhalten. Dort, wo heute die Potsdamer Straße verläuft, wurden 1939 auf Anweisung des Generalbauinspektors für die Reichshauptstadt, Albert Speer, alle Wohngebäude abgerissen, denn in diesem Bereich sollte die Nord-Süd-Achse als prächtige Hauptstraße des nationalsozialistischen Berlin verlaufen. Im westlichen Tiergartenviertel sorgte der Bombenkrieg für eine Zerstörung der gewachsenen Stadtlandschaft. Geblieben ist jedoch das alte Straßennetz, das zwischen Tiergarten und Landwehrkanal durch parallele Straßen in Nord-Süd-Richtung geprägt wird.

Das Tiergartenviertel war nach dem Zweiten Weltkrieg vierzig Jahre lang eine unwirtliche Brachlandschaft mit einigen wenigen isoliert stehenden Gebäuden und großen unbebauten Flächen. Auch der 1960 eingeleitete Bau des Kulturforums konnte daran nichts ändern. Obwohl architektonisch bedeutsame Gebäude für Philharmonie, Staatsbibliothek und Nationalgalerie errichtet wurden, gelang es nicht, einen urbanen Stadtraum zu schaffen. Erst die Wiedervereinigung, verbunden mit dem Beschluss, Parlament und Regierung nach Berlin zu verlegen, sorgte für eine Wiederbelebung des Tiergartenviertels. Das Stadtgebiet, bisher am Rand gelegen, rückte in die Mitte der Großstadt. Am Potsdamer Platz entstand die größte Baustelle Europas. Zwischen 1994 und 2003 wurde eine hoch verdichtete City mit Geschäftshäusern, Bürogebäuden, Hotels, Kinos und einer Einkaufspassage errichtet. Die beiden Hochhäuser am Potsdamer Platz gelten als Wahrzeichen des neuen, aufstrebenden Berlin. Der Strukturwandel erfasste auch den Bereich westlich des Kulturforums. Das nach der Jahrhundertwende entstandene alte Diplomatenviertel, das im Rahmen der nationalsozialistischen Umgestaltung Berlins beträchtlich erweitert worden war, konnte wiederbelebt werden. Dafür sorgte einerseits der zentrale Standort, denn die Einrichtungen der Bundesregierung sind vom Diplomatenviertel aus schnell zu erreichen, andererseits die bevorzugte Wohnlage am Rand des Tiergartens. Neben den alten Botschaftsgebäuden, die wieder bezogen wurden, entstanden neue Botschaften, Landesvertretungen der deutschen Bundesländer, Zentralen der parteinahen Stiftungen sowie die Bundesgeschäftsstelle der CDU. Im westlichen Abschnitt des Tiergartenviertels, wo im Rahmen der Internationalen Bauausstellung 1987 mehrere Stadtvillen errichtet worden waren, bildete sich eine großstädtische Mischung aus Verwaltungsgebäuden, genutzt von bundesweit tätigen Verbänden, Botschaften und Wohnhäusern mit luxuriös ausgestatteten Wohneinheiten. Obwohl der Strukturwandel noch nicht ganz abgeschlossen ist, kann man schon heute erkennen, dass sich im Tiergartenviertel drei getrennte städtebauliche Einheiten gebildet haben: Am östlichen Rand liegt der Potsdamer Platz, um den sich eine geschäftige, urbane City gebildet hat, dann folgt das Kulturforum, das 1998 mit der Gemäldegalerie vorläufig vollendet werden konnte, und weiter westlich erstreckt sich das ruhige, vornehme Diplomatenviertel.

Potsdamer Platz

Der Name „Potsdamer Platz“ bezeichnet heute neben dem kleinen Verkehrsknoten westlich des Leipziger Platzes ein 1994 bis 2003 erbautes großstädtisches Quartier, das von der Lennéstraße bis zum Landwehrkanal reicht. Mit dem absichtsvoll ausgewählten Namen soll an den Mythos „Potsdamer Platz“ erinnert werden, denn in den ersten Jahrzehnten des 20. Jahrhunderts war der Platz vor dem Potsdamer Tor, der zu den verkehrsreichsten Kreuzungen der Welt zählte, der betriebsame Mittelpunkt der deutschen Hauptstadt. Berlin war an diesem Ort Weltstadt, Bühne des modernen, von Dynamik und Geschwindigkeit bestimmten Lebens. Die nach der Wiedervereinigung neu geschaffene Bebauung basiert auf einem städtebaulichen Projekt der Architekten Heinz Hilmer und Christoph Sattler, die auf das Modell der „europäischen Stadt“ zurückgriffen. Das öffentliche Leben sollte sich wieder auf engen Straßen und Plätzen, umgeben von kompakten Geschäftshäusern, entfalten. Nach diesem Muster wurde, ausgehend vom Masterplan der Architekten Renzo Piano und Christoph Kohlbecker, 1994–98 das Daimler-Chrysler-Areal zwischen Potsdamer Straße und Landwehrkanal bebaut, das aus siebzehn Baublöcken besteht, die sich um die Alte Potsdamer Straße gruppieren.[249] Die mit Linden bestandene Allee endet am Marlene-Dietrich-Platz, denn die alte Straßenachse wurde durch den Bau der Staatsbibliothek verstellt. Die umgeleitete Potsdamer Straße verbindet heute das Quartier mit dem Kulturforum. Bei den Hotels, Geschäftshäusern und Kinos ist eine Gebäudehöhe von 35 m eingehalten. Drei Turmhäuser, in Glas von Helmut Jahn, in Klinker von Hans Kollhoff und mit Terrakottaverkleidung von Renzo Piano bilden eine torartige Hochhausgruppe und führen von der Innenstadt her in das neue Stadtviertel hinein.

27. Alte Potsdamer Straße 5, Weinhaus Huth, 1910–11 von Heidenreich & Michel, Rückseite am Fontaneplatz

In das Quartier ist ein Rest der Vorkriegsbebauung integriert, das **Weinhaus Huth** (Abb. 27, Liste Nr. 49) an der **Alten Potsdamer Straße 5**, das an das großstädtische Leben erinnert, das den Potsdamer Platz im frühen 20. Jahrhundert prägte.[250] Als die Architekten Conrad Heidenreich und Paul Michel das fünfgeschossige Geschäftshaus 1910–11 für die renommierte Weinhandlung Huth erbauten, war die Citybildung an der Potsdamer Straße schon weit vorangeschritten. Vergnügungspaläste, Geschäftshäuser und Hotels hatten die Villen und Mietshäuser des 19. Jahrhunderts verdrängt. An der Potsdamer Straße ordneten die Architekten einen turmartigen Eckbau an, der zwischen dem Nachbarhaus und dem zurückgesetzten Haupttrakt vermittelte. Der markante Turm ist mit einem achteckigen Belvedere bekrönt. Die Rückseite war ursprünglich auf die Linkstraße ausgerichtet. Die Architekten wählten eine moderne Konstruktion. Die Fassaden aus Muschelkalkstein sind einem Eisenskelett vorgeblendet. Dem entspricht der klar gegliederte, rasterähnliche Fassadenaufbau. Die herkömmliche Wandfläche zerfällt in ein tragendes Gerüst, das sich durch die Pfeiler- und Architravordnung abzeichnet, und in membranartige Fensterflächen. Die wechselnden Fensterformen verweisen auf die Nutzung des Geschäftshauses. Hinter den Schaufenstern befand sich die Weinhandlung Huth, im ersten Obergeschoss, belichtet durch Bogenfenster, lagen die zugehörigen Veranstaltungsräume. Die drei oberen Geschosse, die vermietet wurden, besitzen erkerähnlich vorgewölbte Fenster, sodass sich eine beeindruckende wellenförmige Oberfläche bildet. An der Rückseite durchstoßen die vorgewölbten Fensterachsen die Dachtraufe, um dann in kleinen Dacherkern zu enden. Das Gebäude ist mit einem zurückhaltenden neoklassizistischen Dekor versehen.[251] In der heutigen städtebaulichen Situation leitet das Weinhaus Huth, zusammen mit einem Erweiterungsbau von der Alten Potsdamer Straße zu den „Potsdamer Platz Arkaden" über. Die Rückseite weist zum dreiseitig umbauten Fontaneplatz.

Der Geländestreifen des früheren Potsdamer Bahnhofs westlich des Daimler-Chrysler-Areals wurde unbebaut gelassen. Dort erstreckt sich der Tilla-Durieux-Park, der an seiner Ostseite von einer Häuserreihe begrenzt wird. Die 1999–2002 errichteten Baublöcke folgen einem Masterplan von Giorgio Grassi.[252] Der abgerundete Kopfbau erinnert an das legendäre Haus Vaterland, ein Gaststätten- und Veranstaltungsgebäude, das sich an dieser Stelle befand.

Zwischen der neuen Potsdamer Straße, die zum Kulturforum führt, und der Bellevuestraße erstreckt sich das Sony-Center, das 1995–2000 von Helmut Jahn errichtet wurde. Der Architekt importierte ein bisher in Berlin nicht bekanntes amerikanisches städtebauliches Modell. Die kaleidoskopisch aufgebrochenen Baublöcke gruppieren sich um ein ovales Forum, das von einem gewaltigen, nachts beleuchteten Zeltdach überspannt wird. Am Potsdamer Platz ordnete Helmut Jahn ein vollkommen verglastes Hochhaus an. In die Stahl-Glas-Architektur des Sony-Centers sind die Reste eines prächtigen Grandhotels integriert. Das 1907–09 und 1911–12 von Otto Rehnig erbaute **Hotel Esplanade** (Abb. 28, Liste Nr. 70), **Bellevuestraße 1**, das vor allem dem preußischen Adel und der Oberschicht des Kaiserreichs als Unterkunft diente, gehörte zu den größten Hotels des wilhelminischen Berlin.[253] Es umfasste gediegene Appartements mit 600 Betten, einen Wohntrakt für die mitgebrachte Dienerschaft und repräsentative Festsäle, zum Beispiel den Wintergarten und den Palmenhof. 1944 wurde das Hotel Esplanade größtenteils zerstört. Jedoch blieb ein Gebäuderest erhalten, der 1949–50 zu einem Tanzlokal umgestaltet wurde. Das Gebäude stand der Verbreiterung der Potsdamer Straße und dem Neubau des Sony-Centers im Weg, sodass entschieden wurde, nur den straßenseitigen Gebäudeteil zu erhalten, während die historischen Festsäle ins Innere des Quartiers versetzt wurden. An der Bellevuestraße sieht man, in die Glashaut des Sony-Centers einbezogen, einen Fassadenrest, der auf die Geschichte des Ortes verweist. Die seitlichen Abschnitte des Fragments zeigen die in der Nachkriegszeit angebrachte Verkleidung, bestehend aus Spaltklinkern und geputzten Wandspiegeln, während in der Mitte die stark beschädigte Front des alten Grandhotels freigelegt wurde. Die großen Balkonfenster und die kleineren Rundbogenfenster zwischen paarweise angeordneten Halbsäulen lassen eine reiche neubarocke Gestaltung erahnen. Der rückwärtige Gebäudeteil des Grandhotels mit dem prächtigen Kaisersaal wurde 1996 auf Luftkissen hinter das straßenseitige Gebäudefragment verschoben und bis 2002 restauriert. Die Wände des Kaisersaals werden durch ionische Pilaster gegliedert, die große Wandspiegel umrahmen. An der Stirnseite ist ein Gemälde Kaiser Wilhelms II. angebracht. Der Frühstückssaal im Stil des Rokoko, geschmückt mit Stuckarbeiten nach französischen Vorbildern des 18. Jahrhunderts, konnte nur durch eine museale Inszenierung gerettet werden. Am alten Standort blieben zwei Innenwände stehen, die, durch eine Verglasung geschützt, eine Freifläche einfassen, sodass die Grenzen zwischen Innen- und Außenraum aufgehoben sind. Die übrigen Wände wurden zusammen mit der Stuckdecke demontiert und in einen großen Glaskasten versetzt, der sich dem Forum des Sony-Centers zuwendet. Dort wird der Frühstücksaal, für alle sichtbar, in einem fragmentarischen, aufgeschnittenen Zustand präsentiert.

Das so genannte Lennédreieck zwischen Bellevue- und Lennéstraße wurde 2000–03 nach Plänen von Heinz Hilmer und Chri-

28. Bellevuestraße 1, Grand Hotel Esplanade, 1907–09 und 1911–12 von Otto Rehnig, Kaisersaal

29. Herbert-von-Karajan-Straße 1, Philharmonie, 1960–63 von Hans Scharoun

stoph Sattler bebaut.[254] Dem Potsdamer Platz wenden sich zwei Hochhäuser zu, deren Fassaden mit hellem Naturstein verkleidet sind, dahinter befinden sich blockähnliche Wohn- und Hotelgebäude, mit denen die bevorzugte Wohnlage am Tiergarten ausgenutzt wird.

Kulturforum

Die Bauten des **Kulturforums** (Liste Nr. 5) erstrecken sich zu beiden Seiten der ausgebauten Potsdamer Straße, die in der Nachkriegszeit nach Westen verlegt und deutlich verbreitert wurde.[255] Mit den weiträumigen Freiflächen und dem Verzicht auf axiale Beziehungen folgt das Kulturforum den städtebaulichen Vorstellungen der Nachkriegszeit. Locker gruppierte Großbauten bilden eine offene, fließende Stadtlandschaft. Dabei wurde das alte Straßennetz ausgelöscht. Nur noch die St. Matthäus-Kirche erinnert an die frühere Geschichte des Quartiers. Wegen seiner monofunktionellen Struktur ist das Kulturforum niemals zu einem großstädtischen und belebten Quartier geworden.

Die Idee des Kulturforums entstand, nachdem das Berliner Abgeordnetenhaus beschlossen hatte, die neue Philharmonie nicht an der Bundesallee in Wilmersdorf, sondern am südlichen Rand des Tiergartens, nahe der alten Stadtmitte, zu errichten.[256] Damals ahnte man noch nicht, dass das innerstädtische Gebiet durch den Bau der Mauer in eine Randlage geraten sollte. Von Anfang an hatte das Kulturforum einen politischen Hintergrund. Es war als westliches Gegenstück zur Museumsinsel und zu den kulturellen Einrichtungen in Ost-Berlin gedacht. Das städtebauliche Konzept erarbeitete Hans Scharoun, der zugleich die meisten Bauten des Kulturforums konzipierte. Eine Piazza vor der 1956–60 wieder aufgebauten St. Matthäus-Kirche sollte den Mittelpunkt des Kulturforums bilden. Um die Piazza zu begrenzen, entwarf Hans Scharoun ein Gästehaus, das jedoch niemals ausgeführt wurde. Schon frühzeitig war vorgesehen, die Philharmonie um das Musikinstrumentenmuseum und den Kammermusiksaal zu erweitern. Das Gelände zwischen der St. Matthäus-Kirche und der Stauffenbergstraße wurde für die Staatlichen Museen Preußischer Kulturbesitz freigehalten, die 1962 den Beschluss fassten, dort die Museen europäischer Kunst anzusiedeln. Das Areal westlich der Potsdamer Straße war für die Staatsbibliothek Preußischer Kulturbesitz reserviert. Bereits 1962 stand fest, dass zwischen St. Matthäus-Kirche und Landwehrkanal ein Museumsgebäude nach Plänen von Ludwig Mies van der Rohe entstehen wird.

Die Ausführung dieses Konzepts dauerte mehr als drei Jahrzehnte. Als Hans Scharoun 1972 starb, waren lediglich Philharmonie und Neue Nationalgalerie fertig gestellt. Edgar Wisniewski, ein Mitarbeiter Scharouns, vollendete die Staatsbibliothek, die 1978 eingeweiht werden konnte, und errichtete zwischen 1978 und 1987 die Bauten neben der Philharmonie. Der Kammermusiksaal wurde dabei erheblich vergrößert. Der Bau der Museen verzögerte sich deutlich.[257] Rolf Gutbrod, der 1967 den Auftrag zur Museumsplanung erhielt, gruppierte um eine schräg ansteigende Terrasse vier Museumsgebäude, die durch eine quer liegende Eingangs- und Verteilerhalle miteinander verbunden sind. Nur das 1978–85 ausgeführte Kunstgewerbemuseum mit seinen fensterlosen, gestreiften Klinkerflächen und den wuchtigen Betonpfeilern im Innern konnte fertig gestellt werden. Nach heftiger Kritik musste sich Rolf Gutbrod zurückziehen. Heinz Hilmer und Christoph Sattler erhielten 1988 den Auftrag, die im Rohbau fertig gestellten Bauteile der Eingangshalle sowie des Kupferstichkabinetts und der Kunstbibliothek mit einer neuen Fassade zu versehen und die Gesamtplanung zu vollenden. Die Architekten entwarfen die Gemäldegalerie, die mit ihren Nebengebäuden die gesamte Grundfläche bis zur Stauffenbergstraße einnimmt. Die Ausstellungsräume sind um eine großzügige, lang gestreckte, dreischiffige Halle gruppiert, die man durch eine Rotunde mit oktogonaler Kuppel betritt. Die Gemäldegalerie konnte 1998 eröffnet werden. Das Kulturforum ist unvollendet geblieben, denn der Berliner Senat verzichtete auf den Bau des Gästehauses an der Potsdamer Straße.[258]

Die 1960–63 erbaute **Philharmonie** (Abb. 29–31, Liste Nr. 5, 109), **Herbert-von-Karajan-Straße 1**, verkörpert den demokratischen Neubeginn nach dem Zweiten Weltkrieg.[259] Hans Scharoun entwarf ein dynamisch schwingendes Gebäude, wobei er bewusst auf alle traditionellen Repräsentationsgesten verzichtete. Aus dem niedrigen Eingangsbereich wächst der polygonale, fast fensterlose Saalbau hervor, dessen Dach in mehreren Schwüngen zeltartig ansteigt, um mit einer geflügelten Dachplastik von Hans Uhlmann zu enden.[260] Der Außenbau war anfangs ockerfarben verputzt. Nach den Vorstellungen des Architekten wurden 1978–81 golden schimmernde Aluminiumplatten angebracht, die einen diaphanen Glanz erzeugen.[261] Hans Scharoun entwickelte eine neuartige Saalkomposition, bei der die „Musik im Mittelpunkt" steht. Der Saalgrundriss ergibt sich aus drei übereinander gelegten und gegeneinander verdrehten Fünfecken. Das Podium in der Raummitte ist allseitig von gestaffelten, räumlich versetzten Zuschauerrängen umgeben. Die Gemeinschaft der Zuhörer kann sich vollkommen auf das Orchester und die Musik konzentrieren. Die ansteigenden Zuschauerränge vereinen sich mit den an der aufstrebenden Decke angebrachten pyramidenförmigen Schallreflektoren, den frei schwingenden Schallsegeln und den abgehängten Lampen zu einem lebendigen Raumgefüge. Scharoun verstand die zeltartige Decke als eine der „Landschaft" des Saals gegenüber gestellte „Himmelschaft". Das fantasievoll gestaltete Foyer, das sich halbkreisförmig um den Saal legt, erweckt mit seinen zahlreichen Treppen, Gängen, Betonstützen und Galerien einen labyrinthischen Eindruck. Die eingestellten Treppenaufgänge scheinen richtungslos durch den Raum zu schweben, folgen aber einem Verkehrskonzept, das den breiten Strom der Zuschauer aus dem Foyer zu ihren Plätzen in den verschiedenen Saalbereichen kanalisiert. Hans Scharoun engagierte mehrere Künstler, die aus der Philharmonie ein Gesamtkunstwerk von Architektur und Design machten. Alexander Camaro fertigte vier Farbglaswände, bestehend aus runden Glasbausteinen, die in Beton eingebettet sind. Die Natursteinkomposition des Foyerbodens geht auf einen Entwurf von Erich F. Reuter zurück. Die kugelförmigen Leuchten, zusammengesetzt aus kleinen Fünfeckflächen aus Polyamid, wurden von Günter Ssymmank für die Philharmonie entwickelt. Bernhard Heiliger schuf die Aluminiumplastik „Auftakt 63" im Eingangsbereich. Im oberen Foyer stehen Porträtplastiken der Dirigenten des Philharmonischen Orchesters.[262]

30. Herbert-von-Karajan-Straße 1, Philharmonie, Großer Saal

31. Herbert-von-Karajan-Straße 1, Philharmonie, Foyer

Die Philharmonie bildet mit dem Kammermusiksaal und dem Staatlichen Institut für Musikforschung, zwei Nebengebäuden, die von Edgar Wisniewski nach Studien Hans Scharouns ausgeführt wurden, eine gestalterische Einheit. Östlich schließt sich das 1978–84 erbaute Staatliche Institut für Musikforschung mit dem Musikinstrumentenmuseum an.[263] Dem zweigeschossigen Institutstrakt, der sich um einen rechteckigen Innenhof legt, ist ein organisch komponierter Museumsflügel angefügt. Quergestellte Sheds belichten den zentralen Ausstellungsraum, um den sich kleinere Kabinette gruppieren, wobei Edgar Wisniewski die Materialien und architektonischen Details der Philharmonie übernahm. Das sieht man an dem labyrinthischen Spiel verschiedener Ebenen und Galerien. Der 1984–87 errichtete Kammermusiksaal[264] beruht auf einer 1968 angefertigten Skizze Hans Scharouns. Edgar Wisniewski führte das Gebäude deutlich größer aus, sodass es fast gleichwertig der Philharmonie gegenübersteht. Mit dem zeltartig geschwungenen Dach und dem zentralisierten Innenraum setzt der Kammermusiksaal die Architektur der Philharmonie fort. Edgar Wisniewski wiederholte Materialien und Formen der zwanzig Jahre älteren Philharmonie. Das betrifft die Treppen und Geländer, die Wandscheiben mit ihren kreisrunden Durchblicken, die Kugelleuchten von Paul Ssymmank und die Farbglaswände von Alexander Camaro. Kammermusiksaal, Philharmonie und Staatliches Institut für Musikforschung sind über eine durchgehende „Foyerlandschaft" miteinander verbunden.

Nördlich der Philharmonie wurde 1984 ein Abguss der 1959 von Gerhard Marcks modellierten Plastik „Orpheus" aufgestellt.[265] Die schmale Gestalt des mythischen Sängers, der eine Geige hält, aber den Bogen gedankenversunken an seine Stirn drückt, versinnbildlicht die geistige Kraft der Musik. Die Metallplastiken „Echo I" und „Echo II", die seit 1988 vor dem Kammermusiksaal stehen, stammen von Bernhard Heiliger,[266] der die abstrakten Kompositionen als Gleichnis für kosmische Kräfte, Energien und Prozesse verstand. Den flächigen, absichtsvoll rostigen Scheiben sind raumgreifende Stäbe und Kugeln spannungsvoll entgegengesetzt.

Das Kulturforum wird von der 1967–78 erbauten **Staatsbibliothek Preußischer Kulturbesitz** (Abb. 32, 33, Liste Nr. 5, 159) an der **Potsdamer Straße 33–37** begrenzt.[267] Das Gesamtkunstwerk von Architektur und Raumkunst, das sich durch seine überragende ästhetische Qualität auszeichnet, geht auf einen 1964 vorgelegten Entwurf Hans Scharouns zurück. Der Architekt konnte die Fertigstellung allerdings nicht mehr erleben. Die Staatsbibliothek wurde 1978 unter der Leitung von Edgar Wisniewski vollendet. Das lang gestreckte Gebäude besteht aus terrassenartigen Bauteilen, wobei die steil ansteigende Rückseite die geplante, aber niemals ausgeführte Stadtautobahn begrenzen sollte. Dem hoch aufragenden elfgeschossigen Büchermagazin, verkleidet mit golden schimmernden Aluminiumplatten, sind die öf-

32. Potsdamer Straße 33-37, Staatsbibliothek Preußischer Kulturbesitz, 1964–78 von Hans Scharoun

33. Potsdamer Straße 33-37, Staatsbibliothek, Foyer

34. Potsdamer Straße 50, Neue Nationalgalerie, 1965–68 von Ludwig Mies van der Rohe

fentlichen Bereiche vorgelagert, die sich in drei Stufen zur Potsdamer Straße abtreppen. An die Lesesäle schließen sich der Vortragssaal und das Ibero-Amerikanische Institut Preußischer Kulturbesitz an, während die Skulpturenterrasse im Süden der gegenüberliegenden Neuen Nationalgalerie antwortet. Durch die Eingangshalle gelangt man über rampenartige Treppen zu einem großzügigen Foyer, von dort erreicht man den lichtdurchfluteten, bandartigen Lesesaal, der als „Binnenlandschaft" gestaltet ist. Das labyrinthische Innere, gegliedert durch Treppen und Galerien, mit Bullaugenfenstern, Kugelleuchten und Marmorbrüstungen sorgt für ein überwältigendes Raumerlebnis. Neuartig war die Idee, die Handbibliotheken und Arbeitsplätze auf balkonartigen Ebenen anzuordnen. Die Sonderlesesäle wurden nicht, wie bisher üblich, räumlich abgetrennt, sondern in den fließenden Raum integriert. Außen ist der Lesesaal an der Sheddachkonstruktion zu erkennen. Unter den Sheds hängen kugelförmige Kunststoffkörper, durch die das Tageslicht fällt und mit denen Kunstlicht beigegeben werden kann. Die vielen Materialien, vor allem Holz, Marmor und Kunststoff, sorgen für ein spannungsvolles Spiel der Oberflächen. Die künstlerische Ausstattung ist unmittelbar auf den jeweiligen Raum abgestimmt, sodass die Grenzen zwischen Architektur und Raumgestaltung verfließen. Der Natursteinboden in der Eingangshalle geht auf Erich F. Reuter zurück. Günter Ssymmank gestaltete die verschiedenen Kunststofflampen. Im lang gestreckte Foyer dient ein plastisch auskragender Kubus als Bildträger für ein abstraktes Wandbild von Erich Hauser.

Den bewegten, organisch komponierten Bauten Hans Scharouns ist ein streng proportioniertes, tempelartiges Museumsgebäude gegenübergestellt. Die 1965–68 erbaute **Neue Nationalgalerie** (Abb. 34, Liste Nr. 5, 160), **Potsdamer Straße 50**, gehört zu den großen Monumenten der Architekturgeschichte des 20. Jahrhunderts.[268] Ludwig Mies van der Rohe, der 1938 in die USA emigriert war, erhielt den Auftrag 1961 anlässlich seines 75. Geburtstags. Die Auftragsvergabe durch den Berliner Senat sollte etwas verspätet auch Ausdruck der Wertschätzung für den von den Nationalsozialisten vertriebenen Architekten sein. Trotz des äußerst modernen Erscheinungsbildes der Nationalgalerie bezog sich Ludwig Mies van der Rohe mit seinem Entwurf auf die klassische Tradition der europäischen Baukunst, vor allem auf Karl Friedrich Schinkel, und entwarf eine moderne Version eines klassischen Tempels. Über einem granitverkleideten Sockel, der eine breite Terrasse ausbildet, ordnete Ludwig Mies van der Rohe eine freistehende, vollkommen verglaste Ausstellungshalle auf quadratischem Grundriss an. Das weit auskragende, rasterartig gegliederte Flachdach wird von acht anthrazit gestrichenen Stahlstützen getragen. Den Gedanken einer großen quadratischen Platte, getragen von acht Stützen, hatte der Architekt bereits in den

35. Matthäikirchplatz, St. Matthäus-Kirche, 1844–46 von Friedrich August Stüler

36. Matthäikirchplatz, St. Matthäus-Kirche, Kirchenraum, 1956–1961 von Paul und Jürgen Emmerich

1950er Jahren entwickelt. Das tempelartige Gebäude aus Stahl und Glas, das über breite Freitreppen zu betreten ist, vereint gegensätzliche Prinzipien der Architektur, nämlich Monumentalität und Transparenz. Einerseits beherrscht das Bauwerk die Stadtlandschaft, andererseits sorgen die Glasfronten für einen fließenden Übergang zwischen Innen- und Außenraum. Ludwig Mies van der Rohe verstand die tempelartige Halle als „absolute Architektur". Der stützenfreie, beliebig gestaltbare Innenraum ist als Ausstellungshalle gedacht, obwohl er eigentlich ganz zweckfrei erscheint. Im Grunde genommen bildet er nur einen monumentalen Eingangsbereich für die Neue Nationalgalerie. Die eigentlichen Museumsräume, die Verwaltungsräume sowie Bibliothek und Magazin befinden sich im größtenteils fensterlosen Sockelgeschoss. An den Museumstrakt schließt sich ein von Mauern eingefasster Skulpturenhof an. Dessen Granitplattenbelag wird durch rechteckige Pflanzflächen und ein Wasserbecken unterbrochen. Mies van der Rohe gestaltete auch die Freiflächen, was seinen umfassenden künstlerischen Anspruch unterstreicht. Die Terrasse, der Skulpturengarten und die baumbestandenen Außenbereiche folgen einem strengen geometrischen Grundraster, mit dem ein Maßstab vorgegeben wird, um die Größenordnung des Bauwerks zu erfassen. Das Bild der Neuen Nationalgalerie wird nicht zuletzt von den großen, auf der Terrasse stehenden Skulpturen geprägt, die mit ihren organischen Formen einen spannungsvollen Gegensatz zur geometrischen Strenge der Stahl-Glas-Architektur bilden. Das betrifft die biomorphe, raumgreifende Stahlskulptur von Alexander Calder („Tètes et Queue") von 1965 und die aus gerundeten Formen bestehende Bronzeplastik von Henry Moore („Three Way Piece No. 2: Archer") von 1964–65.

Auf dem **Matthäikirchplatz**, inmitten des Kulturforums, steht die 1844–46 erbaute evangelische **St. Matthäus-Kirche** (Abb. 35, 36, Liste Nr. 151), die an das Villenviertel zwischen Tiergarten und Landwehrkanal erinnert, das durch die nationalsozialistische Umgestaltung und die Zerstörungen des Zweiten Weltkriegs ausgelöscht wurde.[269] Der rechteckige Platz in der Art eines englischen chapel close, der sich im Grundriss noch immer deutlich abzeichnet, war ursprünglich von schmalen Vorgärten gesäumt und von einer geschlossenen Bebauung aus vornehmen klassizistischen Stadtvillen umgeben. Die evangelische Pfarrkirche wurde auf Anregung der wohlhabenden Bewohner des Tiergartenviertels errichtet, wobei König Friedrich Wilhelm IV. das Patronat übernahm. Friedrich August Stüler entwarf eine dreischiffige, nach Süden orientierte Hallenkirche im Rundbogenstil, die durch Lisenen und waagerechte dunkelrote Ziegelstreifen gegliedert wird. Mit der Backsteinverkleidung, dem sparsamen Terrakottaschmuck und den stereometrischen Grundformen ist St. Matthäus ein typisches Beispiel für die klassizistische Baukunst der Schinkelschule. Die Kirchenschiffe zeichnen sich außen durch drei parallel angeordnete Satteldächer ab. An den beiden Fensterreihen der

Längsseiten und den gestaffelten Dreifenstergruppen kann man erkennen, dass die Seitenschiffe durch Emporen geteilt sind. An das Mittelschiff schließt sich eine halbrunde Hauptapsis an, die von Nebenapsiden flankiert wird. Aufgrund der geringen Größe des Matthaikirchplatzes konnte kein freistehender Campanile errichtet werden. Friedrich August Stüler stellte den Kirchturm daher in das Mittelschiff ein. Mit der Arkadengalerie über dem Turmschaft, den Ecktürmchen, dem achteckigen Aufsatz und dem kupfergedeckten Spitzhelm erinnert er an den ähnlichen, einige Jahre später errichteten Kirchturm von St. Johannis in Moabit. Der Dekor der Apsis mit quadratischen Feldern und lombardischen Rosetten ist durch S. Maria della Grazie in Mailand angeregt. Auch der offene Dachstuhl folgte frühchristlichen Vorbildern. Die Pfarrkirche des Tiergartenviertels sollte der geplanten Nord-Süd-Achse weichen, blieb aber am alten Standort stehen. Kurz vor Ende des Zweiten Weltkriegs brannte sie aus.[270] Beim Wiederaufbau 1956–61 durch Paul und Jürgen Emmerich wurde der Innenraum dem Zeitgeist entsprechend neu gestaltet, sodass die Hallenschiffe heute durch nüchterne Betonbinder gegliedert werden.

Die Museen europäischer Kunst der Staatlichen Museen Preußischer Kulturbesitz nehmen einen ganzen Baublock zwischen Matthäikirchplatz, Sigismundstraße, Stauffenbergstraße und Tiergartenstraße ein. In den aus mehreren Bauteilen bestehenden Komplex sind zwei Stadtvillen integriert, die einzigen Gebäude, die vom alten Tiergartenviertel übrig geblieben sind. An ihnen lässt sich der vornehme Charakter des untergegangenen Quartiers ablesen. Die 1895–96 erbaute **Villa Parey** (Abb. 37, Liste Nr. 185),[271] **Sigismundstraße 4 A**, macht deutlich, dass das Tiergartenviertel zur Jahrhundertwende einem starken Verwertungsdruck ausgesetzt war. Die großzügigen Villengärten wurden parzelliert und dicht bebaut, allerdings nicht mit Mietshäusern, sondern mit luxuriösen Einfamilienhäusern, die einen geschlossenen Blockrand ausbildeten. Diese villenartigen Gebäude, die sich in eine Häuserreihe einordnen, werden auch als Stadtvillen bezeichnet. An der Terrainerschließung waren die Architekten Heinrich Kayser und Karl v. Großheim beteiligt, die 1893 den Garten der Villa Lehmann aufteilten und die Parzellen an der Sigismundstraße verkauften. Für den Verlagsbuchhändler Paul Parey entwarfen die renommierten Architekten ein dreigeschossiges Wohnhaus, bestehend aus Vorderhaus, Seitenflügel, Remise, Kutscherhaus und einem kleinen Hausgarten. Die repräsentative, mit Sandstein verkleidete Straßenfront wurde im Baustil der ersten Hälfte des 16. Jahrhunderts gestaltet. Dabei vermengen sich Elemente der deutschen Spätgotik und Frührenaissance. Deutlich fallen die Maßwerkbrüstungen auf, man sieht aber auch ein Fenster mit Pilasterrahmung,

37. Sigismundstraße 4A, Villa Parey, 1895–86 von Kayser & v. Großheim

38. Stauffenbergstraße 41, Villa Friedmann, 1907 von Cremer & Wolffenstein

das zusammen mit dem reich geschmückten Giebel auf die Frührenaissance verweist. Die Vorhangbogenfenster gehen auf sächsische Vorbilder zurück. Die fein ausgearbeiteten Dekorteile, die das Hauptportal rahmen und den Giebel schmücken, erinnern in ihrer stilistischen Ausprägung an den 1533–36 errichteten Johann-Friedrich-Bau des Schlosses Hartenfels in Torgau. Das Relieffeld über dem Eingang zeigt Kinder, die in einer ländlichen Umgebung spielen und einen Baum pflanzen. Die Bildhauerarbeiten stammen von G. Westphal. Von der Durchfahrt führt eine breite Treppe mit schmiedeeisernem Geländer zu den Wohn- und Empfangsräumen im Obergeschoss.[272] Die Villa Parey sollte in den 1980er Jahren der Gemäldegalerie weichen, konnte aber nach heftigen Protesten gerettet werden. Allerdings wurden die Remise und das Kutscherwohnhaus abgerissen. Heute ist in dem Gebäude die Sammlung Fotografie der Kunstbibliothek und die Miniaturensammlung der Gemäldegalerie untergebracht. Bei der Restaurierung nach 1990 wurden die Einschusslöcher, die von den Straßenkämpfen im April 1945 herrühren, als „Wunden der Erinnerung" sichtbar gelassen.

Die 1907–08 erbaute **Villa Friedmann** (Abb. 38, Liste Nr. 188), **Stauffenbergstraße 41**, nimmt gemeinsam mit den seitlich anschließenden Erweiterungsbauten die Generaldirektion und Generalverwaltung der Staatlichen Museen Preußischer Kulturbesitz auf.[273] Die durch ihre prächtigen Villen und Geschäftshäuser bekannt gewordenen Architekten Wilhelm Cremer und Richard Wolffenstein errichteten das Gebäude 1907–08 für den Bankier Leopold Friedmann. Bereits 1910 übernahm Paul v. Gontard, der Generaldirektor der Deutschen Waffen- und Munitionsfabriken, das Wohnhaus, sodass man auch von der Villa Gontard spricht. Die Stadtvilla war von Anfang an in einen geschlossenen Blockrand eingebunden. Die verputzte Fassade, gegliedert durch genutete Wandpfeiler, zeigt eine eigenständige, stilistisch sichere Verarbeitung barocker Motive. Der Mittelrisalit ist konvex hervorgezogen, wobei der geschwungene Giebel das Dach aufwölbt. Bildhauerarbeiten – die Festons der Fensterbrüstungen, Bandelwerk und Medaillons am Mittelrisalit und das Puttenrelief über dem Eingang – geben dem Wohnhaus eine vornehme Note. Der Eingang ist im niedrigen Sockelgeschoss angeordnet. Eine dreiläufige Treppe erschließt die großzügige Diele im Inneren des Hauses, die von repräsentativen Gesellschaftsräumen umgeben ist. Im Obergeschoss befanden sich die privaten Wohnräume. An der Rückseite ist eine Veranda mit vorgelagerter Freitreppe ausgebildet.

Am Landwehrkanal

Am Reichpietschufer (früher Königin-Augusta-Straße), der nördlichen Uferstraße des Landwehrkanals, sind mehrere Geschäfts-

und Verwaltungsgebäude des ausgehenden 19. und frühen 20. Jahrhunderts erhalten geblieben. Die Bauten erinnern daran, dass das Tiergartenviertel zur Jahrhundertwende einem tief greifenden Strukturwandel ausgesetzt war. Die Villen des vornehmen Wohngebiets wurden von staatlichen Verwaltungseinrichtungen und von Geschäftshäusern der wachsenden City verdrängt. Zwischen Landwehrkanal und Matthäikirchplatz siedelten sich unter anderem das Reichsmarineamt, das Reichsschatzamt, das Reichsversicherungsamt und das Dienstgebäude des Landkreises Teltow an. Nur die Villa von der Heydt erinnert noch an die ursprüngliche Bebauung.

Das Quartier am Potsdamer Platz reicht bis zum Landwehrkanal, wo das debis-Hochhaus, errichtet nach Plänen von Renzo Piano, eine wichtige Landmarke bildet. Zwischen den Baublöcken und der Staatsbibliothek erstreckt sich eine Wasserfläche, das „urbane Gewässer". Es umschließt das Geschäftshaus der **Transatlantischen Güterversicherungsgesellschaft** (Abb. 39, Liste Nr. 176), **Reichpietschufer 20**, das isoliert am Rand der Uferstraße steht.[274] Das mächtige Eckhaus, das ehemals die Einmündung der Schellingstraße in die Königin-Augusta-Straße markierte, ist das einzige Gebäude, das von der Vorkriegsbebauung des Geschäftsviertels zwischen Potsdamer Bahnhof und Potsdamer Straße übrig blieb. Architekt Paul Karchow errichtete das viergeschossige Geschäftshaus mit voll ausgebautem, steilen Walmdach 1910–13 für ein Versicherungsunternehmen, das sich auf den Überseehandel spezialisiert hatte. Um die Gesellschaft würdig zu repräsentieren, bildete der Architekt eine reich geschmückte Straßenfront aus. Die mit Werkstein verkleidete Fassade wird durch zwei hervortretende Risalite mit Arkadenloggia und Volutengiebeln charakterisiert, wobei die Giebel auf die norddeutsche Renaissance des beginnenden 17. Jahrhunderts verweisen.[275] Das Erdgeschoss ist mit einer kräftig bossierten Rustika versehen. An der abgeschrägten Gebäudeecke ist ein zweigeschossiger, durch Reliefs reich geschmückter Erker ausgebildet, der im vierten Geschoss von einer offenen Loggia fortgesetzt wird. Die Köpfe eines Afrikaners, eines Chinesen und eines Amerikaners deuten auf den Überseehandel. Bemerkenswert ist die außerordentlich gut erhaltene Eingangshalle, die mit grünbraun schimmernden Keramikfliesen ausgekleidet ist.[276] Das aufgemalte Rankenwerk der Wandfelder wurde in der Nachkriegszeit in Anlehnung an die ursprüngliche Gestaltung wieder hergestellt. Das Treppenhaus zeichnet sich durch gediegene Eingangstüren und ein klassizistisch gestaltetes Fahrstuhlgitter aus. Das 1999–2001 restaurierte Geschäftshaus beherbergt heute die Gesellschaft für technische Zusammenarbeit, das staatliche deutsche Entwicklungshilfeunternehmen.

39. Reichpietschufer 20, Transatlantische Güterversicherungsgesellschaft, 1910–13 von Paul Karchow

40. Reichpietschufer 50, Reichsversicherungsamt, 1891–94 von August Busse

Mit einer mächtigen Sandsteinfassade wendet sich das 1891–94 von August Busse erbaute **Reichsversicherungsamt** (Abb. 40, Liste Nr. 177), **Reichpietschufer 50–54**, dem Landwehrkanal zu.[277] Die Behörde beaufsichtigte die Berufsgenossenschaften, Invaliditäts- und Altersversicherungsanstalten, die sich auf der Grundlage der ab 1884 erlassenen Arbeitsschutzgesetze gebildet hatten. Das Verwaltungsgebäude erstreckte sich ursprünglich über zwei hintereinander liegende Innenhöfe. Davon blieb nur der Haupttrakt am Landwehrkanal erhalten, während die Hofgebäude 1982 abgerissen wurden. Das stattliche Vorderhaus enthielt Sitzungszimmer, Büros, Plenarsaal, Konferenzsaal und die Wohnung des Präsidenten. Mit dem Mittelrisalit, bekrönt von einem Dreiecksgiebel, und den turmartigen, wuchtigen Eckrisaliten wiederholt das Reichsversicherungsamt architektonische Motive des Reichstagsgebäudes. August Busse orientierte sich am wilhelminischen „Reichsstil“, den Paul Wallot mit seinem Reichstagsgebäude begründet hatte. Die meisten Bauformen sind der oberitalienischen Hochrenaissance entlehnt. Das betrifft zum Beispiel das rustizierte Sockelgeschoss mit seinen hohen Rundbogenportalen oder das abgewandelte Palladio-Motiv der Rundbogenfenster des Mittelrisalits. Das Relief des Giebelfelds zeigt ein von Löwen bewachtes Reichswappen, wobei die Kartusche den Dreiecksgiebel sprengt. Nicht nur die Fassade, auch die eindrucksvolle Treppenhalle mit steinernen Säulen, Gewänden und Treppengeländern erinnert an italienische Palazzi des 16. Jahrhunderts. Das großartige schmiedeeiserne Portal mit seinem filigranen floralen Dekor ist bereits vom Jugendstil inspiriert. Ähnlich sind die schmiedeeisernen Geländer in den seitlichen Treppenhäusern gestaltet. Hinter dem Vorderhaus errichteten James Stirling und Michael Wilford 1984–87 das Wissenschaftszentrum Berlin, das zu den herausragenden Beispielen postmoderner Architektur gehört. Um den Innenhof gruppieren sich vier Bauteile, rosa und blau gestreift, die, wenn auch verfremdet, Bautypen der europäischen Architekturgeschichte zitieren.

Das **Shellhaus** (Abb. 41, Liste Nr. 178) am **Reichpietschufer 60,** Ecke **Stauffenbergstraße**, beherrscht mit seiner geschwungenen und gestaffelten Travertinfassade den Stadtraum am Landwehrkanal. Das zehngeschossige Hochhaus über einem trapezförmigen Grundriss, das 1930–32 nach Plänen des Düsseldorfer Architekten Emil Fahrenkamp für das zum Shell-Konzern gehörende Mineralölunternehmen Rhenania-Ossag errichtet wurde, gehört zu den bekanntesten Bürobauten der Weimarer Republik.[278] Mit seiner sachlichen Eleganz, der sicheren Linienführung und der gediegenen Werkstoffauswahl gilt das Shellhaus als architektonisches Meisterwerk. Die sich wellenförmig aufbauende Architektur ist in dieser Art einzigartig, sie zeugt von der künstlerischen Leistung Emil Fahrenkamps, der nicht zur Avantgarde zählte, hier aber moderne Formen aufgriff und in eine moderate, gefällige Ausdrucksweise umsetzte. Der Stahlskelettbau, der durch eine Travertinverkleidung und asymmetrisch geteilte Fenster mit Stahlrahmung streifenförmig gegliedert wird, besitzt am Landwehrkanal eine wellenförmige, um je eine Fensterachse verspringende Fassade mit abgerundeten Ecken, wobei die Gebäudehöhe von sechs bis auf zehn Geschosse ansteigt.[279] Bemerkenswert ist die neuartige Konstruktion, die Gerhard Mensch entwarf, um das Geschäftshaus vor den Erschütterungen des Straßenverkehrs zu schützen. Das Shellhaus, das einen innen liegenden Hof umschließt, ist auf einer bis etwa 9 m unter Straßenniveau reichende Eisenbetonwanne gegründet. Um Schwingungen zu absorbieren, sind die Seitenwände der Wanne durch einen 2 cm breiten Luftschlitz von den darüber liegenden Bauteilen getrennt, sodass das mit Gasbeton ausgefachte Stahlskelett praktisch erschütterungsfrei dasteht. Das Geschäftshaus wird durch drei große Treppenhäuser erschlossen, denen Fahrstühle beigeordnet sind. Es ist zweigeschossig unterkellert, wobei sich im ersten Kellergeschoss eine Tiefgarage erstreckt. Die Obergeschosse enthalten in ihrer Größe variable, überwiegend ein- und zweiachsige Büroräume. Im ersten Stockwerk befindet sich ein Sitzungssaal, im zehnten Geschoss sind das Kasino und die Küchenräume angeordnet. Die zeittypischen Flachdächer sind als Terrasse begehbar. Das Gebäude, das 1998–2000 umfassend restauriert wurde,[280] ist heute der Verwaltungssitz der GASAG.

Am **Reichpietschufer 74–76** steht, eingefasst von unbebauten Eckgrundstücken, das ehemalige **Reichsmarineamt** (Abb. 42–44, Liste Nr. 36),[281] das heute das Bundesministerium der Verteidigung beherbergt. Hinter dem monumentalen Eingangsbau am Landwehrkanal erstreckt sich ein riesiges Verwaltungsgebäude, das mehrere Höfe umschließt und nahezu die gesamte Blockinnenfläche des Geländestreifens zwischen Stauffenberg- und Hildebrandtstraße einnimmt. Mit einem Erweiterungsbau, dem Bendlerblock, besetzt es die Grundstücke **Stauffenbergstraße 11–14**. Im Reichsmarineamt, einst Dienstgebäude der obersten Marinebehörden (1914–19), des Reichswehrministeriums (1919–37) und des Oberkommandos der Wehrmacht (1938–45), vollzogen sich bedeutende Ereignisse der deutschen Geschichte. Das Bauwerk erinnert an den Einsatz der Kriegsmarine im Ersten Weltkrieg, an die Revolution 1918/19, bei der sich wichtige Ereignisse im Reichsmarineamt abspielten, an den Zweiten Weltkrieg, der von hier aus geplant wurde, aber auch an den Widerstand gegen die nationalsozialistische Herrschaft.

41. Reichpietschufer 60, Shellhaus, 1930–32 von Emil Fahrenkamp

42. Reichpietschufer 74–76, Reichsmarineamt mit Marinekabinett, 1911–14 von Reinhardt & Süßenguth

Das monumentale Verwaltungsgebäude, das 1911–14 im Tiergartenviertel errichtet wurde, ist Ausdruck der massiven Aufrüstung der Hochseeflotte, die unter dem Schlagwort „Deutschlands Zukunft liegt auf dem Wasser" durch Kaiser Wilhelm II. und Großadmiral Alfred v. Tirpitz betrieben wurde. Die Marinebehörden erhielten immer mehr Befugnisse, sodass sie ein eigenes Dienstgebäude benötigten. In den Haupttrakt am Landwehrkanal zogen Reichsmarineamt und Admiralstab der Marine ein, während das Marinekabinett den über einen Zwischenflügel angebundenen Nebentrakt an der Stauffenbergstraße 14 nutzte. Der Entwurf geht auf Heinrich Reinhardt und Georg Süßenguth zurück. Die Architektensozietät, von der die Rathäuser in Steglitz, Charlottenburg, Treptow und Spandau stammen, hatte den ausgeschriebenen Wettbewerb gewonnen. Auf dem Grundstück im Tiergartenviertel entstand eine fünfgeschossige Baugruppe mit zahlreichen begrünten Innenhöfen. Die Hauptfront am Landwehrkanal entspricht mit ihrer strengen neoklassizistischen Gestaltung den Forderungen des Bauherrn nach einer einfachen, vornehmen, möglichst schmucklosen, aber doch anspruchsvollen Architektur. Die mit grauem Muschelkalk verkleidete Hauptfassade wird durch breite Kolossalpilaster dorischer Ordnung gegliedert. Der kräftig vorspringende Mittelrisalit enthält im Erdgeschoss eine offene Vorhalle. Die Wappenkartusche des wuchtigen Dreiecksgiebels zeigt das Monogramm Kaiser Wilhelms II. mit der Reichskrone. Um zu den benachbarten Wohnhäusern überzuleiten, wurden an den Seiten einachsige, leicht hervortretende Baukörper ausgebildet, die einen offenen Altan tragen. Hinter der Vorhalle beginnt ein dreiteiliger Treppenaufgang, unterbrochen von doppelten dorischen Säulen. Es folgt ein beeindruckender Lichthof, der über vier Geschosse geführt ist. Die umlaufenden Galerien werden von toskanischen Säulen aus Muschelkalk getragen.

Anders als die Hauptfassade des Reichsmarineamts mit ihrem monumentalen Anspruch besitzt die Fassade des Marinekabinetts in der Stauffenbergstraße 14 den Charakter eines gediegenen Geschäftshauses. Unter einem steilen Mansarddach entfaltet sich eine vornehme, durch breite Wandvorlagen gegliederte Fassade. In den Mittelachsen wird das Motiv der dorischen Pilaster zitiert, sodass eine feinsinnige Beziehung zum Hauptgebäude besteht. Auf dem Grundstück Stauffenbergstraße 11-13 ließ das Oberkommando der Wehrmacht 1938 nach Plänen von Bielenberg & Moser[282] einen Erweiterungsbau anfügen, der als Bendlerblock[283] bezeichnet wird. Die lang gestreckte Straßenfassade wiederholt, wenn auch vereinfacht, den architektonischen Aufbau des benachbarten Marinekabinetts. Selbst der Fugenschnitt der Muschelkalkplatten wurde zugunsten einer einheitlichen Erscheinung fortgeführt. Die monoton aufgereihten Fenster mit kantigen Gewänden wie auch die Durchfahrt in breiten, gedrückten Proportionen entsprechen jedoch dem Formenkanon der nationalsozialistischen Architektur. Der ausgedehnte Innenhof mit seinen weiß verputzten Fassaden ist sehr schlicht gehalten. Lediglich die Eingänge und die Durchfahrten besitzen Gewände aus Kalkstein. Nach dem misslungenen Attentat auf Adolf Hitler am 20. Juli 1944 wurden in diesem Hof die Anführer der Verschwörung, unter ihnen Claus Graf Schenk v. Stauffenberg, erschossen. Daran erinnert das Ehrenmal für die Opfer des 20. Juli 1944 in Gestalt eines nackten, gefesselten Jünglings, der den Geist des Widerstands verkörpert. Die Bronzefigur von Richard Scheibe wurde 1953 aufgestellt.[284] In den ehemaligen Büros der Offiziere im zweiten Obergeschoss ist die Gedenkstätte Deutscher Widerstand

43. Reichpietschufer 74-76, Reichsmarineamt, Treppenhalle

44. Reichpietschufer 74-76, Innenhof des Bendlerblocks, Gedenkstätte für die Opfer des 20. Juli 1944

mit einer Ausstellung über den Widerstand im Nationalsozialismus eingerichtet.

Das Gebäude wurde 1945 schwer beschädigt, aber in der Nachkriegszeit teilweise wieder aufgebaut, wobei man die seitlichen Trakte abbrach. Das Bundesministerium der Verteidigung ließ das Reichsmarineamt 1997–2001 herrichten und restaurieren.

Folgt man dem Reichpietschufer weiter nach Westen bis zur Von-der-Heydt-Straße, dann bewegt sich die Uferstraße vom Landwehrkanal weg, um einen begrünten Uferstreifen frei zu lassen. In diesem parkartigen Gelände steht die **Villa von der Heydt** (Abb. 45, Liste Nr. 206), **Von-der-Heydt-Straße 16-18**, die heute den Hauptsitz der Stiftung Preußischer Kulturbesitz beher-

45. Von-der-Heydt-Straße 16-18, Villa von der Heydt, 1860–61 von Hermann Ende

bergt.[285] Die Villa, die 1860–61 von Hermann Ende und G. A. Linke für den preußischen Handels- und Finanzminister August Freiherr von der Heydt errichtet wurde, ist das einzige Gebäude, das von der frühen Villenbebauung des Tiergartenviertels übrig geblieben ist. Das exponiert am Landwehrkanal gelegen Haus ist ein künstlerisch herausragendes Beispiel für die spätklassizistische Architektur der Schinkelschule. Hermann Ende gestaltete einen zweigeschossigen Putzbau, der durch eine große Freitreppenanlage und eine weit vorspringende ionische Säulenvorhalle mit Dreiecksgiebel erweitert wird. An der Nordseite ist ein Vorbau mit dem Haupteingang angefügt. Über dem reich profilierten Kranzgesims beginnt das flach geneigte Dach, das jedoch hinter einer mit Vasen besetzten Attika verborgen ist. Durch den sparsam eingesetzten Bauschmuck wirkt die Villa vornehm und elegant. Nach dem Tod des Bauherrn 1874 zog die Chinesische Botschaft in das Haus ein. Nach 1890, unter Karl von der Heydt, war sie ein gesellschaftlicher Treffpunkt von Großbürgertum und Adel des Kaiserreichs. In der nationalsozialistischen Ära bewohnte sie der Chef der Reichskanzlei. In der Nachkriegszeit war das als Süßwarenfabrik genutzte Gebäude in einem ruinösen Zustand. Um die Verwaltung der Stiftung Preußischer Kulturbesitz unterbringen zu können, wurde die Villa 1976–80 restauriert und um eine Achse erweitert. Im Garten, der von einer Mauer aus Muschelkalk eingefasst wird, stehen Büsten von Christian Daniel Rauch und Alexander v. Humboldt. Die Darstellungen, die zu den Skulpturen der Siegesallee gehören, wurden 1901 von Carl Begas geschaffen.

Westlich der Villa von der Heydt hat das **Bauhaus-Archiv** (Abb. 46, Liste Nr. 128), **Klingelhöferstraße 14**, mit seiner unkonventionellen Baugestalt einen passenden Standort gefunden.[286] Das Museum über einem unregelmäßig H-förmigen Grundriss beherbergt die Hinterlassenschaft des 1919 in Weimar gegründeten Bauhauses, das später in Dessau und dann eine kurze Zeit bis zu seiner Auflösung 1933 in Berlin ansässig war. Der 1964 fertig gestellte Entwurf von Walter Gropius, dem Gründer des Bauhauses, war ursprünglich für Darmstadt vorgesehen. Nach der Entscheidung, das Bauhaus-Archiv in Berlin anzusiedeln, überarbeitete Alexander Cvijanovic, ein Mitarbeiter des 1969 verstorbenen Architekten, den Entwurf. Die Ausführung 1976–79 stand unter der Leitung von Hans Bandel. Die niedrige, in die begrünte Landschaft am Landwehrkanal hineinkomponierte Anlage ist zu komplex für eine Villa und zu edel für eine Fabrik und verwendet doch Elemente beider Bautypen. Um die Museumsräume zu belichten, wählte Gropius die aus dem Industriebau bekannten Sheds, die bewusst an den Seitenfassaden angeordnet wurden, um eine charakteristische Silhouette auszubilden. In seiner strahlend weißen Fassung wirkt es wie eine große Skulptur. So tritt der Bau ebenbürtig neben der Villa von der Heydt auf, die zwischen den Shedreihen sichtbar wird. Die Außenanlagen und Freiflächen sind mit großer Sorgfalt komponiert. Hauptansicht und Zugang sind auf die Klingelhöferstraße ausgerichtet, die mit der Herkulesbrücke den Landwehrkanal überquert. Der von Alexander Cvijanovic erfundene „Walkway" in der Höhe des Obergeschosses erlaubt es, auf

46. Klingelhöferstraße 14, Bauhaus-Archiv, 1976–79 von Alexander Cvijanovic und Hans Bandel nach Plänen von Walter Gropius

47. Hildebrandstraße 5, Estnische Gesandtschaft, 1870; Umbauten, 1883–84 von Kayser & v. Großheim, 1895 von Reimarus & Hetzel

reelingartigen Rampen und Wegen innezuhalten und dabei Landschaft und Gebäude zu betrachten. Am Eingang wurden 1984–85 zwei 14 m hohe Bildsäulen nach Entwurf von Max Bill aufgestellt. Die Stahlrohre sind mit vielfarbigen Blechen verkleidet.

Diplomatenviertel

Das vornehme Villenviertel südlich des Tiergartens wurde nach der Jahrhundertwende zu einem bevorzugten Standort ausländischer Vertretungen. Den Anfang machte 1898 die Botschaft des Königreichs Spanien. Nach dem Ersten Weltkrieg kamen immer mehr Botschaften hinzu, sodass im Tiergartenviertel 1930 bereits dreißig ausländische Vertretungen ansässig waren. Der Generalbauinspektor für die Neugestaltung der Reichshauptstadt, Albert Speer, bestimmte den Bereich zwischen Bendlerstraße (heute Stauffenbergstraße) und Lichtensteinallee 1938 zum Diplomatenviertel. In diesem Gebiet wurden alle Gesandtschaften konzentriert, die ihre bisherigen Residenzen im Alsenviertel oder im Bereich der Potsdamer Straße durch den Ausbau der Nord-Süd-Achse verloren hatten. Bis 1943 wurden sieben Botschaftsgebäude fertig gestellt. Die monumentale Bauweise entspricht dem Willen der nationalsozialistischen Machthaber, die neue Mitte der Reichshauptstadt an der Nord-Süd-Achse repräsentativ zu gestalten, was jedoch die zurückhaltende Verwendung von Architekturformen der jeweiligen Herkunftsländer nicht ausschloss. Alle Entwürfe mussten von Albert Speer genehmigt werden. Das Bombardement im Zweiten Weltkrieg richtete auch hier schwere Schäden an. In der Nachkriegszeit breiteten sich zwischen den teilweise ruinösen Botschaftsgebäuden Brachflächen aus. Nur im westlichen Bereich wurden im Rahmen der Internationalen Bauausstellung 1987 einige Wohngebäude errichtet. Der 1991 gefasste Beschluss, Regierung und Parlament des wiedervereinigten Deutschland nach Berlin zu verlegen, führte zu einer Wiederbelebung des Diplomatenviertels. Neben den alten Botschaftsgebäuden, die hergerichtet und wieder bezogen wurden, siedelten Botschaften, Landesvertretungen deutscher Bundesländer, parteinahe Stiftungen und bundesweit tätige Verbände an, die ambitionierte Neubauten errichteten.

Die **Estnische Gesandtschaft** (Abb. 47, Liste Nr. 110), **Hildebrandstraße 5**, geht auf eine Villenkolonie zurück, die der Schokoladenfabrikant Theodor Hildebrand in diesem Teil des Tiergartens, entlang der Hildebrandschen Privatstraße, um 1850 anlegen ließ.[287] Hermann Kirchhoff errichtete auf dem Grundstück 1852–53 eine zweigeschossige Villa, die nach Plänen der renommierten Architekten Heinrich Kayser und Karl v. Großheim 1883–84 um einen dreigeschossigen Anbau erweitert wurde. Die heutige Gestalt des Botschaftsgebäudes geht auf einen Umbau zurück, den Reimarus & Hetzel 1895 ausführten. Während der Erweiterungstrakt erhalten blieb, wurde die alte Villa durch eine gestaffelte Baugruppe ersetzt. 1923 übernahm die Botschaft der wenige Jahre zuvor gegründeten Republik Estland das malerische Wohnhaus. Die asymmetrisch angelegte Stadtvilla ist im Neorenaissancestil des ausgehenden 19. Jahrhunderts gehalten. Mit der mehrfach abgestuften Straßenfassade, dem genuteten Sockelgeschoss, dem steilen Mansarddach und dem sparsam eingesetzten Bauschmuck macht das Gebäude einen repräsentativen Eindruck. Die architektonische Qualität ist heute wieder erlebbar, denn die Estnische Botschaft, die 2001 wieder in ihr altes Gebäude zog, sorgte für eine grundlegende Restaurierung.

Die benachbarte Stadtvilla befindet sich noch immer in einem ruinösen Zustand, obwohl die Wiederherstellung vorgesehen ist. Das 1911–12 von Robert Leibnitz errichtete Gebäude erstreckt sich auf einem lang gestreckten Grundstück zwischen der **Hildebrandstraße 4** und der **Hiroshimastraße 11** (Abb. 48, Liste Nr. 112). Dieser Bau ist eine der letzten bürgerlichen Villen, die von der früheren Villenkolonie am Tiergarten erhalten sind. Er repräsentiert damit eine frühe historische Phase des Tiergartenviertels, die weitgehend verschwunden ist. Seine Umnutzung zur Griechischen Botschaft im Jahre 1920 liegt vor der Umgestaltung des Quartiers zu einem Diplomatenviertel in den 1930er und 1940er Jahren. Mit seinem ungewöhnlichen Grundriss und den beiden vornehmen Straßenfassaden gehört das Haus zu den architektonisch herausragenden Bauten des alten Tiergartenviertels.[288] Robert Leibnitz entwarf das Anwesen, das den Bautyp der neoklassizistischen Stadtvilla des frühen 20. Jahrhunderts beispielhaft verkörpert, für den Fabrikanten Siegmund Bergmann. Der Zuschnitt des Grundstücks erlaubte eine Aufteilung der Nutzungsbereiche. Der Haupteingang befindet sich an der Hiroshimastraße. Dort ordnete der Architekt die großzügigen Gesellschaftsräume an, während die Privaträume der ruhigen Hildebrandstraße zugewandt sind. Der schmale Zwischentrakt nahm einen großen Speisesaal auf. Die wohl proportionierten Straßenfassaden sind unterschiedlich gestaltet, weisen aber Gemeinsamkeiten auf. Das betrifft die konvex ausbauchende Mittelachse, die über zwei Geschosse reichende ionische Pilasterordnung und den vornehmen neoklassizistischen Dekor, wobei die dreiachsige Eingangsseite an der Hiroshimastraße mit Balustrade und Attikageschoss an ein Palais denken lässt, während die breitere, durch einen Vorbau erweiterte Front an der Hildebrandstraße mehr an ein Gartenhaus erinnert. Die stilisierten Reliefs folgen antiken Vorbildern. 1920 wurde in der Villa die Griechische Botschaft eingerichtet. In der Nachkriegszeit verfiel das Gebäude, sodass es 1983 bauaufsichtlich gesperrt wer-

48. Hiroshimastraße 11, Griechische Botschaft, 1911–12 von Robert Leibnitz, Fassade an der Hildebrandstraße

49. Hiroshimastraße 1, Italienische Botschaft, 1938–41 von Friedrich Hetzelt

den musste. Nach Abschluss der Wiederherstellung soll erneut die Griechische Botschaft einziehen.

Die 1938–41 errichtete **Italienische Botschaft** (Abb. 49, Liste Nr. 111), **Hiroshimastraße 1** und **Tiergartenstraße 22**, ist das monumentalste Gebäude des nationalsozialistischen Diplomatenviertels.[289] Mit seiner wuchtigen Größe sollte es die Bedeutung Italiens als Bündnispartner innerhalb der Achse Berlin-Rom zum Ausdruck bringen. Der erste Entwurf der italienischen Seite wurde von Adolf Hitler abgelehnt, sodass Generalbauinspektor Albert Speer die Planung und Ausführung dem Architekten Friedrich Hetzelt übertrug. Die zur Tiergartenstraße ausgerichtete Dreiflügelanlage strahlt Macht und Monumentalität aus, wobei die Architektur an römische Palazzi des Quattrocento erinnern soll. Die lang gestreckten Seitenflügel sind durch flache Eckrisalite blockartig gegliedert. Über dem travertinverkleideten Sockelgeschoss sind zwei Obergeschosse mit rot verputzten Wandflächen in dunklem Sienaton und kantigen Fenstergewänden aus Travertin ausgebildet, während das schwere Kranzgesims eine wuchtige Attika trägt. An der Nordseite befindet sich ein Eingangsrisalit mit einer monumentalen Säulenordnung unter einem kräftigen Konsolgebälk. Ein von toskanischen Säulen gestützter Altan überdacht die Automobilvorfahrt. Der gärtnerisch gestaltete Innenhof wird im Süden von einer Kolonnade über einem Werksteinsockel abgeschlossen. Der Kanzleiflügel an der Hildebrandstraße enthielt die konsularischen Einrichtungen, der Residenzflügel an der Hiroshimastraße nahm die Wohn- und Empfangsräume des Botschafters auf. Die große Treppenhalle und der Festsaal im Haupttrakt, die kryptaartige Kapelle, zugleich Luftschutzbunker, und die Empfangsräume im Residenzflügel waren reich ausgestattet. Friedrich Hetzelt ließ kostbare Spolien einbauen, zum Beispiel Portale, Wandbrunnen und Kamine des 16. bis 18. Jahrhunderts. Um das kriegsbeschädigte Gebäude wieder als Botschaft und Residenz nutzen können, waren umfangreiche Baumaßnahmen erforderlich. Der Außenbau wurde 1997–2003 originalgetreu restauriert, das Innere jedoch durch Vittorio de Feo neu gestaltet. An die wechselvolle Geschichte erinnert die kriegsbeschädigte, fragmentarisch belassene Kolonnade des Innenhofs.

Auf dem gegenüberliegenden Grundstück errichtete Ludwig Moshamer 1938–42 für das Kaiserreich Japan, den Bündnispartner des Deutschen Reichs in Asien, ein prachtvolles Botschaftsgebäude,[290] das jedoch in den 1980er Jahren abgerissen wurde. Bei dem umstrittenen Wiederaufbau 1986–88 kopierten Kisho Kurokawa und Tajii Yamaguchi die alte Fassade an der Tiergartenstraße. Das Gebäude, das heute wieder die Japanische Botschaft beherbergt, wurde 1998–2000 um einen Kanzleiflügel erweitert.

Beim Ausbau des Diplomatenviertels in den 1930er Jahren siedelten sich nicht nur Botschaften an, sondern auch Verbände und Unternehmen, die im Zentrum der nationalsozialistischen Reichshauptstadt, unweit der Nord-Süd-Achse, vertreten sein wollten. Dazu gehörte auch die Friedrich Krupp AG, die 1936–38 das **Krupp-Haus** (Abb. 50, Liste Nr. 197) an der **Tiergartenstraße 30-31** als Berliner Verwaltungssitz und Gästehaus errichten ließ.[291] Es ist das letzte gemeinsameWerk von Paul Mebes und Paul Emmerich, die das Baugeschehen in Berlin besonders auf dem Gebiet des Wohnungsbaus seit dem ausgehenden 19. Jahrhundert maßgeblich geprägt hatten. Durch die malerische Gruppierung der Bauteile, die großzügige Auffahrt und den weiten Vorgärten wurde das Gästehaus geschickt in das Villenviertel eingefügt. Die Architekten entwarfen eine Vierflügelanlage, die schräg zur Flucht der Tiergartenstraße angeordnet ist. Der nach Süden ausgerichtete Gartenflügel, der die Gästezimmer enthielt, ragt mit vier Achsen über die Seitenflügel hinaus. Die gelblich verputzten Fassaden zeigen eine zeittypische Gestaltung. Sockel, Fenstergewände und Gesimse bestehen aus Muschelkalk. Viele Elemente, zum Beispiel die unter der Dachkante sichtbaren Holzbalken, verweisen auf das traditionsgebundene Bauen der 1920er Jahre. Hervorzuheben sind die sachliche Grundhaltung, die präzise Detaildurchbildung und die überdurchschnittliche Qualität der Innenausstattung. Durch das repräsentative Entrée gelangt man in ein Treppenhaus, das vollständig mit Kalkstein, Dolomit und Travertin ausgekleidet ist. Die Treppengeländer aus Nirostastahl verweisen dezent auf die von der Friedrich Krupp AG hergestellten Metallerzeugnisse. Der ehemalige Sitzungssaal besitzt noch die ursprüngliche Eichenholz- und Birnbaumvertäfelung. Das Krupp-Haus beherbergt seit 1947 ein katholisches Gymnasium, das Canisius-Kolleg. Unter Leitung von Klaus-Rüdiger Pankrath wurden an den Gartenflügel 1979–80 mehrere Klassentrakte angefügt.

Das Diplomatenviertel setzt sich westlich der Klingelhöferstraße fort. Die Brachflächen wurden nach 1990 wieder bebaut. Dabei entstanden ambitionierte Beispiele moderner Architektur. Nach Plänen von Alfred Berger und Tina Parkinnen wurden 1997–99 die Nordischen Botschaften errichtet, die sich hinter einer wellenförmig durch den Stadtraum schlängelnden Fassade verbergen. Auf dem südlich anschließenden Gelände, dem Tiergarten-Dreieck, das 1998–2001 auf der Grundlage des städtebaulichen Entwurfs von Hildebrand Machleidt und Walter Stepp bebaut wurde, gruppieren sich blockhafte Botschaftsgebäude und Wohnhäuser gehobenen Standards um einen parkähnlich gestalteten Innenhof.[292] Dem Lützowplatz jenseits des Landwehrkanals wendet sich ein markantes Eckgebäude zu, die Bundesgeschäftsstelle der CDU, die auf einem Entwurf von Petzinka, Pink und Partner beruht. Der elliptische, dynamisch geschwungene Kernbau ist von einer kastenartigen verglasten Hülle umgeben.

Die Blockstruktur des Tiergarten-Dreiecks richtet sich nach der Villa **Rauchstraße 25** (Abb. 51, Liste Nr. 175), dem einzigen Gebäude, das in diesem Bereich von der Villenbebauung der Vorkriegszeit übrig blieb. Das an drei Seiten freistehende Stadtpalais mit Vorgarten und Gartenhof, das 1912 von Georg A. Rathenau und Friedrich August Hartmann errichtet wurde, zeugt von der glänzenden Vergangenheit des Tiergartenviertels.[293] Das Wohnhaus ist dem neoklassizistisch geprägten Reformstil des frühen 20. Jahrhunderts zuzuordnen, wobei zahlreiche Motive von Alfred Messel beeinflusst zu sein scheinen. Die Wandflächen über dem niedrigen Sockelgeschoss werden durch monumentale Pilaster aus Muschelkalk gegliedert. Der Kernbau erhält durch das hohe Mansardwalmdach und den gerundeten Mittelrisalit mit Balkon eine weiche, barock anmutende Kontur. Ein halbrundes Giebelfeld betont die Mittelachse. Die bildhauerischen Arbeiten, welche den großbürgerlichen Anspruch des Hauses unterstreichen, fertigte A. Kühn. Dazu gehören die Masken und Festons an den Pilastern des Mittelrisalits und die Bilddarstellung an der Seitenfront. Im Garten hinter dem Haus ist eine auf dorischen Säulen ruhende Pergola erhalten. Die Villa besaß eine luxuriöse, künstlerisch wertvolle Ausstattung mit einem marmorverkleideten Entrée und einer weitläufigen Diele in der Mitte des Wohnhauses, mit Deckenstuck, reich geschnitzten Wanderkleidungen und Holzschränken im Neorenaissancestil. Das Gebäude wurde 2002–03 umgebaut und beherbergt heute die Botschaft der Arabischen Republik Syrien.

Auf dem Geländestreifen an der Rauchstraße wurde 1983–84 zur Internationalen Bauausstellung nach einem städtebaulichen Entwurf

50. Tiergartenstraße 30-32, Krupp-Haus, 1937–38 von Mebes & Emmerich

51. Rauchstraße 25, Stadtvilla, 1912 von Georg A. Rathenau und Friedrich August Hartmann

von Rob Krier eine Wohnanlage mit blockartigen Stadtvillen errichtet.[294] Dabei handelt es sich allerdings nicht um Villen im herkömmlichen Sinn, denn die Wohnbauten sind als Mehrfamilienhäuser angelegt. In die Wohnanlage ist die **Norwegische Gesandtschaft** (Abb. 52, Liste Nr. 173) an der **Rauchstraße 11**, Ekke Drakestraße, integriert.[295] Der 1940–41 errichtete Bau auf L-förmigem Grundriss stammt von der Architektengemeinschaft Otto v. Estorff und Gerhard Winkler, die sich durch qualitätvolle Wohnhäuser in Potsdam und Umgebung einen Namen gemacht hatte. Die Gebäudehöhe des Botschaftsgebäudes und die architektonische Gliederung mit drei Hauptgeschossen über einem ausgebauten Sockelgeschoss richtete sich nach dem benachbarten Palais der Niederländischen Gesandtschaft, das im Zweiten Weltkrieg zerstört wurde. Mit diesem war das Gebäude ursprünglich durch eine hohe, als Automobilvorfahrt dienende Doppelarkade verbunden. Die hell verputzten sowie am Sockel, an den Hausecken, Fenstergewänden und am Dachgesims mit Kalkstein verkleideten Fassaden zeichnen sich durch ihre schlichte Strenge aus. Mit einem Balkon ist das zweite Stockwerk als Repräsentationsgeschoss hervorgehoben. Die Gesellschaftsräume wie auch die Hallen im ersten und zweiten Stockwerk besitzen noch ihre originale wandfeste Ausstattung. Damit gehört die Norwegische Gesandtschaft zu den wenigen überlieferten Zeugnissen der 1940er Jahre. Das Botschaftsgebäude wurde aufgrund der Besetzung Norwegens durch deutsche Truppen 1941 vom Auswärtigen Amt übernommen. In der Nachkriegszeit diente es der norwegischen Militärmission in Berlin. Dem Gebäude wurde 1983–84 spiegelbildlich ein von Aldo Rossi entworfenes Wohnhaus zur Seite gestellt.

Auf der gegenüberliegenden Straßenseite steht die **Jugoslawische Gesandtschaft** (Abb. 53, Liste Nr. 174), die das Grundstück **Rauchstraße 17-18** einnimmt.[296] Das 1938–40 ausgeführte Botschaftsgebäude stammt von Werner March, dem Architekten des Berliner Olympiastadions. Die winkelförmige Baugruppe besteht aus einem dreigeschossigen, leicht zurückgesetzten Kanzleitrakt an der Rauchstraße und einem lang gestreckten zweigeschossigen Residenztrakt an der Drakestraße, der Wohn- und Empfangsräume enthielt. Der rückwärtige Garten reicht bis zur Corneliusstraße. Werner March musste sich an die Vorstellungen des Generalbauinspektors halten, sodass er strenge, verschlossen wirkende Fassaden mit kantig gerahmten Fenstern und schweren Dachgesimsen entwarf. Während der Residenztrakt eine flächige Verkleidung aus Travertinplatten erhielt, besitzt der Kanzleitrakt geputzte Fassaden mit Gesimsen und Fensterbändern aus Travertin. Die Mönch-Nonnen-Deckung, die in Dalmatien häufig anzutreffen ist, spielt dezent auf landestypische Traditionen an. Arno Breker schuf das Wappenrelief über dem Hauptportal und den Frauenkopf über dem dreiteiligen Balkonfenster des Festsaals. Dessen schmiedeeiserne Brüstung stammt von Ludwig Gies. Das Wappen über dem Eingang des Kanzleitrakts war eine Arbeit der jugoslawischen Künstlerin Vilma Lehrmann. Zum Botschaftsgebäude gehören großzügig bemessene Räumlichkeiten mit gediegener Ausstattung, darunter ein marmorverkleidetes Treppenhaus und ein vornehmer Festsaal im Residenztrakt. Das Haus, das in der Nachkriegszeit als Oberstes Rückerstattungsgericht genutzt wurde, beherbergt heute die Deutsche Gesellschaft für auswärtige Politik.

52. Rauchstraße 11, Norwegische Gesandtschaft, 1940–41 von Otto v. Estorff und Gerhard Winkler

53. Rauchstraße 17-18, Jugoslawische Gesandtschaft, 1938–40 von Werner March

Das Gehwegpflaster an der **Drakestraße** (Abb. 54, Liste Nr. 227), zwischen Rauchstraße und Corneliusstraße, erinnert noch an die Entstehungszeit des Villenviertels südlich des Großen Tiergartens in den 1860er Jahren. Mehrere Bauherren ließen aus ihrem Repräsentationsanspruch heraus die Bürgersteige vor ihren Grundstücken mit aufwendigen Pflasterbelägen in Form von Mosaikteppichen versehen. Zu den ersten Pflastermosaiken im Berliner Straßenraum gehörten die im Herbst 1867 vor der Drakestraße 3, Ecke Rauchstraße entgegen der gültigen Polizeiverordnung verlegten vierfarbigen Rechteckteppiche.[297] Sie schmückte den Bürgersteig vor dem Grundstück der Architekten Walter Kyllmann und Adolph Heyden, die hier 1865–66 die Villa „Monplaisir" in Formen der französischen Neorenaissance errichtet und einen Ziergarten angelegt hatten.[298] Die 1870 erweiterte Villa wurde im Zweiten Weltkrieg zerstört. Im Zuge der Zooerweiterung wurde 1985 der schon stark beschädigte Pflasterbelag aufgenommen und nach Ergänzung mit den gleichen Materialien ein Jahr später am heutigen Standort wieder hergestellt.
Die durch Basaltbänder getrennten Felder der Bürgersteigpflasterung sind als rechteckige Mosaikteppiche mit rahmenden Bändern aus weißem Marmor und Basalt ausgebildet. Ihr Pflastergrund besteht aus bräunlich-gelbem Plötzkyer Sandstein. Das Teppichzentrum schmückt ein weiß eingefasstes vierstrahliges Sternornament mit weißer Mittelscheibe aus Marmor. Die von Feld zu Feld gleichmäßig wechselnde Pflasterfüllung der Sternstrahlen besteht je zur Hälfte aus rotem Sandstein sowie aus Basalt. Der Pflasterbelag stellt eine Reminiszenz an den Dekorationswillen in der

54. Drakestraße, Gehwegpflasterung, 1867

55. Drakestraße 1, Dänische Gesandtschaft, 1938–40 von Johann Emil Schaudt

Zeit des Historismus dar, als regelmäßige Beetmuster auch auf Wege übertragen wurden.

Das 1987 eröffnete Erweiterungsgelände des Zoologischen Gartens umfasst den gesamten Baublock zwischen Drakestraße und Lichtensteinallee. Am nördlichen Rand, gegenüber dem Tiergarten, blieben jedoch zwei Botschaftsgebäude stehen, die die Nordwestecke des Diplomatenviertels markieren. Die 1938–40 von Johann Emil Schaudt errichtete **Dänische Gesandtschaft** (Abb. 55, Liste Nr. 92), **Drakestraße 1**, folgt mit einer konvex geschwungenen Fassade dem abknickenden Straßenverlauf der Thomas-Dehler-Straße (früher Tiergartenstraße).[299] Das in Anlehnung an den dänischen Klassizismus gestaltete monumentale Gebäude besitzt das geforderte repräsentative Erscheinungsbild, wobei die abgerundete Straßenfront an die Geschäftshausarchitektur der 1920er und 1930er Jahre erinnert. Die symmetrische, von schmalen Seitenrisaliten eingefasste Straßenfassade ist mit Muschelkalkplatten verkleidet. Ein Balkon, getragen von vier schlichten Pfeilerpaaren, hebt die Mittelachse hervor. Im zweiten Geschoss zeichnen sich die Repräsentationsräume durch hohe Fenster mit kräftigen Gewänden ab. Ungewöhnlich ist die Grundrisslösung des Eingangsbereichs, die auf barocken Palais zurückgeht. Johann Emil Schaudt bildete eine große, mit Travertin und Marmor verkleidete Eingangshalle aus, bei der die zentrale Tordurchfahrt von seitlichen Treppenaufgängen flankiert wird. Die Seitenflügel, verbunden durch eine Kolonnade, begrenzen einen kleinen Innenhof. Das 1987 wieder hergestellte Gebäude beherbergt heute die Akademie für Führungskräfte der Deutschen Telekom.

An die Dänische Gesandtschaft schließt sich die **Spanische Botschaft** an, die aus einem Flügel an der **Thomas-Dehler-Straße**, einer abgeschrägten Ecke mit dem Haupteingang und dem Kanzleitrakt an der **Lichtensteinallee 1** besteht (Abb. 56, Liste Nr. 142).[300] Das Gebäude, das 1938–43 von Walter und Johannes Krüger errichtet wurde, entspricht mit seiner neoklassizistischen Grundhaltung der geforderten repräsentativen Architekturauffassung. Über dem Erdgeschoss, der durch eine Werksteinbänderung als Sockel ausgewiesen ist, folgen drei Geschosse mit kantigen Fenstergewänden, wobei die Höhe der Fenster nach oben hin abnimmt. Der repräsentative Haupteingang mit Automobilauffahrt wird von einem überdimensionierten Balkonvorbau, getragen von vier Säulen, überdacht. In der Mittelachse befindet sich ein mächtiges Relief mit dem spanischen Wappen. Über eine in Stein ausgekleidete Halle und das repräsentative Treppenhaus erreicht man die Empfangsräume. Der Kanzleitrakt wurde im Zweiten Weltkrieg schwer zerstört, aber in den 1960er Jahren von Johannes Krüger wieder aufgebaut. Die Herrichtung für die Spanische Botschaft 1998–2003 führte zum Abriss des Kanzleiflügels, der durch einen historisierenden Neubau ersetzt wurde.[301]

56. Lichtensteinallee 1, Spanische Botschaft, 1938–43 von Walter und Johannes Krüger

Gebiet 3
Schöneberger Vorstadt

Die Schöneberger Vorstadt im Ortsteil Tiergarten umfasst einen breiten innerstädtischen Geländestreifen zwischen dem Zoologischen Garten im Westen, der Flottwellstraße im Osten, dem Landwehrkanal im Norden und der Kurfürstenstraße im Süden. Dieser Stadtteil hatte sich auf der Feldmark der Gemeinden Lietzow und Schöneberg gebildet und wurde 1861 nach Berlin eingemeindet. Das Quartier, ein bevorzugter Wohnort wohlhabender Bürger, trug jahrzehntelang den Namen „Alter Westen“. Auf der Grundlage des 1862 erlassenen Bebauungsplans von James Hobrecht veränderte sich die Bebauungsstruktur und es entstand ein Mietshausviertel, durchmischt mit Geschäfts- und Gewerbeeinrichtungen, das mit den benachbarten Wohngebieten Schönebergs und Charlottenburgs nahtlos zusammenwuchs. Im Osten bildet das großflächige Gelände des einstigen Potsdamer und Dresdner Güterbahnhofs eine städtebauliche Barriere. Nach den schweren Zerstörungen im Zweiten Weltkrieg hat die Internationale Bauausstellung der 1980er Jahre (IBA 1987) eine Wiederbelebung des historischen Stadtraums versucht.[302] Obwohl zahlreiche Projekte realisiert wurden, sind Brüche im Stadtgefüge – Baulücken, großräumige Gewerbeeinrichtungen, aufgebrochene Blockränder – nicht zu übersehen.

Die Schöneberger Vorstadt wuchs aus mehreren Gebieten zusammen, die nach den häufigen Überformungen bis 1918 und den Zerstörungen im Zweiten Weltkrieg kaum noch im Stadtgrundriss erfahrbar sind. Zu diesen Gebieten gehört die Potsdamer Straße, das Viertel Am Karlsbad, das Quartier um Lützowplatz und Magdeburger Platz mit der Villenkolonie von Georg Friedrich Kielgan und das westliche Randgebiet mit dem Zoologischen Garten, der erst 1881 eingemeindet wurde. Die erhaltenen Denkmale liegen weit gestreut. Größere Ensembles historischer Bauten sind nicht mehr vorhanden.

Der Ortsteil wird vom Landwehrkanal durchzogen, der 1845–50 nach den Vorstellungen des Gartenbaudirektors Peter Joseph Lenné in der Art eines Flusses mit baumbestandenen Uferpromenaden gestaltet wurde. Bis heute prägt der Kanal das Stadtbild. Der dominierende Straßenzug ist die Potsdamer Straße, die, vom Potsdamer Platz kommend, in südlicher Richtung verläuft. Die einstige Landstraße von Berlin nach Potsdam über die Dörfer Alt- und Neu-Schöneberg war bereits Ende des 18. Jahrhunderts bis zur Potsdamer Brücke mit Sommerhäusern bebaut. Nach dem Ausbau zur ersten preußischen Chaussee 1792 unter König Friedrich Wilhelm II. folgte die Besiedlung südlich des Schafsgrabens. Wie im Tiergartenviertel entstanden zahlreiche zwei- bis dreigeschossige Sommerhäuser, die vor allem nach dem Bau des Landwehrkanals durch stattliche Wohnhäuser und Villen für höhere Staatsbeamte und Rentiers ersetzt wurden.[303] Aus dieser Zeit blieben keine Bauten erhalten, jedoch sind aus der folgenden Bauphase, die zu einer Blockrandbebauung mit viergeschossigen Mietshäusern führte, einige Beispiele überliefert. Auch die Zeit des Ausbaus zu einem großstädtischen Geschäftszentrum um 1900 ist durch einige Geschäftshäuser dokumentiert.

Dagegen hat das Karlsbadviertel seine historische Baustruktur fast gänzlich verloren. Einige Geschäfts- und Bürohäuser an der Straße Am Karlsbad zeugen noch von der einstigen Bebauung. Die zum Teil luxuriös ausgestatteten Mietshäuser am Uferstreifen des Landwehrkanals wurden durch Flächenbombardement vernichtet. Vom Karlsbad, dem idyllischen Viertel für Literaten und Künstler, die hier am Schafgraben und nicht weit vom Tiergarten entfernt ab den 1830er Jahren Villen errichten ließen, sind keine Spuren mehr erkennbar. Heute befindet sich dort eine Grünanlage. Kurfürsten-, Lützow- und Pohlstraße, die in Ost-West-Richtung parallel verlaufenden Straßenachsen, enden vor dem ehemaligen Eisenbahngelände an der Flottwellstraße. Die Straßen gehen auf alte Verbindungswege zurück, die von der Lietzower Feldmark zum Halleschen Tor führten. Neben Resten der herrschaftlichen Wohnbebauung sind einige repräsentative Geschäftshäuser, teilweise mit Gewerbehöfen, von Kriegszerstörung und Abriss verschont geblieben.

Westlich der Potsdamer Straße sorgen Lützowplatz und Magdeburger Platz für eine Auflockerung des starren Blockrasters. Die beiden Plätze, die auf den Bebauungsplan von James Hobrecht zurückgehen, sind zwar noch immer zentrale Orte des Lützowviertels, aber sie haben ihre Einbindung in eine historisch gewachsene Bebauung verloren. Zwei Entwicklungsprozesse prägten das Wohngebiet. Zum einen bildete sich eine verdichtete Blockrandbebauung mit Mietshäusern heraus, die vor allem um den Lützowplatz großzügig geschnittene Wohnungen aufwiesen. Zum anderen betätigte sich der Gutsbesitzer Georg Friedrich Kielgan östlich des Lützowplatzes als Bauunternehmer, indem er seine Gemüseäcker für Stadtvillen parzellieren ließ, um sie anschließend zusammen mit dem Baumeister Otto Wuttke zu bebauen und an wohlhabende Berliner Bürger zu verkaufen. Die Villen des Kielganviertels sind fast gänzlich aus dem Stadtbild verschwunden. Der massige Neubau des Französischen Gymnasiums, für den Ulmen- und Buchenstraße geopfert wurden, sprengt den vorgegebenen städtebaulichen Maßstab. Nur noch an der Kurfürstenstraße lässt sich mit der ehemaligen Villa des Industriellen Roßmann, heute Café Einstein, etwas vom Flair des verloren gegangenen noblen Wohnviertels erahnen.

Erst die Internationale Bauausstellung der 1980er Jahre nahm die historischen Strukturen wieder auf. Im Lützowviertel kam es zu einer Wiedergewinnung des Stadtraums mit Blocksanierung und Lückenschließungen.[304] Der Lützowplatz, der in der Nachkriegszeit zu einem Verkehrsknotenpunkt der autogerechten Stadt, tangiert von breiten Verkehrsschneisen, ausgebaut worden war, erhielt wieder eine urbane Umbauung mit Hotels, Büro- und Wohngebäuden. Die so genannten Torhäuser, die den dahinter liegenden Stadthäusern vorgelagert sind, geben der Lützowstraße eine neue Randfassung.

Im Gebiet zwischen Lützowplatz und Zoologischem Garten hatte man die meisten abgeräumten Grundstücke bereits in den 1960er und 1970er Jahren bebaut. Im Zooviertel waren die Kriegsschäden besonders gravierend. Mit der wirtschaftlichen und politischen Spaltung der Stadt entwickelte sich die Gegend um den Zoo zu einem eigenständigen Stadtzentrum des westlichen Berlin. Das Hilton-Hotel, heute Intercontinental, an der Budapester Straße entstand mit der Bildung der City-West in den 1950er Jahren.

Landwehrkanal und Schöneberger Ufer

Der geschwungene **Landwehrkanal** (Liste Nr. 37) südlich des Tiergartens ist bis heute von großer Bedeutung für die Entwicklung des Stadtraums.[305] Wie ein natürlicher Fluss windet sich der 1845–50 angelegte Kanal durch das Stadtgebiet. Begleitet von breiten Alleen und Uferpromenaden, eingefasst von moosbewachsenen Natursteinquadern und zierlichen Eisengittergeländern blieb vor allem in der Schöneberger Vorstadt das idyllische Bild einer städtischen Flusslandschaft bewahrt. Gartendirektor Peter Joseph Lenné ließ den 10,3 km langen Schifffahrtsweg im Rahmen seiner Verschönerungs- und Ausbauplanung ausführen. Die erste künstliche Wasserstraße Berlins sollte den Schiffsverkehr zwischen Unter- und Oberspree um die Innenstadt herumleiten. Hierfür bot sich der Schaf- und Floßgraben an, den man zwischen der Abzweigung im heutigen Kreuzberg und der Einmündung in Charlottenburg schiffbar machte.[306] Die Oberleitung des Kanalbaus hatte Peter Joseph Lenné inne, die technische Leitung lag in den Händen von Johann Jacob Helfft. Mit den beiden Schleusenanlagen und Staustufen in der Nähe des Schlesischen Tores (Oberschleuse) und beim Zoologischen Garten (Unterschleuse) war der Wasserweg neben seiner wirtschaftlichen Funktion auch als Flutgraben gedacht, um Hochwasser an der Spree zu verhindern. Außerdem dienten die Schleusen der Regulierung des Grundwasserspiegels im Tiergarten. Die sehr fortschrittlichen und weitsichtigen Überlegungen machen den Kanalbau, abgesehen von seiner Bedeutung für die Stadtentwicklung, zu einer Meisterleistung der Ingenieur- und Wasserbaukunst des 19. Jahrhunderts.
Seine heutige Form erhielt der Landwehrkanal bei einem Ausbau, der 1883–90 vorgenommen wurde, um mehr Raum für den Schiffsverkehr zu schaffen. Der Kanal musste den Transport fast sämtlicher für den raschen Ausbau Berlins benötigter Baumaterialien bewältigen. Anstelle der unbefestigten Erdböschungen entstanden massive Ufereinfassungen aus Beton mit vorgeblendeten Sandsteinquadern. Zwei unterschiedliche Profilbreiten dieser Umbauzeit sind bestimmend geblieben. Zwischen der Schleuseninsel und der Corneliusbrücke wurden flach ansteigende Böschungen ausgebildet, dann folgt eine steile, kaiartige Uferbefestigung. Im Kanalverlauf des Lützowufers wurden 1950–60 nach Plänen von Willy Alverdes und Eberhard Fink einige Steineinfassungen durch Grünanlagen mit Rasenböschungen ersetzt. Die zweischiffige Schleusenkammer der Unterschleuse wurde 1936–40 vergrößert, während das zweigeschossige Wärterhaus mit Walmdach erst 1953–54 entstand.
Unterhalb der neuen Lichtensteinbrücke erinnert ein stählernes Mahnmal an die Ermordung von Rosa Luxemburg 1919. Die Tafel mit einem Namenszug der Ermordeten, geschaffen von Ralf Schüler und Ursulina Schüler-Witte, macht auf die Stelle aufmerksam, an der die Leiche Rosa Luxemburgs ins Wasser geworfen wurde.[307]

57. Schöneberger Ufer 57, 59 und 61 (v. l.n.r.), Mietshäuser

Die Nähe zum Tiergartenviertel beeinflusste die Entwicklung des Quartiers am Landwehrkanal. Zunächst bildete sich eine lockere Bebauung mit Sommerhäusern, die nach der Mitte des 19. Jahrhunderts von vier- bis fünfgeschossigen herrschaftlichen Mietshäusern abgelöst wurden. Im Abschnitt zwischen Potsdamer Brükke und Bendlerbrücke sind einige große Wohngebäude von Kriegszerstörung und Abbruch verschont geblieben. Zwei vierstöckige Häuser aus der Mitte des 19. Jahrhunderts rahmen ein später errichtetes fünfgeschossiges Mietshaus. Die Mietshäuser **Schöneberger Ufer 61** (Abb. 57, Liste Nr. 182)[308] und **Schöneberger Ufer 57** (Abb. 57, Liste Nr. 180), die 1858–59 errichtet worden sind, gehören zu den ältesten Bauten südlich des Landwehrkanals. Die vornehme Wohnlage nahe dem Tiergartenviertel zeigt sich in einer aufwendigen Gestaltung. Die spätklassizistischen Fassaden zeichnen sich durch eine harmonische Gliederung mit Seitenrisalit und Giebel und durch eine feine Ornamentik aus. Der Entwurf stammt von örtlichen Handwerkern, die sich als Bauunternehmer betätigten. Ratsmaurermeister Albert Metzing bebaute die Grundstücke Schöneberger Ufer 59 und 61, während Maurermeister W. Reiniger und Zimmermeister R. Hosemann die gleichartigen Mietshäuser Schöneberger Ufer 55 und 57 ausführten. Das Haus Schöneberger Ufer 59 musste im ausgehenden 19. Jahrhundert einem Neubau weichen, das Haus Schöneberger Ufer 55 wurde im Zweiten Weltkrieg zerstört. Das rechte Gebäude von Albert Metzing besticht durch seinen bauplastischen Schmuck, der die Bogenfelder der oberen Risalitfenster ausfüllt. Die Obergeschossfenster der Hauptfront sind mit Hermen eingefasst. Das linke Mietshaus von W. Reiniger und R. Hosemann besitzt einen strengen Fassadenaufbau mit Pilasterordnung am Risalit. Der offene Altan im Erdgeschoss, der zu einer großen Fünfzimmerwohnung gehörte, wurde 1938 zu einem Laden umgebaut.

Das mittlere Wohnhaus, das Albert Metzing ausgeführt hatte, musste 1894–95 dem Mietshaus **Schöneberger Ufer 59** (Abb. 57, Liste Nr. 181) weichen. Das stattliche Gebäude verfügte über herrschaftliche Wohnungen, die mit zwölf Zimmern, einer zentralen Eingangshalle und Nebenräumen für das Hauspersonal jeweils ein ganzes Geschoss einnahmen. Die Wohnungen erstreckten sich vom Vorderhaus über den Seitenflügel bis zum Quergebäude.[309] Die teilweise noch vorhandene Grundrissaufteilung vermittelt einen Eindruck von der Wohnkultur einer reichen bürgerlichen Schicht im Berlin der Jahrhundertwende. In Hinblick auf die großbürgerliche Mieterschaft gestalteten die Architekten Höniger & Sedelmeier eine würdevolle Sandsteinfassade, die vielfältigen Dekor besitzt, ohne aber überladen zu wirken. Stilistisch dominieren die Formen der deutschen Renaissance. In der Mittelachse ist ein dreiseitiger Erker ausgebildet, über dem ein Giebel aufragt.

Das 1910–11 erbaute **Atelierhaus des Vereins Berliner Künstlerinnen** am **Schöneberger Ufer 71** (Abb. 58, Liste Nr. 183) sollte Arbeits- und Ausstellungsräume für Berliner Künstlerinnen schaffen.[310] Heinrich Schweitzer, ein Vertreter der Reformarchitektur des beginnenden 20. Jahrhunderts, entwickelte aus der ungewöhnlichen Binnenstruktur des mehrgeschossigen Atelierhauses eine sachliche, elegant wirkende Fassade, die nur durch Fensterfaschen und Gesimsbänder gegliedert wird. Die großflächig verglasten Atelierfenster des vierten und fünften Geschosses sind durch zwei schlichte, halbrunde Erker voneinander getrennt. Das Vorderhaus wird von einer Eisenbetonkonstruktion getragen, die in der Grundrissgestaltung größtmögliche Flexibilität erlaubte. Über den Vereinsräumen war die Wohnung der Direktorin angeordnet, die sich durch zwei Atelierfenster mit Balkon im dritten Geschoss abzeichnet. An die Ateliers des fünften Stockwerks schließt sich ein nach Süden ausgerichteter Atelierraum für Unterricht im Aktzeichnen an. Das war besonders wichtig, weil Frauen zu den Aktklassen der Kunstakademien nicht zugelassen waren. Ein kleiner Saal an der Gartenseite diente als Ausstellungsgebäude. Die nach 1945 teilweise vereinfachte Fassade wurde 2002 wieder hergestellt.

58. Schöneberger Ufer 71, Atelierhaus des Vereins Berliner Künstlerinnen, 1910–11 von Heinrich Schweitzer

Der Rentier Karl Böttcher ließ 1908–09 das benachbarte Mietshaus **Schöneberger Ufer 73** (Abb. 59, Liste Nr. 184) errichten.[311] Der Entwurf stammt von Architekt Adolf Förster aus Friedenau. Nach mehreren Umbauten und dem Abbruch von Seitenflügel und Quergebäude blieb nichts von den großzügig geschnittenen Wohnungen erhalten.[312] Nur noch die Putzfassade dokumentiert den großbürgerlichen Charakter des Hauses. Die Mittelachse ist mit einem Erker betont. Mit zurückhaltendem Dekor gehen die beiden zusammengefassten unteren Geschosse kaum erkennbar in die oberen Geschosse mit Pilasterordnung über. Filigrane Ornamente sind frei komponiert. Doch überwiegt noch immer das

Stilgemisch des ausgehenden 19. Jahrhunderts, das mit Wellengiebeln und Kartuschen hier eher neobarocke Einflüsse erkennen lässt.

Das in der Nachkriegszeit propagierte Konzept einer aufgelokkerten, von Grünflächen durchzogenen Stadt kann man auf dem weiträumigen Eckgrundstück, das sich vom Schöneberger Ufer bis zur Lützowstraße erstreckt, anschaulich nachvollziehen. Man nahm nicht die Wiederherstellung der zerstörten Wohnbebauung in Angriff, sondern plante verschiedene soziale Einrichtungen. An der **Kluckstraße 3**, Ecke **Schöneberger Ufer**, wurde in zwei Bauabschnitten 1961–62 und 1964–67 ein großes **Jugendgästehaus** (Abb. 60, Liste Nr. 129) errichtet.[313] Den 1958 ausgeschriebenen Wettbewerb hatten Hans C. Müller und Georg Heinrichs gewonnen. Die Architekten antworteten mit ihrem Entwurf auf das 1931 gebaute Shellhaus am gegenüberliegenden Ufer, das mit einer expressiven Staffelung und linearen Fensterbändern den Stadtraum dominiert. Auch sie benutzen diese Ausdrucksmittel, wobei sie das Hauptgebäude, abgewandt vom Landwehrkanal, parallel zur Kluckstraße legten und in lang gestreckten Stufen untergliederten. Zur Ecke ist der Hauptbau abgetreppt gebildet, um dann nach einem niedrigen Küchentrakt mit einem siebengeschossigen Bauteil an die älteren Wohnhäuser des Schöneberger Ufers anzuschließen. In dem Bemühen, den gesamten Baukörper als eine große Plastik aufzufassen, erkennt man Anklänge an die klassische Moderne. Zugleich nimmt der Bau in der schroffen Kantigkeit der aufgetürmten Kuben bestimmende Merkmale der Architektur der 1970er Jahre vorweg. Dazu passt die 1965 vor dem Haupteingang aufgestellte Betonplastik von Helmut Wolff mit ihrer geometrischen Architektur aus verschachtel-

59. Schöneberger Ufer 73, Mietshaus, 1908–09 von Adolf Förster

60. Kluckstraße 3, Jugendgästehaus, 1961–62, 1964–67 von Hans C. Müller und Georg Heinrichs

ten Stahlbetonstützen und -balken.[314] Die Außenanlagen gestaltete der Gartenarchitekt Walter Rossow.

Das Viertel um die Potsdamer Straße

Gleich hinter der Potsdamer Brücke besetzt das 1928–29 erbaute **Geschäftshaus Loeser & Wolff** (Abb. 61, Liste Nr. 161) das große Eckgrundstück **Potsdamer Straße 58** und **Schöneberger Ufer 47**.[315] Der dominante Eckbau, der aufgrund seiner kompakten Gestalt als „Loeserburg" bezeichnet wurde, leitet zur straßenbegleitenden Bebauung südlich des Landwehrkanals über. Albert Biebendt entwarf die Verwaltungszentrale der traditionsreichen Zigarrenfabrik Loeser & Wolff im dynamisch expressiven Geschäftshausstil des Neuen Bauens.[316] Mit sechs Geschossen nimmt der mit hellen Mainsandsteinplatten verkleidete Stahlskelettbau die benachbarte Blockrandbebauung auf, während die Ecke weithin sichtbar mit einem zurückgesetzten siebenten Geschoss betont wird. Dem Architekten gelang es, mit abgerundeten Ecken, mit der Bandgliederung der Werksteinbrüstungen und mit den seriell aufgereihten Fensterformaten der Straßenfront eine ungemein schnittige und stromlinienförmige Wirkung zu verleihen. Die effektvoll fließenden Linien, verbunden mit einer heute nicht mehr vorhandenen Lichtarchitektur versprachen nicht nur dem Bauherrn eine wirkungsvolle Reklame, sondern waren auch ein Sinnbild für das rasant wachsende großstädtische Tempo der 1920er Jahre.[317] Die moderne Großstadtarchitektur hatte dem Bewegungsfluss des Verkehrs zu folgen:[318] Fließende, die Horizontale betonenden Formen waren gefragt, so wie sie Erich Mendelsohn beim Umbau des Mossehauses 1922, die Brüder Luckhardt und Alfons Anker beim Geschäftshaus Telschow 1928 am Potsdamer Platz und Emil Fahrenkamp beim Shellhaus 1932 programmatisch demonstrierten. Modernität verkündet gleichfalls das mit Glas und funkelnden Metallprofilen gestaltete Erdgeschoss mit Läden.[319] Am gut erhaltenen Haupteingang an der Potsdamer Straße findet man Bronze und neuzeitliche Metalle wie Nirosta-Stahl, die im Zusammenklang mit der edlen Natursteinverkleidung aus verschiedenfarbigem Marmor der Eingangshalle und dem Treppenhaus eine mondäne Eleganz geben.[320] Neben einer Dachterrasse für den Aufenthalt der Angestellten des Unternehmens galt als Besonderheit, dass die Autos in der unterirdischen Hofgarage Platz sparend auf einer Drehscheibe parken konnten. Das Gebäude wurde 2003–04 aufgestockt.

Die brachliegenden Flächen südlich des Landwehrkanals, die noch lange nach dem Zweiten Weltkrieg von der enormen Zerstörung der Stadt zeugten, konnten teilweise erst im Rahmen der Internationalen Bauausstellung 1987 bebaut werden. Dabei entstand 1984–85 ein Wohnkomplex, der die Blockkante an der Potsdamer Straße wieder aufnimmt und mit einem zehngeschossig erhöhten Eckbau das Gegenstück zur „Loeserburg" bildet.[321]

Das Karlsbadviertel wurde im Zweiten Weltkrieg erheblich zerstört. Die Bauten zwischen dem Schöneberger Ufer und der Straße Am Karlsbad gingen vollständig verloren. Dort befindet sich heute eine 1989 neu gestaltete Grünanlage. So hat man von der Potsdamer Brücke eine freie Sicht auf die Verwaltungs- und Geschäftsbauten der Straße Am Karlsbad, die mit ihren Werksteinfassaden die Repräsentationsvorstellungen der Bauherren wiedergeben. Sie dokumentieren den großstädtischen Strukturwandel des frühen 20. Jahrhunderts, als die klassizistischen Wohnhäuser von aufwendig gestalteten Verwaltungszentralen verdrängt wurden.

Am Karlsbad 3-5 wurde 1934–36 das **Verwaltungsgebäude der Feuersozietät der Provinz Brandenburg** (Abb. 62, Liste Nr. 64) errichtet, das als Hauptniederlassung für die 1719 von König Friedrich Wilhelm I. gegründete Versicherungsanstalt bestimmt war.[322] Bereits 1912 hatte die Feuersozietät ein heute nicht mehr vorhandenes Nachbarhaus bezogen, das jedoch dem ansteigenden Raumbedarf nicht mehr gewachsen war. So vereinigte man alle Abteilungen in einem vierflügeligen Neubau. Die renommierten Berliner Architekten Paul Mebes und Paul Emmerich entwarfen zusammen mit Johannes Hahne ein sachlich modernes, aber zugleich der Bautradition verpflichtetes Gebäude, das an die konservative Geschäftshausarchitektur der 1920er Jahre anknüpfte.[323] Repräsentativ verbinden sich historisierende Elemente – die Dreiteilung der Fassade, die kräftige Rahmung der Fenster, die kunsthandwerkliche Ausstattung in Inneren – mit der eher sachlichen Werksteinverkleidung und dem strengen Fensterraster. Damit widersprachen die Architekten nicht der nationalsozialistischen Architekturauffassung, sodass man vorhatte, das Haus zusammen mit dem benachbarten Altbau der Feuersozietät als einzige Bauten des Karlsbadviertels in die gigantomanische Nord-Süd-Achse zu integrieren.[324] Das Geschäftshaus besticht durch seine zweckmäßige Architektur, die nicht in spannungslose Einförmigkeit abgleitet. Paul Mebes und Paul Emmerich gruppierten die erhebliche Baumasse um einen großen, auf der Rückseite leicht ausgebogenen Schmuckhof. „Mit seinen gelbweiß verputzten Wänden, den luftigen Fensterreihen und seinen roten Ziegeldächern, mit den vom Tiergartendirektor Timm angelegten Steinplatten wegen und Staudenbeeten und dem Steinbrunnen von Max Esser in der Mitte macht dieser Hof einen heiteren und räumlich beglückenden Eindruck", lautete ein zeitgenössisches Urteil.[325] Mehr als im äußeren Erscheinungsbild suchten die Architekten im Inneren eine gediegene Ausstrahlung zu erreichen. So wurde weder bei der Auswahl edler Materialien noch bei der Beauftragung bekannter Kunsthandwerker und Künstler gespart. Eingangshalle und Treppenhaus beeindrucken durch ihre ganzheitliche Ausgestaltung. Durch das schmiedeeiserne, vergoldete Hauptportal, geschaffen von Julius Schramm, gelangt man in eine mit schlesischem Marmor verkleidete Empfangshalle und zur repräsentativen Haupttreppe. Die farbigen Glasfenster mit Rautenmuster und die Wappenscheiben im Treppenhaus und im großen Sitzungssaal nach Entwurf von César Klein, die flächigen Wandmalereien von Ilse Mebes und Johannes Sass sowie der bildhauerische Dekor über den Eingängen von Hans Krückeberg und Bernhard Bleeker bezeugen Reichtum und Repräsentationswillen der Versicherungsgesellschaft.

Auch das 1928–29 erbaute **Verwaltungsgebäude des Gewerkschaftsbunds der Angestellten** (Abb. 63, Liste Nr. 65), **Am Karlsbad 8**, tritt traditionsbetont auf.[326] Jedoch wählte der durch das Kaufhaus des Westens bekannt gewordene Architekt Johann

61. Potsdamer Straße 58, Loeser & Wolff GmbH, 1928–29 von Albert Biebendt

62. Am Karlsbad 3-5, Feuersozietät der Provinz Brandenburg, 1934–36 von Mebes & Emmerich

63. Am Karlsbad 8, Gewerkschaftshaus des Gewerkschaftsbunds der Angestellten, 1928–29 von Johann Emil Schaudt

Emil Schaudt einen weitaus machtbetonteren Stil.[327] Das Gewerkschaftshaus besitzt eine monumentale Pfeilerordnung, die an die vor dem Ersten Weltkrieg erbauten Verwaltungsgebäude von Peter Behrens erinnert. Das bestimmende Moment sind elf fast über die gesamte Fassadenhöhe laufende Pfeiler, eingestellt in eine Nische, wobei die Wirkung durch die schmucklose glatte Verkleidung aus rotem Sandstein und roter Tufflava noch gesteigert wird. Im Innern setzt sich das Pfeilermotiv in der Treppenhalle mit der vierteiligen, gegenläufigen Treppe fort. Auch hier sind Wände und Böden gänzlich mit Natursteinplatten verkleidet. Der Fußboden ist mit roten und grauen Platten im Schachbrettmuster belegt, die im Zusammenklang mit den aufstrebenden Pfeilern dem Foyer eine überspitzt sachliche Ausstrahlung verleihen. Das Gebäude drückt die gewachsene Geltung der Angestelltengewerkschaft aus, hatten doch die Angestellten aufgrund der wirtschaftlichen Veränderungen neben der Arbeiterschaft immer mehr an Bedeutung gewonnen.

An das Gewerkschaftshaus grenzt das so genannte **Afrikahaus** an (Abb. 64, Liste Nr. 66), das 1910–11 auf dem Grundstück **Am Karlsbad 10** als Geschäftshaus der Deutschen Kolonialgesellschaft errichtet wurde.[328] Die Pläne stammen von Franz Hildebrandt, dem Mitinhaber der den Bau ausführenden Baugesellschaft Gustav Clemens. Das neoklassizistische Geschäftshaus mit Seitenflügel und Quergebäude erhielt eine zurückhaltende vornehme Note, angelehnt an die französische Klassik. Zu den attraktiven Merkmalen der Fassade gehört die Kolossalordnung der Obergeschosse mit ionischen Pilastern zwischen den Fenstern. Das Untergeschoss wurde mit einer Rustika und Korbbogenfenstern abgesetzt. Auf die einstige Bestimmung des Hauses, das an die damalige koloniale Expansionspolitik Deutschlands auf dem afrikanischen Kontinent erinnert, verweisen zwei von ehemals sechs Schmuckreliefs unter dem Dachgesims, die jeweils einen Afrikaner mit Ohrringen zeigen. Der Bauschmuck des Erdgeschosses – Negerkopfplastiken auf den Schlusssteinen der Korbbögen – ist dagegen verloren. Der 1987 ausgeführte Dachausbau, der mit geschwungenen Verdachungen die Form der früheren Fledermausgauben aufnimmt, fügt sich ausnehmend gut ein.

64. Am Karlsbad 10, Afrikahaus, 1910–11 von Franz Hildebrandt

65. Bissingzeile 11, Mietshaus, 1895–97 von Garnn & Krantz (Grundrisse) und Cremer & Wolffenstein (Fassade)

Hinter den Verwaltungs- und Geschäftshäusern der Straße Am Karlsbad treffen wir an der **Bissingzeile 11** auf den Rest einer Häusergruppe, der von einer zusammenhängenden Privatstraßenbebauung des ausgehenden 19. Jahrhunderts zwischen Potsdamer Straße und Lützowstraße übrig geblieben ist (Abb. 65, Liste Nr. 78).[329] Abgeschirmt vom Straßenlärm sollte hier gehobener Wohnraum für wohlhabende Bürger geschaffen werden. Bereits 1890 hatten die Maurermeister Paul Garnn und Otto Krantz versucht, das Hinterland des Grundstücks Potsdamer Straße 121 neben der Königlichen Hochschule der Musik mit einer schmalen Privatstraße, begleitet von herrschaftlichen Mietshäusern, zu erschließen.[330] Baurechtliche Bestimmungen, Grundstückszukäufe und Finanzierungsprobleme erschwerten die Realisierung des Projekts, für das man die Potsdamer Straße Baugesellschaft mbH gegründet hatte. Mit den Bauarbeiten wurde 1895 begonnen, die letzten Mietwohnungen waren 1897 bezugsfertig. Die Anlage bestand aus dreizehn Hauseinheiten, die sich ausgehend von der Potsdamer Straße mäanderförmig längs der heutigen Bissingzeile bis zur Lützowstraße hinzogen. Es bildete sich somit eine Abfolge von Vorhöfen. An ihnen waren die Gesellschafts- und Wohnräume angeordnet. Noch während der Bauphase wurden die damals sehr gefragten Architekten Wilhelm Cremer und Richard Wolffenstein zur Verschönerung der Wohnanlage hinzugezogen. Sie gaben den viergeschossigen Mietshäusern ein ehrwürdiges Gepräge mit Stilelementen der altdeutschen Renaissance. Davon zeugt das erhaltene Gebäude Bissingzeile 11, bei dem allerdings viele Dekorteile und Dachaufbauten fehlen. Vom Mietshaus Bissingzeile 5 blieb nur das reich gegliederte Sandsteinportal erhalten.

Die Potsdamer Straße hat im Abschnitt zwischen Lützow- und Kurfürstenstraße ihr typisches Bild einer gewachsenen Wohn- und Geschäftsstraße mit spätklassizistischen Mietshausfassaden der Jahrhundertwende und großstädtischen Geschäftshäusern des frühen 20. Jahrhunderts bewahrt. Das älteste noch erhaltene Gebäude an der **Potsdamer Straße 73** (Abb. 66, Liste Nr. 165) wurde 1855–56 von Zimmermann Johann Daniel Willmann und Maurermeister J. Kuhtz errichtet. Bereits zehn Jahre zuvor hatte Willmann versucht, das Grundstück mit einem Mietshaus zu bebauen, was ihm aber versagt worden war.[331] Erst musste der endgültige Verlauf des zum Landwehrkanal ausgebauten Schafgrabens festgelegt werden. Danach wurde das viergeschossige Mietshaus mit jeweils zwei Wohnungen pro Stockwerk ausgeführt.[332] Mit seiner niedrigen Bauhöhe und der in der Durchfahrt liegenden Geschosstreppe verkörpert es den Typ des vorstädtischen Mietshauses. Anfangs nur aus einem Vorderhaus bestehend, kamen 1866–68 der rechte Seitenflügel und ein Quergebäude hinzu. Das Hinterhaus wurde 1908 durch einen Neubau ersetzt. Einprägsam ist die Straßenfassade. Die mächtige Attika mit Schmuckvasen, Firmenschriftzug und Hausnummer geht auf den Umbau zu einem Geschäftshaus für das Beerdigungsinstitut Gustav Nobert zurück. Die 1908 von Conrad Heidenreich und Paul Michel vorgenommene Veränderung ließ die spätklassizistische Fassung der Straßenfront unberührt. Die Aufwertung der Dekoration mit Monumentalpilastern, Festons und Porträtmedaillons stammt vermutlich aus den späten 1870er Jahren.

Das 1910–11 erbaute Geschäfts- und Bürohaus **Potsdamer Straße 87** (Abb. 67, Liste Nr. 164) belegt den einstigen Rang der Potsdamer Straße als anspruchsvolle großstädtische Geschäftsstraße. Die vornehme hohe Sandsteinfassade mit Pastergliederung und Attikageschoss über einem ausladendem Kranzgesims mit Balkenfries schuf der Architekt und Bauunternehmer Kurt Berndt für den Kaufmann und Weinhändler Ernst Ullmann, der dem Neubau im aufstrebendem „Alten Westen" Berlins den Namen **„Hansa-Haus des Westens"** gab. Der Bau erstreckt sich über zwei Höfe. In den beiden unteren Geschossen bot Ernst Ullmann Geschäfts- und Lagerräume an, in den oberen Stockwerken befanden sich Büroräume, die frei aufgeteilt werden konnten und die mit großem Komfort wie Zentralheizung, Personen- und Lastenaufzug, elektrischer Beleuchtung und Fernsprechanschluss ausgestattet waren.[333] Das Gebäude, das seit 1953 dem Tagesspiegel als Verlagshaus dient, zeigt eine neoklassizistische Architektur, wie sie kurz vor dem Ersten Weltkrieg fast ausschließlich im Geschäftshausbau angewandt wurde. Werksteinverkleidung, eine strenge Tektonik und ein reduzierter Formenapparat sind die kennzeichnenden Elemente des neuen Stils, der hier mit geschwungenen feingliedrigen Gittern vor den französischen Fenstern des vierten Geschosses eine noble Steigerung erfährt.[334]

Durch das Druck- und Verlagshaus des Tagesspiegels an der Potsdamer Straße 77-83 gelangt man zu einer Privatstraße, an der sich die Reste einer ursprünglich U-förmig angelegten Hausgruppe mit sechs aneinander gebauten Villen erhalten haben. Die drei noch bestehenden, teilweise stark veränderten, heute gewerblich genutzten Gebäude gehören zu einem Wohnhof, der durch den Actien-Bau-Verein Königstadt 1873–74 angelegt worden war.[335] Für den Entwurf war der Hofbaurat und Direktor der Baugesellschaft Ernst Klingenberg verantwortlich, der zur gleichen Zeit auf eigene Rechnung eine ganz ähnliche herrschaftliche Wohnanlage an der Genthiner Straße erbauen ließ. Den Terrainerschließungen lag das Bedürfnis zugrunde, ruhig gelegene Wohnungen für den gehobenen Anspruch zu schaffen, wobei man versuchte, die großen, nach der Hobrechtschen Bebauungsplanung von 1862 entstanden Baublöcke mit ihren tiefen Parzellen besser zu verwerten. Nach dem Vorbild ähnlicher Wohnanlagen in Paris entstanden aneinander gereihte zweigeschossige Wohnhäuser im spätklassizistischen Villenstil, die mit ein bis zwei großzügigen Wohnungen und kleinen Hausgärten ausgestattet waren. Abgelegen vom Straßenverkehr, zeichnen sich die Häuser durch eine exklusive inselartige Lage im städtischen Umfeld aus. Sie dokumentieren Lebensart und Wohnstil des gut situierten Bürgertums des ausgehenden 19. Jahrhunderts. An der Privatstraße wohnten neben Anton von Werner auch die Architekten Heinrich Kayser und Karl von Großheim.

Das zur Villengruppe gehörende **Anton-von-Werner-Haus** (Abb. 68, Liste Nr. 163), **Potsdamer Straße 81 A**, ist das einzige überlieferte private Künstlerhaus des wilhelminischen Berlin.[336] Das Haus wurde mehrfach aufgestockt. Die nachträglich verputzte Fassade hat, abgesehen von den Werksteineinfassungen der Fen-

66. Potsdamer Straße 73, Mietshaus, 1855–56 von Johann Daniel Willmann

67. Potsdamer Straße 87, Hansa-Haus des Westens, Geschäftshaus, 1910–11 von Kurt Berndt

ster und des Hauseinganges, nichts Besonderes aufzuweisen. Hinter der schmalen zweiachsigen Front befand sich jedoch die Wohnung des Malers Anton von Werner, der 1871 nach Berlin gekommen war und als Hof- und Gesellschaftsmaler der Kaiserzeit berühmt wurde. Der Künstler ließ das anfangs nur zweigeschossige Haus 1873 von Ernst Klingenberg entwerfen und mit einem rückwärtigen Atelier im Obergeschoss ausstatten. 1881 wurde der Seitenflügel angebaut. Das Atelier wurde 1884 durch zusätzliche Räume erweitert, die als drittes Stockwerk und niedrige Attika in Erscheinung traten.[337] Bei einem einschneidenden Umbau 1938–39 in ein Geschäftshaus teilte man das Atelier in zwei Geschosse, sodass ein wesentlicher Teil des Künstlerhauses zerstört wurde, während das Raumgefüge in den beiden unteren Stockwerken erhalten blieb.[338] Hier fand man 1988 unerwartet große Teile der eigenhändigen Ausmalung Anton von Werners. In ihrer Farbigkeit, in der Dichte der Sujets und in dem reichen Dekor sind die Malereien einzigartige Zeugnisse gründerzeitlicher Raumausstattung und künstlerischer Selbstdarstellung. Die Wandgemälde demonstrieren nicht zuletzt den hohen gesellschaftlichen Rang Anton von Werners, der seit 1875 Direktor der Hochschule für bildende Künste und seit 1887 Vorsitzender des Vereins Berliner Künstler war und über enge Kontakte zum kaiserlichen Hof verfügte.

Während im Erdgeschoss die privaten Wohnräume lagen, erstreckten sich im Obergeschoss die Repräsentationsräume. Der in Rot gehaltene Salon führt die künstlerische Ahnengalerie des

68. Potsdamer Straße 81A, Anton-von-Werner-Haus, 1873–74 von Ernst Klingenberg; Wandmalereien von Anton von Werner

69. Potsdamer Straße 91, Mietshaus und Druckerei, 1860–61 von Johann Daniel Willmann; Fassadengestaltung, 1883 von Richard Krebs

70. Potsdamer Straße 97, Mietshaus, 1863 von Julius Lübcke

Hausherrn vor. In ornamentierten Wandfeldern blicken in großfigurigen Darstellungen Tizian und Raffael von den Wänden, in Medaillonbildnissen sind Rubens, Rembrandt, Dürer, Holbein, Velàzquez und Murillo dargestellt. Das Musikzimmer zieren Wandbilder, die nach Illustrationen zu Liedern des Dichters Johann Viktor v. Scheffel gemalt wurden.[339] Im Schlafzimmer sind in blaugetönten Feldern Szenen aus der Geschichte von Amor und Psyche zu sehen, im Kinderzimmer folgen Grisaillen mit Märchenszenen unter einem Sternenhimmel. Nur im Arbeitszimmer wechselt der Duktus von der erbauenden Unterhaltung zum patriotischen Bekenntnis. An der Decke prangt der Reichsadler, umgeben von einem mittelhochdeutschen Spruch, der das deutsche Land und Volk rühmt. An den Wänden findet man ein Kalendarium der Schlachten im Deutsch-Französischen Krieg von 1870/71 und Porträts der kaiserlichen Familie, des Chefs des Generalstabs der Armee, Helmuth Graf v. Moltke, und anderer Persönlichkeiten des wilhelminischen Staates.

Noch bevor die Pohlstraße die Potsdamer Straße kreuzt, liegen hinter den Verlagsgebäuden des Tagesspiegels zwei Mietshäuser der 1860er Jahre, die zu den ältesten vorstädtischen Wohnhäusern der Schöneberger Vorstadt zählen. Das Haus **Potsdamer Straße 91** (Abb. 69, Liste Nr. 165) gehört zu den Willmannschen Häusern, für die der Zimmermeister Johann Daniel Willmann bereits in den 1840er Jahren Bauanträge gestellt hatte.[340] Auch hier musste der Baubeginn solange zurückgestellt werden, bis der Verlauf des Landwehrkanals feststand. Erst 1860 begann Johann Daniel Willmann mit dem Bau des viergeschossigen Vorderhauses und des zugehörigen Seitenflügels. Maurermeister J. Friedmann und Zimmermeister Otto Bock übernahmen die Ausführung. Das 1861 fertig gestellte Haus verfügte über Drei- und Vierzimmerwohnungen mit Bad und Innentoilette. Von besonderem Wert ist die gut erhaltene Stuckfassade, die 1883 überformt wurde, aber mit ihrer horizontalen Gliederung noch die spätklassizistische Fassung erkennen lässt. Die Neugestaltung stammt von Ratsmaurermeister R. Krebs. Zusammen mit dem hohen Mansarddach gibt der neue Dekor dem Haus einen Anflug des heiteren französischen Klassizismus. Die Aufwertung der Straßenfassade stand im Zusammenhang mit dem Bau eines Hofgebäudes. Das Berliner Lithographische Institut Julius Moser, das seit 1872 seinen Sitz im verlängerten Seitenflügel hatte, ließ 1882–83 im Hof ein neues Produktionsgebäude errichten.[341] Durchschreitet man die prachtvoll dekorierte Durchfahrt des Vorderhauses, so fällt der Blick, eingeengt von Brandwänden und Seitengebäuden, auf die fünfgeschossige Ziegelfassade des winkelförmigen Druckereigebäudes. Die damalige Bauordnung ließ eine dichte Hofbebauung auf der schmalen, sehr tiefen Parzelle zu. Gegenüber dem älteren Druckereigebäude auf der linken Seite, einem viergeschossigen Putzbau, entstand 1872 ein dreigeschossiges Wohnhaus mit stukkierten Fensterverdachungen, das heute als Hotel genutzt wird. Die Mischnutzung mit dichtgedrängten Wohn- und Gewerbebauten ist ein anschauliches Beispiel für die Verstädterung der Schöneberger Vorstadt nach der Eingemeindung 1861 und nach dem anschließenden gründerzeitlichen Aufschwung.

Mit einem wesentlich kleineren Grundstück musste Baumeister Julius Lübcke auskommen, der 1863 das ihm selbst gehörende Mietshaus **Potsdamer Straße 97** (Abb. 70, Liste Nr. 166) errichtete. Die geringe Baufläche wurde optimal ausgenutzt. Die Baugruppe mit viergeschossigem Vorderhaus, Seitenflügel und fünfgeschossigem Quergebäude umschließt einen nicht mehr als fünf mal fünf Metern großen Hinterhof. Das entsprach den Mindestanforderungen der Berliner Bauordnung von 1853.[342] Dem Vorderhaus, das großzügige Wohnungen für Offiziere beherbergte, gab Julius Lübcke eine vornehme Straßenfront mit Pilastern, Konsolgesims und Rundbogenfenstern im Seitenrisalit. Mit dem renaissancehaften Rundbogenstil war der Baumeister ganz auf der Höhe der Zeit, setzte doch in den 1860er Jahren der Wechsel vom Klassizismus zur Neorenaissance ein. Nicht mehr bauzeitlich ist dagegen die Erschließung und Ladengestaltung des Erdgeschosses. Mit der Ladenvergrößerung 1882 fiel die Tordurchfahrt fort. 1897 baute man ein neues vorderes Treppenhaus ein, dessen dekorative Ausmalung erhalten ist.

An der Körnerstraße, die parallel zur Potsdamer Straße verläuft, wurde 1902–06 das **Postamt W 35** (Abb. 71, Liste Nr. 131) errichtet, das zu den großen, repräsentativen Amtsgebäuden des wilhelminischen Berlin gehört.[343] Das von Postbaurat Hermann Struve entworfene Gebäude auf dem Grundstück **Körnerstraße 7-10** umfasst vier Flügel, die eine Schalterhalle mit Oberlicht umschließen. Der seitlich anschließende Hof wird von einem Zwischentrakt mit Loggia und Übergang begrenzt, der zum Gebäude der Paketannahme überleitet. Während die Hofseiten zurückhaltend gestaltet sind, wirkt die Straßenfront mit zwei übergiebelten Risaliten und einem Erker in der Mittelachse äußerst prachtvoll, wie es für die offizielle Architektur des Deutschen Reichs durchaus üblich war. Der Backsteinbau ist mit Architekturgliedern aus Sandstein geschmückt, wobei Motive der deutschen Renaissance, des Barock und des Jugendstils in einer sonderbaren Komposition vermengt sind. Hermann Struve schmückte die Fassade mit stuckierten Wandfeldern, einer maßwerkartigen Brüstungsgalerie mit spätbarocken Formen und Jugendstilreliefs an den aufragenden Giebeln. Ein nicht mehr erhaltener mächtiger Reichsadler über dem Erker machte auf den hoheitlichen Status der Post aufmerksam. Jedoch blieb die Fassadengestaltung, die an die Bauten des Stadtbaurats Ludwig Hoffmann erinnert, trotz einiger modernen Anklänge ohne Bezug zu den Funktionsräumen im Inneren. Durch den Haupteingang unter dem Erker gelangte man ursprünglich in die Schalterhalle, die 1982–83 vollkommen umgestaltet wurde.[344] Das frühere Postamt wird heute von der Deutschen Telekom genutzt.

Das letzte erhaltene Mietshausensemble der Potsdamer Straße mit weitgehend originalen Stuck- und Werksteinfassaden findet man auf der östlichen Straßenseite zwischen Pohl- und Kurfürstenstraße. Anschaulich verdeutlichen die Straßenfassaden der drei Häuser **Potsdamer Straße 103-107** (Liste Nr. 9) den Stilwandel vom Klassizismus zum Historismus. Sie vermitteln noch etwas vom einstigen großstädtischen Glanz der Schöneberger Vorstadt zur Jahrhundertwende. An die frühen Jahre der Ansiedlung erinnert das 1866 erbaute Mietshaus Potsdamer Straße 107. Maurermeister R. Langner und Zimmermeister G. Wildgrube liefer-

71. Körnerstraße 7-10, Postamt W 35, 1902–06 von Hermann Struve

72. Potsdamer Straße 105, Mietshaus, 1899–1901 von Hermann Schicht

ten die Baupläne und führten den Bau für Schmiedemeister A. Hellwig aus. Die drei oberen Geschosse erhielten einen sparsamen klassizistischen Dekor, der die Horizontale betont und jedem Geschoss eine gesonderte Fensterverdachung zuweist. Nur aus dem Vorderhaus mit einem kurzen Seitenflügel bestehend, verfügte das Mietshaus in jedem Stockwerk über zwei kleine Dreizimmerwohnungen. Die Läden im Erdgeschoss sind wie beim Nachbarhaus durch neuere Schaufenstereinbauten und Reklamekästen der 1970er Jahre verändert.

Das Mietshaus **Potsdamer Straße 105** (Abb. 72, Liste Nr. 168) hebt sich mit einer aufwendigen Straßenfront, mit Renaissancegiebeln, wappenhaltenden Greifen und zwei lebensgroßen Nischenfiguren deutlich vom spätklassizistischen Nachbarhaus ab.[345] Die stattliche, 1899–1901 erbaute Anlage mit Quergebäude und zwei Seitenflügeln wurde von Maurermeister Hermann Schicht entworfen, der hier selbst als Bauherr auftrat. Hinter der Straßenfront verbargen sich bis zur Aufteilung in den 1930er Jahren außerordentlich große Zwölfzimmerwohnungen. Die geschmückte Fassade und das mit reichem Holzschnitzwerk verzierte Treppenhaus sollten der großbürgerlichen Mieterschaft einen würdigen Rahmen geben, war doch die Schöneberger Vorstadt zur Jahrhundertwende noch immer eine bevorzugte Wohngegend der Berliner Oberschicht. Die Fassade ist auf dem ersten Blick noch ganz dem Eklektizismus des späten 19. Jahrhunderts verhaftet. Jedoch setzte Hermann Schicht auf die spielerische Verarbeitung überlieferter Bilder und die Verbindung von Ziegel und Werkstein. Er nahm damit neue Strömungen auf, die auch im zeitgleichen Villenbau zu finden sind. Die helle Fassadenverkleidung aus weißglasierten kleinformatigen Ziegeln wurde mit schmückenden und gliedernden Elementen aus dunklem Sandstein verbunden. Die Bildhauerarbeiten sind von ausgezeichneter Qualität – ein Zeichen für den hohen Standard der Bauornamentik beim großstädtischen Ausbau Berlins.

Dagegen wirkt die Nachbarfassade des Mietshauses **Potsdamer Straße 103** (Abb. 73, Liste Nr. 167) mit ihren neubarocken Formen eher zurückhaltend. Aufmerksamkeit erlangte das 1893–94 für den Architekten Rudolf Goldschmidt erbaute Haus jedoch durch seine ungewöhnliche Grundrissteilung.[346] Das Mietshaus mit nur einer Wohnung pro Stockwerk, die Vorderhaus und Seitenflügel einnimmt, gehört zu den Bauten gehobenen Standards in der Schöneberger Vorstadt. Die Räume der Achtzimmerwohnungen gruppierten sich um einen Lichthof.[347] Die Wohnungen wurden 1934 unterteilt. Seitdem zeugt nur noch das stattliche Treppenhaus, dessen drei Treppenläufe sich mit schmiedeeisernen Brüstungen und Wappenkartuschen um ein weites Treppenauge mit Oberlicht winden, von der einstigen Pracht des Hauses. Durch die Freilegung und Ergänzung der dekorativen Malereien konnte der neobarocke Glanz wiedergewonnen werden. In Berlin sind nur wenige Treppenhausaustattungen dieser Art erhalten geblieben.

Zu den großstädtischen Vergnügungs- und Geschäftshäusern gehörte das gegenüberliegende Gebäude **Potsdamer Straße 116** (Abb. 74, Liste Nr. 169).[348] Im Umfeld des Potsdamer Platzes entstanden um die Jahrhundertwende eine Vielzahl von Wein- und Bierhäusern mit riesigen, aufwendig ausgestatteten Restaurant- und Festsälen. Auch bei diesem 1905–06 von Rudolph Zahn erbauten Wohn- und Geschäftshaus war das gesamte Erdgeschoss, das mit Seitenflügeln und Quergebäude zwei Gartenhöfe umschloss, Restaurants, Clubräumen und einem Fest- und Tanzsaal vorbehalten. Den Hauptteil nahm das Restaurant „Fürst Bülow" ein, das sich mit drei breiten Korbbogenfenstern und Werksteinverkleidung bemerkbar machte. Von der Geschäftsnutzung des Erdgeschosses abgesetzt, zeigen sich die oberen Wohngeschosse des Vorderhauses im noblen palladianischen Stil niederländischer Stadtpalais. Bis zum vierten Geschoss greifen hellrote Backsteinpilaster vor, um dann auf ein mächtiges Sandsteingesims zu stoßen. Oberhalb folgt das letzte Geschoss mit hufeisenförmigen Loggien, ehemals in der Mitte bekrönt von einem Dreiecksgiebel. Fein gearbeitete Reliefs mit tanzenden Figuren am Erker betonen die Gaststätteneinrichtung im Erdgeschoss. Im Innern unterstreicht ein reich ausgestaltetes Vestibül und Treppenhaus in zeittypischen Jugendstilformen den vornehmen Charakter des Hauses. Nach dem vollständigen Verlust der berühmten Veranstaltungshäuser am Potsdamer Platz ist hier ein letztes Stück der Berliner Vergnügungskultur bewahrt.

Pohl-, Lützow- und Kurfürstenstraße, die parallel verlaufenden Straßenzüge in Ost-West-Richtung, enden vor dem früheren Bahngelände des Potsdamer und des Anhalter Güterbahnhofs. Die Bezirksgrenze verläuft entlang der Kurfürstenstraße. Nach den überaus großen Kriegszerstörungen und einem Strukturwandel in der Nachkriegszeit mit Lückenschließungen erinnert

73. Potsdamer Straße 103, Mietshaus, 1893–94 von Rudolf Goldschmidt

74. Potsdamer Straße 116, Wohn- und Geschäftshaus, 1905–06 von Rudolph Zahn

nur noch wenig an die alte gutbürgerliche Wohngegend. Durch die Nähe zur Potsdamer Straße und zu den Villen des Kielganviertels um die Derfflingerstraße wurden nach 1880 auch an der Kurfürstenstraße herrschaftliche Mietshäuser gehobenen Standards errichtet. Großzügige Wohnungen, die den ganzen Seitenflügel und die Hälfte des Vorderhauses beanspruchten, prächtige Treppenhäuser und Entrées und aufwendig mit Stuck verzierte Fassaden kennzeichnen diese Epoche. Als letztes Beispiel dieser Zeit blieb das 1885–86 erbaute Doppelmietshaus **Kurfürstenstraße 21-23** (Abb. 75, Liste Nr. 134) zwischen Neubauten und entstuckten Hausfronten erhalten.[349] Entworfen von den Architekten Heino Schmieden und Heinrich Aldenkirchen, die sich auch als Bauherrn betätigten, präsentieren sich die beiden spiegelbildlichen Fassaden im schweren Neorenaissancestil niederländischer Prägung. Mit überbordend reich geschmückten Schauseiten wirken die Häuser in den Stadtraum hinein. Mit der robusten Rustika des Sockels, den eingeschnittenen hohen Rundbogenportalen, den symmetrisch gegliederten Obergeschossen, die mit Erkern, Balkonen und gekoppelten Fenstergruppen versehen sind, und nicht zuletzt mit dem Baudekor aus Fruchtgehängen, Löwenköpfen, Koren, Atlanten und Putten sind Anklänge an herrschaftliche Stadtpalais nicht zu übersehen. Das war sicher auch die Absicht der Architekten, lagen doch hinter der Straßenfront überaus großzügige Wohnungen mit bis zu zehn Zimmern, die aber in den 1930er Jahren aufgeteilt wurden.[350] Auch Entrée und Treppenhaus sind prächtig ausgestaltet. Säulen, Pilaster, reich ornamentierte schmiedeeiserne Geländer, marmorne Treppenstufen, farbige Tonfliesen und Wandmale-

75. Kurfürstenstraße 21-23, Doppelmietshaus, 1885–86 von Heino Schmieden und Heinrich Aldenkirchen

reien zeugen von der hohen Kunstfertigkeit der beteiligten Handwerker und vom luxuriösen städtischen Wohnstil des ausgehenden 19. Jahrhunderts.

Der linke Seitenflügel des Mietshauses liegt im Bereich der U-Bahnlinie vom Wittenbergplatz zum Gleisdreieck, die als **Verstärkungslinie** (Abb. 76, Liste Nr. 87) nach langer Planung und kriegsbedingt unterbrochener Bauzeit 1926 eröffnet wurde.[351] Die Fundamente mussten für die U-Bahn eigens unterfangen werden. Sind die Gleise hier noch unterirdisch geführt, so tritt die Linie an der **Dennewitzstraße 2** mit einer beeindruckenden Hausdurchquerung und einem anschließenden vollständig geschlossenen Brückenbau in Erscheinung, um dann mit einer eisernen Brücke das Gelände des ehemaligen Potsdamer Güterbahnhofs zu überqueren. Das Brückenbauwerk an der Dennewitzstraße gehört zu der verkehrsgeschichtlich und städtebaulich bedeutenden Streckenführung innerhalb des Häuserblocks zwischen Kurfürstenstraße und Pohlstraße. Auf dem Hinterland der Mietshausgrundstücke steigen die Gleise in einer eigens eingerichteten Bahnrampe an, die, um störende Betriebsgeräusche zu vermeiden, in einer geschlossenen doppelwandigen Röhre angelegt wurde. Weil die Grundstücke an der Einmündung der Pohlstraße nach der Kriegszerstörung abgeräumt wurden, ist die Rampe mit ihrer zum Teil erhaltenen geputzten Lisenengliederung heute von der Straße her einsehbar. Die U-Bahn durchquert das Mietshaus Dennewitzstraße 2, um dann das wuchtige, allseits geschlossene, von Alfred Grenander gestaltete Brückenbauwerk zu erreichen, das über die Dennewitzstraße führt.[352] Alfred Grenander, der am großstädtischen Erscheinungsbild der Berliner Hoch- und Untergrundbahn einen maßgeblichen Anteil hatte, beließ die Eisenbetonkonstruktion ganz ohne Dekor, wobei er den konstruktiven Aufbau demonstrativ herausstellte. Die Bogenrippen und Hängepfosten treten deutlich hervor, verbunden durch zurücktretende Wandflächen. Mit ihrer modernen Formensprache erregte die Brücke in den 1920er Jahren viel Aufsehen.

Im Umkreis der Pohl- und Lützowstraße erinnern große Baulükken an die Zerstörungen des Zweiten Weltkriegs. Einst befanden sich hier vornehme Mietshäuser sowie um die Jahrhundertwende erbaute Geschäftshäuser mit aufwendigen Werksteinfassaden und tiefen Gewerbehöfen.[353] Zu den Unternehmen, die sich im östlichen Lützowviertel niederließen, zählt die 1897 in Singen gegründete Maggi GmbH, die 1911 das **Maggi-Haus** (Abb. 77, Liste Nr. 147) an der **Lützowstraße 102-104** bezog.[354] Das repräsentative Gebäude nahm die Geschäftsleitung und das umfangreiche Vertriebswesen auf. Der von R. Schubring 1910 entworfe-

76. Dennewitzstraße 2, U-Bahn-Verstärkungslinie mit Hausdurchführung, 1925–26; Hochbahnbrücke, 1925–26 von Alfred Grenander; Mietshaus, 1877 von F. Hamann, Umbau 1925–26

77. Lützowstraße 102-104, Maggi-Haus, 1911 von R. Schubring

ne, für damalige Verhältnisse riesige Baukomplex erstreckt sich mit Seitenflügeln und Quergebäuden über drei Höfe weit in das Hinterland hinein. Die Maggi GmbH nutzte ursprünglich nur das Vorderhaus und betrieb ein Lager im rückwärtigen Gewerbehof. Die übrigen Grundflächen wurden an verschiedene Unternehmen vermietet. Die Direktion legte großen Wert auf eine angemessene Außendarstellung des Firmensitzes. Die axial angelegte Straßenfront ist im modernen Geschäftshausstil des beginnenden 20. Jahrhunderts gestaltet. Die reich skulptierte Fassade mit ihrem Gliederungssystem aus kräftig bossierten Pfeilern und Gesimsen wirkt wie aus Stein herausgehauen. Selbst der sorgsam modellierte plastische Schmuck scheint darin aufzugehen. Nichts deutet darauf hin, dass es sich um einen Eisenskelettbau handelt. Mit der Pfeilergliederung, den dominierenden Bogenblenden der Obergeschosse und den rechteckigen Fensteröffnungen des Sokkelgeschosses knüpfte der Architekt an den modernen Warenhausbau an.[355] Die aufwendige Gestaltung setzt sich bei den mit Werkstein eingefassten Durchfahrten und Aufgängen und bei den mit Messingblech beschlagenen Eingangstüren fort, sodass das Bild eines bedeutenden Firmensitzes der wilhelminischen Zeit bis heute bewahrt blieb. Die Anlage wird heute von verschiedenen Gewerbebetrieben genutzt.

Das Mietshaus **Lützowstraße 6** (Abb. 78, Liste Nr. 144) schräg gegenüber dem Maggi-Haus ist das letzte Zeugnis dieser einstigen herrschaftlichen Wohngegend.[356] Das gründerzeitliche Haus

78. Lützowstraße 6, Mietshaus, 1878–79 von Friedrich Hampel

mit einer wohl proportionierten Fassade im Stil der italienischen Renaissance wurde 1878–79 für Hofzimmermeister Friedrich Hampel errichtet. Hinter der vornehmen Straßenfront sind in den oberen Stockwerken geräumige Siebenzimmerwohnungen verborgen, die mit Küche, Dienstmädchenkammer und Toilette bis in den kurzen Seitenflügel reichen.[357] Die hier gewählte Fassadenfassung im Renaissancestil florentinischer Palazzi ist im Berliner Mietshausbau nur selten anzutreffen. Prägnante Ausdrucksmittel sind die flächige Quaderung, das Rundbogenportal mit eingestellten Säulen, das Palladiomotiv am Erker und das Kranzgesims mit Arkadenfries. Haus und Grundstück besitzen eine ortsgeschichtliche Bedeutung. In den nicht mehr existierenden Hofgebäuden gründete der Maschinenbaumeister Fritz Werner 1896 eine bedeutende Maschinen- und Werkzeugfabrik. Die Werkzeugmaschinenfabrik der Fritz Werner AG wurde 1913 nach Berlin-Marienfelde verlegt.[358]

Das 1864–65 für den Verlagsbuchhändler Emil Bergemann erbaute Mietshaus **Lützowstraße 92** (Abb. 79, Liste Nr. 146), das kurz vor der Potsdamer Straße ein kleines Grundstück mit Vorderhaus und Seitenflügel einnimmt, verfügt über eine gut erhaltene spätklassizistische Stuckfassade, bei der jedes Geschoss mit einer gesonderten Fensterrahmung betont wird.[359] Aufmerksamkeit erweckt der polygonale Erker am Seitenrisalit, der andeutet, dass das Wohnhaus über großzügige Wohnungen bürgerlichen Zuschnitts verfügt. In den oberen Stockwerken erschließt ein im Halbrund geschwungenes Treppenhaus, mit Stuckgirlanden und Ausmalung geschmückt, jeweils eine Sechszimmerwohnung mit Mädchenkammer und Dienstbotentreppe. Robert Lorenz und Otto Bock, die beiden ausführenden Maurer- und Zimmermeister, fügten in den Grundriss eine mit Fachwerkwänden abgetrennte Passage ein, über die man hofseitig am Treppenhaus vorbei Räumlichkeiten im Seitenflügel erreichen konnte. Im Mietshaus lebte der Maler und Akademieprofessor Carl Graeb, der zu den führenden Architekturmalern der zweiten Hälfte des 19. Jahrhunderts zählte.[360]

Westlich der Potsdamer Straße setzt sich das heterogene Straßenbild mit Wohn- und Gewerbegebäuden der Vorkriegszeit, modernen Zweckbauten der Nachkriegszeit und unbebauten Brachflächen fort. Unmittelbar hinter der Kreuzung beginnt das Gelände des Elisabeth-Diakonissen-Krankenhauses, das fast bis zum Schöneberger Ufer reicht. Vom ältesten evangelischen Krankenhaus in Berlin, eröffnet 1837, sind nur stark veränderte Gebäude erhalten geblieben.[361]

Der Blockrand gegenüber dem Krankenhaus blieb nach den Kriegszerstörungen unbebaut, sodass der Blick seitdem auf einen markanten ziegelsichtigen Kopfbau mit hohen Rundbogenfenstern fällt. Er gehört zu einer Schulhausgruppe auf dem lang gestreckten Grundstück **Lützowstraße 83-85** und **Pohlstraße 62**, die aus zwei hintereinander gelegenen Klassentrakten, zwei Lehrerwohnhäusern und einer Turnhalle besteht (Abb. 80, Liste Nr. 32).[362] Die von Stadtbaurat Hermann Blankenstein 1877–80 geschaffene Anlage musste sich in ein schon bestehendes Wohnquartier einpassen. Um Kosten zu sparen, erwarb die Stadt Berlin eine schlecht zu verwertende, billige Blockinnenfläche. An der

79. Lützowstraße 92, Mietshaus, 1864–65 von Robert Lorenz und Otto Bock

Lützowstraße liegt der Zugang zum **Falk-Realgymnasium**, während die südlich anschließende **Charlotten-Töchterschule** durch ein Lehrerwohnhaus an der Pohlstraße zu erreichen ist. Allein mit diesem Gebäude konnte Hermann Blankenstein die Schulen im Stadtbild repräsentativ kenntlich machen. Neben der gelben Baksteinverblendung erhielt das dreigeschossige Lehrerwohnhaus mit seitlichem Durchgang zum Klassentrakt einen reichen Bauschmuck aus rotem Terrakotta. So ist das Hauptgeschoss mit der Wohnung des Direktors besonders opulent mit Terrakottaornamenten dekoriert. Blankenstein war bemüht, seinen Schulbauten, die er während seiner vierundzwanzigjährigen Amtszeit errichten ließ, trotz aller Notwendigkeit zur Standardisierung eine gewisse eigene Form und Gestalt zu geben. Dies gelang ihm hier durch eine geschickte Verteilung und Gliederung der Baumassen. Er gruppierte die Schulgebäude derart, dass baumbestandene Pausen- und Turnplätze sowie kleine Schulgärten entstanden, die den Schülern einen angenehmen, vom Verkehrslärm abgeschiedenen Aufenthalt boten. Die beiden kammartigen Klassentrakte des Falk-Realgymnasiums und der Charlotten-Töchterschule sind an der östlichen Grundstücksgrenze angeordnet und miteinander verbunden, während gegenüber die beiden Turnhallen und das zweite Lehrerwohnhaus raumbildend das Schulgelände einfassen.[363] Der fast 90 m lange Riegel der beiden Klassentrakte wird nur durch einige rote Ziegelbänder und hervorgezogene Treppenhäuser strukturiert. Hermann Blankenstein betonte die quer gestellten Kopfenden mit weit geöffneten Bogenfenstern der Aula und einem behelmten Eckturm. Außergewöhnliche Sorgfalt legte er auf Form und Qualität des Terrakottaschmucks, der vor allem die Portale ziert. Die Schulgebäude wurden 1988–91 modernisiert und umgebaut.[364]

Lützowviertel

Das Stadtgebiet um Lützowplatz und Magdeburger Platz, den einstigen Zentren des kulturellen Lebens im „Alten Westen", wird heute von den verschiedenen Gebäuden der Internationalen Bauausstellung der 1980er Jahre (IBA 1987) geprägt. Die Stadtreparatur führte zu einer Rückgewinnung der historischen Straßen- und Platzräume, auch wenn der Strukturwandel der Nachkriegszeit mit mehrgeschossigen Gewerbe- und Verwaltungsbauten nicht rückgängig gemacht werden konnte. Bis zur Internationalen Bauausstellung dominierten ausgedehnte Brachflächen das Stadtbild. Durch die massive Zerstörung im Zweiten Weltkrieg war die gewachsene Bausubstanz zwischen dem Zoologischen Garten und dem Magdeburger Platz fast vollständig vernichtet worden. So finden wir hier heute nur noch wenige Denkmale, die verstreut im Lützowviertel liegen.

Der annähernd rechteckige Lützowplatz, der Ende der 1860er Jahre entstanden war, bildete einen Schwerpunkt der Internationalen Bauausstellung. Die Platzfläche hatte man in der Nachkriegszeit zu einem unwirtlichen autogerechten Verkehrsknotenpunkt ausgebaut. In den 1980er Jahren erhielt der Lützowplatz wieder eine geschlossene Randbebauung.[365] Hotels, Büro- und Wohngebäude begrenzen die begrünte Platzfläche.

Am südlichen Rand der Grünfläche steht die von Louis Tuaillon geschaffene Skulptur „Herkules bändigt den Erymanthischen Eber", die zu den herausragenden Arbeiten der Bildhauerkunst der Jahrhundertwende gehört.[366] Louis Tuaillon schuf das Modell 1899–1900 für einen Wettbewerb der Landeskunstkommission. Die Skulptur war als Gegenstück zur Marmorgruppe „Dionysos mit Eros und Panther" von Albert Wolff gedacht, die seit 1885 in der Eingangshalle der Nationalgalerie stand. Den Bronzeguss ließ der Schwiegersohn Tuaillons, der Architekt Paul Baumgarten d. Ä., um 1937 herstellen.[367] Bei der Aufstellung auf dem Lützowplatz 1967 bezog man sich auf den im Zweiten Weltkrieg zerstörten Herkulesbrunnen.

Hinter den „Torhäusern" an der Lützowstraße 46-51, erbaut von Vittorio Gregotti, ist der Stadtraum bruchstückhaft geblieben. Eine Kindertagesstätte aus Ziegeln und Glas zieht die Blicke auf sich.[368] Das quer zur Straße gestellte Gebäude begleitet den Zugangsweg zum 1881–83 erbauten **Pumpwerk VII, Lützowstraße 42** (Abb. 81, Liste Nr. 31).[369] Ehemals im dicht bebauten Blockinnern gelegen und von der Genthiner Straße 10 erschlossen, macht der hohe Schornstein des Kesselhauses heute bereits am Straßenrand auf die Pumpstation aufmerksam. Die Anlage gehört zu den wenigen überlieferten technischen Einrichtungen aus den Anfangsjahren der Berliner Stadtentwässerung. Das Pumpwerk besteht aus einem Kessel- und Maschinenhaus mit Schornstein, einem Beamtenwohnhaus und zwei kleineren Werkstattgebäuden, die einschließlich des kreisrunden ehemaligen Sandfangs den Regelentwurf für eine Pumpstation beispielhaft wiedergeben. Abteilungsbaumeister Skerl, der das 1885 eröffnete Pumpwerk entwarf, folgte den von James Hobrecht aufgestellten Richtlinien. Nach seinem Konzept wurden die Abwässer dezentral über Druckrohre auf die außerhalb der Stadt gelegenen Rieselfelder geleitet.

80. Pohlstraße 62, Lehrerwohnhaus der Charlotten-Töchterschule, 1877–80 von Hermann Blankenstein

81. Lützowstraße 42, Pumpwerk VII, Maschinenhaus, Schornstein, Werkstatt- und Wohngebäude, 1881–83 von Skerl

Zwölf Radialsysteme deckten das Stadtgebiet ab. Die Schöneberger Vorstadt gehörte zusammen mit Teilen von Charlottenburg zum Radialsystem VII. Im Gegensatz zum Pumpwerk Moabit, das sich mit Kessel- und Maschinenhaus zur Straße wendet, besitzt die auf einer Blockinnenfläche angeordnete Pumpstation lediglich bescheidene, funktionale Backsteinbauten, die den Anforderungen der maschinentechnischen Anlagen folgen. Das Pumpwerk wurde 1982 stillgelegt. Nach Plänen von Baumeister und Richter entstand 1988–89 das Jugendzentrum „Die Pumpe" mit kulturellen Einrichtungen und einem Café in den alten Betriebsgebäuden der Pumpstation. Einige Dampfkolbenpumpen konnten stehen bleiben.

An der **Genthiner Straße 10** ließ die Stadt Berlin zeitgleich zum Bau der Abwasserstation 1882–83 die 107. Gemeindeschule errichten, von der nach dem Abriss des Klassentrakts für das neue automatische Pumpwerk nur noch das straßenseitige Lehrerwohnhaus erhalten ist (Abb. 82, Liste Nr. 102).[370] Stadtbaurat Hermann Blankenstein, hatte für das **Lehrerwohnhaus der 107. Gemeindeschule** nur einen sehr schmalen Bauplatz zur Verfügung. Dennoch zeigt der dreigeschossige gelbe Backsteinbau mustergültig alle charakteristischen Merkmale der Schulbauten Blankensteins. Das Gebäude erhielt einen reichen Dekor mit farbig glasierten Ziegeln und Terrakotten. Neben dem obligatorischen roten Backsteinsockel findet man an der Straßenfront gelbe Rautenbänder sowie Terrakotten am Dachgesims und in den Brüstungsfeldern der Fenster, die ein blaues und goldfarbenes florales Muster aufweisen. Das Hauptgeschoss ist durch große Rundbogenfenster hervorgehoben. Dort war ein Standesamt untergebracht. Die Schule wurde 1978 geschlossen. Das Lehrerwohnhaus dient heute den Berliner Wasser-Betrieben als Dienstgebäude.

Die Genthiner Straße ist heute vor allem von riesigen Möbelkaufhäusern der 1960er und 1970er Jahre geprägt. An der Kreuzung mit der Lützowstraße blieben jedoch zwei prägnante Verwaltungs- und Bürogebäude der Jahrhundertwende bewahrt. Sie verdeutlichen den Strukturwandel um 1900, als sich die Lützow-

82. Genthiner Straße 10, Lehrerwohnhaus der 107. Gemeindeschule, 1882–83 von Hermann Blankenstein

straße in eine Geschäftsstraße mit repräsentativen Firmenniederlassungen verwandelte. Auf dem Eckgrundstück **Lützowstraße 33-36** und **Genthiner Straße 15** erhebt sich die massige Geschäftszentrale der Rütgerswerke AG.[371] Das 1909–11 gebaute **Rütgershaus** (Abb. 83, Liste Nr. 145), entworfen von Hermann Dernburg, bildete mit seiner modernen, fast dekorlosen Werkstein-Putz-Fassade einen Kontrast zur umgebenden Mietshausarchitektur des 19. Jahrhunderts.[372] Noch heute dominiert der Verwaltungsbau aufgrund seiner exponierten Ecklage den Stadtraum. Hermann Dernburg gab dem Gebäude eine monumentale Ausstrahlung, indem er dem schweren Rustikasockel aus Sandstein und Granit hell verputzte Obergeschosse und ein weit ausladendes Hauptgesims mit Attikageschoss entgegensetzte. Im Erdgeschoss öffnen sich unter Korbbögen die Schaufenster der hier untergebrachten Ladengeschäfte. Mit der Eckbetonung, der neuartigen Fensterordnung, der bescheidenen Ausbildung des Haupteingangs mit Werksteingiebel und Kopfmedaillon wird ein Stilwandel in der Architektur des beginnenden 20. Jahrhunderts deutlich. Die Werksteinreliefs und Medaillons stammen von Ernst Westpfahl.

Auch das benachbarte **Verlagshaus Walter de Gruyter** (Abb. 84, Liste Nr. 103), **Genthiner Straße 13**, ist dem modernen Geschäftshausbau vor dem Ersten Weltkrieg verpflichtet.[373] Das 1910–11 von Otto Walter errichtete Gebäude wirkt jedoch mit seiner skulptural geschmückten Werksteinfassade sehr monumental. Der Architekt hatte dem neuen Firmensitz des expandierenden Verlages einen angemessenen repräsentativen Rahmen zu geben. So zeigt die symmetrisch aufgebaute und plastisch durchgeformte Straßenfront bis auf das Attikageschoss eine wuchtige Dramatik, die von der klobig bossierten Kalksteinrustika unterstrichen wird. In den betonten Seitenachsen sieht man vier lebensgroße Allegorien, die auf die vier Wissenschaftszweige Theologie, Medizin, Philosophie und Recht und damit auf das wissenschaftliche Verlagsprogramm weisen. Zum humanistischen Anspruch der Verlagsgesellschaft passen außerdem die sorgfältig gearbeiteten schmiedeeisernen Schutzgitter des Erdgeschosses, die ein Einhornmotiv zeigen.

Südlich des Magdeburger Platzes werden ganze Baublöcke von bis zu dreizehngeschossigen Möbelverkaufshäusern beherrscht. So sind nur noch an der Westseite der Genthiner Straße Reste der gutbürgerlichen Vorkriegsbebauung vorhanden. Unerwartet liegen hinter neuen Geschäftshausfassaden zweigeschossige villenartige Reihenhäuser, die sich am Wendekreis einer kurzen Privatstraße zu einem intimen Wohnhof gruppieren.[374] Die Hausgruppe **Genthiner Straße 30 A-C, F-K** wird als **Begaswinkel** bezeichnet (Abb. 85, Liste Nr. 20). Obwohl vier der ehemals zehn Villen durch Neubauten ersetzt sind, vermitteln die Wohnhäuser mit ihren spätklassizistischen Proportionen und Stilformen eine

83. Lützowstraße 33-36, Rütgershaus, 1910–11 von Hermann Dernburg

84. Genthiner Straße 13, Verlagshaus Walter de Gruyter, 1910–11 von Otto Walter

Vorstellung von Lebensart und Wohnstil des wohlhabenden Bürgertums im „Alten Westen". Die 1872–73 erbaute Hausgruppe geht auf den Hofbaurat des Herzogs von Oldenburg, Ernst Klingenberg, zurück, der hier als Architekt und Bauherr auftrat und zur gleichen Zeit eine ganz ähnliche Wohnanlage an der Potsdamer Straße ausführte. Mit beiden Vorhaben sollten abseits vom Straßenverkehr ruhige exklusive Wohnungen für den gehobenen Anspruch geschaffen werden. Als Vorbild dienten Wohnhöfe in Paris, nur dass man hier mehr Platz zur Verfügung hatte, der für die Anlage von Vorgärten oder kleinen Hintergärten ausreichte. Die abgeschiedene Lage zog Künstler und Gelehrte an. Zu den ersten Bewohnern gehörte der Maler Adalbert Begas, der im Haus 30 I hinter den heute noch bestehenden hohen Bogenfenstern des Obergeschosses sein Atelier hatte.[375] Nach ihm wurde die Baugruppe Begaswinkel genannt. Dem Maler folgten prominente Künstler, zum Beispiel der Kunstkritiker und Maler Julius Meier-Graefe, der von 1903 bis 1910 im Begashaus wohnte. Zu seinen Gästen zählten Gerhart Hauptmann, Rainer Maria Rilke und Hugo v. Hoffmannsthal.[376] Das städtische Idyll schmückt ein Brunnen mit einer Narzissfigur von Kübe & Starke. Die Skulptur in der Mitte des Wendeplatzes wurde 1962 rekonstruiert.

85. Genthiner Straße 30A-C, 30F-K, Wohnhausgruppe Begaswinkel, 1872–73 von Ernst Klingenberg

Im Fluchtpunkt der Genthiner Straße sieht man den hohen Kirchturm der 1871–74 von Hermann Blankenstein erbauten Zwölf-Apostel-Kirche, die zusammen mit der gesamten Südseite der Kurfürstenstraße seit 1938 zu Schöneberg gehört. Das seit den 1860er Jahren bebaute Kielganviertel, das ehemals vom Nollendorfplatz bis zur Höhe des Lützowplatzes reichte, ist heute auf zwei Bezirke aufgeteilt. Beide Teile haben durch enorme Kriegsschäden, aber auch durch Abbrüche und maßstabsprengende Großprojekte der Nachkriegszeit ihren ursprünglichen Charakter verloren. Baulücken an der Kurfürstenstraße bezeugen den Verlust an historischer Bausubstanz. Im Ortsteil Tiergarten, westlich der Derfflingerstraße, sind nur noch einzelne Spuren des einstmals noblen Wohnquartiers vorhanden. Die kleinteilige Parzellenstruktur wurde durch den 1971–74 ausgeführten Neubau des Französischen Gymnasiums zerstört.[377] Zwei charakteristische Stichstraßen – Ulmen- und Buchenstraße – mussten dem großräumigen Schulkomplex mit Turnhalle und Sportplatz weichen. Der ursprüngliche Bebauungsplan des Kielganviertels von Otto Wuttke ist dadurch kaum noch erkennbar.

Mitten auf dem Gelände des Französischen Gymnasiums, erschlossen über einen schmalen Weg, steht die **Villa Ullstein** (Abb. 86, Liste Nr. 88), **Derfflingerstraße 6**, die ursprünglich an der aufgehobenen Ulmenstraße lag. Das Gebäude geht im Kern auf das klassizistische Wohnhaus der Stiftung Maison d'Orange zurück, das Adolf Schaum 1884 für die Sozialstiftung der aus der Orange eingewanderten Hugenotten erbaut hatte.[378] Der einfache, würfelförmige Bau mit Attika und Walmdach ging 1910 in den Besitz des Verlagsbuchhändlers Franz Ullstein über, der das Wohnhaus 1910–11 in eine repräsentative Villa mit großzügigen Gesellschafts- und Wohnräumen umbauen ließ.[379] Die Architekten Ernst Lessing und Oskar Garbe erweiterten das Gebäude um drei Achsen und gaben ihm eine zeittypische neoklassizistische Gestalt mit Fenstereinfassungen aus Werkstein, Reliefs und einem Mansarddach. Zum Garten öffnet sich eine Veranda mit dorischen Säulen. Die Villa Ullstein, die heute in Wohnungen und Büros unterteilt ist, gehört zu den letzten Bauten des weitgehend verschwundenen Kielganviertels. Sie erinnert an das frühere gesellschaftliche Leben in diesem vornehmen Wohnquartier, in dem Wissenschaftler, Verleger und Künstler wohnten und arbeiteten.

Auch die an der **Derfflingerstraße 8** liegende **Villa Maltzahn** (Abb. 87, Liste Nr. 89) hat seit dem Bau des Französischen Gymnasiums ihren städtebaulichen Zusammenhang verloren. Baumeister Otto Wuttke, der mit Georg Friedrich Kielgan an der Erschließung des Viertels beteiligt war, errichtete das Gebäude 1872–73 für den Rittergutsbesitzer und Reichstagsabgeordneten Baron Helmuth von Maltzahn-Gültz.[380] Es handelt sich um die einzige Villa, die aus der ersten Entwicklungsphase des Kielganviertels erhalten geblieben ist. Im Rahmen des Neubaus des Französischen Gymnasiums war ein Abriss vorgesehen, der jedoch durch engagierte Proteste verhindert werden konnte. Die Villa wurde restauriert, jedoch fast vollständig entkernt, um dort die Schulbibliothek unterzubringen. Seitdem fasst das Gebäude zusammen mit dem winkelförmigen Klassentrakt den platzartigen Hauptzugang mit Treppen und Grünanlagen ein. Otto Wuttke gestaltete einen kubischen Baukörper mit ausladendem Dach, bemalten Kassetten und einem Tympanon in der Formenwelt der Antike. Das entsprach dem damaligen Verständnis vom herrschaftlichen Wohnen. Architekt Robert Leibnitz führte 1900–01 einen

86. Derfflingerstraße 6, Maison d'Orange / Villa Ullstein, 1884 von Adolf Schaum, Umbau 1910–11 von Ernst Lessing

87. Derfflingerstraße 8, Villa Maltzahn, 1872–73 von Otto Wuttke

Umbau für den Fabrikbesitzer F. Schulze aus, der die äußere Gestalt veränderte. Aus dieser Zeit stammt der Portalvorbau. An der Nordseite wurde ein Altan mit Terrasse angelegt.

Gegenüber der Villa Maltzahn blieb die geschlossene Reihe der Mietshäuser in weiten Teilen erhalten. Dort hatte sich im 19. Jahrhundert eine herkömmliche Blockstruktur mit Vorderhäusern und Seitenflügeln entwickelt. Zu den ältesten Gebäuden gehört das Mietshaus **Derfflingerstraße 14** (Abb. 88, Liste Nr. 90), das der Eisenbahnbaumeister zur Nieden 1873–74 errichtete. Mit einer ungewöhnlich gestalteten Straßenfront wurde versucht, das Wohnhaus von der üblichen spätklassizistischen Mietshausbebauung abzuheben, musste es doch mit den Villen des Kielganviertels auf der anderen Straßenseite konkurrieren. Der Architekt entschied sich, beeinflusst von der Berliner Schinkelschule als auch von niederländischer Bautradition, für eine gelbe Backsteinfassade mit kontrastierenden Fensterrahmungen aus hellem Putz. Der Feston-Putten-Fries am Dach und die Pilaster und Architravmotive der Fenstereinfassungen wurden sorgfältig und zugleich sparsam mit flach gehaltenem Dekor ausgeführt. Der dreiachsige zurückgezogene Loggia-Balkon-Abschnitt, der den U-förmigen Grundriss nachbildet, hebt das Haus aus der Masse der Mietshausarchitektur des 19. Jahrhunderts heraus.

Dem Vorderhaus **Derfflingerstraße 21** (Abb. 89, Liste Nr. 91) kann man eine besondere Architekturwirkung nicht absprechen. Das ehemalige Mietshaus, das 1876 entstanden war, wurde 1936 von Architekt Böttcher im Sinne nationalsozialistischer Architekturauffassung mit monotoner Fensterreihung, kräftig profilierten Rahmungen, einem ausladenden Balkengesims und französischen Fenstern umgestaltet.[381] Die NS-Frauenschaft bezog den Komplex, der sich mit Seitenflügeln und Quergebäuden tief in das Blockinnere erstreckt. Bis dahin hatte die **Privatklinik** des bedeutenden Chirurgen Ernst Unger hier ihre Patientenzimmer und Operationssäle, die der Arzt jüdischer Herkunft auf-

88. Derfflingerstraße 14, Mietshaus, 1873–74 von zur Nieden

89. Derfflingerstraße 21, Ungersche Klinik, 1904–05 von Breslauer und Salinger; Vorderhausfassade, 1936 von Böttcher

geben musste.[382] Ernst Unger hatte sich 1905 von den renommierten Architekten Alfred Breslauer und Alfred Salinger auf dem Hintergelände eine fünfgeschossige Privatklinik errichten lassen, die L-förmig einen geräumigen Hof begrenzt. Nachdem man die kreuzgratgewölbte Durchfahrt des Vorderhauses durchschritten hat, die auf den Kernbau des 19. Jahrhunderts verweist, gelangt man überraschend zum Klinikgebäude, das sich durch eine abwechslungsreiche Gestaltung auszeichnet. Geschickt setzten Alfred Breslauer und Alfred Salinger die an den Flügelenden angeordneten Loggien ein, ehemals offene Liegehallen für die Patienten, um das Gebäude zu beleben und zu gliedern. Fenster und Eingänge besitzen helle Rahmungen. Auf historisierenden Dekor wurde weitgehend verzichtet. Ernst Unger ging als Pionier der Organtransplantation in die Medizingeschichte ein.[383] 1912 versuchte er erstmals die Verpflanzung einer Niere. An die frühere Nutzung des Gebäudes, das heute als Studentenwohnheim dient, erinnert eine Gedenktafel am Vorderhaus.

An der Kurfürstenstraße ist zwischen Einem- und Kielganstraße noch ein wenig vom vornehmen Charakter des alten Kielganviertels zu verspüren. Das bewirken zwei historische Villen an der Nordseite des Straßenzugs zusammen mit dem gegenüberliegenden Haus Fromberg, Kurfürstenstraße 132, das bereits zum Ortsteil Schöneberg gehört. Die **Villa Roßmann** (Abb. 90, Liste Nr. 136) an der **Kurfürstenstraße 58** wurde 1878–79 von Max Karchow und Robert Guthmann für den Fabrikanten Gustav Roßmann im Stil der italienischen Renaissance errichtet.[384] Trotz ei-

90. Kurfürstenstraße 58, Villa Roßmann, 1878 von Max Karchow und Robert Guthmann

91. Kurfürstenstraße 57, Villa Schwatlo, 1879 von Carl Schwatlo, Umbau 1938–40 von Otto Sperber

92. Magdeburger Platz 2, 3, Mietshäuser, 1873–74 von J.C. Forkert

nes 1926 ausgeführten Umbaus nach Plänen von Ernst Lessing und Max Bremer, bei dem man eine Aufstockung und eine Erweiterung an der Gartenseite vornahm, hat die Villa ihr ursprüngliches Erscheinungsbild nicht verloren.[385] Noch immer fällt das Gebäude mit seiner orangeroten Backsteinverkleidung, den hellen Putz- und Stuckgliederungen, den Fenstereinfassungen und Eckquaderungen im Neorenaissancestil im Stadtbild auf. Der letzte große Umbau des Inneren 1978–80 hat noch etwas von der großbürgerlichen Wohnatmosphäre mit weiten Raumfolgen und aufwendigen Holzverkleidungen bewahrt. Das Interieur passt zum Café Einstein, das seit 1980 im Erdgeschoss betrieben wird.

Dass sich hinter der klobigen neoklassizistischen Werksteinfassade des Gebäudes **Kurfürstenstraße 57** und **Derfflingerstraße 12** die alte **Villa Schwatlo** (Abb. 91, Liste Nr. 135) verbirgt, kann man nur noch erahnen. Der 1938–40 ausgeführte Umbau hat von dem Wohnhaus des königlichen Bauinspektors Carl Schwatlo nur noch wenig übrig gelassen. Die Villa mit großzügigen Gesellschafts- und Atelierräumen hatte der Baumeister 1869–70 für sich selbst errichtet.[386] Bis zur Umgestaltung des bedeutenden Künstlerhauses blieb der gelbe Backsteinbau der Berliner Bauschule mit seiner würfelförmigen, ineinander verkanteten Kontur bestehen. Der Bankier Carl Hagen ließ noch 1935 das rückwärtige Stallgebäude zu Wohnungen umbauen, bevor die Berliner Kindl-Brauerei die Villa für ihre neue Verwaltungszentrale benötigte. Die Brauerei hatte ihr angestammtes Verwaltungsgebäude im Tiergartenviertel aufgeben müssen, um der Nord-Süd-Achse Platz zu machen. Mit dem Umbau der Villa Schwatlo wurde Otto Sperber betraut, der Wohnhaus und Stallgebäude zu einer einheitlichen neoklassizistischen Anlage vereinte.[387] Dabei verschwand die Ziegelfassade hinter einer Kalksteinverkleidung. Gleich hohe Fenster reihen sich monoton aneinander, während das kräftige Kranzgesims eine klassizistische Haltung vermitteln soll. Die Neugestaltung ist ein Beispiel dafür, dass auch historische Architektur dem Umgestaltungswillen der nationalsozialistischen Stadtplanung unterlag.

Der Magdeburger Platz, der auf den 1862 erlassenen Bebauungsplan von James Hobrecht zurückgeht, hat fast seine gesamte historische Bebauung verloren. Heute umgeben ihn vor allem nichts sagende Wohn- und Geschäftsbauten der Nachkriegszeit. Lediglich die 1873–74 erbauten Mietshäuser **Magdeburger Platz 2** (Abb. 92, Liste Nr. 148) und **Magdeburger Platz 3** (Abb. 92, Liste Nr. 149) erinnern noch an die erste planmäßige Bautätigkeit im Lützowviertel. Der Maurermeister J. C. Forkert,

93. Kluckstraße 36, Mietshaus, 1888–89 von G. Wohlgemuth

94. Burggrafenstraße 6/Kurfürstenstraße 87, Lenzhaus, 1928–29 von Heinrich Straumer

der auch der Eigentümer der Parzellen war, hat sie zusammen mit Zimmermeister Chr. Schultze erbauen lassen. Die alten Wohnungsgrundrisse verweisen auf den gehobenen bürgerlichen Standard des Quartiers. Bis zur Aufteilung der Wohnungen in den 1930er Jahren und nach 1945 konnte man Wohneinheiten mit fünf Zimmern mieten. Das Mietshaus Magdeburger Platz 3 besitzt noch die ursprüngliche spätklassizistische Straßenfront, während das Gebäude Magdeburger Platz 3 durch einen 1882 von J. C. Forkert ausgeführten Umbau geprägt wird. Ein viertes Geschoss, eine Erker-Balkon-Partie und zeitgemäße Dekorationen kamen hinzu. Vom Ursprungsbau stammen noch das Sokkelgeschoss mit Rundbogenportal und einige der feinen Fenstereinfassungen.

An der Kluckstraße sind noch mehrere Mietshäuser mit gut erhaltenen Stuckfassaden zu finden. Betrachtet man die Straßenbebauung, dann sticht vor allem die opulent dekorierte und reich gegliederte neobarocke Fassade des Mietshauses **Kluckstraße 36** (Abb. 93, Liste Nr. 130) hervor. Das 1888–89 errichtete Gebäude mit Vorderhaus, Seitenflügel und zwei Quergebäuden wurde von Baumeister G. Wohlgemuth entworfen, der auch als Bauherr auftrat. Mit komfortablen Neunzimmerwohnungen im fünfstökkigen Vorderhaus und mit einer Pförtnerloge im Vestibül sollte eine begüterte Mieterschaft gewonnen werden.[388] Der Eigentümer legte daher viel Bedacht auf eine herrschaftliche Außenwirkung des Mietshauses. Er wählte eine zeittypische barocke Fassung mit einer dem Palaisbau entlehnten Architektur, die an Repräsentationsbauten der Wiener Schule erinnert. Das erste Geschoss ist mit Rustika und repräsentativem Säulenportal, bekrönt von einem bis zum dritten Stockwerk reichenden Okulus, als Beletage herausgestellt. Über einem weit ausschwingenden halbrunden Balkon tragen Karyatiden einen mächtigen Erker, der mit seinem Giebel und den abgerundeten Ecken maßgeblich die vornehme Ausstrahlung des Mietshauses bestimmt. Der asymmetrische Fassadenaufbau, verbunden mit einem reichen Dekor, macht das Haus zu einem außergewöhnlichen Beispiel für die bürgerliche Mietshausarchitektur im Lützowviertel.

Zooviertel

Auch die Gegend westlich der Lützowplatzes gehörte vor 1945 zu den bevorzugten Stadtvierteln Berlins. Am Rande des Zoologischen Gartens und im Einflussbereich des aufblühenden „Neuen Westens“ um den Kurfürstendamm entwickelte sich eine großstädtische Mischung aus Vergnügungslokalen, Hotels, Geschäfts- und Wohnhäusern. Nach der fast vollständigen Vernichtung des Zooviertels im Zweiten Weltkrieg ist nur noch sehr wenig von der historischen Bebauung übrig geblieben. Zumindest das Straßenraster ist erhalten, das in der Nachkriegszeit die strukturelle Grundlage des Wiederaufbaus bildete. Es dominieren Wohn- und Geschäftsbauten der 1960er und 1970er Jahre, die unterschiedlichen städtebaulichen Konzepten folgen. Man findet aufgebrochene Blockränder und gestaffelt zurückspringende Baugruppen. In den 1980er Jahren sind neue gebietsprägende Bauten mit hohem Gestaltungsanspruch hinzugekommen, zum Beispiel das Verwaltungsgebäude der Grundkreditbank, das mit einer dominanten halbrunden Fassade die Ecke Budapester Straße und Kurfürstenstraße urban fasst.[389]

Kurz bevor die Kurfürstenstraße in die Budapester Straße übergeht, erhebt sich ein markantes modernes Bürogebäude der 1920er Jahre. Auf dem Eckgrundstück **Kurfürstenstraße 87** (Abb. 94, Liste Nr. 84) schuf Heinrich Straumer für den Baukonzern Lenz

& Co. 1928–29 eines der ersten Hochhäuser Berlins.[390] Als Hochhaus galten damals alle Gebäude, die die zulässige Geschossanzahl der Bauordnung überschritten. Das 1925 entworfene **Lenzhaus** sollte acht Geschosse erreichen, drei mehr, als die Bauordnung erlaubte, sodass zuerst eine Ausnahmegenehmigung zu erwirken war, bevor 1928 mit den Bauarbeiten begonnen werden konnte.[391] Die gotisierende Vertikalität der Travertinfassade mit Doppelpfeilern, die vom Erdgeschoss bis zum flachen Dach durchlaufen, erinnert an den Art-Déco-Stil amerikanischer Hochhäuser der 1920er Jahre. Heinrich Straumer steigerte die aufstrebende Wirkung, indem er an der höher geführten Ecke, die zusätzlich durch eine Bronzefigur betont wird, zusätzliche Strebepfeiler einfügte. Die gotische Pfeilerarchitektur ist ein in den modernen Geschäftsbau übernommenes historisches Element, das die moderne durchlaufende Stahlskelettkonstruktion hinter der vorgeblendeten glatten Werksteinfassade kenntlich machen soll. Heinrich Straumer erwies sich mit diesem konstruktiven Aufbau als Protagonist des Neuen Bauens, was nicht zuletzt durch die neuartige dreiteilige Form der Fenster zum Ausdruck kommt.[392]

Die **Landesversicherungsanstalt der Provinz Brandenburg** (Abb. 95, Liste Nr. 123) an der **Keithstraße 28/32** gehört zu den größten deutschen Versicherungsgebäuden.[393] Der 1908–09 errichtete Baukomplex erstreckt sich über acht Höfe bis zur Kurfürsten- und Wichmannstraße.[394] Während die beiden zugehörigen Mietshäuser im Zweiten Weltkrieg zerstört wurden, blieb der Hauptbau an der Keithstraße, der heute als Polizeidirektionsgebäude genutzt wird, erhalten. Einen monumentalen Eindruck erweckt die viergeschossige Straßenfassade über einem hohen Sockel mit einem kräftig rustizierten, dreiachsigen Mittelrisalit. Schon zur Erbauungszeit erregte das Verwaltungsgebäude inmitten der vornehmen Wohnhäuser des „Alten Westens" Aufsehen, sollte es doch die Bedeutung dieser preußischen Behörde deutlich nach außen tragen. Die Architekten Hermann Solf und Franz Wichards, die aus einem beschränkten Wettbewerb als Sieger hervorgegangen waren, übernahmen die Planung. Nach dem Tode Solfs gab Wichards den Auftrag zurück. Hermann Rohde, der zur gleichen Zeit mit dem Bau der Versicherungsanstalt in Posen betraut war, vollendete die Planung und Ausführung. Während die Hofseiten, verblendet mit roten Handstrichsteinen und ornamentierten Backsteinbossen, sachlich gehalten sind, gestaltete Hermann Rohde eine wuchtige Schaufassade an der Keithstraße. Der Mittelbau ist mit einer massiven Kalksteinrustika und mit kolossalen Säulen hervorgehoben. Im nicht mehr vorhandenen Giebel prangte ein riesiger brandenburgischer Adler. Die Härte der Werksteinfront wird durch die vorzügliche, vom Jugendstil beeinflusste Architekturplastik gemildert. Dazu gehören die puttenbesetzten Kapitelle. Die Bildhauerarbeiten stammen von Hermann Engelhard.

Die Budapester Straße führt vom Landwehrkanal zum Breitscheidplatz, der bereits zu Charlottenburg gehört. Unmittelbar hinter der Corneliusbrücke des Landwehrkanals weist das frühere **Hilton-Hotel** (Abb. 96, 97, Liste Nr. 18), **Budapester Straße 2A/30**, auf die City-West hin, die sich in der Gegend der Kaiser-Wilhelm-Gedächtniskirche zu beiden Seiten der Budapester Straße und des Kurfürstendamms ausbreitet. Dort hatte sich nach der Spaltung Berlins in den 1950er Jahren das moderne, großstädtische Zentrum der westlichen Stadthälfte gebildet. Neben Geschäftshäusern und Kinos siedelten sich mondäne, exklusive Hotels internationalen Standards an. Das 1957–

95. Keithstraße 28/32, Landesversicherungsanstalt für die Provinz Brandenburg, 1908–09 von Solf & Wichards sowie Hermann Rhode

96. Budapester Straße 2A/30, Hilton-Hotel mit Ladenpassage, 1957–60 von Pereira & Luckman, Schwebes & Schoszberger

60 errichtete Hilton-Hotel war das erste amerikanisch geprägte Luxushotel in Berlin.[395] Es besetzt einen Randstreifen an der Budapester Straße, der vor dem Zweiten Weltkrieg zum Zoologischen Garten gehört hatte. Der Auftrag ging an die Architektensozietät von William Pereira und Charles Luckman in Los Angeles, die sich vor Ort durch die Kontaktarchitekten Paul Schwebes und Hans Schoszberger vertreten ließ. Nach dem Leitbild der aufgelockerten und gegliederten Stadt entwarfen Pereira & Luckman eine dreizehngeschossige, quer zur Straße gestellte Hochhausscheibe, die von niedrigen Flachbauten umgeben ist. Mit seiner schachbrettartig gemusterten Fassade bildet das Hotel einen wirkungsvollen Akzent im Stadtbild. Das reizvolle Muster ergibt sich aus dunklen Fensterrahmen und Brüstungen aus schwarzem Glas, die weißen Wandflächen gegenübergestellt sind, wobei die Fenster, die immer zwei benachbarte Zimmer belichten, durch vorkragende Betonblenden geteilt sind. Dem Bettenhaus ist ein turmartiger Treppenhaustrakt mit Wirtschaftsräumen angegliedert, der die Hochhausscheibe um zwei Geschosse überragt. An das Aquarium des Zoologischen Gartens schließt sich eine lang gestreckte, zweigeschossige Ladenzeile an, die mit ihrer grazilen Pfeilerkolonnade und den metallgerahmten Schaufenstern die Leichtigkeit und Eleganz der Nachkriegsmoderne deutlich macht.[396] Vor dem Hochhaus springt die Ladenzeile zurück, wobei sich ein Gartenhof bildet, der eine ungehinderte Sicht auf die markante Hotelfront erlaubt. Der Bereich östlich der Hochhausscheibe wurde 1980–81, 1990–93 sowie 2002 erheblich verändert.[397] Die Betreibergesellschaft ließ ein neues Empfangsgebäude und einen siebengeschossigen Bettentrakt errichten, wobei eine verglaste Pyramide den Eingang hervorhebt. Beim Umbau der Hochhausscheibe 2002 wurden die Veränderungen zum Teil zurückgebaut. Das frühere Hilton heißt seit 1981 Hotel Intercontinental.

Der Zoologische Garten

Der 1844 eröffnete **Zoologische Garten** (Abb. 98–103, Liste Nr. 19), **Budapester Straße 30A/36**, ist der älteste und artenreichste Tierpark in Deutschland.[398] Mit seiner Architektur und Gartengestaltung hat er zahlreiche andere Tierparks beeinflusst. Der Zoologische Garten, betrieben von einer Aktiengesellschaft, dient dem Volksvergnügen und der Volksbildung, trägt aber zugleich zur wissenschaftlichen Erforschung der Tierwelt bei. Das parkähnliche Gelände, das durch eine Randbebauung vom geschäftigen Leben der City-West abgeschirmt wird, erstreckt sich zwischen Budapester Straße, Hardenbergplatz und Landwehrkanal. In der Nachkriegszeit kam der Geländestreifen westlich des Stadtbahnviadukts hinzu. Mit

97. Budapester Straße 2A/30, Ladenpassage

98. Budapester Straße 30A/36, Zoologischer Garten, Lageplan

1. *Antilopenhaus, 1871–72 von Ende & Böckmann*
2. *Rotes Hirschhaus, 1896–97 von Kayser & v. Großheim*
3. *Kleines Hirschhaus, 1896–97 von Kayser & v. Großheim*
4. *Neptuntempel, 1898*
5. *Elefantentor, rekonstruiert 1984*
6. *Grünes Hirschhaus, 1898 von Kayser & v. Großheim*
7. *Kentaur und Nymphe, 1901 von Reinhold Begas*
8. *Bärenfiguren vom ehem. Tiergarteneingang*
9. *Anlagen für Wassernagetiere und Meerschweinchenverwandte, 1902–03*
10. *Hühner- und Taubenhaus, 1908 von Stegmüller*
11. *Löwentor, 1908–09 von Zaar & Vahl; rekonstruiert 1987/88*
12. *Afrikanisches Tierhaus für pferdeartige Tiere, 1909–10 von Zaar & Vahl*
13. *Persischer Turm für pferdeartige Tiere, 1909–10 von Zaar & Vahl*
14. *Adlerfelsen, 1909*
15. *Schweinehaus, 1910*
16. *Aquarium, 1911–13 von Zaar & Vahl*
17. *Bärentor (Kassenhäuschen mit Bär) und Dienstwohnhaus, 1928–29 von Fritz Höger*
18. *Pavillon am Restaurant, 1931*
19. *Robbenfelsen, 1931*
20. *Affenfelsen, 1932*
21. *Löwensteppe, 1935–36*
22. *Tierkrankenhaus, 1935–36*
23. *Bären- und Wolfsanlage, 1937*
24. *Gebirgstieranlage, 1938–39*

dem 1987 eröffneten Erweiterungsgelände jenseits des Landwehrkanals ragt der Zoologische Garten in das Diplomatenviertel hinein. Martin Hinrich Carl Lichtenstein, der erste Professor für Zoologie an der Berliner Friedrich-Wilhelms-Universität, regte in einer Denkschrift 1840 an, nach Pariser und Londoner Vorbild auch in Berlin eine systematisch aufgebaute Sammlung von Tieren in einer Gartenlandschaft der Öffentlichkeit zu präsentieren. König Friedrich Wilhelm IV. stellte für den Zoologischen Garten Tiere aus der Menagerie auf der Pfaueninsel und die Fasanerie am südlichen Rand des Tiergartens zur Verfügung. Dort schuf Peter Joseph Lenné 1841–44 einen Landschaftspark nach englischem Vorbild mit naturnahen Bereichen, bogenförmigen Wegen und kleinen Wasserläufen. Daran erinnert nur noch der Hopfengraben, denn das Gelände wurde in den letzten einhundertfünfzig Jahren fortwährend umgestaltet. Die 1869–72 eingefügten Rasenflächen und Blumenrabatten veränderten das Bild. Es wurden zusätzlich malerische Seen mit kleinen Inseln und Brücken angelegt. Um den „Vierwaldstätter See" entfaltet sich eine kunstvoll modellierte Landschaft mit Hügelketten und Aussichtspunkten. Die Tierhäuser, die in der zweiten Hälfte des 19. Jahrhundert entstanden, weisen durch ihre fremdländischen Baustile auf die Heimat der dort untergebrachten Tiere hin. Die Planung der Tierhäuser oblag bis 1884 der Architektensozietät Ende & Böckmann, danach wurden andere Architekten beauftragt, vor allem Kayser & v. Großheim sowie Zaar & Vahl, die nicht nur Tierhäuser, sondern auch Verwaltungs- und Wirtschaftsgebäude errichteten. 1898 entstanden breite Promenadenwege, die es erlaubten, durch den Zoologischen Garten zu flanieren. Erhalten blieb die Dreisternpromenade, die unmittelbar hinter dem Eingang an der Budapester Straße beginnt. Sie besteht aus drei Achsen, breiten Wegen mit mittlerem Rasenstreifen, die an einem Brunnen sternförmig zusammentreffen und den Zoo auch bei großem Besucherandrang optimal erschließen. Ab 1903 führte Direktor Ludwig Heck, beeinflusst vom Tierpark Carl Hagenbeck in Hamburg, gitterlose, durch Gräben abgesicherte Anlagen ein, in denen die Tiere künstliche, an ihre natürliche Lebenswelt angepasste Landschaften bewohnen. 1937 wur-

99. Zoologischer Garten, Bärenfigur vom ehemaligen Zootor

100. Zoologischer Garten, Antilopenhaus, 1871–72 von Ende & Böckmann

de auf dem nördlichen Geländestreifen am Landwehrkanal ein „Deutscher Zoo" mit einheimischen Tierarten eröffnet. Der Zweite Weltkrieg brachte schwere Zerstörungen. Die vom Bomben getroffenen Tierhäuser wurden in der Nachkriegszeit entweder durch moderne Anlagen ersetzt oder vereinfacht wieder aufgebaut. Die Restaurierung der historischen Bauten in den 1980er Jahren war mit der Wiederherstellung zerstörter Gestaltungselemente verbunden. Aus historischen und denkmalpflegerischen Gründen sind die zumindest teilweise im ursprünglichen Zustand erhaltenen Gebäude und Anlagen von besonderer Bedeutung.

Den Zoologischen Garten betrat man während vieler Jahrzehnte nur durch den in Richtung Berliner Innenstadt gelegenen Tiergarteneingang im Nordwesten. Die Eingangsgebäude von Johann Heinrich Strack bestanden bis 1928 und wurden nach der Erweiterung des Zoos bis an den Landwehrkanal durch ein expressionistisch gestaltetes **Bärentor** (17) ersetzt. An der Lichtensteinbrücke sind noch zwei **Bärenfiguren** (8) erhalten, die nach 1870 das alte Eingangstor geschmückt haben (Abb. 99). Die expressionistische **Bärenplastik** (17) des Bärentores aus roten Backsteinen und goldfarben glasierten Klinkern von 1928 steht noch an der ursprünglichen Stelle. Diesen Eingang und ein anschließendes Dienstwohnhaus entwarf der Architekt Fritz Höger.[399]

Erst 1880 wurde ein provisorischer Eingang an der heutigen Budapester Straße eingerichtet. 1898–99 erbauten Carl Zaar und Rudolf Vahl an dieser Stelle das von steinernen Elefanten getragene Elefantentor (5) mit geschwungenem Dach, grün glasierten Ziegeln und vergoldeten Ornamenten nach japanischen und siamesischen Vorbildern. Das im Krieg zerstörte Wahrzeichen des Zoologischen Gartens wurde 1984 wieder hergestellt.[400] Als dritter Haupteingang entstand 1908–09 am Hardenbergplatz das Löwentor. Es wurde nach dem Krieg abgerissen und 1987–88 mit den originalen **Löwenskulpturen** (11) wieder aufgebaut.[401]

An den in die weiträumige Parklandschaft eingebetteten Tierhäusern kann man die Entwicklung des Zoologischen Gartens ablesen. Von den großen Tierhäusern des 19. Jahrhunderts ist nur das 1871–72 von Hermann Ende und Wilhelm Böckmann erbaute **Antilopenhaus** (1) erhalten geblieben (Abb. 100).[402] Das prächtige Gebäude, verziert mit arabischen und orientalischen Motiven, steht beispielhaft für die afrikanische Heimat der Tiere. Die Antilopen und Giraffen sind in halbrunden Käfigtrakten untergebracht, die um den Besucherbereich mit einem verglasten Palmenhaus in der Mitte angeordnet sind. Das 1874 von Paul Meyerheim in der Loggia angebrachte Wandbild „Antilopenhetze im Sudan", das man 1891 auf Fayenceplatten übertrug, wurde im Zweiten Weltkrieg zerstört, konnte aber 1986 rekonstruiert werden. Die minarettähnlichen Aufsätze wurden 1984–85 wieder hergestellt. Vor dem Antilopenhaus steht seit 1901 die Marmorgruppe **„Kentaur und Nymphe"** (7) von Reinhold Begas im Blickpunkt einer der großen Promenade.[403] Bei dem 1898 errichteten **Neptuntempel** (4) am Raubtierhausteich (heute Intercontiteich) handelt es sich um ein im spätklassizistischen Stil umkleidetes Pumpenhäuschen.[404] In der Säulenhalle sprudelt Wasser hervor, wobei die Skulptur „Leda mit dem Schwan" des Bild-

101. Zoologischer Garten, Aquarium, 1911–13 von Zaar & Vahl

102. Zoologischer Garten, Persischer Turm für pferdeartige Tiere, 1909–10 von Zaar & Vahl

hauers Cuno v. Uechtritz-Steinkirch mitten in einem Wasserfall zu stehen scheint. Die 1903 erbauten **Anlagen für Wassernagetiere und Meerschweinchenverwandte** (9) bildeten die erste gestaltete Landschaft nach dem Hagenbeckschen Modell in Berlin, sie bestehen bis heute.[405] Entworfen hat sie der Theaterkulissenmaler Moritz Lehmann. Das **Aquarium** (16) neben dem Elefantentor wurde 1911–13 von Zaar & Vahl errichtet.[406] An einen Wohn- und Verwaltungstrakt mit Wasserturm schließt sich die dreigeschossige Aquarienhalle mit Krokodillandschaft, Terrarium und Insektarium an.[407] Der reiche künstlerische Dekor von Heinrich Harder machte auf die prähistorische Tierwelt aufmerksam (Abb. 101). An beiden Seiten der Aquarienhalle waren Saurierreliefs und farbige Majoliken mit urzeitlichen Tieren zu sehen. Nach Kriegszerstörungen wurden sie in den frühen 1980er Jahren bei einer Sanierung und Erweiterung des Aquariums von Jochen Ihle rekonstruiert. Die sandsteinverkleidete Eingangsachse, die sich dem Zoologischen Garten zuwendet, zeigt Elemente des Jugendstils. Vor dem Gebäude steht die steinerne Figur eines Iguanodon, eines riesigen Sauriers der Kreidezeit.

Zur Jahrhundertwende entstanden vielgestaltige Tierhäuser. Heinrich Kayser und Karl v. Großheim errichteten 1896–97 das **Rote Hirschhaus** (2) und das **Kleine Hirschhaus** (3) sowie 1898 das **Grüne Hirschhaus** (6).[408] Die malerischen Fachwerkbauten besitzen kunstvoll geschnitzte Verzierungen. Die Balkenköpfe der Giebel sind in Form von Hirschköpfen gestaltet. Das 1904–05 von Carl Zaar und Rudolf Vahl erbaute Bison- und Wisenthaus, ein russisches Blockhaus mit farbenfrohem Dekor und ein mit indianischen Motiven bemaltes Bretterhaus, wurde im Zweiten Weltkrieg zerstört und in den 1980er Jahren rekonstruiert.[409] Auf Carl Zaar und Rudolf Vahl gehen auch das **Afrikanische Tierhaus für pferdeartige Tiere** (12) und der **Persische Turm für pferdeartige Tiere** (13) zurück (Abb. 102).[410] Die Bauten entstanden 1909–10. Der persische Turm, verziert mit Fayencefries und Kuppeldach, sieht wie das Minarett einer persischen Moschee aus, während das Arabische Pferdehaus mit Zinnen, Loggia und einem hölzernen Balkon die arabische Architektur in Ostafrika zitiert. Das **Schweinehaus** (15) wurde 1910 erbaut und 1936–37 erweitert. Es deutet mit seinem Reetdach auf die norddeutsche Landschaft.[411] Um die vielfältigen Hühnerarten unterzubringen, wurde 1908 das **Hühner- und Taubenhaus** (10) errichtet, das mit seinem Fachwerkobergeschoss, den ziegelgedeckten Dächern, mit Turm und Giebel an der Eingangsseite sehr wohnlich erscheint.[412] Die halbrund gebogene Rückseite ist von Volièren in Jugendstilformen umgeben. Mit dem 1910 erbauten **Adlerfelsen** (14) wurde nach dem Nagetierfelsen erneut eine landschaftlich gestaltete Anlage geschaffen.[413] Die Volièren gruppieren sich um einen hoch aufragenden Sandsteinfelsen, der im Inneren ein Tierhaus enthält. Moritz Lehmann sorgte auch hier für eine naturnahe Gestaltung der Formation, die mit Alpengewächsen, Moosen und Farnen ausgestattet wurde. Bei der Einrichtung gitterloser Gehege in den 1930er Jahren wurde das Prinzip, die Stallungen hinter künstlichen Felsenlandschaften zu verbergen, fortgeführt. 1931 entstand der von Wasserbecken umgebene **Robbenfelsen** (19),[414] 1932 folgte der **Affenfelsen** (20).[415] Die 1938–39 gestaltete **Gebirgstieranlage** (24) umfasst eine künstliche Gebirgslandschaft, die mit Felsen, Abhängen und kleinen Almhütten den Alpen nachgebildet ist (Abb. 103).[416] Die **Bären- und Wolfsanlage** (23) wurde 1937 geschaffen.[417] Über geschickt angeordnete Sandsteinblöcke mit Stufen und Vorsprüngen können die Tiere bis zum Wassergraben hinabsteigen. An das Raubtierhaus schließt sich die 1935–36 eingerichtete **Löwensteppe** (21) an.[418]

103. Zoologischer Garten, Gebirgstieranlage, 1938–39

Die Nebengebäude, die in der Zwischenkriegszeit entstanden, zeichnen sich durch eine sachliche, zurückhaltend moderne Formensprache aus. Der 1931 erbaute **Pavillon** (18) in den Außenanlagen der kriegszerstörten Zoofestsäle am Raubtierhausteich mit seiner abgerundeten Ecke, dem halbrunden Vorbau und den gestaffelten Flachdächern zeigt noch die dynamische Bauweise der 1920er Jahre.[419] Otto Behrend errichtete 1935–36 das **Tierkrankenhaus** (22).[420] Der kubische Wohn- und Behandlungstrakt schließt mit einem weit überstehenden Flachdach. Das 1928–29 erbaute **Dienstwohnhaus** (17) am Lützowufer stammt von Fritz Höger.[421] Der renommierte Architekt entwarf einen blockhaften Klinkerbau, bei dem die Wandflächen durch regelmäßig vorkragende Klinker ornamental gemustert sind. Das vierte Geschoss ist mit einem Fries geschmückt, der aus stilisierten laufenden Hasen besteht. Ein ähnliches Muster schmückt die Klinkermauer, die zu einem abgerundeten Kassenhäuschen des früheren Bärentors mit weit überkragendem Flachdach überleitet.

Schleuseninsel

Nördlich des Zoologischen Gartens teilt sich der Landwehrkanal in zwei Arme, die eine längliche Insel umfließen. Die Schleuseninsel, geteilt durch den Viadukt der Stadtbahn, ist nach der Unterschleuse des Landwehrkanals benannt. Auf der Insel, die von der **Müller-Breslau-Straße** über einen Steg zu erreichen ist, breiten sich die Bauten der **Versuchsanstalt für Wasserbau und Schiffsbau** aus (Abb. 104, Liste Nr. 152). Die 1903 gegründete Forschungseinrichtung, die Schiffsformen und -antriebe untersucht, hat wesentlich zur Entwicklung und Verbesserung der Schiffstechnik beigetragen. Bereits 1903–04 entstand die lang gestreckte Versuchsrinne, die 1961–64 zu einem Wasserumlaufkanal umgebaut wurde. Der halbrunde Kopfbau mit einer flächigen Backsteinverkleidung und einem umlaufenden Fensterband unter dem Dach ragt wie eine Bastion in den Landwehrkanal hinein. An der Südseite der Schleuseninsel wurde 1928–30 ein Wasserbaulaboratorium, die „Südhalle" errichtet, die sich im Erdgeschoss mit großen Bogenfenstern zum Wasser öffnet. Über den Institutsbauten ragt der 1968–76 errichtete Umlaufkanal auf, der durch seine ungewöhnliche, eigenwillige Architektur auf sich aufmerksam macht.[422] Ludwig Leo entwarf einen futuristischen Industriebau in poetischer Farbigkeit, dessen bildhaft sprechende Konstruktion er unmittelbar aus den technischen Anforderungen entwickelt hat. Das Umlaufrohr für Strömungsversuche wurde nicht, wie sonst üblich, horizontal angeordnet, sondern vertikal aufgerichtet, sodass es als „urbane Skulptur" sichtbar ist. Das mächtige Umlaufrohr durchdringt ein Laborgebäude, das auf einem Stahlgerüst ruht. Ludwig Leo kennzeichnete die verschiedenen Funktionsbereiche durch eine kräftige Farbgebung. Das Rohr des Umlaufkanals wurde rosa gestrichen, während das kastenförmige Laborgebäude mit blauen Aluminiumplatten verkleidet ist. Im Rohrkreislauf befindet sich eine Turbine, die den Wasserstrom in das Laborgebäude lenkt, wo Strömungsmessungen und -versuche durchgeführt werden. Im weltweit größten Umlauftank können schiffstechnische Modelle, aber auch Objekte in Originalgröße der Strömung ausgesetzt werden.

104. Müller-Breslau-Straße, Versuchsanstalt für Wasserbau und Schiffsbau, Schlepprinne, 1903–04; Institutsgebäude, 1928–30; Umlaufkanal, 1975–76 von Ludwig Leo

Gebiet 4

Hansaviertel

Der Ortsteil Hansaviertel am nördlichen Rand des Tiergartens ist an drei Seiten von der Spree umgeben. Er ist größer als das bekannte gleichnamige Wohngebiet, das hier mit der Internationalen Bauausstellung 1957 (Interbau) errichtet wurde. Das hat geschichtliche Gründe, denn dieses nimmt nur einen Teil der Grundfläche des alten Hansaviertels ein, das im Zweiten Weltkrieg fast vollständig zerstört worden ist. Der Name des Stadtviertels geht auf die Berlin-Hamburger Immobilien AG zurück, die 1874 mit der Erschließung der Schöneberger Wiesen, einem sumpfigen, bis dahin unbebauten Überschwemmungsgebiet, begann. Der Hinweis auf die norddeutsche Hanse sollte hanseatischen Kaufmannsgeist und bürgerliche Gediegenheit vermitteln und mit entsprechenden Wohnhäusern vor allem wohlhabende Bewohner anlocken. In einer bevorzugten Wohnlage am Tiergarten entstand ein dicht bebautes Stadtviertel, in dem sich vor allem Kaufleute, Bankiers, Künstler und andere vermögende Bürger niederließen. An den Straßen, die sternförmig auf den Hansaplatz ausgerichtet waren, wurden Mietshäuser errichtet, die meist aufwendig gestaltet waren und im Vorderhaus herrschaftliche, großzügig geschnittene Wohnungen enthielten. Die 1877–82 erbaute Stadtbahn, die das Stadtviertel durchquerte, war für die Anbindung sehr vorteilhaft, denn die Fahrt in die Stadtzentren von Berlin und Charlottenburg dauerte nur wenige Minuten. Das Hansaviertel war ein reines Wohngebiet. Fabriken und Gewerbebetriebe waren nicht zugelassen.

Nach dem Abbruch der Ruinen des alten Hansaviertels nach dem Zweiten Weltkrieg blieben nur wenige Häuser übrig, sodass über eine grundsätzliche Neuordnung nachgedacht werden musste. 1953 fasste man den Beschluss, einen Teil des Gebietes für eine Internationale Bauausstellung zu nutzen. Die Ergebnisse eines städtebaulichen Wettbewerbs von 1953 wurden aufgegriffen, aber deutlich modifiziert, wobei ein Bauausschuss unter Leitung von Otto Bartning die Bautypen und deren Anordnung festlegte. Zur Eröffnung der Internationalen Bauausstellung im Jahre 1957 waren die meisten Bauten fertig gestellt, einige befanden sich noch im Rohbau. Mit der Interbau wurde das Hansaviertel zum Sinnbild für den Wiederaufbau West-Berlins. Die innovativen Wohnmodelle einer Gruppe von internationalen Architekten wurden weltweit diskutiert.

Das auf Backsteinbögen ruhende Stadtbahnviadukt trennt zwei Abschnitte des heutigen Hansaviertels. Südöstlich der Stadtbahn erstreckt sich das Ausstellungsgelände der Internationalen Bauausstellung 1957 mit einer aufgelockerten, durchgrünten Bebauung, die sich dem Tiergarten öffnet. Das Straßennetz entspricht nicht der historischen Straßenführung. Erhalten blieb nur die zum Großen Stern führende Altonaer Straße, die jedoch in ihrer Breite verdoppelt ist. Von Klopstockstraße und Bartningallee gehen untergeordnete Einhängerstraßen ab, die das Wohngebiet erschließen. Die öffentlichen Einrichtungen konzentrieren sich um den Hansaplatz.

Der Abschnitt nördlich der Stadtbahn, der nicht zur Interbau gehörte, zeigt ein etwas anderes Bild. Dort gab es keinen einheitlichen Plan für den Wiederaufbau. Das alte Straßennetz blieb erhalten, nur die Lessingstraße wurde verschwenkt und ausgebaut. Hier gibt es noch Mietshäuser des alten Hansaviertels, beispielsweise am Holsteiner Ufer und in der Claudiusstraße. Die reich dekorierten Fassaden zeugen noch von dem vornehmen Charakter des untergegangenen Wohngebiets. In allen anderen Bereichen ist die geschlossene Bebauung verschwunden. Die 1958–63 errichtete Siedlung zwischen Claudius- und Lessingstraße besteht aus unterschiedlichen Wohnblöcken und -zeilen, die in einer begrünten Landschaft angeordnet sind. Auf dem Uferstreifen zwischen Lessingstraße und Spree breiten sich Schulen und Sportplätze aus. Weiter südlich wurde 1958–61 die Studentensiedlung Siegmunds Hof errichtet. Mit ihrer aufgelockerten, durchgrünten Bebauung folgt sie dem städtebaulichen Leitbild der Nachkriegszeit.

Südlich des Stadtbahnviadukts

Die beiden einzigen Häuser des alten Hansaviertels, die im Ausstellungsgelände der Interbau erhalten geblieben sind, lehnen sich unweit des S-Bahnhofs Tiergarten an den Stadtbahnviadukt an. Das 1886–87 erbaute Mietshaus **Joseph-Haydn-Straße 1** (Abb. 105, Liste Nr. 122) vermittelt mit seiner dreiseitig abgewinkelten Straßenfront zwischen der Joseph-Haydn-Straße, die den Bahnhof unterquert, und der Klopstockstraße. Das dreieckige Grundstück befand sich im Besitz des renommierten Architekten Hermann Ende, der gemeinsam mit Wilhelm Böckmann ein herrschaftliches Mietshaus im spätklassizistischen Stil entwarf. Kurz nach Baubeginn erwarb Mauermeister Feibicke das Grundstück, der den Mietshausbau wie geplant zu Ende führte. Das Gebäude besitzt einen ungewöhnlichen Grundriss, der dem dreieckigen Grundstück angepasst ist. In der Mitte ist ein Treppenhaus mit Oberlicht angeordnet, das über eine großzügige geschwungene Eisentreppe jeweils zwei Wohnungen pro Stockwerk erschließt. Die großen Fünfzimmerwohnungen wenden sich teils zur Straße, teils zu einem Lichthof, während Seitenflügel fehlen. Die Fassade ist durch einen breiten Mittelrisalit und seitliche Erkerachsen symmetrisch gegliedert. Der zurückhaltend eingesetzte klassizistische Dekor, der auf die herrschaftlichen Villen von Hermann Ende und Wilhelm Böckmann verweist, war in den 1880er Jahren längst veraltet.[423]

Die **Bauten der Interbau 1957** (Abb. 106–116, Liste Nr. 22), die sich um den **Hansaplatz** gruppieren, verdeutlichen den städtebaulichen und architektonischen Neubeginn nach dem Zweiten Weltkrieg.[424] Das Hansaviertel als vielbeachtetes Beispiel für die internationale Moderne der Nachkriegszeit wurde auch als Antwort auf das erste groß angelegte Wiederaufbauvorhaben der DDR, die Stalinallee in Berlin-Friedrichshain, gesehen. Mit seiner aufgelockerten, gegliederten Bebauung demonstrierte das Hansaviertel die Abkehr von der dicht bebauten Stadt des 19. Jahrhunderts, aber auch von der Monumentalarchitektur der 1930er bis 1950er Jahre. Die landschaftliche, offene, nicht hierarchische Gestaltung verstand man als Symbol für die freiheitliche westliche Gesellschaft. Gegenüber dem Osten machte sie deutlich, dass West-Berlin als wirtschaftliche Einheit lebensfähig ist und von der gesamten freien Welt gestützt wird. Die Bewohner der westlichen Stadthälfte wurden in ihrem Aufbauwillen und Streben nach Freiheit und Fortschritt bestärkt.

Die Bauausstellung war eine Leistungsschau der internationalen Moderne der 1950er Jahre. Der Leitende Ausschuss, dem Otto Bartning vorstand, wählte Architekten aus Berlin, aus dem Bundesgebiet und aus dem westlichen Ausland aus, darunter namhafte Architekten aus Paris, Rio de Janeiro, Kopenhagen, Helsinki, Rotterdam, Basel und Mailand. Die Möglichkeiten des neuzeitlichen Wohnungsbaus wurden mit unterschiedlichen Bautypen vorgeführt. Die Architekten entwarfen Punkt- und Scheibenhochhäuser, Zeilenbauten, Mehrfamilien- und Einfamilienwohnhäuser, die sich in eine begrünte Landschaft einordnen. Der Hansaplatz bildet das Geschäftszentrum. In niedrigen Flachbauten sind Läden, Restaurants, Kino, Bibliothek und U-Bahnhof untergebracht. Südlich des Hansaplatzes sind als dominierende städtebauliche Figur acht- bis zehngeschossige Scheibenhochhäuser angeordnet, die im rechten Winkel gegeneinander versetzt sind. Viergeschossige Zeilen begleiten den Stadtbahnviadukt. Es schließen sich fünf hoch aufragende Punkthochhäuser an, die die Silhouette des Hansaviertels bestimmen. Hinter den Hochhausscheiben erstreckt sich eine niedrige, teppichartige Bebauung aus Atriumbungalows mit Flachdächern, die durch einen öffentlichen Grünzug geteilt und durch zwei Privatstraßen erschlossen wird. Am Hanseatenweg sind mehrere Mehrfamilienhäuser angeordnet. Auf dem östlich anschließenden Gelände, das man eigentlich für Reihenhäuser freigehalten hatte, wurde 1959–60 die Akademie der Künste errichtet. Die freistehenden Bauten bilden großzügige, offene Raumkompositionen, wobei Durchblicke, Engstellen und Aufweitungen wechselnde Raumerlebnisse ermöglichen. Die fließenden, offenen Räume zwischen den Häusern verstand man als Gegenbild zur Blockrandbauweise, die das Bild der verachteten „Mietskasernenstadt" geprägt hatte. Das Wohngebiet geht fließend in den benachbarten Tiergarten über.

Die Bauten auf dem Ausstellungsgelände entstanden zwischen 1956 und 1960. Deren klare, sachliche, ornamentlose Architektur entspricht den Vorstellungen der 1950er Jahre. Die Groß- und Kleinformen sind meist aus einem Raster entwickelt. Charakteristisch sind Helligkeit, Leichtigkeit und Transparenz. Die neuen Baustoffe (Stahlbeton) und Konstruktionsarten (Schotten- und Kastenbauweise) machten es möglich, die Außenhaut frei von konstruktiven Zwängen zu gestalten. Die beteiligten Architekten verwendeten viel Sorgfalt auf die Entwicklung sparsamer, aber unkonventioneller Wohnungsgrundrisse. In vielen Häusern reichen die Wohnungen, verbunden mit innovativen Erschließungssystemen, über anderthalb oder zwei Stockwerke. Zu den neuartigen Elementen gehört der von Alvar Aalto eingeführte Allraum, der als vielseitig nutzbarer Wohn-, Arbeits- und Spielbereich den Mittelpunkt der Wohnung bildet. In mehreren Häusern sind Gemeinschaftsräume vorgesehen. Betrachtet man die Fassaden genauer, dann verweisen verspringende Geschosshöhen, Balkone

105. Joseph-Haydn-Straße 1, Mietshaus, 1886–87 von Ende & Böckmann

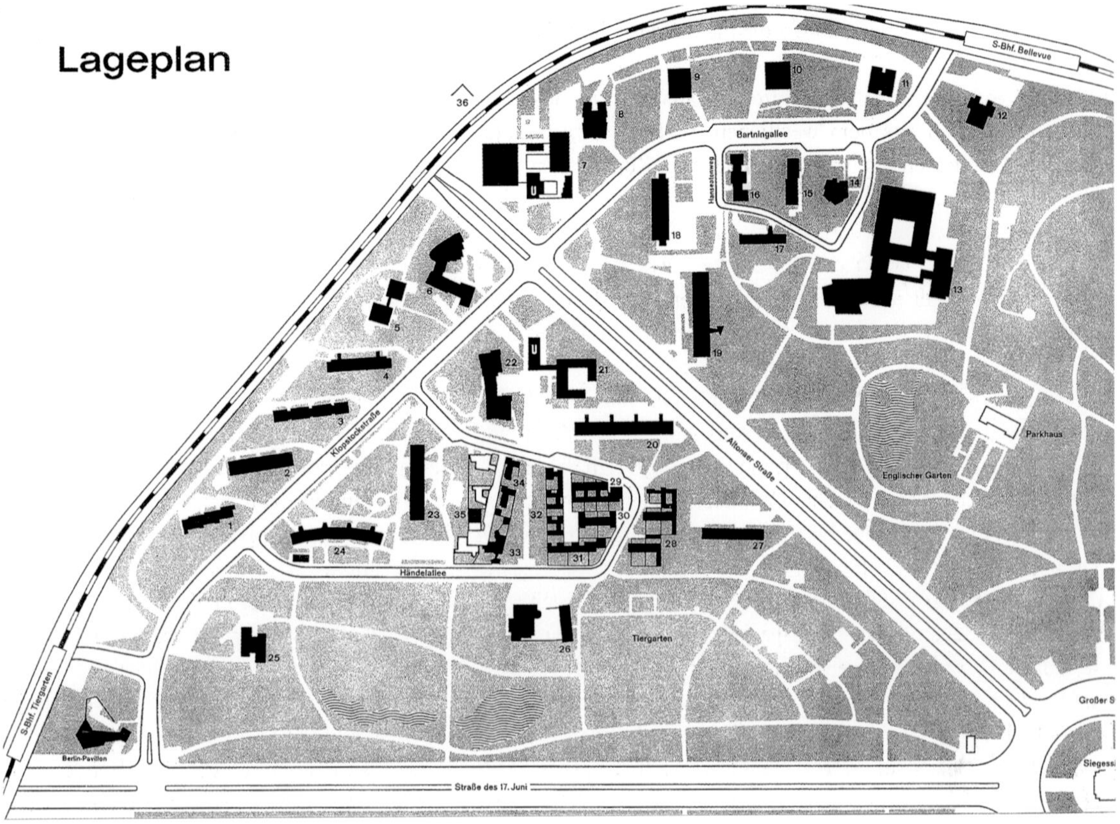

106. Bauten der „Interbau 57", 1957–60, Lageplan

1. *Hans C. Müller*
2. *Günter Gottwald*
3. *Wassili Luckhardt und Hubert Walter Hoffmann*
4. *Paul Schneider-Essleben*
5. *Bezirk Tiergarten von Berlin*
6. *Willy Kreuer*
7. *Ernst Zinsser und Hansrudolf Plarre*
8. *Luciano Baldessari*
9. *H. van den Broek und Jacob Bakema*
10. *Gustav Hassenpflug*
11. *Raymond Lopez und Eugène Beaudouin*
12. *Hans Schwippert*
13. *Werner Düttmann*
14. *Otto H. Senn*
15. *Kay Fisker*
16. *Max Taut*
17. *Franz Schuster*
18. *Egon Eiermann*
19. *Oscar Niemeyer Soares Filho*
20. *Fritz Jaenecke und Sten Samuelson*
21. *Werner Düttmann*
22. *Alvar Aalto*
23. *Pierre Vago*
24. *Walter Gropius*
25. *Klaus Müller-Rehm und Gerhard Siegmann*
26. *Ludwig Lemmer*
27. *Paul G. R. Baumgarten*
28. *Eduard Ludwig*
29. *Arne Jacobsen*
30. *Gerhard Weber*
31. *Alois Giefer und Hermann Mäckler*
32. *Johannes Krahn*
33. *Sergius Ruegenberg und Wolf von Möllendorf*
34. *Sep Ruf*
35. *Günther Hönow*
36. *Bruno Grimmek*

Gartenarchitekten: Hermann Mattern, René Pechère; Ernst Cramer, Otto Valentien; Hertha Hammerbacher, Edvard Jacobson; Gustav Lüttge, Pietro Porcinai; Walter Rossow (Akademie der Künste)

unterschiedlicher Breite und Zuordnung, Laubengänge oder offene Treppenhausabsätze auf die komplizierte innere Struktur der meisten Wohngebäude.

Das Hansaviertel gehört auch mit der 1957 im Rahmen der Interbau realisierten **Freiflächengestaltung** (Liste Nr. 226) zu den national und international bedeutenden Beispielen der Nachkriegsmoderne.[425] Schon der 1953 ausgeschriebene Wettbewerb für den Wiederaufbau des Hansaviertels hatte eine großzügige Lösung der durch Grünflächen gegliederten und aufgelockerten Stadt in Abkehr von der kleinräumigen Parzellenstruktur zum Ziel. Im neuen Hansaviertel änderte sich das Verhältnis von bebauter zu unbebauter Fläche von 1: 1,5 auf 1: 5,5. Dieser Flächengewinn infolge der Hochbauten konnte zur Gestaltung gemeinschaftlicher parkartiger Grünflächen beiderseits der Altonaer Straße und in der Umgebung der Punkthochhäuser an der Bartningallee genutzt werden. Bei der städtebaulichen Planung der Interbau wurde die Idee der prämierten Preisträger von 1953, Jobst und Kreuer, beibehalten, die Siedlung im Süden und Südosten durch die Stellung der Baukörper zur Parklandschaft des Tiergartens zu öffnen. Die Grenze zwischen Park und Siedlung wurde aufgelöst, der Tiergarten sollte sich in frei gestalteten, durch Spazierwege erschlossenen Grünbereichen im Hansaviertel fortsetzen. Die nur locker bepflanzten Freiräume sowie die offene und durchlässige Gestaltung der Erdgeschosse mehrerer Großzeilen sollten Blickbeziehungen zum Tiergarten eröffnen. Im Vordergrund der Freiraumplanung stand die Gestaltung einer differenzierten „Wohnlandschaft" die den neuen Anforderungen des sozialen Grüns in Form von gemeinschaftlichen Spiel- und Ruhezonen sowie Begegnungsstätten gerecht werden musste.[426] Diese Zielsetzung wurde von den mit der Grünplanung beauftragten, in- und ausländischen Gartenarchitekten konsequent umgesetzt. Die Großzügigkeit der Freiraumgestaltung der Interbau ist heute infolge eines Pflegedefizits und zusätzlicher späterer Anpflanzungen nicht mehr vollständig erfahrbar. Der großen Bedeutung der Grünflächen im Gesamtkonzept des Hansaviertels wurde mit der Aufnahme von Professor Walter Rossow in den Leitenden Ausschuss der Interbau entsprochen. Bereits in der konzeptionellen Phase zog man die Gartenarchitekten, koordiniert durch Helmut Bournot von der Hansa AG, gleichberechtigt hinzu. Die zehn namhaften Gartenarchitekten erstellten in Teams von je einem deutschen und einem ausländischen Vertreter Entwürfe für das in fünf Bereiche geteilte Ausstellungs- bzw. Siedlungsareal. Die differenzierten Grünräume entsprachen weitgehend der Gruppierung der Bautypen. Bei der Gestaltung wurde besonderer Wert auf ruhige, von bepflanzten Böschungen abgeschirmte Wohnbereiche und eine abwechslungsreiche Bodenmodellierung der Rasenflächen gelegt. Bis heute überliefert ist die bauliche Materialvielfalt wie der Wegebeläge aus Beton- und Waschbetonplatten, Klinkern und Pflasterungen aus Naturstein. Zu den typischen Gestaltungselementen gehören auch einfassende Mauern aus Sichtbeton, Pflanzgefäße sowie Solitärgehölze mit malerischer Wuchsform wie der Silberahorn.

Der von Hermann Mattern und René Pechère aus Brüssel bearbeitete Abschnitt I an der Klopstockstraße wurde zum Schutz vor dem Verkehr zur S-Bahn durch eine breite Gehölzpflanzung und straßenseitig durch bepflanzte Erdwälle und Sichtbetonmauern abgeschirmt. Das förderte die Intimität der ursprünglich nur durch einige Anpflanzungen mit Großsträuchern voneinander getrennten, differenzierten Grünräume vor den fünf niedrigen Zeilenbauten. Hier entstanden private und halb öffentliche Bereiche für Familien als erweiterter Wohnbezirk im Freien. Zur Ausstattung gehörten Kinderspielplätze mit gepflasterten Sandmulden, geschützte Sitzplätze für Erwachsene und die nur teilweise erhaltenen charakteristischen Staudenbeete in Form ineinander greifender Dreiecke.[427] In der Umgebung der Großzeilen und des Hochhauses am südwestlichen Eingang der Siedlung akzentuierte dagegen die großzügige Freiraumgestaltung den städtebaulichen Entwurf. Die landschaftliche Gestaltung mit weiten Rasenflächen und wenigen Großbäumen, die Wegekreuzungen und Hauseingänge markierten, stellte eine Verbindung zum Tiergarten her.

Im Bereich II, den Otto Valentien und Ernst Cramer aus Zürich bearbeiteten, sind eingeschossige Atriumhäuser um Gartenhöfe gruppiert oder kleine Privatgärten mit Mauern und Eternitwänden abgegrenzt. Großflächig verglaste Hauswände sowie vorgelagerte Terrassen mit Betonplattenbelägen vermitteln den Eindruck von erweiterten Wohnräumen im Freien. Zur Ausstattung der funktional gestalteten Gartenhöfe gehörten auch Vogel- und Wasserbecken, Sandkästen und Blumenschalen sowie Solitärgehölze in freier Anordnung.

Herta Hammerbacher und der schwedische Gartenarchitekt Edvard Jacobson gestalteten die Freiräume im zentralen Abschnitt III. Mit dem Ziel, die Umgebung der Straßenkreuzung am Hansaplatz als Einheit wirken zulassen, gestaltete Hammerbacher einen „Fußgänger-Umgang“, dessen Beläge aus Betonplatten verschiedener Größe und Farbigkeit sowie Bernburger Mosaikpflaster bestehen. Die mit den angrenzenden Rasenflächen verzahnten Beläge mit rhythmisch wechselnden Streifenmustern sind radial verlegt. Zum großzügig, mit nur wenigen Laubbäumen auf einer Wiesenfläche gestalteten Raum östlich des Hansaplatzes zweigt ein Weg ab. Den Freiraum gegenüber dem Einkaufszentrum akzentuiert heute eine 1958 in abstrakten Formen gestaltete Metallplastik von Hans Ullmann aus Chrom, Nickel und Stahl. Der erste Preisträger im Skulpturenwettbewerb der Interbau 1957 konstruierte sein bekanntes Werk aus Stützen, Stäben und Kugeln. Zur künstlerischen Ausstattung des Hansaviertels gehört auch die Bronzefigur einer Liegenden des brasilianischen Künstlers Alfredo Ceschiatti von 1958. Sie befindet sich auf einem Sockel nordwestlich der Niemeyer-Großzeile und ist in der Formgebung im Vergleich zu Henry Moores „Liegender“ vor der Akademie der Künste eher konventionell gestaltet. Östlich des Hauses sind ruhige Aufenthaltsbereiche und ein Kinderspielplatz vorhanden. Hier verbinden sich die Wege in dem offenen, mit einigen Birkengruppen gestalteten Wiesenraum mit dem Wegenetz des Tiergartens. Den Verlauf der alten Brückenstraße markiert ein mit Granitplatten und Bernburger Mosaik befestigter Weg. Auf Edvard Jacobson geht die Gestaltung der Freiräume vor den Häusern der Skandinavier Jaenecke/Samuelson und Aalto zurück. Er war auch an der Gestaltung des Lesegartens im Atrium der Hansabücherei beteiligt. Hier bieten sich geschützte Aufenthaltsbereiche unter den Atriumgängen und im offenen, überwiegend mit Schieferplatten gepflasterten Hof, der mit Stauden, Sträuchern und zwei Bäumen bepflanzt ist und von Bernhard Heiligers Bronzeskulptur „Vegetative“ akzentuiert wird. Über ein abgewinkeltes Wasserbecken ergibt sich ein Ausblick in Richtung Tiergarten.

Der Bereich IV, geprägt durch die fünf Punkthochhäuser entlang der S-Bahn-Trasse, wurde von Gustav Lüttge und Pietro Porcinai aus Florenz gestaltet. Großzügige, mit wenigen Bäumen und Sträuchern bepflanzte Rasenflächen erstreckten sich in ausgemuldeter Form über Grundstücksgrenzen hinweg zwischen den Häusern. Ein wichtiges Gestaltungselement ist der nördlich der Grundstücke verlaufende Rankzaun mit seinen Sitzlauben entlang eines Verbindungsweges. Pergolen führten von den Banknischen zu den gegenüber angeordneten Sandkästen. Nach Süden stellten Rosen, Stauden, Kleingehölze und mehrere immergrüne Feuerdorn einen Übergang zur Rasenfläche her. Zwischen den Häusern von Hassenpflug und Lopez/Beaudouin fällt ein zickzackförmiger Klinkerweg, unterbrochen durch erhöhte und ummauerte Rundplätze, auf. Ein solcher formaler intimer Gartensitzplatz entstand auch östlich der Bartningallee am Haus Schwippert mit Blick in einen locker umpflanzten Rasengrund. Hier führt eine Grünverbindung zwischen Schlosspark Bellevue und Akademie der Künste in den Englischen Garten.

Auch im südlich der Bartningallee von Wilhelm Hübotter und C. Th. Sörensen aus Kopenhagen gestalteten Abschnitt V war die Verbindung der frei und großzügig gestalteten Grünanlagen in der Umgebung der drei realisierten niedrigen Zeilenbauten und des viergeschossigen Wohnhauses mit dem Tiergarten gestalterische Intention.

Auftakt der Bauten des Hansaviertels an der Straße des 17. Juni, nahe dem S-Bahnhof Tiergarten, bildet der großzügig verglaste **Eingangspavillon** der Interbau 1957. Der Entwurf für das kleine Gebäude über einem asymmetrisch gebrochenen Grundriss stammt von Hermann Fehling. Als Erkennungszeichen des Viertels dient das markante **Punkthochhaus** von Klaus Müller-Rehm und Gerhard Siegmann,[428] das nach dem Signum des im Erdgeschoss befindlichen Lokals als „Giraffe“ bezeichnet wird. Das

107. „Interbau 57", Klopstockstraße 31, St. Ansgar, 1957 von Willy Kreuer

siebzehngeschossige Gebäude, das wie eine Giraffe den Tiergarten überragt, beherrscht als städtebauliche Dominante die weiträumige Parklandschaft. Das Hochhaus besteht aus zwei versetzt angeordneten Wohntrakten, die durch einen gemeinsamen Treppenhauskern in der Mitte erschlossen werden. Die scheibenartigen Wohntrakte enthalten Einzimmerwohnungen für allein stehende Mieter, wobei eine Seite für Männer, die andere Seite für Frauen gedacht war. Das sieht man an den unterschiedlichen Grundrissvarianten, die einmal einen Kochschrank und einmal eine selbstständige Küche vorsehen. Die hell gefassten Außenseiten werden durch graue Bänder streifenartig gegliedert. Über einem zurückgesetzten Dachgeschoss mit Waschküche und Gemeinschaftsräumen folgt eine auskragende Dachplatte, die dem Hochhaus einen klaren Abschluss gibt.

Zwischen der Klopstockstraße und dem Stadtbahnviadukt sind vier unterschiedlich gestaltete Zeilenwohnhäuser von Hans Christian Müller, Günther Gottwald, Wassili Luckhardt mit Hubert Hoffmann sowie Paul Schneider-Esleben angeordnet.[429] An die Reihe der Zeilenbauten schließt sich die katholische Pfarrkirche **St. Ansgar** an, die mit ihrer Fassade und dem Glockenträger auf den Hansaplatz ausgerichtet ist (Abb. 107).[430] Willy Kreuer errichtete das Kirchenschiff über dem Grundriss einer Parabel, wobei eine mehrfach gestaffelte Fensterwand den Raum weitet und Licht hineinführt. Die Parabelform, die im Kirchenbau der Nachkriegszeit sehr häufig begegnet, geht auf den Architekten Rudolf Schwarz zurück.[431] Die Fensterbahnen der gefalteten Wand sind durch versetzte, schräg gestellte Streben geteilt, sodass sich ein Zickzackmuster ergibt. Dem einheitlich durchgestalteten Innen-

108. „Interbau 57“, Altonaer Straße 15, Hansabücherei, 1957 von Werner Düttmann

raum fehlen traditionelle sakrale Motive. Der Altar stand ursprünglich genau am Scheitelpunkt der Parabel, wurde aber nach der Liturgiereform nach vorn gerückt. Die Kreuzigungsgruppe von Ludwig Gabriel Schrieber passt sich der Stimmung des Raumes an. An der geschlossenen Seitenwand ist eine aus 85 verschieden großen Putzbetonplatten bestehende Bildgruppe von Ludwig Peter Kowalski angebracht, die den Leidensweg Christi zeigt.

Der Hansaplatz besitzt keine geschlossene Platzkante, sondern ist von locker gruppierten Flach- und Hochbauten umgeben. Ernst Zinsser und Hansrudolf Plarre errichteten im Norden ein **Einkaufszentrum**, bei dem Geschäfte, ein Restaurant und ein Kino einen atriumähnlichen Hof umschließen.[432] In diese niedrige, eingeschossige Baugruppe ist das oberirdische Empfangsgebäude des U-Bahnhofs Hansaplatz integriert. Der unter Leitung von Bruno Grimmek gestaltete unterirdische Bahnsteig strahlt mit seiner geschwungenen Decke, den schlanken Stützen, umkleidet mit Aluminiumblech, und der Wandverkleidung aus kleinen quadratischen Mosaiksteinen eine kühle Eleganz aus. Das zweite oberirdische Empfangsgebäude ist der **Hansabücherei** angegliedert, die südlich der Straßenkreuzung errichtet wurde.[433] Das von Werner Düttmann entworfene eingeschossige Gebäude besteht aus vier Flügeln, die einen rechteckigen, an der Südostecke geöffneten Innenhof umgeben. Die Hansabücherei ist ein offenes Haus und war eine der ersten Freihandbibliotheken in Deutschland. Dem ungeübten Nutzer sollte die Schwellenangst genommen und eine schwierige Literaturrecherche erspart werden. Die zum Hof weisenden Wände sind vollkommen verglast. Der Innenhof, umgeben von überdachten Gängen, dient als Lesegarten (Abb. 108). Dort können sich die Leser ungestört in ihre Lektüre vertiefen. Der Zeitschriftenlesesaal öffnet sich durch eine großflächige Glaswand zur Straße, sodass Innenraum und öffentlicher Raum scheinbar ineinander übergehen.

Im Gelände zwischen Klopstockstraße und Altonaer Straße sind vier **Scheibenhochhäuser** angeordnet. Zwei von ihnen stammen von skandinavischen Architekten – das Haus von Fritz Jaenecke und dem Schweden Sten Samuelson sowie das achtgeschossige U-förmige Hochhaus des finnischen Architekten Alvar Aalto. Letzteres könnte man als eine Kombination von Scheibenhochhaus und Punkthochhäusern bezeichnen.[434] Die Wohnungen sind an der nördlichen sowie an der südlichen Seite um nach außen geöffnete Gemeinschaftsbereiche orientiert. Das Erdgeschoss des Verbindungsflügels öffnet sich als Säulenhalle, sodass Haus und

109. „Interbau 57“, Klopstockstraße 30/32, Wohnhochhaus, 1956–57 von Alvar Aalto

110. „Interbau 57“, Klopstockstraße 14/18, Wohnhaus, 1956–57 von Pierre Vago

öffentliche Freiflächen sich einander durchdringen. Bänke laden zum Sitzen ein. Die Wohnungen selbst wurden um einen „Allraum“ herum aufgebaut. In der Mitte jeder Wohneinheit befindet sich ein großer, nahezu quadratischer Binnenraum, der als zentraler Erschließungs- und Kommunikationsraum dient. Vom „Allraum“ gehen Bad, Kinderzimmer und Schlafzimmer ab.

Das Erdgeschoss im Verbindungsflügel ist als Säulenhalle offen gelassen, sodass die öffentlichen Freiflächen fließend einander durchdringen. Das Hochhaus wird von einer besonders aufwendigen Betonkonstruktion getragen. Die Außenwände bilden als tragende Lochfassaden ein stabiles Gehäuse, und die Wohnungstrennwände sind wie Schotten vom Sockel bis zum achten Geschoss hochgeführt. Dazu kommt in jeder Wohnung eine tragende Innenwand. Mit der Fassade aus weißen Leichtbetonplatten wirkt das Hochhaus äußerst schlicht (Abb. 109).

Das Hochhaus des französischen Architekten Pierre Vago besitzt unterschiedlich gestaltete Fassaden. Die Ostseite wirkt durch vorgelegte Balkonbrüstungen und zurückgesetzten Fensterflächen sehr plastisch, an der Westseite sind Fenster und Wandabschnitte durch ein abstraktes grafisches Muster aus weißen, gelben, grauen oder hellblauen Streifen vertikal oder horizontal zusammengefasst.[435] Der ungewöhnliche Aufbau der Fassaden verweist auf die komplizierte „split-level“-Struktur des Hochhauses. Pierre Vago hat die Rahmenbinderkonstruktion aus Stahlbeton entlang der Längsachse geteilt und im östlichen Teil zwei Doppelachsen im Mittelfeld sowie jeweils eine Achse an den Hausenden um die Hälfte eines Geschosses erhöht. Dort befinden sich großzügige, anderthalbgeschossige Zimmer, die den Wohneinheiten im Hauskern angeschlossen sind. Da zwei anderthalbgeschossige Bereiche zusammen drei Ebenen einnehmen, die zugehörigen Wohnungen aber nur zwei, blieb Platz für ein Zwischenstockwerk, das kleinere Wohnungen enthält. Auch dieses Haus ist teilweise aufgeständert. Die offene, etwas erhöhte Halle liegt terrassenartig über der rückwärtigen Grünanlage (Abb. 110).

Der Bauausschuss der Interbau konnte den bekannten Architekten und früheren Bauhaus-Leiter Walter Gropius gewinnen, der seit 1937 in den USA lebte. Zusammen mit seinem Architekturbüro The Architects Collaborative (TAC) entwarf er eine leicht geschwungene, nach Süden orientierte Hochhausscheibe, die sich durch ihre Krümmung von den anderen, meist blockhaften Wohngebäuden des Hansaviertels unterscheidet.[436] An der Südseite öffnen sich tiefe Balkone, die schachbrettartig paarweise gruppiert und versetzt angeordnet sind. An den Hausenden sind zwei übereinander liegenden Wohneinheiten um 90 Grad gedreht, um die üblicherweise blinden Schmalseiten durch plastisch wirkende Balkone aufzuwerten. Die farbigen Balkonbrüstungen verleihen

111. „Interbau 57", Händelallee 3/9, Wohnhaus, 1956–57 von Walter Gropius

dem Haus eine lebhafte Ausstrahlung. Walter Gropius verwendete weiße Brüstungselemente, die sich wie Segel nach außen wölben. Mit ihrer konvexen Krümmung antworten sie dem konkaven Schwung der Hochhausscheibe. Seitlich schließen sich kurze, rot eingefärbte Brüstungsplatten an. Die schlichte Rückseite wird nur durch vorgesetzte Aufzugstürme gegliedert, wobei Zwischengeschosse zu den innen liegenden Treppenhäusern führen. Das elfte Geschoss ist zurückgesetzt. Es enthält drei große Atelierwohnungen (Abb. 111).

Hinter den Scheibenhochhäusern breitet sich eine niedrige Bebauung aus, die wegen ihrer verflochtenen Struktur auch **Teppichbebauung** genannt wird. Es überwiegt der Bautyp des Atriumhauses.[437] Darunter versteht man eingeschossige, flach gedeckte Einfamilienhäuser, die um einen Hof angelegt sind, wobei die Hauseinheiten ohne Abstandsflächen unmittelbar aufeinander folgen.[438] Das Atriumhaus galt in der Nachkriegszeit als Sinnbild der Modernität. Mit dem Platz sparenden, kostengünstigen Bautyp sollte der Eigenheimbau in die innerstädtischen Bereiche verlagert werden. An der Planung der Einfamilienhäuser im Hansaviertel waren Eduard Ludwig, Arne Jacobsen, Alois Giefer und Hermann Mäckler, Johannes Krahn, Sep Ruf sowie Günter Hönow beteiligt, die teilweise mehrere Hausvarianten gestalteten. Großzügig verglaste Wohnräume gruppieren sich jeweils um einen intimen Wohnhof, der vom Nachbarhaus oder von einer Hofmauer begrenzt wird, sodass die Privatheit der Bewohner gewahrt bleibt. Zwei ruhige Privatstraßen sorgen für die Erschließung.

112. „Interbau 57", Händelallee 59, Wohnhaus, 1957 von Sergius Ruegenberg und Wolf von Möllendorf

113. „Interbau 57", Händelallee 20/22, Kaiser-Friedrich-Gedächtniskirche und Gemeindehaus, 1956–57 von Ludwig Lemmer

Ein außergewöhnliches Haus entwarfen Sergius Ruegenberg und Wolf von Möllendorf.[439] Mit seinen verwinkelten Räumen und gebrochenen, teils gekurvten Wandabläufen folgt es sehr subjektiven Nutzungsvorstellungen. So gibt es „Aufwachfenster", um die Morgensonne einzufangen. Aus den „inneren Anlässen des Familienlebens" sollte eine „sichtbare Lebendigkeit" des Außenbaus hervorgehen. Beispiel dafür ist der zweigeschossige Kopfbau, der sich extrovertiert mit einer vorstoßenden „Balkonnase" der Privatstraße zuwendet. Mit dem schräg ansteigenden, spitz zulaufenden Dach, den unregelmäßigen Fensterformaten und dem abgewinkelten Balkon vermittelt der Bau den Eindruck dynamischer Bewegung. Das Obergeschoss, das auf einer weiß gefassten Stahlkonstruktion ruht, scheint an einem rot gestrichenen Stahlträger aufgehängt zu sein, der schräg vor die spitze Nase des Bauteils gestellt ist (Abb. 112).

Die evangelische **Kaiser-Friedrich-Gedächtniskirche**, die den südlichen Abschluss des Hansaviertels bildet, steht über den Fundamenten des kriegszerstörten Vorgängerbaus.[440] Die Lessingstraße, die einst vom Hansaplatz auf die Kirche zuführte, ist zwar aufgehoben, aber noch immer als Blickachse erkennbar. Senatsbaudirektor Ludwig Lemmer entwarf einen einschiffigen Stahlbetonbau, dem ein weithin sichtbarer Glockenturm in offener Gerüstkonstruktion angefügt ist. Die Eingangsseite mit ihrer geschlossenen, durch lisenenartige Stege gegliederten Wandfläche, den drei rechteckigen Portalen und einem weit ausgreifenden, gefalteten Betonschalendach wirkt festlich und monumental (Abb. 113). Die Kaiser-Friedrich-Gedächtniskirche erhielt eine aufwendige künstlerische Ausstattung. Abstrakte und figurative Darstellungen stehen unvermittelt nebeneinander. Die Türen aus Aluminium stammen von Gerhard Marcks.[441] Hans Wagner und Ludwig Lemmer entwarfen die Altarwand, bei der farbige und golden schimmernde Mosaiksteinchen ein abstraktes, sinnbildhaft aufgeladenes Muster bilden. Auch die Westwand ist mosaiziert. Die Darstellung Johannes des Täufers stammt von Charles Crodel. Die Mosaikwand hinter der Kanzel zeigt eine Darstellung des apokalyptischen Christus von Hans Stocker. Die Längsseite nimmt eine großflächige Fensterwand des Malers und Glaskünstlers Georg Meistermann ein. Die dunkelgrün und grau schattierten Gläser lassen an eine Waldlandschaft denken, wobei die hellen Bereiche auf den „Sieg des Lichts" hindeuten. Die farbigen Rundfenster der gegenüberliegenden Wand stammen von Ludwig Peter Kowalski.[442]

Im parkähnlichen Gelände zwischen den eingeschossigen Flachbauten und der Altonaer Straße steht das **Eternit-Haus**, entworfen von Paul Baumgarten d. J., das sieben doppelgeschossige Wohneinheiten enthält.[443] Über dem weitgehend verglasten Sockelgeschoss kragt ein lang gestrecktes, kastenartiges Obergeschoss aus, das mit seinem durchlaufenden Fensterband und der rot hervorgehobenen Brüstung horizontal angelegt ist. Die markanten Dachaufbauten formen eine bewegte Silhouette. Dreiseitig verglaste Dachhäuschen unter frei auskragenden Pultdächern wechseln mit kleinen Dachgärten. Der Nordseite ist ein Laufgang vorgelegt, der die Maisonettewohnungen erschließt. Die Eternit AG, nach der das Haus benannt ist, nutzte im Sockelgeschoss einen Ausstellungs- und Vortragsraum. Alle Verkleidungen und Leichtbauteile wurden von der Eternit AG geliefert, die mit dem Eternit-Haus für die ästhetische Qualität und Dauerhaftigkeit von Asbestzementplatten warb (Abb. 114).

Das Wohngebiet nordwestlich der Altonaer Straße wird von zwei **Scheibenhochhäusern** abgeschirmt. Neben dem Hochhaus von Egon Eiermann, errichtet 1960–61 nach Abschluss der Bauausstellung,[444] steht die achtgeschossige Hochhausscheibe des brasilianischen Architekten Oscar Niemeyer.[445] Mit der aufgeständerten Bauweise, den eingetieften Loggien der Westseite und dem durchlaufenden Fensterband im fünften Stockwerk übernahm Oscar Niemeyer architektonische Elemente, die Le Corbusier mit seiner Unité d'Habitation eingeführt hatte.[446] Das gesamte Bauwerk ruht auf V-förmigen Stützpfeilern. Hinter dem Fensterband, das die Fassade asymmetrisch teilt, befindet sich ein „Gemeinschaftsort", den der Architekt für den Lebensalltag der Hausgemeinschaft vorgesehen hatte. Oscar Niemeyer bediente sich eines modernen Konstruktionsverfahrens. Das Hochhaus ist in Schottenbauweise aus Schüttbeton errichtet. Die tragenden Wandscheiben (Schotten), die zugleich die Zwischenwände der Wohnung bilden, wurden vor Ort in einem Zuge gegossen und nicht aus vorgefertigten Elementen montiert. Ein wuchtiger Aufsatz aus Stahlbeton dient der Stabilisierung der Konstruktion und gibt der Hochhausscheibe einen optisch wirksamen Abschluss. An der Rückseite ist ein freistehender Aufzugsturm über dreieckigem Grundriss angeordnet. Der Aufzug hält jedoch nur im fünften Geschoss, das als Verteilerebene gedacht ist, und im siebenten Geschoss. Über innen liegende Treppenhäuser erreicht man die Wohnungen (Abb. 115).

Zwischen dem bogenförmigen Stadtbahnviadukt und der parallel geführten Bartningallee ist sehr effektvoll eine Reihe von fünf **Punkthochhäusern** angeordnet.[447] Es handelt sich um die ersten Wohnhochhäuser in West-Berlin. Die Idee, mitten in der Innenstadt großzügige Grünflächen anzulegen und dort hoch aufragende Wohnblöcke zu errichten, wurde in den 1930er Jahren von Walter Gropius und Le Corbusier entwickelt, aber erst in der Nachkriegszeit verwirklicht. Im Hansaviertel entwarfen die Architekten Luciano Baldessari, Jacob Berend Bakema und Johannes Hendrik van den Broek, Gustav Hassenpflug, Eugène Beaudouin und Raymond Lopez sowie Hans Schwippert fünfzehn- bis siebzehngeschossige Bauten, die sich durch differierende Konstruktionen und Farbgestaltungen unterscheiden. Die Hochhausreihe wird vom Punkthochhaus des Mailänder Architekten Luciano Baldessari eröffnet, das sich über einem linsenförmigen Grundriss entwickelt.[448] Der Erschließungskern liegt, wie bei einem Punkthochhaus üblich, in der Mitte. Die konkav gewölbten Hauptseiten werden durch weit herausgeschobene Loggienbalkone in der Mittelachse akzentuiert. Die Längswände sind an den Kopfenden ein Stück über die konvex eingezogenen Schmalseiten hinaus verlängert, wobei die Stärke der Eckbereiche in der Art eines Strebepfeilers stufenweise von unten nach oben abnimmt.

114. „Interbau 57", Altonaer Straße 1, Eternit-Haus, Wohnanlage, 1957 von Paul G. R. Baumgarten

115. „Interbau 57", Altonaer Straße 4/14, Wohnhochhaus, 1956–57 von Oscar Niemeyer Soares Filho

116. „Interbau 57", Bartningallee 5, Wohnhaus, 1956–59 von Luciano Baldessari

Die plastische Wirkung des Hochhausturms wird durch die Farbgebung unterstrichen. Luciano Baldessari betonte die strebepfeilerähnlichen Ecken durch einen kräftig braunroten Farbton, während die Hauptseiten mit hellgelben Keramikplatten verkleidet sind. Davon heben sich die weißen Betonbrüstungen der Balkone ab (Abb. 116).
Jacob Berend Bakema und Johannes Hendrik van den Broek aus Rotterdam entwickelten für ihr Hochhaus eine einfallsreiche, aber höchst komplizierte „split-level"-Struktur.[449] Die Stockwerke sind nicht übereinander geschichtet, sondern in gegeneinander versetzte Halbgeschosse geteilt, die in der Hausmitte durch Innentreppen verbunden sind. In jedem dritten Stockwerk erstreckt sich ein durchgehender Flur, der zwölf Wohnungen auf vier Ebenen erschließt. An den Schmalseiten des Hochhauses zeichnen sich die Erschließungsebenen durch große Sonnenloggien ab, die von den Architekten als Gemeinschaftsort der Hausbewohner gedacht waren. Die farbigen Loggienbrüstungen aus blauen, gelben oder roten Mosaikfliesen signalisieren die verspringende Schichtung der Geschosse. Das außerordentlich komplizierte System versetzt angeordneter Wohneinheiten fand keine Nachfolge.
Das Wohnhochhaus von Hans Schwippert nimmt mit seiner stark gegliederten, raumhaltigen Fassade und den kastenartigen Betonelementen die Architektur der 1970er Jahre vorweg.[450] Der Düsseldorfer Architekt ordnete um einen eingezogenen Erschließungskern drei gleich große Wohntrakte an. Die tragenden Wandscheiben (Schotten) sind weit über die Fensterebene hinausgeführt und oben vor einem offenen Luftraum rahmenartig verbunden. Es entsteht der Eindruck, dass die Wohneinheiten in ein vorgelagertes rechteckiges Gehäuse eingestellt sind, wobei die doppelgeschossigen Eckloggien den Blick auf den innen liegenden Hauskern freigeben. Das Punkthochhaus enthält gestapelte Maisonette- und Etagenwohnungen. In den Maisonettes mit ihren großzügigen, ungewöhnlich hohen Loggien können sich die Bewohner wie in einem Einfamilienhaus fühlen.

Im Grünraum südlich der Bartningallee stehen verschiedenartige Mehrfamilienhäuser.[451] Die drei- und viergeschossigen Bauten der Architekten Franz Schuster, Max Taut, Kai Fisker und Otto Senn leiten zur **Akademie der Künste** (Abb. 117, Liste Nr. 106) über, die am **Hanseatenweg 10**, nahe dem Englischen Garten, das Ausstellungsgelände abschließt.[452] Die Baugruppe entstand 1958–60 im Anschluss an die Interbau, nachdem der in Berlin geborene, aber in den USA lebende Industrielle Henry H. Reichhold durch eine großzügige Schenkung den Neubau ermöglicht hatte. Werner Düttmann entwarf für die 1954 im Westteil Berlins neu gegründete Akademie der Künste ein vielgestaltiges Gebäude, das mit seinen unterschiedlichen Gebäudeteilen auf umfangreiche und vielfältige Nutzungsanforderungen reagierte.[453] Auch eine politische Aussage war mit dem Gebäude verbunden, denn die Akademie der Künste sollte in ihrer weltoffenen Modernität auch ein Sinnbild des freiheitlichen westlichen Geisteslebens sein. Werner Düttmann griff nicht auf hergebrachte Bautypen zurück, sondern gestaltete mit großer künstlerischer Souveränität ein modernes Kunst- und Ausstellungshaus, wobei er Stil und Raumdisposition einer im 20. Jahrhundert bis dahin nicht gestellten Bauaufgabe prägte. Das für Vorträge, Diskussionsveranstaltungen, Konzerte, Theateraufführungen, Ausstellungen und Kongresse gedachte Gebäude besteht aus drei unterschiedlichen Bauteilen: Dem gepflasterten Vorplatz am Hanseatenweg wendet sich die kubische Ausstellungshalle zu. Das Obergeschoss, verkleidet mit mächtigen

117. Hanseatenweg 10, Akademie der Künste, 1958–60 von Werner Düttmann

Waschbetonplatten, scheint zu schweben, denn es ruht auf einem zurückgesetzten und weitgehend verglasten Erdgeschoss. Der Architekt übernahm ein Motiv aus dem Fabrikbau, das Sheddach, um den Ausstellungsbereich zu belichten.[454] Die Räume im Obergeschoss öffnen sich mit Glaswänden zu einem rechteckigen Atriumhof, der als Skulpturenhof in das Ausstellungskonzept integriert ist. An das Ausstellungsgebäude schließt sich das fensterlose, in den Boden eingetiefte Studio an, das mit seinen schiefwinkligen Backsteinwänden und den geknickten, schräg gegeneinander versetzten Dachflächen an expressive Architekturvisionen der 1920er Jahre und an die Architektur von Hans Scharoun, die dort ihren Ursprung hatte, denken lässt. Das Studio beherbergt einen variablen Saal für größere Veranstaltungen und Darbietungen. An der Rückseite des Ausstellungsgebäudes ist das blau gestrichene Atelier- und Verwaltungshaus angeordnet, das Arbeitsräume, Büros, Sitzungssäle und Atelierwohnungen enthält. Die Sheddächer sorgen für eine spannungsvolle Silhouette. Werner Düttmann verwendet wechselnde Materialien, vor allem Schiefer, Holz, Industrieparkett, handgestrichene Ziegel, Klinker und Beton, um bei den Besuchern keine Ehrfurcht vor Kunst und Künstlern aufkommen zu lassen, denn mit den naturnahen Boden- und Wandverkleidungen wirken die Räume wie einfache, schlichte Werkstätten. Die Bronzeplastik „Reclining Figure“ von Henry Moore vor dem Haupteingang bezeugt die Weltoffenheit der Akademie und ihrer Mitglieder, denn sie gehörte zu den ersten Arbeiten des damals noch umstrittenen avantgardistischen englischen Bildhauers, die in Deutschland im öffentlichen Raum Aufstellung fanden.[455]

Die **Freiraumgestaltung** der von Düttmann konzipierten inneren und äußeren Gartenhöfe und des Umfeldes der **Akademie der Künste** (Abb. 118, Liste Nr. 228) wurde Prof. Walter Rossow (1910–1992) übertragen.[456] Weite, nur durch wenige Solitärgehölze akzentuierte Rasenflächen und Schieferplattenwege lassen das Gebäude aus Richtung des Hansaviertels wirkungsvoll in Erscheinung treten. Ausstellungshalle und Studio begrenzen einen als Forum und Treffpunkt dienenden Vorplatz, zu dem eine breite Treppenanlage herabführt.
Charakteristisch für die Innenraumgestaltung ist die Abfolge niedriger und hoher Räume sowie die Gestaltung von „Enge und Weite“, die durch das angewendete Atriumkonzept erzeugt wird. Die um Gartenhöfe gruppierten großzügig verglasten Räume werden durch den Blick in den Hof erweitert. Die Gartenbilder sind Sichtbezüge für die Innenräume; Architektur und Freiräume verschmelzen zu einer Einheit, die durch fließende Übergänge und eine feinfühlige Materialwahl noch akzentuiert wird. Der Bodenbelag aus Schieferplatten, der im gesamten Gebäude anzutreffen ist, setzt sich in den Atrien fort. Da die Fensterwände ohne sichtbares Sockelprofil direkt auf dem Boden ansetzen, bildet der Plattenbelag ein Kontinuum von innen nach außen, wobei der Schiefer in Außenbereichen bruchrau belassen wurde.
Im Erdgeschoss entstehen durch Verengung und Aufweitung der Räume und fließende Übergängen zwischen Innen und Außen reizvolle Überraschungseffekte. Ein verglaster Gang, der Studio und Verwaltungshaus verbindet, ermöglicht Einblicke in zwei voneinander getrennte Gartenbereiche. Der nördliche Hof wirkt

118. Hanseatenweg 10, Akademie der Künste, Gartenhof von Werner Düttmann und Walter Rossow

mit einer Buche, einigen Essigbäumen und Sträuchern in das Foyer hinein. Südlich des Verbindungsgangs öffnet sich ein weiträumiger Gartenbereich. Der dichte, von wenigen schmalen Plattenwegen durchzogene Strauch- und Baumbestand leitet zum angrenzenden, landschaftlich gestalteten Englischen Garten über. Ursprünglich bestimmte eine mehrstufige Staudenfläche, akzentuiert durch Rosen und Solitärbäume, das Erscheinungsbild des fein modellierten Freiraums. Ein lang gestrecktes flaches Wasserbecken begleitet den Verbindungsgang, wobei eine das Wasserbecken durchkreuzende Reihe von Betonpalisaden mit vorgepflanzten Parkrosen einen transparenten Übergang zum Gartenhof des Verwaltungshauses bildet.
Eine großzügige Treppenanlage führt in das obere flache Foyer des Ausstellungsgeschosses, das um einen allseitig durch große Glasschiebetüren zugänglichen Skulpturenhof angelegt ist. Da der Skulpturenhof als integraler Bestandteil des Ausstellungskonzeptes in Erweiterung der Innenräume konzipiert wurde, ließ Rossow ihn größtenteils befestigen. Nur wenige, überwiegend mit Gräsern, Bambus und einigen Stauden bepflanzte Beete, zum Beispiel in der Umgebung des von Düttmann entworfenen Wasserbeckens, akzentuieren den Hof.
In der Akademie der Künste verbinden sich Architektur und Natur zu einem vielseitig nutzbaren Raumkontinuum. Walter Rossow band das Bauwerk zudem ideal in den umgebenden Stadtraum ein.

Nördlich des Stadtbahnviadukts

Der 1882 fertig gestellte Stadtbahnviadukt durchzieht zwischen Ost- und Westkreuz in weit geschwungenen Bögen verschiedene Ortsteile des Bezirks Mitte. Westlich des Humboldthafens erreicht er das Gebiet von Moabit. Für den Neubau des Berliner Hauptbahnhofs an dieser Stelle mussten einige hundert Meter des Viadukts durch neue Brückenbauwerke ersetzt werden. Nach der Überquerung der Straße Alt-Moabit setzen die historischen S-Bahnbögen wieder ein. Hinter dem Schlosspark Bellevue kreuzt die Bahn die Spree und erreicht den S-Bahnhof Bellevue. In die-

119. Stadtbahntrasse an der Lüneburger Straße, 1875–82 von Ernst Dircksen

sem Bereich trennt der Viadukt den Nordteil des Hansaviertels von seinem südlichen Teil. Nach dem S-Bahnhof Tiergarten überquert er westlich des Großen Tiergartens erneut die Spree. Hier verlässt er den Bezirk Mitte in Richtung Charlottenburg-Wilmersdorf.

Die zwölf Kilometer lange **Stadtbahn** (Abb. 119, Liste Nr. 69) geht auf planerische Überlegungen des Architekten August Orth zurück und wurde 1878–82 unter der Leitung von Baurat Ernst Dircksen errichtet, um die Verbindung zwischen den verschiedenen, durch die Ringbahn erschlossenen Kopfbahnhöfen mit der Innenstadt zu verbessern.[457] Die Stadtbahn gilt als älteste innerstädtische Schienenviaduktstrecke Europas, die einen störungsfreien Bahnbetrieb ohne Beeinträchtigung des Straßenverkehrs zuließ. Sie durchquert schleifenförmig das dicht bebaute Stadtgebiet und nahm zu Betriebsbeginn die Verbindung zwischen dem damaligen Schlesischen Bahnhof (heute Ostbahnhof), dem Lehrter Bahnhof und dem Bahnhof Charlottenburg im Westen auf.[458] Damit war ein leistungsfähiges Verkehrssystem entstanden, das sich bis heute bewährt hat. Die Eisenbahnstrecke wurde 1926–28 elektrifiziert und in das Berliner Schnellbahnnetz eingebunden, das seit 1930 offiziell als S-Bahn bezeichnet wird. Mit ihren Viadukt- und Bahnhofsbauten gehört die Stadtbahn architektonisch wie ingenieurtechnisch zu den herausragenden Leistungen des Eisenbahnbaus im 19. Jahrhundert. Die Backsteinbögen des Stadtbahnviadukts prägen bis heute den innerstädtischen Raum. In Moabit sind sie vor allem entlang der Lüneburger Straße wahrzunehmen, wo sich Viaduktbögen und Mietshäuser unmittelbar gegenüberstehen. Die ausgebauten Backsteinbögen werden dort

120. Bartningallee, S-Bahnhof Bellevue, 1878–80 von Eduard Jacobsthal

121. Flensburger Straße 5/7, Mietshäuser, 1891–93, 1889–91

vor allen als Lager und Werkstätten genutzt, während sie in den Stadtzentren von Charlottenburg und Berlin-Mitte seit den 1990er Jahren durch Restaurants und Geschäfte neu belebt wurden. Die durch Überlastung beschädigten Gewölbe wurden 1922–32 grundlegend saniert, wobei das ursprüngliche Erscheinungsbild weitgehend bewahrt blieb. Die unterschiedlichen Ausführungsarten der Verstärkungsbögen kann man in Moabit deutlich erkennen. An der Lüneburger Straße treten gemauerte Bögen nach dem System der Firma Grün & Bilfinger in Erscheinung, während an der Bachstraße Eisenbetonrahmen mit scharriertem Muschelkalkvorsatzbeton nach dem System der Firma Stöhr zu sehen sind. Bei einer tief greifenden Modernisierung 1995–98 wurde die Stadtbahntrasse für ICE-Züge befahrbar gemacht. Dabei mussten die charakteristischen Schornsteine der Backsteinbögen geopfert werden. Der neue Stahlbetonfahrweg kragt mit hellen Ansichtsflächen weit aus. Neue stählerne Mastbäume für die Elektrifizierung der Fernbahngleise fügen sich in die historische Anlage ein.

Der 1878–80 erbaute **S-Bahnhof Bellevue** an der **Bartningallee** (Abb. 120, Liste Nr. 69) verkörpert beispielhaft den Bautyp des doppelgeschossigen Viaduktbahnhofs, dessen Aufbau trotz Londoner Vorbilder damals weitgehend neuartig war.[459] Vor allem die beengten innerstädtischen Verhältnisse verhinderten den Bau freistehender Empfangsgebäude der Stadtbahn, sodass man alle notwendigen Betriebs- und Abfertigungseinrichtungen im verbreiterten Viaduktunterbau unterbrachte. Die Bahnhöfe Bellevue und Hackescher Markt sind die letzten überlieferten Vertreter der alten Berliner Stadtbahnhöfe.

Die architektonisch anspruchsvollen Bahnhöfe entstanden unter Mitwirkung von Johannes Vollmer und Johann Eduard Jacobsthal, während Ernst Dircksen den Bau der Stadtbahnlinie leitete. Auch beim Bahnhof Bellevue zog man Johann Eduard Jacobsthal heran, weil die Nähe zum vornehmen Hansaviertel und zum Schloss Bellevue eine besondere Gestaltung erforderte. Vom Eingangsbereich führen Treppenaufgänge zum Mittelbahnsteig, der mit einer auf dem Viadukt aufsitzenden Bahnsteighalle versehen ist. Über dem Bahnsteig wölbt sich eine filigrane eiserne Hallenkonstruktion aus segmentbogenförmigen Dachbindern und horizontal gespannten Zugankern. Die Fenster der Seitenwände, das Satteloberlicht und die verglasten Schürzen an den Hallenenden sorgen für ausreichend Tageslicht, sodass der Architektur etwas von ihrer massiven Schwere genommen wird. Dieser Eindruck entsteht, wenn man den massiven Unterbau und die wuchtigen Wandpfeiler aus Backstein betrachtet, die im Bogen-Pfeiler-Rhythmus des Stadtbahnviadukts die Lasten der Bahnsteighalle ableiten. Die reich verzierten Aufsätze der Wandpfeiler und Eckpylone sind nicht erhalten. Im Zuge der Elektrifizierung der Stadtbahn nahm man 1926–28 eine sachliche Überformung der Bahnhofsgebäude vor, die auch den S-Bahnhof Bellevue betraf.[460] Außerdem fügte man eine zusätzliche Bahnsteigüberdachung auf Stahlstützen an, die ebenso wie die leuchtend chromgelbe Fliesenverkleidung der neu gestalteten Empfangshalle den sachlichen Stil der 1920er Jahre verrät. Bei einer gründlichen Sanierung 1995–97 konnten die architektonischen und funktionalen Qualitäten des S-Bahnhofs Bellevue zurückgewonnen werden.

Die **Mietshausgruppe Flensburger Straße 5/13** (Abb. 121, 122, Liste Nr. 3) umfasst vier herrschaftliche Mietshäuser des alten Hansaviertels. Die Gebäude nehmen einen trapezförmigen Geländestreifen am Stadtbahnviadukt ein, wobei die abgewinkelte Fassade des östlichen Gebäudes die Einmündung der Klopstockstraße in die Flensburger Straße markiert. Der nördliche Abschnitt der Klopstockstraße ist aufgehoben. Man kann die frühere Straßenachse aber noch immer an der Stadtbahnbrücke erkennen. Die vier Mietshäuser des ausgehenden 19. Jahrhunderts bezeugen den vornehmen, bürgerlichen Charakter des alten Hansaviertels. Die Bauordnung erlaubte eine dreigeschossige Bebauung. Diese Beschränkung wurde eingehalten, auch wenn man ein niedriges Souterrain hinzufügte, das heute meist Läden enthält. Die Bauflucht ist von der Straße zurückgesetzt, sodass man vor den Häusern kleine Vorgärten anlegen konnte. Von den Vordergebäuden gehen kurze Seitenflügel ab, die unmittelbar an das Stadtbahnviadukt stoßen. Die Mietshäuser enthalten großzügig geschnittene Wohnungen. Auf jedem Stockwerk sind eine oder zwei Wohneinheiten angeordnet, die sich bis in die Seitenflügel erstrecken. Die Wohn- und Empfangsräume weisen zur Flensburger Straße, während Küche und Dienstbotenzimmer zum Hof und zur Stadtbahn gerichtet sind. Nicht nur die Grundrisse, auch die Fassaden machen den großbürgerlichen Anspruch deutlich. Die Straßenfronten sind durch vorgezogene Erker und Balkone reich gegliedert, wobei man mit der räumlichen Staffelung und der bewussten Asymmetrie ein vielfältiges, abwechslungsreiches Straßenbild erzeugte.

Das 1891–93 erbaute Wohnhaus **Flensburger Straße 5** (Abb. 121, Liste Nr. 97) eröffnet mit einer abgeschrägten Ecke die Mietshausgruppe. Um das trapezförmige, nur wenige Meter tiefe Grundstück überhaupt nutzen zu können, musste man eine ungewöhnlich breite Fassade an der Flensburger Straße ausbilden. Dabei wechseln einfache Fensterachsen mit doppelgeschossigen Standerkern. Die horizontal gliedernden Gesimse und Streifen, die sich deutlich von Wandflächen aus Backstein abheben, bestehen ebenso wie die Fenstereinfassungen und -verdachungen aus Sandstein. Auf den Bautyp der Stadtvilla deutet das steile Dach, das zum vornehmen Erscheinungsbild des Wohnhauses beiträgt. Bei den meisten Mietshäusern des 19. Jahrhunderts ist das Dach hinter einem kräftigen Gesims verborgen. Durch den Haupteingang erreicht man die Treppe, die mit kunstvoll verzierten schmiedeeisernen Geländern um ein offenes Auge geführt ist.

Das Wohnhaus **Flensburger Straße 7** (Abb. 121, Liste Nr. 98) wurde 1889–91 auf einem sehr schmalen Grundstück erbaut.[461] Die Straßenfront wird durch einen Erkervorbau mit seitlich anschließenden Balkonen plastisch gegliedert, wobei die dreigeteilten Rundbogenfenster den klassizistischen Rundbogenstil anklingen lassen. Hinter den versetzt angeordneten Fenstern der Eingangsachse verbirgt sich das Treppenhaus, das mit floralen Wandmalereien ausgeschmückt ist.

Beim Wohnhaus **Flensburger Straße 9** (Abb. 122, Liste Nr. 99), das bereits 1886–88 entstand, wiederholt sich das Motiv des asymmetrisch vorgesetzten Standerkers. Der reiche Bauschmuck ist außerordentlich gut erhalten. Über Souterrain und Hochparterre, zusammengefasst durch eine Streifenquaderung, entwickelt sich eine feingliedrige Fassade. An den Brüstungsfeldern und an den Reliefs der Fensterverdachungen kann man erkennen, dass der Baumeister den spätklassizistischen Stil bevorzugte. Darauf deutet nicht zuletzt die architektonische Gestaltung des Erkervorbaus mit flachen Pilastern, Karyatiden und einem Dreiecksgiebel.

Es schließt sich das 1886-87 erbaute Doppelmietshaus Flensburger Straße 11/13 an, das zwei Grundstücksstreifen besetzt. Im Unterschied zu den anderen Häusern wurde eine symmetrische Straßenfassade ausgebildet. Mit den Erkervorbauten, der Rustika des Hochparterres und den gliedernden Gesimsen wirkt das Haus zurückhaltend vornehm.

122. Flensburger Straße 9/13, Mietshäuser, 1886–88

123. Claudiusstraße 5, Mietshaus, 1893 von Conrad Höltzel und Wilhelm Trenner

An der Claudiusstraße und am Holsteiner Ufer erinnert eine ganze Häuserreihe an die verdichtete, aber großzügige und durch Vorgärten aufgelockerte Bebauung des alten Hansaviertels. Die geschlossene Bebauung vermittelt einen Eindruck vom ursprünglichen Straßenbild des vornehmen Wohngebiets, auch wenn mehrere Gebäude ihren Dekor verloren haben. Das Wohnhaus **Claudiusstraße 5** (Abb. 123, Liste Nr. 85)[462] zeugt mit seiner Backsteinverkleidung vom hanseatischen Kaufmannsgeist, den man im Hansaviertel aufleben lassen wollte. Conrad Höltzel und Wilhelm Trenner errichteten das Gebäude 1893 im Stil der norddeutschen Renaissance. Von den roten Backsteinflächen heben sich die gelbbraunen Fenstereinfassungen und Dekorteile aus Sandstein kontrastreich ab. Um die Straßenfassade abwechslungsreich erscheinen zu lassen, wurde jede Fensterachse anders gestaltet. Die Eingangsachse mit vertieften Loggienbalkonen in den Obergeschossen ist aus der Mitte verschoben. Auf der Balkonbrüstung über dem Rundbogenportal sitzen steinerne Bären, die jeweils ein Wappenschild halten. Dem linken Wandfeld, hervorgehoben durch Giebel und Erker, wurde rechts ein reich geschmückter Standerker mit Dachhaube gegenübergestellt.

Das 1894–95 erbaute Mietshaus **Claudiusstraße 6** (Abb. 124, Liste Nr. 86) wirkt noch heute außerordentlich vornehm und repräsentativ, obwohl der reiche Dekor der Straßenfassade in der Nachkriegszeit beseitigt wurde. Zwischen den Erkervorbauten öffnet sich ein riesiges Rundbogenportal. Entrée und Treppenhaus erinnern an die großbürgerliche Lebenswelt der Jahrhundertwende. Durch das schmiedeeiserne Tor, geschmückt mit Girlanden und vegetabilen Motiven, betritt man einen großzügigen Eingangsbereich, bei dem der Durchgang zum Innenhof und der Aufgang zum Haupttreppenhaus nebeneinander angeordnet sind. Die Wände sind mit Stuckmarmor und einer aufwendigen neubarocken Stuckdekorationen versehen. Zu den prachtvollen Wandfeldern und -nischen passen die schmiedeeisernen Treppengeländer mit ihren schwingenden floralen Formen.

124. Claudiusstraße 6, Treppenhaus, 1894–95

Auch an der Uferstraße entlang der Spree, am **Holsteiner Ufer 14/24**, ist eine geschlossene Häuserreihe des alten Hansaviertels erhalten geblieben (Abb. 125, Liste Nr. 6). Die drei Doppelmietshäuser des ausgehenden 19. Jahrhunderts wenden sich mit reich gestalteten Fassaden und begrünten Vorgärten dem Spreeufer zu. Die weithin sichtbare Hausgruppe bereichert das Stadtbild, denn von den Spreebrücken und vom gegenüberliegenden Ufer fällt der Blick sogleich auf die beschaulichen, abwechslungsreich gegliederten Fassaden. Um die bevorzugte Wohnlage an der Spree auszunutzen, wurden am Holsteiner Ufer stattliche Gebäude mit Souterrain und vier Hauptgeschossen errichtet, obwohl die Bauordnung eigentlich nur eine dreigeschossige Bauweise erlaubt hatte.

Am **Holsteiner Ufer 14/16**, Ecke **Claudiusstraße 9** errichtete Hugo Maaß 1892 ein mächtiges Eckhaus (Abb. 126, Liste Nr. 113), das mit seiner roten Backsteinverkleidung, den verputzten Wandflächen und dem Bauschmuck aus Stuck und Sandstein einen farbigen Akzent im Stadtbild setzt. Dabei fällt auf, dass der übliche Farb- und Materialwechsel umgekehrt wurde. Die Fenstereinfassungen und Gesimse, die sonst aus Sandstein oder Stuck gearbeitet sind, bestehen aus Backstein, während die einfachen Wandflächen verputzt und weiß gestrichen wurden. Unter den Fenstern sind vegetabile Reliefs zu sehen. Zwischen den beiden Flügeln am Holsteiner Ufer und an der Claudiusstraße vermittelt ein dreiseitig gebrochener Eckbau, dessen Dachhaube allerdings fehlt. Um zu den seitlichen Straßenfassaden überzuleiten, wurden links und rechts backsteinverkleidete Giebelachsen ausgebildet, wobei sich die asymmetrisch vorgesetzten Erker deutlich von den fensterlosen Wandflächen abheben. Die Entrées besitzen üppige neubarocke Stuckdecken. Das Gebäude diente teilweise als Künstlerhaus. Die Atelierwohnungen im dritten und vierten Stockwerk erinnern daran, dass im alten Hansaviertel zahlreiche Künstler und Schriftsteller lebten. Im Dachgeschoss des nördlichen Flügels sind verglaste Ateliers angeordnet. Außerdem enthielt das Haus weiträumige Wohnungen großbürgerlichen Standards. Die Wohneinheiten an der Hausecke umfassen sechs Zimmer.

Während das Eckhaus im Stil der norddeutschen Renaissance gehalten ist, wird das benachbarte Doppelmietshaus **Holsteiner Ufer 18/20** (Abb. 127, Liste Nr. 114), das 1897–98 erbaut wurde, vor allem durch barocke Architekturmotive geprägt. Conrad Höltzel und Wilhelm Trenner nobilitierten die Mietshausfassade durch Elemente, die dem barocken Schlossbau entlehnt sind. Das betrifft zum Beispiel die Streifenquaderung des Erdgeschosses, die Stuckpilaster und die Attikabalustrade. Im Erdgeschoss öffnen sich große Bogenfenster. Die beiden Standerker, die die Straßenfassade gliedern, werden von geschweiften Giebeln bekrönt. Unter dem wuchtigen Hauptgesims sind prächtige Kartuschen zu sehen. Der überaus reiche Stuckdekor, der teilweise auf barocke Vorbilder zurückgeht, stammt vom Bildhauer Albert Jungermann. In den Obergeschossen waren großzügige Wohnungen mit sechs bis sieben Zimmern ausgebildet.[463] Im Souterrain hatte man links einen Laden sowie eine Wohnung für den Portier eingerichtet, während sich rechts ein Comptoir befand.

Für das 1895–96 erbaute Doppelmietshaus **Holsteiner Ufer 22/24** (Abb. 128, Liste Nr. 115) entwarf Fritz Schulz eine symmetrische Straßenfassade, die mit ihrer aufwendigen Dekoration außerordentlich plastisch wirkt. Diesen Eindruck verstärken die beiden vorgezogenen Standerker, die durch Balkone verbunden sind. Je-

125. Holsteiner Ufer 14/24, Mietshausgruppe, 1891–98

126. Holsteiner Ufer 14/16, Mietshaus, 1891–92 von Hugo Maaß

127. Holsteiner Ufer 18/20, Mietshaus, 1895–1898 von Höltzel & Trenner

des Stockwerk ist unterschiedlich gestaltet, wobei die Ecken abgeschrägt und gerundet werden. Schmale, längliche Balkone leiten zu den zurückgesetzten Wandflächen über. Dort sieht man weit geöffnete Atelierfenster, hinter denen Wintergärten ausgebildet sind. Eine schmiedeeiserne Stabgittereinfriedung begrenzt den Vorgarten. An das Vorderhaus schließen sich ein Seitenflügel und ein Quergebäude an. Auf jedem Stockwerk sind zwei Wohnungen mit vier bis fünf Zimmern angeordnet. Auch im Quergebäude sind großzügige Wohnungen zu finden. Die Fenster weisen zum Hof und zur Gartenseite.

Im Wohngebiet westlich der Claudiusstraße, das 1958–63 nach Plänen von Peter Poelzig unter Mitarbeit von Gerd Hänska und Hans-Heinrich Moldenschardt errichtet wurde, ist das Straßennetz des alten Hansaviertels ausgelöscht.[464] In einem begrünten Gelände sind viergeschossige Mehrfamilienhäuser angeordnet. Gestaffelte elfgeschossige Hochhausscheiben begleiten die breit ausgebaute Lessingstraße. Durch diese Straßenachse wird ein länglicher Uferstreifen abgetrennt, auf dem sich Schulen und Sportplätze ausbreiten.

An die ursprüngliche Bebauung erinnert das alte Schulgebäude an der **Altonaer Straße 26**, das heute in einer völlig verfremdeten Umgebung steht. Die Uferstraße ist aufgehoben, die benachbarten Wohnhäuser fehlen, stattdessen schließt sich an die Schule ein blockartiger Neubau an. Die Spreeseite war ursprünglich die Hauptfassade, während die Gebäudefront an der Lessingstraße zum Innenhof wies. Die **13. Realschule** (Abb. 129, Liste Nr. 63) wurde 1901–02 von Stadtbaurat Ludwig Hoffmann unter Mitarbeit von Vinzent von Dylewski errichtet.[465] Der viergeschossige Klassentrakt war in die Blockrandbebauung am Schleswiger Ufer eingebunden. Ludwig Hoffmann nahm sich die norddeutsche und niederländische Renaissance zum Vorbild, denn er wollte sich im Hansaviertel auf die Lebenswelt der Hansestädte beziehen. Das mit Backstein verblendete Schulgebäude wird durch waagerechte Bänder und Schmuckteile aus Sandstein gegliedert. An norddeutsche Bürgerhäuser erinnern die Kreuzstockfenster, das Hauptportal und der mächtige Stufengiebel. Mit dem außerordentlich steilen, weit überstehenden Satteldach ist der Klassentrakt weithin sichtbar. Der Stufengiebel überragt das Dach. Hinter der Balustrade, die den Giebel abschließt, ist eine längliche Plattform ausgebildet. Die ganze Fassade ist mit kleinen Sandsteinreliefs überzogen. An den Brüstungsbändern sieht man abwechselnd Masken und Bildreliefs. Die symbolischen Darstellungen für Maschinenbau, Physik, Chemie und Geographie verdeutlichen das technisch und naturwissenschaftlich ausgerichtete Profil der weiterführenden Lehranstalt. Die Bildhauerarbeiten stammen von Hans Latt und Ernst Westpfahl, die auch das mächtige Hauptportal schufen. Der Eingang mit dem Wappen der Stadt Berlin wird von einem Dreiecksgiebel und flankierenden Obelisken bekrönt. Hinter dem Klassentrakt waren ursprünglich das Lehrerwohnhaus und die Turnhalle angeordnet. Diese Bauten wurden 1970 abgerissen.

128. Holsteiner Ufer 22/24, Mietshaus, 1895–1896 von Fritz Schulz

Auf dem nördlich anschließenden Uferstreifen, an der **Lessingstraße 5**, wurde 1956–58 die **Hansa-Schule** (Abb. 130, Liste Nr. 29) errichtet, die auf der Internationalen Bauausstellung 1957 den modernen Schulbau der Nachkriegszeit vertrat.[466] Die Senatsbauverwaltung unter Bruno Grimmek folgte den gängigen architektonischen Vorstellungen der frühen 1950er Jahre. Nach den damaligen Leitbildern sollten Kinder in möglichst ebenerdigen, luftigen und sonnigen Klassenzimmern, umgeben von weiträumigen Freiflächen, spielen und lernen. Bruno Grimmek ordnete auf dem Gelände mehrere Bauteile an. Dabei kombinierte er den Pavillontyp mit dem mehrgeschossigen Schultyp. Der zweigeschossige östliche Klassentrakt ist durch einen Mittelflügel mit dem dreigeschossigen westlichen Klassentrakt verbunden. Die großzügige Aula im Erdgeschoss des Mittelflügels mit verglasten Seitenwänden war eigentlich als überdachter Pausenhof gedacht. Durch die Glaswände blickt man auf den äußeren und den inneren Schulhof. An der Nordseite des inneren Hofs befinden sich eingeschossige Pavillons mit Klassenzimmern, die Bruno Grimmek unter einem weit gespannten, flach geneigten Satteldach zusammenfasste. Die ebenerdigen Klassenzimmer, die man durch eine überdachte Pausenhalle erreicht, erhielten ursprünglich über vierseitig verglaste Dachlaternen und eine Fensterwand Tageslicht.[467] Der westliche Klassentrakt ist auf schlanke, runde Stützen gestellt, sodass die grüne Uferlandschaft der Spree fließend in das Schulgelände übergehen kann. Die Hansa-Schule zeigt die typischen Materialien der 1950er Jahre. Das Stahlbetonskelett mit seinen kastenförmigen Betonrahmen wurde sichtbar gelassen. Man sieht transparente Glasflächen, Fenster mit schlanken Stahlprofilen und verschiedenfarbige Keramikfliesen. Die roten und blauen Brüstungsflächen sorgen für eine heitere Stimmung.

Das Gelände zwischen Bachstraße und Schleswiger Ufer, beiderseits der Straße Siegmunds Hof, wurde 1958–61 mit einer Studentensiedlung bebaut, wobei man zu einer ähnlichen städtebaulichen Lösung wie im benachbarten Hansaviertel gelangte. Das **Studentendorf Siegmunds Hof** (Abb. 131, 132, Liste Nr. 39) auf den Grundstücken **Siegmunds Hof 2-4, 12-17** sowie **Schleswiger Ufer 1-2** besteht aus freistehenden, locker gruppierten Gebäuden, die in eine durchgrünte Gartenlandschaft eingebettet sind.[468] Die Siedlung gehört zu den vier Studentendörfern, die in den späten 1950er Jahren in West-Berlin mit Hilfe von amerikanischen Spendengeldern errichtet wurden.[469] Dabei verfolgte man klare politische Ziele. Einerseits sollten Studenten aus der DDR billigen Wohnraum erhalten, andererseits wollte man mit den Studentendörfern eine neuartige Form studentischen Gemeinschaftslebens stiften und die heranwachsende Generation, auf die man große Hoffnungen setzte, zu Eigenverantwortung und Demokratie erziehen. Daher umfasst das Raumprogramm nicht nur Schlafplätze, Waschräume und Küchen, sondern auch vielfältige Gemeinschaftseinrichtungen. Das kriegszerstörte Hansaviertel bot sich als Standort an, denn die Technische Universität ist nicht weit entfernt. An der Studentensiedlung Siegmunds Hof waren zwei Architekten beteiligt, die unabhängig voneinander unterschiedliche Lösungen entwickelten. Auf dem größeren Gelände östlich der Straße errichtete Klaus H. Ernst ein zwölfgeschossiges Hochhaus, das an der Spreebrücke auf die Studentensiedlung hinweist, und drei viergeschossige Bauten, die jeweils aus stumpfwinklig aneinander stoßenden Wohntrakten bestehen. Die Längsseiten sind sägezahnartig abgetreppt. Die kleinteilige, stark plastische Kontur wird durch die vorgesetzten Balkone noch verstärkt. Im Hochhaus sind doppelgeschossige Gemeinschaftsräume im Maisonetteschema angeordnet. Klaus H. Ernst ließ seine Bauten mit hellen Welleternitplatten verkleiden. Für den Abschnitt westlich der Straße war Peter Poelzig zuständig, der eine stärker verdichtete Komposition entwickelte. Die Baugruppe wird von einem achtgeschossigen Scheibenhochhaus eröffnet. Es schließen sich kleine dreigeschossige Pavillons an, die zu einem engen Geflecht aus bebauten und umbauten Räumen zusammengefügt sind. Die würfelförmigen Bauten sind durch überdachte Gänge miteinander verbunden. Mit den weiß gefliesten Seitenwänden, den asymmetrisch geteilten Fenstern und den dunkelgrauen Brüstungsstreifen erweisen sich die Pavillons als sorgfältig komponierte Bauten. Im Erdgeschoss des Hochhauses erstrecken sich die Gemeinschaftsräume, zu denen eine Mensa gehört. Im Eingangsbereich ist ein farbiges Betonmosaik von Claus Peter Koch angebracht. Beide Architekten verstanden es, das Studentendorf harmonisch in den umgebenden Grünraum einzubetten. Die Bauten definieren eine

129. Altonaer Straße 26, 13. Realschule, 1901–02 von Ludwig Hoffmann und Vinzent von Dylewski

130. Lessingstraße 5, Hansa-Schule, 1956–58 von Bruno Grimmek

131. Siegmunds Hof 2-4, 12-17, Studentenheim Siegmunds Hof, 1958–61 von Klaus H. Ernst und Peter Poelzig, Hochhaus von Klaus H. Ernst

132. Siegmunds Hof 2-4, 12-17, Studentenheim Siegmunds Hof, Baugruppe von Peter Poelzig

Binnenzone, zugeordnet der Bewohnergemeinschaft, die den Eindruck von Privatheit erzeugt, ohne dass dieser Bereich durch Einfriedungen von der Straße abgegrenzt werden musste.

Am Spreeufer

Die dunklen Natursteinquader, die die Uferböschungen abstützen und den Flusslauf am **Bettina-von-Arnim-Ufer, John-Foster-Dulles-Allee, Bellevue-Ufer, Holsteiner Ufer, Schleswiger Ufer, Wikingerufer, Hansa-Ufer, Bundesratufer und Helgoländer Ufer** einfassen, gehen auf die **Spreekanalisierung** (Liste Nr. 15) zurück, die zwischen 1882 bis 1894 durchgeführt wurde.[470] Das Stadtwachstum und die industrielle Entwicklung hatten eine Regulierung der Spree dringend erforderlich gemacht, denn die wechselnden Wasserstände des natürlichen Flusslaufs behinder-

133. Kirchstraße, Moabiter Brücke, 1893–94 von Otto Stahn und Karl Bernhard

ten den Schiffsverkehr. Die Spree mit ihren Anlegeplätzen und Häfen war von großer Bedeutung für die Güterversorgung der Großstadt. Das Baumaterial für die rasch wachsenden Mietshaus- und Geschäftsviertel wurde über Lastkähne angeliefert. Die Kraftwerke und Industriebetriebe erhielten Kohle und andere Rohstoffe auf dem Wasserweg. Die Spreekanalisierung, die nach Entwurf des preußischen Oberbaudirektors für Wasserbau, Adolf Wiebe, ausgeführt wurde, bildete eine außerordentliche Ingenieurleistung.[471] Die Spree wurde zu einem schleusenregulierten Großschifffahrtsweg ausgebaut, sodass Schiffe mit einer Tragkraft von 500 t stromaufwärts durch die Innenstadt bis zum Packhof am Lehrter Bahnhof fahren konnten. Dazu musste das Flussbett begradigt und auf 50 m verbreitert werden, wobei die deutlich vertiefte Fahrrinne eine Breite von 25 m aufweist. Zugleich wurden Unterwasserböschungen, Uferwege, Uferbefestigungen mit Aufgängen und Geländern sowie Ladestraßen für den Warenumschlag angelegt. Hinzu kam der Neubau zahlreicher Spreebrücken, sodass sich das Bild des Flusslaufs tief greifend änderte und sich der Großstadt anpasste. In der Nachkriegszeit verlor die Spree ihre Funktion als Wasserstraße. Obwohl einige gepflasterte Uferwege und Ladestraßen in den 1950er Jahren begrünt wurden, blieb die im ausgehenden 19. Jahrhundert geschaffene Uferbefestigung mit steilen, hohen Kaimauern aus dunklen Sandsteinquadern, Auf- und Abgängen sowie klassizierend gestalteten Eisengeländern erhalten.[472] Die Uferbegrünungen der Nachkriegszeit, zum Beispiel am Schleswiger Ufer, vernachlässigten oft den großstädtischen Charakter der Flusslandschaft, indem die mächtigen Kaimauern durch bepflanzte Böschungen ersetzt wurden. In den 1990er Jahren wurden in Moabit neue befestigte Uferpromenaden geschaffen, zum Beispiel im Bereich des Focus-Teleports und des Geschäftszentrums am Spreebogen.

Vier historische Brücken verbinden das Hansaviertel mit dem gegenüberliegenden Ortsteil Moabit. Die **Moabiter Brücke** (Abb. 133, Liste Nr. 124), eine malerische Steinbrücke, überquert die Spree zwischen **Bartningallee** und **Kirchstraße**.[473] An dieser Stelle hatte Hofzahnarzt Pierre Bailiff bereits 1821 eine Holzbrücke erbauen lassen. Die 1840 und 1868–69 ausgebaute Überführung bildete in der Mitte des 19. Jahrhunderts die einzige feste Verbindung zwischen Moabit und dem Stadtzentrum Berlins.[474] Nach der Eröffnung der Stadtbahn 1882 und der beginnenden Besiedlung des Hansaviertels genügte die hölzerne Jochbrücke nicht mehr den Verkehrsbedürfnissen, sodass die Stadt Berlin 1893–94 einen stattlichen Neubau errichtete. Die künstlerische Gestaltung oblag Otto Stahn, während Karl Bernhard für die konstruktive Durchbildung verantwortlich war. Wie die meisten Spreebrücken dieser Zeit besteht die Moabiter Brücke aus drei flach gewölbten, lang gestreckten Bogenöffnungen. Für die Flusspfeiler, die Stirnwände und das Steingeländer wurde dunkelgraue rheinische Basaltlava verwendet. Die wuchtigen Stützpfeiler mit Mauerkrone und Zinnenkranz lassen den neoromanischen Burgenstil des ausgehenden 19. Jahrhunderts anklingen. Als Bestandteil eines umfangreichen Brückenbauprogramms dokumentiert die Moabiter Brücke die auf Verschönerung der Großstadt bedachte Baupolitik der Stadtgemeinde Berlin. Dazu passend ließ der Magistrat auf den Endpfeilern der Brücke vier gewaltige Bären der Bildhauer Carl Begas, Johannes Böse, Johannes Goetz und Carl Piper aufstellen. Die markanten städtischen Hoheitszeichen wurden im Zweiten Weltkrieg eingeschmolzen. Die heutige gusseiserne Bärengruppe schuf 1981 Günter Anlauf. Die heitere, naive Note der modernen Bärenfiguren steht in einem spannungsvollen Gegensatz zur wuchtigen Steinarchitektur.

Um die Anbindung des Mietshausquartiers im Südosten Moabits an den S-Bahnhof Bellevue zu verbessern, wurde 1913–14 nicht weit von der Moabiter Brücke der **Gerickesteg** (Abb. 134, Liste Nr. 108) errichtet, der mit einem kühn geschwungenen eisernen

Bogentragwerk die Spree überquert.[475] Der schmale Fußgängersteg verbindet ohne Zwischenstützen das **Holsteiner Ufer** mit dem **Helgoländer Ufer**. Friedrich Krause, Fritz Hedde und Bruno Möhring gestalteten ein Brückenbauwerk, das sich durch die meisterhafte Einheit von Konstruktion und Design auszeichnet. Die Gehbahn ist an sichelförmigen Bogenträgern befestigt, die auf wuchtigen, granitverkleideten Widerlagern aufsitzen. Der geschwungenen Kontur des Bogentragwerks antworten die vertikal angeordneten Eisenpfosten und die korbbogenartigen Querstreben. Der dekorative Eindruck ergibt sich allein aus der Konstruktion, aus den gerundeten Streben und den sichtbar gelassen Nieten, ohne dass Ornamente hinzugefügt wurden. Von den Uferwegen führen Treppen zum Fußgängersteg herauf. Die wuchtigen Granitpfeiler, die den Zugang einfassen, waren ursprünglich mit monumentalen Masken geschmückt. Die vom Jugendstil beeinflusste Dekoration hat man beim Wiederaufbau des im Zweiten Weltkrieg beschädigten Gerickestegs 1949–50 entfernt. Die von Bruno Möhring entworfenen Jugendstillaternen wurden durch schlichte, gleichwohl elegante Lampen ersetzt.

Zwischen **Lessingstraße** und **Stromstraße** überschreitet die **Lessingbrücke** (Abb. 135, Liste Nr. 140) mit einem hohen Stahlbogen die Spree.[476] Während der mittlere Brückenteil im Zweiten Weltkrieg zerstört und 1980–83 verändert wieder aufgebaut wurde, blieben die ufernahen steinernen Brückenbögen in ihrer ursprünglichen Gestalt erhalten. Die 1901–04 erbaute Lessingbrücke ersetzte eine hölzerne Jochbrücke, die die Baugesellschaft „Am Kleinen Tiergarten“ 1877–78 errichtet hatte, um die bau-

134. Helgoländer Ufer, Gerickesteg, 1913–14 von Friedrich Krause, Fritz Hedde und Bruno Möhring; 1949–50 wiederaufgebaut

135. Lessingstraße, Lessingbrücke, 1901–04 von Friedrich Krause und Ludwig Hoffmann

136. Altonaer Straße, Hansabrücke, Treppenaufgänge und Brückenhäuschen, 1909–10 von Friedrich Krause und Bruno Möhring

reifen Parzellen in Neu-Moabit besser vermarkten zu können. Friedrich Krause, Stadtbaurat für Tiefbau, entwarf ein stattliches Brückenbauwerk mit drei Flussöffnungen und zwei Bogenöffnungen für die befestigten Ladestraßen am Spreeufer. Um die sehr breite Mittelöffnung zu überspannen, wählte Friedrich Krause eine Konstruktion aus Eisenfachwerk, während die äußeren Brückenteile gemauert und mit rotem Mainsandstein verblendet wurden. Die architektonische Gestaltung geht auf Ludwig Hoffmann zurück. Der Stadtbaurat für Hochbau versuchte, die aus der Konstruktion abgeleitete Brückenform mit möglichst wenig Dekor zur Geltung zu bringen. Dieses Anliegen lässt sich aufgrund der veränderten Wiederherstellung 1980–83 nur noch teilweise nachvollziehen. Die alten steinernen Brückenbögen und die neuen stählernen Konstruktionsteile stehen sich kontrastreich gegenüber, wobei der neue Stahlbogen, an dem die Fahrbahn hängt, die uneinheitliche Wirkung verstärkt. Das Mittelteil der Lessingbrücke ist mit vier hohen Pfeilern aus rotem Sandstein geschmückt. Die eingelassenen Bronzereliefs von Otto Lessing zeigen Szenen aus den Dramen des Dichters Gotthold Ephraim Lessing (Miss Sara Sampson, Emilia Galotti, Nathan der Weise, Minna von Barnhelm).[477] Die Darstellungen wurden im Zweiten Weltkrieg eingeschmolzen, aber 1983 durch August Jäkel rekonstruiert. Otto Lessing schuf außerdem die durchbrochenen, reich geschmückten Sandsteinbrüstungen, deren plastische Füllungen, beeinflusst vom Jugendstil, Wassertiere und maritime Motive abbilden.

An die 1909–10 erbaute **Hansabrücke** (Abb. 136, Liste Nr. 62),[478] welche die **Altonaer Straße** und **Levetzowstraße** verbindet, erinnern nur noch steinerne Treppenanlagen, der Schifferbrunnen und ein Bildrelief, denn das kriegszerstörte Mittelstück wurde 1953 durch einen weitgespannten, flach gewölbten Spannbetonbogen ersetzt. Die architektonische Gestaltung der alten Hansabrücke oblag Bruno Möhring, während Friedrich Krause, Stadtbaurat für Tiefbau, für die konstruktive Durchbildung verantwortlich war. Auch hier orientierte man sich wegen der Nähe des Hansaviertels an der Baukunst norddeutscher Hansestädte. Ursprünglich bestand die Brücke aus einer breiten eisernen Flussöffnung und einem steinernen Brückenbogen, der über die Ladestraße am Schleswiger Ufer hinwegführte. Die steinernen Treppen, die von der Altonaer Straße zum Ufer geleiten, sind erhalten geblieben. An der östlichen Brückenauffahrt stand ein kleines Brükkenhäuschen mit Dienstraum und Wohnung des Brückenwärters, das an hanseatische Giebelhäuser erinnerte. Walter Schmarje schuf das Relief einer Hansekogge, das heute in den neuen Brückenpfeiler am Bundesratufer eingelassen ist. Die Bilddarstellung verdeutlicht das hohe künstlerische Niveau der Berliner Brückenbauten des frühen 20. Jahrhunderts. Auf der Ladestraße am Schleswiger Ufer wurde 1914 der Schifferbrunnen des Bildhauers Hermann Hosaeus aufgestellt. Auf der Sandsteinsäule sitzt ein singender Schiffer mit Ziehharmonika. Die Brunnenplastik vergegenwärtigt das geschäftige Leben, das zur Jahrhundertwende auf den Schiffen und Ladestraßen an der Spree herrschte.

Gebiet 5

Alt-Moabit

Der Ortsteil Moabit nördlich der Spree hat sich zu einer Großstadtlandschaft entwickelt, die von Wasserläufen und Eisenbahnflächen umschlossen ist und aus unterschiedlich gewachsenen Stadtvierteln besteht. Die heterogene Struktur aus Arbeiterwohnquartieren, Standorten der Justiz und der Polizei, Stätten der kirchlichen und sozialen Fürsorge, Infrastruktureinrichtungen wie Krankenhaus, Schulen, Markthalle und Rathaus sowie ehemaligen Industriegebieten entlang der Spree wird von zwei Straßenzügen gegliedert, die in Ost-West-Richtung verlaufen. Die auf alte Wegeverbindungen zurückgehenden Straßenachsen Alt-Moabit und Turmstraße begrenzen die zwischen ihnen liegende Parkanlage des Kleinen Tiergartens. Das nach Norden und Süden anschließende Straßennetz hat sich nach 1862 auf der Grundlage des Bebauungsplans von James Hobrecht entwickelt.
Alt-Moabit erstreckt sich nördlich der Spree bis zur Turmstraße. Dort schließt sich Neu-Moabit an, ein Erweiterungsgebiet, das längst mit dem älteren Stadtteil zusammengewachsen ist. Alt-Moabit umfasst den ursprünglichen Siedlungsraum Moabits, das „Moabiterland" der ehemaligen Hugenottenkolonie. Das Gebiet entlang der Straße Alt-Moabit, der prägenden Siedlungsachse, reicht von der Beusselstraße im Westen bis zum Viadukt der Stadtbahn im Osten, während die Windungen der Spree die südliche Ortsteilgrenze markieren. Von der Straße Alt-Moabit gehen Stichstraßen ab, die zusammen mit Blockaufteilungsstraßen das Hinterland gliedern und unregelmäßig große Blöcke bilden. Im Stadtgebiet überwiegen Mietshäuser des späten 19. und frühen 20. Jahrhunderts, ergänzt um Wohngebäude der Nachkriegszeit. Terrain- und Baugesellschaften haben im letzten Drittel des 19. Jahrhunderts den Massenwohnungsbau vorangetrieben. Ausgespart blieb das Areal zwischen Strom- und Kirchstraße. Dort erstreckte sich ein bedeutender Industriestandort, der von der Werftstraße bis zur Elberfelder Straße reichte. Berliner Unternehmen wie Borsig, Pflug, Schumann, Bergmann, Schütt sowie später Bolle und Kampffmeyer hatten sich nach 1832 auf den bis zur Spree reichenden früheren Garten- und Wiesengrundstücken der französischen Réfugiés angesiedelt. Trotz des tief greifenden Strukturwandels blieben gebietsprägende Industrie- und Gewerbebauten erhalten. Mit der Sprengung der Anlagen der Kampffmeyer-Mühlen an der Stromstraße begann 1987 die Umwandlung in ein großstädtisches Dienstleistungs- und Bürozentrum, wobei man die unter Denkmalschutz gestellten Gewerbebauten zu integrieren versuchte. Bis zur Mitte der 1990er Jahre bildete sich ein eigenständiges neues Quartier heraus, dessen Architektur das Spreeufer zwischen Kirch- und Stromstraße beherrscht. Die hoch aufragende moderne Bebauung mit neuen Nutzungen steht für den Strukturwandel, der Alt-Moabit erfasst hat.
Heute erinnert nichts mehr an den ländlichen Anfang, an die Kolonie der französischen Glaubensflüchtlinge des 18. Jahrhunderts. Auch von den Sommerhäusern und Villen des frühen 19. Jahrhunderts sind keine Zeugnisse überliefert. Die vorstädtische Bebauung aus der Zeit um 1860 mit zwei- bis dreigeschossigen Wohnhäusern wurde fast ausnahmslos von großstädtischen mehrgeschossigen Mietshäusern mit Seiten- und Quergebäuden verdrängt. Diese Wohngebäude prägen das Stadtbild an der Straße Alt-Moabit. Die Bebauung umfasst bürgerliche Wohnhäuser mit großen Wohnungen in den Vordergebäuden und repräsentativen Stuckfassaden zwischen St. Johannis-Kirche und Stadtbahn, Reste der Fabrikantenwohnhäuser und Arbeitermietshäuser am Rand des Industriestandorts an der Spree, das Rheinisch-Westfälische Viertel, ein vornehmeres Wohnquartier um die Elberfelder Straße, sowie Mietskasernen um Jagow- und Beusselstraße in der Nähe des Industriegebiets Martinickenfelde. Die geschlossene Reihe der Altbebauung wird von Gebäuden der Nachkriegszeit unterbrochen, die vor allem im Spreebogen südlich der Levetzowstraße an die Zerstörungen des Zweiten Weltkriegs erinnern.
Die Denkmale der vielschichtigen Entwicklung Alt-Moabits liegen über das gesamte Gebiet verstreut; größere Denkmalbereiche sind nicht vorhanden. An städtebaulich markanten Stellen sind herausragende kirchliche und staatliche Bauten zu sehen. Dazu gehören die Justizgebäude an der Ecke Alt-Moabit und Rathenower Straße, die St. Johannis-Kirche in der Achse der Kirchstraße und die Erlöserkirche mit umliegenden Schulgebäuden am südwestlichen Zugang von Charlottenburg.

Der Straßenzug Alt-Moabit

Entlang der Straße Alt-Moabit erstreckt sich die für Moabit typische Mischung aus vornehmen Wohngebäuden und Mietshäusern, ehemaligen Industrie- und Gewerbegebäuden sowie öffentlichen Großbauten. Trotz der Kriegszerstörungen, auf die besonders im Abschnitt zwischen Stadtbahn und Calvinstraße der Nachkriegswohnungsbau hinweist, blieben bedeutende bauliche Zeugnisse bewahrt. Der lange Straßenzug Alt-Moabit, hervorgegangen aus einem alten Verbindungsweg, ist noch immer eine wichtige Verbindung zwischen den östlichen und westlichen Stadtgebieten Berlins. Der 1862 erlassene Hobrechtplan und die verstärkte industrielle Erschließung des Geländes am Spreeufer bildeten die Grundlage für den Bau von großstädtischen, vier- bis fünfgeschossigen Mietshäusern. Der Straßenzug wurde nun alleeartig ausgebaut und an seinem östlichen Ende 1864 mit einer Brücke, der späteren Moltkebrücke, über die Spree verlängert. Die verbesserte Anbindung an den Nah- und Fernverkehr durch die Eröffnung der Stadtbahn 1882 und den Bau des Lehrter Fernbahnbahnhofs 1869–71 führte zusammen mit der Ansiedlung von weiteren Industriebetrieben und Einrichtungen des Militärs zu einem großstädtischen Strukturwandel.
Die geschlossene Blockrandbebauung beginnt westlich der Überführung der Stadtbahn über die Straße Alt-Moabit. Eingerahmt von Wohnbauten der 1960er und 1970er Jahre, erinnern die Mietshäuser Alt-Moabit 136 und 137 an die erste Bauphase des Quartiers. Die aufwendig ornamentierten Stuck- und Ziegelfassaden, die mit Erkern oder Altanen aufgewertet wurden, verweisen auf die großzügig geschnittenen Wohnungen, die wohl für Offiziere der nahe gelegenen Ulanenkaserne gedacht waren. Die Fassaden verdeutlichen den in den 1870er Jahren einsetzenden Stilwandel in der Mietshausarchitektur Berlins. Bauformen der italienischen Renaissance verdrängten den bisher üblichen spätklassizistischen Stil. Besonders deutlich wird das bei dem Mietshaus **Alt-Moabit 137** (Abb. 137, Liste Nr. 60). Der Baumeister Max Karchow ließ

es 1882–83 für sich selbst errichten.[479] Das repräsentative Treppenhaus erschloss einst große, sechs bis sieben Zimmer umfassende Wohnungen, die auch hier durch Wohnungsteilung verkleinert wurden. Max Karchow entwarf eine am Palastbau der italienischen Renaissance orientierte Straßenfassade, die mit der wuchtigen Quaderung, die Sockel und Beletage zusammenfasst, sehr ausdrucksstark wirkt. Zeittypisch ist der streifenweise Wechsel von geputzten und mit Backstein verblendeten Wandflächen, der niederländischen Einfluss verrät. Sehr vornehm wirken die großen Fenster der Obergeschosse, unterteilt durch Säulen und Hermenpfeiler, die Pilaster des fünften Stockwerks und die fein ornamentierten Rosetten unter dem Hauptgesims. Max Karchow hat damit das Äußere des Gebäudes auf relativ wohlhabende Mieter ausgerichtet.

Das einstmals gutbürgerliche Wohnquartier, das auch Werftstraße, Flemingstraße und Lüneburger Straße umfasste, setzte sich bis zum Alten Kriminalgericht an der Einmündung der Rathenower Straße fort, dessen Ruine 1953–54 abgebrochen wurde. Die Zerstörungen des Zweiten Weltkriegs haben nur noch Reste der alten Bebauung übrig gelassen, zum Beispiel das heute entdekorierte Mietshaus Alt-Moabit 126, das über ein reich ausgestattetes Vestibül mit Marmorverkleidung, Kassettendecke und antikisierenden Reliefs verfügt.

Auf der gegenüberliegenden Straßenseite, dort, wo Invalidenstraße, Alt Moabit und Rathenower Straße zusammentreffen, erhebt sich abweisend hinter einer hohen Mauer die massive Baugruppe der **Untersuchungshaftanstalt Moabit** (Abb. 138, Liste Nr. 50), **Alt-Moabit 12 A-13** und **Rathenower Straße 79 A-81**.[480] Zusammen mit dem Land- und Amtsgericht Berlin nehmen die Justizeinrichtungen den gesamten Block bis zur Turmstraße und zur Wilsnacker Straße ein. Die monumentalen Bauten formen einen stadtbildprägenden Baukomplex im Osten Moabits. Seitdem das kriegszerstörte Alte Kriminalgericht abgerissen ist, das die dreieckige Spitze zwischen Alt-Moabit und Rathenower Straße besetzt hatte, fällt der Blick ungehindert auf die kargen Ziegelwände der Gefängnisbauten. Die Untersuchungshaftanstalt wurde 1877–81 von Oberbaudirektor Heinrich Herrmann unter Mitwirkung von August Busse errichtet.[481] Zuerst blickt man auf den konkav gebogenen Baukörper des früheren Frauengefängnisses, der ursprünglich zwischen den beiden Flügeln des Kriminalgerichts eingespannt war. Dahinter erstreckt sich das sternförmige Männergefängnis mit der überkuppelten 26 m hohen Zentralhalle. An der Rathenower Straße liegt zunächst das 1912–13 umgebaute Krankenhaus, dann folgt ein zweigeschossiges Küchen- und Wirtschaftsgebäude. Anstelle des zerstörten Verwaltungsgebäudes an der Straße Alt-Moabit wurde 1963–67 ein zeittypischer wuchtiger Betonneubau errichtet.[482] Das benachbarte Beamtenwohnhaus musste 1983 „übergeordneten Gründen der öffentlichen Sicherheit" weichen.[483] Die Fläche blieb bis heute unbebaut.
Während das mit gelben Klinkern verkleidete Frauengefängnis 1974–77 im Inneren für den Wohngruppenvollzug völlig umgestaltet wurde, blieb die Zellen- und Gangaufteilung des Männergefängnisses weitgehend bewahrt. Die Haftanstalt gehört zu den wenigen noch erhaltenen Gefängnissen des 19. Jahrhunderts, die nach dem panoptischen System angelegt worden sind. Die Zellenflügel gehen sternförmig von einer Zentralhalle ab. Das Aufsichtspersonal kann vom Inspektionspunkt der Zentralhalle alle Flügel und Zellentüren ohne Stellungswechsel überwachen. Vorbild war das 1840–42 erbaute Gefängnis von Pentonville in England. War das vorgelagerte Kriminalgericht seiner staatlichen Bedeutung entsprechend als Repräsentationsbau im Rundbogenstil gestaltet, zeigen die heute freigestellten Gefängnisgebäude den nüchternen, sparsamen preußischen Baustil der zweiten Hälfte des 19. Jahrhunderts. Sie sind ein anschauliches Beispiel für die Architektur von Heinrich Herrmann, der in der Tradition der Berliner Schinkelschule große öffentliche Bauten entwarf.[484] Durch den Verzicht auf historisierendes Beiwerk, mit der sachlichen Reduktion der Baumassen, entwickelt aus Materialhaftigkeit und Konstruktion, brachte der Architekt den repressiven Zweck des Gebäudes unmissverständlich zum Ausdruck.[485] Dass die gelben und roten Backsteinfassaden dennoch nicht monoton wirken, ist der ausgewogenen Gliederung und dem zielgerichteten Einsatz antikisierenden Dekors zu verdanken. So werden die Fronten des Zellengefängnisses durch Lisenen, Blendfelder und aufgereihte Stichbogenfenster gegliedert, während am Kranzgesims ein Bogenfries zu sehen ist. Mit den gebäudehohen Korridorfenstern der Stirnseiten zeichnet sich das innere Gang- und Überwachungssystem ab. Die Zentralhalle, das für den panoptischen Aufbau wichtigste Element, wurde architektonisch besonders herausgestellt. Die Kuppel ist mit ihren rundbogigen Drillingsfenstern im Tambour das weithin erkennbare Signum des Gefängnisses. Der nicht mehr vorhandene, von Heinrich Herrmann beabsichtigte reizvolle Gegensatz zur reicheren Architektur des Kriminalgerichts lässt

137. Alt-Moabit 137, Mietshaus, 1882–83 von Max Karchow

sich heute nur noch anhand der Bauten längs der Rathenower Straße erahnen. Hier sind die roten Backsteinflächen kontrastierend von hellen Werksteinelementen eingefasst. Gesimse und Fenstereinfassungen bestehen aus gelbgrauem Sandstein.
Die Untersuchungshaftanstalt für Kriminaldelikte, die ursprünglich mehr als 1.200 Gefangene aufnehmen konnte, ist eine bedeutende Stätte der Berliner Justizgeschichte. Im Gefängnis waren prominente Personen inhaftiert, unter anderem solche, denen politisch motivierte Straftaten vorgeworfen wurden.[486] Zu ihnen gehörten Franz Mehring, Rosa Luxemburg, Georgi Dimitroff und Ernst Thälmann, die Mitglieder der so genannten Rote Armee Fraktion Ulrike Meinhof und Andreas Baader sowie der letzte Staatschef der DDR, Erich Honecker.

Hinter dem Untersuchungsgefängnis erhebt sich das monumentale **Kriminalgericht Moabit** (Abb. 139, 140, Liste Nr. 203), heute Amts- und Landgericht, **Turmstraße 89-93**, mit seiner beeindruckenden Werksteinfassade.[487] Kuppel, Mittelrisalit und zwei 60 m hohe Türme akzentuieren die 210 m lange Straßenfront. Der prächtige Justizpalast wurde 1902–06 errichtet, weil das Alte Kriminalgericht an der Rathenower Straße zu klein war, um die in Moabit konzentrierten Gerichte aufzunehmen. Bei der Justizreform von 1899 war beschlossen worden, die drei Berliner Landgerichte zu vereinen und zusammen mit den Strafabteilungen des Amtsgerichts Mitte in Moabit anzusiedeln. Paul Thoemer und Jean Fasquel legten einen Vorentwurf vor, der die Grundlage für die Ausführungsplanung von Rudolf Mönnich und Carl Vohl bildete. Das Kriminalgericht Moabit gehört zu den architekturgeschichtlich bedeutendsten Bauten der wilhelminischen Ära. Mit seinen schlossähnlichen Ausmaßen, der imposanten Gestaltung und der prachtvollen Treppenhalle erregte das Gerichtsgebäude großes Aufsehen. Um die Justiz, die dritte Staatsgewalt, angemessen zu repräsentieren, wurde der neobarocke Baustil gewählt. Vorbild war die friderizianische Architektur des 18. Jahrhunderts. Der langrechteckige Bau, der sich um vier Innenhöfe legt, besitzt eine monumentale, kraftvolle Fassade. Die Ecke an der Rathenower Straße wurde mit einer 48 m hohen Kuppel hervorgehoben, hinter der sich ein Wasserbehälter für die Wasserversorgung des Gerichtsgebäudes verbirgt. Ein breiter Mittelbau, flankiert von aufstrebenden Türmen beherrscht die Hauptfassade an der Turmstraße. Dort wurden die 21 Gerichtssäle konzentriert. Im Mittelrisalit, betont durch einen Dreiecksgiebel, öffnet sich der Haupteingang. Die beiden Hauptsäle des Schwurgerichts zeichnen sich außen durch einen vorgewölbten Erker ab. Betritt man das Kriminalgericht, dann gelangt man in eine überwältigend große Treppenhalle. Im wilhelminischen Berlin war es üblich, Gerichtsgebäude mit gewaltigen Eingangshallen zu versehen. Die imposante Architektur sollte die Erhabenheit des Rechts deutlich machen. Die riesige Treppenhalle des Kriminalgerichts Moabit erstreckt sich über drei Schiffe, die von einem Klostergewölbe überspannt werden. Mit zwölf gotisch anmutenden Bündelpfeilern, reich gegliederten Wandpfeilern, Sandsteingeländern in Bandelwerk und allegorischen Figuren entfaltet sich ein prächtiger neobarocker Raum, der einen sakralen Eindruck erweckt. Um den zentralen Eingangsraum legt sich eine weiträumige doppelläufige Treppenanlage, die labyrinthisch erscheint und mit ihrer Raumdurchdringung die barocken Vorbilder weit übertrifft. Möglich wurde das durch den Einsatz moderner Werkstoffe und Konstruktionsmethoden.[488] Bei den weitgespannten Gewölben der großen Mittelhalle handelt es sich um neuartige Bulbeisendecke aus Eisenbeton, die eine Überwölbung des Raumes bei geringer Stichhöhe zuließen.[489]

Gegenüber der Untersuchungshaftanstalt erstreckt sich der Carl-von-Ossietzky-Park, der an die frühe Bebauung Moabits mit Villen und Gärten erinnert. Auf dem Gelände stand einst die 1859

138. Alt-Moabit 12A-13/Rathenower Straße 79A-81, Untersuchungshaftanstalt Moabit, 1877–81 von Heinrich Herrmann und August Busse

139. Turmstraße 89-93, Kriminalgericht Moabit, 1902–06 von Rudolf Mönnich und Carl Vohl, nach Vorentwurf von Paul Thoemer und Jean Fasquel

erbaute Villa des Fabrikanten Friedrich Adolf Pflug, der an der Spree eine Niederlassung seiner Fabrik für Eisenbedarf betrieb. Nach der Zerstörung des Gebäudes im Zweiten Weltkrieg wurden die Reste des Gartens von Willy Alverdes 1960–65 in eine öffentliche Grünanlage umgestaltet.[490]

Die Justizgebäude nutzen den großen Baublock nördlich der Straße Alt-Moabit nicht vollständig. An der Kreuzung mit der Wilsnacker Straße siedelten sich Mietshäuser mit gewerblich genutzten Höfen an. Das niedrige Wohnhaus **Alt-Moabit 18**, das noch der vorstädtischen Siedlungsphase entstammt, beherbergt im Erdgeschoss seit 1857 die **Moabiter Apotheke** (Abb. 141, Liste Nr. 51).[491] Als der Apotheker Wilhelm Julius Barnewitz das Gebäude vom Zimmermeister A. Thielbeck erbauen ließ, war die Industrialisierung Moabits schon weit vorangeschritten. Um die immer weiter anwachsende Bevölkerung mit Arzneimitteln zu versorgen, wurde 1857 die erste Apotheke in Moabit eröffnet. Mit nur zwei Geschossen und einem flachen Drempeldach erinnert das Gebäude an die Verstädterung Moabits in der Mitte des 19. Jahrhunderts. Der spätklassizistische Bauschmuck wurde in den 1960er Jahren abgeschlagen. Dagegen ist die historische Ladenausstattung erhalten, die man wahrscheinlich 1885 eingebaut hat, als das Haus einen Seitenflügel erhielt. Der Anbau an der rechten Seite mit dem Haupteingang stammt von 1879. Die älteste Apotheke des Ortsteils wird bis heute betrieben. Das Gebäude wurde 1999 sorgsam instand gesetzt.

Südlich der Straße Alt-Moabit, zwischen Calvin- und Kirchstraße, vermitteln einige gut erhaltene Mietshäuser ein Bild von dem einstigen vornehmen Charakter des Quartiers. Die bis zur Spree durchlaufenden Erschließungsstraßen konnten erst nach der Verlagerung der Maschinenbauanstalt von August Borsig 1899 bebaut werden. Hierfür hatte die Magdeburger Bau- und Credit-Anstalt das Fabrikgelände erworben und die Parzellen nach 1900 entweder verkauft oder selbst bebaut. Es entstanden bürgerliche Mietshäuser für den Mittelstand mit zum Teil großzügig geschnittenen Wohnungen, die sich über Vorderhaus und Seitenflügel erstreckten. Mit einem hohen Staffelgiebel hebt sich das Mietshaus **Thomasiusstraße 4** (Abb. 142, Liste Nr. 195), das Fritz Gottlob als Bauherr und Architekt 1902–03 errichten ließ, von der angrenzenden Mietshausreihe ab.[492] Fritz Gottlob, der um die Jahrhundertwende in Berlin als Vertreter der märkischen Backsteingotik bekannt war, versuchte, die Formenwelt der norddeutschen Backsteingotik mit zeitgenössischen Stilelementen zu vereinen.[493] Die fünfgeschossige Fassade zeigt die typische Mischung aus roten Backsteingliederungen und weiß abgesetzten Putzflächen, während der Dekor dem Jugendstil verhaftet ist. Loggien und Erker geben der Straßenfront eine symmetrische Ordnung. Beim Erdgeschoss, das Ladengeschäften vorbehalten ist, wiederholte der Architekt die in der märkischen Gotik verbreitete Verbindung der Backsteinarchitektur mit einem bossierten Werksteinsockel. Vestibül und Treppenhaus erhielten eine reiche Ausstattung. Die hölzernen Paneele, das geschnitzte Treppengeländer, die dekorativen Wohnungstüren, die thronartigen Ruhesitzbänke im Treppenhaus und auch die ornamentalen Malereien der Decken und Unterläufe gehen wohl auf Entwürfe des Architekten zurück. Auch hier verbinden sich gotisierende Elemente mit Motiven des Jugendstils.

140. Kriminalgericht Moabit, Treppenhalle

Von der gotisierenden Backsteinarchitektur hebt sich das 1902 auf dem Nachbargrundstück erbaute Mietshaus **Thomasiusstraße 5** ab (Abb. 143, Liste Nr. 196), das über eine opulente, eindrucksvolle Putzfassade verfügt.[494] Auch hier trat der Architekt, der Privatbaumeister Hans Landé, zugleich als Bauherr auf. Während Hans Landé mit der betont axialen Aufteilung der Straßenfront, den seitlichen Erkern und Balkonen und dem Schmuckgiebel in der Mitte eine bewährte Gliederung wiederholte, löst sich die plastisch durchgebildete Fassade vom Historismus des 19. Jahrhunderts. Der skulpturale und ornamentale Bauschmuck mit einer übergroßen Faunfratze im Giebel wirkt eindrucksvoll in den Straßenraum hinein, wobei Motive von Renaissance und Barock in freier Form aufgenommen wurden, zum Beispiel beim Beschlagwerk der Erker. Das Gebäude ruht auf einem dunkelblauen bossierten Basaltsockel. Die Reliefs am Haupteingang und am Giebel und die Docken der Fensterbrüstungen wurden aus Bron-

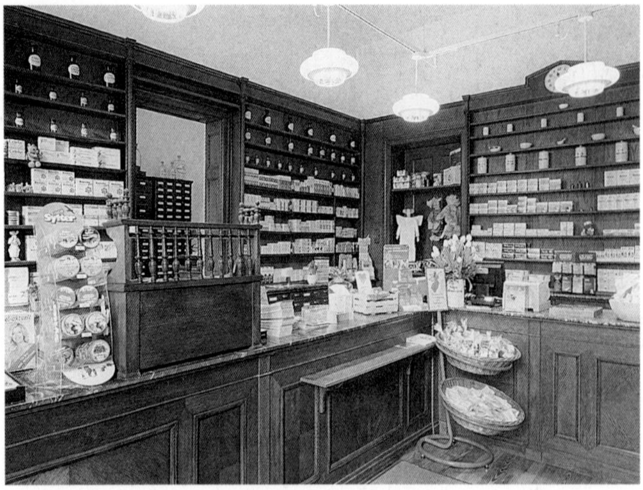

141. Alt-Moabit 18, Moabiter Apotheke, 1857 von A. Thielbeck

142. Thomasiusstraße 4, Mietshaus, 1902–1903 von Fritz Gottlob

143. Thomasiusstraße 5, Mietshaus, 1902 von Hans Landé

144. Kirchstraße 24, Entrée und Treppenhaus, 1903–04 von Richard Schirrmacher

ze getrieben. Hinzu kommen vor Ort aufgetragene geputzte Ornamente, die von Carl Caspary stammen. Der Bildhauer, der wahrscheinlich auch die Bronzearbeiten schuf, wirkte zugleich an der Innendekoration mit. Dort wurde auf eine gediegene bürgerliche Ausstrahlung geachtet, waren doch die relativ großen Wohnungen für den gehobenen Mittelstand gedacht. So war das Vestibül ganz in weiß gehalten, durchbrochen von einfachen Goldlinien, und mit einem hohen Eichenpaneel bekleidet. Ein Großteil der kunsthandwerklich hervorragenden Ausgestaltung ist erhalten. Dazu gehören die Wandgemälde an den Seitenwänden des Vestibüls, die Bilder aus dem Jagdleben zeigen. Mit seinen bequemen Grundrissen und dem plastisch durchgeformten Fassadenrelief ist das Mietshaus ein frühes Beispiel für die Reformarchitektur des beginnenden 20. Jahrhunderts.

Im weiteren Verlauf der Thomasiusstraße und in der nahen Kirchstraße finden sich weitere gutbürgerliche Mietshäuser. Die einstmals opulenten Jugendstilfassaden sind nur noch teilweise erhalten.[495] An der Einmündung der Thomasius- und Kirchstraße in die Straße Alt-Moabit stehen drei mächtige Wohn- und Geschäftshäuser der Jahrhundertwende. Die von Paul Hoppe entworfene sachliche Architektur erregte damals Aufsehen, ist aber heute stark verändert.[496] Geblieben ist ein monumentales Giebelrelief am Haus Alt-Moabit 108-108A, Ecke Kirchstraße, das den Fabrikanten Albert Borsig umgeben von allegorischen Darstellungen des Maschinenbaus zeigt. Es erinnert an den ehemaligen Standort der Borsigschen Maschinenbauanstalt, die 1898 nach Tegel verlegt worden war.

Die Fassade des Mietshauses **Kirchstraße 24** (Abb. 144, Liste Nr. 127) wurde in der Nachkriegszeit entdekoriert, sodass nur die schmiedeeisernen Balkon- und Loggienbrüstungen auf die verlorene reiche Gestaltung verweisen. Hinter dem Jugendstildekor der Eingangstür verbirgt sich jedoch ein überraschend gut erhaltenes Entrée und Treppenhaus. Das fünfgeschossige Mietshaus mit Läden im Erdgeschoss wurde 1903–04 von der Magdeburger Bau- und Credit-Anstalt errichtet, die die Grundstücke vermarktete. Der Entwurf stammt von Richard Schirrmacher, dem leitenden Architekten der Terraingesellschaft.[497] Betritt man das Vestibül, wird man von einer leuchtend hellen Farbigkeit und einem beschwingt floralen Dekor empfangen. Aufeinander abgestimmte edle Materialien – grauer Marmor und pastellfarbene Keramik – verkleiden und umrahmen die seitlichen Wandflächen des Vestibüls, das von einer kassettierten Tonne überwölbt wird. Florale Jugendstilmuster, die stilisiert auf den Fußbodenfliesen oder naturnah nachgeformt an den Rosengirlanden der Keramikbordüren, der Gesimse und Spiegelrahmen anzutreffen sind, betonen die heitere Note des Vestibüls, die sich mit den Ornamenten des hölzernen Treppengeländes und der Wohnungseingänge fortsetzt. Die in Material und Form künstlerisch aufwendige Ausgestaltung ist für den Moabiter Mietshausbau von einmaliger Bedeutung und zugleich ein seltenes Beispiel für die Kunst des Jugendstils in Berlin.

Die gegenüberliegenden Mietshäuser **Kirchstraße 2** (Abb. 145, Liste Nr. 125) und **Kirchstraße 3** (Abb. 145, Liste Nr. 126) sind wesentlich älter, was man an der Gestaltung der Straßenfront erkennen kann.[498] Julius Wendler, der die Häuser 1877–78 als Ar-

145. Kirchstraße 2, 3, Mietshäuser, 1877–78 von Julius Wendler

chitekt und Bauherr errichtete, strebte ein einheitliches Erscheinungsbild seiner Wohngebäude an, zu denen auch das heute völlig entdekorierte Eckhaus Kirchstraße 1 und Alt-Moabit 107 gehörte, denn auch diese Grundstücke lagen im vornehmen bürgerlichen Quartier Moabits. Für die Fassaden wählte Julius Wendler einen an die florentinische Architektur des Quattrocento angelehnten Renaissancestil, der die einzelnen Mietshäuser als zusammenhängende Hausgruppe erscheinen lässt. Elemente dieser Stilrichtung, die Karl Friedrich Schinkel mit dem 1833 vollendeten Palais Redern am Pariser Platz in Berlin eingeführt hatte, die man aber im Mietshausbau nur selten nutzte, sind die betont waagerechte Gliederung mit kräftigen Gesimsen, die gleichmäßige Anordnung der Rundbogenfenster und das Zusammenfassen der Geschosse mittels einer wuchtigen Quaderung. Alle diese Merkmale sind auch in der Kirchstraße zu sehen, wobei die beiden gequaderten Stockwerke über dem Erdgeschoss an die Fassadengestaltung des Palazzo Pitti in Florenz erinnern. Bei der letzten Instandsetzung wurde das fünfte Geschoss vereinfacht. Dabei ging auch der vollplastische Bauschmuck – Koren zwischen den Fenstern – verloren. Eine Besonderheit ist die Anlage eines Mittelflügels anstelle der üblichen Seitenflügel. Dieser in Berlin wenig verbreitete Grundriss sollte für eine bessere räumliche Zuordnung der hinteren Wirtschafts- und Schlafräume sorgen, erwies sich jedoch aufgrund der benötigten größeren Straßenfront und der nachbarlichen Zustimmung zur Anlage gemeinsamer Höfe häufig als unwirtschaftlich.[499] Bei den Mietshäusern in der Kirchstraße werden die Wohnungen über ein zentrales Treppenhaus mit Oberlicht erschlossen, wobei in der Straßenmitte des Vorderhauses ein vom Treppenhaus zugängliches frei verfügbares Zimmer lag. Die beiden großen Wohnungen pro Stockwerk mit jeweils fünf bis sechs Zimmern hat man bereits in den 1930er Jahren aufgeteilt.

Zu den vier evangelischen Vorstadtkirchen, die König Friedrich Wilhelm III. 1832–35 in den nördlichen Vororten Berlins errichten ließ, gehört die **St. Johannis-Kirche** (Abb. 146–148, Liste Nr. 13).[500] Der vom König beauftragte Architekt, Karl Friedrich Schinkel, ordnete den Kirchenbau geschickt in der Achse der Kirchstraße an. Am Rand des Kleinen Tiergartens bildet die ursprünglich bescheidene Vorstadtkirche zusammen mit den Ergänzungsbauten eine eindrucksvolle Baugruppe. Das ausgedehnte Grundstück **Alt-Moabit 23-25** wird im Osten von der Wilsnacker Straße, im Westen vom Kleinen Tiergarten und im Norden von einem Schulgebäude begrenzt. Der schlanke Campanile von Friedrich August Stüler gibt der malerischen Baugruppe eine stadtbildprägende Wirkung. Die von Karl Friedrich Schinkel nach frühchristlichen Vorbildern gestaltete Backsteinkirche steht im Mittelpunkt der Anlage. Mit der kompakten Grundform, der schlichten, aber würdevollen Bauweise und dem einfachen Grundriss gleicht der 1832–35 ausgeführte Kirchenbau den drei anderen zeitgleich errichteten Vorstadtkirchen (St. Elisabeth in der Rosenthaler Vorstadt, St. Paul am Gesundbrunnen, Nazarethkirche im Wedding). Ursprünglich bestand St. Johannis nur aus einem turmlosen Saalbau mit halbrunder Apsis und Satteldach. Im Unterschied zu den anderen Vorstadtkirchen, die mit Kassettendecken ausgestattet waren, hatte Schinkel einen offenen Dachstuhl mit sichtbaren Rundbogenbindern ausgebildet. Der Außenbau gleicht der Nazarethkirche im Wedding. Über dem Haupteingang an der Stirnseite öffnet sich eine große Fensterrose, während die Längsseiten durch Rundbogenfenster in zwei übereinander liegenden Reihen gegliedert werden. Die Formgebung erinnert an die spätantike römische Architektur.[501]

Die Architekten der späteren Erweiterungen hielten sich an die Formenwelt Schinkels. Behutsam ging Friedrich August Stüler vor, der die Pfarrkirche 1851–57 um Schule, Turm, Pfarrhaus und Arkadengang ergänzte und damit ein malerisches Ensemble schuf.[502] Ausgangspunkt war das Kirchenbauprogramm von König Friedrich Wilhelm IV., der die Absicht hatte, wenig religiöse Bewohner Berlins mit neuen kirchlichen Einrichtungen zum Glauben zurückzuführen und die Seelsorge stärker mit der Kranken- und Armenpflege zu verbinden. Diesen Vorstellungen folgend, wurde die Pfarrkirche des Vororts Moabit zu einer „Missionsstation" ausgebaut, bei der sich Kirche, Pfarr- und Schulhaus zu einer architektonisch ganzheitlichen Baugruppe vereinen. Friedrich August Stüler legte dem Kirchenportal eine offene Eingangshalle mit einem nach dem Vorbild Palladios geschaffenen Torbogen und Figurenschmuck vor und wiederholte dabei den Dreiecksgiebel der Kirche, um die Mittelachse zu betonen. Der von der Eingangshalle abgehende Arkadengang verbindet die Kirche mit den seitlich angeordneten Gebäuden, dem Pfarrhaus links und dem Schulgebäude rechts. An das Pfarrhaus schließt sich ein schlanker Campanile nach lombardisch-venezianischem Muster an, der mit dem achteckigen Aufsatz und der kupfergedeckten Haube außerordentlich hoch aufragt.[503] Der König hatte sich eigentlich ein Atrium gewünscht, für das aber aufgrund der begrenzten Grundstücksfläche der Platz fehlte. Friedrich August Stüler versuchte, durch Baumassengliederung und Materialwechsel einen Ausgleich zu finden. Vorhalle und Arkadengang, die einen

146. Alt-Moabit 23, 23A, 24-25, St. Johannis-Kirche, 1832–35 von Karl Friedrich Schinkel, mit Pfarr- und Gemeindehaus, Campanile, Arkadengang und Gemeindeschule, 1844 und 1851–57 von Friedrich August Stüler

147. St. Johannis-Kirche, Kirchenraum, 1952–57 von Otto Bartning, Werry Roth und Rudolf Dörzbach

beschaulichen Ruhebereich bilden, schirmen die Pfarrkirche von der Straße ab. Zugleich wird durch die Staffelung der Fassaden in Richtung Kirchenschiff eine räumliche Tiefe suggeriert. Mit dem Wechsel von rotem Backstein und hellem Sandstein, der vor allem für die Säulen verwendet wurde, wird eine plastische Durchbildung des Arkadengangs erreicht. Stüler orientierte sich unverkennbar an der italienischen Frührenaissance, wobei er es bestens verstand, den nüchternen Stil der Berliner Bauakademie mit italienischen Formen zu vereinen.

Die beiden Seitengebäude sind zurückhaltend im italienischen Villenstil gehalten, jedoch unterschiedlich dimensioniert und gegliedert. Während das **Schulhaus** (Abb. 148), das heute von der Kirchengemeinde genutzt wird, symmetrisch aufgebaut ist, über eine kleine Loggia in der Mittelachse verfügt und sehr kompakt wirkt, besitzt das **Pfarrhaus** einen gestaffelten Aufbau. Dem zweigeschossigen westlichen Abschnitt folgt ein erhöhter Abschnitt mit Drempelgeschoss. Auch hier bewies Stüler ein feinsinniges Gespür für eine ausgewogene Ordnung der Baumassen, lehnt sich doch das Pfarrhaus am Campanile an, der aus der Mittelachse gerückt der Baugruppe ein Ungleichgewicht verleiht. Durch die unterschiedliche Größe der Seitengebäude wird die asymmetrische Anordnung entscheidend gemildert.

Die Pfarrkirche war im ausgehenden 19. Jahrhundert zu klein geworden. Um mehr Gemeindeglieder aufnehmen zu können, fügte Max Spitta an den Saalraum 1895–96 ein sehr breites Querschiff und einen neuen Chor an. Durch die Erweiterung verlor die

Saalkirche ihren introvertierten Charakter. Die gesamte Baugruppe erlitt im Zweiten Weltkrieg schwere Schäden, wurde aber 1952–57 wieder aufgebaut. Während Erich Ruhtz für die Instandsetzung des Pfarrhauses verantwortlich zeichnete, waren Werry Roth, Rudolf Dörzbach und Otto Bartning mit der Wiederherstellung der ausgebrannten Schinkelkirche betraut. Die Architekten entschieden sich gegen eine Rekonstruktion der farbenprächtigen Gestaltung von Max Spitta zugunsten einer einfachen, schlichten Raumfassung, die das Stilempfinden der 1950er Jahre widerspiegelt. Auf die Seitenemporen im Langhaus wurde verzichtet. Das offene Dachwerk aus weit gespannten Bogenbindern ist dem historischen Vorbild nachempfunden. Die innen noch sichtbare Apsis wurde beibehalten, der Chorbereich jedoch nach Norden verlängert.

In die wieder aufgebaute St. Johannis-Kirche wurde die Ausstattung der kriegszerstörten Franziskaner-Klosterkirche in Berlin-Mitte überführt. Dazu gehört die im 15. Jahrhundert geschaffene Triumphkreuzgruppe mit Christus am Kreuz, Maria und Johannes. Die ursprünglich an den Enden des Kreuzes befestigten Evangelistensymbole sind heute an den Wänden des Langhauses angebracht. Die auf dem Altartisch aufgestellte Predella, aus Holz geschnitzt und farbig gefasst, gehörte zu einem prächtigen Flügelaltar, der sich in das 16. Jahrhundert datieren lässt. In der Mitte ist der so genannte Gnadenstuhl als Sinnbild der göttlichen Dreieinigkeit abgebildet.

Nachdem das Schulgrundstück neben der St. Johannis-Kirche 1864 an die Stadtgemeinde übergegangen war, ließ der Berliner Magistrat 1871 einen Erweiterungsbau für die 31. Gemeindeschule errichten. Den Zerstörungen des Zweiten Weltkriegs ist nur das 1907 erbaute **Turnhallengebäude** entgangen, das die Ecke Alt-Moabit und Wilsnacker Straße unauffällig besetzt.[504] Der eingeschossige gedrungene Backsteinbau mit Walmdach wurde von Otto Stiehl entworfen, der als Magistratsarchitekt unter Stadtbaurat Ludwig Hoffmann tätig war. Otto Stiehl bemühte sich, durch Rundbogenfenster und schmucklose Backsteinflächen eine Architektur zu finden, die sich der nahen Baugruppe von Schinkel und Stüler unterordnet.

148. St. Johannis-Kirche, Gemeindeschule, 1851–57 von Friedrich August Stüler

Auf dem rückwärtigen Grundstücksteil liegen der aufgelassene alte Gemeindefriedhof mit einigen historischen Grabdenkmalen, östlich von ihm das kleine Küsterhaus und auf der gegenüberliegenden Seite das neue Gemeindezentrum. Im Norden und Osten markiert eine einfache Ziegelmauer die Grenze des Grundstücks An der Straße Alt-Moabit wird das Grundstück von einer aufwendigen Mauer mit Fries und vorgezogenen Pfeilern sowie direkt vor dem Arkadengang von einem schmiedeeisernen Gitterzaun zwischen Backsteinpfeilern begrenzt. Das **Küsterhaus**, errichtet 1864 von Maurermeister Assmann, erinnert mit seiner eingeschossigen Bauweise, dem ziegelgedeckten Satteldach und den Klappläden an die einstige vorstädtische Bebauung in Moabit. Das 1962–63 erbaute **Gemeindehaus** mit Saal, Kindergarten und Schwesternstation versucht zwischen der Pfarrkirche und dem tiefer gelegenem Pfarrgarten zu vermitteln.[505] Folgerichtig entwarfen Hans C. Müller und Georg Heinrichs ein lang gestrecktes, sehr flaches Gebäude mit dunkler Klinkerverblendung, das sich in Bauweise und Materialwahl an der knappen stereometrischen Kontur der Schinkelkirche orientiert. Mit den bandartig zusammengefassten großen Holzfenstern sind Anklänge an das funktionelle sachliche Bauen der 1920er und 1930er Jahre unverkennbar. Der scharfkantige Wechsel von senkrechten und waagerechten Einschnitten sorgt für eine reizvolle plastische Wirkung.

Die Gestaltung des **Vorplatzes** und des **Kirchhofs der St. Johannis-Kirche** in **Alt-Moabit 24-25** (Liste Nr. 225) geht auf Eingriffe Peter Joseph Lennés zurück, der seine Planung für das „Terrain um die Kirche in Moabit“ zur Ordnung des Umfeldes der Kirche aber auch der weiteren Bereiche um den kleinen Tiergarten 1840–41 teilweise umsetzen konnte.[506] Schon für die Erweiterungsbauten von Friedrich August Stüler, dem Portikus, dem symmetrischen Arkadengang und dem Campanile sowie dem Pfarr- und Schulhaus zu beiden Seiten der Kirche musste der Vorplatz reduziert werden. 1891 wurde die Einfriedung aus Klinkerpfeilern und Feldern aus Hohlziegeln über niedrigem Sockel wegen der Verbreiterung der Straße Alt-Moabit zurückgesetzt und der Platz erneut verkleinert. Die Einfassungsmauer präsentiert sich heute im Zustand einer 1904 erfolgten Erhöhung, mit Eisengittern und zwei reich ornamentierten Toren sowie dem von der Kirchstraße aus sichtbaren schon von Stüler geplanten vergoldeten Metallkreuz.[507] Von der letzten, 1875 erfolgten formalen Schmuckplatzgestaltung mit einem Blumenbeet in der halbrunden Rasenfläche durch den Obergärtner von Albert Borsig, Heinrich Gaerdt, zeugen nur noch die beiden Platanen beidseitig des Portikus. Das heutige Erscheinungsbild der formalen Vegetationsfläche, die ein Mosaikpflaster-Weg neben der asphaltierten Vorfahrt begrenzt, nimmt jedoch darauf Bezug.

Über einen Pflasterweg aus Kleinsteinmosaik gelangt man zum 1840 eröffneten ersten Kirchhof der St. Johannisgemeinde. Der nach Lennés Planung angelegte und 1841 bepflanzte Friedhof nördlich der Kirche ist gegenüber dem Kirchplatz vertieft und in seiner heutigen Gestaltung nur noch ein Relikt der ursprünglichen Anlage.[508] Den ursprünglichen Hauptweg markieren noch wenige alte Kastanien. Lennés Wegekreuz mit vier Grabfeldern und den von Norden nach Süden verlaufenden Grabreihen lässt sich noch innerhalb einer großen Rasenfläche, die ein lockerer Baumbestand beschattet, ablesen. Vor der Ostmauer befinden sich ei-

nige alte Eichen. Nach einer ersten Schließung des Friedhofs 1904, die jedoch nicht Erbbegräbnisse und reservierte Stellen betraf, wird heute wieder eingeschränkt bestattet.
Nur noch ein Teil der Grabstätten mit erhaltenen Grabmalen weist die mit Efeu bepflanzten Hügel auf.[509] Dazu gehört die älteste Grabstätte des Grundbesitzers Christian Friedrich Gericke (1768–1840), das ein künstlerisch bemerkenswertes Eisengusskreuz mit der Relieffigur einer Victoria am Kreuzfuß ziert. Aus Eisenguss sind auch das ebenfalls auf Schinkel zurückgehende Kreuz für Heinrich Friedrich Wilhelm Kratz (gest. 1889) und das Kreuz für Frau Pastor Elisabeth Eger (gest. 1918), dessen Kreuzarme mit Pflanzenornamenten ausgefüllt sind. Von lokalgeschichtlicher Bedeutung sind unter anderem das seit 1871 belegte umgitterte Erbbegräbnis der Familie Gericke und das der Familie des bekannten Moabiter Fabrikbesitzers Friedrich Adolf Pflug (gest. 1886) in der Nordostecke des Friedhofs. Ein Cippus mit bekrönender Urne markiert das Grab des Architekten Emil Haase (gest. 1899). Häufigste Grabmaltypen sind Stelen und Grabkreuze aus dunklem Granit. Als einzige Grabmalplastik ist eine Trauernde aus Kunststein am Grab von Konrad Kuhlmeier (gest. 1927) hervorzuheben, die auf einem Sarkophag kniend, eine Urne umschließt. Zu den hier Bestatteten gehören lokal bedeutende Persönlichkeiten wie Georg Christian Beussel (gest. 1864), erster Gutsbesitzer in Martinickenfelde, dem eine Straße gewidmet ist, und der Porzellan- und Chamottefabrikant Rudolf Schomburg (gest. 1912). Nördlich der Kirche befindet sich eine Grabreihe für 18 Kriegsopfer aus den letzten Tagen des Zweiten Weltkrieges, deren Ruhestätte einheitliche Tontafeln kennzeichnen.

Auf dem bereits 1935 beräumten und vom Gemeindefriedhof abgetrennten städtischen Areal an der Wilsnacker Straße wurden im April und Mai 1945 namentlich bekannte und unbekannte Kriegsopfer des Endkampfes um Berlin, Zivilisten und Soldaten, in Massengräbern bestattet. Hier fanden nach ihrer Hinrichtung am 23. April 1945 auch politische Häftlinge und Widerstandskämpfer aus dem Zellengefängnis Moabit ihre letzte Ruhe. Neben dem Eingang des 1955 von Willy Alverdes gestalteten **Kriegsgräberfriedhofs an der Wilsnacker Straße** (Abb. 149 Liste Nr. 233) erinnert eine Gedenktafel an die hier bestatteten Kriegstoten sowie die Opfer des Nationalsozialismus.[510] Zu ihnen gehörte auch der von der SS ermordete Hochschullehrer, Lyriker und Dramatiker Albrecht Haushofer, der während der Haft im Zellengefängnis die bekannten „Moabiter Sonette“ verfasste.[511] Sein Grab im östlichen Friedhofsteil markiert ein schlichter Grabstein.
Der im Sommer 1955 anstelle des Notfriedhofs angelegte Kriegsgräberfriedhof liegt abgeschirmt hinter einer hohen Backsteinmauer an der Wilsnacker Straße. Seine Hauptachse führt von der schmalen Eingangspforte mit Eisengittertür über einen formalen, mit Kupferschlackesteinen gepflasterten Vorplatz und den mit Schieferplatten belegten Hauptweg auf eine über zwei Meter hohe oktogonale Denkmalstele aus Muschelkalk zu. Das von einem Eisenkreuz bekrönte, von dem Bildhauer Karl Wenke gestaltete Denkmal wurde im November des gleichen Jahres aufgestellt. Es erhebt sich vor der Westmauer auf einem erhöhten, ebenfalls mit Kupferschlackesteinen gepflasterten Podest. Die Rechteckbeete der 1955 eingeebneten Grabfelder sind überwiegend mit immergrünen Bodendeckern sowie einigen Stauden bepflanzt. Sie flan-

149. Wilsnacker Straße, Kriegsgräberfriedhof, 1945, 1955 von Willy Alverdes

kieren den Hauptweg und durchziehen eine, von einem lichten Hain großer Bäume beschattete Rasenfläche von Ost nach West. Nur noch einige Gräber der namentlich bekannten Kriegsopfer kennzeichnen die ursprünglichen einheitlichen Tontafeln. Einige Blütensträucher, Rhododendron und Koniferen bilden einen äußeren Rahmen vor den Friedhofsmauern. Bankplätze am Rande gestatten Blickbezüge auf den würdig gestalteten Friedhof. Seine regelmäßige Anlage und die Baumaterialien wie die Beeteinfassungssteine aus Kunststein oder die Kupferschlackesteine der regelmäßigen Plätze, auch um einen Backsteinbrunnen, erinnern noch an die Entstehungszeit der 1950er Jahre.

Das bis zur Turmstraße reichende Gelände hinter der St. Johannis-Kirche wurde im ausgehenden 19. Jahrhundert vom Kleinen Tiergarten abgetrennt. Dort entstanden zwei große freistehende Schulgebäude. An der Turmstraße, Ecke Wilsnacker Straße, errichtete man 1880–82 das Königliche Luisen-Gymnasium.[512] Der Backsteinbau wurde im Zweiten Weltkrieg zerstört und später abgebrochen. Erhalten blieb nur das gegenüberliegende Erweiterungsgebäude der Lehranstalt, die 1889–90 errichtete **Vorschule des Königlichen Luisen-Gymnasiums** (Abb. 150, Liste Nr. 219) an der **Wilsnacker Straße 5**, die unmittelbar neben dem Kriminalgericht Moabit durch ihre hellrote Backsteinfassade auffällt.[513] Der Architekt, Friedrich Schulze-Kolbitz, ordnete gegenüber dem Hauptgebäude des Gymnasiums eine Dreiflügelanlage an, deren Haupteingang zur Wilsnacker Straße gerichtet ist, während die nördliche Schmalseite zur Turmstraße weist. Das zweigeschossige Gebäude zeigt die übliche Nüchternheit preußischer Staatsbauten mit schmückenden Elementen wie Ziergiebel über den Eingangsrisaliten, gliedernden Ziegellagen, geometrische Muster aus Glasursteinen und Sgrafittomalereien unter den spitzbogigen Blendfeldern der Risalitachsen. Formen der märkischen Backsteingotik dominieren. Das Gebäude ist heute in den Gerichtskomplex an der Turmstraße einbezogen; es wurde zuletzt 1983 restauriert.
An der Südseite schließt sich das 1971–79 nach einem Entwurf von Gerhard Rümmler ausgeführte Erweiterungsgebäude des Landgerichts Berlin an, das funktional mit dem alten Schulhaus

150. Wilsnacker Straße 5, Vorschule des Königlichen Luisen-Gymnasiums, 1889–90 von Friedrich Schulze; Löwengruppe, 1895 von Albert Wolff

verbunden ist.[514] Auf der Freifläche vor dem Gerichtsgebäude wurde die bronzene **Löwengruppe** von Albert Wolff aufgestellt, die früher vor dem kriegszerstörten Alten Kriminalgericht an der Rathenower Straße stand. Die 1895 geschaffene Großplastik, die den Kampf eines Löwen gegen eine sich aufbäumende Schlange darstellt, veranschaulicht allegorisch die Aufgabe der Justiz, die Lüge zu bekämpfen und damit für Gerechtigkeit zu sorgen.[515]

151. Turmstraße 87, Büste von Wilhelm Schwartz, 1902 von Friedrich Johann Pfannschmidt

Auf dem gegenüberliegenden, heute als Spielplatz genutzten Grundstück **Turmstraße 87** stand einst das Hauptgebäude des Königlichen Luisen-Gymnasiums. Im hinteren Bereich ist auf einem Muschelkalksockel die **Bronzebüste von Wilhelm Schwartz** aufgestellt (Abb. 151, Liste Nr. 203). Der anerkannte Mythenforscher und Schriftsteller stand dem Luisen-Gymnasium von 1882 bis 1894 als Direktor vor. Dem Bildhauer Friedrich Johann Pfannschmidt, der die Büste 1902 schuf, gelang eine ausnehmend naturalistische Darstellung, die ohne Pathos auskommt. Die Plastik zeigt den freundlich dreinblickenden Direktor mit Schleife und Gehrock.[516]

Neben dem Spielplatz, unmittelbar hinter dem St. Johannis-Kirchhof, erhebt sich der gelbe Backsteinbau der **113. und 128. Gemeindeschule** (Abb. 152, Liste Nr. 202). Das freistehende Gebäude auf dem Grundstück **Turmstraße 86** wurde 1881–82 von Hermann Blankenstein errichtet.[517] Der Stadtbaurat ordnete die Dreiflügelanlage so an, dass die Hauptfront in die Achse der nördlich einmündenden Bandelstraße hineinwirkt. Die getrennten Klassentrakte für Knaben und Mädchen fassen einen hervortretenden Mittelbau ein. Dort befindet sich die Aula, wie man an den großen Rundbogenfenstern des vierten Stockwerks erkennen kann. Für diese Elementarschule wählte Hermann Blankenstein eine einfache, klar gegliederte Backsteinarchitektur in kubischen Grundformen und mit flach geneigtem Dach. Um die Schule freundlich erscheinen zu lassen, wurden die gelben Wandflächen

152. Turmstraße 86, 113. und 128. Gemeindeschule, 1881–82 von Hermann Blankenstein

mit roten Ziegelstreifen und Terrakottasteinen belebt. Die Friese, Inschriftentafeln und Medaillons aus Terrakotta, die wahrscheinlich aus der Tonwarenfabrik March stammen, zeichnen sich durch eine hohe künstlerische Qualität aus. An den östlichen Klassentrakt fügte das Hochbauamt Tiergarten 1960–62 einen niedrigen Erweiterungsbau an, der zusammen mit einer Turnhalle den Pausenhof begrenzt.[518] Mit dem sichtbar gelassenen Raster des Stahlbetonskeletts, den asymmetrisch geteilten Fenstern und den bunten Keramikplatten an den Brüstungsflächen ist der Klassentrakt ein zeittypisches Dokument für die auf sichtbaren Konstruktionselementen und Transparenz beruhende städtische Schularchitektur dieser Zeit.

Zwischen Alt-Moabit und Spree

Südlich des Kleinen Tiergartens befanden sich wichtige Moabiter Industrieanlagen des 19. Jahrhunderts. Mit der Gründung der Porzellanmanufaktur Schumann im Jahre 1832 hatte dort am Spreeufer die industrielle Entwicklung Moabits begonnen. In den 1980er und 1990er Jahren wurde hier ein Dienstleistungs- und Bürozentrum eingerichtet. Obwohl der Strukturwandel weitreichende Veränderungen bewirkte, ist die typische Mischung von Mietshäusern und Fabrikgebäuden noch erkennbar.

Bei der Umgestaltung des Industriegeländes wurden die noch verbliebenen Fabrik- und Gewerbebauten in die Neubebauung integriert. Auf dem Grundstück **Alt-Moabit 98-103,** der ehemaligen **Meierei C. Bolle** (Abb. 153, Liste Nr. 59),[519] ist das geglückt. Die 1886 von Carl Bolle gegründete Meierei hat sich im ausgehenden 19. Jahrhundert zur führenden Milchverarbeitungsfabrik in Berlin entwickelt. Das Unternehmen belieferte die Großstadt mit frischer Milch und hygienisch einwandfreien Milchprodukten. Die Auslieferungswagen der Meierei C. Bolle gehörten damals zum alltäglichen Straßenbild. In der Nachkriegszeit wandte sich das Unternehmen dem Lebensmitteleinzelhandel zu. 1969 musste die Meierei den Betrieb einstellen. Heute ist der Firmenname Bolle gänzlich aus dem Berliner Wirtschaftsleben verschwunden.

Von der weiträumigen Fabrik, die im Kern aus zwei lang gestreckten, parallel angeordneten Backsteingebäuden bestand, konnte nur das westliche Meiereigebäude vor dem Abbruch bewahrt werden. Das drei- und viergeschossige Bauwerk, 1886–87 zwischen Spree und Alt-Moabit errichtet, beeindruckt durch den stringenten Wechsel zwischen Lisenen und gleichmäßig aufgereihten Blendfeldern. In jedem Blendfeld öffnet sich ein Rundbogen. Das Gebäude, das als Etagenfabrik zu verstehen ist, erhielt einen modernen konstruktiven Aufbau. Durch das offene System der gusseisernen Stützen konnten die Geschosse flexibel unterteilt werden. Im Erdgeschoss befand sich das Auslieferungslager der in den Obergeschossen verarbeiteten Milchprodukte. Der zur Straße Alt-Moabit ausgerichtete Kopfbau, der sich durch hohe, zweigeschossige Rundbogenfenster abhebt, wurde 1893 nach einem Entwurf der Architekten Salow, Möller & Stegemann ange-

fügt. Die Lisenen- und Rundbogenarchitektur ist dem Fabrikgebäude angepasst, zeigt jedoch den Wunsch, mit einer repräsentativen Straßenfront auf das Unternehmen aufmerksam zu machen. Es sollte besonders auf die vorbildlichen Wohlfahrtseinrichtungen der Meierei C. Bolle hingewiesen werden. Im Erdgeschoss war ein Kindergarten untergebracht, im zweiten Obergeschoss konnten die Arbeiter und Angestellten eine große Kapelle und einen Festsaal nutzen. Heute ist die ursprüngliche Fassadengestaltung des Kopfbaus nur noch an den schmalen Längsseiten erfahrbar. Die Straßenfront wurde 1954 überformt und mit vertikalen gebäudehohen Fensterachsen versehen. Auch die innere Gestaltung ist durch zahlreiche Umbauten zerstört. Die Kapelle hat man 1919 in ein Kino und nach 1945 in ein Theater umgewandelt.[520]
Die Meierei wurde 1992–95 von Wolf-Rüdiger Borchardt umgestaltet. In der Etagenfabrik brachte man ein multifunktionales Büro- und Einkaufszentrum mit Läden, Restaurants und einer Markthalle unter. An der Spree schließt ein moderner Kopfbau, der sich im Erdgeschoss mit Arkaden zum Wasser öffnet, die Baugruppe ab. Dort ist ein Hotel untergebracht. Auf dem abgeräumten Fabrikgelände errichteten Bernd Kühn, Ulrich Bergander und Jochen Bley ein gigantisches U-förmiges Bürogebäude, das heute vom Bundesministerium des Innern genutzt wird. Dem Bürogebäude ist ein dreigeschossiger Backsteinbau mit einfach aufgereihten Fenstern und einem sparsamen Bauschmuck aus roten und gelben Ziegeln vorgelagert. Der malerisch am Spreeufer liegende historisierende Neubau erinnert an das 1894 erbaute Leutewohnhaus der Meierei C. Bolle, in dem ursprünglich Kutscher der Milchauslieferungsfahrzeuge untergebracht waren.

Die Etagenfabrik der **Bergmannschen Wäscherei** (Abb. 154, Liste Nr. 58) auf dem benachbarten Grundstück **Alt-Moabit 95** ist heute an beiden Seiten von modernen Neubauten eingefasst. Das 1911–12 von Ferdinand Lante errichtete fünfgeschossige Gebäude zeichnet sich durch seine klare, sachliche Lisenengliederung aus, die der Fabrik eine monumentale Wirkung verleiht. Der heute nicht mehr bekannte Architekt, der eigens mit der Fassadengestaltung beauftragt worden war, löste die lang gestreckte Front rasterförmig in Lisenen und großformatige Fensterflächen auf, wobei die Fenster durch geschossübergreifende Korbbogenblenden zusammengefasst wurden. Die vertikale architektonische Ordnung verdeutlicht das konstruktive Gerüst des Eisenskelettbaus. Der farbliche Kontrast zwischen den hellroten Backsteinen der Lisenen und den hellbeigen Glasursteinen der Blendflächen belebt die Fassade. Dieser Bau zeugt von einem zu Beginn des 20. Jahrhundert florierenden Unternehmen.[521] Das Fabrikgebäude ist heute in ein Büro- und Produktionszentrum der Computer- und Telekommunikationsindustrie integriert, das den Namen „Focus-Teleport" trägt.

Für den Bau des „Focus-Teleports" wurden die Mühlen und Speichergebäude der Dampfmühle F. W. Schütt, später Kampffmeyer, großflächig abgebrochen.[522] An den ehemaligen Mühlenstandort,

153. Alt-Moabit 98-103, Meierei C. Bolle, Produktionsgebäude, 1886–87

154. Alt-Moabit 95, Wäscherei Heinrich Bergmann, 1911–12 von Ferdinand Lante

der für die Lebensmittelversorgung Berlins bedeutsam war, erinnert nur noch der **Ladeturm** (Abb. 155, Liste Nr. 55) am Spreeufer, der zum Grundstück **Alt-Moabit 91** gehört. Die Dampfmühle F. W. Schütt siedelte sich 1875 an Spree und Stromstraße an. Als größte Kornmühle Berlins wurde sie nach 1922 vom Potsdamer Mühlenbesitzer Kurt Kampffmeyer weiter ausgebaut. Die Münchner Firma Kling errichtete 1939–40 unmittelbar an den Kaianlagen den Ladeturm, dessen ehemalige Aufgabe, mit ausladenderen Saugrohren Getreide aus den Lastkähnen in das Silogebäude zu befördern, nach dem Abbruch aller übrigen Mühlengebäude nur noch schwer verständlich ist. Die offene Durchfahrt im Erdgeschoss diente der Beladung von Lastkraftwagen. Obgleich der Ladeturm durch große Fenstereinbauten seiner früheren unauffälligen und einfachen Gliederung mit kleinen Stockwerksfenstern beraubt ist, bleibt jedoch die Grundgestalt weiter ablesbar. Der Stahlbetonbau, versehen mit einem kräftigen Dachgesims aus Beton, ist mit gelben Backsteinen verkleidet.

Das **Wohn- und Verwaltungsgebäude** der Dampfmühle F. W. Schütt (Abb. 156, Liste Nr. 191), **Stromstraße 3**, entstammt einem früheren Bauabschnitt. Es wurde von Hofbaumeister Gustav Clemens 1887 an der Zufahrt zum Mühlengelände errichtet, um Verwaltung und Beamtenwohnungen des Mühlenbetriebs aufzunehmen. Bei der Umgestaltung 1987 hat man das Innere weitgehend verändert, während der Außenbau erhalten blieb und restauriert wurde. Das dreigeschossige Gebäude besitzt eine klar geordnete, repräsentative Straßenfassade im akademischen Stil der Berliner Schule. Die Fassade ist mit gelben Klinkern verkleidet, während rote Terrakottasteine die Fenster einfassen und gliedernde Gesimse bilden. Um die Rundbogenfenster des dritten Stockwerks und das schwere Kranzgesims hervorzuheben, wurden reich geschmückte Terrakotten verwendet. Im Industrie- und Gewerbebau hat man an der charakteristischen Backsteinbauweise bis zur Jahrhundertwende festgehalten. Die benachbarten Mühlen- und Speichergebäude waren in ähnlicher Art und Weise gestaltet.

155. Alt-Moabit 91, Dampfmühle F. W. Schütt, Ladeturm, 1939–40 von der Bauabteilung der Fa. Kling

Nach dem Abbruch der Mühlenanlage erbauten Joachim Ganz und Walter Rolfes 1988–92 das Büro- und Produktionszentrum „Focus-Teleport", das Unternehmen der Computer- und Elektronikbranche vereint.[523] Die Baugruppe besteht aus unterschiedlich hohen kubischen, teils würfelförmigen Gebäuden. Auffallend ist die farbige Verkleidung aus quadratischen Fassadenelementen. In die Betonfertigteile sind hellrote Terrakottaplatten eingelassen, während blaue Metallprofile das Fugenraster nachzeichnen. Das Turmhaus, das den Ort des alten Speichers besetzt, bildet eine markante Torsituation an der Lessingbrücke aus.

156. Stromstraße 3, Dampfmühle F. W. Schütt, Wohn- und Verwaltungsgebäude, 1887 von Gustav Clemens

157. Stromstraße 8, Mietshaus, 1853

Nördlich des Wohn- und Verwaltungsgebäudes der Dampfmühle F. W. Schütt war das Stadtbild durch eine große Baulücke gestört, die man 2000 geschlossen hat. Die Mietshäuser Stromstraße 4-7 wurden 1993 abgerissen.[524] Lediglich das Mietshaus **Stromstraße 8** (Abb. 157, Liste Nr. 192), das zu den ältesten Wohngebäuden in Moabit gehört, blieb vom Abbruch verschont. Das 1853 für den Bäckermeister Wilhelm Matthes errichtete Wohngebäude erinnert an die Erschließung und Bebauung des Areals in der Mitte des 19. Jahrhunderts. Auf der gegenüberliegenden Straßenseite hatte 1847 das Borsigsche Eisenwerk den Betrieb aufgenommen, sodass sich zunehmend Arbeiter ansiedelten. Das Gebäude, das zu den frühen Arbeitermietshäusern in Moabit zählt, nahm mehrere Kleinwohnungen für Arbeiter auf. Die frühe Bauzeit kann man am Wohnhaus ablesen, das nur über vier Geschosse aufragt, ohne einen Seitenflügel zu besitzen. Das Treppenhaus geht von der Durchfahrt ab. Die schlichte klassizistische Putzfassade wurde in der Nachkriegszeit abgestuckt, aber Anfang der 1990er Jahre in Zusammenhang mit der Restaurierung des Hauses erneuert.

Die Mietshäuser **Alt-Moabit 87-93** und **Stromstraße 10-10 A** (Liste Nr. 1) am nördlichen Rand des einstigen Fabrikgeländes bilden ein kleines Ensemble. Die Gebäude, erbaut zwischen 1865 und 1893, zeigen exemplarisch den unterschiedlichen Standard der Mietshausbebauung. Die aufwendigen Stuckfassaden zeugen von der vornehmen Wohnlage gegenüber dem Kleinen Tiergarten. Zimmermeister Georg Stoedtner errichtete 1880–81 das Eckgebäude Alt-Moabit 87 und Stromstraße 10 A, das, die Möglichkeiten der Bauordnung ausnutzend, mit fünf Geschossen die Nachbarhäuser überragt. Durch den Stuckdekor im Stil der italienischen Hochrenaissance tritt das Eckhaus städtebaulich prägnant hervor. Das benachbarte Mietshaus Stromstraße 10, das nur vier Geschosse umfasst, wurde ein Jahr später vollendet. Das Gebäude mit einem kurzen Seitenflügel verfügt über Dreizimmerwohnungen mit Küche und Innentoilette. Diese Ausstattung, die dem mittleren Standard entspricht, ist typisch für den Mietshausbestand in Alt-Moabit.[525]

Großzügiger und vornehmer waren die Wohnungen im Doppelmietshaus **Alt-Moabit 89-90** (Abb. 158, Liste Nr. 54), die Maurermeister Peter Madsen für den Mühlenbesitzer F. W. Schütt entwarf und mit Otto Harnisch 1892–93 ausführte.[526] Die schon im Straßenbild durch eine einheitliche Neorenaissancefassade auffallende Mietshausanlage überrascht, wenn man die Innenhöfe betritt. Jeweils zwei etwa 40 Meter lange Seitenflügel begrenzen einen lang gestreckten Hofraum, der nach Süden offen ist. Dort erstreckten sich kleine Gärten, die zum anschließenden Mühlengelände überleiteten. Hofmaurermeister Gustav Clemens fügte an die Seitenflügel 1898 verglaste Loggien an. Die Gärten sind heute teilweise noch vorhanden. Der ungewöhnliche Grundriss ergab sich aus dem Zuschnitt der Parzellen. Der zusammenhängende Geländestreifen, der bis zur Spree reichte, gehörte dem vermögenden Fabrikanten F. W. Schütt, der in der Nähe seiner Mühle diese herrschaftliche Mietshausanlage errichten ließ. Sie besitzt ein aufwendiges marmorverkleidetes Treppenhaus mit Treppen-

158. Alt-Moabit 89-90, Mietshaus, 1892–93 von Peter Madsen

geländern und Wohnungstüren im Stil der Renaissance. In jedem Stockwerk waren zwei großbürgerliche Neunzimmerwohnungen angeordnet, die jeweils das halbe Vorderhaus und einen Seitenflügel einnahmen.[527] Sie sind heute für eine Hotelnutzung umgebaut.

Westlich des Doppelmietshauses Alt-Moabit 89-90 weist eine Baulücke auf eine alte Zufahrt zu einem Fabrikgelände hin. Auf dem Hinterland befand sich die 1872 von Bauunternehmer und Zimmermeister Albert Heinel erbaute und betriebene Holzbearbeitungsfabrik mit Dampfschneidemühle. Während die Fabrikgebäude nicht mehr vorhanden sind, blieb das vornehme Wohnhaus **Alt-Moabit 92** (Abb. 159, Liste Nr. 56) erhalten, das Albert Heinel, auf den zahlreiche Mietshäuser in Moabit zurückgehen, 1872 nach eigenem Entwurf errichtet hat.[528] Das Wohnhaus im großbürgerlichen Villenstil enthielt neben der Wohnung des Bauherrn mehrere Mietwohnungen.[529] Heute ist es das letzte erhaltene Fabrikantenwohnhaus in Alt-Moabit. Aufgrund der beengten Grundstücksverhältnisse musste Albert Heinel den dreigeschossigen Baukörper mit der Schmalseite zur Straße legen, sodass die westliche Längsseite den offenen Hofraum begrenzt. Der Grundriss wurde aus dieser Anordnung heraus entwickelt. Das Treppenhaus in der Mittelachse der Längsseite teilt das Gebäude in zwei Bereiche. In den beiden Obergeschossen erstreckten sich große Mietwohnungen mit jeweils vier Zimmern, Küche, Bad, Toilette, Speise- und Mädchenkammer. Die Wohnung des Bauherrn umfasste dagegen das gesamte Hochparterre, wobei das Treppenhaus die Gesellschaftszimmer im vorderen Bereich, an der Straße, von den rückwärtigen Schlaf- und Wirtschaftsräumen trennte.[530] Albert Heinel hatte bei seinem Entwurf sicher die 1849 erbaute Villa von August Borsig westlich der Stromstraße vor Augen, die große Aufmerksamkeit erregte. Das Hochparterre mit seiner kräftigen Quaderung, das wuchtige Konsolgesims und das fein gegliederte Serlianamotiv hinter den halbrunden Balkonen der Längsseite verraten wie die Borsig-Villa Vorbilder aus der italienischen Renaissance. Die Längsseite des Wohnhauses wurde mit hervortretenden Eckrisaliten und dem Haupteingang in der Mittelachse als repräsentative Hauptfassade gestaltet. Der wohlgegliederte Fassadenaufbau mit einer feinen Durchbildung aller Details, zu sehen am filigranen schmiedeeisernen Gitter des Balkons, verdeutlicht die künstlerische Qualität des Wohnhauses. Das Gebäude, eines der wenigen erhaltenen gründerzeitlichen Wohnhäuser im Villen- oder Palaisstil in Berlin, übertrifft den bürgerlichen Mietshausstandard in Moabit deutlich.[531]

Das benachbarte Mietshaus **Alt-Moabit 93** (Abb. 159, Liste Nr. 57) gehört zu den frühen Wohngebäuden in Moabit. Es wurde

1859 begonnen, 1865 fertig gestellt und 1877 um zwei Seitenflügel ergänzt.[532] Maurermeister F. Blume und Zimmermeister Carl Reuter errichteten das Mietshaus für den Torfgräbereibesitzer August Kelch. Es verfügte über zwei Dreizimmerwohnungen pro Stockwerk, die beim Umbau 1877 in die Seitenflügel hinein verlängert wurden. Die vornehme spätklassizistische Putzfassade, die heute zu sehen ist, wurde 1993 ausgehend von der ursprünglichen Fassung wieder hergestellt. Auf den vornehmen Charakter des Mietshauses verweist bis heute die 1865 eingebaute gusseiserne Vorderhaustreppe. Mit den durchbrochenen, in Rosetten aufgelösten Setzstufen ist die in Gusseisen ausgeführte Treppe ein bedeutendes Dokument der Berliner Eisenindustrie des 19. Jahrhunderts. Obwohl derartige, aus vorgefertigten Eisenelementen montierte Treppen im 19. Jahrhundert weit verbreitet waren, sind nur wenige Beispiele überliefert.[533]

Am Ottoplatz

Der Kleine Tiergarten zwischen den Straßenachsen Alt-Moabit und Turmstraße endet an der Heilandskirche. Der mächtige Backsteinbau wurde 1892–94 von Friedrich Schulze errichtet, um dem Stadtteil Alt-Moabit eine zweite evangelische Pfarrkirche zu geben.[534] Mit dem steil aufragenden, 91 m hohen Turm gehört die Heilandskirche zu den Wahrzeichen Moabits. Nach schweren Kriegsschäden wurde der Kirchenbau verändert wieder aufgebaut, sodass die ursprüngliche gotisierende Gestalt nur noch teilweise, vor allem am Turm, erlebbar ist. Die Turmfront der Heilandskirche wendet sich zur Thusneldaallee und zum westlich anschließenden Ottoplatz. Auf diesem Gelände befand sich einst eine Baumschule, bis Gartendirektor Hermann Mächtig 1879 den Ottopark anlegen ließ. Von der Gartenanlage blieb allerdings nichts erhalten. Heute besteht der Ottoplatz aus Grünflächen und Spielplätzen mit geschwungenen Durchgangswegen.

An der **Ottostraße 16**, nahe der Heilandskirche, wurde 1905–06 das **Pfarr- und Gemeindehaus** der evangelischen Heilandsgemeinde errichtet (Abb. 160, Liste Nr. 153).[535] August Dinklage und Ernst Paulus, erfahrene Architekten, die in Moabit ansässig waren, entwarfen eine kompakte, drei- bis viergeschossige Anlage, die mit Vorderhaus, Seitenflügel und Quergebäude dem Mietshausschema folgt. Gemeindehäuser bildeten zur Jahrhundertwende eine neue Bauaufgabe. Die durch den Bevölkerungszustrom rasch wachsenden Kirchengemeinden hatten einen großen Bedarf an multifunktionalen Gebäuden mit Gemeinderäumen, Konfirmandensälen und Kindergärten, um die Aufgaben der Seel-

159. Alt-Moabit 92, 93, Fabrikantenwohnhaus, 1872 von Albert Heinel; Alt-Moabit 93, Mietshaus, 1859–65 von F. Blume und Carl Reuter

160. Ottostraße 16, Pfarr- und Gemeindehaus der Ev. Heilandsgemeinde, 1905–06 von Dinklage & Paulus

sorge erfüllen zu können. Das Pfarr- und Gemeindehaus der Heilandsgemeinde hebt sich mit einer lebhaft gegliederten Schaufront aus Lisenen, vertikal durchlaufenden Blendrippen und einem hohen geschweiften Giebel von den umliegenden Mietshäusern ab. Der roten Backsteinverkleidung sind weiß verputzte Blendfelder entgegengesetzt.[536] August Dinklage und Ernst Paulus verzierten das sachliche und durch Fensterreihungen gut belichtete Gebäude mit Elementen der märkischen Backsteingotik und des Jugendstils. Das Stilgemisch setzt sich auch bei den rückwärtigen Bauteilen fort. Im Quertrakt liegt der große Gemeindesaal.[537]

Von der Ottostraße geht die Zwinglistraße ab, die parallel zur Turmstraße verläuft. Die Mietshäuser der Jahrhundertwende haben ihre historische Fassadengestaltung größtenteils verloren. Aus der Reihe der Mietshäuser sticht eine stattliche Werksteinfassade heraus. Sie gehört zur **246. Gemeindeschule** (Abb. 161, Liste Nr. 224), die Stadtbaurat Ludwig Hoffmann 1908–09 an der **Zwinglistraße 37** errichtet hat.[538] Der Klassentrakt an der Straße strahlt mit seiner vertikalen Pilastergliederung, den rechteckigen Sprossenfenstern und dem Mansarddach mit Fledermausgauben eine vornehme Gediegenheit aus. Die kanellierten Pilaster beginnen über dem gequaderten Kalksteinsockel, sie erstrekken sich über alle drei Stockwerke, um dann unter dem Hauptgesims zu enden. Kapitelle, die man erwarten könnte, fehlen. Damit wird das Bestreben Ludwig Hoffmanns deutlich, eine strenge, würdevolle Architektur zu schaffen, die sich historischer Motive bedient, trotzdem aber zeitgemäß wirkt. Zur freundlichen Ausstrahlung tragen die Reliefs von Josef Rauch bei, die an den Brüstungsfeldern der Fenster angebracht sind. Man sieht anmutige Darstellungen spielender Kinder sowie Puttenköpfe. An das Vordergebäude schließt sich ein Seitenflügel an. Der Querflügel, der den Schulhof nach hinten abschließt, enthält Turnhalle und Aula.

Auf der gegenüberliegenden Seite der Zwinglistraße ist ein ähnlich gestaltetes Gebäude zu sehen. Die monumentale, vertikal gegliederte Fassade unter einem ziegelgedeckten Dach deutet unverkennbar auf Stadtbaurat Ludwig Hoffmann. Es handelt sich um das Lehrerwohnhaus der Kirschner-Oberrealschule. Das Gebäude gehört zu einem weiträumigen Schulkomplex auf den Grundstücken **Turmstraße 75** und **Zwinglistraße 2** (Abb. 162, 163, Liste Nr. 200). Zur Turmstraße wendet sich der Klassentrakt der **82. und 90. Gemeindeschule**.[539] Das 1875–76 erbaute Schulhaus beherbergte die zweite kommunale Schule im Stadtteil Moabit. Von der repräsentativen Fassade kündet nur noch der erhöhte Mittelrisalit mit den Rundbogenfenstern der Aula. Die prägende Backsteinverkleidung wurde bei der Beseitigung der Kriegsschäden 1952–53 mit einem hellen Glattputz überdeckt. Später wurden die beiden unteren Geschosse stark verändert. Betritt man jedoch den Schulhof, dann erhält man anhand der rückwärtigen roten Backsteinfassade einen Eindruck von der ursprünglichen Gestalt der Gemeindeschule. Die von Ludwig Hoffmann 1914–15 vorgenommene Erweiterung, verbunden mit einem Neubau für die **Kirschner-Oberrealschule**,[540] zeichnet sich durch einen meisterhaften Umgang mit der vorhandenen Bausubstanz aus. Gegenüber dem alten, ehemals freistehenden Klassentrakt der 82. und 90. Gemeindeschule errichtete Ludwig Hoffmann eine schlossartige Dreiflügelanlage, die vollständig mit rotem Backstein verkleidet ist. Der hervortretende Mittelbau, geschmückt mit einem Dachturm, antwortet dem Mittelrisalit der Gemeindeschule. Niedrige Turnhallenflügel leiten zum Altbau über, der um seitliche

161. Zwinglistraße 37, 246. Gemeindeschule, 1908–09 von Ludwig Hoffmann

162. Turmstraße 75/Zwinglistraße 2, Kirschner-Oberrealschule, 1914–15 von Ludwig Hoffmann (Hofseite)

163. Zwinglistraße 2, Lehrerwohnhaus der Kirschner-Oberrealschule, 1914–15 von Ludwig Hoffmann

Anbauten ergänzt wurde. Damit entstand eine symmetrische Baugruppe, die einen Schulhof innerhalb der Blockinnenfläche umschließt. Das Lehrerwohnhaus an der Zwinglistraße 2 (Abb. 163), das sich in die Straßenflucht einreiht, bildet den Hauptzugang der Schule. Um die höhere Lehranstalt angemessen repräsentieren zu können, erhielt das Lehrerwohnhaus eine reich geschmückte Straßenfront. Das Erdgeschoss, verkleidet mit Kalkstein, bildet einen Sockel für die aufragenden ionischen Halbsäulen, die bis zum mächtigen Hauptgesims über dem dritten Geschoss reichen. Darüber folgt ein niedriges Attikageschoss. Die zurücktretenden Wandflächen der Fensterachsen sind mit rotem Backstein verblendet. Der Kontrast von Backstein und Kalkstein belebt die Fassade, für die der strenge Barock des ausgehenden 18. Jahrhunderts zum Vorbild genommen wurde. Ganz schlicht und einfach wirkt dagegen der im Hof gelegene Klassentrakt. Der Backsteinbau wird durch flache Lisenen gegliedert, während auf Bauschmuck vollkommen verzichtet wurde. Im Inneren fallen die Kreuzgewölbe der Flure und Treppenhäuser auf.

Die Ecke **Turmstraße 76-76 A** und **Ottostraße 21** wird von einem wuchtigen, breit gelagerten Wohn- und Geschäftshaus besetzt, das über zwei Parzellen reicht (Abb. 164, Liste Nr. 201). Die zu Dreiergruppen zusammengefassten Sprossenfenster des ersten Obergeschosses deuten an, dass in den dahinter liegenden Räumen ein Warenhaus untergebracht war. Der massige Bau wurde 1899–1903 in zwei Abschnitten für den Exportkaufmann Julius Punitzer errichtet. Für die Planung war Paul Heubner aus Charlottenburg verantwortlich. Die ersten beiden Geschosse wurden vom Warenhaus Lachmann & Scholz genutzt, darüber lagen Komfortwohnungen mit drei bis acht Zimmern. 1924 gestaltete der Sohn des Hauseigentümers, Architekt Martin Punitzer, die Fassade durchgreifend um.[541] War die ursprüngliche Stuckfassade, wie das erhaltene Vestibül des Hauses Turmstraße 76 noch zeigt, mit einem reichen historisierenden Dekor versehen, so führten die Eingriffe von Martin Punitzer zu einer Bereinigung und architektonischen Straffung der Straßenfront. Die dreiteiligen Fenstergruppen und die hervortretenden rechteckigen Erker erinnern an die Reformarchitektur der Zeit vor dem Ersten Weltkrieg. Die aufgeputzten Lisenen und Blendfelder sorgen für eine stringente vertikale Gliederung. Das einheitliche Bild des Wohn- und Geschäftshauses wurde durch die 1978 vorgenommenen Ladeneinbauten im Erdgeschoss gestört. Die oberen Geschosse vermitteln aber noch die künstlerische Gestaltung Martin Punitzers. Der Architekt jüdischer Herkunft, der zu den führenden Vertretern des Neuen Bauens zählte, musste Deutschland 1938 verlassen.

Rheinisch-Westfälisches Viertel

Zwischen Stromstraße, Alt-Moabit, Elberfelder Straße und Spree sind die Straßen nach Städten im Rheinland und in Westfalen benannt. Die Straßen entstanden bei der planmäßigen Erschließung des aufgelassenen Borsigschen Fabrikgeländes durch die Neu-Bellevue-Aktiengesellschaft für Grundstücksverwertung.[542] Das Eisenwerk der Fa. Borsig hatte auf dem Areal von 1849 bis zur Verlagerung nach Tegel 1898 produziert. Die Parzellierung und Bebauung begann 1902. Das Grundstück der Borsigvilla an der Straße Alt-Moabit, Ecke Stromstraße, wurde erst 1911 einbezogen. In Anlehnung an das nahe Hansaviertel südlich der Spree strebte die Terraingesellschaft den Aufbau eines bürgerlichen Wohnviertels an. Die Neu-Bellevue-Aktiengesellschaft für Grundstücksverwertung beschränkte sich auf die Bodenerschließung. Die baureifen Grundstücke wurden, oftmals erst nach der Baueingabe, an einzelne Bauunternehmer veräußert. Als der Erste Weltkrieg ausbrach, waren die neuen Straßen bis auf das östliche Teilstück der Essener Straße durchweg mit fünfgeschossigen Mietshäusern bebaut.

Die Wohnungen im Rheinisch-Westfälischen Viertel waren meist nicht besonders groß. Die Mehrzahl der Wohneinheiten verfügte

164. Turmstraße 76-76A/Ottostraße 21, Miets- und Geschäftshaus, 1899–1903 von Paul Heubner, Umbau 1924 von Martin Punitzer

über zwei bis drei Zimmer. Trotzdem sind die Straßenfassaden sorgfältig gegliedert und dekoriert. Mit dem Ensemble **Elberfelder Straße 8-18** (Liste Nr. 2) blieb eine geschlossene Mietshausgruppe erhalten, die anschaulich die ambivalent zwischen Tradition und beginnender Moderne stehende Mietshausarchitektur in Berlin vor dem Ersten Weltkrieg dokumentiert. Die qualitätvollen Straßenfassaden sind von Neoklassizismus, Jugendstil und Reformarchitektur geprägt. Neben den üblichen Mietshäusern ist auch der auf dem Genossenschaftsgedanken basierende Reformwohnungsbau vertreten.

Die beiden Mietshäuser Elberfelder Straße 8 und 9 wurden 1907–08 von Otto Berlich errichtet, einem bekannten Landhausarchitekten, während Carl Schmidt die Ausführung übernahm. Otto Berlich wählte unterschiedliche Stilformen, um die Gebäude zu differenzieren. Das Haus Elberfelder Straße 9 verweist auf den Landhausstil des frühen 20. Jahrhunderts, während das Haus Elberfelder Straße 8 eher dem Neoklassizismus verpflichtet ist. Darauf deutet der breite, fast über die gesamte Hausbreite reichende Frontispiz mit kräftigem Balkenfries und Dreiecksgiebel. Das in die Blickachse der einmündenden Essener Straße gestellte Gebäude besitzt eine stadtbildprägende Ausstrahlung. Die Balkone und Loggien sind als Motive der Reformarchitektur zu verstehen. Dem 1909 erbauten Mietshaus Elberfelder Straße 18 gab Johannes Müller eine streng symmetrische Straßenfront mit klassizistisch beeinflusstem Dekor. Der ruhige, gediegene Fassadenaufbau wird heute durch das großflächig ausgebaute Dachgeschoss gestört. Diese Veränderung geht auf eine 1988 ausgeführte Modernisierung zurück. Die 1907–09 erbauten Mietshäuser Elberfelder Straße 14-17 des Architekten und Bauunternehmers Carl Schmidt aus Pankow sind mehr dem Jugendstil zugewandt. Carl Schmidt übernahm Entwurf und Ausführung, verkaufte die Häuser teilweise aber schon vor der Fertigstellung. Während die Häuser Elberfelder Straße 15-17 ihren Fassadendekor weitgehend verloren haben, ist die ursprüngliche Ausstattung der Eingangsbereiche noch vorhanden. Im Gegensatz zu den Fassaden wurden vor allem neoklassizistische Formen gewählt, wie an den Kassettendecken und an der Wandverkleidung aus Marmor sehen kann. Das Mietshaus Elberfelder Straße 17 besitzt ein prächtiges Vestibül unter einem kassettierten Tonnengewölbe, während die Wandspiegel mit einem Wellengiebel enden.

Die 1908–09 errichtete **Wohnanlage des Erbbauvereins Moabit** (Abb. 165, Liste Nr. 93, 94), **Elberfelder Straße 10-13**, nimmt den Mittelteil der Mietshausgruppe ein.[543] Das zweite Bauvorhaben der 1904 gegründeten gemeinnützigen Baugenossenschaft umfasst zwei spiegelbildliche Mietshäuser, die die beiden großen Parzellen sehr rationell erschließen.[544] Das Vorderhaus umsteht mit zwei Seitenflügeln und einem Quergebäude einen großen begrünten Wohnhof, während am hinteren zweiten Hof ein kurzer Mittelflügel liegt. Auf diese Weise war es möglich, die in den Hintergebäuden angeordneten Wohnungen mit ausreichend Licht, Luft und Sonne zu versorgen. Maurermeister Adolph Mattheus war für Grundrissentwurf und Bauausführung verantwortlich.

Mit der geschickten Grundrissteilung konnten viele quer belüftete Wohnungen eingerichtet werden. Damit war eine der wohnhygienischen Forderungen der Wohnungsbaureformer erfüllt. Auch die übrige Ausstattung der 155 Wohnungen mit ein bis drei Zim-

165. Elberfelder Straße 12-13, Wohnanlage, 1908–09 von Adolph Mattheus

mern lag über dem Standard der üblichen Arbeiterwohnungen. Die meisten Wohneinheiten verfügen über Balkon oder Loggia, teilweise ist auch ein Bad angegliedert. Die hohe Zahl von Ein- und Zweizimmerwohnungen macht deutlich, dass die geringen finanziellen Möglichkeiten der einkommensschwachen Bevölkerungsschichten berücksichtigt werden mussten.[545] Beim kriegszerstörten und 1952 wieder aufgebauten Mietshaus Elberfelder Straße 10-11 sind viele historische Elemente verschwunden, während die Hauseinheit Elberfelder Straße 12-13 weitgehend erhalten blieb. Die Wohnreformer in den Genossenschaften verbanden Wohnlichkeit und Schlichtheit. Die Häuser zeigen eine traditionelle Natursteinverkleidung des Erdgeschosses und kleinteilige Sprossenfenster, die Wandflächen sind sehr sparsam gegliedert. Ritter mit Schilden bewachen den Eingang zum Haus Elberfelder Straße 13. Die tonnengewölbten Zugänge zum Treppenhaus sind in klassizistischer Manier mit Pilastern und Girlanden geschmückt. Die Wand- und Bodenkeramik beeindruckt durch ihr schlichtes geometrisches Design.

Zwischen den abgestuckten Putzfassaden sticht die Straßenfront des Mietshauses **Elberfelder Straße 14** hervor, die einen reichen Jugendstildekor mit gotisierenden Elementen besitzt (Abb. 166, Liste Nr. 95). Außergewöhnlich ist die Gliederung des überhöhten Mittelteils. Aus den leicht konvex auskragenden Erkern wachsen Pilaster hervor, die sich am Dachgeschoss hervorwölben, um einen flachen Segmentgiebel zu tragen. Im Innern überzeugt die künstlerische Gestaltung von Entrée und Treppenhaus, wobei hier die seltene Zweiteilung von Treppenhalle und Durchfahrt mittels einer halbhohen Brüstung anzutreffen ist. Es überwiegen neoklassizistische Formen. Die schwarzen und cremefarbenen Wandflächen, die schwarz-weißen Bodenfliesen, die lindgrünen Bleiverglasungen der Treppenhausfenster und die Stuckdecken sind farblich harmonisch aufeinander abgestimmt, sodass sie eine vornehme Gediegenheit vermitteln. Dazu passt der gehobene Standard der Wohnungen, die über bis zu vier Zimmer und Bäder verfügen und größtenteils Balkone zum Hof haben.[546]

Betrachtet man das 1905–06 errichtete Mietshaus **Elberfelder Straße 35** (Abb. 167, Liste Nr. 96), dann ist unverkennbar, dass der Architekt etwas Außergewöhnliches schaffen wollte. Wilhelm Kiehnel, der hier als Bauherr und Architekt auftrat, wohnte auch anfangs in dem Haus.[547] Die originelle Schaufassade vereint traditionelle und moderne Motive, ohne dass ein bestimmter Stil auszumachen ist. Oberhalb des Erdgeschosses, das erst nachträglich Läden erhielt, entwickelt sich eine vierachsige, streng symmetrische Fassade, dessen gliedernde Bereiche – die lisenenartigen

Wandvorlagen und die Seitenachsen mit Balkonen und Loggien – mit roten Ziegeln verkleidet sind. Die beiden Mittelachsen treten als konvex gewölbte Fenstererker mit verputzten Wandflächen hervor. Über den Erkern, die bis zur Dachtraufe aufsteigen, bildete der Architekt einen Staffelgiebel aus, der aus halbrunden Segmenten besteht. In der Mitte öffnet sich ein großflächig verglastes Bogenfenster. Dahinter lag das Atelier des Bauherrn. Während die herausgestellte Vertikalität, der lebendige Wechsel von Putz und Backstein, die altertümlich wirkenden „Rüstlöcher", der gestaffelte Giebel und auch das Eingangsportal mit Werksteinrahmung auf überlieferte Motive hanseatischer Bürgerhäuser zurückgehen, wurden zugleich neuartige Elemente verwendet. Der straffe, sachliche Aufbau, der weitgehende Verzicht auf Dekor, die scharfkantig eingeschnittenen Fenster und vor allem die vorgewölbten Erkerzonen verweisen auf moderne Tendenzen in der Architektur des frühen 20. Jahrhunderts.[548]

An der Uferstraße des Spreebogens, dem Bundesratufer, lagen zwischen Levetzow- und Stromstraße die besten Wohnlagen des Rheinisch-Westfälischen Viertels. Noch heute besetzen herrschaftliche Mietshäuser den Uferbereich. Mit ihren reich gegliederten Fassaden wirken sie in die Flusslandschaft der Spree hinein.

Auf dem großen Eckgrundstück kommt die von Paul Schöne gestaltete Fassade des Mietshauses **Bundesratufer 10** und **Dortmunder Straße 15** (Abb. 168, Liste Nr. 83) besonders gut zur Geltung. Als Bauherr trat Maurermeister Wilhelm Maaß auf, der die Ausführung in den Jahren 1906–07 gleich selbst übernahm.

166. Elberfelder Straße 14, Mietshaus, 1907–1908 von Carl Schmidt

Das Gebäude gehört nach einer gründlichen Erneuerung der Stuckfassaden in den 1960er Jahren zu den wenigen vollständig erhaltenen Mietshäusern am Spreeufer. Mit dem haubengedeckte Eckturm und den breiten geschweiften Ziergiebeln beherrscht das Gebäude den Straßenraum an der Einmündung der Dortmunder Straße. Die Anordnung der Giebel, Balkone und der auf klassizistische und barocke Vorbilder zurückgehende Dekor orientieren sich noch an der historistische Architektur des späten 19. Jahrhunderts. Die großzügigen Vier- und Fünfzimmerwohnungen mit Küche, Bad und Mädchenkammer am Nebentreppenhaus blieben erhalten. Sie dokumentieren den gehobenen Wohnungsstandard im Rheinisch-Westfälischen Viertel.

Das unweit der Lessingbrücke 1912–13 erbaute **Haus Lessing** (Abb. 169, Liste Nr. 82), **Bundesratufer 2**, bildet einen architektonischen Höhepunkt an der Uferstraße der Spree.[549] Der mächtige fünfgeschossige Bau beherrscht mit seiner breit gelagerten Fassade den Stadtraum an der Lessingbrücke. Georg Jacobowitz entwarf die aus Vorderhaus, Seitenflügel und Quergebäude bestehende Wohnanlage für Paul und Erich Spielhagen.[550]

167. Elberfelder Straße 35, Mietshaus, 1905–06 von Wilhelm Kiehnel

168. Bundesratufer 10/Dortmunder Straße 15, Mietshaus, 1906–1907 von Paul Schöne

Der klare, symmetrische Fassadenaufbau ist beeinflusst vom Neoklassizismus, einem strengen, reduzierten Stil, der sich in den Jahren vor dem Ersten Weltkrieg verbreitete. Fast über die gesamte Breite der Fassade erstreckt sich ein hervortretender erkerartiger Wandabschnitt mit Loggien und Balkonen, der an der Traufe zurückspringt. Das folgende Dachgeschoss wird von einem mächtigen Dreiecksgiebel bekrönt. Zur vornehmen Ausstrahlung der Straßenfassade passt die noble Gestaltung des Eingangsbereichs. Vestibül und Treppenhaus besitzen eine kunsthandwerklich auserlesene Ausstattung mit Holzvertäfelung, Malereien und feingliedrigem Treppengeländer. Die herrschaftlichen, außerordentlich großen Sechszimmerwohnungen des Vorderhauses verfügen über getrennte Wohn-, Wirtschafts- und Schlafzimmerbereiche, wobei die wichtigen Wohn- und Gesellschaftsräume als Enfilade an der Straßenseite liegen. Die gewölbte Diele besitzt einen direkten Zugang zu Salon und Herrenzimmer, während man das Speisezimmer über getrennte Zugänge von Küche und Diele erreichen kann. Dagegen zeigt das Quergebäude mit sieben Ein- und Zweizimmerwohnungen an den beiden Treppenhäusern, die jedoch alle mit Bädern und Kochnischen ausgestattet waren, eine äußerst dichte Ausnutzung. Eine Besonderheit ist der Dachgarten, der sich zu beiden Seiten des übergiebelten Dachgeschosses erstreckt. Das Haus Lessing wurde 1985–86 restauriert und teilweise umgebaut.[551]

An das Haus Lessing schließt sich ein bis zur Essener Straße reichendes Grundstück an, auf dem der Erbbauverein Moabit 1919–20 unmittelbar nach dem Ersten Weltkrieg eine Wohnanlage er-

169. Bundesratufer 2, Haus Lessing, 1912–13 von Georg Jacobowitz

170. Bochumer Straße 9, Mietshaus, 1905–06 von Dinklage & Paulus

richten ließ.[552] Das bis dahin unbebaute Gelände gehörte zur Borsigvilla, die 1911 abgebrochen wurde. An der Nordseite der Essener Straße wurde der Blockrand mit einer 1923–25 von der Stadt Berlin erbauten Wohnanlage geschlossen.[553] Dahinter liegt der Essener Park, der einen Teil des einstigen Borsigschen Villengartens einnimmt. Obwohl beide Wohnanlagen noch aus der Zeit vor der verbesserten Berliner Bauordnung von 1925 stammen und keine Fördermittel zugeteilt wurden, zeichnen sie sich durch einen hohen Wohnungsstandard aus.[554]

Vom Bundesratufer geht die Bochumer Straße ab. Das stattliche Mietshaus **Bochumer Straße 9** (Abb. 170, Liste Nr. 80) wurde 1905–06 von der Architektensozietät von August Dinklage und Ernst Paulus errichtet.[555] Im strukturellen Aufbau und in der Materialwahl zeigt das Wohnhaus für die Zeit fortschrittliche Merkmale. Bestimmend für die sachlich reduzierte Architektur ist die Kombination einer durchgehenden Backsteinverkleidung mit einem pointiert eingesetzten Bauschmuck aus hellem Kunstsandstein. Für eine vertikale Gliederung sorgen die aufstrebenden Lisenen, denen kleine Dienste vorgesetzt sind. Die Fenster- und Balkonbrüstungen wölben sich hingegen konvex nach vorn. August Dinklage und Ernst Paulus, die ihr Architekturbüro in Alt-Moabit hatten, verwendeten aber auch traditionelle Motive.[556] An die konventionelle Mietshausarchitektur erinnert der streng symmetrische Aufbau mit einem betonten Mittelbereich. Die Erker und Loggien verweisen hingegen auf den Reformstil des frühen 20. Jahrhunderts. Die figürlichen Sandsteinreliefs sind herausragende, vom Jugendstil beeinflusste Bildhauerarbeiten.

Der unmittelbar anschließende Schulkomplex **Bochumer Straße 8, 8 A-C** (Abb. 171, Liste Nr. 79) scheint mit seiner Backsteinfassade und den gliedernden Lisenen den Baustil des Mietshauses fortzuführen. Auch Stadtbaurat Ludwig Hoffmann vereinfachte und versachlichte schon frühzeitig, bald nach der Jahrhundertwende, seine Architektur und verknüpfte diese neuen Tendenzen ebenso wie August Dinklage und Ernst Paulus mit traditionellen Elementen. Das **Friedrich-Werdersche Gymnasium**, verbunden mit der **231. und 263. Gemeindeschule**, wurde 1906–08 von Ludwig Hoffmann unter der Bauleitung von Otto Stiehl errichtet.[557] Um den teuren Baugrund optimal ausnutzen und möglichst viele Schulklassen unterbringen zu können, wurde der Geländestreifen an der Bochumer Straße durch eine geschickte Erschließung der gesamten Blockinnenfläche für drei Schulen genutzt. Ludwig Hoffmann setzte das Gebäude des Friedrich-Werderschen Gymnasiums an den Blockrand, um den höheren Rang der Lehranstalt auch architektonisch im Straßenraum herausstellen zu können. Der monumentale viergeschossige Klassentrakt wird links und rechts Lehrerwohnhäusern eingefasst, die etwas niedriger gehalten sind, um zu den benachbarten Mietshäusern überzuleiten. Rückwärtig folgen die beiden Gemeindeschulen mit einem Quergebäude und zwei Seitenflügeln, die einen unregelmäßig geformten Pausenhof umschließen. Mit den roten Backsteinfassaden und den Reliefs aus hellem Sandstein wird das von Ludwig Hoffmann verfolgte Prinzip deutlich, die Architektur aus dem Material und aus der dem Baustoff entsprechenden Konstruktion heraus zu entwickeln. Die Straßenfront wird durch mächtige, vollkommen glatte Wandpfeiler in ruhiger und gemessener Weise gegliedert. Die Brüstungsflächen der Fensterachsen sind mit Sandsteinreliefs verblendet. Zusammen mit dem Mansarddach und dem in der Mitte aufragenden Schweifgiebel sind Anklänge an die barocke Architektur in Norddeutschland und den Niederlanden unverkennbar. Ludwig Hoffmann nimmt mit dem Schulbau Bezug auf die von seinem Studienfreund Alfred Messel 1903–04 erbaute Landesversicherungsanstalt am Köllnischen Park, die einen vergleichbaren Fassadenaufbau besitzt. Die Halbreliefs des Bildhauers Ignatius Taschner, die antike Heroen abbilden, verdeutlichen den Bildungsanspruch des Gymnasiums. Nicht erhalten ist die Laterne, die oberhalb des geschweiften Giebels das Mansarddach bekrönte. Die Hofseiten des Klassentrakts sind viel einfacher gehalten. Bestimmend sind die schlichten, durch Lisenen geteilten Backsteinwände.

An der Gotzkowskybrücke

In Höhe der Heilandskirche knickt der Straßenzug Alt-Moabit nach Südwesten ab, um alleeartig auf die Spree zuzulaufen. Der Richtungswechsel ergab sich beim Ausbau der Straße Alt-Moabit, als das westliche Stück des alten Wegs von Berlin nach Martinickenfelde und weiter nach Charlottenburg und Spandau in den Straßenverlauf integriert wurde. Die Straße Alt-Moabit mündet noch vor der Spree in den breiten Straßenraum der Gotzkowskystraße. Diese läuft auf die Gotzkowskybrücke zu, die Moabit mit Charlottenburg verbindet. Die den offenen Stadtraum an der Brücke umgebenden Fabriken, Bürohäuser, Schulgebäude, Mietshäuser und öffentliche Einrichtungen formulieren eine städtische Eingangssituation.

Mit einem eleganten eisernen Bogen überspannt die 1910–11 erbaute **Gotzkowskybrücke** (Abb. 172, Liste Nr. 104) die Spree.[558] Die verkehrsgeschichtlich bedeutsame Verbindung, die eine hölzerne Jochbrücke von 1888 ersetzte, war neben der weiter flussabwärts gelegenen Schlossbrücke der einzige Spreeübergang zwischen Charlottenburg und dem Industriestandort Martinickenfelde um die Huttenstraße. Das Brückenbauwerk zeigt mit den eisernen Bogenträgern und den architektonisch ausgebildeten Werksteinwiderlagern aus Muschelkalkstein einen ähnlichen konstruktiven Aufbau wie die im Zweiten Weltkrieg zerstörte Han-

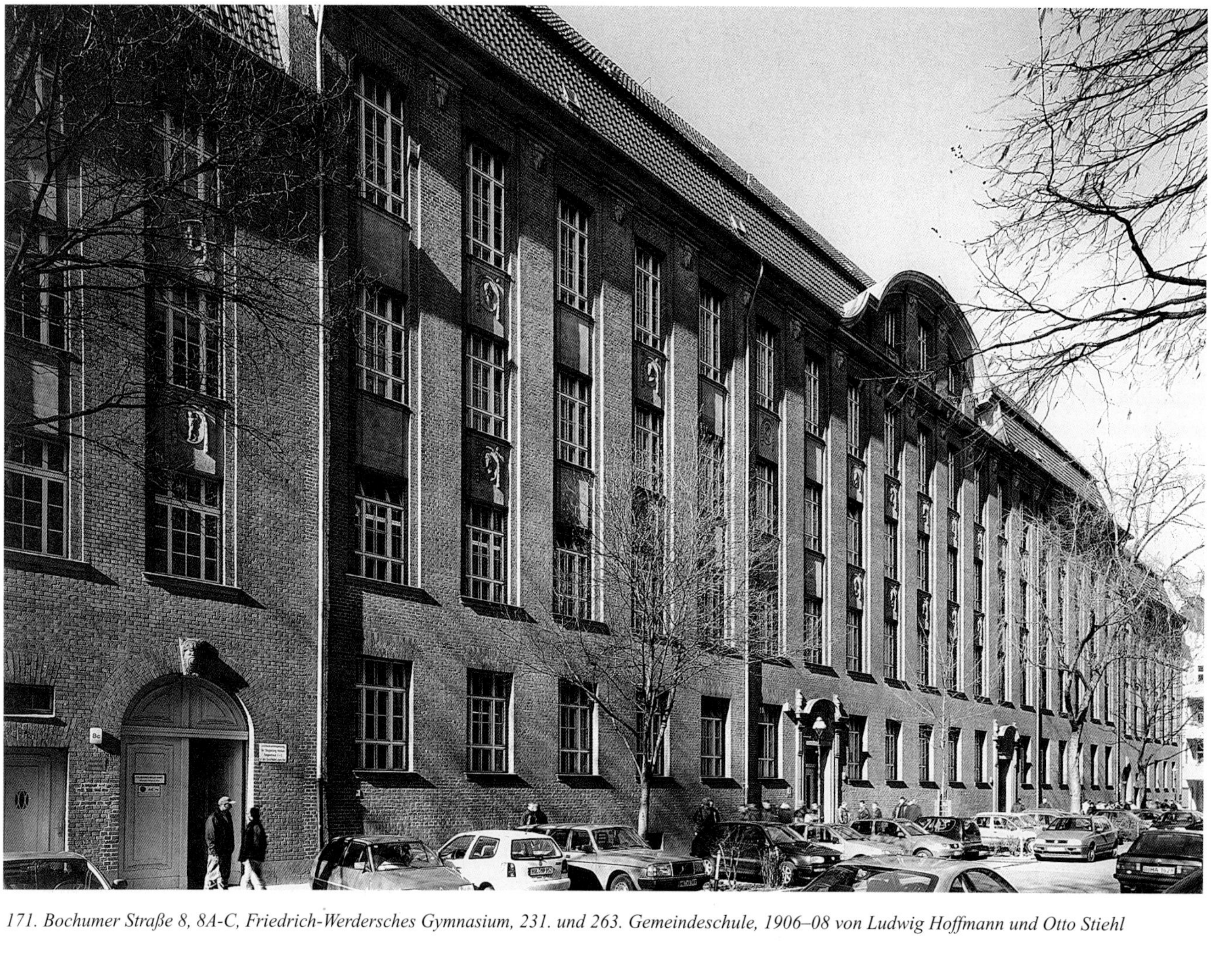

171. Bochumer Straße 8, 8A-C, Friedrich-Werdersches Gymnasium, 231. und 263. Gemeindeschule, 1906–08 von Ludwig Hoffmann und Otto Stiehl

172. Gotzkowskystraße, Gotzkowskybrücke, 1910–11 von Alfred Grenander

173. Gotzkowskystraße 20, Industrie-Palast Spree, 1911–12 von Wilhelm Peters

sabrücke.[559] Stadtbaurat Friedrich Krause schuf eine bemerkenswert schmucklose Eisenkonstruktion, die im Kontrast zur bildhaften Architektur der von Alfred Grenander gestalteten Brückenanfänger steht. Um die Lage der Gotzkowskybrücke an der Gemarkungsgrenze zwischen Berlin und Charlottenburg zu markieren, ließ Alfred Grenander auf der Moabiter Seite einen stadttorähnlichen Schmuckbogen errichten, der der Brücke zusammen mit dem schmiedeeisernen Geländer eine malerische Note verleiht. Am Torbogen beginnt eine Treppenanlage, die zur Promenade am Wikingerufer herabführt. Während die Werksteinarchitektur der Brückenwiderlager neoklassizistische Züge trägt, verweist der plastische Schmuck auf den Jugendstil. Besonders die großen Tierskulpturen, die wie Brückenwächter die Eckpfeiler bekrönen, sind typisch für die skulpturale Kunst des Jugendstils in Berlin. Die fischschwänzigen Widder und Stiere sind ausgezeichnete Arbeiten des Bildhauers Walter Schmarje.[560]

Von der Gotzkowskybrücke fällt der Blick auf die links am Wasser liegenden Fabrik- und Gewerbebauten, die zusammen mit Mietshäusern das schmale Dreieck zwischen Gotzkowskystraße und Alt-Moabit besetzen. Unweit der Brücke erstreckt sich der **Industrie-Palast Spree** (Abb. 173, 174, Liste Nr. 105), **Gotzkowskystraße 20**, der aus einem straßenseitigen Mietshaus sowie Gewerbebauten auf dem bis zur Spree reichenden rückwärtigen Gelände bestand. Der 1911–12 von Wilhelm Peters errichtete Gewerbebau an der Spree ist erhalten geblieben. Mit seiner roten Backsteinverkleidung und den durchfensterten Rundbogenblenden beherrscht er das Spreeufer. Die gebäudehohen Bogenöffnungen wechseln sich mit Fensterachsen aus vier übereinander gesetzten Rechteckfenstern ab, sodass die Fabriketagen ausreichend Licht erhalten. Der Industrie-Palast Spree gehört zu den letzten gebietstypischen Gewerbebauten, die den Strukturwandel in Alt-Moabit überstanden haben. Nicht erhalten ist das zugehörige Mietshaus an der Gotzkowskystraße, das im Zweiten Weltkrieg zerstört wurde. Für die Adrema-Maschinenbaugesellschaft, die seit 1922 auf dem Grundstück ansässig war, wurde dort 1952–53 ein sechsgeschossiges **Verwaltungsgebäude** errichtet. Es gehört

174. Gotzkowskystraße 20, Adrema-Maschinenbaugesellschaft, 1952–53 von Paul Schwebes

zu den ersten Bürogebäuden, die in den 1950er Jahren im kriegszerstörten Berlin entstanden sind.[561] Paul Schwebes entwarf einen kompakten, mit grauem Werkstein verkleideten Stahlskelettbau, der sich mit seiner klar geordneten Lochfassade zwischen den Mietshäusern behauptet. Bei der Fassaden- und Grundrissgestaltung ließ sich der Architekt von der Geschäftshausarchitektur der 1920er Jahre leiten. Ein wichtiges Vorbild scheint das von Otto Rudolf Salvisberg 1929–30 errichtete Gebäude der Deutschen Krankenversicherungs-Aktiengesellschaft in Schöneberg gewesen zu sein.[562] Darauf deutet die stringente horizontale Linienführung, bewirkt durch die Fensterreihung der Obergeschosse und die flächenhafte Werksteinverkleidung. Über dem Mittelteil ist ein zurückgesetztes Obergeschoss mit liegenden Fensterformaten ausgebildet. Gemeinsam mit den feingliedrigen Bronzerahmen der Schaufenster schuf Paul Schwebes eine anspruchsvolle Architektur, die auf den Firmensitz hinweist.[563]

Der dreieckige Gewerbestandort nördlich der Gotzkowskybrücke wird von der Straße Alt-Moabit begrenzt, die an der Beusselstraße endet, um in die Kaiserin-Augusta-Allee überzugehen. Im umliegenden Stadtgebiet wurden um 1900 vor allem großstädtische Mietshäuser mit Seiten- und Quergebäuden errichtet. Die einfachen, beengten Wohnungen waren für Arbeiter vorgesehen, die in dem benachbarten Industriegebiet Martinickenfelde beschäftigt waren. Mitten in diesem dicht bebauten Arbeiterquartier befindet eine bedeutende genossenschaftliche Wohnanlage des frühen 20. Jahrhunderts. Die 1911 errichtete **Wohnanlage des Erbbauvereins Moabit, Alt-Moabit 55, 55 A-D, 56, 56 A-D** (Abb. 175, Liste Nr. 14) verdeutlicht das Bestreben, die katastrophalen Wohnverhältnisse in den Arbeitermietshäusern durch eine Wohnreform zu überwinden.[564] Für minderbemittelte Bevölkerungsschichten sollte ein Mindeststandard an Wohnkomfort geschaffen werden. Die Grundrisseiteilung und Ausführung der Anlage übernahm Maurermeister Adolph Mattheus. Das sehr tiefe Grundstück wird an der Straße, wie es bis dahin üblich war, von Vorderhäusern abgeriegelt, die den geschlossenen Blockrand fortsetzen. Durchschreitet man jedoch die korbbogige Durchfahrt, dann gelangt man in einen lang gestreckten begrünten Innenhof. Dem linken Seitengebäude steht ein rechtes Seitengebäude gegenüber, das mit Querbauten kammartig angelegt ist. Leider fehlt das kriegszerstörte Hintergebäude, das einst den Hof abschloss. Der Wohnhof mit Gartenanlage und Spielplatz war ein Gegenmodell zur engen Hinterhofbebauung.[565] Die zum Wohnhof oder zu den rückwärtigen Nebenhöfen ausgerichteten Wohnungen erhalten ausreichend Licht, Luft und Sonne. Die Anlage umfasste ursprünglich 178 Wohneinheiten mit ein bis drei Zimmern, teilweise mit Bad und Balkon. Es überwiegen Einzimmerwohnungen, die für arme Arbeiterfamilien gedacht waren. In den Vorderhäusern waren Läden für den täglichen Bedarf eingerichtet. Die Fassadengestaltung mit Elementen des Landhausstils ging durch Kriegseinwirkung, vor allem aber durch die Beseitigung des Dekors 1960 überwiegend verloren. Die schlichte, sachliche Fassade unter einem ziegelgedeckten Dach wird durch Balkone und eingeschnittene Loggien gegliedert. Der Werksteinsockel, die Hauseingänge und Treppenhäuser künden von der architektonischen Qualität der gemeinnützigen Wohnanlage.[566]

175. Alt-Moabit 55, 55A-55D, 56, 56A-56D, Wohnanlage, 1911 von Adolph Mattheus

176. Gotzkowskystraße 14-17, Mietshausgruppe

Während die Straßenkreuzung Alt-Moabit und Gotzkowskystraße von abgestuckten Eckhäusern bestimmt wird, blieb weiter nördlich an der Gotzkowskystraße eine Mietshausgruppe mit auffallend reich dekorierten Fassaden erhalten. Die 1895–96 erbauten Mietshäuser **Gotzkowskystraße 14-17** (Abb. 176, Liste Nr. 4) zeigen über eine längere ungestörte Straßenfront die Wirkung stuckverzierter kaiserzeitlicher Mietshausarchitektur. Jeweils zwei benachbarte Häuser mit ähnlicher Fassadengestaltung gehören zusammen. Sie gehen auf einen Mauermeister zurück, der als Bauherr auftrat und zugleich die Ausführung übernahm. So bilden die Häuser Gotzkowskystraße 16 und 17, von Friedrich Müller errichtet, mit ihrem übereinstimmenden Stuckdekor eine Baugruppe. Mauermeister Hermann Genähr variierte bei seiner Hausgruppe Gotzkowskystraße 14-15 dagegen seine Gestaltung. Die Mittelachse des linken Mietshauses wurde mit einem breiten Stuckfeld betont, das unter der Traufe mit einem Blendgiebel endet. Die Kartusche im Giebelfeld weist auf das Baudatum hin. Vor dem Hintergrund der hellroten Backsteinflächen zeichnen sich die raumgreifenden weiß gefassten Gesimse und Fenstereinfassungen besonders deutlich ab. Mit der Stilmischung aus Neobarock und Neorenaissance sind die vier Mietshäuser signifikante Beispiele für die Maurermeisterarchitektur des späten 19. Jahrhunderts.[567]

Die Straße Alt-Moabit, die auf die Gotzkowskystraße zuläuft, wird auf ihrer Nordseite von großstädtischen Mietshäusern begrenzt. Auf der gegenüberliegenden Seite bietet sich ein anderes Bild. Dort erinnert das **Gericke-Haus** (Abb. 177, Liste Nr. 53), **Alt-Moabit 71-71 A** und **Zinzendorfstraße 10-11**, an die weitgehend verlorene vorstädtische Bebauung der ersten Hälfte des 19. Jahrhunderts.[568] Das freistehende Wohnhaus mit nur zwei Geschossen und einem ziegelgedeckten Satteldach wurde vermutlich 1851 für den Landwirt und Gärtner Ferdinand Gericke errichtet.[569] Das Gebäude steht auf dem ortsgeschichtlich bedeutsamen Grund des ehemaligen Vorwerks Martinicken. Die Ländereien des Vorwerks kamen 1824 an den Landwirt Cabanis. Davon wurde das Grundstück des heutigen Wohnhauses abgetrennt, das 1849 in den Besitz der angesehenen Familie Gericke geriet.[570] Ferdinand Gericke legte großen Wert auf eine stattliche Erscheinung seines Hauses. Die klassizistische Straßenfassade wird von breiten Wandpfeilern gegliedert, die bis zum Hauptgesims aufragen. Zur repräsentativen Ausstrahlung trägt der vornehme Dekor bei. Die Pilasterkapitelle sind mit Rosetten, Zahnschnitt und Eierstab verziert, während der Fries mit Rankenornamenten geschmückt ist. Der vorgesetzte Altan mit Balkon kam vermutlich um 1880 hinzu. Um im Gericke-Haus ein Jugendheim einzurichten, wurde das Innere 1972–73 umgebaut, die Straßenfassade dagegen detailgetreu restauriert.

Zwischen dem Gericke-Haus und dem alten Abwasserpumpwerk, **Alt-Moabit 70**, liegt eine neue Pumpstation, die 1987 für die Berliner Wasser-Betriebe errichtet worden ist. Den originellen Bau mit Klinkerverblendung, Satteldach und vier hohen rechteckigen Schornsteinen entwarfen Oswald Mathias Ungers und Stefan Schroth.[571] Die Abwasserpumpstation übernimmt die Funktionen des alten **Pumpwerks VIII**, das die Stadt Berlin 1887–90 an der Einmündung der Gotzkowskystraße erbaut hatte (Abb. 178, Liste Nr. 52).[572] Die Anlage, die bis auf Schornstein und Beamtenwohnhaus erhalten ist, gehört zu den Pumpstationen, die das fortschrittliche, von James Hobrecht entwickelte Abwasserbeseitigungssystem dokumentieren.[573] Das Abwasser wurde nicht mehr ungeklärt auf Straßen oder in die Flüsse geleitet, sondern über eine Kanalisation dezentral gesammelt und dann zu den Rieselfeldern außerhalb der Stadt gepumpt. In

177. Alt-Moabit 71-71A, Wohnhaus, 1851

178. Alt-Moabit 70, Pumpwerk VIII, 1887–90

179. Levetzowstraße 26, 199. und 205. Gemeindeschule, 1894–95 von Hermann Blankenstein

Berlin gab es zwölf getrennte Radialsysteme. Das Radialsystem VIII deckte den Ortsteil Moabit ab. Noch heute überzeugt, wie sich Maschinenhalle und Kesselhaus, entworfen von Abteilungsbaumeister Netzung, in das städtische Umfeld einfügen. Die niedrigen Backsteinbauten sind mit flachen Satteldächern versehen. Im Gegensatz zu den frühen Pumpstationen besitzt das Moabiter Werk keinen auffallenden Bauschmuck. Lediglich der Giebel des Maschinenhauses wurde mit Lisenen und Konsolfriesen verziert. Die sachliche Bauweise verdeutlicht die technische Aufgabe des Pumpwerks. Für die Maschinenhalle wurde ein basilikaler Aufbau gewählt, wie er damals im Fabrikbau üblich war. Eisenfachwerkbinder tragen ein verglastes Oberlicht. Heute wird die Halle als Sport- und Kommunikationszentrum genutzt.[574]

Auf dem benachbarten Grundstück unmittelbar gegenüber der Gotzkowskybrücke, an der **Levetzowstraße 26**, wurde 1894–95 die **199. und 205. Gemeindeschule** (Abb. 179, Liste Nr. 30) errichtet, die zu den typischen Schulbauten des Stadtbaurats Hermann Blankenstein gehört.[575] Blankenstein ordnete den Klassentrakt so an, dass er den vielbefahrenen Kreuzungsbereich beherrscht. Neben dem Klassengebäude erhebt sich die Turnhalle, die mit der Längsseite zur Levetzowstraße weist. Ein rückwärtiges Lehrerwohnhaus wurde 1962 abgerissen. Hermann Blankenstein war seit 1872 für den städtischen Schulbau zuständig. Um auf das massive Bevölkerungswachstum zu reagieren, entwickelte er standardisierte Grundrisslösungen, die zu einer Typisierung des Schulbaus führten. Erst in den 1890er Jahren gab er seinen Bauten eine größere Individualität, ohne aber die für ihn charakteristische spätklassizistische Backsteinbauweise aufzugeben. Obwohl die 199. und 205. Gemeindeschule zu den letzten Werken des Stadtbaurats gehört, ist sie noch ganz dem Schulbautypus der 1880er Jahre verhaftet. Der blockhafte Klassentrakt mit gleichmäßig aufgereihten Bogenfenstern strahlt eine nüchterne Strenge aus. Der Mittelrisalit, der im vierten Geschoss die Aula aufnimmt, wurde besonders betont. Eine besondere Qualität äußert sich in der farbigen Backsteinverkleidung, die für Blankenstein typisch ist. Die orangeroten Wandflächen sind mit dunkelroten Ziegelbändern aufgelockert. Das Hauptgesims ist aus Terrakottasteinen gebildet. Vor allem die reich dekorierte Turnhalle, die über ein nicht mehr vorhandenes Portal an den Klassentrakt angebunden war, besitzt hervorragende Terrakottaarbeiten. Die ornamentierten Reliefs mit den Inschriften „FRISCH", „FROMM", „FROH" und „FREI" verweisen auf die Ideale der Turnbewegung. In der Turnhalle ist die ursprüngliche, offene Holzbalkendecke zu sehen. Eine abgehängte eiserne Binderkonstruktion dient der Aufhängung von Turngeräten.

Mit der 1909–12 erbauten **Erlöserkirche** (Abb. 180, Liste Nr. 48) am **Wikingerufer 9-9 A** erhielt der Kreuzungsbereich nahe der Gotzkowskybrücke einen dominanten Blickpunkt.[576] Die wuchtige Zweiturmfassade wirkt als Landmarke in den urbanen Raum hinein. Die evangelische Pfarrkirche wurde errichtet, weil die Heilandsgemeinde durch das Bevölkerungswachstum zu groß geworden war. Die Architekten August Dinklage, Ernst Paulus und Olaf Lilloe, die in Moabit ansässig waren, entwarfen eine zweischiffige Hallenkirche, die ihre Wirkung trotz des ungünstigen Grundstückzuschnitts entfaltet.[577] Ein blockhaftes Turmmassiv wendet sich der Straßenkreuzung zu, während am Wikingerufer die westliche Längsseite der Gemeindekirche in Erscheinung tritt. Es schließt sich das fünfgeschossige Pfarr- und Gemeindehaus an, das zu den Mietshäusern am Wikingerufer überleitet. Die mit Backstein verkleidete Kirche folgt märkischen und niederdeutschen Vorbildern, ist aber auffallend sparsam dekoriert. Ihre geschlossenen, schmucklosen Wandflächen und verhältnismäßig kleinen Fenstern sind als bewusste Versachlichung und Abwendung vom historisierenden Formenvorrat und damit als Modernisierung zu verstehen. Das wehrhafte Turmmassiv mit zwei gedrungenen Turmaufsätzen, verbunden durch eine Glockenhalle mit Satteldach, erinnert an den Dom in Stendal. Der märkischen Backsteingotik ist der halbrunde Erker an der Gebäudeecke des Pfarr- und Gemeindehauses entlehnt. Die Baugruppe wurde im Zweiten Weltkrieg bis auf die Umfassungsmauern zerstört, aber 1952–54 von Walter Krüger vereinfacht wieder aufgebaut.[578] Hans Joachim Burgert schuf die Buntglasfenster der Apsis.

Folgt man der Levetzowstraße, dann schließt sich an die Zweiturmfront der Erlöserkirche eine endlos erscheinende Klinkerfront

180. Wikingerufer 9-9A, Ev. Erlöserkirche mit Gemeindehaus, 1909–12 von Dinklage, Paulus & Lilloe

181. Levetzowstraße 3/5, Kleist-Lyzeum und Filmschule, 1927–29 von Rudolf Kolwes und Emil Freiberg

an. Das monumentale fünfgeschossige Gebäude, verkleidet mit blauroten Klinkern, wurde 1927–29 für das **Kleist-Lyzeum**, eine höhere Lehranstalt für Mädchen, und die städtische **Filmschule** errichtet (Abb. 181, Liste Nr. 141).[579] Die Baugruppe an der **Levetzowstraße 3/5**, die den sachlichen Stil des Neuen Bauens der 1920er Jahre zeigt, besteht aus einem 180 m langen Haupttrakt, an den sich rückwärtig zwei kurze Quergebäude anschließen. Die Architekten des Hochbauamts Tiergarten, Rudolf Kolwes und Emil Freiberg, verstanden es, die Hauptfront mit einfachen architektonischen Mitteln effektvoll zu gestalten. Der symmetrische Aufbau spiegelt die Doppelnutzung des Gebäudes wider. Links war das Lyzeum untergebracht, rechts die Filmschule, während in der Mitte Aula und Turnhalle übereinander angeordnet sind. Die monumentale Wirkung ergibt sich nicht nur aus der flächigen Materialhaftigkeit der dekorlosen Klinkerfront, sondern auch aus dem spannungsvollen Wechsel horizontal und vertikal betonter Bauglieder. Während die beiden seitlichen Klassentrakte durch die gleichmäßig aufgereihten weißen Sprossenfenster und das Werksteingesims horizontal angelegt sind, sorgt das überhöhte Mittelteil für ein Aufbrechen der Baumasse in der Vertikalen. Über den hohen, schlanken Aulafenstern beginnt eine fensterlose Wandfläche, hinter der sich die Turnhalle verbirgt. Die geschlossene Wand bildet den notwendigen flächigen Hintergrund für die dort angebrachte überlebensgroße Skulptur der Penthesilea von Josef Thorak. Die Frauengestalt nach dem Roman Heinrich v. Kleists ist mit Schild und wehendem Mantel dargestellt. Die Figur lässt den übersteigerten Heroismus anklingen, den spätere Werke Josef Thoraks ausdrücken.

Die Gestaltung des Inneren zeichnet sich durch eine künstlerische Sorgfalt aus. Auf eine übersichtliche Grundrissorganisation wurde großen Wert gelegt. Zu den umfangreichen Einrichtungen für Sport und Hygiene gehören zwei Turnhallen, die Dachterrasse, gedacht für sportliche Übungen, und die Ruderkastenanlage im Keller. Neuartig erscheint das großzügige Treppenhaus, das nach den veränderten Raumvorstellungen der 1920er Jahre nicht mehr als geschlossene Raumeinheit, sondern als offene, mehrdimensionale Kommunikationsebene angelegt ist. Die bis ins Detail fein abgestimmte Ausstattung blieb erhalten. Dazu gehören die hellgelben Keramikplatten der Wandverkleidung, horizontal unterteilt mit golden schimmernden Streifen, die Solnhofer Fußbodenplatten der Treppenfoyers, die geschwungenen Eingangsgeländer, die Milchglas-Lichtkästen der Decken sowie die beleuchteten Hinweisschilder und Schaukästen.

182. Wikingerufer 7, Landesbildstelle, 1963–66 von Bruno Grimmek

In der Nachkriegszeit wurde im Gebäudeteil der früheren städtischen Filmschule die Landesbildstelle untergebracht, die 1963–66 ein eigenes Haus am **Wikingerufer 7** erhielt. Ein eingeschossiger Übergang verbindet die beiden Bauteile. Das kubische Hauptgebäude der **Landesbildstelle** (Abb. 182, Liste Nr. 215), ausgerichtet auf die Agricolastraße, präsentiert sich im internationalen Stil der Nachkriegsmoderne. Die klare Präzision der betont puristischen Architektur, die von Senatsarchitekt Bruno Grimmek entworfen wurde, lässt an Bürobauten Ludwig Mies van der Rohes denken. Typisch für die 1950er Jahre ist die Transparenz des zurückgesetzten, auf Betonstützen gestellten Erdgeschosses, das, in stahlgerahmte Glasflächen aufgelöst, als Ausstellungsfläche dient. Die Obergeschosse sind durch verschiedenfarbige Materialien gegliedert. Unter den großformatigen Stahlfenstern sind weiße Keramikverkleidungen angebracht. Damit harmoniert die dunkelblaue Mosaikverkleidung der Wandflächen zwischen den Fenstern. Das hohe gestalterische Niveau der Hochbauabteilung beim Senator für Bau- und Wohnungswesen ist deutlich ablesbar. Die Landesbildstelle, die inzwischen zum Landesarchiv Berlin gehört, zog 2001 aus dem Gebäude aus.

Am Standort der kriegszerstörten Synagoge Levetzowstraße 7-8 erinnert ein Mahnmal in dramatischer Symbolik an die Deportation jüdischer Bürger in der Zeit des Nationalsozialismus.[580] Die 1912–14 erbaute liberale Gemeindesynagoge diente seit 1941 als Sammelstelle für den Abtransport der Juden in die Vernichtungslager. Daran gemahnt ein Skulpturenensemble, das 1988 von Bildhauer Peter Herbrich zusammen mit den Architekten Jürgen Wenzel und Theseus Bappert geschaffen wurde.[581]

Im Spreebogen südlich der Levetzowstraße verweisen die vielen Neubauten auf die enormen Kriegszerstörungen. Die bauliche Erschließung in diesem Gebiet begann aufgrund der schlechten Bodenverhältnisse erst zur Jahrhundertwende. Das Gelände der „Judenwiese", ein brachliegendes Überschwemmungsland an der Spree, musste erst befestigt und aufgeschüttet werden. Bei Ausbruch des Ersten Weltkriegs waren zahlreiche Parzellen noch unbebaut, sodass in den 1920er Jahren ausreichend Grund und Boden vorhanden war, um größere Wohnanlagen zu errichten. Als Bauherren traten gemeinnützige Baugesellschaften auf, die auf der Grundlage der neuen Bauordnung, gefördert durch die Hauszinssteuererhebung, ihre Bauvorhaben ausführten.

Der Bauunternehmer und Architekt Franz Masser entwarf die Wohnanlage **Agricolastraße 29-33 A** (Abb. 183, Liste Nr. 12), die 1927–28 für die „Wicking" Baugesellschaft mbH ausgeführt wur-

183. Agricolastraße 29-33A, Wohnanlage, 1927–28 von Franz Masser

de.[582] Auf dem schmalen, länglichen Grundstück wurde der Blockrand mit sieben Hauseinheiten geschlossen. Franz Masser belebte die lange Straßenfront mit gliedernden Eingangsrisaliten, expressionistischen Klinkerornamenten und verschiedenfarbigen Putzen. So ist das Erdgeschoss durch einen dunklen Putz hervorgehoben, aus dem die weißen Sprossenfenster besonders herausstechen. Die Hauseingänge und die an den Eingangsrisaliten zusammengefassten Loggien wurden mit Klinkern betont. Die portalartigen Einfassungen der Haustüren orientieren sich an mittelalterlichen Vorbildern, die hier jedoch expressiv umgestaltet sind. Die Rundbogenportale bestehen aus geschichteten roten und gelben Ziegeln, die ein gestuftes Gewände ausbilden. Die umgebenden Wandflächen wurden mit auskragenden Klinkern geschmückt, sodass ein ornamentales Muster entsteht. Die Sprossenfenster, die erdfarben verputzten Wandflächen und die expressionistischen Ornamente sind typische Merkmale der traditionsbetonten, bodenständigen Mietshausarchitektur der 1920er Jahre, die den Hauptanteil des Massenwohnungsbaues dieser Zeit ausmachte.

Architektonisch und bautechnisch richtungsweisend war die Wohnanlage **Agricolastraße 13-15** und **Tile-Wardenberg-Straße 16-18**, die 1927–28 für die Gemeinnützige Baugenossenschaft Steglitz eGmbH errichtet wurde (Abb. 184, Liste Nr. 11).[583] Fritz Beyer und Ferdinand Köhler legten zwischen Agricolastraße und Tile-Wardenberg-Straße zwei sich gegenüberstehende Hauszeilen an, die einen zu beiden Straßen geöffneten begrünten Wohnhof mit Durchgangswegen und Kinderspielplatz einfassen. Gegenüber den abgewinkelten Kopfbauten sind die fünfgeschossigen Häuser im tiefer liegenden Hof halbgeschossig versetzt. Freitreppen überwinden den Höhenunterschied. Durch die Ost-West-Richtung der Zeilen konnten die Wohnungen, die schon eine zentrale Heizungs- und Warmwasseranlage besaßen, nach der Sonnenseite orientiert werden. Die Wohnanlage ist einfach und schlicht gehalten, wie man an der flächigen Kontur, aufgelockert durch Loggien und Rücksprünge, an den Flachdächern, am glatten Putz und an den rechteckigen, teils liegenden Fenstern sieht.[584] Die Treppenhausachsen wurden durch vertikale Fensterbänder hervorgehoben, während Klinkerstreifen für einen sparsamen Schmuck der Hauseingänge sorgen. Neuartig war vor allem die Konstruktion der Wohnanlage. Die Architekten wählten die moderne Stahlskelettbauweise, die man vorher fast nur im Industriebau genutzt hatte. Die Gefache des Stahlskeletts, bestehend aus durchlaufenden Stahlstützen und -träger, sind mit leichten, wärmeisolierenden Schwemm- und Schlackensteinen ausgefacht. Zu den Vorteilen der Bauweise zählte die kurze Bauzeit, die Möglichkeit freier Grundrissgestaltung sowie der bessere Wärmeschutz. Die Senkung der erforderlichen Materialmengen führte zu einer Minderung des Eigengewichts, wodurch beim Bauen auf schlechtem Untergrund erhebliche Kosten für die Fundamentierung gespart werden konnten. Diesen Vorteil konnte man bei der Wohnanlage an der Agricolastraße besonders ausnutzen, weil der Baugrund im Spreebogen aufgrund des hohen Grundwasserspiegels sehr ungünstig war. Die im Zweiten Weltkrieg beschädigte Wohnanlage wurde 1950–52 teilweise verändert und mit kleineren Wohnungen wieder hergestellt.

184. Agricolastraße 13-15/Tile-Wardenberg-Straße 16-18, Wohnanlage, 1926–28 von Fritz Beyer und Ferdinand Köhler

Gebiet 6

Kasernenviertel im Westen von Moabit

In der größten deutschen Garnisonstadt Berlin bestand im 19. Jahrhundert ein zunehmender Bedarf an militärisch nutzbaren Flächen. Der weite Raum zwischen der damaligen Berliner Stadtgrenze, Alt-Moabit und der Spree wurde seit dem 18. Jahrhundert für eine Pulvermühle, die das preußische Landheer versorgte, und anschließend für ein Artillerie-Laboratorium, einen Exerzierplatz und für großflächige Kasernenanlagen genutzt. Der Exerzierplatz und die erste Kaserne entstanden in den 1840er Jahren, nachdem die Pulvermühle nach Spandau verlegt worden war. In den folgenden Jahrzehnten wurden alle vier Seiten des Exerzierplatzes von weiteren Kasernenbauten umgeben. Von der Größe und Bedeutung her konnte man diese Anlage mit dem Arsenal in Wien vergleichen.[585] Das Stadtgebiet an Krupp-, Lehrter und Rathenower Straße wird bis heute sehr stark von dieser Entwicklung geprägt. Nur die älteste, 1845–48 für die Garde-Ulanen gebaute Kaserne zwischen Invalidenstraße und Seydlitzstraße musste nach Kriegsschäden 1955 abgerissen werden. Alle weiteren Kasernen sind in großen Teilen noch vorhanden. Auch die Ausdehnung des Exerzierplatzes ist im Stadtbild noch erfahrbar. Auf seiner Grundfläche legte der Leiter des Gartenbauamtes Tiergarten, Willy Alverdes, 1955 den Fritz-Schloß-Park an, nachdem dort bereits in den 1920er Jahren das Poststadion mit weiteren Sporteinrichtungen gebaut worden war.

An den erhaltenen Kasernen lassen sich Formen und Funktionen wilhelminischer Militärarchitektur gut nachvollziehen. Kasernen der 1870er und 1880er Jahre an der Kruppstraße sind noch dem Burgenstil Friedrich August Stülers verpflichtet. In der Rathenower Straße findet man gotisierende Bataillonsgebäude und beim Königlichen Corps-Bekleidungsamt an der Ecke Lehrter Straße und Kruppstraße Fassaden im Stil der norddeutschen Renaissance. Deren später hinzugefügte Dienstwohngebäude sind im mehr sachlichen Reformstil des beginnenden 20. Jahrhunderts gehalten.[586]

Ein Grundstück an der Invalidenstraße am Rande der ehemaligen Pulverfabrik wurde ab 1842 mit dem ersten Zellengefängnis Preußens bebaut. Damit begann die Geschichte Moabits als Standort bedeutender Bauten des Justizwesens. Einige Teile dieser Anlage sind noch zu sehen.

Kasernen und ehemaliger Exerzierplatz

Fast die gesamte Kruppstraße wird von Kasernenbauten flankiert. Von der **Kaserne des 1. Garde-Feld-Artillerie-Regiments** auf dem weiträumigen Gelände **Kruppstraße 3-4, 13A-18, Feldzeugmeisterstraße 18, Lehrter Straße 57-58** und **Perleberger Straße 62-62A** sind zahlreiche historische Gebäude erhalten (Abb. 185–190, Liste Nr. 7).[587]

Die drei großen **Mannschaftsgebäude** an der **Kruppstraße 3-4** (Abb. 185, Liste Nr. 132) bilden den Kern der Baugruppe, die neben den Unterkunftsgebäuden mehrere Geschützschuppen, Reithäuser, Pferdeställe und eine Offizierspeiseanstalt umfasst. Hinter den Putzfassaden mit ihren geraden Fensterstürzen verbergen sich die ältesten erhaltenen Gebäude des Militärgeländes in Moabit. An der Hofseite zeigen unverputzte Backsteinfassaden mit ih-

185. Kruppstraße 3-4, Kaserne des 1. Garde-Feld-Artillerie-Regiments, Mannschaftsgebäude, 1878–81 von Appelius, La Pierre, Voigtel und Heimerdinger; Umbau zur Kriegsakademie, 1934–36

186. Kruppstraße 15, Kaserne des 1. Garde-Feld-Artillerie-Regiments, Erweiterungsbauten, 1887–89 von La Pierre

ren farbigen Ornamenten aus roten und gelben Ziegeln, mit Rundbogenfries und wehrhaftem Zinnenkranz den Kasernenbaustil des letzten Drittels des 19. Jahrhunderts. Nach Vorgaben von Gustav Voigtel aus dem Kriegsministerium entwarf Garnison-Bauinspektor Otto Heimerdinger die Kasernenanlage, die 1878–81 unter der Bauleitung der Garnison-Bauinspektoren Oskar Appelius und La Pierre ausgeführt wurde. Nach der 1955 abgebrochenen Kaserne des 2. Garde-Ulanen-Regiments, die südlich des Exerzierplatzes an der Invalidenstraße bereits 1848 fertig gestellt worden war, war die Kaserne des 1. Garde-Feld-Artillerie-Regiments der zweite große Kasernenbau in Moabit. Die erhaltenen Backsteinfassaden dokumentieren den hohen architektonischen Standard, den der Militärbau im wilhelminischen Berlin erlangte. Die Militärverwaltung hatte die schwierige Aufgabe, bei begrenzten Mitteln, engen Ausführungsrichtlinien und nicht zuletzt unter Beachtung des vorgegebenen wehrhaften Burgenstils den Kasernen- und Depotgebäuden Eintönigkeit und Kargheit zu nehmen. Nach den nüchternen, einfarbigen und von einem einfachen Blendrahmenwerk bestimmten Backsteinbauten der Mitte des 19. Jahrhunderts entstanden Ende der 1870er Jahre zunehmend farbige und lebhaft gestaltete Kasernen in Berlin. Zu ihnen gehören auch die Gebäude der Garde-Feld-Artillerie mit ihren roten und gelben Backsteinverkleidungen, wobei die Architekten versuchten, die Hauptachsen der Gebäude, den Sockel und das Kranzgesims durch einen dunklen Ziegelton besonders hervorzuheben. Das Blendrahmenwerk der älteren Kasernen ist auch hier zu finden, nur wird die Gliederung durch den Farbkontrast sehr viel plastischer.[588]

Die Front an der Kruppstraße zeigt sich ein ganz anderes Bild. Eine 1934–36 vorgenommene Neugestaltung, die mit Zwischenbauten, einer pfeilergestützten hohen Übergangsbrücke, einheitlichem Putz und monotoner Fensterreihung die drei Kasernen additiv zu einem monumentalen Ganzen zusammenfügt hat, lässt die nationalsozialistische Baugesinnung deutlich erkennen. Die umgebauten Kasernen waren für die zwischenzeitliche Nutzung als Kriegsakademie bestimmt, bevor eine neue Akademie im Rahmen der gigantischen Hauptstadtplanung an der Nord-Süd-Achse entstehen sollte.[589] Da in Moabit an dieser Stelle ein großer Neubau für das Wachregiment „Großdeutschland" geplant war,[590] nahm man lediglich eine Neugestaltung der straßenseitigen Fassaden vor.[591] Die Gebäudegruppe wurde 1952–56 in eine Polizeikaserne umgebaut.[592] Für die rückwärtigen Sporteinrichtungen mussten die alten Reithäuser und Pferdeställe abgebrochen werden. Dabei entstand ein neues Unterkunfts- und Direktionsgebäude an der Perleberger Straße sowie ein von Bruno Grimmek entworfenes Wirtschaftsgebäude an der Feldzeugmeisterstraße mit Verwaltungsräumen, Kantine und der zentralen Heizungsanlage. Das gesamte Areal dient seitdem verschiedenen Einrichtungen der Berliner Polizei.

Während vom Artilleriedepot auf dem Grundstück Kruppstraße 2 nichts mehr bewahrt ist, sind die **Erweiterungsbauten** für das 1. Garde-Feldartillerie-Regiment auf der gegenüberliegenden Straßenseite erhalten geblieben.[593] Durch ihren plastischen rundbogigen Burgenstil fällt die 1887–89 errichtete Kaserne **Kruppstraße 15** (Abb. 186, Liste Nr. 133) auf. Für das Unterkunftshaus zeichnete Garnison-Bauinspektor La Pierre verantwortlich, der bereits am Bau der älteren Kasernenanlage maßgeblich beteiligt war. Er führte den kontrastreichen rot-gelben Backsteinstil fort, wobei er aber stärker wehrhafte Motive zur Gliederung und Belebung der Fassaden einsetzte. So wirkt der lang gestreckte Bau mit seinen turmartigen Risaliten, die wie Eckbastionen erscheinen, und dem zinnenartigen Dachgesims mit Rundbogenfries wie ein Kastell. An die einstige militärische Nutzung des Gebäudes in wilhelminischer Zeit erinnert am Seitenrisalit ein Medaillon mit dem kaiserlichen Monogramm.
Bauinspektor La Pierre war auch an der Errichtung des Geschützschuppens, Kruppstraße 16, beteiligt. Der eingeschossige, 1888–89 errichtete Backsteinbau mit dem auffallenden tonnenförmigen Dach und den großen Bogenfenstern ordnet sich mit seiner gelb-roten Blendrahmengliederung in das Militärgelände ein. 1895 fügte man einen flachen Trakt an, der zwei Waffenmeister-Werkstätten aufnahm. Heute sind in den Gebäuden Ateliers untergebracht. Im westlichen Abschnitt der Kruppstraße sieht man zwei freistehende Wohnhäuser für Offiziere und Mannschaften. Die beiden vom Militärbauamt II geplanten und 1912–14 unter der Leitung von H. Lauenburg und Franz Pomplun ausgeführten Unterkunftsgebäude Kruppstraße 13 A-14 A sind aufgrund ihrer Gestaltung nicht sofort als Kasernengebäude zu erkennen. Mit verputzten und durch Backstein gegliederten Fassaden, spitzen Giebeln sowie Walm- und Satteldächern zeigen die dreigeschossigen Bauten den schlichten Reformstil des frühen 20. Jahrhunderts, der in Rückbesinnung auf die Baukunst um 1800 traditionelle Stilelemente verwendete.

Zum Militärgelände des 1. Garde-Feld-Artillerie-Regiments gehört das **Offizierskasino** (Abb. 187, Liste Nr. 157), das abseits von den Unterkunftsgebäuden der Mannschaften 1879–80 an der **Perleberger Straße 62** errichtet wurde.[594] Der Entwurf stammte von Garnison-Bauinspektor Otto Heimerdinger, die Ausführung leitete zunächst Garnison-Bauinspektor Oskar Appelius, der aber noch 1879 von La Pierre abgelöst wurde. Den damaligen Vorstellungen der Militärverwaltung folgend wurde das Gebäude freistehend inmitten einer großzügigen Gartenanlage angeordnet.[595]

187. Perleberger Straße 62-62A, Offizierscasino des 1. Garde-Feldartillerie-Regiments, 1878–81 von Heimerdinger, Appelius und La Pierre

188. Lehrter Straße 57-58/Kruppstraße 17-18, Königliches Corps-Bekleidungsamt zu Berlin, 1896–1898 von Zeidler, Feuerstein und Tischmeyer

Im Stadtbild fällt das Offizierskasino, versteckt hinter hohen Bäumen, kaum auf. An der Perleberger Straße tritt es lediglich eingeschossig in Erscheinung. Betrachtet man das Gebäude näher, erweist es sich als sorgfältig ausgeführtes Bauwerk, das mit seinen dekorativen Details aus der Masse der Militärbauten des späten 19. Jahrhundert herausragt. Der vornehme italienische Villenstil verstärkt diesen Eindruck. Zwei niedrige Seitentrakte fassen einen hohen, hervortretenden Mittelbau ein. Die Wandflächen aus gelben und roten Ziegeln, die Rundbogenfenster und das schwere Gebälk mit Attika lassen den Einfluss der klassizistischen Architektur Karl Friedrich Schinkels deutlich erkennen. Einen ähnlichen Baustil hatte Carl Ferdinand Busse gewählt, als er 1839 das Kasino auf dem Artillerieplatz in Tegel errichtet hatte.[596] Die reich ausgestatteten Innenräume dokumentieren den hohen Rang der Offiziere in der preußischen Militärhierarchie. Garnison-Bauinspektor Heimerdinger nutzte das zum Garten abfallende Gelände geschickt aus, um das vorgegebene Raumprogramm möglichst funktionell umzusetzen. Küche und Diensträume konnten im Sockelgeschoss untergebracht und von der Gartenseite leicht zugänglich gemacht werden. Die Haupträume liegen im Erdgeschoss, das vom Garten aus wie ein Obergeschoss erscheint. Große Rundbogenfenster belichten den Speisesaal, in dem Kaiser Wilhelm II. oftmals mit den Gardeoffizieren speiste. Der verputzte Saal- und Küchenanbau, der sich an der Ostseite anschließt, gehört ebenso wie die vorgelagerte Terrasse an der Gartenseite zu einer Erweiterung, die 1934–35 im Zusammenhang mit dem Umbau der benachbarten Kasernenanlage für die Kriegsakademie vorgenommen wurde. Mit seinen hohen Rundbogenfenstern bezieht sich der Saalanbau auf den Altbau aus dem späten 19. Jahrhundert, ohne aber dessen feingliedrige Details zu übernehmen. Das Offizierskasino erlangte in der Nachkriegszeit als „Ballhaus Tiergarten" eine lokale Bedeutung, stand dann aber längere Zeit leer.[597] Seit 2001 beherbergt das umfassend restaurierte Gebäude die Botschaft der Republik Usbekistan. Durch das prächtige Vestibül, geteilt durch vier marmorierte Säulen, erreicht man den früheren Speisesaal, dessen aufwendige Stuckdecke in der ursprünglichen Gestalt wieder hergestellt wurde. Der große Saal erhielt eine neue Ausstattung mit Marmorboden, Spiegelfenstern und geschnittenen geometrischen Stuckornamenten im usbekischen Stil.

Im ehemaligen Offiziersgarten steht eine Erinnerungssäule für die im Deutsch-Französischen Krieg gefallenen Offiziere des 1. Garde-Feld-Artillerie-Regiments.[598] Die 1880 festlich enthüllte Sandsteinsäule, die auf dem Schaft die Orte der einzelnen Schlachten nennt, wird von einem preußischen Adler bekrönt. Der hohe vierseitige Sockel ist mit Marmorplatten verkleidet. Ein Vorbild war die 1854 eingeweihte Invalidensäule im Garten des Invalidenhauses, nach der zahlreiche Kriegerdenkmale als Säulenmonumente gestaltet wurden.[599]

Das gesamte Kasernengelände war von einer Backsteinmauer mit roten Pfeilern und gelben Wandflächen eingefasst. Ein Rest dieser Mauer ist vor dem Offiziers-Wohnhaus Perleberger Straße 62 A zu finden, das 1935 im Garten des benachbarten Offizierkasinos erbaut wurde. Das Gebäude verdankt seine Entstehung dem Ausbau des Kasernengeländes zur Kriegsakademie in den 1930er Jahren.

An die Kaserne des Garde-Feld-Artillerie-Regiments schließt sich auf dem Grundstück **Kruppstraße 17-18** und **Lehrter Straße 57-58** das **Königliche Corps-Bekleidungsamt zu Berlin** an (Abb. 188, Liste Nr. 27).[600] Die Gebäudegruppe ist nach Bombentreffern im Zweiten Weltkrieg nur noch in Teilen vorhanden. Die erhaltenen Bauten, die 1896–98 nach Plänen von Tischmeyer, Feuerstein und Zeidler vom Garnisonbauamt II errichtet wurden, sind Zweckbauten für Versorgungsaufgaben, die die Militärverwaltung für die Berliner Garnison zu erfüllen hatte. Das Corps-Bekleidungsamt bestand aus Werkstätten mit Maschinenbetrieb für Schneider und Schuhmacher, einem Wohn- und Verwaltungsgebäude und einer Kaserne für die Handwerker. Auf dem heute von verschiedenen Gewerbebetrieben genutzten Gelände sind an der Lehrter Straße das Familienwohnhaus, das Kleiderlagerhaus und die Schneiderei erhalten. In einem zweiten Bauabschnitt folgte das 1902–03 errichtete Kammergebäude der ostasiatischen Besatzungs-Brigade im hinteren Grundstücksbereich. Die unverputzten Backsteingebäude, auch die Einfriedung mit Pfeilerportalen und einem Pförtnerhäuschen, sind im Stil der norddeutschen Renaissance gestaltet, wie man an den geschwungenen, mit Voluten geschmückten Giebeln und den hellen Sandsteinblöcken, die an den Gebäudeecken und an den Fenstergewänden in die roten Backsteinflächen eingelassen sind, sehen kann. Das am besten erhaltene Familienwohnhaus prägt mit seiner pittoresken Erscheinung den östlichen Abschnitt der Kruppstraße.

Auch an der Westseite des früheren Exerzierplatzes, an der Rathenower Straße, waren Kasernengebäude aufgereiht. Die 1891–93 nach Plänen von Ferdinand Schönhals erbaute **Kaserne des 4. Garde-Regiments zu Fuß** nahm einen schmalen Geländestreifen entlang der Rathenower Straße ein.[601] Ursprünglich umfasste die Anlage sechs Mannschaftskasernen mit dazugehörigen Wirtschaftsgebäuden sowie an der Seydlitzstraße eine Offizier-Speiseanstalt, eine Exerzierhalle und Pferdeställe. Ein Offizierwohnhaus kam 1910 hinzu. Die Kaserne, die seit 1920 dem Wachregiment Berlin als Standort diente, erlangte bei der Niederschlagung der Verschwörung vom 20. Juli 1944 geschichtliche Bedeutung.[602] Nach schweren Kriegsschäden wurden die Gebäude größtenteils abgerissen. Die Kasernengebäude waren im Stil der märkischen Backsteingotik gestaltet. Davon zeugt das erhalten gebliebene Unterkunftsgebäude an der **Rathenower Straße 11-12** (Abb. 189, Liste Nr. 171). Mit Staffelgiebeln und Ecktürmchen, steilen Dächern und spitzbogigen Blenden, Spitz- und Stichbogenfenstern unterscheidet sich der rote Backsteinbau deutlich von den älteren Kasernen an der Kruppstraße, die noch den Burgenstil zeigen.

An der **Rathenower Straße 9-10** wurde 1909–10 ein **Wohnhaus für unverheiratete Offiziere** errichtet (Abb. 190, Liste Nr. 170). Das symmetrisch angelegte Gebäude mit zwei Seitenrisaliten und einem zurückgesetzten Mittelbau entwarf Militär-Bauinspektor John. Mit zinnenbekrönten Giebeln, gotisierenden Portalen und Spitzbogenblenden wurde es dem gotischen Backsteinstil der älteren Gebäude angepasst. Durch die Eingänge an den beiden Seitenrisaliten erreicht man die im Doppelwohnhaus untergebrachten zehn Offizierswohnungen. Jedem Offizier stand eine Wohnstube und eine Schlafstube mit Toilette zu, während ein gemeinschaftliches Bad im Kellergeschoss lag.

Auf dem Gelände südlich des Exerzierplatzes befand sich die Kaserne des 2. Garde-Ulanen-Regiments. Die Unterkunfts- und Dienstgebäude hatte August Wilhelm Fleischinger 1845–48 nach einer Skizze von Friedrich August Stüler errichtet.[603] Obwohl die Anlage nur geringe Kriegsschäden aufwies, brach man sie 1955 ab. Auf dem Areal wurde 1977–81 die Heinrich-Zille-Siedlung erbaut. An die frühere Kaserne erinnert nur noch das 1923 aufgestellte Kriegerdenkmal für die Gefallenen des Ersten Weltkriegs. Die von Josef Limburg gestaltete Stele zeigt im Relief einen reitenden Garde-Ulanen.[604]

Der Exerzierplatz wurde nach dem Ersten Weltkrieg im Rahmen der vom Versailler Vertrag festgelegten Abrüstung aufgegeben. Im

189. Rathenower Straße 11-12, Kaserne des 4. Garderegiments zu Fuß, Unterkunftsgebäude, 1891–93 von Ferdinand Schönhals

190. Rathenower Straße 9-10, Kaserne des 4. Garderegiments zu Fuß, Wohnhaus für unverheiratete Offiziere, 1909–10 von John

östlichen Abschnitt errichtete der Postsportverein der Reichspost 1926–29 das **Poststadion**, **Lehrter Straße 59** (Abb. 191–193, Liste Nr. 28), das mit einem weiträumigen Sportpark verbunden ist.[605] Die von Georg Demmler entworfene Anlage, bei der Rasen-, Wasser- und Hallensportarten in einer großen „Volkssportstätte" zusammengefasst sind, war Vorbild für ähnliche Sportparks, die in den Jahren der Weimarer Republik in deutschen Städten angelegt wurden. Die Mustersportanlage dokumentiert anschaulich die sozial motivierte Freiflächenpolitik, die in Berlin von Stadtbaurat Martin Wagner betrieben wurde.[606] Die Mitte der Sportstätte beansprucht ein großes Wettkampfstadion mit Tribünengebäude. Die Arena war von zehn Tennisplätzen, einem Tennisstadion, vier Fußballplätzen, einer Schwimm- und Ruderhalle und einem Sommerbad umgeben. Während das Poststadion und die Schwimmhalle die Kriegsereignisse überstanden haben, sind die Sportplätze mit dem Sommerbad, das nach 1945 neu entstand, nur noch in Resten erhalten. Auf dem Gelände wurden in der Nachkriegszeit größere Sport- und Übungsflächen angelegt. Das Poststadion ist seit den 1980er Jahren geschlossen.

Der **Haupteingang** (Abb. 191) an der Lehrter Straße ist in seiner ursprünglichen Gestalt erhalten geblieben. Der Vorplatz wird von Kassenhäuschenreihen eingefasst, die einen trichterförmigen Eingangsbereich flankieren. Die backsteinsichtigen Häuschen sind mit Walmdächern versehen, während die Eingangsecken mit Haubendächern hervorgehoben wurden.

Das **Sportstadion**, das zu den größten Sportanlagen Berlins gehört, besteht aus einer ovalen Arena mit Laufbahn, umgeben von einem ansteigenden aufgeschütteten Erdwall mit Zuschauerstehstufen, und einem Tribünengebäude an der südlichen Längsseite (Abb. 192). Das blockhafte Gebäude, das im Erdgeschoss eine Kegelbahn besaß und zugleich als Vereinshaus fungierte, präsentiert sich mit seiner weithin sichtbaren Rückfassade. Architekt Kleefeld gestaltete eine symmetrische Fassade, die, scheinbar durchdrungen von kubischen, vorgezogenen Baukörpern, durch vertikale, spitz geformte lisenenartige Ziegelbänder rhythmisch gegliedert wird. Die Lisenen und die nicht mehr vorhandenen zakkigen Dachaufsätze sind der zeitgenössischen expressionistischen Architektur verhaftet. Zur Arena öffnet sich die Tribüne mit einer stählernen Dachkonstruktion.[607] Das feingliederige Tragwerk erinnert an das von August Endell gestaltete Tribünenhaus der Trabrennbahn Mariendorf.

Zusammen mit dem Poststadion wurde das **Hallenbad** errichtet (Abb. 193), dem eine Ruderhalle angegliedert ist.[608] Die technische Leitung lag in den Händen von Georg Demmler, während

191. Lehrter Straße 59, Poststadion mit Hallenbad und Kassenanlage, 1926–29 von Demmler, Daniel und Kleefeld

die künstlerische Ausführung Regierungsbaumeister Daniel oblag. 1992–94 wurde das Hallenbad in eine Turnhalle umgebaut. Das brachte zwar gravierende Veränderungen, aber die charakteristische Bau- und Konstruktionsform blieb bewahrt. Nicht erhalten sind die transparenten Fensterbänder am umlaufenden zweigeschossigen Anbau sowie die expressive Farbigkeit, die außen wie innen auf dem Kontrast von blauen und weißen Elementen beruhte. So waren die Fassaden mit einem dunkelblauen Putz versehen, von dem sich die weiß gestrichenen Fenster und Türen deutlich abhoben. Heute sind die Fronten einheitlich weiß gestrichen. Die in der Mitte herausragende spitzbogige Überdachung deutet auf die Konstruktion des Hallenbades hin. Steil aufstrebende, freiliegende Eisenbetonbinder überspannen den Hallenraum, der expressiv übersteigert an gotische Kathedralen denken lässt. Mit der sachlichen Gestaltung ohne dekorative Staffage erweist sich das Hallenbad als modernes Volksbad der 1920er Jahre. Das Wasserbecken ist heute nicht mehr zu sehen, es wurde beim Umbau zur Turnhalle beseitigt. Die Ruderhalle im hinteren Teil des Gebäudes hat dagegen ihre ursprüngliche Raumgestaltung bewahrt.

Westlich des Sportstadions blieb ein Teil des alten Exerzierplatzes erhalten. Das Gelände wurde in der Nachkriegszeit genutzt, um Trümmerschutt aus dem kriegszerstörten Berlin anzuschütten. Über den Trümmerhügeln gestaltete das Gartenbauamt Tiergarten mit seinem Leiter Willy Alverdes 1949–55 den Fritz-Schloß-Park, eine weitläufige Grünanlage mit geschwungenen Wegen.

192. Poststadion, Tribüne

193. Poststadion, ehemaliges Hallenbad

194. Lehrter Straße 48B, Mietshaus, 1894 von August Spahr

Lehrter Straße

Unmittelbar neben dem Eingang des Poststadions befinden sich an der Lehrter Straße 60-61 die Gebäude der ehemaligen Militärarrestanstalt der königlichen Garnisonverwaltung II, die, 1901 fertig gestellt, das Militärgelände und den Exerzierplatz an der östlichen Seite begrenzten. Die Baugruppe besteht aus Arrest- und Gerichtsgebäude sowie einem Beamtenwohnhaus. Hier wirkte das Oberkriegsgericht des Gouvernements von Berlin, des Gardekorps und des III. Armeekorps. Prominentester Gefangener der Militärarrestanstalt war der nach einer Anti-Kriegs-Demonstration 1916 verhaftete Karl Liebknecht.[609] Die Bauten werden heute vom Amtsgericht Tiergarten und der Justizvollzugsanstalt Plötzensee genutzt. Die Lehrter Straße wurde 1845–48 zunächst als Sandweg angelegt und erst Anfang der 1870er Jahre ausgebaut und geradlinig bis zur Perleberger Straße verlängert.[610] Bis zum Zweiten Weltkrieg dominierten Uniformen der Soldaten, der Justizangestellten und der Eisenbahner das Straßenbild. Durch den Bau der Berliner Mauer geriet die Lehrter Straße in eine Randlage. Das Gebiet zwischen Poststadion und Berlin-Spandauer Schifffahrtskanal verwahrloste. Neben heruntergekommenen Miets- und Lagerhäusern, abgeräumten Grundstücken und Resten der alten Militär- und Justizgebäude breiteten sich Schrottplätze und Kleingärten aus. Erst die Hauptstadtplanung nach 1990, verbunden mit dem Bau des neuen Hauptbahnhofs anstelle des früheren Lehrter Stadtbahnhofs, gibt dem Stadtteil neue Impulse. Es entstanden einige Neubauten, darunter das 1996 fertig gestellte Bürohaus an der Ecke Lehrter Straße und Perleberger Straße von Jörg Pampe.

Im nördlichen Abschnitt der Lehrter Straße sind mehrere alte Wohnhäuser erhalten geblieben. Dazu gehört das 1894 erbaute Mietshaus **Lehrter Straße 48 B** (Abb. 194, Liste Nr. 139).[611] Bauherr und Architekt war der Maurermeister August Spahr, der im umliegenden Stadtviertel in den 1890er Jahren eine Reihe von ausgefallenen Wohnhäusern errichtet hat. Die lange dem Verfall ausgelieferte Straßenfassade im Stil der Neorenaissance konnte bei der Restaurierung 1992–98 nur teilweise wieder hergestellt werden. Die unkonventionelle asymmetrische Gliederung mit Balkon-, Loggia- und Erkerpartien spiegelt nicht nur das dahinter liegende Raumgefüge wider, sondern verkörpert auch eine Abkehr vom üblichen dreiteiligen Aufbau aus Sockel, Mittelbereich und Attikageschoss. Die Wohnanlage besteht aus dem Vorderhaus und zwei Quergebäuden, besitzt aber keine Seitenflügel. Die Lebensbedingungen waren weitaus besser als in Moabiter Arbeitermietshäusern, denn die Wohnungen waren mit Innentoiletten ausgestattet und ließen sich querlüften. Die Absicht des Architekten, ein vornehmes Wohnhaus – vermutlich für Offiziere der benachbarten Kasernen – zu schaffen, wird deutlich, wenn man sich die Hofseiten ansieht, die mit Stuckdekor, Quaderung und plastischem Schmuck gestaltet sind. Im über sechs Meter hohen Kellergewölbe befand sich seit 1905 ein Weinkeller der bekannten Weinhandlung J. P. Trarbach.[612] Im ersten Hof erinnert an diese Nutzung ein 1994 von F. Müller-Kern geschaffenes illusionistisches Giebelbild, das ein bauzeitliches Wandbild mit opulenter Rahmung ersetzt.

Ein schmales fünfgeschossiges Haus auf der gegenüberliegenden Straßenseite fällt durch eine repräsentative Geschäftshausfassade auf. Das 1911–12 von Ernst Scharnke für die Grundstücksge-

195. Lehrter Straße 35, Wertheim-Haus, Fabrik und Lagerhaus, 1911–12 von Ernst Scharnke

196. Lehrter Straße 27-30, Berliner Granit- und Marmorwerke M. L. Schleicher, Mietshaus, 1887–88 von Richard Krebs

sellschaft des Wertheimkonzerns errichtete **Wertheim-Haus** (Abb. 195, Liste Nr. 138), **Lehrter Straße 35**, diente jedoch nicht als Geschäftszentrale, sondern ausschließlich als Fabrik- und Lagerhaus.[613] Mit der modernen Werksteinfassade, gegliedert durch vertikale Wandpfeiler und Blenden, sollte der Rang des Kaufhausunternehmens herausgestellt werden. Die drei Fensterachsen werden geschossübergreifend von monumentalen Rundbogenblenden zusammengefasst. Die Wandpfeiler, die Brüstungsfelder mit Reliefschmuck und auch das Balustradenband über dem vierten Geschoss sind typische Elemente der modernen Kaufhaus- und Geschäftshausarchitektur des Architekten Alfred Messel, der mit seinen Entwürfen für Wertheim-Kaufhäuser großen Einfluss ausgeübt hat. Ernst Scharnke, der das Haus entwarf, stellte sich bewusst in diese Tradition. Im Wertheim-Haus, das aus Vorderhaus, Seiten- und Quergebäude besteht, war die Fleisch verarbeitende Abteilung, die Konservenproduktion sowie die Bäckerei und Konditorei des Kaufhausunternehmens untergebracht. Hof, Durchfahrt und Treppenhäuser sind einheitlich mit kleinformatigen weißen Glasursteinen verkleidet, wie es bei innerstädtischen Industrie- und Gewerbehöfen dieser Zeit üblich war.

An der Ostseite der Lehrter Straße nutzten mehrere Unternehmen die verkehrsgünstige Lage unmittelbar neben dem Werkstättenbahnhof und Viehhof der Berlin-Lehrter Eisenbahn. Mit eigenem Gleisanschluss siedelten sich Lagergesellschaften und Steinmetzwerkstätten an. Erhalten sind die **Werkstatt- und Wohngebäude der Berliner Granit- und Marmorwerke von M. L. Schleicher** auf dem Grundstück **Lehrter Straße 27-30** (Abb. 196, Liste Nr. 137).[614] Das 1853 gegründete Unternehmen wurde durch die Zusammenarbeit mit den Architekten Heinrich Strack und Friedrich Hitzig sowie durch die Verbreitung des Marmors in Berlin bekannt. Die wachsende Nachfrage nach Marmor führte 1886 zur Verlegung der Werkstätten an die Berlin-Lehrter Eisenbahn. An der Straßenseite wurde 1887–88 ein Doppelmietshaus errichtet, das in der Fluchtlinie der Kruppstraße besonders stadtbildprägend wirkt. Ratsmaurermeister Richard Krebs bildete eine stattliche Fassade im Stil der norddeutschen Renaissance aus. Mit der aufwendigen Werksteingliederung konnte der Bauherr seine Steinmetzprodukte werbewirksam zur Schau stellen. Neben den Sandsteinverkleidungen der Erker und Lukarnen, die sich von den Wandflächen aus rotem Backstein deutlich abheben, tritt vor allem das Durchfahrtsportal mit Granitsäuleneinfassung würdevoll hervor. Mit seiner Größe und seinem reichen Schmuck erweckt es den Eindruck eines Stadttors. An den Seitenwänden der Durchfahrt setzt sich die für ein Mietshaus in Moabit überdurchschnittliche künstlerische Gestaltung mit Stuckdekor und Giebelportalen für die seitlichen Hauseingänge fort. Auf dem weiträumigen Hofgelände, das bis hinter das Wertheim-Haus reichte, waren die Werkstattgebäude der Berliner Granit- und Marmorwerke angeordnet.[615] Diese wurden 1994 größtenteils abgebrochen. Erhalten blieb lediglich die Remise, ein kleines Backsteingebäude im Villenstil, das sich an den linken Seitenflügel des Mietshauses anlehnt. Der Giebel ist mit einer offenen Fachwerkkonstruktion geschmückt.

Zwischen Lehrter Straße und Berlin-Spandauer Schiffahrtskanal erstreckt sich das weiträumige, brachliegende Gelände des früheren Hamburg-Lehrter Güterbahnhofs. Von den Betriebsanlagen der Berlin-Lehrter Eisenbahn ist so gut wie nichts erhalten. Von der Hauptwerkstatt Berlin NW, die 1891 nach der Verstaatlichung der Berlin-Lehrter und Berlin-Hamburger Eisenbahngesellschaft gebildet wurde, ist lediglich das Verwaltungs- und Dienstgebäude auf dem Grundstück Lehrter Straße 23-24 übrig geblieben.[616]

Nicht weit davon entfernt erinnert ein großes, dominantes Backsteingebäude an die frühe Geschichte der Eisenbahn in Berlin. Das viergeschossige **Wohnhaus für Eisenbahnbeamte** (Abb. 197, Liste Nr. 26) auf dem Grundstück **Lehrter Straße 6-10** wurde in drei Bauabschnitten zwischen 1871 und 1873 von der Magdeburg-Halberstädter Eisenbahngesellschaft errichtet.[617] Das Unternehmen betrieb die 1871 eröffnete Eisenbahnstrecke von Berlin über Rathenow nach Lehrte bei Hannover.[618] Für die Gestaltung der Wohnanlage waren bei der Eisenbahngesellschaft angestellte Baubeamte verantwortlich. Abteilungsbaumeister Brisgen entwarf die ersten beiden Abschnitte, Baudirektor Stute den letzten Abschnitt, während Maurermeister Lauenburg die Ausführung aller Bauteile besorgte. Das unverputzte, blockhafte Wohnhaus wendet sich mit seiner weithin sichtbaren Längsfront einer kurzen Stichstraße zu. Es handelt sich um ein Reststück der alten Turmstraße, die durch den Exerzierplatz zerteilt wurde. Die sparsam dekorierten Fassaden, verkleidet mit gelben und roten Ziegeln, sind in dem nüchternen Backsteinstil gehalten, der in Preußen für öffentliche Gebäude üblich war. Nach der Verstaatlichung der Magdeburg-Halberstädter Eisenbahngesellschaft 1891 wurden vor den Treppenhausachsen turmartige Vorbauten errichtet, die Podesttoiletten enthalten. Der Grundriss der Wohnungen, gedacht für Beamte und Bahnarbeiter, lässt die sozialen Bestrebungen der Eisenbahngesellschaft erkennen. Trotz des bescheidenen Wohnungszuschnitts und der bescheidenen sanitären Verhältnisse kann man die Wohnanlage als fortschrittlich bezeichnen, denn die Ausstattung war besser als in den Mietshäusern der Arbeiterquartiere.[619] Jede Familie erhielt eine abgeschlossene Kleinwohnung mit mindestens einer beheizbaren Stube und Küche. Bemerkenswert ist die ungewöhnliche Grundrissorganisation. Die Wohneinheiten sind abschnittsweise gruppiert und in-

197. Lehrter Straße 6-10, Wohnhaus für Eisenbahnbeamte, 1871–73 von Brisgen, Stute und Lauenburg

einander geschachtelt, was zu einer individuellen Vielfalt im Wohnungsgrundriss führt. Durch die Restaurierung der Wohnanlage 1996/97, verbunden mit einer gärtnerischen Gestaltung der beiden Innenhöfe und der Vorgärten, erlangte der bis dahin vernachlässigte südliche Abschnitt der Lehrter Straße eine sichtliche Aufwertung.

Südlich der Wohnanlage verläuft die Lehrter Straße in einem Bogen. Die Kurve markiert die südöstliche Ecke des früheren Exerzierplatzes und erinnert daran, dass die Lehrter Straße als Randweg des ausgedehnten Militärgeländes entstanden ist. Zwischen der Lehrter Straße und dem Bahngelände erstreckt sich ein unbebautes Areal mit Kleingärten, Spontanvegetation, einigen wenigen Gebäuden und einem Friedhof. Auf diesem Gelände stand früher das 1842–49 erbaute **Zellengefängnis Moabit** (Abb. 198, Liste Nr. 25), **Lehrter Straße 5B-D** und **Invalidenstraße 54-55**, das 1957–58 bis auf einige Reste abgebrochen wurde.[620] Die von Carl Ferdinand Busse entworfene Musterstrafanstalt war das erste Zellengefängnis in Deutschland. Die isolierte Einzelhaft wurde hier erstmals konsequent umgesetzt. Als Vorbild diente das Zellengefängnis von Pentonville bei London.[621] Das dort verwendete panoptische System, das auch in Moabit übernommen wurde, stammte aus den USA: Das nahe gelegene Untersuchungsgefängnis Moabit zeigt anschaulich die Weiterentwicklung des Bautyps. Die Strafanstalt war festungsähnlich angelegt. An der Lehrter Straße stand ein dreiflügeliges Eingangsgebäude, dahinter folgte das eigentliche Gefängnis mit einem zentralen Überwachungsturm und fünf sternförmig angeordneten Zellentrakten. An den Ecken der sechseckigen Ringmauer, die das Gefängnis umschloss, waren wehrhafte, turmartige Wohngebäude angeordnet, in denen die Gefängnisaufseher lebten.

Der nördliche und südliche Teil dieser Ringmauer ist erhalten geblieben. Außerdem haben drei Beamtenwohnhäuser den Abbruch des Zellengefängnisses überdauert. Der Eckturm Lehrter Straße 5D gehört noch zum ursprünglichen Bestand, das Wohnhaus Lehrter Straße 5C kam 1888 hinzu, während das Wohnhaus Lehrter Straße 5B 1897 errichtet wurde. Die verbliebenen Gebäude und Mauern vermitteln noch einen Eindruck von der Größe und der bedrückenden Anstaltsarchitektur. Die Gebäude wirken wie Türme einer festungsähnlichen Bewehrung, denn sie wenden sich mit geschlossenen, fensterlosen Wandflächen dem früheren Gefängnishof zu. Zusammen mit der mächtigen Mauer sollte von ihnen eine Furcht einflößende, abschreckende Wirkung ausgehen. Die auskragende, von Konsolen getragene Attika lässt den englisch-gotischen Stil der verschwundenen Gefängnisanlage erahnen.

Diese ältesten Gefängnisreste stehen auch für ein bedeutendes Kapitel Berliner Sozialgeschichte. Die Einzelhaft wurde in der Mitte des 19. Jahrhunderts als fortschrittliche Methode gewertet, um Straftäter vor Rückfällen zu bewahren. Die gegenseitige negative Beeinflussung der Gefangenen untereinander sollte unterbunden werden. Der christliche Sozialreformer und Begründer der Inneren Mission Johann Hinrich Wichern hat im Auftrage des Königs Friedrich Wilhelm IV. in Moabit erstmals ein Gefängnis dieser Art organisiert. Bekannte Gefangene waren 254 polnische Freiheitskämpfer, die mit ihrem Anführer Ludwyk Mieroslawski 1846 in Moabit einsaßen, der spätere „Hauptmann von Köpenick“ Wilhelm Voigt, der Kaiserattentäter Max Hödel und der Mitbegründer der KPD Karl Radek. Im Moabiter Gefängnishof wurden auch Hinrichtungen durchgeführt.

198. Lehrter Straße 5B-D, Zellengefängnis Moabit, 1842–49 von Carl Ferdinand Busse, 1888, 1897

199. Lehrter Straße 5B-D, Beamtenfriedhof, 1842–49

Der durch ein Achsenkreuz geteilte ehemalige Anstaltsfriedhof nördlich des Zellengefängnisses wurde außerhalb der Mauer angelegt. Die Anlage gliederte sich in einen östlichen **Beamtenfriedhof** (Abb. 199, Liste Nr. 230) und einen westlich daran anschließenden, nicht erhaltenen Gefangenenfriedhof.[622] Eine mittige Wegeachse erschloss den Friedhof von der Lehrter Straße. Der für die Vollzugsbeamten angelegte Begräbnisplatz befindet sich nördlich der Beamtenwohnhäuser, umgeben von Kleingärten. Nach dem Abriss des Moabiter Zellengefängnisses war der Anstaltsfriedhof 1958 formell entwidmet worden. Während der Friedhofsteil für die Gefangenen den Kleingärten zugeordnet wurde, wurde der Beamtenfriedhof bewahrt. Er wird von einem schlichten, schmiedeeisernen Gitter über einem Klinkersockel eingefriedet. Ältere Eschen und Linden sowie Ahornbäume sind auf dem Friedhofsareal frei angeordnet, die Grabfelder mit den erhaltenen, aber größtenteils am Boden liegenden Grabsteinen sind mit Efeu bewachsen.

Zwischen Invalidenstraße und Spree

Die Invalidenstraße, benannt nach dem 1748 eröffneten Invalidenhaus, endete ursprünglich am Schönhauser Graben, der im 1848–50 angelegten Berlin-Spandauer Schiffahrtskanal aufging. Um das ehemalige Pulvermühlengelände zu erschließen, wurde die Straßenachse bis nach Alt-Moabit verlängert. Mit dem Hamburger Bahnhof, dem Zellengefängnis Moabit und der Ulanenkaserne wurden an der Invalidenstraße in den 1840er Jahren bedeutende öffentliche Gebäude errichtet. Wegen der Barrierewirkung von Kanal und Eisenbahnlinien verband allein die Invalidenstraße Moabit direkt mit der Berliner Innenstadt. An das Eisenbahngelände, das sich zu beiden Seiten der Invalidenstraße erstreckte, erinnern noch der Hamburger Bahnhof und das Verwaltungsgebäude der Berlin-Hamburger Eisenbahn.

Auf dem Geländestreifen gegenüber der Heinrich-Zille-Siedlung haben sich seit den 1960er Jahren mehrere Behörden und Verwaltungseinrichtungen von Polizei und Justiz angesiedelt. Dazu gehört auch das Dienstgebäude der Polizeidirektion Tiergarten, **Invalidenstraße 57**, das 1963–66 von Gerhard Rümmler errichtet wurde.[623] Betrachtet man die moderne Backsteinfassade, dann ist kaum zu vermuten, dass dahinter der alte **Theater- und Vortragssaal der Urania-Gesellschaft** (Abb. 200, Liste Nr. 121) erhalten ist.[624] Der Saal gehört zum 1888–89 an diesem Standort erbauten alten Uraniagebäude. Sein Architekt Paul Emmanuel Spieker war im Bau wissenschaftlicher Institute sehr erfahren.[625] Als Bauherr trat die Urania-Gesellschaft auf. Die auf Betreiben der Astronomen Wilhelm Foerster und Max Wilhelm Meyer gegründete Vereinigung verfolgte das Ziel, wissenschaftliche Erkenntnisse anschaulich in der Öffentlichkeit zu verbreiten. Das Uraniagebäude beherbergte eine Sternwarte, einen hufeisenförmigen Theatersaal und einen großen Ausstellungssaal an der Invalidenstraße. Dort wurden unterschiedliche wissenschaftliche Vorträge, Ausstellungen und Vorführungen angeboten. Mit dem Observatorium, der weltweit ersten Volkssternwarte, trug die Urania maßgeblich zur Popularisierung der Astronomie bei. Dieser Bauteil war massiv ausgeführt, während Theater- und Ausstellungssaal als Eisenfachwerkkonstruktionen ausgebildet waren. Das kriegsbeschädigte Uraniagebäude wurde nach dem Zweiten Weltkrieg notdürftig wieder hergestellt, dann aber abgebrochen.[626] Erhalten blieb nur der Theater- und Vortragssaal, der in das Dienstgebäude der Polizei als Hörsaal integriert wurde. Der 1968 restaurierte Innenraum, umgeben von einer geschwungenen Empore, besticht vor allem durch sein Deckengemälde. In fein abgestimmten matten Farben spannt sich ein vielfältig gegliederter Himmel

200. Invalidenstraße 57, Theater- und Vortragssaal der Uraniagesellschaft, 1888–89 von Paul Emmanuel Spieker

mit Darstellungen der zwölf Tierkreiszeichen über den Zuschauerraum. Die Deckengestaltung vergegenwärtigt den Bildungs- und Fortschrittsglauben der Urania, war doch die Gründung der Gesellschaft mit der Absicht verbunden, ein breites, vom sozialen und technischen Fortschritt überzeugtes Publikum mit den Naturwissenschaften und den Gesetzen der Technik vertraut zu machen.

Das Uraniagebäude lag am Rande des Ausstellungsparks, der ein weites Gelände zwischen der Invalidenstraße und der weiter südlich gelegenen Straße Alt-Moabit einnahm. Das Ausstellungsgelände mit Park und Ausstellungspalast war 1879 unmittelbar neben dem Lehrter Fernbahnhof eingerichtet worden.[627] Von den Ausstellungsgebäuden blieb nach schweren Zerstörungen im Zweiten Weltkrieg nur wenige Reste übrig. Heute befindet sich dort der neu erbaute Berliner Hauptbahnhof/Lehrter Bahnhof. Auf dem Grundstück **Alt-Moabit 141** (Abb. 201, Liste Nr. 61) steht ein kleines freistehendes Fachwerkhaus, das 1896–97 von Hermann Streubel als **Gaststätte** errichtet wurde, um die Besucher des gegenüberliegenden Landesausstellungsparks zu versorgen. Das Gaststättengebäude wirkt mit dem verputzten Erdgeschoss, dem Fachwerkobergeschoss, der Loggia in der Mittelachse und den verzierte Fachwerkgiebeln unter einem ziegelgedeckten Satteldach sehr malerisch. Das zum früheren Hamburg-Lehrter Güterbahnhof abfallende Gelände ließ eine attraktive stadträumliche Situation entstehen, die im Grundriss aufgenommen wird. Im Gebäudeteil, der sich der Straße zu-

201. Alt-Moabit 141, Mietshaus und Gaststätte, 1896–97 von Hermann Streubel

wendet, ist die Gaststube eingerichtet, während unter dem Dach eine Wohnung lag, die heute mit zum Restaurant gehört. Im hohen Sockelgeschoss, welches an der Rückseite sichtbar ist, befindet sich die Küche. Dem Gebäude ist eine 1902 erbaute Kegelbahn und eine Terrasse angegliedert. Das Fachwerkhaus, das zuletzt 1984–85 restauriert wurde, dient seit seiner Entstehung als Gaststätte. Es handelt sich um die älteste privat geführte Gastwirtschaft in Moabit.

Gebiet 7

Neu-Moabit

Die für Moabit charakteristisch gewordenen dichten Mietshausviertel, die im ausgehenden 19. Jahrhundert für Fabrikarbeiter der Industriestandorte, Handwerker, Beamte und Offiziere der nahen Kasernen erbaut wurden, liegen nördlich der Turmstraße. Trotz Kriegszerstörung und Sanierung ganzer Baublöcke prägen sie bis heute das Gebiet zwischen dem ehemaligen Exerzierplatz im Osten, den weiträumigen Eisenbahnflächen im Norden und dem Industrieviertel Martinickenfelde im Westen. Getragen von der privaten Boden- und Bauspekulation, basierend auf dem 1862 erlassenen Bebauungsplan von James Hobrecht, wuchs bis etwa 1910 ein Mietshausquartier heran, das einige ortsgeschichtliche Besonderheiten aufweist. Neu-Moabit zeigt kein einheitliches Siedlungsbild, sondern besteht aus mehreren inselartigen Quartieren, die aus der räumlich begrenzten Tätigkeit unterschiedlicher Baugesellschaften resultieren. Daraus entwickelten sich, beeinflusst von den gesellschaftspolitischen Auseinandersetzungen während des späten Kaiserreichs und der Weimarer Republik, so genannte Kieze mit hohem sozialen Identifikationswert für die Bewohner, die bis heute im Bewusstsein der Moabiter Bevölkerung fortleben. Zwischen den Arbeitervierteln liegen verstreut Einrichtungen der städtischen Infrastruktur, Kirchen und Schulen. Diese konnten, da sie nicht von vornherein eingeplant waren, nur auf unbebaut gebliebene Mietshausparzellen angelegt werden. Es bildete sich die für Neu-Moabit typische Durchmischung von Mietshäusern und großstädtischen Versorgungseinrichtungen. Das Gebiet nördlich der Turmstraße war bei Ausbruch des Ersten Weltkriegs vollständig bebaut, wobei das Eisenbahngelände im Norden und das Industriegebiet Martinickenfelde im Westen dem Stadtwachstum Grenzen setzten.
Der neue Stadtteil entstand seit dem frühen 19. Jahrhundert auf dem Gelände der früheren Kämmereiheide. Von der ersten vorstädtischen Entwicklungsphase blieb nichts erhalten, abgesehen von einigen Straßen, die jedoch vom Straßenraster des Hobrechtschen Bebauungsplans vereinnahmt wurden. Ausgehend von der Turmstraße, einem Teil des alten Heerwegs zwischen Berlin und Spandau, führen Wald- und Stromstraße bis zur Birkenstraße, die man bis 1830 als Verbindung zwischen dem Pulvermühlengelände und den Schießplätzen in der Jungfernheide angelegt hatte. Die Turmstraße zeichnet sich bis heute als städtebaulich bedeutsame Straßenachse ab, die bis zur Jahrhundertwende zu einer wichtigen Hauptstraße mit herrschaftlichen Wohn- und Geschäftshäusern ausgebaut wurde. Dort siedelten sich wichtige städtische Institutionen an. Davon künden die Schulen, die Post, das Krankenhaus Moabit. Erst spät, als Alt- und Neu-Moabit bereits zusammengewachsen waren, bildete sich hier um das Rathaus des Bezirks Tiergarten ein städtisches Zentrum für ganz Moabit heraus. Der mächtige Bau entstand Mitte der 1930er Jahre auf dem früheren Arminiusplatz. Zusammen mit der benachbarten Arminius-Markthalle übernahm das Rathaus eine Zentrumsfunktion, die sich in der Nachkriegszeit durch den U-Bahn-Anschluss noch verstärkte.
Den Stadtraum dominieren Mietshäuser der Jahrhundertwende, die ihre Stuckfassaden häufig verloren haben, und öffentliche Großbauten. Dazwischen liegen noch immer die für die Nachkriegszeit typischen wieder aufgebauten oder behelfsmäßig errichteten flachen Geschäftsbauten, die bisher noch nicht vom Strukturwandel Moabits erfasst worden sind.
Nördlich der Turmstraße kann man drei historisch gewachsene Quartiere ausmachen. Der Stephankiez um den Stephanplatz und der Beusselkiez zwischen Beusselstraße und Berlichingenstraße gehen auf die Tätigkeit großer Bau- und Terraingesellschaften zurück. Dazwischen erstreckt sich ein platzloses Blockraster, das vorwiegend von einzelnen Bauunternehmern erschlossen wurde. Seit Ende der 1970er Jahre hat die Stadtsanierung die Bewahrung der Altbausubstanz zum Ziel, sodass beispielhafte Dokumente für die Entwicklung der Berliner Mietshausarchitektur erhalten werden konnten.

An der Turmstraße

Die Turmstraße wurde 1818 im Verlauf des alten Heerwegs von Berlin nach Spandau angelegt. Bis zur Anlage des Exerzierplatzes 1846 verlief sie in Höhe der heutigen Heidestraße. Ihr Name geht auf die ehemals in der Blickachse liegenden Kirchtürme zurück. In dem damals noch weitgehend unbebauten Umfeld konnte man in östlicher Richtung den Turm der Berliner Sophienkirche und im Westen den der Spandauer Nikolaikirche erkennen. Die zwei Kilometer lange Turmstraße bildet das städtebauliche Rückgrat von Neu-Moabit. Obwohl sie viel von ihrem großstädtischen Charakter der Vorkriegszeit eingebüßt hat, ist sie mit ihren Geschäften und stadtbildprägenden Großbauten das urbane Zentrum Moabits geblieben. Zugleich vergegenwärtigen niedrige, nach 1945 entstandene Behelfsläden noch immer Kriegszerstörung und Wiederaufbau.

Gegenüber dem Kriminalgericht Moabit fällt zwischen Neubauten und abgestuckten Fassaden das opulent dekorierte Mietshaus **Turmstraße 4** auf (Abb. 202, Liste Nr. 198).[628] Es setzt sich mit sechs Geschossen von der niedrigeren Nachbarbebauung ab. Das Gebäude wurde 1884–85 von Bernhard Wieck für die Grundrenten-Gesellschaft errichtet, aber sofort nach Baubeginn veräußert. Bernhard Wieck war nicht nur für dieses Haus verantwortlich, er war technischer Direktor der Baugesellschaft „Am kleinen Tiergarten", die das Terrain an der Turmstraße seit Anfang der 1870er Jahre parzellieren ließ. Die ungemein reiche, für das ausgehende 19. Jahrhundert typische Stuckfassade ist das letzte erhaltene Beispiel für die einstmals überladene Miets- und Geschäftshausarchitektur, die sich nach 1880 an der Hauptstraße von Neu-Moabit entwickelte. Um die außerordentlich hohe Straßenfront überzeugend zu ordnen, griff Bernhard Wieck zu einer Großgliederung, bei der sich die gesamte Fassade abwechselnd aus vertikalen und horizontalen Elementen aufbaut. So sind Ladengeschoss und Hochparterre mittels Quaderung zu einem hohen Sockel vereint, das nächste Stockwerk wurde zwischen kräftigen Gesimsen reliefartig eingeschoben, während Pilaster mit Kompositkapitellen die beiden folgenden Geschosse zusammenbinden. Darüber thront das letzte Geschoss, prächtig geschmückt mit Hermen und Kartuschen, wobei das mächtig auskragende Gebälk zur imposanten Erscheinung des Mietshauses beiträgt.[629]

202. Turmstraße 4, Mietshaus, 1884–85 von Bernhard Wieck

Nördlich der Turmstraße, gegenüber dem Kleinen Tiergarten, erstreckt sich ein weiträumiges Krankenhausgelände, das bis zur Perleberger Straße und Birkenstraße reicht. Das **Krankenhaus Moabit** (Abb. 203–205, Liste Nr. 44), **Turmstraße 21-22** und **Birkenstraße 62**, wurde 1872 als Barackenlazarett der Stadt Berlin eröffnet.[630] Ursprünglich standen dort einzelne Baracken, die als Aufnahmestation bei Pocken-, Cholera- und Typhusepidemien gedacht waren. Davon blieb nichts erhalten. Nur noch ansatzweise lässt sich das damals angelegte Wegenetz mit den beiden Hauptachsen in Nord-Süd-Richtung erahnen. Aus dem regelmäßig aufgebauten, von Grünflächen durchzogenen Krankenhaus im Pavillonsystem entwickelte sich eine große Krankenversorgungseinrichtung.

Der Haupteingang an der Turmstraße wurde durch den Abbruch des alten, im Zweiten Weltkrieg bereits zur Hälfte zerstörten Verwaltungsgebäudes 1974 vollkommen verändert. Das 1906 von Ludwig Hoffmann errichtete Bauwerk, das mit seiner zurückhaltenden, streng gegliederten Straßenfront das Krankenhaus würdig repräsentierte, musste dem neuen Gesundheitsamt mit Aluminiumfassade weichen. Erhalten blieb nur das **Personalwohnhaus** (Haus B, Abb. 204), das 1893–95 von Stadtbauinspektor Fridolin Zekeli ausgeführt wurde. Der viergeschossige Backsteinbau vertritt mit seiner kubischen Grundform, dem Flachdach und dem mehrfarbigen Backsteinschmuck den sparsamen, nüchternen Baustil der Berliner Schule. Das mit Zimmern für Schwestern, Pflegerinnen und Schülerinnen ausgestattete Haus war für eine Umstellung des Pflegebetriebs auf Personal, das nicht aus kirchlichen Einrichtungen stammte, notwendig geworden. Mit einem eigenen Wohnhaus sollte ausreichend Pflegepersonal an das Krankenhaus gebunden werden. Unmittelbar dahinter liegt das 1902–04 erbaute **Wohnheim für Pflegerinnen** (Haus E, Abb. 204), das dem repräsentativen Umbau und der Erweiterung des Krankenhauses durch Ludwig Hoffmann entstammt.[631] Das durch Lisenen und einen Mittelrisalit gegliederte Backsteingebäude zeigt die für Ludwig Hoffmann typische Materialbetonung mit moderaten historisierenden Anklängen. Der Stadtbaurat wählte barocke Architekturformen, die er freilich vereinfachte, um eine strenge, monumentale Wirkung zu erreichen. Im Gegensatz zum Verwaltungsgebäude, das reicher gestaltet war, bildete er schlichte, durch Sandsteingliederungen belebte Fassaden aus. Nur an der Schmalseite wurde das Schmuckmotiv des Verwaltungsgebäudes, eine große Kartusche im geschweiften Giebel, wiederholt. Die Bildhauerarbeiten stammen von Ernst Westpfahl. Das 1899–1902 errichtete **Küchengebäude** (Haus D, Abb. 205), das ursprünglich den Hof hinter dem Verwaltungsgebäude begrenzte, bildet zusammen mit den Nebengebäuden des zugehörigen Wirtschaftshofs eine kleine Baugruppe. Die unter Einfluss Ludwig Hoffmanns von Fridolin Zekeli entworfenen Bauten erwecken mit Krüppelwalmdach, Fachwerkgiebeln und einem halbrunden Türmchen mit geschweifter Haube einen malerischen, ländlichen Eindruck. Stadtbauinspektor Zekeli, der wenige Jahre zuvor das Personalwohnhaus an der Turmstraße im veralteten akademischen Backsteinstil entworfen hatte, veranschaulicht hier den von Ludwig Hoffmann eingeleiteten Wechsel zu einer zeitgemäßen Architektur.

Auch der 1891–92 erbaute **Desinfektionspavillon** (Haus Q) im Nordosten des Geländes stammt von Fridolin Zekeli. Das niedrige Gebäude erinnert mit seinem quer gestellten Kopfbau, den ausladenden flachen Satteldächern und der roten Backsteinverblendung an das ursprüngliche Pavillonsystem des Krankenhauses. In der für diesen Bau abgerissenen Desinfektionsbaracke hatte Robert Koch bahnbrechende Experimente zu Desinfektions- und Sterilisationsmethoden vorgenommen.

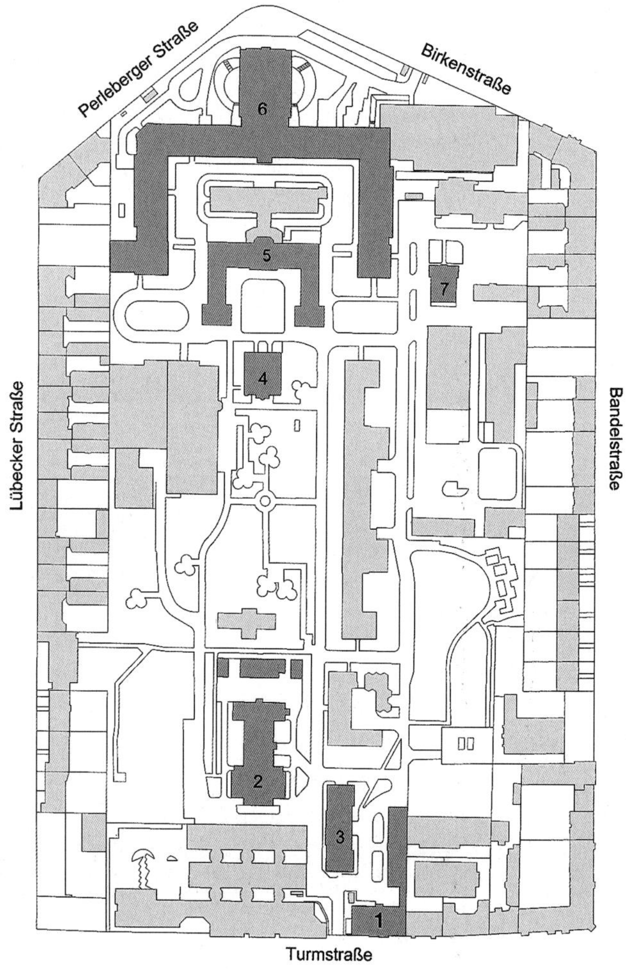

203. Turmstraße 21-22, Krankenhaus Moabit, Lageplan

1. Personalwohnhaus (Haus B)
2. Küchengebäude (Haus D)
3. Wohnheim für Pflegerinnen (Haus E)
4. Hörsaalgebäude (Haus J)
5. Chirurgischer Pavillon (Haus L)
6. Nordpavillon (Haus M)
7. Desinfektionspavillon (Haus Q)

Das Krankenhaus Moabit erlangte 1920 den Rang eines Universitätsklinikums. Davon zeugt das in der Mittelachse angeordnete kleine **Hörsaalgebäude** (Haus J), erbaut 1936–37, der mit seiner sachlichen Gestaltung noch auf die funktionale Architektur der 1920er Jahre verweist. Bereits 1921–23 entstand der dahinter liegende **Chirurgische Pavillon** (Haus L). Die schlossähnliche Dreiflügelanlage passt sich mit der roten Backsteinverblendung, den gliedernden Lisenen und dem Mansarddach hervorragend den Bauten von Ludwig Hoffmann an. Um den Chirurgischen Pavillon legt sich der U-förmige **Nordpavillon** (Haus M), der den nördlichen Abschluss des Geländes bildet. Mit dem Bau wurde 1939 nach Plänen von Godehard Schwethelm begonnen. Nach einer kriegsbedingten Unterbrechung wurde die Dreiflügelanlage 1950–59 vollendet. Dass der Entwurf auf nationalsozialistischen Architekturvorstellungen beruht, sieht man am strengen Fassadenraster und am werksteinverkleideten Erdgeschoss. Das Hauptgebäude mit Operations- und Röntgenzentrum ist von der Birkenstraße zugänglich.

In den 1920er Jahren wirkten in Moabit namhafte Wissenschaftler und Ärzte, die durch ihre Forschungen dem Krankenhaus internationale Bedeutung verschafften. Bereits kurz nach der nationalsozialistischen Machtergreifung mussten viele Ärzte das Krankenhaus verlassen, weil sie jüdischer Herkunft waren oder der Arbeiterbewegung nahe standen. Eine engagierte Widerstandgruppe, die sich „Europäische Union" nannte, half Juden und politisch Verfolgten.[632] Das traditionsreiche Krankenhaus besteht heute nicht mehr. Im Zuge der Krankenhausreform wurde es bis 2002 geschlossen.

An der Ecke Lübecker Straße und Turmstraße, westlich des Krankenhausgeländes, steht das **Postamt NW 21** (Abb. 206, Liste Nr. 143).[633] Das 1882–83 errichtete Hauptgebäude an der Turmstraße 23 wurde im Zweiten Weltkrieg zerstört und 1951 durch einen schlichten Neubau mit weiß verputzten Wandflächen ersetzt. Oberpostbaurat Hans Gerds entwarf ein blockhaftes Gebäude mit einer Pfeilerstellung an der Ecke, das sich mit seiner flächigen Lochfassade deutlich vom Altbau abhebt.[634] Erhalten blieb der Erweiterungsbau des alten Postamts an der **Lübecker Straße 1-2**, der von Postbauinspektor Louis Ratzeburg und Postbaurat Otto Spalding 1911–12 für den Fernsprechdienst errichtet wurde. Das Gebäude dokumentiert die wachsende Bedeutung des Telefonverkehrs im frühen 20. Jahrhundert, wobei die Fassade zugleich das Bedürfnis nach angemessener Außenwirkung verdeutlicht. Die hellrote Backsteinfassade mit Lisenengliederung und pointiert eingesetztem Werksteindekor überrascht durch ihren funktionellen Aufbau. Anhand der Fenster kann man die unterschiedlichen Nutzungen klar ablesen. Hinter den Halbkreisfenstern des Erdgeschosses erstreckt sich der Bereich der Paketpost, dann folgen zwei Geschosse mit Rechteckfenstern, die der Verwaltung und der Fernsprechtechnik dienten. Über dem durchlaufenden Hauptgesims folgen große, bis in den Dachraum reichende Rundbogenfenster, die den Vermittlungssaal belichten. Während einzelne Architekturglieder, zum Beispiel die schlichten Kapitelle, in Naturstein ausgeführt wurden, gewinnt die Backsteinfassade durch Reliefstreifen und abgestufte Blendflächen an Struktur und Leben.

204. Krankenhaus Moabit, Personalwohnhaus, 1893–95 von Fridolin Zekeli; dahinter Wohnhaus für Pflegerinnen, 1902–04 von Ludwig Hoffman

205. Krankenhaus Moabit, Küchengebäude mit Wirtschaftsbauten, 1899–1902 von Fridolin Zekeli

206. Lübecker Straße 1-2, Postamt NW 21, 1911–12 von Louis Ratzeburg und Otto Spalding; 1951 von Hans Gerds

Der Saal des Fernsprechamtes erlangte 1936 eine technikgeschichtliche Bedeutung, denn für die Fernsehübertragung der Olympischen Spiele in Berlin wurde dort eine öffentliche „Fernseh-Großbildstelle" installiert.[635]

Die Stromstraße durchquert den Kleinen Tiergarten und führt nördlich der Turmstraße bis zur Birkenstraße. Das umliegende Stadtgebiet ist noch immer von den Zerstörungen des Zweiten Weltkriegs gezeichnet. Baulücken, Neubauten, die hinter der Bauflucht errichtet wurden, und flache, nach dem Krieg nur notdürftig wieder hergestellte Eckbauten erinnern neben entdekorierten Mietshausfassaden an die Nachkriegszeit. Der nördliche Teil der Stromstraße entstand mit der Besiedelung Neu-Moabits in den 1840er Jahren. Im ausgehenden 19. Jahrhundert kam die geschlossene Mietshausbebauung an der Putlitzstraße hinzu, die man in Verlängerung der Stromstraße bis zum Gelände der Ringbahn weiterführte. Die Stromstraße ist eine der wenigen Nordsüdverbindungen, die die Hauptlast des Verkehrs von Charlottenburg über Moabit in den Wedding aufnehmen müssen.

Hinter den flachen Behelfsbauten der Nachkriegszeit an der Ekke Turm- und Stromstraße, wirkt der blockhafte gelbe Backsteinbau der 1980 stillgelegten **Schultheiss-Brauerei** (Abb. 207, Liste Nr. 43) sehr imposant.[636] Die Brauerei an der **Stromstraße 11-17**, auf einem Gelände, das bis zur **Perleberger Straße 42** reicht, gehört zu den markanten Bauwerken in Moabit. Bereits 1826–27 ließ Wilhelm Ludwig Crull, der Direktor der Preußischen Seehandlung, hier erste Brauereigebäude errichten.[637] Nach mehreren Besitzerwechseln firmierte die Brauerei unter Ahrens & Co. Bayerische Bierbrauerei zu Neu-Moabit.[638] Aber erst mit dem nächsten Eigentümer, der Actien-Brauerei-Gesellschaft Moabit, begann der Ausbau der heutigen Anlage. Zu den ältesten Bauteilen gehört das Sudhaus, das 1872–74 mit den nördlich anschließenden Kellereien von Friedrich Koch errichtet wurde. Der Architekt wählte für die Gestaltung der Backsteinfronten einen mittelalterlichen wehrhaften Burgenstil mit vorspringenden Ecktürmen, erkerartigen Türmchen, Giebeln und einem an Pechnasen erinnernden Bogenfries unter dem Dach. Die solide traditionelle und als typisch deutsch betrachtete Architektur sollte als Markenzeichen für die Qualität des hier gebrauten Bieres stehen. Zur Jahrhundertwende nahm G. Lüdicke eine größere Umgestaltung vor. Das Gebäude an der Stromstraße wurde 1898–99 verändert, aufgestockt und um ein neues Mälzerei- und Lagergebäude mit Kellerei erweitert, sodass sich eine lang gestreckte Straßenfront ergab. Mit Giebeln, Türmchen und Zinnen wurde der Burgenstil fortgesetzt. Das alte Sudhaus zeichnet sich durch vier hohe Bogenfenster ab. Dort wurde nach der Stilllegung der Brauerei 1980 eine Gaststätte eingerichtet, wobei man die alten kupfernen Braukessel in die Innenausstattung integrierte. An der

207. Stromstraße 11-17, Schultheiss-Brauerei, Sudhaus, 1871–74 von Friedrich Koch; Hauptgebäude, 1898–99 von G. Lüdicke

Hofseite sind niedrige Backsteinbauten angeordnet. Dem Sudhaus folgen Mälzerei und Fassspeicherlager, dann schließt sich ein Lager- und Böttchereigebäude an, das man 1904 umbaute und 1898 um die Spül- und Pichhalle erweiterte. Der schmale, straßenartige Hof wird von weiteren Gebäuden an der rückwärtigen Grundstücksgrenze eingefasst. Neben den 1904 erbauten Pferdeställen, Remisen und Werkstätten macht das 1900–01 ausgeführte Kessel- und Leutehaus mit gotisierenden Giebeln auf sich aufmerksam. Die Actien-Brauerei-Gesellschaft Moabit wurde zur Jahrhundertwende von Patzenhofer übernommen. 1920 bildete sich die Schultheiss-Patzenhofer AG, die die Brauerei in Moabit als Auslieferungslager nutzte, bis sie 1980 stillgelegt wurde. Der gut erhaltene Gebäudekomplex dokumentiert die Entwicklung des Brauereiwesens in Berlin und verweist auf das Wachstum der Großstadt im 19. Jahrhundert, das die Ansiedlung von Brauereien dieser Größe erst ermöglichte.

Gegenüber dem Brauereigebäude liegen zwei niedrige Wohnhäuser, die aus der Zeit der ersten Besiedlung datieren. Mit ihren spätklassizistischen Stuckfassaden und der geringen Gebäudehöhe erinnern sie an die vorstädtische Bebauung des 19. Jahrhunderts, die in Neu-Moabit sonst vollkommen verschwunden ist. Das 1866 errichtete Wohn- und Geschäftshaus **Stromstraße 61** (Abb. 208, Liste Nr. 194) hat allerdings durch Kriegszerstörung der umliegenden Mietshäuser seine städtebauliche Einbindung verloren. Maurermeister I. C. A. Hampel und Zimmermeister G. Isaak erbauten das zweigeschossige Haus mit Putzquaderung, Fenstereinfassungen, Fries und Konsolgesims für den Barbier Wilhelm Mennecke, der im Erdgeschoss einen Barbierladen einrichten ließ. Die Geschäftsräume werden seit 1914 von der traditionsreichen Firma Kallasch & Jonas genutzt, die Gaststättenbedarf vertreibt. Die pittoresken Gesimsaufbauten, die man 1914 hinzugefügt hatte, wurden in den 1980er Jahren abgenommen und eingelagert.

Das 1865–66 erbaute dreigeschossige Wohnhaus **Stromstraße 58** (Abb. 209, Liste Nr. 193), ehemals mit seitlicher Durchfahrt und danebenliegendem Treppenhaus, entstand auf Veranlassung des Bauunternehmers Julius Albert Egerland, während der Zimmermeister G. Isaak die Pläne lieferte.[639] Obwohl das Erdgeschoss verändert wurde, ist der spätklassizistische Fassadenaufbau noch deutlich zu erkennen. Die Fenstereinfassungen, die horizontal gliedernden Gesimse und der Schmuckfries unter dem Traufgesims sorgen für eine vornehme, zurückhaltende Ausstrahlung. Die bauzeitliche Farbfassung der Fassade wurde 2001 wieder hergestellt.

Das mächtige **Rathaus Tiergarten** (Abb. 210, Liste Nr. 150), **Mathilde-Jacob-Platz 1**, dominiert gegenüber der Heilandskirche

208. Stromstraße 61, Wohn- und Geschäftshaus, 1866 von I.C.A. Hampel und G. Isaak

209. Stromstraße 58, Mietshaus, 1865–66 und 1872 von G. Isaak

den Stadtraum an der Turmstraße.[640] Der fünfgeschossige Baukomplex, der den gesamten Baublock zwischen Bremer Straße und Jonasstraße einnimmt, bildet mit der dahinter liegenden Arminius-Markthalle das städtische Zentrum Moabits.[641] Zur Turmstraße öffnet sich die Anlage raumgreifend mit einem Ehrenhof. Der Haupteingang wird mit einem Portikus hervorgehoben. Das Rathaus des 1920 gebildeten Bezirks Tiergarten, entworfen von Stadtbaudirektor Richard Ermisch, wurde 1936–37 während der nationalsozialistischen Herrschaft ausgeführt, was sich im Raumprogramm und im Grundriss niederschlug.[642] Nach der Einführung des „Führerprinzips“ benötigte man nur noch Verwaltungsräume, während Räumlichkeiten für die kommunale Selbstverwaltung entfallen konnten. Erst nach dem Zweiten Weltkrieg ließ der Bezirk Tiergarten 1952–53 den Bezirksverordnetensaal anfügen.[643] Das Gebäude zeigt mit dem steilen Walmdach, der Werksteinrahmung der Fenster in der Mittelachse, der Pfeilerarchitektur des Portikus und nicht zuletzt mit dem darüber liegenden Balkon, der an „Führerbalkone“ der Partei- und Staatsbauten erinnert, typische Merkmale der nationalsozialistischen Repräsentationsarchitektur. Gleichwohl hielt sich Richard Ermisch an die sachliche, zwischen Tradition und Moderne stehende Architektur der 1920er Jahre. Auf jegliches theatralische Pathos wurde verzichtet. Die ambivalente Baugesinnung verdeutlicht zum Beispiel die filigrane Gestalt des schlich-

210. Mathilde-Jacob-Platz 1, Rathaus Tiergarten, 1935–36 von Richard Ermisch, Wiederaufbau 1948–1951, Bezirksverordnetensaal, 1952–53

ten Uhrenturms, der die Mittelachse betont. Das travertinverkleidete Foyer bildet mit seiner völlig verglasten Rückwand einen anschaulichen Kontrast zum massigen Außenbau.

Zwischen dem von Nachkriegsbauten durchsetzten Altbaubestand zeugt das Wohn- und Geschäftshaus **Turmstraße 38** (Abb. 211, Liste Nr. 199) vom einstigen Glanz der belebten Geschäftsstraße. Das stattliche fünfgeschossige Gebäude wurde 1909–10 nach einem Entwurf von M. Löffler für den Kaufmann und Fabrikanten Hermann Götze errichtet. Eine wuchtige Erkerpartie wird von einem Dachpavillon abgeschlossen, über dem Haupteingang ist ein Bronzerelief angebracht, außerdem besitzt das Haus ein reich ausgestattetes Vestibül mit marmorverkleideten Wandpfeilern, Puttenfries und Kassettendecke. Im Erdgeschoss waren großzügige Geschäftsräume untergebracht, in den oberen Geschossen konnten geräumige Wohnungen mit mehr als sechs Zimmern vermietet werden, wobei eine Vorderhauswohnung im fünften Stockwerk – wohl die Wohnung des Bauherrn – als Maisonette ausgebildet war und über einen Dachgarten mit Pavillon verfügte. Die kleineren Wohnungen im Quergebäude besaßen ein Bad sowie Balkon oder Loggia. Da keine Wohnungsteilungen stattfanden, ist der für Moabit ungewöhnliche Grundriss größtenteils noch vorhanden. Die oberen Geschosse brannten im Zweiten Weltkrieg aus. Der 1951–52 vorgenommene Wiederaufbau hat die historische Gestalt jedoch weitgehend bewahrt.[644] Erst die folgenden Jahrzehnte brachten einige Veränderungen.

211. Turmstraße 38, Miets- und Geschäftshaus, 1909–10 von M. Löffler

Stephankiez

Das Gebiet westlich der Stromstraße, zwischen der Quitzowstraße, dem ehemaligen Kasernengelände und der Turmstraße, umfasst die ältesten Arbeiterwohnquartiere Moabits, deren Anfänge bis in die Gründerzeit der 1870er Jahre zurückreichen. Die sehr dichte Mietshausbebauung mit engen Hinterhöfen, die jahrzehntelange Vernachlässigung der Altbausubstanz und nicht zuletzt die vielerorts ungenügende sanitäre Ausstattung der Wohnungen führten in der Nachkriegszeit zur Festlegung von Sanierungsgebieten. In den 1960er Jahren wurden Mietshäuser im Bereich der Bandelstraße, der Wilsnacker und der Pritzwalker Straße entweder entkernt oder abgebrochen, bis es wie auch in anderen Sanierungsgebieten Berlins Ende der 1970er Jahre zu einem Umdenken kam. Der großflächige Abriss wurde zugunsten einer behutsamen Stadterneuerung aufgegeben. Das neue Sanierungskonzept, getragen von der S.T.E.R.N. Gesellschaft der behutsamen Stadterneuerung Berlin mbH, wurde auch im Stephankiez verwirklicht. Es umfasste die Mietshausblöcke um die Stephanstraße bis zur Birkenstraße und Perleberger Straße. Unter Bewahrung der Altbausubstanz und der charakteristischen Durchmischung des Gebiets wurden die Stuckfassaden restauriert, während die Wohnungen modernisiert wurden.

Die Bebauung des Stephankiezes ist Ergebnis der planmäßigen Terrainerschließung durch die Baugesellschaft „Am kleinen Tiergarten“, die 1872 von Baumeister Johannes Otzen und Hamburger Unternehmern gegründet wurde.[645] Die Baugesellschaft sorgte für die erste spekulative Mietshauserschließung in Neu-Moabit nach dem Erlass des Hobrechtschen Bebauungsplans von 1862.[646] Das Unternehmen erwarb hierfür das bisherige Gelände der Pulvermagazine und ein angrenzendes Landstück und begann sofort mit Anlegung der Straßen und der Aufteilung der Parzellen, sodass schon 1873 mit der Bebauung einzelner Grundstücke begonnen werden konnte. Trotz des spekulativen Grundgedankens gelang der Baugesellschaft die Entwicklung eines Wohnviertels mit einer größtenteils einheitlichen Mietshausbebauung, die im Unterschied zu anderen Arbeitervierteln des ausgehenden 19. Jahrhunderts wohnhygienisch und bautechnisch auf einem höheren Niveau lag. Dazu trugen die grundbuchlich eingetragenen Beschränkungen bei, die eine zu dichte Grundstücksausnutzung verhindern sollten. Auch auf die Grundrissteilung nahm man Einfluss, um die Wohnungen mit möglichst viel Licht zu versorgen. Während zunächst mittlere und kleine Wohnungen, oftmals mit Bad oder Innentoilette für Arbeiter und Angestellte errichtet wurden, kamen später in den Vorderhäusern auch herrschaftliche Wohnungen für Offiziere der nahen Kasernen hinzu.

Zwischen 1822 und 1834 hatte man die Birkenstraße angelegt, um eine schnurgerade Verbindung zwischen dem Pulvermühlengelände und dem Schießplatz der Gardeartillerie in der Jungfernheide zu schaffen. Mit Birken alleeartig bepflanzt, gehörte sie zu den ersten Straßen in Neu-Moabit. Die Bebauung setzte jedoch erst in den 1870er Jahren ein. Das Mietshaus **Birkenstraße 49** (Abb. 212, Liste Nr. 74) wurde 1872–73 durch Zimmermeister Julius Albert Egerland auf eigene Rechnung errichtet.[647] Die Wohnungen waren für Beschäftigte der Borsigschen Fabriken in Moabit gedacht, vorzugsweise für qualifizierte Berufsgruppen wie

Schmiede, Schlosser, Dreher und Buchhalter.[648] Das Mietshaus ging schließlich 1884 in den Besitz von Albert Borsig über. Das Gebäude besitzt eine feingliedrige, streng axial gegliederte Stuckfassade in klassizistischer Tradition. Die spätklassizistische Bauweise, beeinflusst von der Schinkelschule, blieb in der Miethausarchitektur bis in die 1870er Jahre bestimmend. Der Dekor umfasst ein kräftiges Konsolgesims, Mäander- und Blattwerkfriese, Zahnschnitt und Rosettenfriese, Fensterrahmungen aus korinthischen Pilastern mit Giebelgebälk und als Besonderheit am ersten Obergeschoss Reliefs mit kämpfenden Löwen. Bestimmende Elemente sind die Hervorhebung der mittleren Achse mit Durchfahrt sowie die nach oben abnehmenden Geschosshöhen, die Qualitätsunterschiede der Wohnungen anzeigen. Eine wirkliche Beletage gibt es jedoch nicht. Gliederung und Dekor täuschen großzügig geschnittene Wohnungen vor, obwohl das nicht dem Grundriss entspricht. Es überwiegen kleine Wohnungen, die auf die bescheidenen Mittel der Fabrikarbeiter ausgerichtet waren. Bei der Sanierung 1988–89 wurde die Fassade restauriert und der Seitenflügel abgetragen.

Östlich der Stromstraße, die die Birkenstraße kreuzt, setzte die Bautätigkeit verstärkt erst in den 1880er Jahren ein. Aus dieser Bauperiode stammen die drei Mietshäuser Birkenstraße 53-56, die mit ihren gut erhaltenen Stuckfassaden die Abkehr von der spätklassizistischen Bauweise deutlich machen. Nicht zu übersehen ist die gleichartige Gestaltung der nur viergeschossigen Häuser **Birkenstraße 53** (Abb. 213, Liste Nr. 75) und **Birkenstraße 54** (Abb. 213, Liste Nr. 76), die der Maurermeister E. Schneegaß auf eigene Rechnung entwarf und 1881–83 selbst ausführte.[649] Über dem kräftig gequaderten Putzsockel, beim Haus Birkenstraße 53 durch Laden- und Gaststätteneinbauten verändert, sieht man rote und gelbe Backsteinfassaden, an denen Gesimse und plastische Fenstereinfassungen aus Stuck kontrastierend angebracht sind. Die Bauformen gehen unverkennbar auf die Hochrenaissance zurück, hier mit niederländischem Anklang. Bemerkenswert ist die von Schneegaß gewählte Zusammenfassung des zweiten und dritten Stockwerks durch Verbindung der Fensterrahmungen, die für eine klassische dreiteilige Fassadengliederung sorgt und zugleich beide Häuser noch mehr zusammenbindet. Die Mietshäuser waren für die Fabrikarbeiter in Moabit gedacht. Die kleinen Wohnungen umfassen daher nur Stube, Kammer und Küche, oft auch nur Stube und Küche. Toiletten gab es anfangs nur auf dem Hof.[650]

Mit sechs Geschossen setzt sich das Mietshaus **Birkenstraße 55** (Abb. 213, Liste Nr. 77) deutlich von den Nachbarhäusern ab. Die

212. Birkenstraße 49, Mietshaus, 1872–73 von Julius Albert Egerland

213. Birkenstraße 53, 54, Mietshäuser, 1881–83 von E. Schneegaß; Birkenstraße 55, Mietshaus, 1886 von Hermann Enders, 1889 von D. Rieder

Gebäudehöhe deutet auf die spekulative Ausnutzung des Grundstücks hin. Die Grundrentengesellschaft ließ 1886 von Maurermeister Hermann Enders das Vorderhaus errichten, 1889 folgte ein fünfgeschossiges Quergebäude, verbunden mit einem niedrigen Pferdestall auf dem zweiten Hof. Diese verdichtete Bebauung ist Folge der Verstädterung Neu-Moabits, die in den 1880er Jahren einsetzte. Die Mietshausanlage zeigt eine für Moabit charakteristische Verteilung unterschiedlich großer Wohnungen, sodass sich die gesellschaftlichen Verhältnisse des späten 19. Jahrhunderts ablesen lassen. Im Vorderhaus sind im zweiten bis vierten Stockwerk große Dreizimmerwohnungen für Offiziere, Handwerker und Beamte untergebracht, während die Einzimmerwohnungen im fünften und sechsten Stockwerk für minderbemittelte Mieter aus der Arbeiterschaft gedacht waren. Der Wechsel im Wohnungsgrundriss ist an der Straßenfassade zu erkennen. Die aufwendige Rustizierung der unteren Geschosse entspricht den dahinter liegenden größeren Wohnungen, während der einfache Dekor der oberen Geschosse mit dem bescheidenen Anspruch der Arbeiterwohnungen korrespondiert. Das Quergebäude wurde 2003 abgebrochen.

Auf der gegenüberliegenden Straßenseite begann das Gelände der Baugesellschaft „Am kleinen Tiergarten“. Die Zerstörungen des Zweiten Weltkriegs haben dort große Lücken in die Bebauung gerissen. Besonders gestört erscheint der Stadtraum am Kreuzungspunkt der Birkenstraße, der Perleberger Straße und der Havelberger Straße. Von den drei repräsentativen Eckhäusern, die zu den ersten Bauvorhaben der Baugesellschaft gehörten und denen die Aufgabe zukam, für das Erschließungsprojekt zu werben, blieb lediglich das Miethaus **Birkenstraße 17/Havelberger Straße 31** (Abb. 214, Liste Nr. 73)[651] erhalten. Erbaut 1874–75, zählt es zu den Gebäuden, für die Johannes Otzen als Teilhaber der Baugesellschaft verantwortlich zeichnete. Obwohl Otzen nicht als Planverfasser in den Bauakten auftaucht, scheint der künstlerische Entwurf von ihm zu stammen.[652] Darauf deuten seine drei auf der Berliner Bauausstellung 1874 vorgestellten Wohnhäuser, die stilistische Übereinstimmungen aufweisen.[653] Mit seiner ausgefallenen Backsteinarchitektur hebt sich das Mietshaus von den benachbarten Gebäuden, die einst mit Stuckfassaden geschmückt waren, deutlich ab. Die Fassadengestaltung mit Ziegelsichtmauerwerk und sparsam eingesetzten farbigen Ornamenten ist charakteristisch für Johannes Otzen, der aus Hannover nach Berlin gekommen war und dort bei Conrad Wilhelm Hase die für die Hannoversche Schule typische neogotische Backsteinarchitektur kennengelernt hatte. Beim Eckhaus in Moabit ist jedoch kein bestimmendes Stilmuster erkennbar, sodass der eigenständige Entwurf damals als „modern“ bezeichnet werden konnte.[654] Die nur mit Gesimsen und flachen Risaliten gegliederten Backsteinfassaden, das sehr steile, schiefergedeckte Halbmansarddach, die stehenden Dachgauben, die rundbogigen Fensterformate des letzten Geschosses sowie der Backsteinschmuck mit Sternmuster und Zickzackmotiv vereinen sich zu einer ungewöhnlichen, damals unüblichen Architektur. Die stumpfe Ecke wurde durch einen Risalit mit Rundbogenmotiv betont. Die 1881 angefügte Haube wurde 1956 abgebrochen und 2003 ergänzt. Mit der Aufteilung der vier Geschosse in viele kleine Wohnbereiche mit am Mittelflur aufgereihten Küchen und Stuben gehörte der Bau freilich zu den kasernenartigen Mietshäusern der Gründerzeit. Durch die Verbindung einzelner Wohneinheiten ist die ursprüngliche Raumaufteilung heute verändert.

Die 1905–06 von August Dinklage und Ernst Paulus errichtete **Heilige-Geist-Kirche** (Abb. 215, 216, Liste Nr. 35) auf dem spitzwinkligen Eckgrundstück **Perleberger Straße 36/Birkenstraße 60-61** bildet den städtebaulichen Mittelpunkt des Stephankiezes.[655] Die geschickt in die dreieckige Grundstücksspitze hineinkomponierte evangelische Pfarrkirche hatte das Gebiet zwischen Turmstraße und Stephanplatz zu versorgen, in dem die Bevölkerung zur Jahrhundertwende stark angewachsen war. Während das Kirchengebäude bereits 1906 eingeweiht werden konnte, entstand das rückwärtige Pfarr- und Gemeindehaus mit Kopfbauten an der Perleberger Straße und Birkenstraße erst 1910. August Dinklage und Ernst Paulus, die in Moabit mehrere Kirchen schufen, machten sich einen Namen, indem sie moderne Elemente und neue Ideen in den Kirchenbau aufnahmen.[656] Heilige-Geist-Kirche und Gemeindehaus, einheitlich mit rotem Backstein verkleidet, gruppieren sich zu einem ausgewogenen Ensemble, das den Kreuzungsbereich beherrscht. Die städtebauliche Disposition ruft mittelalterliche Stadtbilder in Erinnerung. Dem großen sechseckigen Kirchenraum ist ein wuchtiger, 78 m hoher Turm vorgelegt. In freier Manier kombinierten die Architekten Elemente der norddeutschen Backsteingotik, wobei zwei runde Treppentürme den Haupteingang am Kirchturm flankieren, während Radfenster, Blendfelder und steile Giebel die Seitenfronten schmücken. Über dem Zentralraum, der allseitig von Emporen umgeben ist, spannt sich ein sechsteiliges Sternrippengewölbe. M. Goetze schuf die in den Putz geschnittenen Bilder aus der Apostelgeschichte, die an der Emporenbrüstung zu sehen sind. Altar, Kanzel und Orgel sind an einer Seite konzentriert übereinander angeordnet. Mit diesem richtungsweisenden Auf-

214. Birkenstraße 17/Havelberger Straße 31, Mietshaus, 1874–75 von Johannes Otzen oder Bernhard Wieck

bau, der an die Kanzelaltäre evangelischer Kirchen des 18. Jahrhunderts erinnert, und dem Zentralbaugedanken gehört die Heilige-Geist-Kirche zu den fortschrittlichsten Kirchenbauten des wilhelminischen Berlin.

Den Mittelpunkt des Stephankiezes bildet der von Mietshäusern und Schulgebäuden umgebende Stephanplatz, der zusammen mit der Stephanstraße erst nach einer Revision des Hobrechtschen Bebauungsplans zu Beginn der 1880er Jahre angelegt worden war. Nach Aufhebung der verlängerten Stendaler Straße, die die südliche Platzkante markierte, ging die markante dreieckige Platzgestalt verloren, sodass die Grün- und Spielplatzanlage des Stephanplatzes formlos an die südlich angrenzenden Nachkriegsbauten anschließt.

Auf dem **Stephanplatz** wurde 1899 eine **öffentliche Bedürfnisanstalt** aufgestellt (Abb. 217, Liste Nr. 189). Das siebenständige grüngestrichene Toilettenhäuschen folgt einer 1878 entworfenen und in ganz Berlin verbreiteten Grundform.[657] Die Pissoirs werden im Volksmund als „Café Achteck" bezeichnet, weil sie über einem achteckigen Grundriss angelegt sind. Die Außenwände bestehen aus ornamental verzierten Gusseisenplatten. Die genormten, vorgefertigten Wandelemente, eingespannt zwischen gusseisernen Pfosten, ließen sich vor Ort leicht montieren. Oben wurde eine Fensterreihe mit verglasten und kreuzförmig vergitterten Öffnungen ausgebildet. Eine achtseitige Lüftungshaube bekrönt das überstehende, leicht geneigte Dach. Die Stände des Pissoirs, mit Rinnen im Boden, waren durch Schieferplatten getrennt. Eine dreiseitig gebrochene Schutzwand verdeckt den Eingang. Die öffentliche Bedürfnisanstalt verdeutlicht die Verbesserung der hygienischen Verhältnisse in der Großstadt Berlin. Zugleich ist das Pissoir ein Beispiel für die früh einsetzende industrielle Standardisierung von Einrichtungen der städtischen Infrastruktur.

Den Stephanplatz wird von einem imposanten Schulgebäude an der nördlichen Platzseite beherrscht. Auf dem Gelände, das von der **Stephanstraße 27** bis zur **Quitzowstraße 115 A** reicht, errichtete die Stadt Berlin 1892–94 Backsteinbauten für die **168., 182. und 189. Gemeindeschule** (Abb. 218, Liste Nr. 42).[658] Dabei wurde eine evangelische Gemeindedoppelschule mit einer katholischen Gemeindeschule zusammengelegt. Die dreifache Schule gehörte im ausgehenden 19. Jahrhundert mit 36 Klassen zu den größten schulischen Einrichtungen in Berlin. Der Klassentrakt ist zur Stephanstraße ausgerichtet. An das straßenseitige Hauptgebäude schlossen sich ursprünglich mehrere Hintergebäude an, die zusammen mit der Turnhalle die Blockinnenfläche besetzten. Die Hofgebäude gingen allerdings im Zweiten Weltkrieg verloren. Erst 1983–85 wurde dort ein Schulneubau errichtet. An der Quitzowstraße steht das alte Lehrerwohnhaus, das sich in die Bauflucht einordnet. Otto Stiehl fügte an das Wohnhaus 1914 eine zweigeschossige Turnhalle mit Schulküche an. Im Straßenbild macht sich die Turnhalle mit einem steilen Mansarddach und den arkadenartigen Erdgeschossfenstern bemerkbar. Der Klassentrakt geht noch auf Hermann Blankenstein zurück, der bis 1896 als Stadtbaurat für den Bau der städtischen Schulen zuständig war. Am Entwurf war maßgeblich Stadtbauinspektor Fridolin

215. Perleberger Straße 36/Birkenstraße 60-61, Ev. Heilige-Geist-Kirche, 1905–06 von Dinklage & Paulus

Zekeli beteiligt. Gegen Ende seiner Amtszeit löste sich Hermann Blankenstein vom nüchternen, akademischen Backsteinstil, den er bisher vertreten hatte. Beim Schulgebäude am Stephanplatz schuf er mit gotisierenden Architekturmotiven ein malerisches Bild. Die spannungsvoll angeordneten Seitenrisalite, die zinnengeschmückten Giebel und die Bogenfriese unter dem Hauptgesims erinnern an die märkische Backsteingotik. Hermann Blankenstein verwendete in den 1890er Jahren roten statt gelben Backstein. Um die Straßenfront lebendig zu gliedern, bediente er sich grün glasierter Ziegel. Die Fensterbrüstungen wurden mit farbigen Terrakotten geschmückt. Eine besonders reiche Gestaltung erhielt das Bogenfeld des linken Giebels. Farbige, glasierte Terrakotten sind in ein Blendmaßwerk eingebettet. Das Wappen mit dem Berliner Bär verweist auf die Stadt Berlin als Schulträger.

216. Ev. Heilige-Geist-Kirche, Kirchenraum

217. Stephanplatz, öffentliche Bedürfnisanstalt, 1899

218. Stephanstraße 27/Quitzowstraße 115A, 168., 182. und 189. Gemeindeschule mit Lehrerwohnhaus, 1892–94 von Hermann Blankenstein und Fridolin Zekeli

Entlang der Havelberger Straße und der Stephanstraße blieb ein Großteil der alten Mietshäuser aus den 1880er und 1890er Jahren erhalten. Die Bauten wurden von der Baugesellschaft „Am kleinen Tiergarten" errichtet, die hier für eine planmäßige Bebauung sorgte. Im Straßenraum sind reich geschmückte Stuckfassaden zu sehen. Nicht weit entfernt vom Stephanplatz, an der Einmündung der Stephanstraße in die Perleberger Straße, ließ die Stadt Berlin zwischen 1887 und 1891 zwei weitere Schulen errichten, die als Wohnfolgeeinrichtungen das rasche Wachstum Neu-Moabits im ausgehenden 19. Jahrhundert dokumentieren.

Die **160. und 188. Gemeindeschule** und die **5. Realschule** (Abb. 219, Liste Nr. 41) nehmen ein Grundstück ein, das von der **Stephanstraße 2-3** bis zur **Quitzowstraße 142** reicht.[659] Von der 1887–88 erbauten Gemeindedoppelschule blieb nur das Lehrerwohnhaus erhalten, das sich mit einer roten Backsteinfassade der Stephanstraße zuwendet. Der zugehörige Klassentrakt wurde im Zweiten Weltkrieg zerstört und 1961 abgerissen. Das nebenstehende Lehrerwohnhaus, das eine mit gelbem Backstein verkleidete Straßenfront besitzt, gehört zur 1889–91 errichteten 5. Realschule. Der rückwärtige, quer gestellte Klassentrakt ist mit der Schmalseite auf die Quitzowstraße ausgerichtet. Die historischen Gebäude sind heute Teil der Moses-Mendelssohn-Gesamtschule. An die Altbauten wurde 1983–85 ein neuer Klassentrakt angefügt, sodass ein attraktives Schulensemble entstand.[660] Der Schulhof wird über eine moderne hausartige Toranlage an der Stephanstraße erschlossen. Obwohl die beiden Lehrerwohnhäuser an der Stephanstraße unmittelbar nacheinander entstanden sind, lassen sich Unterschiede in der Gestaltung erkennen. Das Wohnhaus der Gemeindedoppelschule, entworfen von Stadtbaurat Hermann Blankenstein, ist mehr dem spätklassizistischen Baustil der Schinkelschule verpflichtet. Gemäß dem damaligen Verständnis führte man den Bau sehr nüchtern aus. Bestimmend sind die regelmäßig aufgereihten Segmentbogenfenster, die horizontal gliedernden Gesimse und die feinen Terrakottaarbeiten. Die Gebäude der 5. Realschule, die alle mit gelbem Backstein verkleidet sind, wurden von Fridolin Zekeli entworfen, einem Mitarbeiter des Stadtbaurats. Beim Klassentrakt hielt sich Fridolin Zekeli an den charakteristischen Baustil Hermann Blankensteins. Das dreigeteilte Schulgebäude besitzt eine blockhafte Grundform, die gelben Backsteinfronten werden durch rote Ziegelstreifen und Gesimse gegliedert, in der Mitte sieht man die bekannten Rundbogenfenster, die auf die Aula verweisen. Das Lehrerwohnhaus wurde dagegen als eigenständiges Bauwerk behandelt. Die Fenster erhielten Gewände aus Sandstein, aus einem Material, das von Hermann Blankenstein nur selten verwendet wurde. Der Fassadenaufbau mit dem seitlich angeordneten Erker und den auskragenden Fensterverdachungen ist vor allem durch Formen der Renaissance geprägt.

Unmittelbar an der Schule mündet die Stephanstraße in die Perleberger Straße. Die Straßenachse, die von der Stromstraße abzweigt, verbindet Moabit in gerader Linie mit dem Wedding. An der Nordseite der Perleberger Straße bilden Mietshäuser eine geschlossene Bebauung. Die Südseite dagegen öffnet sich zu den großflächigen Arealen des ehemaligen Exerzierplatzes, des Krankenhauses Moabit und der Schultheiss-Brauerei. Die Mietshäuser in der Perleberger Straße gehen ebenfalls auf die Tätigkeit der Baugesellschaft „Am kleinen Tiergarten" zurück. Nur wenige Stuckfassaden sind unverändert erhalten. Neben Mietshäusern, die den spätklassizistischen Stil der 1870er Jahre zeigen, fällt vor allem das um 1890 errichtete Eckhaus **Perleberger Straße 57/Rathenower Straße 49** auf, das mit seiner plastischen Stuck-Putz-Fassade die Straßenkreuzung beherrscht (Abb. 220, Liste Nr. 156).[661] Mit der kräftigen Rustika der gesamten Straßenfront, den breiten bandartigen Gesimsen, dem wuchtigen ausladenden Kon-

219. Stephanstraße 2-3/ Quitzowstraße 142, 5. Realschule, Klassentrakt, 1889–91 Fridolin Zekeli

220. Perleberger Straße 57/Rathenower Straße 49, Mietshaus, um 1890

solgesims am Dach und den variierenden Fensterverdachungen ist das Gebäude ein typisches Beispiel für den eklektizistisch überladenen Fassadenstil des ausgehenden 19. Jahrhunderts. Obwohl der Dekor aus Musterbüchern zusammengesetzt wurde, ist doch eine gewisse Eigenständigkeit bemerkbar, die vor allem aus der Ecklösung mit dem originellen Erkermotiv resultiert. Der über drei Geschosse reichende Erker wird von einer ornamentierten Bogenblende abgeschlossen. Gleichartige, die Fassade gliedernde Erker wurden an den Seitenfronten ausgebildet.

Im Umkreis der Kasernen, die östlich der Rathenower Straße den großen Exerzierplatz begrenzten, bestand ein großer Bedarf an herrschaftlichen Wohnungen für Offiziere. Ihr bevorzugtes Wohngebiet war die in den 1870er Jahren ausgebaute Rathenower Straße. Das 1884 errichtete Wohnhaus **Rathenower Straße 52** (Abb. 221, Liste Nr. 172) unterscheidet sich mit seiner von der florentinischen Frührenaissance beeinflussten Fassadengestaltung, aber auch mit seiner ungewöhnlichen Grundrissteilung von den üblichen Mietshäusern in Neu-Moabit.[662] Bauherr und Architekt war C. Bergmann, der auch die Ausführung leitete. Die stucklose, flache Straßenfront, teils verputzt, teils mit Ziegeln verblendet, wirkt mit dem ausladenden Dach, dem Sgrafittofries unter der Traufe, dem zweigeschossigen Backsteinsockel und den geometrischen Mustern der verputzten Wandflächen sehr eigenwillig. Der in Sgraffitotechnik ausgeführte Dekor ist nur noch teilweise erhalten.[636] Das einzige raumgreifende Element ist die backsteinverkleidete Loggienpartie, die den Hauseingang einbindet und die Mitte des Hauses betont. Sie verweist auf das dahinter liegende Treppenhaus, an das sich ein Lichthof anschließt. Das Mietshaus zeigt eine ausgefallene Grundrisslösung, die auf einer strikten Trennung von Wohn- und Wirtschaftsbereichen beruht. Das in der Mitte angeordnete Treppenhaus erschließt auf jedem Stockwerk zwei spiegelgleiche Fünfzimmerwohnungen, die bis in die beiden Seitenflügel reichen. Anstatt Küche, Bad, Speise- und Mädchenkammer an einem seitlichen Korridor des Seitenflügels aufzureihen, wurden alle Wirtschaftsräume im Vorderhaus angeordnet. Sie sind zum Lichthof orientiert und mit dem Eingangskorridor über einen kurzen Flur verbunden. Dadurch war es möglich, eine Raumflucht auszubilden, die vom Wohnraum an der Straßenseite über das Berliner Zimmer bis zu den Schlafräumen im Seitenflügel reicht. Die ungewöhnliche Grundrissorganisation nimmt Vorstellungen des bürgerlichen Reformmietshauses der Jahrhundertwende vorweg, sie macht die Besonderheit des Mietshauses aus, zu der auch die originelle Fassadengestaltung gehört, die sich von der zeittypischen Stuckarchitektur weit entfernt hat.[664]

Die Wilsnacker Straße gehörte zu den Straßen, die die Baugesellschaft „Am kleinen Tiergarten" in den 1870er Jahren anlegen und parzellieren ließ. Nur noch wenige Mietshäuser haben hier den Zweiten Weltkrieg und die Gebietssanierung der Nachkriegszeit unbeschadet überstanden. Einen Eindruck vom ursprünglichen Charakter des Wohnviertels erhält man noch im Abschnitt zwischen Perleberger Straße und Kruppstraße. Dort sieht man die beiden benachbarten, ehemals identisch gestalteten Mietshäuser Wilsnacker Straße 40 und 41, die 1886 von Maurer- und Zimmermeister Ludwig Krüger errichtet wurden. Nur am Mietshaus **Wilsnacker Straße 41** (Liste Nr. 220) ist der ursprüngliche Fassadendekor erhalten. Die flachen Stuck-Backstein-Fassaden kommen ohne Erker oder Risalit aus. Die Mittelachse wird lediglich durch einen halbrunden Balkon im dritten Stockwerk betont. Die Dekoration zeigt aufkommende neubarocke Einflüsse. Die drei Geschosse, die über dem hohen Rustikasockel aufwachsen, werden durch Lisenen gegliedert. Die florale und figürliche Stuckornamentik mit Masken, Frauenköpfen und Blattwerk könnte von Bildhauer Ernst Mielke stammen, der als Bauherr des Hauses Wilsnacker Straße 41 auftrat und im Hofgebäude eine „Stuck- und Cement-Giesserei" für Bauornamente betrieb. Der Grundriss der beiden Mietshausanlagen, die über Seiten- und Quergebäude sowie Läden im Erdgeschoss verfügen, zeigt die für die Baugesellschaft „Am kleinen Tiergarten" typische Differenzierung der Wohnungsgrößen. Im zweiten und dritten Stockwerk des Vorderhauses erstreckten sich größere Drei- und Vierzimmerwohnungen mit Bad, während in den anderen Bereichen sehr einfache, aber mit Innentoiletten ausgestattete Kleinwohnungen untergebracht waren.

221. Rathenower Straße 52, Wohnhaus, 1884 von C. Bergmann

222. Wilsnacker Straße 60, Mietshaus, 1879–80 von Max Kühnlein; Wilsnacker Straße 61, Mietshaus und Werkstattgebäude, 1879–80

Dass die Mietshäuser Wilsnacker Straße 60 und 61 reich dekorierte Neorenaissancefassaden erhielten, ergab sich aus der Nähe zur Turmstraße, die seit den 1880er Jahren zu einer Wohn- und Geschäftsstraße mit gehobenem Standard ausgebaut wurde. Der in Moabit ansässige Baustoffhändler und Ziegeleibesitzer Alexander Bredow ließ die beiden Häuser 1879–80 errichten.[665] Den Entwurf für das Mietshaus Wilsnacker Straße 60 lieferte der Architekt Max Kühnlein, der das Nachbarhaus Wilsnacker Straße 61, dessen Architekt unbekannt ist, nach der Fertigstellung erwarb.[666]

Auf dem Grundstück **Wilsnacker Straße 60** existiert nach dem Abbruch der Hintergebäude 1977 nur noch das Vorderhaus (Abb. 222, Liste Nr. 221). Die fünfgeschossige Straßenfront, die Motive italienischer Renaissancepalazzi aufgreift, zeichnet sich durch aufwendige und originelle Stuckornamente aus, die jedem Geschoss ein eigenes Gepräge geben. Die Fensterverdachungen, versehen mit floralem und figuralem Schmuck, unterscheiden sich von Stockwerk zu Stockwerk, wobei die auf den Fenstergiebeln des vierten Geschosses gruppierten Putten besonders beeindrukken. Das hohe Rundbogenportal des Hauseingangs ist mit Viktorien geschmückt, die mit Schwert und Siegeskranz den Deutsch-Französischen Krieg zu glorifizieren scheinen. Mittels Portal und Durchfahrt werden Erdgeschoss und Hochparterre geschickt zusammengefasst, wobei die Rundbogenfenster des Hochparterres deren Bogenmotiv wiederholen. Das Vorderhaus enthält passend zur aufwendigen Straßenfront großzügig geschnittene Drei- und Vierzimmerwohnungen mit Bad. Die kleineren Wohnungen auf der linken Hausseite erhielten sogar einen zweiten Zugang über ein eingeschobenes Dienstbotentreppenhaus nahe der Haupttreppe.

Beim Mietshaus **Wilsnacker Straße 61** (Abb. 222, Liste Nr. 222) ließ man Seitenflügel, Quer- und Werkstattgebäude stehen, die nach der Entkernung der Nachbarhöfe heute freigestellt sind. Die prunkvoll überladene Straßenfront des Vorderhauses ist mit antikisierenden Stuckornamenten und klassischem Bauschmuck ausstaffiert, die dem Mietshaus eine repräsentative Bürgerlichkeit verleihen. Spätklassizistische und von der Neorenaissance der Nachschinkelzeit beeinflusste Elemente sind eklektizistisch zu einem eigenwilligen Ausdruck verwoben. Neben mächtigen Atlanten, die die seitlichen Erker stützen, findet man antik gewandete Koren in der Art von Hermenpilastern oberhalb des Hauseingangs, Erkersäulen mit Maskenreliefs am Säulenschaft, Reliefs mit geflügelten Fabelwesen sowie Rankenfriese in den Fensterbrüstungen und ein prächtiges Gebälk mit Löwenköpfen unterhalb der Traufe. Entrée und Treppenhaus zeigen das Bedürfnis des Bauherrn nach vornehmer Gediegenheit. In klassischer Manier sind die Wandflächen durch Pilaster gegliedert und in geometrische Stuckmarmorfelder aufgeteilt, während unten eine kassettierte Paneele zu sehen ist. Die Seiten- und Quergebäude mit Putzbänderung, Gesimsen und geraden Fensterverdachungen gruppieren sich um einen ersten Hof. Dort befindet sich eine kleine Gartenanlage, die die bemerkenswerte, für Moabit ungewöhnliche Wohnqualität unterstreicht. Der zweite Hof wird von einem Werkstattgebäude begrenzt. Das schmale, dreigeschossige Wirtschaftsgebäude mit Tischlerei, Stallungen und Remisen besitzt eine rot-gelbe Backsteinfassade, die durch Wandpfeiler und Blenden untergliedert wird.

Zwischen Strom- und Waldstraße

Zwischen Stephan- und Beusselkiez bestimmen regelmäßige, rechteckige Blöcke und ruhige Wohnstraßen den Stadtgrundriss. Das von Beussel- und Stromstraße, wichtigen Nord-Süd-Achsen, begrenzte Terrain der früheren Kämmereiheide erhielt seine Blockeinteilung erst nach Revision des Hobrecht'schen Bebauungsplans in den 1880er Jahren. Verantwortlich für die verdichtete Mietshausbebauung, die bis heute das Quartier prägt, waren überwiegend einzelne Bauunternehmer. Die Wohngebäude sind oft mit Hinterhofgewerbe durchmischt. Da im Bebauungsplan keine Stadtplätze vorgesehen waren, mussten Kirchen und Schulen auf den üblichen lang gestreckten Mietshausparzellen errichtet werden. Die aus der Reihe der Mietshausfassaden hervorstechenden öffentlichen Gebäude tragen zum abwechslungsreichen Bild des Viertels bei.

Die Wilhelmshavener Straße wurde bereits in den 1880er Jahren angelegt. Im südlichen Abschnitt fällt eine von abgestuckten Mietshäusern umgebene, aufwendig gegliederte Fassade auf. Die repräsentative Front an der **Wilhelmshavener Straße 7** mit Strei-

223. Wilhelmshavener Straße 7, Umformwerk, 1900–01 von Franz Schwechten und O. Springmann

224. Arminiusstraße 2, Markthalle X, 1890–91 von Hermann Blankenstein

fenquaderung, Pilaster, vegetabilem Stuckdekor und kräftigem Konsolgesims gehört zum 1900–01 errichteten **Umformwerk** der Berliner Elektricitäts-Werke (BEW) (Abb. 223, Liste Nr. 216).[667] Die Einrichtung des Umformwerks hängt mit dem Bau des 1900 in Betrieb genommenen Kraftwerks Moabit zusammen. Die Unterstation übernahm die Umwandlung des hochgespannten, über Erdkabel gelieferten Drehstroms in Gleichstrom von niedrigerer Spannung, der für die Versorgung der Moabiter Haushalte sowie der elektrischen Straßenbahn benötigt wurde. Die Anlage gehörte damit zum Netz der Berliner Stromverteilung, bestehend aus großen Drehstromkraftwerken am Stadtrand und Umformwerken in den einzelnen Stadtvierteln. Als eine der wenigen erhaltenen Unterstationen der Jahrhundertwende besitzt die Anlage in der Wilhelmshavener Straße eine hohe technikgeschichtliche Bedeutung. Die architektonisch herausragende Gestaltung der Schauseite geht vermutlich auf Franz Schwechten zurück, den Hausarchitekten der BEW, während O. Springmann, Ingenieur der Allgemeinen Elektricitäts-Gesellschaft (AEG), den Grundrissaufbau und die technische Konzeption entwarf. Franz Schwechten, der die Unterstationen mal im mittelalterlichen Backsteinstil, mal in Renaissanceformen gestaltete, wählte hier eine klassizistische Architektursprache. Nach dem Verständnis seiner Zeit verbarg er die technischen Anlagen hinter einer ornamental geschmückten, dreigeschossigen Stuckfassade, sollte doch die prachtvolle Architektur auf die wachsende Bedeutung der Elektrizität aufmerksam machen. Nur die hohen Rundbogenfenster im Erdgeschoss, ehemals notwendige Tore für die Unterbringung der großen Transformatoren, verweisen auf die dahinter liegende Maschinenhalle. Der Schlussstein des seitlichen Eingangs ist mit einem Blitzbündel geschmückt, der als Symbol der Elektrizität auf die technische Nutzung des Gebäudes hinweist.

Ganz anders ging Hans Müller vor, der 1925 das Umformwerk erweiterte und ein Hofgebäude auf dem tiefen, bis zur Stromstraße reichenden Grundstück errichtete.[668] Der Hausarchitekt der Berliner Städtische Elektrizitätswerke Aktiengesellschaft (BEWAG) gestaltete den Zweckbau in dem für ihn typischen sachlichen Backsteinstil. Den Prinzipien des Neuen Bauens der 1920er Jahre entsprechend, zeichnet sich die Funktion deutlich an der Fassade ab, wobei hohe Fenster auf die im Erdgeschoss liegende Halle für die Transformatoren hinweisen, während die schmalen Schlitzfenster der Obergeschosse die Zellen der Akkumulatorenbatterien anzeigen. Nach mehreren Umbauten ging leider die klare Fassadengliederung verloren.[669]

Die von Hermann Blankenstein und August Lindemann 1890–91 errichtete Arminius-Markthalle (Abb. 224–225, Liste Nr. 68), **Arminiusstraße 2, Bremer Straße 3-9, Bugenhagenstraße 19** und **Jonasstraße 9**, nimmt raumgreifend einen ganzen Baublock ein.[670] Sie gehört zu den überdeckten Markthallen, die der Berliner Magistrat zwischen 1883 und 1892 anstelle der bisher üblichen offenen Märkte erbauen ließ, um die Versorgung der Großstadt mit hygienisch einwandfreien Lebensmitteln zu verbessern. Für die **Markthalle X** in Moabit wurde das noch unbebaute Areal hinter dem Arminiusplatz gewählt, auf dem bis dahin der Wochenmarkt stattgefunden hatte. Auf dem früheren Arminiusplatz steht heute das Rathaus Tiergarten. Da es in Moabit keinen eigentlichen Siedlungskern gibt, bilden Markthalle und Rathaus den kommunalen Mittelpunkt des Stadtviertels. Hermann Blankenstein, der als Stadtbaurat den Bautyp der Markthalle entwickelt hatte, wiederholte in Moabit das Konstruktionsprinzip einer mehrschiffigen, von Straßen eingefassten Halle, das er bereits mit der Markthalle V auf dem Magdeburger Platz erprobt hatte. Zwischen zweigeschossigen Kopfbauten an Arminius- und Bugenhagenstraße, die ein Restaurant, Verwaltungsräume und Wohnungen für

Angestellte des Markthallenbetriebs aufnahmen, spannte er eine dreischiffige basilikale Halle, die von einer filigranen guss- und schmiedeeisernen Konstruktion getragen wird. Beeindruckend ist das Gefüge aus 72 schlanken Säulen und Bogenbindern mit dekorativen Druckringen, die im Mittelschiff eine Laterne und über den Seitenschiffen quer gestellte Sheds stützen. Die hohen, dreigeteilten Fenster der Seitenwände sorgen zusammen mit den Sheds und der allseits verglasten Laterne für eine lichtdurchflutete Atmosphäre. Der lichten Transparenz des Innenraums sind massive, mit rotem Backstein verblendete Außenwände entgegengestellt. Die zweigeschossigen Kopf- und Eckbauten und die übrigen Seitenfassaden folgen dem von Hermann Blankenstein bevorzugten spätklassizistischen Stil. Leider wurden 1951 die Loggien entfernt, die den Haupteingang an der Arminiusstraße flankiert und mit ihren Rundbogenarkaden nach florentinischem Vorbild eine repräsentative Schauseite ausgebildet hatten. An Bremer Straße und Jonasstraße sind dagegen noch immer die durchfensterten, mit Terrakotten geschmückten Giebelwände zu sehen, über denen sich die shedgedeckten Seitenschiffe abzeichnen. Hermann Blankenstein verwendete auch hier materialgerechten Bauschmuck aus Backstein und Terrakotta, wobei die flächigen braunvioletten Terrakottatafeln mit Rautenmuster besonders hervorstechen. An den beiden Haupteingängen sind in den Zwickeln der Rundbogenöffnungen Kopfmedaillons mit Merkur und Sprea angebracht, die auf die Nutzung der Markthalle hinweisen. Die restaurierte, bis heute funktionstüchtige Halle hat sich zu einem wichtigen nachbarschaftlichen Treffpunkt und unverwechselbaren Mittelpunkt Moabits entwickelt.[671]

Die von der Turmstraße abzweigende Bremer Straße wurde nach Mitte der 1870er Jahre mit Mietshäusern bebaut. Aus dieser Zeit stammen die niedrigen dreigeschossigen Wohngebäude Bremer Straße 63-64 und 68, die der Bauunternehmer und Zimmermeister Albert Heinel nach eigenen Plänen errichten ließ.[672] Die Mietshäuser mit ihren vornehmen spätklassizistischen Fassaden erinnern, umgeben von hohen fünfgeschossigen Mietskasernen, an den Beginn der Verstädterung Neu-Moabits, die gleichzeitig mit ihrem Bau einsetzte. Sie besitzen seitliche Durchfahrten mit einem von dort abgehenden Treppenhaus. Jedes Stockwerk enthält zwei große Dreizimmerwohnungen, die für besser gestellte Mieter bestimmt waren. Die Wohnungsgrundrisse sind größtenteils verändert, während die alten Stuckfassaden erhalten blieben. Bei der 1876–77 errichteten Mietshausgruppe **Bremer Straße 63-64** (Abb. 226, Liste Nr. 17) grenzen spiegelbildlich angelegte Fassaden aneinander, die aber Unterschiede im Dekor aufweisen.[673] Sie besitzen eine dreiteilige Horizontalgliederung mit unterschiedlichen Fenstereinfassungen in jedem Geschoss, wobei am letzten Stockwerk des Hauses Bremer Straße 64 korinthische Pi-

225. Markthalle X, Innenansicht

226. Bremer Straße 63-64, Mietshausgruppe, 1876–77 von Albert Heinel

laster und aufgeblendete Rundbögen zu sehen sind, die das Palladiomotiv spielerisch anklingen lassen. Diese Dekoration findet man auch beim Wohnhaus Bremer Straße 68. Die ursprüngliche Bebauung bestand nur aus den beiden Vorderhäusern. Um das Grundstück besser auszunutzen, ließ Fabrikant Paul Schütze, der damalige Eigentümer, 1903–04 ein fünfgeschossiges Hofgebäude mit Seitenflügel und Quergebäude, ausgestattet mit großzügig geschnittenen Drei- und Fünfzimmerwohnungen errichten.[674] Die um zwei Geschosse höhere Hinterhofbebauung verdeutlicht die zunehmende Verdichtung Neu-Moabits im ausgehenden 19. Jahrhundert.

Gegenüber der Arminius-Markthalle steht das Wohnhaus **Bremer Straße 68** (Abb. 227, Liste Nr. 81), das ebenfalls 1876–77 errichtet wurde.[675] Die Straßenfront ist besonders reich verziert. Zwischen dem kleinteiligen Mäanderfries über dem zweiten Stockwerk und dem Konsolgesims ist das bekannte Dekorationssystem aus vorgeblendeten Pilastern und Rundbögen zu erkennen. Auf dem zugehörigen Grundstück steht ein unverputztes Seitengebäude mit sehr hohen und weiten Fenstern. Es wurde 1895 als Lagergebäude errichtet. Die großen Wandöffnungen deuten auf eine jahrzehntelange Nutzung als Bildhauerwerkstatt hin, die von der Firma Albert Bachmann & Söhne seit 1919 in dem dafür aufgestockten Gebäude betrieben wurde.[676] An den traditionsreichen Familienbetrieb erinnert ein Schriftzug im Oberlichtglas der Durchfahrtstür zum Hof.

Nicht weit von der Arminius-Markthalle entfernt findet man eine weitere Einrichtung der städtischen Infrastruktur, die die Verstädterung Moabits im ausgehenden 19. Jahrhundert deutlich macht. An der **Waldenserstraße 2-4**, auf einem Grundstück, das früher bis zur Wiclefstraße durchging, ließ die **Große Berliner Pferde-Eisenbahn AG** (Abb. 228, Liste Nr. 207) 1890–91 ihren letzten Betriebshof errichten.[677] Die Baupläne für die größte Anlage dieser Art des Verkehrsunternehmens stammen von Oberingenieur Joseph Fischer-Dick, der einen maßgeblichen Anteil am betriebstechnischen Aufbau und an der architektonischen Gestaltung hatte. Obwohl der Betriebshof nach der Elektrifizierung der Berliner Straßenbahn 1904 stillgelegt wurde, blieben die alten Backsteingebäude erhalten.[678] Das Gelände wird seit 1924 als Gewerbehof genutzt. Anschaulich lässt sich die frühere betriebliche Organisation ablesen. Aufgrund der hohen Bodenpreise und den beengten Verhältnissen auf den innerstädtischen Grundstücken mussten Pferde und Wagen auf mehreren Stockwerken untergebracht werden. Dazu entwickelte man die Bauform des Etagenpferdestalls. Auf dem Grundstück stehen sich zwei lang gestreck-

227. Bremer Straße 68, Mietshaus, 1876–77 von Albert Heinel

228. Waldenserstraße 2-4, Betriebshof der Großen Berliner Pferde-Eisenbahn AG, 1890–91 von Joseph Fischer-Dick

te, mit rotem Backstein verkleidete Gebäude gegenüber, die mit der Schmalseite zur Waldenserstraße weisen. Das westliche, viergeschossige Gebäude konnte in den beiden unteren Etagen 506 Pferde aufnehmen. Innen führen quer liegende lange Rampen vom Erdgeschoss in das obere Stockwerk. Zusammen mit den Rampen blieben auch die preußischen Kappendecken erhalten. Das gegenüberliegende östliche Gebäude, das zwei Geschosse umfasst, diente als Wagenschuppen. Es wurde im Zweiten Weltkrieg beschädigt und 1959–60 vereinfacht wieder aufgebaut. Erhalten blieb der Kopfbau, der frühere Wohn- und Verwaltungstrakt, der dem Stallgebäude an der Waldenserstraße vorgelegt ist. Mit der gelben Backsteinverkleidung und einem sparsamen Terrakottaschmuck hebt er sich von den übrigen Betriebsgebäuden ab. Der Pferdebahnhof, der zu den letzten verkehrstechnischen Einrichtungen dieser Art gehört, erinnert an das alte, von Pferdestraßenbahnen bestimmte Nahverkehrsnetz, das im ausgehenden 19. Jahrhundert für die Anbindung Moabits an die Innenstadt und die übrigen Stadtteile Berlins sorgte.

229. Waldenserstraße 30, Mietshaus, 1896–98 von Carl Bredereck

Vom Hof des Pferdebahnhofs fällt der Blick auf eine Mietshausreihe mit gut erhaltenen Stuckfassaden, die für die 1891 auf private Initiative angelegte Waldenserstraße charakteristisch sind. Das 1896–98 erbaute Mietshaus **Waldenserstraße 30** (Abb. 229, Liste Nr. 209) zeichnet sich durch einen dem Zeitgeschmack folgenden eklektizistischen Dekor der Straßenfront aus. Neben kräftigen Gesimsen, die für eine horizontale Gliederung sorgen, fallen die beiden seitlichen Erker-Balkon-Partien auf, die mit monumentalen Pilastern die Vertikale akzentuieren. Die fünfgeschossige Mietshausanlage umschließt mit Seiten- und Quergebäuden zwei Hinterhöfe.[679] Die Hofseiten sind glatt verputzt, während die gleichförmig aufgereihten Fenster eine Einfassung aus Backstein besitzen. Bauherr war der Pianofortefabrikant Hermann Trinne, Entwurf und Bauausführung übernahm Maurermeister Carl Bredereck.

Das Nachbarhaus **Waldenserstraße 31** (Abb. 230, Liste Nr. 210) löst sich vollkommen von der üblichen Mietshausarchitektur.[680] Das **Haus Wichern** wurde 1913–14 von Otto Kohtz unter der Bauleitung von Emil Schütze als Ledigenheim für unverheirate-

230. Waldenserstraße 31, Haus Wichern, 1913–14 von Otto Kohtz

te Arbeiter errichtet. Die Wohnanlage, die sich mit Vorderhaus, lang gestrecktem Seitenflügel und zwei Querflügeln um zwei begrünte Höfe gruppiert, beeindruckt durch ihre originelle künstlerische Gestaltung. Die hergebrachte Gliederung mit Giebeln, Gesimsen und Erkern ersetzte Otto Kohtz durch eine moderne, vom Reformwohnungsbau beeinflusste Struktur, die ihre Spannung aus der Komposition unterschiedlicher Materialien mit neuartigen Gliederungselementen erhält. Über dem bossierten dunklen Werksteinsockel erhebt sich eine helle, glatt verputzte Straßenfront. Bemerkenswert ist die Fensteranordnung. In die flächige Fassade sind drei vertikale Achsen mit konvex vorgewölbten, paarweise angeordneten Fenstern eingetieft. Die ebenfalls vorgewölbten Brüstungen erzeugen ein wellenförmig fließendes Moment, das zu den Fensterachsen spannungsvoll in Kontrast tritt. Die Brüstungsflächen sind mit Szenen aus dem Handwerker- und Arbeiterleben bemalt, die an die Arbeitswelt der Bewohner des Ledigenheims erinnern. In Duktus und Farbigkeit klingt die barocke Lüftlmalerei Süddeutschlands an. Das Ledigenheim, benannt nach Johann Hinrich Wichern, dem Gründer der Inneren Mission, dokumentiert die von privaten Vereinen getragene soziale Fürsorge im deutschen Kaiserreich. Alleinstehende wohnungslose Männer hatten bisher als „Schlafgänger" einen Übernachtungsplatz in den beengten Arbeiterwohnungen suchen müssen. Um diese Notstände zu überwinden, bot das Wohnheim 202 möblierte Zimmer an. Im Erdgeschoss war zudem eine öffentliche Speisehalle eingerichtet. Im Dachgeschoss gab es Brause- und Wannenbäder und als besondere Attraktion einen begrünten Dachgarten mit Schwimmbecken. Nach umfangreichen Umbauten 1983–85 für ein Jugenddorf des Diakonischen Werks blieb von der Grundrissteilung und der Ausstattung nichts mehr übrig. Über der seitlichen Durchfahrt befindet sich ein figürliches Relief, außerdem eine Erinnerungstafel mit dem Bildnis des Kaisers, die an die Einweihung des Ledigenwohnheims zum 25-jährigen Regierungsjubiläum Wilhelms II. erinnert. Beide Bildhauerarbeiten schuf Georges Morin.

An der Ecke **Oldenburger Straße 45-46** und **Waldenserstraße** wird der enge Straßenraum durch eine katholische Kirchen- und Klosteranlage geöffnet (Abb. 231–233, Liste Nr. 34). Der Architekt, Engelbert Seibertz, schuf 1892–93 eine ausgewogene Baugruppe im neogotischen Backsteinstil, bestehend aus der Pfarrkirche **St. Paulus** und dem angeschlossenen **Dominikanerkloster**, die zu den bedeutenden katholischen Kirchenbauten Berlins im ausgehenden 19. Jahrhundert zählt.[681] Um der mächtigen Zweiturmfront eine bessere Wirkung zu verleihen, wurde das Kirchenschiff gegenüber der Bauflucht weit zurückgesetzt, sodass an der Waldenserstraße ein geräumiger Vorplatz entstand. Die von

231. Oldenburger Straße 45-46/Waldenserstraße, Kath. St. Paulus-Kirche mit Dominikanerkloster, 1892–93 von Engelbert Seibertz

232. Kath. St. Paulus-Kirche, Dominikanerkloster, 1892–93 von Engelbert Seibertz; Pfarr-und Gemeindehaus, 1906–07 von Hermann Bunning

schlanken Türmen flankierte Eingangsseite ist mit einer Fensterrose geschmückt, darüber erhebt sich ein Staffelgiebel, der auf spätgotische Vorbilder in der Mark Brandenburg zurückgeht. St. Paulus gehört zu den wenigen katholischen Hallenkirchen des 19. Jahrhunderts. Der dreischiffige Hallenraum, der sich durch harmonische Proportionen auszeichnet, wird durch schlanke Bündelpfeiler gegliedert, die Kreuz- und Sterngewölbe tragen. Die kurzen Querarme werden von Emporen eingenommen. Das heutige Bild des Innenraums geht auf die 1960 durchgeführte Vereinfachung zurück, bei der Teile der neugotischen Ausstattung verloren gingen. Bereits 1934 hatte man die ornamentale Ausmalung entfernt.

Hermann Bunning entwarf 1906–07 einen Erweiterungsbau, mit dem die Kirchen- und Klosteranlage ihr heutiges Aussehen erhielt. An der Oldenburger Straße ist das Pfarr- und Gemeindehaus angeordnet, das zusammen mit einem dreigeschossigen Verbindungsbau und dem 1892–93 von Engelbert Seibertz errichteten Konventsgebäude des Dominikanerklosters einen beschaulichen Klosterhof umschließt.[682] Hermann Bunning orientierte sich an der Backsteinbaukunst Norddeutschlands, sodass eine Baugruppe von großer Geschlossenheit entstand, obwohl jedes Gebäude individuell gestaltet ist. Giebel, Maßwerkfenster, ziegelgedeckte Dächer und geschmückte Portale erwecken einen malerischen Eindruck. Auf diese Weise erscheint die Baugruppe wie ein in Jahrhunderten gewachsenes Ensemble.

Das 1867 von Ceslaus Graf v. Robiano ins Leben gerufene Dominikanerkloster besitzt eine große kirchengeschichtliche Bedeutung. Die erste Klostergründung in Berlin nach der Reformation empfanden viele evangelischen Christen als Provokation. Nach dem „Moabiter Klostersturm", bei dem aufgebrachte Anwohner die Niederlassung der Mönche verwüstet hatten, wurde das Dominikanerkloster 1869 aufgelöst, aber 1889 wiedergegründet. Die Klosterkirche betreut die katholischen Christen in Moabit. Auf dem benachbarten Grundstück wurde 1966 eine katholische Schule errichtet. Der von Hermann Jünemann entworfene viergeschossige Stahlbetonskelettbau sucht mit einer blauroten Klinkerverkleidung den Bezug zu den Altbauten.

Das schlossartige viergeschossige Gebäude mit einem schmuckreichen Renaissanceportal vor der Einmündung der Waldenserstraße in die Waldstraße ist die **240. und 254. Gemeindeschule** (Abb. 234, Liste Nr. 45), die 1902–04 Stadtbaurat Ludwig Hoffmann unter Mitarbeit von Georg Matzdorff, Carl Roemert und Otto Stiehl ausführte.[683] Für den Schulbau stand eine doppelte Mietshausparzelle an der **Waldenserstraße 20-21** zur Verfügung, die sehr tief in die Blockinnenfläche hineinreicht. An der Straßenseite ordnete Ludwig Hoffmann einen kompakten Klassentrakt an, bestehend aus Vorder- und Quergebäude, die zusammen mit außerordentlich schmalen Seitenflügeln einen

233. Kath. St. Paulus-Kirche, Kirchenraum

234. Waldenserstraße 20-21, 240. und 254. Gemeindeschule, 1900–02 von Ludwig Hoffmann, Georg Matzdorff, Carl Roemert und Otto Stiehl

Schulhof umschließen. Dahinter folgt ein zweiter, mit regelmäßigen Baumreihen begrünter Hof, der von der Turnhalle begrenzt wird.[684] Ludwig Hoffmann, der 1896 das Amt des Stadtbaurats übernommen hatte, wählte eine zeitgemäße Architektur, die sich von dem akademischen Backsteinstil seines Vorgängers Hermann Blankensteins deutlich abhob. Die Baugruppe strahlt eine große Homogenität aus. Mit der sandsteingegliederten Putzfassade und dem umbauten Innenhof erinnert die Gemeindedoppelschule an Schlossbauten der Renaissance oder des Frühbarock. Dazu trägt nicht zuletzt das prächtige, von Säulen flankierte barocke Sandsteinportal in der Mittelachse bei. Die Fenster der Straßenfront sind zu Gruppen zusammengefasst und in die verputzten, weiß gestrichenen Wandflächen eingegliedert, während kräftige Rustikastreifen aus Sandstein für eine rhythmische vertikale Gliederung sorgen. Der klare Aufbau und die sorgfältig eingesetzten Schmuckformen kennzeichnen den unaufdringlichen, auf Schönheit bedachten Stil Ludwig Hoffmanns. Der qualitätsvolle Baudekor, vor allem am Hauptportal, soll für eine freundliche Stimmung sorgen. Die Wappenkartusche mit dem Berliner Bären steht für den kommunalen Schulträger, sitzende Eulen symbolisieren die Weisheit, während über den Säulen stämmige Bären zu sehen sind, die einem Jungen und einem Mädchen das Lesen beibringen. Diese hervorragenden Arbeiten schuf Otto Lessing, der zu den bedeutenden Bildhauern des wilhelminischen Kaiserreichs zählte.

Gegenüber der Gemeindedoppelschule steht das fünfgeschossige Mietshaus **Waldenserstraße 15** (Abb. 235, Liste Nr. 208), das nicht nur durch seine originelle Fassadengestaltung beeindruckt, sondern auch ausgefallene figürliche Stuckreliefs zeigt. Die Bildmotive – Kuh- und Pferdeköpfe, Milchflaschen, Milchmädchen mit Korb sowie mit einer Glocke bimmelnde Milchjungen – geben einen deutlichen Hinweis auf den Bauherrn. Die Mietshausanlage mit Vorderhaus, Seiten- und Querflügel wurde 1904–05 für die Schweizerhof Meierei und Milchkuranstalt August Zeitner GmbH errichtet, die auf dem nordwestlich angrenzenden Grundstück Emdener Straße 46-47 ihren Stammsitz hatte.[685] Über die seitliche Durchfahrt bestand eine Verbindung zur Meierei, die um 1900 von Hermann Solf und Franz Wichards errichtet wurde, aber den Zweiten Weltkrieg nicht überstanden hat.[686] Das Mietshaus, das von dem in Moabit ansässigen Architekten Wilhelm Kiehnel gestaltet wurde, nahm Wohnungen für Angestellte der Meierei sowie die Kantine auf. Im Ladengeschäft im Erdgeschoss wurden die Meiereierzeugnisse verkauft. Mit dem asymmetrischen Fassadenaufbau, dem Erker und der seitlichen Loggiapartie ist der Einfluss des Reformwohnungsbaus erkennbar. Die bildhaften Reliefs erinnern an die Bedeutung Moabits für die Milchversorgung der Großstadt Berlin. Angezogen vom erfolgreichen Meiereibetrieb Carl Bolles entstanden zur Jahrhundertwende mehrere kleine Meiereien, unter ihnen der Schweizerhof, die frische Milch und Milcherzeugnisse unter modernen hygienischen Bedingungen verarbeiteten, lagerten und auslieferten.

Die Waldstraße wurde bereits 1818 angelegt, als die Rodung der städtischen Kämmereiheide begann. Die ersten Ansiedler errichteten kleine ländliche Wohnhäuser und Gärten. Die vorstädtische Bebauung wurde nach der Eingemeindung Moabits 1861 allmählich von mehrgeschossigen Mietshäusern verdrängt. Um die Jahrhundertwende entstanden stattliche Mietshausanlagen mit lebhaft gegliederten Fassaden und Dächern, und die Waldstraße erhielt 1905 eine Mittelpromenade. Die Zerstörungen des Zweiten Weltkriegs und die Neubauten der Nachkriegszeit haben das alte Straßenbild erheblich verändert.

Das Mietshaus **Waldstraße 54** (Abb. 236, Liste Nr. 211), das Rechtsanwalt R. A. Katz 1902–03 errichten ließ, markiert einen stilistischen Umbruch in der Mietshausarchitektur. Der erste Entwurf, 1896 vorgelegt von Maurermeister R. Crampe, wurde nicht verwirklicht. Er zeigt noch den üblichen historistischen Baustil mit einer dekorierten, symmetrisch aufgebauten Fassade. Der 1902 von Hermann Salow erstellte Entwurf hat sich bereits von den architektonischen Vorstellungen des 19. Jahrhunderts entfernt, wie man an den malerischen Loggien und Balkonen sehen kann. Aber auch diese Fassung wurde nicht realisiert. Für die endgültige Ausführung zog der Bauherr einen weiteren Architekten hinzu, Carl Sickel, der eine lebhaft gegliederte, asymmetrisch angelegte Straßenfassade gestaltete. Mit den glatten Wandflächen, dem seitlich angeordneten Erker, den Loggien und Balkonen, dem Giebel und dem ausladenden Krüppelwalmdach klingt die Reformarchitektur des beginnenden 20. Jahrhunderts an. Der bis dahin übliche Stuckdekor fehlt vollkommen. Ganz konnte man jedoch nicht auf traditionelle Motive verzichten, wie die Backsteinverkleidung des Erdgeschosses und des Erkers zeigt. Die roten Backsteinflächen bilden zusammen mit dem hellen Putz und dem ziegelgedeckten Dach ei-

235. Waldenserstraße 15, Mietshaus, 1904–05 von Wilhelm Kiehnel

236. Waldstraße 54, Mietshaus, 1902–03 von Hermann Salow und Carl Sickel; Waldstraße 55, 55A, Mietshaus, 1911 von Ernst-Heinrich Katzmann

nen harmonischen Farbklang. Das Mietshaus, das zu den besseren Wohnanlagen in Moabit zählte, verfügt im Vorderhaus über Dreizimmerwohnungen mit Bad und zwei zusätzlichen Kammern, im Seitenflügel sind wie üblich bescheidene Zweizimmerwohnungen, jedoch mit Innentoiletten, untergebracht. Das Quergebäude wurde 1955 abgebrochen.

Auch das benachbarte Doppelmietshaus **Waldstraße 55, 55A** (Abb. 236, 237, Liste Nr. 212) besitzt eine lebhafte, im Erbauungsjahr 1911 modern wirkende Fassade mit räumlich gestaffelten Balkonen, Loggien und Erkern. Der sparsame Dekor aus linearen und flächigen, teils abstrahierten Ornamenten nimmt Motive der Baukunst um 1800 auf, während das bewegte, reich gliederte Dach mit steilen, ziegelgedeckten Dachflächen den Landhausstil zum Vorbild hat. Die Mietshausanlage mit Seiten- und Quergebäuden, die einen großen Hof umgeben, wurde von Ernst-Heinrich Katzmann entworfen, dessen Baugeschäft die Ausführung übernahm. Der Bauherr Georg Wozogny ließ für sein Fuhrgeschäft mit Milchhandlung hinter dem Wohnhaus ein quer gelagertes zweigeschossiges Stallgebäude errichten, das bis heute erhalten ist. Der mit hellen, weiß gefassten Putzflächen, roten Backsteinlisenen und gitterartigem Backsteinblenden gegliederte Stall nahm 34 Pferde und 14 Milchkühe auf. Obwohl dort 1937 Garagen untergebracht wurden, ist der ursprüngliche Zweck immer noch ablesbar. Der Bautyp des hofseitigen Stallgebäudes, der nur noch in wenigen Beispielen vorkommt, bezeugt zugleich die Bedeutung der Milchindustrie in Moabit.

Parallel zur Waldenserstraße verläuft die Wiclefstraße, die im ausgehenden 19. Jahrhundert erschlossen und mit großstädtischen Mietshäusern bebaut wurde. Dort besaß der Maurermeister Friedrich Müller einige Parzellen, die er auf eigene Rechnung und nach eigenen Entwürfen bebauen ließ. Die von ihm 1899–1900 errichteten Mietshäuser Wiclefstraße 48 und 49 gehören zu den wenigen Gebäuden, die die Zerstörungen des Zweiten Weltkriegs überstanden haben. Von den ähnlich gestalteten Häusern hat nur das Mietshaus **Wiclefstraße 48** (Abb. 238, Liste Nr. 213) seinen Dekor vollständig behalten. Die beiden Mietshäuser besitzen Stuckfassaden im malerisch verklärten Gotikstil der Jahrhundertwende, wobei Elemente des floralen Jugendstils einflossen. Diese zeitweise als modern empfundene Stilrichtung kommt innerhalb der historisierenden Mietshausarchitektur nicht häufig vor. Die 1992 restaurierte Fassade des Hauses Wiclefstraße 48 zeichnet sich durch eine sorgfältige und einfallsreiche Detaillierung aus. Die Mittelachse wird durch ein Rundbogenportal und einen Schmuckgiebel betont, während über den Fenstern unterschiedlich gestaltete Kleeblatt-, Vorhang- und Kielbögen zu sehen sind. Zusammen mit den Wappendarstellungen und den floralen Reliefs entfaltet sich ein märchenhaftes, romantisches Bild.

Auch in der weiter westlich verlaufenden Wilhelmshavener Straße wirkte Friedrich Müller als Bauherr und Architekt. Das 1900–01 erbaute Mietshaus **Wilhelmshavener Straße 47** (Abb. 239, Liste Nr. 217) zeigt den von Müller bevorzugten malerischen gotisierenden Stil, der hier allerdings noch mehr von Jugendstilornamentik überlagert wird. Im Straßenbild fällt das Gebäude besonders auf, auch weil diese Stilrichtung in Moabit nur selten vertreten ist. Die axial gegliederte Straßenfront mit einem geschweiften Giebel und seitlichen Balkonachsen überrascht durch den ungewöhnlichen floralen und figürlichen Schmuck, der die historisierenden Elemente in den Hintergrund treten lässt. So sind die Ecken der Ladengeschäfte und der Tordurchfahrt mit Reliefs versehen, auf denen stilisierte Mohnpflanzen abgebildet sind, während die Portalüberdachung des Hauseingangs durch flächige, abstrahierte Blütenblätter geschmückt

237. Waldstraße 55A, Stallgebäude

238. Wiclefstraße 48, Mietshaus, 1899–1900 von Friedrich Müller

239. *Wilhelmshavener Straße 47, Mietshaus, 1900–01 von Friedrich Müller*

wird. Über den Fenstern des zweiten Stockwerks erkennt man florale Reliefs mit Frauenköpfen. Ein breiter Fries mit dichtem Rankenwerk unter dem Traufgesims schließt die Straßenfassade ab.

Im Norden bildet die Siemensstraße die Trennlinie zwischen den Wohnquartieren und dem weitläufigen Eisenbahngelände des Güterbahnhofs Moabit. Nur bis dorthin konnte die Mietshausbebauung vordringen. Ende der 1880er Jahre begann die Tätigkeit der Baugesellschaft Moabit, die sich auf das Gebiet südlich der Siemensstraße beschränkte. Um die Jahrhundertwende kamen Wohnfolgeeinrichtungen hinzu. Dazu gehört die **206. und 212. Gemeindeschule**, die 1894–96 auf dem lang gestreckten, sehr tiefen Grundstück **Siemensstraße 20** errichtet wurde (Abb. 240, Liste Nr. 40).[687] Die Parzelle war zu schmal, um den Klassentrakt an der Straße anzuordnen. Der Zugang zum Schulhof liegt neben dem Lehrerwohnhaus, das die Mietshausreihe an der Siemensstraße fortsetzt. Die gegenüberliegende Turnhalle wurde im Zweiten Weltkrieg zerstört und 1954 durch einen Neubau ersetzt. Der lang gestreckte Klassentrakt fand an der östlichen Grundstücksgrenze Aufstellung. Mit einem kammartigen Grundriss lehnt er sich an die Hinterhofbebauung der benachbarten Mietshäuser an, während die Schauseite zum Schulhof weist, der von einer Backsteinmauer abgegrenzt wird. Die 206. und 212. Gemeindeschule ist eine der letzten Schulbauten von Stadtbaurat Hermann Blankenstein, der 1896 aus dem Amt schied. Dass die Schule in den 1890er Jahren errichtet wurde, sieht man an dem eigenwilligen Mischstil. Hermann Blankenstein, der aufgrund der gleichförmigen Gestaltung seiner Schu-

240. *Siemensstraße 20, 206. und 212. Gemeindeschule, 1894–96 von Hermann Blankenstein*

len in Kritik geraten war, belebte seine typische nüchterne Backsteinarchitektur durch gotisierende Motive, zum Beispiel durch Rundbogenfriese mit weiß verputzten Rücklagen. Der bis dahin übliche gelbe Backstein wurde durch roten ersetzt, außerdem kamen grün glasierte Ziegel hinzu. Der grundlegende blockhafte Aufbau der Schulgebäude änderte sich jedoch nicht. Bestimmend blieben die gleichmäßig aufgereihten Segmentbogenfenster. Das Lehrerwohnhaus an der Siemensstraße präsentiert sich als eigenständiges Gebäude. Die Mittelachse wurde mit einem Säulenportal und einem Wappenfeld im Bereich der Attika hervorgehoben. Durch den Stichbogenfries der Attika erhält das würfelförmige Gebäude einen burgartigen Charakter. Im Innern erschließt eine reich ornamentierte schmiedeeiserne Treppe die beiden oberen Etagen.

In die Siemensstraße mündet die Unionstraße ein. Der 1879 angelegte dreieckige Unionplatz ist heute mit einer Sporthalle bebaut und daher im Stadtgrundriss kaum noch erkennbar. An der westlichen Spitze der dreieckigen Platzfläche, an der zum Güterbahnhof Moabit laufenden **Unionstraße**, wurde 1902 eine **öffentliche Bedürfnisanstalt** aufgestellt (Abb. 241, Liste Nr. 205). Das grüngestrichene Toilettenhäuschen über achteckigem Grundriss folgt einer 1878 entworfenen Grundform.[688] Aufgrund der feingliedrigen Eisenkonstruktion wirkt das Pissoir besonders leicht und grazil. Die Außenwände bestehen aus ornamental verzierten Gusseisenplatten. Die genormten, vorgefertigten Wandelemente, eingespannt zwischen gusseisernen Pfosten, ließen sich vor Ort leicht montieren. Oben wurde eine Fensterreihe mit kreuzförmig vergitterten Öffnungen ausgebildet. Eine Lüftungshaube bekrönt das überstehende, leicht geneigte Dach. Die Stände des Pissoirs, mit Rinnen im Boden, waren durch Schieferplatten getrennt. Eine dreiseitig gebrochene Schutzwand verdeckt den Eingang. Die öffentliche Bedürfnisanstalt verdeutlicht die Verbesserung der hygienischen Verhältnisse in der Großstadt Berlin. Zugleich bezeugt das Pissoir die früh einsetzende industrielle Standardisierung von Einrichtungen der städtischen Infrastruktur.

Beusselkiez

Der Beusselkiez um die Beusselstraße war ein Wohnquartier für Fabrikarbeiter.[689] Das dicht bebaute und besiedelte Gebiet zwischen Hutten-, Sickingen- und Berlichingenstraße hat durch die Zerstörungen des Zweiten Weltkriegs und die Stadtsanierung der Nachkriegszeit viel von seinem Charakter als Arbeiterwohnviertel verloren. Das Viertel entstand in den 1890er Jahren, als das benachbarte Industriegebiet Martinickenfelde zu einem bedeutenden Standort der Maschinenbau- und Elektroindustrie aufstieg. Die fortgeschrittene Bodenspekulation führte zum Bau sehr enger Mietskasernen mit problematischen wohnhygienischen Verhältnissen. An der Beusselstraße bildete sich ein reines Arbeiterwohnquartier heraus, ohne die soziale Durchmischung, die in den anderen Vierteln Moabits anzutreffen war. Bereits 1887 hatte die Baugesellschaft Berlin-Moabit das Areal erworben, das früher der Ackerbürgerfamilie Beussel gehört hatte. Das Unternehmen legte die Straßen an und veräußerte die Parzellen, die 1910 größ-

241. Unionstraße, öffentliche Bedürfnisanstalt, 1902

tenteils bebaut waren. Die Mietshäuser enthielten überwiegend Kleinwohnungen mit ein bis zwei Zimmern, von denen meist nur eines beheizbar war, während Bäder fehlen. Auf einem Grundstück lebten dicht gedrängt bis zu 200 Bewohner.

Die Mietshausgruppe **Wittstocker Straße 4-5, 24-26** (Abb. 242, Liste Nr. 10) vermittelt eine Vorstellung vom ursprünglichen Erscheinungsbild des Viertels. Die Gebäude, errichtet zwischen 1891 und 1893, dokumentieren das von der Baugesellschaft Berlin-Moabit betriebene System der Terrainerschließung und Bodenspekulation. Die baureifen Parzellen wurden von Maurermeistern oder Architekten erworben, die auf eigene Rechnung in schnellstmöglicher Zeit große Mietshäuser errichteten, die mit ihren Seitenflügeln und Quergebäuden das Grundstück soweit ausnutzten, wie es die Bauordnung damals zuließ. Oft wurden die Häuser noch vor der Fertigstellung weiterverkauft. Die kleinen, engen Wohnungen ohne Bad, meist mit Außentoilette, wurden an Fabrikarbeiter vermietet. Die reich verzierten Stuckfassaden standen in einem krassen Gegensatz zu den elenden Wohnverhältnissen und Lebensbedingungen. So enthält das Doppelmietshaus Wittstocker Straße 4-5, das von der Architektensozietät Salow, Möller & Stegemann mit identischen Fassaden versehen wurde, selbst im Vorderhaus nur beengte Ein- und Zweizimmerwohnungen. Bis zur Modernisierung 1978–80, die das Innere völlig veränderte, mussten die Bewohner größtenteils die Podesttoiletten benutzen, die über das Treppenhaus zugänglich sind. Die gegenüberliegenden Mietshäuser Wittstocker Straße 24 und 25 verfügen in den beiden unteren Geschossen der Vorderhäuser immerhin über Dreizimmerwohnungen, während in den oberen Stockwerken die im Beusselkiez üblichen Ein- und Zweizimmerwohnungen vermietet wurden.[690] Eine extreme Ausnutzung wies das Quergebäude Wittstocker Straße 24 auf. Auf jedem Stockwerk waren vier Einraumwohnungen ohne sanitäre Ausstattung untergebracht.[691] Die Wohnverhältnisse haben sich durch die seit den

242. Wittstocker Straße 25, Mietshaus, 1891 von Heinrich Wolff

1960er Jahren vorgenommenen Modernisierungsmaßnahmen deutlich verbessert. Die Wohnungen wurden zusammengelegt und mit Bädern ausgestattet. Bei der Mietshausgruppe in der Wittstocker Straße blieben die alten Stuckfassaden erhalten, die spätklassizistische und neobarocke Elemente aufweisen.

Den üblichen Durchschnitt der Maurermeisterarchitektur verlässt das Mietshaus **Wittstocker Straße 25** (Abb. 242, Liste Nr. 223), das 1891 von Maurermeister Heinrich Wolff entworfen und ausgeführt wurde. Mit einer opulenten neobarocken Straßenfront täuscht es über den dürftigen Wohnungsstandard hinweg. Der Maurermeister wählte aus einem Musterkatalog Elemente der barocken Palaisarchitektur aus, die er frei zusammenstellte. Mit monumentalen korinthischen Halbsäulen, die in Kolossalordnung die beiden oberen Geschosse zusammenfassen, mit reichen Fensterverdachungen, einem Bogengiebel und Vasen als Dachaufsätzen wird der Anschein eines hochherrschaftlichen Hauses erweckt, obwohl hinter der Straßenfront nur Ein- bis Dreizimmerwohnungen angeordnet waren, die nicht über Innentoiletten verfügten.

Wirkliche und nicht nur kosmetische Verbesserungen der Arbeiterwohnungen beabsichtigte der 1892 gegründete Berliner Spar- und Bauverein, der in der **Sickingenstraße 7-8**, am nördlichen Rand des Beusselkiezes, 1893–95 seine erste genossenschaftliche Wohnanlage errichtete (Abb. 243, Liste Nr. 38).[692] Die von Alfred Messel entworfene Hausgruppe mit zwei Vorderhäusern, zwei Seitenflügeln und einem abgerückten Quergebäude war richtungsweisend für die Wohnreform, die im ausgehenden 19. Jahrhundert von Genossenschaften vorangetrieben wurde. Alfred Messel, der nach dem Bauvorhaben in der Sickingenstraße weitere beispielgebende Wohnanlagen gestaltete, unternahm den Versuch, ein städtisches Mietshaus mit hellen, gesunden und dennoch billigen Wohnungen zu schaffen.[693] Da unter den Mitgliedern des Berliner Spar- und Bauvereins sehr viele Arbeiter waren, wurden in der Wohnanlage fast ausschließlich Kleinwohnungen mit ein bis zwei Zimmern untergebracht, die jedoch mit Küche, Speisekammer und Toilette überdurchschnittlich ausgestattet waren. Aus Kostengründen mussten jedoch Mängel in der Grundrissteilung hingenommen werden. Das betraf die gefangenen Räume, die schlecht belichteten Berliner Zimmer und vor allem die fehlende Querlüftung vieler Wohnungen. Alfred Messel zeigte mit der Wohnanlage eine Alternative zum üblichen Mietshaustyp auf. Auf eine dichte Bebauung und Grundstücksausnutzung wurde verzichtet. Die Gebäude umschließen einen großzügigen, begrünten Wohnhof, der den Wohnungen viel Licht und Sonne verschafft und als Erholungsraum dient. Um den Eindruck eines beengten,

243. Sickingenstraße 7-8, Wohnanlage, 1893–95 von Alfred Messel

dunklen Hofes zu vermeiden, wurden die Seitenflügel nicht bis an das Quergebäude herangeführt. Alle Wohnungen, ob im Vorderhaus oder in den Hintergebäuden, erhielten den gleichen Standard. Ein Zeichen des genossenschaftlichen Zusammenlebens waren die Gemeinschaftseinrichtungen. Die Bewohner konnten Bibliothek, Badezimmer mit Duschen und Waschküchen nutzen, während den Kindern auf dem Hof ein Spielplatz zur Verfügung stand. Hinzu kamen Läden im Erdgeschoss, die den täglichen Bedarf abdeckten. Diese Ausstattung war für den genossenschaftlichen Wohnungsbau beispielgebend.
Alfred Messel verstand es, dem Genossenschaftsgedanken einen angemessenen architektonischen Ausdruck zu verleihen. Ansprechend präsentieren sich die beiden Vorderhäuser, die spiegelbildlich gegliederte Straßenfronten besitzen. Um ein Gegenstück zur bürgerlichen Wohnkultur zu schaffen, übertrug Alfred Messel den Landhausstil auf die Mietshausarchitektur. Dabei verzichtete er auf die bisher übliche hierarchische Fassadenordnung, die von einer lebhaften, geschossübergreifenden Gliederung abgelöst wurde. Säulenportale, gestaffelte Giebel, Laubengänge, ziegelgedeckte Dächer und Fachwerkmotive erzeugen ein malerisches, lebendiges Bild. Ein neuartiges Element sind die galerieartigen Balkone, die teilweise über die gesamte Straßenseite reichen. Mit ihrem filigranen Eisengittern vermitteln sie einen leichten, schwerelosen Eindruck. Die Wohnungen scheinen sich über die Balkone zum Straßenraum zu öffnen. Das von Alfred Messel entwickelte architektonische Prinzip einer raumgreifenden, lebhaften Gestaltung mit Giebeln, Loggien und Balkonen war wegweisend für die Reformarchitektur des beginnenden 20. Jahrhunderts. Erstaunen ruft der festlich inszenierte Eingang hervor. Durchschreitet man das Säulenportal, dann gelangt man in eine zweigeschossige, durchaus herrschaftlich wirkende Eingangshalle. Ein geschwungener, barocker Treppenlauf mit eisernem Geländer führt auf eine Galerie. Erst dort beginnt die Geschosstreppe, die die Arbeiterwohnungen erschließt.

Gegenüber der Wohnanlage des Berliner Spar- und Bauvereins mündet die Rostocker Straße in die Sickingenstraße ein. Dort steht neben einfachen Mietshäusern ein stattliches Gebäude, das mit einer werksteingegliederten Putzfassade und turmartigen Erkern die Blicke auf sich zieht. Es handelt sich um das **Lehrerwohnhaus der 216. und 222. Gemeindeschule** (Abb. 244, Liste Nr. 179), **Rostocker Straße 32**, das die Stadt Berlin mit dem zugehörigen Klassentrakt 1898–99 auf einem lang gestreckten Geländestreifen zwischen Rostocker Straße und Berlichingenstraße errichten ließ.[694] Während das Schulgebäude im Zweiten Weltkrieg vernichtet wurde, blieb das an drei Seiten freistehende Lehrerwohnhaus erhalten. Der Entwurf stammt von Stadtbauinspektor Fridolin Zekeli, der, nachdem Stadtbaurat Hermann Blankenstein 1896 aus dem Amt geschieden war, verschiedene städtische Bauten selbstständig ausführte. Dabei löste er sich vom blockhaften, nüchternen Backsteinstil, den Hermann Blankenstein bisher vertreten hatte. Fridolin Zekeli gliederte das viergeschossige Lehrerwohnhaus durch unterschiedlich gestaltete Fensteröffnungen, Fensterrahmungen aus Werkstein, die den spätgotisch geprägten Renaissancestil des 16. Jahrhunderts anklingen lassen, sowie dreiseitig gebrochene Eckpartien mit turmartigen Aufsätzen. Die fein ausgearbeiteten Brüstungsreliefs zeigen ein von Ornamenten umgebenes Kopfmedaillon. Im Profil ist der Kulturpolitiker und Historiker Friedrich v. Raumer abgebildet, der sich durch die Einführung öffentlicher Volksbibliotheken in Berlin große Verdienste erwarb.[695] Kopfmedaillon und Schriftzug über dem Haupteingang weisen darauf hin, dass im Erdgeschoss des Lehrerwohnhauses, hinter den Korbbogenfenstern, eine städtische Lesehalle untergebracht war. Die mitten im Arbeiterviertel eingerichtete Bibliothek, die im Grundriss erhalten ist, erinnert an das Bestreben der Stadt Berlin, durch öffentliche Volkslesehallen die Bildung breiter Bevölkerungskreise zu verbessern. Das Aufkommen der Volksbibliotheken im ausgehenden 19. Jahrhundert war von der Bücherhallenbewegung in Nordamerika und England beeinflusst.[696]

Das Wahrzeichen des Beusselkiezes ist die evangelische **Reformationskirche** (Abb. 245, Liste Nr. 16), die 1905–07 auf dem Eckgrundstück **Beusselstraße 35** und **Wiclefstraße 33-35** errichtet wurde.[697] Die Baugruppe besteht aus einem markanten Kirchturm an der Straßenkreuzung, dem nach Osten orientierten Kirchenschiff sowie Pfarr- und Gemeindehäusern, die zu den benachbarten Mietshäusern überleiten. Den Entwurf hatte Dombaumeister Ernst Schwartzkopff geliefert, der jedoch kurz nach der Grundsteinlegung verstarb, sodass die Planung von August Dinklage und Ernst Paulus grundlegend überarbeitet wurde. Die evangelische Pfarrkirche konnte 1907 geweiht werden, die Pfarr- und Gemeindehäuser waren erst 1910 fertig gestellt. Durch die Kriegszerstörungen hat der Kirchturm seine raumbeherrschende Dominanz teilweise verloren, denn beim vereinfachten Wiederaufbau, der bis 1953 dauerte, wurde der steile, außerordentlich hohe Turmhelm nicht wiedererrichtet.[698] Die sich kreuzenden Dächer der Turmgiebel erhielten einen kleinen Dachreiter. August Dinklage und Ernst Paulus verstanden es, durch eine geschickte Anordnung der Bauteile und eine differenzierte Anwendung neogotischer Stilelemente das Bild einer historisch gewachsenen Baugruppe zu vermitteln. Angeregt vom damaligen Leitbild des malerischen Städtebaus wurde versucht, die Dichte der mittelalterlichen Stadt nachzubilden. An der Beusselstraße setzt das

244. Rostocker Straße 32, Lehrerwohnhaus der 216. und 222. Gemeindeschule mit Lesehalle, 1898–99 von Fridolin Zekeli

245. Beusselstraße 35/Wiclefstraße 33-35, Ev. Reformationskirche mit Gemeindehaus, 1904–10 von Ernst Schwartzkopff und Dinklage & Paulus

Pfarrhaus die Fluchtlinie der benachbarten Mietshäuser fort, während ein Treppenturm zum zurückgesetzten Westgiebel der Kirche vermittelt. Das Gemeindehaus lehnt sich noch hinter dem Chor mit einem zum Teil wieder aufgebauten Seitenflügel an das Kirchenschiff an. Der kriegszerstörte vordere Bauteil wurde 1970 durch ein neues Gemeindezentrum mit Kindergarten ersetzt. Die Architekten Peter Lehrecke und Siegfried Radtke versuchten dabei, die städtebauliche Situation wieder herzustellen. Der Kirchturm verleiht den gestaffelten Bauten einen engen Zusammenhalt. Deren Geschlossenheit ergibt sich auch aus der einheitlich roten Backsteinverkleidung. Die dreischiffige Hallenkirche zeigt nach beiden Straßenseiten lebhaft gegliederte Backsteinfassaden mit spitzbogigen, weiß gefassten Putzblenden und großen markanten Rundfenstern am Querhaus sowie am Westgiebel. Die Balkone des Kirchturms, die über vertikal aufstrebenden gitterartigen Blendfeldern hervorwachsen, erinnern an mittelalterliche Wehrbauten. Im Bogenfeld über dem Doppelportal an der Beusselstraße ist ein Standbild Martin Luthers angebracht. Die Sandsteinskulptur, die auf den Namen der Kirche hinweist, zitiert das 1868 aufgestellte Lutherdenkmal von Ernst Rietschel in Worms.[699]

Gebiet 8

Industriegebiet Martinickenfelde

Das Industriegebiet an der Huttenstraße, benannt nach dem Vorwerk Martinicke, das sich im 18. Jahrhundert an der Schankwirtschaft „bei Martinicken“ gebildet hatte, ist inselgleich von Wasserwegen, Mietshäusern und Bahngleisen umgeben.[700] Die Ringbahn und der Charlottenburger Verbindungskanal bilden eine trennende Barriere nach Norden und Westen, während sich im Osten, jenseits von Reuchlin- und Berlichingenstraße, die dicht besiedelten Wohnviertel Moabits anschließen. Der südliche Teil Martinickenfeldes, zwischen der Spree und der Huttenstraße, gehörte ursprünglich zur Stadt Charlottenburg. Die Bezirksreform 1938 veränderte allerdings die Grenzlinien. Das Industriegebiet östlich des Charlottenburger Verbindungskanals musste von Charlottenburg an den damaligen Bezirk Tiergarten abgetreten werden. Das frühere Heide- und Ackerland westlich der Beusselstraße gelangte im späten 19. Jahrhundert in den Sog der so genannten industriellen Randwanderung. Unternehmen, die sich in ihren innerstädtischen Quartieren nicht ausdehnen konnten, suchten große, verkehrsgünstig gelegene Flächen am Rande Berlins. Martinickenfelde besaß Anschluss an die Ringbahn und das Eisenbahnnetz, sodass sich dort große Fabriken ansiedeln konnten, die den Ruf Berlins als weltweit bedeutende Industriestadt mit begründet haben. Als der Erste Weltkrieg ausbrach, waren die Grundstücke größtenteils bebaut. Die benachbarten Mietshausviertel verhinderten eine weitere Ausdehnung des Industriestandorts. Nach dem Ende des Zweiten Weltkriegs setzten Umstrukturierungen ein. Einige Betriebe wurden verlagert, Fabriken still gelegt und Industriebauten abgerissen. An ihre Stelle traten kleinere Gewerbe- und Dienstleistungseinrichtungen. Auf einem Teil des Geländes wird noch bis heute industriell produziert.

Das Gebiet wird vor allem durch die mächtigen Industriebauten der Ludwig Loewe & Co. AG und der Allgemeinen Elektricitäts-Gesellschaft (AEG) geprägt. Die beiden Unternehmen vertraten Schlüsselindustrien des technischen Fortschritts im frühen 20. Jahrhundert, den Werkzeugmaschinenbau, Waffenproduktion und vor allem den Bau von Elektroanlagen und -produkten. Die Firma Ludwig Loewe & Co. AG zog 1888 nach Martinickenfelde.[701] Auf dem Gelände zwischen Kaiserin-Augusta-Allee und Huttenstraße entstand eine Waffen- und Munitionsfabrik, an der Ludwig Loewe & Co. maßgeblich beteiligt war, und die nach Fusionen seit 1897 Deutsche Waffen- und Munitionsfabriken (DWM) hieß. Diese Firma gehörte zu den führenden Rüstungsproduzenten im Deutschen Reich und rüstete das deutsche und ausländische Heere mit Gewehren, Maschinengewehren und Munition aus.[702] Auch das Gelände nördlich der Huttenstraße kam 1895 in den Besitz der Ludwig Loewe & Co., dort wurde eine Werkzeugmaschinenfabrik errichtet. Ein drittes Arbeitsfeld der Ludwig Loewe & Co. war die Elektrotechnik. Der östliche Teil des Nordgeländes wurde durch die von Loewe gegründete Union Elektricitäts-Gesellschaft genutzt, die im elektrischen Bahnbau aktiv war und 1904 mit der AEG fusionierte. Die AEG konzentrierte anschließend an diesem Standort die Turbinen- und Glühlampenproduktion. Bedeutende Architekten waren an der künstlerischen Gestaltung der Fabriken beteiligt, unter ihnen Peter Behrens für die AEG und Alfred Grenander für Ludwig Loewe & Co. Die monumentale AEG-Turbinenhalle, 1909 von Peter Behrens entworfen, besaß eine wegweisende Bedeutung für die Industriearchitektur des 20. Jahrhunderts.

Die bis heute erhaltenen Fabrikbauten der AEG und der Ludwig Loewe & Co. AG konzentrieren sich auf das Areal zwischen Huttenstraße, Wiebestraße, Sickingenstraße und Berlichingenstraße. Der Industriestandort, der heute ausschließlich von der Siemens AG genutzt wird, war in den 1990er Jahren tief greifenden Veränderungen unterworfen.[703] Mehrere Hallen und Stockwerksfabriken wurden abgebrochen und neue Anlagen gebaut, vor allem im westlichen Abschnitt an der Wiebestraße.

Ein heterogenes Bild bieten die südlich anschließenden Flächen der ehemaligen Waffenfabrik zwischen Huttenstraße und Kaiserin-Augusta-Allee. Neben veränderten und überformten historischen Fabrikgebäuden wechseln sich Gewerbebauten der Nachkriegszeit mit ungenutzten Brachflächen ab. Die Fabriken wurden von Gewerbezentren verdrängt. Vor allem kleine Dienstleistungsunternehmen nutzen das Gelände. Am Spreeufer ist eine heterogene Bebauung zu sehen. Nur noch wenig erinnert daran, dass die Spree einst als Verkehrsweg genutzt wurde.

Von der Einbindung des Industriestandorts in den umliegenden Stadtraum zeugen die unmittelbar angrenzenden Mietshausviertel. Der Beusselkiez im Osten war noch der Stadt Berlin zugeordnet, während der Huttenkiez, der an der Huttenstraße keilförmig in das Industriegebiet hineinragt, zusammen mit den Fabriken zur Stadt Charlottenburg gehörte. An den einfachen Mietshäusern und ihren Kleinwohnungen kann man erkennen, dass der Huttenkiez ein reines Arbeiterwohnquartier war. An die Fabrikarbeiter wurden Ein- bis Zweizimmerwohnungen vermietet, die nur selten über eine sanitäre Ausstattung verfügten. Für die Schulversorgung errichtete die Stadt Charlottenburg vor dem Ersten Weltkrieg eine stattliche, aufwendig gestaltete Gemeindedoppelschule.

Allgemeine Elektricitäts-Gesellschaft (AEG)

Die Huttenstraße ist die Hauptachse des Industriegebiets. In Verlängerung der Turmstraße, die sich zur Jahrhundertwende in eine großstädtische Geschäftsstraße verwandelte, durchquert sie Martinickenfelde, um am Charlottenburger Verbindungskanal zu enden. Unmittelbar hinter den Mietshäusern des Beusselkiezes beginnt mit dem mächtigen Giebel der AEG-Turbinenhalle das Industriegebiet. Das Fabrikgelände, auf dem diese Halle steht, war ursprünglich im Besitz der Ludwig Loewe & Co. AG. Um in die expandierende Elektroindustrie einzusteigen, hatte die Ludwig Loewe & Co. AG gemeinsam mit August Thyssen und der Thomson Houston Electric Company 1892 die Union Elektricitäts-Gesellschaft (UEG) gegründet, die an der Huttenstraße vor allem elektrische Straßenbahnen fertigte. Nachdem die UEG in wirtschaftliche Schwierigkeiten geraten war, wurde sie 1904 von der AEG übernommen, die das Grundstück an der Huttenstraße nutzte, um dort ihre Turbinenfabrikation anzusiedeln. Auf dem Fabrikgelände **Huttenstraße 12-16** und **Berlichingenstraße** (Abb. 247–252, Liste Nr. 23) sind Verwaltungs- und Produktionsgebäude der Union Elektricitäts-Gesellschaft, AEG-Fabriken des be-

246. Industriegebiet Martinickenfelde, Lageplan

Union Elektricitäts-Gesellschaft (UEG), nach 1904 Allgemeine Elektricitäts-Gesellschaft (AEG):

1. Verwaltungsgebäude, 1899–1900 von Franz Stasche;

2. Verwaltungsgebäude, 1957 von Georg Stasch;

3. Turbinenhalle, 1908–09 von Peter Behrens und Karl Bernhard, 1939–40 von Jacob Schallenberger und P. Schmidt;

4. Montagehalle, 1896–97 von Theodor Rönn;

5. Anbau A, 1899, 1913–14 von Peter Behrens;

6. AEG-Glühlampenfabrik, 1904–12 von Johannes Kraaz, Viktor Kühn und Gustav Teske

Ludwig Loewe & Co. AG:

7. Verwaltungszentrale, 1907–08 von Alfred Grenander;

8. Fräs- und Bohrmaschinenfabrik, 1914–17 von Alfred Grenander;

9. Kesselhaus, 1914–17 von Alfred Grenander

Eisengießerei Jachmann:

10. Werkstatthalle, 1900–01 von Ferdinand Kallmann

Große Berliner Straßenbahn AG:

11. Straßenbahndepot, 1899–1901 von Joseph Fischer-Dick, Umbau 1924 von Jean Krämer

ginnenden 20. Jahrhunderts und Bauten der Nachkriegszeit vereint. Das Gelände wird heute von der Siemens AG genutzt, die hier ein Gasturbinenwerk betreibt.

Im märkischen Backsteinstil präsentiert sich das alte **Verwaltungsgebäude der Union Elektricitäts-Gesellschaft**, das 1899–1900 nach Plänen von Franz Stasche errichtet wurde (Abb. 247).

Das viergeschossige rote Backsteingebäude, das Direktionsräume, die Konstruktionsabteilung und im Hofflügel die Kantine aufnahm, folgt der herkömmlichen historisierenden Backsteinarchitektur des späten 19. Jahrhunderts. Die gotisierenden Elemente sollten für eine repräsentative Erscheinung sorgen. Wandpfeiler geben eine vertikale Gliederung vor, gesonderte Fensterformen in jedem Geschoss beleben die Fassade.

Die 1908–09 von Peter Behrens errichtete **Turbinenhalle** ist ein Schlüsselwerk der Industriearchitektur des 20. Jahrhunderts, das in keinem Architekturlexikon fehlt und unter Architektur- und Kunsthistorikern auch außerhalb Deutschlands der bekannteste Bau der deutschen Industriearchitektur ist (Abb. 248, 249).[704]

Um 1900 setzte sich die Dampfturbine als leistungsfähiges Antriebsaggregat für stromerzeugende Generatoren durch. In den Kraftwerken wurden Dampfmaschinen zunehmend durch Platz sparende Turbinen ersetzt. Die AEG, die durch Übernahme der UEG in den Besitz amerikanischer Patente gelangt war, nahm die Fertigung leistungsstarker Turbinen nach dem Curtis-System auf.[705] Die Montage der Turbinen erforderte eine geräumige Fabrikhalle, die Peter Behrens entlang der Berlichingenstraße mit einem Giebel zur Huttenstraße anordnete.

Der Maler und Gestalter Peter Behrens wurde 1907 als künstlerischer Beirat der AEG berufen, um für die neuartigen elektrischen Gebrauchsgegenstände und die hochmodernen Produktionsanlagen – das ganze äußere Erscheinungsbild der Firma – neue einheitliche Formen zu finden. Behrens brach mit den handwerklich anmutenden, an historischen Stilformen orientierten herkömmlichen Gestaltungsweisen und entwickelte nach technischen Vorgaben der Ingenieure und im Einklang mit den Erfordernissen moderner Massenproduktion „künstlerische“ Lösungen. Die Produkte und die Industriegebäude wurden dadurch zu Repräsentanten eines zukunftsweisenden Unternehmens und strahlten höchste technische Leistungsfähigkeit und moderne Dynamik aus. Die neu erbaute Turbinenhalle wurde erstmals von einem breiten Publikum in diesem Sinne verstanden. Berühmte Schüler und Mitarbeiter von Behrens wie Ludwig Mies van der Rohe oder Walter Gropius nahmen sie als Ausgangspunkt ihrer radikalen Neuansätze in der Architektur und im Industriebau.

Behrens arbeitete mit dem bedeutenden Ingenieur Karl Bernhard zusammen. In Absprache mit Behrens konstruierte Bernhard ein äußerst zweckmäßiges technisches Gebäude, das die enormen Lasten der Kranbahn für die Turbinenproduktion aufnehmen konnte und einen zweistöckigen seitlichen Anbau für die Zuarbeit zur Produktion besaß. Mehrfach gebrochene Dreigelenkbinder bestimmen das Bild des Hallenraums. Behrens wollte am Außenbau zwar den grundsätzlichen Aufbau, aber nicht jede technische Funktion zeigen, sondern ein angemessenes Zeichen für die modernste Produktion seiner Zeit setzen.[706] Er verwendete nur die modernen Materialien Eisen, Glas und Beton, erzeugte eine nie gekannte Transparenz durch große Glasflächen, die er zwischen die Eisenstützen spannte. Er verzichtete vollständig auf angesetzten Zierrat. Durch geringfügige, aber wirksame Eingriffe, die Schrägstellung der Glasflächen, die übermäßige Betonung des vorstehenden geknickten Giebels über leicht geböschten Betonpylonen an der Frontfassade entwickelte er in expressiver Übersteigerung eine tempelartige Würdeform. Durch die Bänderung und der Oberflächenbehandlung wirken die dünnen Betonwände wie aus Natursteinblöcken aufgebaut. Ohne jeglichen Repräsentationsanspruch kommt die zweigeschossige Seitenhalle aus, die sich klar vom Hauptschiff absetzt. Sie ist großflächig verglast, während ein waagerechtes Band die innere Geschossteilung angibt.

247. Huttenstraße 12-16, Union Elektricitäts-Gesellschaft; Verwaltungsgebäude, 1899–1900 von Franz Stasche

248. Huttenstraße 12-16, Allgemeine Elektricitäts-Gesellschaft (AEG), Turbinenhalle, 1908–09 von Peter Behrens und Karl Bernhard

249. Turbinenhalle, Innenansicht

250. Huttenstraße 12-16, Allgemeine Elektricitäts-Gesellschaft (AEG), Verwaltungsgebäude, 1957 von Georg Stasch

Die Westfassade der Seitenhalle soll Ludwig Mies van der Rohe gezeichnet haben, der damals im Atelier von Peter Behrens arbeitete.

Die Turbinenhalle wurde 1939 nach Norden verlängert. Jacob Schallenberger und Paul Schmidt entwarfen dafür eine einfache, zurückhaltende Stahlrahmenkonstruktion.

Die Lücke zwischen der Turbinenhalle und dem alten Verwaltungsgebäude wurde 1957 mit einem siebengeschossigen **Verwaltungsgebäude** geschlossen (Abb. 250). Mit seiner zeittypischen Rasterfassade hebt sich der Neubau deutlich von den benachbarten Fabrikgebäuden ab. Das von Georg Stasch entworfene kompakte Gebäude war durch den raschen Aufschwung der AEG in der Nachkriegszeit notwendig geworden. Der Stahlbetonskelettbau präsentiert sich mit einem lisenenartigen Betonraster, das die Vertikale betont, und einem überstehenden Flugdach, das schwerelos erscheinen soll. Die Empfangs- und Treppenhalle im ersten Obergeschoss wird effektvoll von einer U-förmig geschwungenen Treppe akzentuiert.

Hinter dem alten Verwaltungsgebäude an der Huttenstraße ist die lang gestreckte, 1896–97 errichtete **Montagehalle** angeordnet.[707] Die Union Elektricitäts-Gesellschaft nutzte die Fabrikhalle zur Herstellung elektrischer Geräte, bis die AEG den Standort übernahm und dort die Fertigung kleinerer und mittlerer Turbinen unterbrachte. Der heutige Baukomplex aus Produktionshalle, Lager- und Verwaltungstrakten entstand durch mehrere, kurz nacheinander ausgeführte Erweiterungen, für die Theodor Rönn die Pläne ausarbeitete (Abb. 251). Der dreischiffigen Halle wurde an der südlichen Stirnwand ein Verwaltungs- und Lagergebäude vorgelegt, wobei der Mitteltrakt die charakteristische Segmentbogenform der eisernen Dachkonstruktion des Mittelschiffs wiederholt. Die seitlichen Kopfbauten, gegliedert durch gelbe Ziegelstreifen, verdecken die Seitenschiffe der Halle. Während der Außenbau mit Backsteinverkleidung, Segmentbogenfenstern und gotisierenden Motiven noch ganz der historisierenden Bauweise des ausgehenden 19. Jahrhunderts entspricht, erweckt der Hallenraum einen funktionalen, technischen Eindruck. An die östliche Längsseite der Montagehalle wurden bis 1899 kammartig vier Trakte angefügt, von denen zwei bis heute erhalten blieben. Während der vordere Trakt, der Anbau A, 1913–14 aufgestockt wurde, behielt der dahinter liegende Flügel seine zweigeschossige Gliederung. Nur noch dort lässt sich der ursprüngliche konstruktive Aufbau ablesen.

Der **Anbau A**, der mit seinem hohen Giebelturm den Hauptzugang zur AEG-Turbinenfabrik markierte, wird heute vom Verwaltungsgebäude an der Huttenstraße verdeckt (Abb. 252). Für die künstlerische Gestaltung der Aufstockung, die einem Neubau gleichkam, war Peter Behrens verantwortlich, während Otto Leitholf die statischen Berechnungen lieferte.[708] Seine Aufgabe war es, ohne Beeinträchtigung von Fundament und Mauerwerk zwei

251. Huttenstraße 12-16, Union Elektricitäts-Gesellschaft, Montagehalle, 1896–97 von Theodor Rönn

252. Huttenstraße 12-16, Anbau A, 1899, 1913–14 von Peter Behrens

253. Berlichingenstraße 25, AEG-Glühlampenfabrik, 1904–12 von Johannes Kraaz, Viktor Kühn und Gustav Teske

Fabrikgeschosse sowie ein steiles Dach mit zwei weiteren Lagergeschossen aufzusetzen. Otto Leitholf leitete die Kräfte der Eisenfachwerkkonstruktion über lange Stützenzüge in gesonderte Einzelfundamente ab, wodurch zwei statisch getrennte Bauteile entstanden. Peter Behrens überführte das technische Gebilde in eine autonome architektonische Form. Er verlängerte die Wandstruktur des vorhandenen Baukörpers aus Wandpfeilern und großen Fensterflächen bis unter das Dach und setzte vor den Ostgiebel einen aufragenden kantigen Turmblock. Dort sind der Fahrstuhl und die technischen Einrichtungen zur Bestückung der Lagerräume im Dach untergebracht. Mit wenigen Mitteln entstand ein markanter Turm, der kraftvoll und archaisch wirkt.[709]

Die **AEG-Glühlampenfabrik** (Abb. 253, Liste Nr. 71), **Berlichingenstraße 25** und **Sickingenstraße 70-71**, besetzt einen ganzen Baublock nördlich der AEG-Turbinenfabrik.[710] Der fünfgeschossige Fabrikbau wurde in mehreren Abschnitten zwischen 1904 und 1912 errichtet, um dort die Glühlampenherstellung der AEG zu konzentrieren, die bis dahin in einer beengten innerstädtischen Fabrik in der Oranienburger Vorstadt untergebracht war.[711] Die architektonische Gestaltung lag in den Händen von Johannes Kraaz, während Viktor Kühn und Gustav Teske für die konstruktive Durcharbeitung verantwortlich waren. Die Glühlampenfabrik ist ein frühes Beispiel für die veränderte, reformierte Industriearchitektur des beginnenden 20. Jahrhunderts. Die Zweckbestimmung wird nach außen vermittelt und nicht hinter einem historisierenden Stilgewand versteckt. Das umlaufende gleichförmige Raster aus hervortretenden Wandpfeilern und zurückgesetzten Brüstungsbändern verdeutlicht das konstruktive Gerüst und die offene Disposition der Geschossflächen. Da die Treppenhäuser in blockartigen, an der Hofseite vorgesetzten Türmen untergebracht wurden, blieben die durchgehenden Geschossflächen frei von massiven Einbauten. Die Geschosse werden lediglich von einer Stützenreihe unterteilt. Mit diesem offenen Grundriss war es möglich, die Produktion rasch an veränderte Bedingungen anzupassen, ohne große Umbauten vornehmen zu müssen. Dem funktionalen Grundriss entspricht der weitgehende Verzicht auf Baudekor. Mit hellen Putzblenden und fialenartigen Aufsätzen, die allerdings verloren sind, wurde zurückhaltend die märkische Backsteingotik zitiert. Die AEG-Glühlampenfabrik ging 1919 in der Osram GmbH auf, die 1919 von AEG, Auer-Gesellschaft und Siemens für die gemeinsame Herstellung von neuartigen Metallfadenglühlampen gegründet wurde. Die Fabrik in Martinickenfelde, die als Osram Werk A firmierte, wurde bereits 1939 zugunsten von Osram Werk B in Wedding geschlossen, sodass Telefunken, eine AEG-Tochtergesellschaft, die Röhren und elektrotechnische Geräte produzierte, das Fabrikgebäude übernehmen konnte. Heute wird die Fabrik von der AEG Kondensatoren und Wandler GmbH genutzt.[712]

Ludwig Loewe & Co. AG

Neben dem alten Verwaltungsgebäude der Union Elektricitäts-Gesellschaft machen zwei mächtige pittoreske Türme auf ein lang gezogenes hellrotes Backsteingebäude aufmerksam. Ein schiefergedecktes Turmpaar mit schlanken Entlüfterhauben betont die einstige Hauptzufahrt zum Werksgelände der Ludwig Loewe & Co. AG. Das Unternehmen, das seit 1888 in Martinickenfelde ansässig war, erwarb 1897 den Geländestreifen nördlich der Hut-

254. Huttenstraße 19-20, Ludwig Loewe & Co. AG, Verwaltungszentrale, 1907–08 von Alfred Grenander

255. Wiebestraße 42-45/Huttenstraße 45-48, Ludwig Loewe & Co. AG, Fräs- und Bohrmaschinenfabrik, 1914–17 von Alfred Grenander

tenstraße, um eine große Werkzeugmaschinenfabrik aufzubauen. Das auffallende Backsteingebäude an der **Huttenstraße 19-20**, errichtet 1907–08, nahm die **Verwaltungszentrale** der Ludwig Loewe & Co. AG sowie Lager- und Ausstellungsflächen auf (Abb. 254, Liste Nr. 117).[713] Dem Architekten Alfred Grenander gelang es, das Unternehmen architektonisch wirkungsvoll in Szene zu setzen. Auf dem schmalen, trapezförmigen Baugelände längs der Huttenstraße ordnete er ein Verwaltungs- und Lagergebäude an, das einheitlich wirkt, aber die beiden integrierten Nutzungsbereiche deutlich erkennen lässt. Der Bauteil mit den Pyramidentürmen enthält die Ausstellungsräume, die an den großen doppelgeschossigen Fenstern zu erkennen sind. Dieser Abschnitt ist durch Wandpfeiler vertikal gegliedert. Es schließt sich der Verwaltungstrakt an, bei dem zwei differenzierte Baukörper unterschiedliche Verwaltungsaufgaben widerspiegeln. Im Mittelteil war die Hauptverwaltung untergebracht. Um deren Bedeutung kenntlich zu machen, bildete Alfred Grenander rahmende Seitenrisalite aus, die mit Dreiecksgiebeln versehen sind, während die Backsteinverkleidung ganz flächig angelegt ist. Skulpturen aus Werkstein verweisen auf die Welt des Maschinenbaus. Der westliche Trakt, der untergeordnete Verwaltungsräume enthielt, wiederholt die ruhige vertikale Wandpfeilerordnung des Ausstellungstrakts. Auch wenn ein Großteil der malerischen Dachaufbauten mit Türmen, steilen Krüppelwalmgiebeln, Fledermausgauben und Lüftungslaternen verschwunden ist, so ist dennoch eine Spannung zur monumentalen Einfachheit der Fassaden spürbar. Grenander erfand für die Bauaufgabe „Verwaltungsgebäude" ein originelles modernes Erscheinungsbild, ohne die üblichen Versatzstücke aus der historischen Architektur zu verwenden.

Die Verwaltungszentrale an der Huttenstraße ist das letzte erhaltene Gebäude der Werkzeugmaschinenfabrik. 1994 wurden auf dem Fabrikgelände zwischen Huttenstraße und Sickingenstraße alle noch vorhandenen Werksanlagen abgerissen, unter anderen die technikgeschichtlich bedeutsame Montagehalle.

Auf dem schräg gegenüberliegenden Grundstück **Wiebestraße 42-45** und **Huttenstraße 45-48** errichtete Alfred Grenander 1914–16 die **Fräs- und Bohrmaschinenfabrik** der Ludwig Loewe & Co. AG (Abb. 255, 256, Liste Nr. 214).[714] Der Neubau war durch den Ausbruch des Ersten Weltkriegs erforderlich geworden, denn

256. Ludwig Loewe & Co. AG, Kesselhaus, 1914–17 von Alfred Grenander

die Ludwig Loewe & Co. AG lieferte kriegswichtige Maschinen zur Waffen- und Munitionsherstellung sowie Granaten und Munitionsteile. Da das alte Werksgelände größtenteils bebaut war, musste man auf das Areal südlich der Huttenstraße ausweichen. Das Fabrikgebäude, das zwei Innenhöfe umschließt, wirkt mit den langen Pfeilerfronten, den klassizistischen Architekturmotiven, dem hohen Walmdach und den halbkreisförmigen Dachgauben äußerst monumental. Alfred Grenander bildete klar geordnete Fassaden aus, die die Funktionalität der Fabrikanlage wiedergeben. So kommt die Schwere der Eisenbetonkonstruktion, die wegen der hohen Maschinenlasten in allen Geschossen zur Ausführung gelangte, in der kolossalen Pilastergliederung der backsteinverkleideten Straßenfronten anschaulich zum Ausdruck, während das gleichförmige Raster der zwischen den Wandpfeilern eingespannten Fensterflächen auf die durchgehenden Produktionsebenen verweist. Der Eingangsbereich an der Wiebestraße wurde monumental hervorgehoben. Stämmige toskanische Säulen tragen ein schmuckloses Gebälk. Dadurch entsteht eine Portalnische, die in der Mitte die Durchfahrt aufnimmt.[715] Bewusst wurden die klassischen Proportionen verschoben, um eine kraftvolle, spannungsreiche Ausstrahlung zu erreichen. So sind die Zwischenräume zwischen den Säulen außerordentlich weit, während die dorischen Kapitelle auf eine schmale Wulst reduziert wurden. Die Schlusssteine in hellem Werkstein zeigen das Firmensignet, den Löwen, darüber sind stehende Arbeiter zu sehen.
Zusammen mit der Fräs- und Bohrmaschinenfabrik, die wegen des Krieges nicht im geplanten Umfang verwirklicht werden konnte, wurde das von Alfred Grenander gestaltete **Kesselhaus** (Abb. 256) errichtet, das bereits zum Grundstück Wiebestraße 46-49 gehört. Der Backsteinbau mit einem hohen, vor die Mittelachse gesetzten Schornstein zeigt eine sachliche, von der Nutzung bestimmte Architektursprache ohne historistische Verklärung. Mit der Lisenengliederung, dem flach vorgezogenen Eingang und dem Thermenfenster über dem Eingangsbereich klingen ebenso wie beim Hauptgebäude klassizistische Motive an.

257. Huttenstraße, öffentliche Bedürfnisanstalt, 1914

258. Huttenstraße 41-44, Eisengießerei Jachmann, 1900–01 von Ferdinand Kallmann

Huttenkiez

Auf dem südlichen Gehweg der **Huttenstraße,** gegenüber der Verwaltungszentrale der Ludwig Loewe & Co. AG, wurde 1914 eine **öffentliche Bedürfnisanstalt** aufgestellt (Abb. 257, Liste Nr. 116). Zu dieser Zeit war die Anzahl der im Industriegebiet beschäftigten Arbeiter bereits stark angestiegen. Unmittelbar vor dem Ersten Weltkrieg wurde noch immer die 1878 entwickelte Grundform verwendet, die sich durch einen achteckigen Grundriss und einen standardisierten Aufbau auszeichnet.[716] Dieser Typ, der im Volksmund als „Café Achteck“ bezeichnet wird, war in Berlin weit verbreitet. Aufgrund der feingliedrigen Eisenkonstruktion wirkt das Toilettenhäuschen leicht und grazil. Die genormten, vorgefertigten Wandelemente, eingespannt zwischen gusseisernen Pfosten, ließen sich vor Ort leicht montieren. Oben wurde eine Fensterreihe mit kreuzförmig vergitterten Öffnungen ausgebildet. Eine Lüftungshaube bekrönt das überstehende, leicht geneigte Dach. Eine dreiseitig gebrochene Schutzwand verdeckt den Eingang. Die öffentliche Bedürfnisanstalt dokumentiert die Verbesserung der hygienischen Verhältnisse in Martinickenfelde. Das Viertel, das ganz am Rande der Stadt Charlottenburg lag, erhielt erst 1894 Anschluss an die Kanalisation.

Nicht weit entfernt von der Fräs- und Bohrmaschinenfabrik der Ludwig Loewe & Co. AG deutet ein hoch aufragender Schornstein auf einen weiteren Industriestandort. Das Grundstück **Huttenstraße 41-44** wurde von der **Eisengießerei Jachmann** (Abb. 258, Liste Nr. 118) genutzt, die Hohlgusskörper für die Maschinen- und Waffenherstellung produzierte und damit zu den Zuliefererbetrieben des benachbarten Unternehmens gehörte.[717] Kaufmann Otto Jachmann ließ auf dem hinteren Grundstücksteil, 1900–01 ein Produktionsgebäude errichten, das durch den Baumeister Ferdinand Kallmann mit einer historisierenden Backsteinornamentik versehen wurde. An dem wehrhaften Zinnengiebel ist das Gießereigebäude schon von der Straße aus zu erkennen. Während die Längsseiten durch Um- und Anbauten teilweise verändert wurden, behielt der Giebel seinen ursprünglichen Aufbau. In der Backsteinwand öffnen

259. Wiebestraße 29-39, Straßenbahndepot, 1899–1901 von Joseph Fischer-Dick, Umbau 1924 von Jean Krämer

sich drei große Rundbogenfenster, die der dahinter liegenden dreischiffigen Gießereihalle ausreichend Licht geben. Eiserne Fachwerkstützen tragen die Hallenkonstruktion. Die Gießerei Jachmann wurde bereits vor dem Ersten Weltkrieg nach Borsigwalde verlegt. Heute wird die Halle von Gewerbebetrieben und einem Tonstudio genutzt.

Eingezwängt zwischen den Mietshäusern des Huttenkiezes und dem Industrierevier besetzt das riesige **Straßenbahndepot** der Großen Berliner Straßenbahn AG das Grundstück **Wiebestraße 29-39** und **Sickingenstraße 59-61** (Abb. 259, 260, Liste Nr. 47).[718] Die 1899–1901 errichtete Anlage, zu der an der südwestlichen Ecke des Grundstücks, an der Wiebestraße, ein dreigeschossiges Wohn- und Verwaltungsgebäude gehört, entstand mit der Elektrifizierung der Berliner Straßenbahn zur Jahrhundertwende. Die Pläne stammen von Joseph Fischer-Dick, dem Leiter der technischen Abteilung der Großen Berliner Straßenbahn AG, der maßgeblichen Anteil am betriebstechnischen Aufbau und an der architektonischen Gestaltung der Straßenbahndepots in Berlin hatte. Die vierschiffige Straßenbahnhalle konnte 320 Wagen aufnehmen. Zeitweise gingen zehn Straßenbahnlinien von der Wiebestraße aus, während mehr als tausend Beschäftigte für den reibungslosen Betrieb sorgten. Nach der Stilllegung des Straßenbahnverkehrs in West-Berlin wurde das Depot 1964 geschlossen. Gleichwohl ist der Zweck der technischen Einrichtung noch immer erkennbar. Neben den Resten des Gleissystems tragen dazu vor allem die 24 Korbbogentore bei. Die Hallenschiffe zeichnen sich im Straßenraum durch die Giebel und die längs laufenden Oberlichtraupen ab. Die nüchterne, schmucklose Gestaltung der gelben Backsteinfassaden geht auf einen Umbau in den 1920er Jahren zurück. Die von der Straßenbahngesellschaft 1924 ausdrücklich geforderte „neue Formgebung“ wurde von Jean Krämer umgesetzt, dem Hausarchitekten der Großen Berliner Straßenbahn AG, der zwischen 1924 und 1931 in Berlin eine Reihe beeindruckender Straßenbahnhallen schuf.[719] Jean Krämer ließ den gotisierenden Dekor aus Zinnen und Rundbogenfriesen entfernen und reduzierte die vorgeblendeten Knickgiebel zu einfachen, nüchternen Dreiecksflächen. Der beibehaltene Okulus fügt sich in diesen Giebelaufbau sehr gut ein. Die neue, sachlich gestaltete Giebelfront verdeutlicht zwar den technischen Zweck der Straßenbahnhalle, wiederholt aber nicht mehr die mehrfach gebrochene Kontur der Dachbinder. Der konstruktive Aufbau wird von filigranen Eisenfachwerkbindern bestimmt, die sich jeweils über ein Hallenschiff spannen und eine verglaste Oberlichtraupe tragen. Das Wohn- und Verwaltungsgebäude an der Wiebestraße zeigt noch den ursprünglichen historisierenden Backsteinstil. Das Straßenbahndepot gehört zu den Verkehrseinrichtungen, die zur Jahrhundertwende das Bild der Großstadt entscheidend prägten. Es erinnert an den Beginn des elektrischen Straßenbahnverkehrs und verkörpert damit ein Stück Berliner Verkehrsgeschichte. Seit 2003 beherbergt die ehemalige Straßenbahnhalle unter dem Namen „Meilenwerk“ ein Zentrum für Oldtimer und Liebhaberfahrzeuge.

Die Kaiserin-Augusta-Allee, die sich an die Straßenachse Alt-Moabit anschließt, folgt dem alten Heerweg, der von Berlin über Charlottenburg nach Spandau führte. Mit einer Brücke überquert sie den 1866–75 angelegten Charlottenburger Verbindungskanal, der seit 1938 die Bezirksgrenze markiert. Unmittelbar am Verbindungskanal befindet sich ein Ensemble aus einer Wohnanlage und einem Schulkomplex. Die Bauteile umschließen einen gemeinsamen Innenhof und scheinen einem einheitlichen städtebaulichen Konzept zu folgen, obwohl sie zu unterschiedlichen Zeiten entstanden sind. Das Ensemble umfasst die Grundstücke **Neues Ufer 5-8**, **Kaiserin-Augusta-Allee 96, 96 A-C, 97, 97 A-D** und **Wiebestraße 53-54** (Abb. 261, Liste Nr. 8).

Auf dem dreieckigen Baublock zwischen der Uferstraße des Charlottenburger Verbindungskanals und der Wiebestraße errichtete die Stadt Charlottenburg 1911–12 die **29. und 30. Gemeindeschule** (Abb. 261, Liste Nr. 33).[720] Als erste Schule in Martinickenfelde sollte sie den gewachsenen Bedarf abdecken, denn durch das Wachstum des Industriereviers und den Ausbau der benachbarten Mietshausviertel war die Einwohnerzahl beträchtlich angestiegen. Zugleich beabsichtigte die Stadt Charlottenburg, mit dem Schulgebäude eine geordnete Bebauung der Grundstücke am Charlottenburger Verbindungskanal einzuleiten. Die Pläne entwarf der Stadtbaurat von Charlottenburg, Heinrich Seeling, unter Mitarbeit von Magistratsbaurat Winterstein, während Stadtbaumeister Walter Helmcke die Ausführung leitete. Die U-förmige Schulanlage auf dem Grundstück **Neues Ufer 7-8** und **Wiebestraße 53-54** besteht aus einem breiten Mittelteil mit Turnhalle, Aula und Zeichensaal, der mit einer konkav gewölbten Fassade nach Süden weist, und zwei lang gestreckten Klassentrakten, die dem Verlauf der begleitenden Straßen folgen. Im Norden blieb ausreichend Platz für eine zukünftige Erweiterung, die aber nicht zustande kam. Nach dem Ersten Weltkrieg wurde dort eine Wohnanlage errichtet. Auch für den südlichen Teil des Grundstücks war eine verdichtete Bebauung vorgesehen. Die Mietshäuser, die sich an die seitlichen Klassentrakte anschließen sollten, wurden nie gebaut, sodass heute Brandwände zu sehen sind und die Anlage stellenweise einen unfertigen Eindruck vermittelt. Die Schule zeigt, dass Heinrich Seeling die neuen künstlerischen Strömungen seiner Zeit aufnahm. Die schlichten, sachlichen, sparsam dekorierten Backsteinfassaden kann man als eine Modernisierung der herkömmlichen historisierenden Schularchitektur betrachten. Die wechselnden Fensterformen, die betonten Risalite am südlichen Ende der beiden Klassentrakte, die steilen Giebel, versehen mit Krüppelwalmdächern, und die abstrahierten Backsteinornamente sorgen für eine lebhafte Fassadenabwicklung. Der Haupteingang an der Uferstraße wurde mit einem haubengedeckten Doppelportal hervorgehoben. Beeindruckend ist das ornamentale Raster des Giebels, gebildet aus vorstehenden Backsteinköpfen. An der Hofseite leitet ein mächtiger gerundeter Treppenturm vom Klassentrakt zum Mittelteil über. Das auskragende, mit Fachwerk versehene Obergeschoss trägt eine offene Plattform. Die Gemeindeschule wurde mit Bauschmuck aus Sandstein und dunklem Terrakotta versehen. Das erinnert an die schmuckreichen Schulen von Ludwig Hoffmann in Berlin. Bildhauer Hans Lehmann-Borges schuf große, an der Fassade angebrachte Figuren und Reliefs, die auf das Lernen in der Schule anspielen.[721] So ist an der Ecke des Eingangsrisalits, ausgerichtet zum Neuen Ufer, unter einem Vordach eine Mutter zu sehen, die ihrer Tochter das Lesen beibringt. Die aufwendige Dekoration setzt sich im Inneren fort: Das groß-

260. Straßenbahndepot, Innenansicht, Zentrum für Oldtimer

261. Neues Ufer 5-8, 29. und 30. Gemeindeschule, 1911–12 von Heinrich Seeling, Winterstein und Walter Helmcke

zügige Foyer ist durch Bogenfenster mit dem Haupttreppenhaus verbunden, während eine Wandnische, ausgekleidet mit Kiesel- und Mosaiksteinen, den Treppenaufgang schmückt. Die aus glasierten Fliesen bestehenden Wandbrunnen der oberen Stockwerke zeigen Märchenszenen (Rotkäppchen, Hans im Glück). Die ornamentale Ausmalung ist vom Jugendstil beeinflusst.

An der Kaiserin-Augusta-Allee ließ die Gemeinnützige Baugesellschaft Berlin-Heerstraße mbH 1927–28 eine differenziert gegliederte Wohnanlage errichten, die an die beiden Klassentrakte der Gemeindeschule anschließt, aber im Norden zwei breite Lücken zwischen Straßenraum und Schulhof freilässt.[722] Diese Öffnung wurde vom Bezirk Charlottenburg gefordert, um dem Schulgelände eine ausreichende Belüftung zu gewähren. Die von Heinrich Reinhardt und Georg Süßenguth entworfenen fünfgeschossigen Wohngebäude umschließen zusammen mit den Klassentrakten einen gemeinsamen Innenhof, der ausreichend Raum bot, um Gartenflächen und einen Spielplatz anzulegen.[723] Die Wohnanlage, die mit Mitteln der Hauszinssteuer gefördert wurde und daher den technischen Richtlinien der Berliner Wohnungsfürsorgegesellschaft folgen musste, verdeutlicht gegenüber den Mietshäusern des benachbarten Huttenkiezes den Gedanken der Wohnreform. Die Hauseinheiten enthalten Kleinwohnungen mit zwei bis zweieinhalb Zimmern, die für die mittlere Einkommensschicht der in Martinickenfelde beschäftigten Arbeiter und Abgestellten gedacht waren. Die Wohnungen, die grundsätzlich quer zu lüften waren, erhielten ein Bad, dazu Balkon oder Loggia. Zu dieser Ausstattung kamen weitere Versorgungseinrichtungen hinzu. Außer den gebräuchlichen Trocken- und Waschräumen im Dachboden gab es Läden für den täglichen Bedarf, eine Kinderarztpraxis, ein Kinderheim mit Säuglingshort, eine Liegehalle zum Sonnenbaden, eine große Dachterrasse sowie einen Spielplatz.[724] Die von expressionistischen Anklängen bestimmte Fassadengliederung mit vortretenden Backsteinschichten an Eingängen und Loggien fand ihre Entsprechung in einer kontrastreichen Farbigkeit, die heute allerdings nur noch an der Hofseite zu erleben ist. Heinrich Reinhardt und Georg Süßenguth verwendeten eingefärbten Putz, um die Fassade anschaulich zu gliedern. Die hervortretenden Treppenhausachsen heben sich mit ihrer blaugrauen Farbigkeit vom Rot der Wandflächen ab. Der blaugraue Farbton wurde außerdem verwendet, um das fünfte Stockwerk unter dem überstehenden Dach zu einem horizontalen Band zusammenzufassen.

Gebiet 9

Eisenbahn-, Kanal- und Hafengebiet im Norden und Osten Moabits

Moabit wird im Norden und Osten von einem breiten Streifen mit raumgreifenden Infrastruktureinrichtungen umschlossen. Großflächige Gleisanlagen der Eisenbahn, der Berlin-Spandauer Schifffahrtskanal und der Westhafen mit dem Westhafenkanal bilden eine städtebauliche Barriere zu den benachbarten Stadtvierteln. Der wenig geordnete Grenzraum, der heute zu sehen ist, hat sich seit der Mitte des 19. Jahrhunderts herausgebildet. Den Anfang machte die Berlin-Hamburger Eisenbahngesellschaft, die 1846 ihre Gleise in einem weiten Bogen durch die frühere Kämmereiheide verlegte. An der Invalidenstraße wurde der Hamburger Bahnhof als Endbahnhof errichtet. Der Berlin-Spandauer Schiffahrtskanal, der heute die östliche und nördliche Grenze des Ortsteils Moabit markiert, entstand zwischen 1848 und 1859. Auf dem Geländestreifen zwischen den Eisenbahngleisen und dem Schiffahrtskanal siedelten sich in den 1860er Jahren erste Fabriken an. Es bildete sich aber kein geschlossenes, vernetztes Industriegebiet wie in Martinickenfelde heraus, vielmehr blieb die Entwicklung auf einzelne Standorte beschränkt. Das Eisenbahnnetz verdichtete sich in der zweiten Hälfte des 19. Jahrhunderts. Die anfangs eingleisige Strecke der Berlin-Hamburger Eisenbahn wurde beträchtlich ausgebaut, um den Verkehr der 1871 eröffneten Ringbahn aufnehmen zu können. Im gleichen Jahr kam die Berlin-Lehrter Eisenbahn mit dem Lehrter Fernbahnhof hinzu, sodass ein breiter Gleisstreifen entstand. Der Hamburg-Lehrter Güterbahnhof, der sich ursprünglich nur über das Gelände nördlich des Hamburger Bahnhofs erstreckte, dehnte sich weit nach Südosten aus. Zusammen mit dem 1871 fertig gestellten Lehrter Fernbahnhof und dem 1886 eröffneten Packhof bildete sich am Spreeufer ein weiträumiges Eisenbahngelände, das bis zum 1878–82 errichteten Stadtbahnviadukt reichte. Die Stadtbahn kreuzt den Humboldthafen, passiert den Lehrter Bahnhof und durchquert den südöstlichen Teil Moabits, um dann auf die andere Seite der Spree zu wechseln. Die Ringbahn erhielt noch vor der Jahrhundertwende neue Bahnhöfe. 1894 wurde der Bahnhof Beusselstraße eingeweiht, 1898 kam der Bahnhof Putlitzstraße hinzu. Damit sollte die Anbindung Moabits an den Nahverkehr verbessert werden. Für den Warenumschlag wurde der Güterbahnhof Moabit angelegt. Auf dem nördlichen anschließenden Geländestreifen errichtete die Stadt Berlin 1914–23 den Westhafen, zu dem eine ganze Hafenstadt mit Verwaltungs-, Lager- und Speichergebäuden gehört. Mit dem Westhafen war der Ausbau des Verkehrsnetzes weitgehend abgeschlossen.

Die Teilung Berlins führte zu einer Verödung dieses Randstreifens. Am Ufer des Berlin-Spandauer Schiffahrtskanals verlief die Mauer, die Ost- und West-Berlin voneinander trennte. Die funktionslos gewordenen Eisenbahnanlagen wurden stillgelegt und viele historische Gebäude abgerissen. Allein der Westhafen behielt seine Funktion.

Nach langer Abgeschiedenheit hat die Wiedervereinigung zu einem urbanen Neubeginn geführt. Der Geländestreifen an der Spree und am Berlin-Spandauer Schiffahrtskanal erlebt einen tief greifenden Strukturwandel. In die Hauptstadtplanung wurde das Gebiet des früheren Hamburg-Lehrter Güterbahnhofs einbezogen. Erheblichen Veränderungen ist das Gelände am Humboldthafen ausgesetzt. Dort wird bis 2006 der neue Berliner Hauptbahnhof errichtet.

Betrachtet man den lang gestreckten bogenförmigen Randstreifen im Norden und Osten Moabits, dann zeichnen sich mehrere isolierte Großräume ab. Sie werden von autobahnähnlich ausgebauten Straßen getrennt, die mit mehreren Brücken die Gleise der Eisenbahn und den Berlin-Spandauer Schiffahrtskanal überqueren. Der Geländestreifen zwischen Spree und Invalidenstraße hat sich nach 1990 vollkommen verändert. Vom Hamburg-Lehrter Güterbahnhof und vom ehemaligen Ausstellungsgelände am Lehrter Fernbahnhof sind nur wenige Spuren geblieben. Es bildete sich ein vollkommen neues Stadtviertel. Auf dem Gelände des Güterbahnhofs wurden Wohnungen für Bundesbedienstete errichtet. Diesen Teil bezeichnet man heute als Moabiter Werder. Es schließt sich der Garten des Bundeskanzleramts an, der das Areal des früheren Packhofs einnimmt. Westlich des Humboldthafens, dort, wo früher der Lehrter Fernbahnhof stand, entsteht ein gewaltiger Kreuzungsbahnhof. Der Berliner Hauptbahnhof wird erstmals in der Verkehrsgeschichte Berlins den bisher getrennten Bahnverkehr der Nord-Süd-Strecken und der über die Stadtbahn laufenden Ost-West-Strecken verknüpfen. Es ist beabsichtigt, um den Hauptbahnhof weitere Büro- und Wohngebäude zu errichten. Dieses neue städtische Umfeld wird dazu beitragen, dass die jahrhundertelange Isolierung Moabits aufgehoben wird.

Der bogenförmige Geländestreifen am Berlin-Spandauer Schiffahrtskanal, zwischen Invalidenstraße und Putlitzbrücke, zeigt ein disparates Bild. An die frühe Geschichte der Eisenbahn erinnert der Hamburger Bahnhof, der einzige erhaltene Kopfbahnhof Berlins. Er wird heute als Museum genutzt. Es folgen Lagerflächen, kleine Gewerbebauten und die riesigen Brachflächen des früheren Hamburg-Lehrter Güterbahnhofs. Die alte Eisenbahnbrücke der Ringbahn über den Berlin-Spandauer Schiffahrtskanal wurde in den 1990er Jahren durch eine imposante Stahlbetonbogenbrücke ersetzt. Von den Fabriken und Gewerbebetrieben, die sich im Zuge der Randwanderung dort angesiedelt hatten, sind nur wenige Reste übrig geblieben. Am westlichen Ende erhebt sich das Kraftwerk Moabit. Mit seinen turmartigen Heizblöcken beherrscht es den umliegenden Stadtraum.

Zwischen Putlitzbrücke und Beusselbrücke dehnt sich das Gleisnetz des 1892 eröffneten Güterbahnhofs Moabit aus. Das Bahngelände lässt nur noch wenig vom einstmals regen Warenumschlag erahnen. Von den Betriebsanlagen ist nicht mehr viel übrig geblieben. An den Güterbahnhof und die Eisenbahngleise der Ringbahn schließt sich der Westhafen an. Mit seinen drei Hafenbecken und den ausgedehnten Lagerflächen nimmt er das gesamte Gebiet zwischen Putlitzbrücke und Westhafenkanal ein. Die 1914–23 geschaffene Hafenanlage zeichnet sich durch einen betriebstechnisch durchdachten Aufbau und eine gelungene architektonische Gestaltung aus.

Im Gebiet zwischen der Beusselstraße und dem Charlottenburger Verbindungskanal erstreckt sich der Berliner Großmarkt, der 1963–66 in der heutigen Form angelegt wurde. Die in einer Senke erbauten flachen riesigen Hallen für den Obst-, Gemüse- und Fleischhandel sind aufgrund ihrer Lage im Stadtraum kaum er-

262. Invalidenstraße 50-51, Hamburger Bahnhof, 1846–47 von Friedrich Neuhaus und Ferdinand Wilhelm Holz; Umbau zum Verkehrs- und Baumuseum, 1905–06 von Ernst Schwarz

fahrbar.[725] Der Westhafenkanal, der Moabit von Plötzensee trennt, wurde 1956 angelegt, um eine direkte Verbindung zwischen den Industriegebieten Charlottenburgs und dem Westhafen herzustellen. Der nördliche Abschnitt des Charlottenburger Verbindungskanals ging im Westhafenkanal auf.

Bahngelände und Berlin-Spandauer Schiffahrtskanal

Unmittelbar neben dem Berlin-Spandauer Schiffahrtskanal steht der **Hamburger Bahnhof** (Abb. 262, Liste Nr. 119), **Invalidenstraße 50-51**, der seit 1996 ein Museum für zeitgenössische Kunst beherbergt.[726] Der 1845–47 außerhalb der damaligen Stadtmauer erbaute Endbahnhof der Berlin-Hamburger Eisenbahngesellschaft ist als einziger Kopfbahnhof Berlins aus der Frühzeit des Eisenbahnverkehrs erhalten geblieben. Alle anderen Berliner Fernbahnhöfe der ersten Generation wurden später durch repräsentative Neubauten ersetzt. Diese Kopfbahnhöfe, die einst das Stadtbild prägten, sind im Zweiten Weltkrieg zerstört und danach abgerissen worden. Der Hamburger Bahnhof, der zu den ältesten Bahnhöfen Deutschlands gehört, wirkte typenbildend und beeinflusste die Architektur der großen Kopfbahnhöfe in Berlin und in den preußischen Provinzen. Der Begründer und Direktor der Berlin-Hamburger Eisenbahngesellschaft, Friedrich Neuhaus, entwarf gemeinsam mit Baumeister Ferdinand Wilhelm Holz ein funktionelles Bahnhofsgebäude in spätklassizistischen Formen mit Einflüssen aus der italienischen Renaissance.[727] Friedrich Neuhaus verstand es, die eisenbahntechnischen Erfordernisse mit den Wunsch der Eisenbahngesellschaft nach einem repräsentativen Erscheinungsbild zu vereinen. Die Anlage umfasste einen als Riegel ausgebildeten Kopf mit Schaufassade zur Stadt und eine von Seitenflügeln umschlossene Bahnsteighalle. Der Mittelbau beherrscht mit den beiden monumentalen Rundbogenportalen, einst geöffnet für die Durchfahrt der Lokomotiven zur davorliegenden Drehscheibe, der Rundbogenloggia des Obergeschosses und den beiden blockhaften Türmen den Stadtraum an der Invalidenstraße. Facettenreich ist die Nutzungs- und Baugeschichte des Bahnhofs. Nach der Verstaatlichung der Berlin-Hamburger Eisenbahn genügte die Station nicht mehr dem gewachsenen Verkehrsaufkommen, sodass sie 1885 geschlossen werden musste. In den Seitenflügeln wurden Wohn- und Verwaltungsräume eingerichtet, die Bahnsteighalle brach man ab. An ihre Stelle trat 1905–06 die noch heute vorhandene dreischiffige Ausstellungshalle. Sie wurde für das 1906 eröffnete Verkehrs- und Baumuseum errichtet. Mit Bedacht ließ Ernst Schwarz, der für den Museumsumbau zuständig war, das äußere Erscheinungsbild des Hamburger Bahnhofs unberührt, denn das Gebäude sollte als Dokument der Eisenbahnentwicklung selbst ein Bestandteil des Museums sein. 1911 und 1916 kamen seitlich des Hauptbaus zwei Seitenflügel hinzu, die bis zur Invalidenstraße reichen und einen Ehrenhof ausbilden. Mit ihren zurückhaltend gestalteten klassizistischen Fassaden passen sie sich einfühlsam ein, sodass ein harmonisches Ensemble von großer architektonischer Geschlossenheit entstand.

Der Bahnhof wurde im Zweiten Weltkrieg stark beschädigt, das Bau- und Verkehrsmuseum musste geschlossen werden. 1984 übernahm der West-Berliner Senat den ruinösen Museumsbahnhof. 1996 wurde dort das Museum für zeitgenössische Kunst eröffnet, eine Abteilung der Neuen Nationalgalerie unter dem Dach der Staatlichen Museen Preußischer Kulturbesitz. Betritt man das Gebäude, dann blickt man in eine beeindruckende dreischiffige Halle. Schön geschwungene Eisenfachwerkbinder, deren Untergurte unmittelbar über dem Fußboden ansetzen, gliedern das Mittelschiff, während weitgespannte Rundbogen zu den flach gedeckten Seitenschiffen überleiten. Oberlichter und Obergadenfenster sowie die komplett verglaste Nordwand geben dem Hallenraum ausreichend Licht. Die Neugestaltung des Museums geht auf Josef Paul Kleihues zurück, der östlich der Mittelhalle eine lang gestreckte Galerie anfügte.[728] Sie präsentiert sich außen mit einer äußerst sachlichen Metallplattenverkleidung, während der fugen- und fensterlose Innenraum mit seinem teilweise verglasten Tonnendach eine einfache wie großartige Raumperspektive bietet.

Schon vor Schließung des Bahnhofs wurde 1883 der Vorplatz umgestaltet, eine Freitreppe in der Mittelachse des Gebäudes errichtet und eine Büste für den Architekten Friedrich Neuhaus von Carl Keil aufgestellt. Nach dem Abriss der Bahnsteighalle, der Bahnsteige und Gleisanlagen waren die Voraussetzungen für einen begrünten Hof geschaffen, der erst nach Errichtung der beiden Seitenflügel nach 1910 als **Ehrenhof** (Abb. 262, Liste Nr. 229) ausgebildet wurde.[729]

Der formale Schmuckplatz zwischen Invalidenstraße und erhöhter Bahnhofsterrasse entstand 1885–86 in historistischer Gestaltung.[730] Seine Hauptwegeachse führt über eine Treppe von der Invalidenstraße auf das Hauptportal des heutigen Museums für zeitgenössische Kunst zu und umschließt ein zentrales Rondell. Etwa an diesem Standort befand sich bis 1874 eine Drehscheibe für Lokomotiven. Das von einer Buchsbaumhecke und Buchsbaumkugeln gesäumte Rondell ist mit Rasen begrünt. In seinem Zentrum wurde 1928 anstelle eines die Hauptachse akzentuierenden Brunnens ein Kriegerdenkmal für die gefallenen Eisenbahner des Ersten Weltkrieges von Emil Cauer aufgestellt.[731] Die 1996–98 erfolgte Wiederherstellung des Ehrenhofs integrierte dieses Denkmal unter Verweis auf die neue Funktion des Gebäudes nicht. Dagegen wurden die den Hauptweg rahmenden Rabatten mit je einer Reihe in Form geschnittener Rotdornbäume sowie mit Efeu berankten Festons und Einfassungen aus Buchsbaum wieder hergestellt. Restauriert wurden auch die Rasenflächen mit ihren Gehölzgruppen und regelmäßig angepflanzten Solitärbäumen- und Sträuchern sowie die Wegebefestigungen. Diese bestehen aus Charlottenburger Gehwegplatten, flankierenden Pflasterstreifen aus Kleinsteinmosaik und Tennenbelag sowie Großsteinpflaster im nun reduzierten Vorplatzbereich. Die neu gestaltete

263. Invalidenstraße 52, Verwaltungsgebäude der Berlin-Hamburger Eisenbahngesellschaft, 1874–75 von Friedrich Neuhaus

264. Paulstraße 20C, Güterschuppen Spreebord, 1934-35 von Günther Lüttich

Terrasse vor dem Museum, seitliche Wege und moderne Leuchten entsprechen heutigen Nutzungsanforderungen.

Dreißig Jahre nach der Eröffnung des Hamburger Bahnhofs bezog die Berlin-Hamburger Eisenbahngesellschaft ein neues **Verwaltungsgebäude** (Abb. 263, Liste Nr. 120).[732] Das vornehme dreigeschossige Gebäude an der **Invalidenstraße 52**, Ecke **Heidestraße**, wurde 1874–75 nach einem Entwurf von Friedrich Neuhaus errichtet. Die reich geschmückte Straßenfassade und die aufwendige Ausstattung verweisen auf die Wirtschaftskraft der Aktiengesellschaft, die als eine der wenigen Eisenbahngesellschaften die Gründerkrise gut überstanden hatte und aufgrund ihrer Geschäftsbeziehung zum Hamburger Seehandel am Güterverkehr hervorragend verdiente. Nach der Verstaatlichung der Berlin-Hamburger Eisenbahn ließen mehrfache Umbauten und Erweiterungen einen ausgedehnten Gebäudekomplex entstehen, der heute vom Landessozialgericht genutzt wird.[733] Dem Stilempfinden der Zeit entsprach nicht mehr der strenge klassizistische Baustil, der beim benachbarten Hamburger Bahnhof gewählt worden war, sondern der prächtige Renaissancestil. Friedrich Neuhaus orientierte sich vor allem an italienischen Vorbildern. Mit dem kräftig rustizierten Sockel- und Erdgeschoss, dem hervorgehobenen Mittelrisalit und dem reichen Bauschmuck wirkt das Verwaltungsgebäude vornehm und repräsentativ. Im Mittelrisalit öffnen sich drei große Rundbogenfenster, darüber folgt ein Dreiecksgiebel, der von Sandsteinskulpturen bekrönt wird. In der Mitte sieht man drei allegorische Figuren, die für Handel, Gewerbe und Eisenbahnverkehr stehen, während an den Seiten mächtige Löwen die Wappen von Hamburg und Berlin halten. Durch das prächtige Portal betritt man ein aufwendig gestaltetes Treppenhaus mit geschwungenem Treppenlauf, gusseisernen Säulen, Pilastern, Oberlicht und einem reich verzierten schmiedeeisernen Geländer. Im Sitzungssaal des Obergeschosses findet man eine reich gegliederte Kassettendecke. Die Deckenmalereien mit allegorischen Darstellungen von Handel und Verkehr stammen von Ernst Johannes Schaller und Moritz Meurer. Die Decke wurde 1878 nach dem Tode von Friedrich Neuhaus eingebaut, wobei das Direktorium der Eisenbahngesellschaft die bekannten Architekten Martin Gropius und Heino Schmieden für die Gestaltung heranzog.[734]

Südlich des Hamburger Bahnhofs und der Invalidenstraße erstreckt sich der Humboldthafen, dessen Gewässerfläche bereits zum Berliner Ortsteil Mitte gehört.[735] Die Hafenanlage ist Bestandteil des Berlin-Spandauer Schiffahrtskanals, der 1848–50 angelegt wurde, um die Unterspree zwischen Berlin und Spandau zu entlasten und den Weg zur Havel abzukürzen.[736] Die Wasserstraße zweigt von der Spree ab und erweitert sich dann zu einem trichterförmigen Hafenbecken. An der nordöstlichen Ecke verlässt der Berlin-Spandauer Schiffahrtskanal den Hafen, um in einem Bogen den Hamburger Bahnhof zu passieren. Die Planung des Kanals und des Humboldthafens geht auf Gartenbaudirektor Peter Joseph Lenné zurück, der Anfang der 1840er Jahre für das aufgegebene Pulvermühlegelände in Moabit eine Reihe von Bebauungsplänen vorgelegt hatte. Um das Eisenbahngelände des 1847 eröffneten Hamburger Bahnhofs nicht zu zerschneiden, musste die Einmündung des Berlin-Spandauer Schiffahrtskanal bogenförmig verschwenkt werden. Dieser Abschnitt war für den Schiffsverkehr nur schwer zu bewältigen. Die Wasserstraße erhielt 1891–92 eine Uferbefestigung aus Klinker- und Sandsteinmauerwerk, die teilweise, so auch an der Einmündung in den Humboldthafen, erhalten ist. Der Humboldthafen, der von gepflasterten Ladestraßen umgeben war, hatte eine große wirtschaftliche Bedeutung für den Warenumschlag. Neben dem Nordhafen war er der einzige Hafen der Stadt Berlin, der Schiffe mit einer Tragkraft von 500 t und 600 t aufnehmen konnte. Dicht an dicht lagen die Lastkähne im

Hafenbecken. Das Stückgut wurde auf den Ladestraßen oder in der 1908 erbauten Lagerhalle an der Westseite des Hafenbecken gelagert. Der Warenumschlag verminderte sich nach der Eröffnung des Osthafens 1913 und des Westhafens 1923. In der Nachkriegszeit wurde der Hafenbetrieb, bedingt durch die Teilung Berlins, vollkommen aufgegeben. Das Hafenbecken gehörte zum Todesstreifen der Berliner Mauer. Es ist vorgesehen, den Humboldthafen mit einer Umbauung zu versehen.

Neben dem Humboldthafen wird ein gewaltiger Kreuzungsbahnhof errichtet, der 2006 als Hauptbahnhof eröffnet werden soll. Das weiträumige Gelände zwischen Spree und Stadtbahnviadukt gehörte ursprünglich zum Hamburg-Lehrter Güterbahnhof. Die Gleise, Rampen und Lagergebäude, die in der Nachkriegszeit noch vorhanden waren, wurden 1965 und 1977 beseitigt, wobei eine öde Brachlandschaft übrig blieb. Nach der Wiedervereinigung und dem Beschluss, Parlament und Regierung in die Hauptstadt Berlin zu verlegen, wurde das innerstädtische Gebiet von einem gewaltigen Strukturwandel ergriffen, denn es liegt unmittelbar gegenüber dem Regierungsviertel mit Reichstag und Bundeskanzleramt. Das Gelände des früheren Hamburg-Lehrter Güterbahnhofs wurde als Moabiter Werder in die Hauptstadtplanung einbezogen. Das so genannte „Band des Bundes" greift mit dem Kanzlergarten auf das Moabiter Spreeufer über. Auf dem Areal südlich des Kanzlergartens errichteten die Architekten Georg Bumiller, Jörg Pampe, Rhode & Wandert sowie Urs Müller 1997–99 eine Wohnanlage für Bundesbedienstete. Das 320 Meter lange Hauptgebäude beschreibt die Form einer Schlangenlinie. Das Wohnviertel am Moabiter Werder prägt den neu gewonnenen Stadtraum am Spreeufer und verdeutlicht den Strukturwandel, dem das südliche Moabit ausgesetzt ist.

An den weiträumigen Hamburg-Lehrter Güterbahnhof erinnert heute nur noch das markante Verwaltungs- und Lagergebäude an der **Paulstraße 20 C** (Abb. 264, Liste Nr. 155).[737] Der 1934–35 von Reichbahnoberrat Günther Lüttich erbaute **Güterschuppen Spreebord** war die größte Güterabfertigungsanlage in Berlin. Hinter dem Kopfbau erstreckte sich eine riesige, vierschiffige Anlage, die mit der Absicht erbaut worden war, das Durcheinander an Schuppen, Buden und Lagerstätten auf dem Eisenbahngelände zu ersetzen. Reichsbahnarchitekt Lüttich gestaltete das Gebäude in einem sachlichen Klinkerstil mit expressionistischen Reminiszenzen. Damit steht der Bau noch ganz in der Tradition des funktionellen Bauens der 1920er Jahre. An den lang gestreckten dreistöckigen Lagertrakt mit Laderampe schließt sich der turmartige Verwaltungstrakt an, der über fünf Geschossen aufragt. Als Landmarke weist er auf den Stadtteil Moabit hin, der nördlich der

265. Heidestraße 20C, Kornversuchsspeicher, 1897–98, 1915

266. Friedrich-Krause-Ufer 24, Auer-Lichtgesellschaft AG, 1937–38 von Egon Eiermann

Lutherbrücke beginnt. Um dem Gebäude ein lebhaftes Aussehen zu verleihen, wurden verschiedenfarbige Klinker verwendet. Die Fenster und die dazwischenliegenden Wandflächen mit einem Relief aus vortretenden und zurückgesetzten Klinkerlagen schließen sich zu horizontal gliedernden Streifen zusammen. Das wehrhafte, von Konsolen getragene Dachgesims ist als Antwort auf die Militärarchitektur des einstmals gegenüberliegenden Heeres-Proviantamts aus den 1890er Jahren zu verstehen. An der Ecke des Verwaltungstrakts ist eine wuchtige Sandsteinskulptur von Felix Kupsch angebracht, die einen Transportarbeiter bei der Arbeit zeigt. Der Kopfbau des Güterschuppens Spreebord wurde 1997–99 nach Plänen von Marion Drews in eine Schule umgebaut, erweitert und um eine Doppelsporthalle und einen Kindergarten ergänzt.

Das Gelände des ehemaligen Hamburg-Lehrter Güterbahnhofs ist bis auf dieses Funktionsgebäude vollständig umstrukturiert und neu bebaut. Nördlich des Hamburger Bahnhofs, entlang des Berlin-Spandauer Schiffahrtskanals und der Bahnstrecke gibt es noch vereinzelt wertvolle Industrie- und Verkehrsanlagen, die etwas von der einstigen Bedeutung dieser Lebensader Berlins vermitteln können. Östlich der Kieler Brücke erweitert sich der Berlin-Spandauer Schiffahrtskanal zu dem länglichen Becken des Nordhafens. Auf dem brachliegenden Gelände des früheren Hamburg-Lehrter Güterbahnhofs am Südufer des Kanals, **Heidestraße 20 C**, steht ein technikgeschichtlich bemerkenswerter sechsgeschossiger roter Backsteinbau (Abb. 265, Liste Nr. 107). Das kastenförmige Gebäude mit flachem Wirtschaftsanbau wurde 1897–98 von der Baufirma Hermann Streubel als **Kornversuchsspeicher** errichtet.[738] Mit dem Standort am Kai des Berlin-Spandauer Schiffahrtskanals bestand eine hervorragende Anbindung an das Wasserstraßennetz und die Eisenbahn. Die Errichtung des Kornhauses, das auch der normalen Lebensmittelversorgung der Großstadt Berlin diente, fällt in die Frühzeit des modernen industriellen Speicherbaus, als es galt, neue, aus den USA kommende Lagermethoden zu erproben. Zweck des Kornversuchsspeichers war die wissenschaftliche Untersuchung der Getreidelagerung, die vergleichende Bewertung der Silo- und Schüttbodenspeicherung und die Erprobung moderner Maschinentechnik.[739] Das Gebäude, das zunächst dem Institut für Gärungsgewerbe, später der Versuchsanstalt für Getreideverarbeitung in Berlin-Wedding angegliedert war, verfügte über fünf Schüttböden und vier Silos mit einem Gesamtfassungsvermögen von 1.130 t Getreide.[740] Die Technik der Schüttbodenspeicherung wurde in diesem Gebäude optimiert. Um den Hohlraum des Speichers besser ausnutzen zu können, wurde das Getreide nicht in flachen Beeten geschüttet, sondern zwischen Bretterwänden aufbewahrt, sodass auch kleinere Getreideposten getrennt gelagert werden konnten. Während der ältere Kornversuchsspeicher eine herkömmliche Konstruktion mit hölzernen Stützen aufweist, wird der 1915 erbaute gleich hohe Erweiterungstrakt von einem modernen Eisenbetonskelett getragen. Das sichtbare Betonraster hebt sich deutlich vom unverputzten Füllmauerwerk ab.

Am Südufer des Berlin-Spandauer Schiffahrtskanals erstreckt sich eine heterogene Stadtlandschaft, bei der Brachflächen mit einzelnen Fabrik- und Gewerbegebäuden wechseln. Auf dem verkehrsgünstig gelegenen Geländestreifen hatten sich mehrere Industrieunternehmen angesiedelt. Dazu gehörte auch die 1892 gegründete **Auer-Gesellschaft**, die mit der Herstellung von Glühlampen großen wirtschaftlichen Erfolg hatte.[741] Das 1934 zu Degea AG umbenannte Unternehmen ließ auf dem heutigen Grundstück **Friedrich-Krause-Ufer 24** 1937–38 einen modernen viergeschossigen Fabrikbau errichten, der Laboratorien, Verwaltungsräume und Produktionsflächen enthielt (Abb. 266, Liste Nr. 101).[742] Mit der Planung wurde Egon Eiermann beauftragt, der hier erstmals einen größeren Industriebau ausführen konnte. Der Architekt entwarf ein winkelförmiges Gebäude, das sich mit beiden Flügeln der Torfstraße zuwendet, einer aus Wedding kommenden Straßenachse, die unmittelbar vor dem Fabrikgebäude rechtwinklig abknickt.[743] Die klare, sachliche Gestaltung des kubischen, mit Flachdach versehenen Gebäudes überrascht in Anbetracht des Baujahres. Die Architekturvorstellungen der nationalsozialistischen Machthaber, die zum Beispiel bei Staats- und Parteibauten durch schwere neoklassische Formen Macht demonstrieren wollten, schlossen im Industriebau eine funktionalistische Bauweise nicht aus. Hier konnten technischer Fortschritt und moderne Materialien offen gezeigt werden. Eine Baugenehmigung für diesen Komplex wurde aber von dem Generalbaudirektor Albert Speer nur mit der Auflage erteilt, dass das Gebäude nach 1942 gegebenenfalls wieder abzureißen sei, weil es im Einzugsbereich des neu zu erbauenden Nordbahnhofes lag.[744] Egon Eiermann ließ alle Wandflächen mit hellroten Ziegeln im Prüßverband verkleiden. Das weiße Fugennetz steht in einem spannungsvollen Kontrast zu den vollkommen flächigen Fassaden und den bündig eingesetzten, weiß gerahmten Fenstern. Die in Vierergruppen aufgereihten Rechteckfenster, die das Raster des tragenden Stahlbetonskeletts erkennen lassen, geben als einziges rhythmisierendes Element dem Bau ein elegantes Aussehen. Besonders die durchgängig verglasten Treppenhäuser im nordwestlichen Eckrisalit und die Dachaufbauten aus Sichtbeton mit den Ausblasöffnungen der Lüftung zeigen aus den 1920er Jahren bekannte Motive. Die Dachaufbauten sind in ihrer skulpturalen Form zugleich als Gegenpol zur harten Kontur des kubischen Gebäudes gedacht. Der Fabrikbau der Auer-Gesellschaft wurde 1987 grundlegend saniert. Heute dient das Gebäude als Sozialhilfestelle für Asylbewerber. Walter A. Noebel fügte 1994–96 einen Erweiterungsbau an, der mit seiner Fassadenverkleidung aus dunkelblauer Basaltlava einen eigenständigen Akzent setzt.

267. Friedrich-Krause-Ufer 10-15, Kraftwerk Moabit, Lageplan
1. Maschinenhalle (Moabit I), 1899–1900 von Franz Schwechten
2. Maschinenhaus (Moabit II), 1908 von Franz Schwechten
3. Kesselhaus (Moabit II)
4. Kohlenstaubmahl- und Aufbereitungsanlage, 1925 von Hans Müller
5. Schalthaus, 1925 von der Bauabteilung der BEWAG
6. Umformerwerk, 1929–30 von Waltar Klingenberg und Werner Issel

Die Putlitzstraße überquert mit der 1971–77 neu errichteten Putlitzbrücke das Eisenbahngelände am S-Bahnhof Westhafen. Von der alten, 1912 eingeweihten Putlitzbrücke verblieben nur einige Abschnitte der langsam ansteigenden Rampe zwischen Birken- und Quitzowstraße. Dort wurden die geborgenen und restaurierten Figurengruppen von Walter Schmarje aufgestellt, die einen Knaben mit einer Gans darstellen.[745] In der Mitte der neuen Brükke erinnert ein 1987 aufgestelltes Mahnmal an die Deportation zehntausender Berliner Juden, die vom S-Bahnhof Putlitzstraße (heute Westhafen) in die Vernichtungslager abtransportiert und ermordet wurden.[746] Die eindringliche Stahlplastik, gestaltet von Volkmar Haase, besteht aus einer vorderen Stele mit Judenstern, die einem Grabstein ähnelt, und einer mehrfach geknickten, abgebrochenen Treppe, die ins Nichts führt.

Nördlich des S-Bahnhofs Westhafen beherrscht das **Kraftwerk Moabit, Friedrich-Krause-Ufer 10-15** (Abb. 267–270, Liste Nr. 100), mit einem aufragenden modernen Heizblock innerhalb einer eindrucksvollen historischen Kraftwerksanlage die ausgedehnte Industrielandschaft am Berlin-Spandauer Schiffahrtskanal.[747] Der aus mehreren Bauten zusammengesetzte Komplex beansprucht das weiträumige Gelände zwischen den Gleisen der Ringbahn, dem Friedrich-Krause-Ufer und der Rampe der Putlitzbrücke.

Das Kraftwerk dokumentiert die wechselvolle Geschichte der Stromversorgung in Berlin. Zu den Meilensteinen in der Kraftwerkstechnik, die an diesem Ort zum Teil mit entwickelt wurden, gehören die Einführung des Drehstromsystems um 1900, die Umstellung auf Dampfturbinen, die Erprobung der Kohlestaubfeuerungstechnik in den 1920er Jahren und die Einführung der emissionsarmen zirkulierenden Wirbelschichtfeuerung in den 1980er Jahren.[748]

Das 1900 in Betrieb genommene Kraftwerk Moabit, errichtet von den Berliner Elektricitäts-Werken (BEW), einem Gemeinschaftsunternehmen AEG mit der Stadt Berlin, war das zweite Drehstromkraftwerk in Berlin. Zusammen mit dem drei Jahre vorher eröffneten Kraftwerk Oberspree in Oberschöneweide lieferte es hochgespannten Drehstrom, der erstmals verlustarm über lange Strecken geleitet werden konnte. Dadurch wurde es möglich, große Kraftzentralen mit ihren rauchenden Schloten außerhalb der Städte an verkehrsgünstigen und erweiterbaren Standorten zu bauen. Der elektrische Strom wurde in dezentralen Abspannwerken und Netzstationen in den einzelnen Stadtvierteln in Strom niederer Spannung für Haushalte und Fabriken umgewandelt. Der Standort in Moabit war gut gewählt. Die benötigte Kohle konnte über den Berlin-Spandauer Schiffahrtskanal oder über das Gleisnetz der Eisenbahn rasch angeliefert werden. Das Kühlwasser ließ sich ohne großen Aufwand dem Schiffahrtskanal entnehmen. Um die schnell steigende Nachfrage nach elektrischer Energie befriedigen zu können, wurde das Kraftwerk 1907–08 um einen

268. Kraftwerk Moabit, Maschinenhalle (Moabit I), 1899–1900 von Franz Schwechten

zweiten Block erweitert. Der schnelle Fortschritt durch die neue Turbinentechnik, die dort ausschließlich angewendet wurde, drückte sich darin aus, dass bei gleicher Leistung nur die Hälfte der Grundfläche des ersten Bauabschnittes benötigt wurde.

Die Anpassung des Kraftwerks an die jeweils aktuellen Verhältnisse und den technischen Stand hatte vielfältige Neu- und Umbauten zur Folge, die den Komplex laufend veränderten. Der Kraftwerkskomplex ist ein Spiegel der Entwicklung der Kraftwerkstechnik des 20. Jahrhunderts. Von der aus Kessel-, Maschinen- und Schalthaus bestehenden alten Kraftzentrale (**Moabit I**), die Franz Schwechten 1898–1900 für die Berliner Elektricitäts-Werke errichtet hatte, blieb nur der nördliche, etwa zehn Meter tiefe Abschnitt der Maschinenhalle mit einem schmalen dreigeschossigen Bürotrakt erhalten, wobei verlorene Details der Fassade 1988 wieder hergestellt wurden (Abb. 268, 269). Vor dem modernen, steil aufragenden Heizblock der 1980er Jahre wirkt der Hallenkopf, der heute für Ausstellungen genutzt wird, klein und kulissenhaft. Die Entwurfsidee des Architekten kann man dennoch deutlich ablesen. Franz Schwechten bildete eine vornehme historisierende Fassade aus, galt es doch, auf die wachsende Bedeutung der Stromerzeugung aufmerksam zu machen. Er gestaltete die Giebelfront in freier Anlehnung an die deutsche Renaissance. Dabei fügte er Schweifgiebel, Eckturm und Werkseinfahrt zu einer malerischen Baugruppe zusammen. Der Turm, versehen mit einem auskragenden, steilen Helm sollte als Wahrzeichen auf das Kraftwerk hinweisen. Die roten Backsteinfassaden, die nur sparsam mit Ornamenten aus Sandstein geschmückt sind, wirken flächig. Ein riesiges, dicht über dem Boden aufsteigendes Bogenfenster lässt ausreichend Licht in die Maschinenhalle hinein. An dieser feinsinnigen, repräsentativen aber auch sehr zweckmäßigen Gestaltung zeigt sich der erfahrene und weit bekannte Architekt, der bereits vorher bedeutende Industrie- und Verkehrsbauten wie die Apparatefabrik der AEG und den Anhalter Bahnhof gestaltet hatte. Die Fassade des Kraftwerks band zweckmäßige Hallen und Nebengebäude zu einer einheitlichen, schlichten Architektur mit ausdrucksstarken Silhouetten an Straße und Wasserweg zusammen.

Der in westliche Richtung an die Giebelfront der alten Maschinenhalle anschießende zweite Bauabschnitt des Kraftwerks (**Moabit II**) erscheint heute nicht mehr in seiner 1908 von Franz Schwechten entworfenen Gestalt. Das Kraftwerk wurde bis 1920 mehrfach erweitert und sein Kesselhaus ab 1920 auf die moderne Kohlenstaubfeuerung umgestellt. Seit dem Ende der 1920er Jahre verstellt ein Umformerwerk die Fronten von Kessel- und Maschinenhaus und auch fast alle anderen Fassaden wurden neu gestaltet.

Für die Kohlenstaubfeuerung fügte Hans Müller, Architekt der Berliner Städtischen Elektrizitätswerke AG (BEWAG), 1925 an der Südseite der Anlage eine **Kohlenstaubmahl- und Aufbereitungsanlage** an, deren bauliche Hülle verändert und mit neuer Nutzung heute noch besteht.[749] Dem Umbau zu einem Werkstatt- und Sozialgebäude in den 1950er Jahren folgte 1987 die Aufstockung um drei Geschosse. Das charakteristische Walmdach wurde beseitigt. Die Kohlenstaubfeuerung für Kraftwerke wurde in Moabit getestet und entwickelte sich so vielversprechend, dass sie bereits 1926 im Großkraftwerk Klingenberg eingesetzt werden konnte.

Zwischen Moabit I und Moabit II entstand gleichfalls 1925 ein fünfgeschossiger Verbindungstrakt nach Entwürfen der Bauabteilung der BEWAG. Die Verteilerspannung der Kraftwerke wurde ab 1924 von 6 kV auf 30 kV hochgesetzt und dafür musste ein neues **Schalthaus** gebaut werden. Es überspannte mit einer breiten Durchfahrt den bis dahin freien Hof zwischen den beiden Kraftwerksteilen und nahm neben den Schaltanlagen auch Büros, Werkstätten und die Schaltwarte auf. Expressionistische Details wie hervortretende Klinkerschichten an den Eingängen und an der Durchfahrt beleben die betont waagerecht gegliederte Fassade.

1929–30 errichtete das im Kraftwerk- und Anlagenbau sehr versierte Architekturbüro Klingenberg & Issel ein **Umformwerk**, eine schmale Gebäudescheibe direkt vor dem Kraftwerk Moabit II (Abb. 270). Das Werk hatte die Aufgabe, Teile der in den 1920er Jahren auf elektrischen Betrieb umgestellten Ring- und Vorortbahnen mit Gleichstrom zu versorgen. Dabei wurden die ältere Fassade von Franz Schwechten abgerissen und auch zur Putlitzbrücke hin erneuert, sodass nur wenig von der äußeren Architektur der ursprünglichen Anlage erhalten blieb. Nur der südliche Giebel des Maschinenhauses ist erhalten, er ist allerdings von außen nicht einsehbar. Die neuen Backsteinfassaden zeigen den sachlichen, monumentalen Stil der 1920er Jahre, wie er schon vorher bei Bauten der Elektrotechnik wie den Gleichrichterwerken des Reichsbahnarchitekten Richard Brademann oder beim 1927 in Betrieb genommenen Kraftwerk Klingenberg von Klingenberg & Issel angewandt wurde. Der strenge Backsteinblock ist durch die enge Pfeilerstellung der Fenster straff gegliedert. Das alte Kesselhaus wurde durch den Stockwerksbau verstellt, das Maschinenhaus lässt sich an den hohen Fensterbahnen an der Ostseite noch erkennen.

Nach Kriegsschäden, besonders in Moabit II, dem Wiederaufbau und einer grundlegenden Modernisierung in den 1950er Jahren wurde das Kraftwerk als Spitzenlastanlage ausgebaut und später als Heizkraftwerk genutzt.

1988 wurde das auffällige neue Heizkraftwerk mit umweltfreundlicher Wirbelschichtfeuerung in Betrieb genommen, dem ein großer Teil des historischen Kraftwerks Moabit I weichen musste.

269. Kraftwerk Moabit, Maschinenhalle (Moabit I), Innenansicht

270. Umformwerk vor Moabit II, 1929–30 von Waltar Klingenberg und Werner Issel

Der S-Bahnhof Westhafen wurde beim Ausbau der Ringbahn in den späten 1990er Jahren vollständig erneuert. In unmittelbarer Nachbarschaft **An der Putlitzbrücke** steht ein **Gleichrichterwerk** (Abb. 271, Liste Nr. 67), das 1927–28 im Zuge der Elektrifizierung der Berliner S-Bahn errichtet wurde.[750] In den 1920er Jahren wurden Nahverkehrsstrecken mit Stromschienen ausgestattet, die den zum Antrieb der Züge erforderlichen Gleichstrom zuführen. Um den Drehstrom, der vom Kraftwerk mit 30.000 Volt geliefert wird, in Gleichstrom von 800 Volt umzuwandeln, mussten an den Bahnstrecken in dichten Abständen ferngesteuerte Umformer- und Gleichrichterwerke errichtet werden. Die sachlichen, funktionalen Gebäude gestaltete Richard Brademann, der Hausarchitekt der Reichsbahndirektion Berlin. Während seiner Amtszeit entwickelte sich die S-Bahn zu einem in Europa vorbildlichen Schnellbahnsystem. Brademann gab den dafür notwendigen Bauten durch seine am Neuen Bauen der 1920er Jahre orientierte Gestaltung ein neues Gesicht, das nach seinen Vorstellungen im Einklang mit dem „elektronischen Organismus" zu stehen hatte.[751] Das Gleichrichterwerk an der Putlitzbrücke entspricht nicht dem üblichen Ringbahntyp. Richard Brademann musste hier ein größeres Gebäude entwerfen, weil die Reichsbahn beabsichtigt hatte, auch den Güternahverkehr am Güterbahnhof Moabit elektrisch zu betreiben.[752] Die technischen Einrichtungen sind in einem blockhaften, sachlichen Backsteingebäude untergebracht, das mit seinen klaren Formen die Funktionalität unterstreicht, aber doch einen künstlerischen Anspruch erkennen lässt. Während die Stahltore des Erdgeschosses bequemen Zugang zu den dort aufgestellten Transformatoren und Ölschalter ermöglichen, sind hinter den querrechteckigen Stahlfenstern des Obergeschosses die Gleichrichter angeordnet. Dem auskragenden, flachen Betondach antwortet das gesimsartige Vordach über den Stahltoren.

Zwischen Beussel- und Putlitzbrücke dehnt sich der weiträumige Güterbahnhof Moabit aus, der 1891–93 mit Lagergebäuden, Ladestraßen, Lokomotivschuppen und Stellwerken zu einem wichtigen Güterumschlagplatz ausgebaut wurde. Durch den verkehrsgünstigen Standort an den Gleisen der Ringbahn und der Hamburg-Lehrter Eisenbahn erlangte er eine große Bedeutung für die Versorgung der umliegenden Industriegebiete in Moabit und Charlottenburg. Von den umfangreichen Anlagen blieb das 1892–93 erbaute **Stellwerk Mwt** (Abb. 272, Liste Nr. 72), **Beusselstraße 44 D** erhalten, das in der Nähe der Beusselbrücke mit einem gelben backsteinverkleideten Unterbau, einem auskragenden Fachwerkgeschoss und einem ziegelgedeckten Dach auf sich aufmerksam macht.[753] Das turmartige Stellwerk, das noch sehr anschaulich die Atmosphäre und den technischen Standard des Bahnbetriebes vor 1900 vermittelt, wurde vom Eisenbahnamt im damals üblichen Backsteinstil entworfen, wobei das Fachwerk einen malerischen, heimatlichen Eindruck hervorrufen sollte. Das Gebäude war gleichzeitig Wasserturm für die Frischwasserversorgung der Dampflokomotiven. Es schloss sich ein halbrunder Lokomotivschuppen an, der jedoch den Zerstörungen des Zweiten Weltkriegs zum Opfer fiel. Die turmartige Auslucht des Stellwerks leitete zum Lokomotivschuppen über, während der Wasserbehälter im Fachwerkgeschoss untergebracht ist. Karl Cornelius fügte 1913 einen Anbau für die Lampenputzer und Rangierer des Güterbahnhofs an.

271. An der Putlitzbrücke, Gleichrichterwerk, 1927–28 von Richard Brademann

272. Beusselstraße 44D, Stellwerk Mwt des Güterbahnhofs Moabit, 1892–93, Umbau 1913 von Karl Cornelius

Westhafen

Hinter dem Güterbahnhof erstreckt sich der riesige **Westhafen** (Abb. 273–276), Liste Nr. 46), **Westhafenstraße 1-3** und **Beusselstraße 44K**, der über den Hohenzollernkanal, den Berlin-Spandauer Schiffahrtskanal und den Westhafenkanal an die deutschen Binnenwasserstraßen angeschlossen ist.[754] Die Verwaltungs- und Speichergebäude an den drei Hafenbecken sind in der Industrielandschaft weithin sichtbar. Mit den architektonisch und technisch anspruchsvollen Lager- und Umschlageinrichtungen und dem durchdachten betriebstechnischen Konzept zeugt der Westhafen von der großen Bedeutung, die der Schiffsverkehr im 20. Jahrhundert für die Versorgung der deutschen Hauptstadt besaß. Der 1923 in Betrieb genommene Hafen war ein wichtiger Baustein für die Entwicklung des Industriestandorts Berlin. Seine Entstehungsgeschichte reicht bis ins Jahr 1895 zurück, als die Berliner Kaufmannschaft den Magistrat aufforderte, im Osten und Westen zwei große Häfen zu schaffen: Die alten Hafenanlagen am Landwehrkanal und am Berlin-Spandauer Schiffahrtskanal waren viel zu klein, um den Warentransport bewältigen zu können, außerdem fehlten Speicher- und Lagergebäude sowie Kräne zum Be- und Entladen der Schiffe. Der Berliner Magistrat beschloss den Bau von Großhäfen in Stralau an der Oberspree und in Plötzensee am Berlin-Spandauer Schiffahrtskanal. Während der Osthafen bereits 1913 eröffnet wurde, verzögerte sich der Bau des Westhafens durch Grunderwerbsverhandlungen und Streitigkeiten mit der Eisenbahnverwaltung. Erst musste das Gelände des 1865 gegründeten evangelischen Johannesstifts aufgekauft werden.[755] Das kirchliche Heim zog 1910 nach Spandau. 1914 konnte endlich mit dem Bodenaushub begonnen werden. Die Gesamtplanung und Oberbauleitung oblag Friedrich Krause, dem Stadtbaurat für Tiefbau, während der angesehene Architekt Richard Wolffenstein mit der Gestaltung der Fassaden beauftragt wurde. Die Ausarbeitung der Grundrisse übernahm Architekt Lorenz. Die Arbeiten schritten anfangs zügig voran, mussten dann aber im Ersten Weltkrieg unterbrochen werden. Erst 1923 nahm der Westhafen mit zwei Becken, Verwaltungsgebäude, fünf Speichern, Casino und kleineren technischen Bauten seinen Betrieb auf. Der Güterumschlag wuchs rasch an, sodass schon 1924–27 eine Erweiterung mit einem dritten Hafenbecken und neun weiteren Lagergebäu-

273. Westhafenstraße 1-3, Westhafen, 1914–23 von Friedrich Krause, Richard Wolffenstein und Lorenz, Verwaltungsgebäude

den ausgeführt wurde. Bis zum Zweiten Weltkrieg war der Westhafen der zweitgrößte Binnenhafen Deutschlands.
Friedrich Krause und Richard Wolffenstein schufen eine eigenständige Hafenstadt, die bis heute nichts von ihrer beeindruckenden architektonischen Geschlossenheit und betriebstechnischen Funktionalität verloren hat. Die Hafenbecken und Gebäude sind nach einem regelmäßigen Grundriss angeordnet. Um das mittlere Becken, das den Kern der Hafenanlage bildet, sind die Verwaltungszentrale, das Casino, drei Lagerhallen und der Getreidespeicher gruppiert, während der Zollspeicher die westliche Landspitze des Hafengeländes besetzt. Alle Fassaden sind einheitlich mit dunkelvioletten Eisenklinkern verblendet, wobei der sparsam eingesetzte Dekor aus hellem Muschelkalk für einen farbigen Kontrast sorgt. Das sockelartige Erdgeschoss, verkleidet mit Granit oder Muschelkalk, wirkt schwer und wuchtig. Die Fassadengestaltung entspricht der Entstehungszeit der ersten Pläne um 1910, als eine Versachlichung im Industriebau eintrat. Um den betriebstechnisch und stadträumlich wichtigen Gebäuden eine monumentale Erscheinung zu verleihen, benutzte Richard Wolffenstein neoklassizistische Motive wie Kolossalblenden, Lisenen, Thermenfenster, Dreiecksgiebel, Zwerchhäuser, Gauben und Gesimse.
Heute ist das Hafengebiet einem augenfälligen Strukturwandel unterworfen. Beim Ausbau zu einem modernen Güterverkehrszentrum werden die alten Speicher- und Lagergebäude nicht mehr gebraucht. Mehrere Gebäude stehen leer. Der umgebaute Getreidespeicher beherbergt heute die Zeitungsabteilung der Staatsbibliothek Preußischer Kulturbesitz. Um ausreichend Platz für neue Lagerflächen zu erhalten, wurde 2001 das nördliche, erst 1927 angelegte Hafenbecken zugeschüttet. Durch den Zukauf des nahen Großmarkts soll ein innenstädtisches Logistikzentrum für die Lagerung von Waren und deren Transport auf dem Wasserweg, über Schienen und Straßen geschaffen werden.
Das **Verwaltungsgebäude**, das sich mit einer beeindruckenden Fassade der Schmalseite des Mittelbeckens zuwendet, bildet die monumentale Mitte des Westhafens (Abb. 273). Mit dem aufragenden schlanken Mittelturm, der auch als Wasserturm dient, dominiert der mächtige Bau das gesamte Hafengelände. Der schlanke, sich nach oben verjüngende Turm mit Aussichtsgalerie, Laterne und Pyramidendach erinnert an einen Rathausturm. Da er schon von weiten sichtbar ist, bildet er für die ankommenden Schiffe ein Wahrzeichen des Hafens. Die würdevolle, ruhige Fassadengliederung, das schwere Muschelkalkportal, der Dreiecksgiebel der Mittelachse und das mächtige ziegelgedeckte Dach verstärken den repräsentativen Eindruck. Der plastische Schmuck mit Motiven und Allegorien, die sich auf Handel und Schifffahrt beziehen, stammt von Josef Gobes und H. Tochtermann. Die axiale Anordnung des Verwaltungsgebäudes innerhalb der Gesamtanlage wird durch den Anlegeplatz in der Mitte des Hafenbeckens unterstrichen. Die Balustrade, die die Schmalseite des Beckens schmückt, ist dort unterbrochen. Der Durchlass, gerahmt von La-

274. *Westhafen, Casino*

ternen, führt geradewegs auf das Werksteinportal. Durch den Haupteingang gelangt man in ein monumentales Treppenhaus mit einem säulenumstandenen Treppenauge, dessen quadratische Grundform auf den darüber liegenden Turm verweist.[756]
Nördlich des Verwaltungsgebäudes steht das **Casino,** das schräg gestellt angeordnet wurde, um die Westhafenstraße, die von der Putlitzbrücke zum Hafengelände führt, zu begleiten (Abb. 274). Der dreigeschossige Bau, der neben der Hafenwirtschaft mit einer geräumigen Speisehalle auch Dienstwohnungen enthält, erscheint, wie es seiner Aufgabe entspricht, weniger offiziell. Mit Mansarddach, Dachreiter und Fledermausgauben, Loggien, Terrassen und zwei von Säulen getragenen überdachten Außentreppen, die zu Treppenhausrisaliten führen, ist das Casino eher dem Landhausstil verpflichtet. Auch hier wurden die Klinkerfronten und die werksteingerahmten Eingänge zurückhaltend mit figürlichem Dekor versehen, der auf die maritime Welt anspielt.
An beiden Seiten des mittleren Hafenbeckens wurden Lager- und Speicherbauten gegenüberliegend angeordnet. Die lang gestreckten **Lagerhallen 1, 2 und 3** für Stückgut sind so bemessen, dass vor jeder Halle zeitgleich zwei 600-Tonnen-Schiffe gelöscht werden konnten (Abb. 275). Rampen an Wasser- und Landseiten sowie Ladetüren auch im Obergeschoss erleichtern das Be- und Entladen der Lagerräume, wobei die offene Konstruktion des freitragenden Eisenbetondachs eine optimale Nutzung des Dachraums ermöglicht. In Gesimshöhe sind am Gebäude Laufschienen für die Halbportalkräne angebracht, die zwischen Kaimauer und Lagerhalle verlaufen. Das Portal ist so breit ausgebildet, dass drei Güterwaggons auf Ladegleisen nebeneinander hindurchfahren können. Richard Wolffenstein gliederte die zweigeschossigen Baukörper entsprechend ihrer Nutzung. Zwerchhäuser fassen jeweils drei Achsen risalitartig zusammen. Mit dem mächtigen Walmdach und den Thermenfenstern in den Giebelfeldern, die für eine Belichtung der Lagerflächen sorgen, orientieren sich die Lagerhallen stilistisch an der Baukunst um 1800, die in ihrer klassizistischen Schlichtheit vor dem Ersten Weltkrieg als Vorbild für eine moderne Architektur galt.
Am Südufer ist eine weitere Lagerhalle angeordnet. Daneben erhebt sich der breit gelagerte Getreidespeicher, der mit zehn nutzbaren Geschossen eine Höhe von 53 Metern erreicht. Der Schüttbodenspeicher, der mit 30.000 t Fassungsvermögen zu den größten Speichern in Europa zählte, verfügte über ein außerordentlich wirksames Be- und Entladungssystem. Die Speicherbetriebstechnik zum Aufnehmen, Verteilen und Ausgeben des Schüttguts ist in der Mitte des Gebäudes untergebracht, während zu beiden Seiten die Speicherböden liegen. Vom Schiff gelangte das Getreide entweder über das heute noch vorhandene Saughebewerk oder über das nicht mehr bestehende Schiffsbecherwerk zum Verteiler im Kellergeschoss. Von dort wurde es entweder durch Elevatoren zur sofortigen Verwiegung und Reinigung verbracht oder zum Dachverteiler transportiert, um von dort über Bänder, fahrbare Abwurfwagen und Fallrohre auf die Schüttböden zu gelangen. Da der Dachverteiler höher liegen musste, brachte man ihn in einem kompakten Turmaufsatz unter, der architektonisch die Ge-

275. *Westhafen, Lagerhalle*

276. Westhafen, Zollspeicher

bäudemitte schmückt und betont. Die moderne Fördertechnik ist hinter einer traditionellen Fassade verborgen. So dominieren schmale, bandartig zusammengefasste Ladetüröffnungen die Wasserseite, betont von darüber liegenden Zwerchhäusern mit Ladeluken, die das Bild mittelalterlicher Kornspeicher anklingen lassen. Das getreppte Dach mit seinen prägenden Gaubenbändern wird jedoch von einer neuzeitlichen Eisenbetonkonstruktion getragen.

Umgeben von Wasserflächen nimmt der **Zollspeicher** die westliche Kopfseite der Kaizunge zwischen dem mittleren und dem südlichen Hafenbecken ein (Abb. 276). Der entlegene, gut kontrollierbare Standort war bewusst gewählt worden, da die im Zollspeicher gelagerten Importwaren so lange unverzollt blieben, bis sie einen Käufer fanden. Der Zollspeicher empfängt die ankommenden Schiffe in klassischer Dreiteilung mit rustiziertem Erdgeschoss, vier Hauptgeschossen und einem Mezzanin, ohne aber seine Bestimmung zu verleugnen. Mit seinem steilen Walmdach und den breiten Dacherkern wirkt er über die Hafeneinfahrt hinweg in die angrenzenden Stadtviertel hinein. Im Dreiecksgiebel des Erkers der Hauptfront ist die Inschrift „BEHALA" zu lesen, die auf die Berliner Hafen- und Lagerhaus AG, die Betreibergesellschaft des Westhafens, verweist. Die stringente Blendengliederung lässt auch hier Bezüge zur Architektur um 1800 erkennen, wobei vielleicht der 1827 von Carl Langhans erbaute Berliner Inselspeicher als Vorbild gedient haben könnte.[757] Der Zollspeicher präsentiert sich auf der Landseite als schlossartige Dreiflügelanlage. Gleichwohl steht der Zweck des Gebäudes, Stückgut zu lagern, im Mittelpunkt. Die Waren konnten mit zwei Portalkränen auf die Laderampe geschafft und im Inneren des Gebäudes durch Lastenaufzüge weitertransportiert werden.

Zur Hafenanlage gehören kleinere, über das ganze Gelände verstreute Funktionsbauten. Ein schmuckloses, zweckmäßig gegliedertes **Werkstattgebäude** hinter dem Casino ordnet sich dem Verwaltungsgebäude unter. Mit seinem Walmdach und den Dachgauben passt er sich gut in die Umgebung ein. Hinter dem Lagerhaus 1 ist das **Waschhaus** für die Hafenarbeiter angeordnet. Der eingeschossige Bau wendet seine repräsentative Eingangsseite den Speicherbauten zu. Ein Dreiecksgiebel betont den Eingang. Die Südseite, ausgerichtet zu den Gleisen der Hafenbahn, wird durch breite Segmentgiebel gegliedert, während Entlüftungslaternen auf dem Walmdach auf die Nutzung hinweisen.

Ganz im Südwesten liegt abseits am Kai das kleine **Laufkatzenabstellgebäude**, das die Laufkatzen der früheren Kohlenumschlaganlage aufnahm. Dem Umschlag der Kohlen zwischen Schiff, Lagerplatz, Eisenbahnwagen und Fuhrwerk diente eine moderne Elektrohängebahn mit Führerstandlaufkatzen und Greifern, getragen von feststehenden und fahrbaren eisernen Brücken.[758] Heute, nach der Demontage der Hängebahn, kann man den ungewöhnlichen zweigliedrigen Aufbau des Gebäudes mit einem hohen Sockel und einem Obergeschoss, kaum noch nachvollziehen. Ursprünglich diente das Gebäude am westlichen Endpunkt der Hängebahnanlage zur Wartung der Hängebahnwagen, die vom auskragenden Obergeschoss aus leicht auf ihre Funktionstüchtigkeit überprüft werden konnten. Das Gebäude, das erst nach 1923 fertig gestellt wurde, hat man mit einem steilen Mansardwalmdach und einer dunklen Klinkerverblendung versehen, um es dem Erscheinungsbild der Speicher- und Lagergebäude anzugleichen.

Viele der Be- und Entladeeinrichtungen aus den 1920er Jahren, die das Bild des Hafens maßgeblich bestimmen, sind bis heute funktionstüchtig erhalten. Das betrifft die zu beiden Seiten des mittleren Hafenbeckens aufgestellten Halbportalkräne, die auf Schienen fahrbar angeordnet sind und mit ihren drehbaren Maschinenhäusern dem Umladen des Stückguts dienen. Vor dem Getreidespeicher sieht man die alte Getreidehebeanlage, die innen mit neuer Technik bestückt ist, außen aber noch immer die charakteristische Holzverkleidung mit einer roten Entlüftungshaube zeigt. In weiten Bereichen ist noch das historische Pflaster der Ladestraßen vorhanden. Die Kaimauern sind mit sorgfältig verfugten Werksteinquadern verblendet. Das wuchtige Mauerwerk schützt den Uferbereich vor Wellenschlag und anstoßenden Schiffen, als architektonisch wirksames Element verstärkt es die monumentale Erscheinung der Lager- und Speicherbauten, die über den Kaimauern aufwachsen.

KONKORDANZ DER STRASSENNAMEN

Heutiger Name	Ehemaliger Name
Alte Potsdamer Straße	Potsdamer Straße (Abschnitt am Potsdamer Platz)
Bartningallee	Brückenallee (1832-1960)
Bettina-von-Arnim-Ufer	Richard-Wagner-Straße (1889-1934), Schlieffenufer (1934-91)
Budapester Straße	Kurfürstendamm (vor 1862-1925)
Ebertstraße	Königgrätzer Straße (1867-1925), Friedrich-Ebert-Straße (1925-1933), Hermann-Göring-Straße (1933-45)
Einemstraße	Maaßenstraße (nördlicher Abschnitt) (1870-1934)
Friedrich-Krause-Ufer	Südufer (1880-1926)
Friedrich-List-Ufer	Wilhelmsufer (1856-1933)
Genthiner Straße	Genthiner Straße (1863-1935), Woyrschstraße (1935-47)
Händelallee	Händelstraße (1879-1935)
Heinrich-von-Gagern-Straße	Entlastungsstraße (1962-97)
Herbert-von-Karajan-Straße	Matthäikirchstraße (1846-1934), Standartenstraße (1934-1947), Matthäikirchstraße (1947-1993)
Hertzallee	Kurfürstenallee (um 1740-1950)
Hiroshimastraße	Hohenzollernstraße (1862-1933), Graf-Spee-Straße (1933-89)
Hitzigallee	Regentenstraße (1860-1935), Großadmiral-Prinz-Heinrich-Straße (1935-47)
John-Foster-Dulles-Allee	Zeltenallee (1832-1959), Kronprinzenufer (1871-1934), Spreestraße (1862-1934), Schlieffenufer (1934-1959)
Kemperplatz	Kemperplatz (1858-1933), Skagerrakplatz (1933-46)
Köbisstraße	Rauchstraße (1867-74), Kaiserin-Augusta-Straße (1874-33), Admiral-von-Schröder-Straße (1933-47)
Klingelhöferstraße	Friedrich-Wilhelm-Straße (1874-1961)
Kluckstraße	Magdeburger Straße (1872-1935)
Lützowufer	Gartenufer (östlicher Teil) (1849-1965)
Matthäikirchstraße	Matthäikirchstraße (1846-1934), Standartenstraße
Müller-Breslau-Straße	Gartenufer (westlicher Teil) (1849-1967)
Ottoplatz	Ottoplatz (1867-1934), Norkusplatz (1934-47)
Ottostraße	Ottostraße (1867-1934), Norkusstraße (1934-47)
Otto-von-Bismarck-Allee	Bismarckstraße (1867-1911), Fürst-Bismarck-Straße (1911-97)
Paul-Löbe-Straße	Reichstagplatz (1882-1971)
Platz der Republik	Königsplatz (1865-1926), Platz der Republik (1926-33), Königsplatz (1933-48)
Pohlstraße	Steglitzer Straße (1862-1936), Ludendorffstraße (1936-47)
Reichpietschufer	Königin-Augusta-Straße (1867-1933), Tirpitzufer (1933-47)
Scharounstraße	Margaretenstraße (1874-1993)
Scheidemannstraße	Simsonstraße (1895-1938), Sommerstraße (1938-1965)
Schöneberger Ufer	Schöneberger Ufer (1849-1935), Großadmiral-von-Koester-Ufer (1935-47)
Stauffenbergstraße	Bendlerstraße (1837-1955)
Stephanplatz	Stephanplatz (1889-1937), Sagasserplatz (1937-47)
Straße des 17. Juni	Charlottenburger Chaussee (um 1705-1953)
Stülerstraße	Hitzigstraße (1867-1938)
Thomas-Dehler-Straße	Tiergartenstraße (westlicher Teil) (1831-1975)
Washingtonplatz	Friedrich-Karl-Ufer (westlicher Teil) (1871-1932)
Willy-Brandt-Straße	Moltkestraße (-1997)

Ehemaliger Name	Heutiger Name
Admiral-von-Schröder-Straße	Köbisstraße (seit 1947)
Alsenstraße	aufgehoben
Alsenplatz	aufgehoben
Beethovenstraße	aufgehoben
Bendlerstraße	Stauffenbergstraße (seit 1955)
Bismarckstraße	Otto-von-Bismarck-Allee (seit 1997)
Blumes Hof	aufgehoben
Brückenstraße	Bartningallee (seit 1960)
Buchenstraße	aufgehoben
Charlottenburger Chaussee	Straße des 17. Juni (seit 1953)
Dörnbergstraße	aufgehoben
Entlastungsstraße	Heinrich-von-Gagern-Straße (seit 1997)
Friedrich-Ebert-Straße	Ebertstraße (seit 1947)
Friedrich-Karl-Ufer (westlicher Teil)	Washingtonplatz (seit 1932)
Friedrich-Wilhelm-Straße	Klingelhöferstraße (seit 1961)
Fürst-Bismarck-Straße	Otto-von-Bismarck-Allee (seit 1997)
Gartenufer (östlicher Teil)	Lützowufer (seit 1965)
Gartenufer (westlicher Teil)	Müller-Breslau-Straße (seit 1967)
Graf-Spee-Straße	Hiroshimastraße (seit 1989)
Großadmiral-Prinz-Heinrich-Straße	Hitzigallee (seit 1947)
Großadmiral-von-Koester-Ufer	Schöneberger Ufer (1849-1935, 47)
Händelstraße	Händelallee (seit 1935)
Hansemannstraße	aufgehoben
Hermann-Göring-Straße	Ebertstraße (seit 1947)
Herwarthstraße	aufgehoben
Hindersinstraße	aufgehoben
Hitzigstraße	Stülerstraße (seit 1938)
Hohenzollernstraße	Hiroshimastraße (seit 1989)
In den Zelten	aufgehoben
Kaiserin-Augusta-Straße	Köbisstraße (seit 1947)
Königin-Augusta-Straße	Reichpietschufer (seit 1947)
Königgrätzer Straße	Ebertstraße (seit 1947)
Königsplatz	Platz der Republik (1926-33, seit 1948)
Kronprinzenufer	John-Foster-Dulles-Allee (seit 1959)
Kurfürstenallee	Hertzallee (seit 1950)
Kurfürstendamm (östlicher Abschnitt)	Budapester Straße (seit 1925)
Ludendorffstraße	Pohlstraße (seit 1947)
Maaßenstraße (nördlicher Abschnitt)	Einemstraße (seit 1934)
Magdeburger Straße	Kluckstraße (seit 1935)
Margaretenstraße	Scharounstraße (seit 1993)
Matthäikirchstraße	Herbert-von-Karajan-Straße (seit 1993)
Moltkestraße	Willy-Brandt-Straße (seit 1997)
Norkusplatz	Ottoplatz (1867-1934, seit 1947)
Norkusstraße	Ottostraße (1867-1934, seit 1947)
Potsdamer Straße (Abschnitt am Potsdamer Platz)	Alte Potsdamer Straße
Rauchstraße	Köbisstraße (seit 1947)
Roonstraße	aufgehoben
Regentenstraße	Hitzigallee (seit 1947)
Reichstagplatz	Paul-Löbe-Straße (seit 1971)
Richard-Wagner-Straße	Bettina-von-Arnim-Ufer (seit 1991)
Sagasserplatz	Stephanplatz (1889-1937, seit 1947)
Schlieffenufer (östlicher Teil)	Bettina-von-Arnim-Ufer (seit 1991)
Schlieffenufer (westlicher Teil)	John-Foster-Dulles-Allee (seit 1959)
Simsonstraße	Scheidemannstraße (seit 1965)
Skagerrakplatz	Kemperplatz (1858-1933, seit 1946)
Sommerstraße (südlich des Reichstagsgebäudes)	Scheidemannstraße (seit 1965)
Spreestraße	John-Foster-Dulles-Allee (seit 1959)
Standartenstraße	Scharounstraße (seit 1995)
Steglitzer Straße	Pohlstraße (seit 1947)
Südufer	Friedrich-Krause-Ufer (seit 1926)
Tiergartenstraße (westlicher Teil)	Thomas-Dehler-Straße (seit 1975)
Tirpitzufer	Reichpietschufer (seit 1947)
Ulmenstraße	aufgehoben
Viktoriastraße	aufgehoben
Wilhelmsufer	Friedrich-List-Ufer (seit 1933)
Woyrschstraße	Genthiner Straße (1863-1935, seit 1947)
Zeltenallee	John-Foster-Dulles-Allee (seit 1959)

ANMERKUNGEN

1 Der sogenannte „Alte Westen“ bezeichnete das Stadtgebiet zwischen dem Potsdamer Eisenbahngelände im Osten und dem Zoologischen Garten im Westen, zwischen dem Tiergarten im Norden und der Grenze zu Schöneberg im Süden. Das Quartier erhielt seinen Namen mit der Entstehung des „Neuen Westens“ um den Kurfürstendamm und die Tauentzienstraße Ende des 19. Jahrhunderts, während die Bebauung im „Alten Westen“ vor dem Potsdamer Tor bereits seit der Mitte des 19. Jahrhunderts entstanden war.

2 Die Begradigung der Bezirksgrenzen am 1. April 1938 geht auf den 1937 ins Amt des Generalbauinspektors berufenen Albert Speer zurück, der sich von der Regulierung eine Erleichterung seiner Neugestaltungspläne für Berlin versprach, siehe Heim, Alfred: Die Neugliederung der Verwaltungs-Bezirksgrenzen in Berlin. In: Berliner Wirtschaftsberichte 14 (1937), S. 228–237.

3 Bezirksamt Tiergarten (Hrsg.): Der Elch vom Hansaplatz. Archäologische Funde im Bezirk Tiergarten. Ausstellungskat. Berlin 1992; Hauptmann, Thomas, Grabungsschutzgebiet im Schloßgarten. Vorgeschichtliche Besiedlungsreste im Park Bellevue in Berlin-Tiergarten. In: Archäologie in Berlin und Brandenburg 1995-1996, Berlin 1997, S. 66-68; Krügel, Max, Die vor- und frühgeschichtlichen Funde der Bezirke 1 bis 6 von Berlin. In: Berliner Blätter zur Vor- u. Frühgeschichte 5, 1956, S. 57-141; Mey, Werner: Spätpaläolithische Fundplätze im Berliner Raum. In: Berliner Blätter zur Vor- u. Frühgeschichte 11, 1965/66, S. 15-32; v. Müller, Adriaan: Berlins Urgeschichte, Berlin 1971^2; v. Müller, Adriaan: Gesicherte Spuren, Berlin 1972; v. Müller, Adriaan: Die Archäologie Berlins, Bergisch Gladbach 1986; Schulz, Rüdiger/Eckerl, Michael: Archäologische Funde und Fundstellen in Berlin, Berlin 1987; Will, M./Schnapauff, L./ Paulus, F.: Tiergarten. Ein Bezirk im Wandel der Zeiten. In: Heimathefte Berlin, Berlin 1961.

4 Heute befindet sich nur noch die Gewandspange in den Beständen des Museums für Vor- und Frühgeschichte. Die Nadel mit profiliertem Kopf ist seit dem Ende des Zweiten Weltkrieges verschollen.

5 Escher 1981, S. 443.

6 Gemeint ist die frühere Kattunmanufaktur des Schutzjuden Benjamin Elias Wulff, die er 1751 auf Anordnung Friedrichs II. auf der gegenüberliegenden Spreeseite, dort, wo der Schafgraben einmündete, einrichtete. Den Erben Wulffs gehörte später auch das Wiesengelände im Spreebogen, siehe Martin 1989, S. 161.

7 Ehemals Alt-Moabit 63-66. Nach der Aufhebung des Wildgeheges 1717 diente es als Forsthaus. Kranke Leibpferde von Friedrich Wilhelm I. sollen hier mit Rhabarber behandelt worden sein, wodurch das Anwesen den Namen „Rhabarbervorwerk“ oder „Rhabarberhof“ bekam. Anfang des 19. Jahrhunderts ging es an Christian Beussel über, einen der größten Grundbesitzer dieser Gegend. Siehe Schulze, Berthold: Martininique bei Berlin. Zu einer Kabinettsordre Friedrichs des Großen. In: Märkischer Wandergruß. Beiträge zur Landesgeschichte. Hrsg. v. Heinz Gebhardt. Berlin 1951, S. 17.

8 Schmidt 1981, S. 2. Zwei weitere Zaunsetzerhäuser befanden sich am östlichen Rand, ursprünglich am Beginn der Charlottenburger Chaussee, bei der damaligen Dorotheenstädtischen Brücke, sowie im Westen am Torweg nach dem Dorf Lietzow, in der Nähe des heutigen Ernst-Reuter-Platzes.

9 Grundlegend zur Siedlungs- und Baugeschichte Moabits: Oehlert 1910; Monke 1968; Thienel 1973, S. 175 ff.; Schwarz 1981, Bd. 2; Escher 1981; Kreuter, Marie-Luise: Hugenottensiedlung im Kleinen Tiergarten. In: Geschichtslandschaft 1987, S. 149–156.

10 Escher 1981, S. 444.

11 Die weitere Beschreibung der Hugenottenkolonie folgt im wesentlichen: Kreuter, Marie-Luise: Hugenottensiedlung im Kleinen Tiergarten. In: Geschichtslandschaft 1987, S. 149–156. Grundlegend zur preußischen Seidenindustrie und zur Einwanderung der Hugenotten: Muret, Edouard: Geschichte der französischen Kolonie in Brandenburg-Preußen unter besonderer Berücksichtigung der Berliner Gemeinde. Berlin 1885; Acta Borussica. Bd. 1–3. Die preußische Seidenindustrie im 18. Jahrhundert und ihre Begründung durch Friedrich den Großen. Bearb. v. Gustav Schmoller und Otto Hintze. Berlin 1892; Mieck, Ilja: Preußischer Seidenbau im 18. Jahrhundert. In: Vierteljahresschrift für Sozial- und Wirtschaftsgeschichte 56 (1969), S. 478–498.

12 Das Gelände nördlich der Spree war 328 Ruten lang und 32 Ruten breit, was einer Fläche von etwa 58 Morgen entsprach, siehe Nicolai, Friedrich: Beschreibung der königlichen Residenzstädte Berlin und Potsdam. Berlin 1786.

13 Auch der zur gleichen Zeit angelegten Maulbeerplantage von Jean Bechier Fayé, dem Kommissarius bei der Spiegelmanufaktur, auf einem sandigen Areal des linksseitigen Ufers der Spree, nördlich des Großen Sterns, war kein wirtschaftlicher Erfolg beschieden. Das vom Réfugié Pierre Antoine Meunier zu einer Meierei ausgebaute Anwesen ging in einer Zwangsversteigerung 1746 an den Hofbaumeister Georg Wenzeslaus v. Knobelsdorff über. Später entstand auf dem Gebiet der ehemaligen Plantage der Schlosspark Bellevue, siehe Wendland 1979, S. 160–169.

14 Zehn Jahre lang war den Kolonisten Abgabenfreiheit gewährt worden, danach sollten sie jährlich nur acht Groschen pro Morgen zahlen. Die Maulbeerbäume mussten sie aber von der Sozietät der Wissenschaften, die seit 1709 das Monopol für den Seidenbau innehatte, erwerben. Zur Finanzierung konnten sie Kredite in Anspruch nehmen, die größtenteils als Vorschüsse von der „caisse des manufactures françoises“ und der „conseil françois“, die oberste Verwaltungsinstanz der „Berliner Kolonie“, gewährt wurden, siehe Kreuter, Marie-Luise: Hugenottensiedlung im Kleinen Tiergarten. In: Geschichtslandschaft 1987, S. 149–156.

15 Oehlert 1910, S. 24 ff.; Wendland 1979, S. 156–160.

16 Zu den Moabiter Gärten siehe Wendland 1979, S. 156–160.

17 Hengsbach, Arne: Die Moabiter Gondelfahrt. In: Mitteilungen des Vereins für die Geschichte Berlins 83 (1987) S. 478–481.

18 Der Weinberg musste für den Bau des Humboldthafens 1859 abgetragen werden.

19 Die Reichardt'sche, vorher Arndt'sche Pumpernickelbäckerei auf dem ehemaligen Grundstück der beiden Westfalen, Alt-Moabit 78–79, bestand bis 1872, während das alte Siedlerhaus 1880 abgebrochen wurde, siehe Oehlert 1910, S. 140.

20 Schulze, Berthold: Martininique bei Berlin. Zu einer Kabinettsordre Friedrichs des Großen. In: Märkischer Wandergruß. Beiträge zur Landesgeschichte. Hrsg. v. Heinz Gebhardt. Berlin 1951, S. 17.

21 Springer, Robert: Berlin. Ein Führer durch die Stadt und ihre Umgebungen. Berlin 1861, S. 382.

22 Nach Oehlert 1910, S. 149, soll der Abbruch des letzten einstöckigen Hauses aus der Zeit der französischen Kolonie 1877 erfolgt sein.

23 Bei der Planung und Ausführung der Königlichen Pulvermanufaktur in Moabit soll Christian Nikolaus v. Lingner, der 1734 fünf Pulvermagazine entwarf, mitgewirkt haben. Zur Geschichte und Bedeutung siehe Oehlert 1910, S. 29–30; Martin 1989, S. 96–98.

24 Damals grenzte die ab 1735 errichtete Akzisemauer, die als Zoll- und Steuergrenze diente und Desertionen verhindern sollte, die Stadt ab. Sie umschloss ringförmig die bebauten und unbebauten Flächen Berlins und wirkte lange Zeit wachstumshemmend. Erst 1866–68 wurde sie abgebrochen. Das weitläufige Gelände des Invalidenhauses im Norden der von der Mauer eingeschlossenen Charité war durch den Schönhauser Graben von Moabit getrennt.

25 Bericht über die Verwaltung der Stadt Berlin 1829–1840. Hrsg. von den städtischen Behörden. Berlin 1842, S. 103. Später kam das Gelände des Lausefenns, des Karpfenteichs sowie im Wedding und Gesundbrunnen gelegenes Land hinzu, so dass insgesamt 551 Morgen Land für die neue Kolonie vom Magistrat zur Verfügung gestellt wurden.

26 Oehlert 1910, S. 55–61. Auf dem Grundstück Stromstraße 11-17 ließ 1826–27 der Geheime Oberfinanzrat und Direktor der Preußischen Seehandlung Wilhelm Ludwig Crull eine Brauerei errichten (später Schultheiss-Brauerei).

27 Wendland 1979, S. 158.

28 Im ersten Schutzbezirk war jede Bautätigkeit ausgeschlossen, während im zweiten Bezirk die Errichtung niedriger Häuser zugelassen war.

29 Oehlert 1910, S. 86.

30 Günther, Harri; Harksen, Sibylle, Peter Joseph Lenné, Katalog der Zeichnungen, Tübingen/ Berlin 1993, Kat.Kr.:294, 295, 296. Zum ausgeführten Plan: Planslg. Nr. 3615, S. 337 existiert eine Vorstufe von 1839 im Gemeindearchiv. Detaillierte Darstellung der Entwicklungsgeschichte in: Ekkert, Reinald, Grundlagenuntersuchung des Gemeindegrundstückes von St. Johannis in Berlin-Moabit, Gutachten im Auftrag der Bundesgartenschau Berlin 1995 GmbH, Berlin 1989.

31 Thienel 1973, S. 180.

32 Oehlert, Wilhelm: Die Moabiter Porzellan-Manufaktur. In: Mitteilungen des Vereins für die Geschichte Berlins 30 (1913), S. 114–118; Martin 1989, S. 110–111; Die Porzellanmanufaktur F. A. Schumann in Moabit bei Berlin. Hrsg. v. Dietmar Jürgen Ponert. Berlin 1993. Johann Friedrich Ferdinand Schumann war der älteste Sohn des Seifensieders Schumann, der 1823 in der Friedrich-Wilhelm-Stadt in der nach ihm benannten Schumannstraße die ersten Häuser erbaut hatte. Er erwarb 1832 auch die Crull'sche Brauerei an der Stromstraße in Moabit (später Schultheiss-Brauerei).

33 Martin 1989, S. 113–114; Kennen Sie Schomburg? Elektrokeramiker aus Moabit. Eine vergessene Porzellanmanufaktur. Hrsg. vom Bezirksamt Tiergarten von Berlin, Heimatmuseum. Berlin 1996.
34 Als einziges Beispiel für die Fabrikantenvillen in Alt-Moabit ist das 1872 erbaute Haus des Bauunternehmers und Zimmermeisters Albert Heinel, Alt-Moabit 92, erhalten geblieben. Albert Heinel betrieb auf dem hinteren Grundstücksteil an der Spree eine Fabrik für Holzbearbeitung mit Dampfschneidemühle.
35 Die erste Moabiter Brücke ließ Hofrat Bailiff, königlicher Hofzahnarzt, in privater Initiative als sogenannte „Bailliffbrücke auf Aktien" errichten.
36 Ehemals Grundstück Kirchstraße 6.
37 Escher 1981, S. 446.
38 Der Seehandlung folgten weitere Schiffswerften: Bereits Anfang der 40er Jahre gründete die Schiffswerftanstalt Janecke eine Niederlassung an der Moabiter Brücke, die bis 1892 bestand, 1852 folgte östlich des Pflugschen Geländes eine Schiffswerft, an die der Name der Werftstraße erinnert, und 1855 siedelte sich die Anstalt von Schiffbaumeister Friedrich Wilhelm Jordan auf den Pulverwiesen, gegenüber den Zelten, an.
39 Mieck, Ilja: Von der Reformzeit zur Revolution. In: Geschichte Berlins. Hrsg. v. Wolfgang Ribbe. München 1987, Bd. 1, S. 580.
40 Zu August Borsigs Unternehmen in Moabit siehe Vorsteher, Dieter: Borsig. Eisengießerei und Maschinenbauanstalt zu Berlin. Berlin 1983, S. 47 ff.; Reissig, Harald: Die Moabiter Borsigwerke, Alt-Moabit 85/96 – Kirchstraße 16-25. In: Geschichtslandschaft 1987, S. 157–173.
41 Thienel 1973, S. 184.
42 Ehemals Grüner Weg.
43 Hierfür hatte August Borsig 1842 das ehemalige Sulzer'sche Grundstück an der Stromstraße, Ecke Alt-Moabit, auf dem sich ein Ausflugslokal befand, von Kaufmann und Gastwirt Schmidt erworben. Er ließ sich dort bis 1845 ein erstes Wohnhaus erbauen.
44 Architekt war ebenfalls Johann Heinrich Strack. Von den geplanten fünf Beamtenwohnhäuser wurden nur drei verwirklich, siehe Architektonisches Skizzenbuch, Heft 14, Bl. 5; Architektonisches Skizzenbuch, Heft 167 (1881), Bl. 4.
45 Der von Borsig beabsichtigte Bau von Arbeiterwohnhäusern auf dem Gelände der westlich angrenzenden Königlichen Baumschule wurde wegen hoher Grunderwerbskosten fallengelassen, siehe Neumeyer, Fritz: Der Werkswohnungsbau der Industrie in Berlin und seine Entwicklung im 19. und frühen 20. Jahrhundert. Diss. TU Berlin 1978, S. 70–71.
46 Berlin und seine Eisenbahnen 1896, Bd. 2, S. 146; Zimm, Alfred: Die Entwicklung des Industriestandortes Berlin. Berlin 1959, S. 39.
47 BusB 1877, Bd. 2, S. 147–150; Wirth 1955, S. 151–152. Das Grundstück war 1721 dem angestellten Gärtner oder „Planteur der Maulbeerpflanzungen" übertragen worden, später kam es in den Besitz des Ministers v. Mühlmann, der sich dort ein Holzhaus in einem großen Garten erbauen ließ.
48 Die Bauleitung oblag dem Sohn von Eduard Knoblauch, Gustav Knoblauch, zusammen mit Bernhard Kolscher.
49 Architektonisches Skizzenbuch, Heft 86 (1867), Bl. 1; BusB 1877, Bd. 1, S. 68, 427; Wirth 1955, S. 153–154
50 Hecker, Manfred: Die Planung des Pulvermühlenterrains. Zum Konflikt zwischen Lenné und Schinkel. In: Schwarz 1981, Bd. 1, S. 453–463; Pitz/Hofmann/Tomisch 1984, Bd. 1, S. 81–92.
51 Pitz/Hofmann/Tomisch 1984, Bd. 1, S. 81–92.
52 BusB 1896, Bd. 2, S. 399.
53 Siehe Kaeber 1964, S. 290–293.
54 Pitz/Hofmann/Tomisch 1984, Bd. 1, S. 116–129.
55 Johannes Otzen (1839–1911) hatte vorher als Leiter der Carstenn'schen Baugesellschaften unter anderem die Unternehmung in Lichterfelde betreut und architektonische Entwürfe geliefert. Von 1874–1881 bewohnte er an der Turmstraße 1 ein zu einer Villa umgebautes Laboratorium des alten Pulvermühlengeländes.
Bahns, Jörn: Johannes Otzen 1839–1911. Beiträge zur Baukunst des 19. Jahrhunderts. München 1971, S. 99, Abb. 15.
56 Berliner Neubauten 29. Die Entwicklung des Stadtteiles Moabit und die Bauten auf dem Gelände der Baugesellschaft „Am kleinen Tiergarten". In: Deutsche Bauzeitung 19 (1885), S. 413–415.
Wieck, Bernhard: Die Terraingesellschaften und ihr Verhältniß zur Berliner Bauthätigkeit mit besonderer Berücksichtigung der Baugesellschaft am kleinen Thiergarten. Berlin 1886.
57 Monke 1968, Bd. 1, S. 47, 100, Bd. 2, Abb. 47; BusB IV B, S. 7, 42, 122 (falsche Angaben zu Bauherr und Architekt).
58 Solide Mietshäuser errichtete die Grundrenten-Gesellschaft, an der die Baugesellschaft „Am kleinen Tiergarten" vermutlich über Bernhard Wieck beteiligt war. Der Baumeister ließ Ende der 1880er Jahre einige Parzellen, zum Beispiel Birkenstraße 55 und Turmstraße 5, nach eigenen Plänen bebauen. Die Grundrenten-Gesellschaft betätigte sich auch in der Emdener Straße.
59 Von Richard Schirrmacher stammen auch die Entwürfe für die Mietshäuser Thomasiusstraße 16 und Kirchstraße 19, siehe Berliner Architekturwelt 5 (1904), S. 270.
60 Kloß, Klaus-Peter: Veränderung städtebaulicher Strukturen während der Industrialisierung. In: Schwarz 1981, Bd. 1, S. 477–485.
61 [Wohnhaus Tile Wardenbergstraße 3-4] in: Berliner Architekturwelt 12 (1909/10), S. S. 180–182; BusB IV B, S. 126–127.
62 Grzywatz, Berthold: Der Beusselkiez. In: Geschichtslandschaft 1987, S. 33–49; Beusselkiez und Hutteninsel. Hrsg. v. S.T.E.R.N. Gesellschaft der behutsamen Stadterneuerung Berlin mbH. Berlin 1993.
63 Escher, Felix: Der „Berliner Spar- und Bauverein" und der „Vaterländische Bauverein" – zwei Wohnungsgenossenschaften. In: Schwarz 1981, Bd. 1, S. 518–521; Novy 1984, S. 388–390.
64 Der Architekt der beiden Einrichtungen war Fritz Wolff. Die teilzerstörten Gebäude wurden nach 1945 beseitigt, den Packhof brach man erst 1961–62 ab. Erhalten blieb nur ein Anbau, errichtet 1912–14, der Steuerdirektion und Hauptsteueramt verband. Zu den Bauten siehe Die neue Packhofsanlage für Berlin. In: Centralblatt der Bauverwaltung 4 (1884), S. 375 ff., 387 ff., 5 (1885), S. 409 ff., 419 ff., 433 ff., 6 (1886), S. 293 ff.; BusB 1896, Bd. 1, S. 490–499, Bd. 2, S. 109–111.
65 Der Architekt war Ludwig Heim, siehe BusB 1896, Bd. 2, S. 537.
66 Die alte Militärarrestanstalt an der Lindenstraße, erbaut von Karl Friedrich Schinkel, genügte den Nutzungsanforderungen nicht mehr.
67 Klinkott 1988, S. 344.
68 Das 1899–1903 nach Plänen des Charlottenburger Architekten Paul Heubner erbaute Geschäfts- und Wohnhaus Turmstraße 76-76 A und Ottostraße 21 wurde von Martin Punitzer 1924 tiefgreifend umgestaltet.
69 Zur Entwicklungsgeschichte des Industriestandortes Martinickenfelde siehe Schwarz 1981, Bd. 2, S. 117 ff.; Hildebrandt/Lemburg/Wewel 1988, S. 33, 134–141; Schäche 1993, S. 93–105.
70 Hengsbach 1984, S. 11.
71 BusB 1877, Bd. 2, S. 146.
72 Wewel 1981, S. 494–503.
73 BusB 1896, Bd. 1, S. 561–563.
74 Schwarz 1981, Bd. 2, S. 120–121.
75 Wendland 1993, S. 25.
76 Von Raumer, G. W.: Der Tiergarten bei Berlin, seine Entstehung und seine Schicksale, nach bewährten Nachrichten, Berlin 1840, S. 10.
77 Wendland, Folkwin: Die historische Entwicklung des Großen Tiergartens in Berlin, in: Der Berliner Tiergarten. Vergangenheit und Zukunft, Beiträge zur Denkmalpflege in Berlin. Hrsg. vom Landesdenkmalamt Berlin, H. 9, 1996, S. 8.
78 Wendland 1993, S. 22.
79 Wendland 1979, S. 60.
80 Vermessungsplan des Tiergartens von Memhard, der den gesamten Tiergarten einschließlich der damals noch aus 6 Baumreihen bestehenden Straße Unter den Linden, die erste Allee im Tiergarten, die Kurfürsten – später auch Zeltenallee genannt, sowie eine „Sichtachse" vom Berliner Schloß nach, Spandau wiedergibt. Siehe Wendland 1993, S. 22.
81 Wendland 1979, S. 116.
82 Kühn, Margarete: Schloß Charlottenburg, Berlin 1955, Abb. 3, S.12.
83 Wendland 1993, S. 30.
84 Von Raumer, G. W.: Der Tiergarten bei Berlin, seine Entstehung und seine Schicksale, nach bewährten Nachrichten, Berlin 1840, S. 36.
85 Krieger, Bogdan: Berlin im Wandel der Zeiten. Eine Wanderung vom Schloß nach Charlottenburg durch drei Jahrhunderte, Berlin, 1923, S. 270.
86 Wendland 1993, S. 44.
87 Kuhn, Jörg: Erfassung / Inventarisation der plastischen Denkmäler, Brunnen und anderer Werke der bildenden Kunst im öffentlichen Raum im Ortsteil Tiergarten des Bezirkes Mitte von Berlin, Teil I: Grosser Tiergarten mit Park und Schloss Bellevue. Berlin 2003, S. 33. Heute befindet sich das Marmororiginal der Herkules-Statue im Lapidarium am Landwehrkanal und eine Betonkopie steht vor dem Platz am Brandenburger Tor.
88 Bartels, E. H.: Berlins Tiergarten, in: J. Garden, Hist. London, 1982, S. 4.
89 Von Krosigk, Klaus: Peter Joseph Lenné, in: Ribbe, Wolfgang/Schäche,Wolfgang: Baumeister Architekten Stadtplaner, Biographien zur baulichen Entwicklung Berlins, Berlin 1987, S. 171ff.
90 Schulz, Gabriele: Lennés Entwürfe für die Gestaltung von Volksgärten, in: Peter Joseph Lenné. Gartenkunst im 19. Jahrhundert. Beiträge zur Lenné Forschung, Hrsg.: Brandenburgisches Landesamt für Denkmalpflege, Berlin 1992, S. 88.
91 Schönemann, Heinz; Lenné in Berlin; in: Peter Joseph Lenné, Katalog der Zeichnungen, bearbeitet von Harri Günther und Sibylle Harksen. Herausgegeben von Heinz Schönemann, Stiftung Schlösser und Gärten Potsdam-Sanssouci, Tübingen-Berlin 1993, S. 22.

92 Wendland 1993; S. 83.
93 Günther, Harri: Peter Joseph Lenné. Gärten Parke Landschaften. Berlin 1985, S. 143.
94 Hinz, Gerhard: Peter Joseph Lenné und seine bedeutenden Schöpfungen in Berlin und Potsdam, Berlin 1937, S. 166.
95 Von Krosigk, Klaus: Peter Joseph Lennés Verschönerung des Tiergartens. 1833–1839. Die Planunterlagen im Landesarchiv Berlin, in: Berlin in Geschichte und Gegenwart, Jahrbuch des Landearchivs 1989, Berlin 1990, S. 7–21.
96 Schulz, Gabriele, Lennés Entwürfe für die Gestaltung von Volksgärten, in: Peter Joseph Lenné. Gartenkunst im 19. Jahrhundert. Beiträge zur Lenné Forschung, Hrsg.: Brandenburgisches Landesamt für Denkmalpflege, Berlin 1992, S. 95.
97 Hinz, Gustav: Peter Joseph Lenné. Das Gesamtwerk des Gartenarchitekten und Städteplaners. Hildesheim/Zürich/New York 1989, S. 141.
98 Rave, Paul-Ortwin: Karl Friedrich Schinkel. Lebenswerk Berlin. Stadtbaupläne, Brücken, Straßen, Tore, Plätze. Berlin,1948, S. 32.
99 Betitelt ist der lithographierte Schauplan mit den Maßen 56, 8 x 86,3 cm folgendermaßen: „Der Tiergarten bei Berlin im Jahre 1840. Nach den Originalplänen des königl. Gartendirektors pp. Herrn Lenné gez. u. Lith. v. G. Koeber“. Zeichner: Gerhard Koeber. Standort: u. a. Staatsbibliothek Stiftung Preussischer Kulturbesitz, Kart. 146678.
100 Von Krosigk, Klaus: Das Stadttor ein Gartentor? Anmerkungen zur Bedeutung des gartenkünstlerischen Umfeldes des Brandenburger Tores, in: Das Brandenburger Tor. Weg in die Geschichte Tor in die Zukunft, hrsg. von der Stiftung Denkmalschutz Berlin, Berlin 2003, S. 10 ff.
101 Von Krosigk, Klaus: Die Wiederherstellung eines Denkmalensembles im Berliner Tiergarten in: Wieder wandelnd im alten Park. Beiträge zur Geschichte der Gartenkunst für Harri Günther zum 65. Geburtstag, Potsdam 1993, S. 83–98.
102 Kuhn, Jörg: Erfassung / Inventarisation der plastischen Denkmäler, Brunnen und anderer Werke der bildenden Kunst im öffentlichen Raum im Ortsteil Tiergarten des Bezirkes Mitte von Berlin, Teil I: Grosser Tiergarten mit Park und Schloss Bellevue. Berlin 2003, S. 5, Objekt-Nr. 41.
103 Krieger, B.: Das königliche Schloß Bellevue bei Berlin und sein Erbauer Prinz Ferdinand von Preußen. Berlin, 1906.
104 Wimmer, Alexander; Geschichte des Parks zu Bellevue, Gutachten im Auftrag der Bundesbaudirektion Berlin, erstellt im Rahmen des Parkpflegewerkes Schloßpark Bellevue, Band 1, Berlin 1992, S. 4.
105 V. Königswald, Harald: Das verwandelte Antlitz. Berlin 1938, S. 81–136; Wirth 1955, S. 196–197; Pappenheim, Hans-Eugen: In den Zelten – durch die Zeiten. Kulturgeschichte am Tiergartenrand 1740–1960. In: Jahrbuch für Brandenburgische Landesgeschichte 14 (1963), S. 110–133; In den Zelten. Vergnügen im Tiergarten. Hrsg. v. Heinrich Goertz. Ausstellungskatalog Berlin 1976.
106 Grundlegend zur Bau- und Planungsgeschichte des Tiergartenviertels: Schmidt 1981; Schmidt, Hartwig: Historische Entwicklung des Tiergartenviertels. In: Internationale Bauausstellung Berlin 1984. Die Neubaugebiete. Dokumente – Projekte. Berlin 1981, S. 166–176.
107 Wirth 1955, S. 141–143; Schmidt 1981, S. 40–42, 50–53.
108 BusB 1877, Bd. 1, S. 13.
109 Wohngebäude aus der Victoria-Straße in Berlin. In: Zeitschrift für das Bauwesen 8 (1858), Sp. 371–374, Atlas, Bl. 38–41.
110 Architektonisches Skizzenbuch, Heft 64 (1863), Bl. 1; Heft 66 (1864), Bl. 4–5; Schmidt 1981, S. 277–278
111 Das Hotel Esplanade in Berlin. Architekt: Otto Rehnig, Berlin. In: Deutsche Bauzeitung 47 (1913), S. 753–754, 756–757, 761–767, 777–781, 792–793.
112 Berliner Neubauten No. 107. Das Palais Staudt, Regentenstrasse 1 und Thiergartenstrasse 9. In: Deutsche Bauzeitung 36 (1902), S. 649–650, 657–658.
113 Wirth 1955, S. 175; Schmidt, Hartwig: Über den Umgang mit historischer Bausubstanz. Das Wohnhaus Parey, Sigismundstr. 4 a. In: Jahrbuch des Werkbundarchivs 4 (1979), S. 197–208.
114 [Wohnhaus Bendlerstraße 41] in: Berliner Architekturwelt 11 (1909), S. 299–300; [Wohnhaus Bendlerstraße 41] in: Berliner Architekturwelt 13 (1910–11), S. 329; Wirth 1955, S. 160.
115 Schmidt 1981, S. 300.
116 Zur Geschichte des Gebiets siehe Kreuter, Marie-Luise: Platz der Republik. In: Geschichtslandschaft 1989, S. 106–122.
117 Gegen Ende des 18. Jahrhundert wurde das Vorwerk, in dem eine Meierei eingerichtet worden war, in ein Gartenlokal umgewandelt.
118 Zur Geschichte des Königplatzes und des Alsenviertels siehe Cullen 1992.
119 1844–1846 ließ Graf Athanaius Raczynski an der Ostseite des Exerzierplatzes ein Palais errichten. Der fiskalische Boden war ihm von Friedrich Wilhelm IV. unentgeltlich überlassen worden. Der als Sammler und Kunstschriftsteller bekannte Graf beauftragte den Architekten Heinrich Strack, der die Baugruppe, bestehend aus Wohntrakt, Gemäldegalerie und mehreren Künstlerateliers im klassizistischen Stil gestaltete. An den Mittelteil wurden 1866 Erweiterungsbauten angefügt. Der südliche Flügel war zeitweise Atelier des Malers Peter Cornelius, im nördlichen Flügel wohnte nach der Entlassung aus dem Staatsdienst Graf Raczynski. Nach seinem Tode 1874 wurde das Haus in Künstlerwerkstätten umgebaut und 1884 für den Reichstagsbau abgebrochen. Zum Gebäude und dessen Baugeschichte siehe Cullen, Michael S.: Das Palais Raczynski. Vom Bauwerk, das dem Reichstag weichen mußte. In: Berlin in Geschichte und Gegenwart. Jahrbuch des Landesarchivs Berlin 1984, S. 25–48.
120 Der Kroll'sche Wintergarten wurde 1843–44 nach Skizzen von Friedrich Wilhelm IV. und nach Entwürfen von Carl Ferdinand Langhans und Ludwig Persius unter der Leitung von Eduard Knoblauch errichtet. Der Wiederaufbau nach der Brandzerstörung 1851 wurde von Eduard Titz geleitet. Nach einem Umbau 1895–98 zog das Neue Königliche Opernhaus ein. 1922–23 folgten Umbauten des Theaterarchitekten Oskar Kaufmann. Der Opernbetrieb wurde 1932 stillgelegt. Die sogenannte Krolloper diente nach 1933 als Sitzungssaal des Reichstags. Den kriegszerstörten Bau hat man 1951 gesprengt, siehe Hoffmann, Andreas: Krolloper, Platz der Republik. In: Geschichtslandschaft 1989, S. 123–136; Reichhardt, Hans J.: ...bei Kroll 1844–1957. Ausstellungskatalog. Berlin 1988.
121 Das Gebäude diente im Dritten Reich dem Reichsministerium des Innern. Nach den Zerstörungen des Zweiten Weltkriegs wurde es 1958 abgerissen.
122 Wirth 1955, S. 143–146. Die Villa wurde 1945 abgebrochen.
123 Zur Geschichte des alten Hansaviertels siehe Berliner Neubauten 34. Das Stadtviertel zwischen dem Tiergarten und Moabit und die Bauten auf dem Gelände der Baugesellschaft „Bellevue“. In: Deutsche Bauzeitung 20 (1886), S. 517–519; Schmidt-Clausing, Fritz: Das Hansaviertel. Von den Schöneberger Wiesen zur „Stadt von Morgen“. Berlin 1954; Janiszewski, Bertram: Das alte Hansa-Viertel in Berlin. Gestalt und Menschen. Berlin 2000.
124 Schwarz 1981, Bd. 2, S. 123–124.
125 [Wohnhaus Brückenallee 4] in: Berliner Architekturwelt 1 (1899), S. 123–124; BusB IV B, S. 127–129.
126 Der Graben wurde um 1450 zur Entwässerung und Begrenzung der Akkerfeldmark der Stadt Kölln als „Landwehr“ angelegt. Der Floß- und Schafgraben war vor seinem Kanalausbau schon bis zu den Holzplätzen am Halleschen Tor schiffbar, siehe Clauswitz 1906, S. 88–89; Schmidt 1981, S. 132.
127 zur frühen städtebaulichen Entwicklung siehe Zwaka, Petra: Schöneberg auf dem Weg nach Berlin. Historische Pläne, Texte und Fotografien. Hrsg. v. Bezirksamt Schöneberg von Berlin. Berlin 1987.
128 Ehemals Potsdamer Straße 118, heute Potsdamer Straße 65. Anstelle der Villa entstand um 1885 ein Mietshaus, das im Zweiten Weltkrieg zerstört wurde. Zur Villa siehe Landhaus an der Potsdamer Chaussee bei Berlin. In: Allgemeine Bauzeitung 9 (1844), S. 101, Bl. 587–588; BusB 1877, Bd. 1, S. 420; Börsch-Supan 1977, S. 33, 600, 602.
129 Zur Baugeschichte des Viertels siehe Seidel, Heinrich: Das „Karlsbad“. In: Berlinische Blätter für Geschichte und Heimatkunde 2 (1935), S. 25–27; Schäche, Wolfgang: Am Karlsbad und Umgebung. Von der Vorortidylle am südlichen Tiergartenrand zum stadträumlichen Pflegefall. In: Berlin in Geschichte und Gegenwart. Jahrbuch des Landesarchivs Berlin 1987, S. 103–136, zu den Gärten am Karlsbad siehe Wendland 1979, S. 184–186
130 Künstlerwohnhäuser: Haus Stier (Am Karlsbad 24), Haus Begas (Am Karlsbad 22), Haus Gropius (Am Karlsbad 12-13) und Haus Seidel (Am Karlsbad 11)
131 Bei der Aufteilung des Schöneberger Vorwerks nach dem Brand des Dorfes 1760 bekam die eingewanderte Familie Willmann ein Teil des Vorwerkslandes zugeeignet.
132 Ein Teil des großen, als Prachtstraße mit repräsentativen Plätzen ausgebildeten Ringstraßenzugs verlief bis zur Veränderung der Bezirksgrenzen 1938 auf dem Gebiet des Bezirks Tiergarten. Die auf Stadtpanungen von Peter Joseph Lenné zurückgehende Gürtelstraße war das auffälligste Merkmal des Hobrechtplans im Süden und Südwesten Berlins. Die Straßen wurden nach den Helden der Befreiungskriege gegen Napoleon (Bülow-, Horn-, Yorck- und Gneisenaustraße) und die Plätze nach den führenden Generälen des preußischen Heers (Wittenberg-, Nollendorf-, Dennewitz-, Wahlstatt- und Blücherplatz) benannt. Das Herzstück des Boulevards, der Wahlstattplatz, fiel den expandierenden Güterbahnanlagen der Berlin-Potsdam-Magdeburger, der Berlin-Anhalter und der Berlin-Dresdner Eisenbahn zum Opfer. Bis heute erinnert die Verschwenkung der Yorckstraße mit den Yorckbrücken an ein Fiasko großstädtischer Stadtplanung im 19. Jahrhundert.
133 Erst um 1900 konnte der Lützowplatz, bis dahin Lagerstätte für Holz und Kohlen, nach Plänen des Gartendirektors Hermann Mächtig zu einem

Schmuckplatz umgestaltet werden. Zur Baugeschichte des Lützowplatzes und des angrenzenden Viertels siehe Hornauer, Constanze: Historische Entwicklung des Lützowviertels seit 1862. In: Internationaler Wettbewerb Wohnpark am Lützowplatz, Berlin, Südliches Tiergartenviertel. Hrsg. von der Internationalen Bauausstellung Berlin GmbH. Berlin 1980, S. 89 ff.; Friedel, Ernst: Geschichte des Lützow-Platzes. In: Der Bär 9 (1883), S. 330–331

134 V. Bunsen, Marie: Die Welt, in der ich lebte. Erinnerungen aus glücklichen Jahren 1860–1912. Leipzig 1929; Hessel, Franz: Spazieren in Berlin. Leipzig 1929; Benjamin, Walter: Berliner Kindheit um 1900. Frankfurt am Main 1950. Zum kulturellen Leben im Lützowviertel siehe Hoffmann, Andreas: Lützowviertel. In: Geschichtslandschaft 1989, S. 309–320

135 BusB 1877, Bd. 1, S. 436. Das Gebäude, heute „Haus am Lützowplatz", wurde nach 1945 verändert wiederaufgebaut.

136 zur Baugeschichte des Kielganviertels siehe Hornauer, Constanze: Historische Entwicklung des Lützowviertels seit 1862. In: Internationaler Wettbewerb Wohnpark am Lützowplatz, Berlin, Südliches Tiergartenviertel. Hrsg. von der Internationalen Bauausstellung Berlin GmbH. Berlin 1980, S. 77–89, 101–111 Tomisch, Jürgen: Das Kielgan-Viertel. In: Das Haus Fromberg. Café Einstein gegenüber. Berlin 1996, S. 13–48

137 Georg Friedrich Kielgan (eigentlich Kilian) ließ auch die Parzellen Potsdamer Straße 22 und 22 A vor dem Potsdamer Tor durch den Baumeister Otto Wuttke mit Mietshäusern bebauen. Bereits 1862 hatte Kielgan zusammen mit Wuttke versucht, auf einem Gelände am Tiergartenrand, den „Marku-Enden" zwischen Albrechtshof und Moritzhof (heute Drake- und Stülerstraße), eine Villenkolonie zu gründen. Das Vorhaben, für das Wuttke 1867 einen Bebauungsplan entwarf, schlug fehl. Die Parzellen an der Kielgan´schen Privatstraße blieben bis zum Tode Kielgans unbebaut, siehe Schmidt 1981, S. 281–282, 347–348

138 Zu Otto Wuttke siehe Schmidt 1981, S. 380

139 Scholtz, A: Neue Villen bei Berlin. In: Romberg´s Zeitschrift für praktische Baukunst 29 (1869), Sp. 317–318, Tafeln 37–40

140 Gutachten von Otto Wuttke vom 2. Februar 1894 über die zulässige Bebauung des Grundstücks Kurfürstenstraße 132, siehe Hausakte zum Grundstück Kurfürstenstraße 132, geführt von den Hauseigentümern

141 Die Doppelvilla Mainstraße 3-4 wurde 1869 von Otto Wuttke erbaut

142 Schwatlo, Carl: Villa des Herrn Regierungs- und Baurat C. Schwatlo in der Kurfürstenstraße in Berlin. In: Zeitschrift für Bauhandwerker 16 (1872), S. 41–44, Bl. 5, zum Werk des Architekten siehe Börsch-Supan 1977, S. 672–673

143 Schasler, Max: Villa oder Miethskaserne? Eine Studie über die architektonische Erweiterung der Groß-Städte mit besonderer Beziehung auf die neuen Projekte von Villlenanlagen in Berlin. Berlin 1868, S. 99

144 BusB 1896, Bd. 3, S. 203; Berliner Wohnbaublöcke. In: Der Städtebau 2 (1905), S. 144, Tafel 175; Voß, Karl: Reiseführer für Literaturfreunde. Berlin-Frankfurt am Main 1980, S. 237–238; Pomplun, Kurt: Von Häusern und Menschen. Berliner Geschichten. Berlin 1976, S. 80 ff.

145 BusB 1896, Bd. 3, S. 203, [Portal Potsdamerstrasse 121a] in: Berliner Architekturwelt 1 (1898/99), S. 332; Berliner Wohnbaublöcke. In: Der Städtebau 2 (1905), S. 143, Tafel 74; Weiß, Albert: Können die in den heutigen großstädtischen Wohnverhältnissen liegenden Mängel und Schäden behoben werden? Berlin 1912; BusB IV A, S. 239, BusB IV B, S. 133.

146 Berliner Wohnbaublöcke. In: Der Städtebau 2 (1905), S. 129–130, Tafel 73.

147 BusB 1877, Bd. 1, S. 224; BusB VII A, S. 190–191; zur Geschichte des Krankenhauses siehe Kreuter, Marie-Luise: Elisabeth-Diakonissen- und Krankenhaus. In: Geschichtslandschaft 1989, S. 267–276

148 Die Synagoge in der Lützowstraße. In: Centralblatt der Bauverwaltung 18 (1898), S. 491–494; Wagenführ, Max: Cremer und Wolffenstein. In: Berliner Architekturwelt 21 (1919), S. 104–106; Wirth 1955, S. 53–54; Synagogen in Berlin. Zur Geschichte einer zerstörten Architektur. Hrsg. von Rolf Bothe. Berlin 1983, Bd. 1, S. 41, 119–125, 173; BusB VI, S. 286–287, 434–435

149 In der Progromnacht 1938 erlitt die Synagoge nur geringe Schäden. Sie wurde aber im Krieg schwer getroffen und 1954 abgetragen. Auch das Gemeindehaus existiert nicht mehr.

150 Verkaufshaus der Möbelfabrik A. S. Ball in Berlin, Potsdamer Straße 27a. In: Baugewerks-Zeitung 33 (1901), S. 1592–1593, Tafel nach S. 1592

151 Das Potsdamer Viertel als Geschäftsgegend. In: Die Bauwelt (2) 1911, S. 6 ff.

152 Das Potsdamer Viertel als Geschäftsgegend. In: Die Bauwelt (2) 1911, S. 7

153 1919 zählte der ein Jahr später gegründete Bezirk Tiergarten 273 502 Einwohner und 428,8 Bewohner je Hektar der Hofraumfläche. Am dichtesten besiedelt war der Bezirk Penzlauer Berg mit 830 Bewohnern je Hektar der Hofraumfläche, siehe Statistisches Taschenbuch der Stadt Berlin. 1924. Hrsg. vom Statitischen Amt der Stadt Berlin. Berlin 1924, S. 2

154 Koeppen, Walter: Bauordnung für die Stadt Berlin vom 3. November 1925. Berlin 1927.

155 Die Einwohnerzahl der Kernstadt (Mitte, Tiergarten, Wedding, Prenzlauer Berg, Friedrichshain und Kreuzberg) verringerte sich in den Jahren 1925 bis 1939 von 1.971.118 Einwohner auf 1.779.150 Einwohner, siehe Zimm, Alfred: Die Entwicklung des Industriestandortes Berlin. Berlin 1959, S. 199 ff.

156 Bereits 1908 schlug der Architekt und Städtebautheoretiker Martin Mächler (1881–1958) zur Lösung der städtebaulichen und verkehrlichen Probleme Groß-Berlins eine durch den Tiergarten geführte Nord-Süd-Achse vor, die Teil eines überregionalen Verkehrsachsenkreuzes sein sollte. Es folgten 1917–29 und 1920 weitere Detaillierungen dieser Achsenplanung, die verkehrstechnische und strukturverbessernde Funktionen haben sollte. Geplant war eine Verbindung zwischen dem Nord-Kreuzungsbahnhof am Humboldthafen, dem Friedrich-List-Bahnhof, und dem neuen Südbahnhof in Tempelhof. Im Bereich des Nord-Süd-Durchbruchs sah Martin Mächler Bauten von nationaler und internationaler Bedeutung vor, die dem Hauptstadtanspruch Berlins Ausdruck verleihen sollten. Die preußischen Ministerien sollten am Kemperplatz, dem Südende der Siegesallee, und die Reichsministerien am Königsplatz liegen. Der Entwurf Mächlers war richtungsweisend und wurde in den 1920er und 1930er Jahren immer wieder von Architekten wie Hugo Häring, Otto Kohtz, Bruno Taut und mit anderer Intention von Albert Speer aufgegriffen, siehe Pitz/Hofmann/Tomisch 1984, Bd. 1, S. 217–228; Martin Mächler – Weltstadt Berlin. Schriften und Materialien. Hrsg. v. Ilse Balg. Berlin 1986

157 Entlastungsstrecke der Hochbahn. In: Bauwelt 17 (1926), S. 1060; Eröffnung der direkten Schnellbahnverbindung vom Osten nach dem Westen über das Gleisdreieck in Berlin. In: Deutsche Bauzeitung 60 (1926), Beilage Stadt und Siedlung, S. 176; Erweiterung der Hoch- und Untergrundbahn in Berlin. In: Zentralblatt der Bauverwaltung 46 (1926), S. 484; Bousset, Johannes: Der Ausbau der elektrischen Hoch- und Untergrundbahn und die Wiederaufnahme des durchgehenden Zugverkehrs zwischen dem Osten und dem Westen Berlins. In: Zentralblatt der Bauverwaltung 46 (1926), S. 557–563; BusB X B (1), S. 28–29, 126; Bohle-Heintzenberg 1980, S. 147–153

158 Der Entwurf zu einem Westhafen in Berlin. In: Deutsche Bauzeitung 48 (1914), S. 65–67, 76–78; Die Hafenanlagen in Groß-Berlin. Hrsg. vom Berliner Magistrat. Berlin 1922; Geleitschrift zur Eröffnung des Berliner Westhafens und zur Inbetriebnahme der Neuorganisation der Berliner Häfen. Hrsg. von der BEHALA. Berlin 1923; Krause, Friedrich: Der Westhafen von Berlin. In: Zentralblatt der Bauverwaltung 43 (1923), S. 409–414, 421–429, 441; Buhle: Bemerkenswerte Einzelheiten der Speicheranlagen im Berliner Westhafen. In: Die Bautechnik 3 (1925), S. 1–4, 40–42, 70–74; Wirth 1955, S. 250–251

159 Wagner, Martin und Koeppen, Walter Koeppen: Die Freiflächen der Stadtgemeinde Berlin. Denkschrift Nr. 2 des Amtes für Stadtplanung. Berlin 1929, S. 6

160 Schäche, Wolfgang: Die Bedeutung der „Berliner Neugestaltungsmaßnahmen" für die NS-Architekturproduktion. In: Die Dekoration der Gewalt. Hrsg. v. Berthold Hinz, Hans-Ernst Mittig, Wolfgang Schäche und Angela Schönberger. Gießen 1979, S. 153

161 Bereits 1933 erstellte das Stadtplanungsamt Berlin auf Anregung Adolf Hitlers einen Plan zur Umgestaltung des innerstädtischen Gebiets, der das Motiv der Nord-Süd-Achse aufgreift, aber von Hitler als untauglich bezeichnet und abgelehnt wurde. 1936 erhielt Albert Speer, der sich durch seine Arbeit am Reichsparteitagsgelände in Nürnberg im Sinne der nationalsozialistischen Architekturauffassung qualifiziert hatte, von Hitler den Auftrag für ein Neugestaltungskonzept, so dass zum Zeitpunkt seiner Ernennung zum Generalbauinspektor für die Reichshauptstadt Berlin am 30. Januar 1937 bereits die Rahmenplanung für den Aus- und Umbau Berlins und 1938 ein Generalbebauungsplan und die erste detaillierte Ausarbeitung des Kerngebietes vorlagen, siehe Pitz/Hofmann/Tomisch 1984, Bd. 2, S. 219; Schäche, Wolfgang: Die Bedeutung der „Berliner Neugestaltungsmaßnahmen" für die NS-Architekturproduktion. In: Die Dekoration der Gewalt. Hrsg. v. Berthold Hinz, Hans-Ernst Mittig, Wolfgang Schäche und Angela Schönberger. Gießen 1979, S. 149–162

162 Riedrich, Otto: Zur Neugestaltung Groß-Berlin. In: Die Baugilde 20 (1938), S. 650; v. Koenigswald, Harald: Das verwandelte Antlitz. Berlin 1938

163 Langer: Der Ausbau der Berliner Ost-West-Achse vom Brandenburger Tor zum Mussolini-Platz. In: Zentralblatt der Bauverwaltung 59 (1939), S. 1133–1147

164 Riedrich, Otto: Zur Neugestaltung Groß-Berlin. In: Die Baugilde 20 (1938), S. 650–651; Dettmer, Klaus: Die Grundsteinlegungsurkunden der Siegessäule. Drei Begründungen für ihren Bau und ihren Standortwechsel. In: Berlin in Geschichte und Gegenwart. Jahrbuch des Landesarchivs Berlin 1984. Berlin 1985, S. 49–70

165 Das Gesetz über die Neugestaltung deutscher Städte vom 4. Oktober 1937 und die 13. Anordnung über die Neugestaltung der Reichshauptstadt vom März 1938 erklärten das Tiergartenviertel zum künftigen Verwaltungszentrum der ausländischen Staatsvertretungen, siehe Schmidt 1981, S. 307

166 Geplant war ein monumentaler kreisrunder Platz mit einer zentralen Springbrunnenanlage, umrahmt von einer viergeschossigen Rundbebauung mit vorgesetzter Arkadenreihe. Begonnen wurde 1938 mit dem Haus des Fremdenverkehrs nach Entwürfen der Reichsbahnarchitekten Theo Dierksmeier und Hugo Röttcher. Damit war der Abbruch von 25 Bauten an Viktoriastraße, Potsdamer Straße und Margarethenstraße verbunden. Der Kolossalbau wurde während des Krieges nahezu fertiggestellt, ehe man im Winter 1941/42 die Bauarbeiten einstellte. Erst 1962–63 kam es zum Abbruch der Ruine für den Bau der Neuen Nationalgalerie und der Staatsbibliothek. Zum Runden Platz siehe Die Kunst im Dritten Reich 2 (1938), Beilage, S. 45, 47–52, 77; Reichhardt/Schäche 1998, S. 125–135

167 1938 waren 37 Botschaften und 28 Konsulate im Tiergartenviertel ansässig. Folgende Botschafts- und Gesandtschaftsgebäude wurden bis 1942 neu errichtet: Dänische Gesandtschaft, Tiergartenstraße 48 und Drakestraße, 1938–1940 von Johann Emil Schaudt; Italienische Botschaft, Tiergartenstraße 21A-23 und Graf-Spee-Straße 1-7, 1938–1941 von Friedrich Hetzelt; Japanische Botschaft, Tiergartenstraße 26/27, 1938–1942 von Ludwig Moshamer und Cäsar Pinnau; Jugoslawische Gesandtschaft, Rauchstraße 17-18 und Drakestraße 4, 1938–1940 von Werner March; Norwegische Gesandtschaft, Rauchstraße 11, 1940–1941 von Otto v. Estorff und Gerhard Winckler; Schweizerische Gesandtschaft, Lichtensteinallee 4 und Rauchstraße 15, 1938–1942 von Fritz Ebhardt; Spanische Botschaft, Tiergartenstraße 49-50 und Lichtensteinallee 1, 1938–1943 von Johannes und Walter Krüger

168 Die als künstlerisch minderwertig betrachteten Denkmäler wurden nach dem Zweiten Weltkrieg auf Befehl der Alliierten abgeräumt und größtenteils im Schlosspark Bellevue vergraben. Die 1978 wieder ausgegrabenen Standbilder fanden 1980 im stillgelegten Pumpwerk am Halleschen Ufer 78, das seitdem als Lapidarium genutzt wird, eine neue Unterkunft.

169 Wendland 1993, S. 246.

170 Von Krosigk, Klaus: Die sowjetischen Ehrenmale in Berlin, eine denkmalpflegerische Herausforderung, in: Stalinistische Architektur unter Denkmalschutz?, ICOMOS-Hefte des deutschen Nationalkomitees, H. 20, München 1995, S. 35ff.

171 Lesser-Sayrac, Katrin/Wendland, Folkwin/Wörner, Rose und Gustav: Der Berliner Tiergarten, hrsg. vom Landesdenkmalamt Berlin, Beiträge zur Denkmalpflege in Berlin, H. 9, Berlin 1996, S. 46ff.

172 Lesser,Katrin: Willy Alverdes – sein Werk als Gartenarchitekt und seine Verdienste für den großen Tiergarten in Berlin, in: Der Berliner Tiergarten. Vergangenheit und Zukunft. Beiträge zur Denkmalpflege in Berlin, H. 9, S. 34–62.

173 Von Krosigk, Klaus: Gartendenkmalpflege am Schlosspark Bellevue, in: Hauptstadt Berlin. Denkmalpflege für Parlament, Regierung und Diplomatie 1990–2000, Beiträge zur Denkmalpflege in Berlin, Bd. 16, Berlin 2000, S. 28–31; Planungsbüro Ökologie und Planung: Landschaftsplanerischer Fachbeitrag zum Bebauungsplan II – 202, Schloß Bellevue. Untersuchung der Baumbestandsverluste für fünf Standortvarianten des Bundespräsidialamtes. Berlin, 1995.

174 Bodenschatz 1987, S. 150 ff.

175 Die Berliner Philharmonie. In: Bauwelt 55 (1964), Heft 1/2 (mit mehreren Beiträgen); Blundell Jones, Peter: Hans Scharoun. Eine Monographie. Stuttgart 1980, S. 36–42; BusB V A, S. 140–147, 155–156; Hoffmann, Andreas: Philharmonie, Matthäikirchstraße 1. In: Geschichtslandschaft 1989, S. 241–249; Hans Scharoun. Bauten, Entwürfe, Texte. Hrsg. v. Peter Pfankuch. 2. Auflage Berlin 1993, S. 279–297, 401–404; Wisniewski, Edgar: Die Berliner Philharmonie und ihr Kammermusiksaal. Der Konzertsaal als Zentralraum. Berlin 1993; Bärnreuther, Andrea: Himmelschaft und Weinberge. Die Philharmonie von Hans Scharoun. In: Das XX. Jahrhundert. Ein Jahrhundert der Kunst in Deutschland. Architektur in Berlin. Hrsg. v. Andres Lepik und Anne Schmedding. Köln 1999, S. 68–69; Dehio Berlin 2000, S. 435

176 Projektzeichnungen für die neue Staatsbibliothek in Berlin. In: Bauwelt 58 (1967), S. 1015–1021; Sitte, Fritz Moritz: Neubau Staatsbibliothek Berlin. In: Die Bauverwaltung 51 (1978), S. 476–483; Staatsbibliothek Berlin. In: Bauwelt 70 (1979), Heft 1 (mit mehreren Beiträgen); Blundell Jones, Peter: Hans Scharoun. Eine Monographie. Stuttgart 1980, S. 106 ff.; Hans Scharoun. Bauten, Entwürfe, Texte. Hrsg. v. Peter Pfankuch. 2. Auflage Berlin 1993, S. 336–355; Syring, Erhard: Durchdringung zweier Sphären. Die Staatsbibiliothek von Hans Scharoun. In: Das XX. Jahrhundert. Ein Jahrhundert der Kunst in Deutschland. Architektur in Berlin. Hrsg. v. Andres Lepik und Anne Schmedding. Köln 1999, S. 78–79; Dehio Berlin 2000, S. 436–437

177 Carter, Peter: Mies van der Rohe at Work. London 1974, S. 95–99; BusB V A, S. 41–44, 60; Schulze, Franz: Mies van der Rohe – Leben und Werk. Berlin 1986, S. 313–319; Mies van der Rohes Neue Nationalgalerie in Berlin. Hrsg. v. Gabriela Wachter. Berlin 1995; Neue Nationalgalerie Berlin. Dreissig Jahre. Ausstellungskatalog. Berlin 1998 (mit mehreren Beiträgen); Ungers, Oswald Mathias: Schönheit ist der Glanz des Wahren. Mies van der Rohes Neue Nationalgalerie. In: Das XX. Jahrhundert. Ein Jahrhundert der Kunst in Deutschland. Architektur in Berlin. Hrsg. v. Andres Lepik und Anne Schmedding. Köln 1999, S. 74–77; Dehio Berlin 2000, S. 438–439

178 W. Schäche, Zur baulichen Entwicklung Berlins. In: M. Wörner, D. Mollenschott, K. H. Hüter, Architekturführer Berlin. Berlin 1997, 5. Aufl., S. XXII.

179 zur Planungs- und Baugeschichte des Hansaviertels siehe Tomisch, Jürgen und Wewel, Wulf: Die Städtebauliche Entwicklung des Hansaviertels. Diplomarbeit TU Berlin. Berlin 1976 [Typoskript]; Cramer, Johannes und Gutschow, Niels: Bauausstellungen. Eine Architekturgeschichte des 20. Jahrhunderts. Stuttgart-Berlin-Köln-Mainz 1984, S. 223 ff.; Bodenschatz 1987, S. 165–170; Geist/Kürvers 1989, S. 360–383; Das Hansaviertel 1957–1993. Konzepte, Bedeutung, Probleme. Hrsg. v. Bezirksamt Tiergarten von Berlin. Berlin 1993; Dolff-Bonekämper 1999

180 Aktennotiz von Oberregierungsbaurat Schweer vom 11. Februar 1954 (Landesarchiv Berlin, Rep. 9, Acc. 2427, Nr. 42)

181 Brief des Bausenators Karl Mahler an Hans Scharoun vom 13. September 1954 (Nachlass Hans Scharoun, Akademie der Künste Berlin), zitiert in Geist/Kürvers 1989, S. 375

182 Mahler, Karl: Internationale Bauausstellung 1956. Wiederaufbau eines inneren Stadtviertels. In: Bauwelt 44 (1953), S. 682–683

183 Auf halben Wege... Von der Mietskaserne zum sozialen Wohnungsbau. Hrsg. vom Senator für Bau- und Wohnungswesen. Berlin 1957, zitiert nach Bodenschatz 1987, S. 155

184 Der Entwurf stammt von Peter Poelzig, beteiligt waren Gerd Hänska und Hans Heinrich Moldenschardt, siehe BusB IV A, S. 392–393

185 Die Errichtung eines Neubaues für die Akademie der Künste ging auf die Initiative des in Berlin geborenen amerikanischen Industriellen Henry H. Reichhold zurück, der dafür eine Million Dollar stiftete. Der Standort im Tiergarten war ursprünglich für die Erbauung niedriger Einfamilienwohnhäuser reserviert, deren Ausführung aber mangels Bedarf aufgegeben werden musste. Bis 1938 hatte die 1696 gegründete Akademie der Künste ihren Sitz am Pariser Platz. Nach der politischen Teilung etablierte sich in Ost-Berlin 1950 die Deutsche Akademie der Künste, während im Westteil 1954 die Akademie der Künste neu gegründet wurde.

186 Akademie der Künste in Berlin. Bildbericht vom neuen Haus am Tiergarten. In: Bauwelt 51 (1960), S. 762; v. Buttlar, Herbert und Scharoun, Hans: Akademie der Künste in Berlin. In: Bauwelt 51 (1960), S. 1131–1143; Akademie der Künste, Berlin. In: Deutsche Bauzeitung 66 (1961), S. 930–935; Pahlmann, Manfred A.: Akademie der Künste, Hanseatenweg 10. In: Geschichtslandschaft 1989, S. 63–70; Düttmann, Martina: Das Haus der Akademie der Künste. In: Werner Düttmann, verliebt ins Bauen. Architekt für Berlin 1921–1983. Bearb. v. Haila Ochs. Basel-Berlin-Boston 1990, S. 60–83; Schirren, Matthias: Das Akademie-Gebäude Werner Düttmanns und die Philharmonie Hans Scharouns. In: „Die Kunst hat nie ein Mensch allein besessen". Ausstellungskatalog. Berlin 1996, S. 655 ff.; Dolff-Bonekämper 1999, S. 94–107; Dehio Berlin 2000, S. 431

187 Kongreßhalle Berlin. Feier zur Grundsteinlegung am 3. Oktober 1956. Hrsg. von der Benjamin-Franklin-Stiftung. Berlin 1956; Kongreßhalle Berlin. Feier zur Eröffnung am 19. September 1957. Hrsg. von der Benjamin-Franklin-Stiftung. Berlin 1957; Die Kongreßhalle Berlin der Benjamin-Franklin-Stiftung. In: Bauwelt 48 (1957), S. 590–591; Kongreßhalle Berlin. [Berlin 1957]; BusB IX, S. 250–253; Berlin baut 2. Die Kongreßhalle. Geschichte, Einsturz, Wiederaufbau. Hrsg. vom Senator für Bau- und Wohnungswesen. Berlin 1987; Reissig, Harald: Die Kongreßhalle, John-Foster-Dulles-Allee 10. In: Geschichtslandschaft 1989, S. 163–175; Barkow, Frank: Forum der öffentlichen Rede. Die Kongreßhalle von Hugh Stubbins. In: Das XX. Jahrhundert. Ein Jahrhundert der Kunst in Deutschland. Architektur in Berlin. Hrsg. v. Andres Lepik und Anne Schmedding. Köln 1999, S. 56–57; Dehio Berlin 2000, S. 432–433

188 BusB IV A, S. 462. Der Architekt war Günter Köhn.

189 Siedler, Wolf Jobst: Das Geplante und die Unordentlichkeit des Lebens. Eine Besichtigung des neuen Potsdamer Platzes. In: Das XX. Jahrhundert. Ein Jahrhundert der Kunst in Deutschland. Architektur in Berlin. Hrsg. v. Andres Lepik und Anne Schmedding. Köln 1999, S. 112–113.

190 Wendland 1993; Wendland, Folkwin: Der Berliner Tiergarten. Vergangenheit und Zukunft, Beiträge zur Denkmalpflege in Berlin. Hrsg. vom Landesdenkmalamt Berlin, H. 9, 1996. Weitere Literaturangaben siehe Kapitel: Der Berliner Tiergarten und seine Randsiedlungen.

191 Hinz, Gerhard, Peter Joseph Lenné. Das Gesamtwerk des Gartenarchitekten und Städteplaners. 2 Teile. Hildesheim, Zürich, New York 1989, S. 166
192 Lesser-Sayrac, Katrin; Willy Alverdes – sein Wert als Gartenarchitekt und seine Verdienste für den Großen Tiergarten in Berlin. In: Der Berliner Tiergarten. Vergangenheit und Zukunft, Beiträge zur Denkmalpflege in Berlin, Heft 9, Berlin 1996, S. 42.
193 Wirth 1955, S. 200. Eine genaue Übersicht über alle Skulpturen im Tiergarten gibt: Kuhn, Jörg: Erfassung / Inventarisation der plastischen Denkmäler, Brunnen und anderer Werke der bildenden Kunst im öffentlichen Raum im Ortsteil Tiergarten des Bezirkes Mitte von Berlin, Teil I: Grosser Tiergarten mit Park und Schloss Bellevue. Berlin 2003 (Gutachten im Landesdenkmalamt Berlin).
194 Wirth 1955, S. 201.
195 Erste Entwürfe zum Denkmal entstanden 1841, ein Jahr nach dem Tod Friedrich Wilhelms III. 1845 wurde entschieden, ein Standbild des Königs aufzustellen. Das originale Denkmal wurde 1981 durch eine Kopie in Beton ersetzt und ins Lapidarium am Landwehrkanal verbracht. Literatur: Müller-Bohn, Hermann: Die Denkmäler Berlins in Wort und Bild. Berlin 1905, S. 44; Wirth 1955, S. 202; Essers, Volkmar: Johann Friedrich Drake (1805–1882). München 1976, S. 37–41, 104; Bloch/Grzimek 1978, S. 142–143; Ethos und Pathos 1990, Bd. 1, S. 81–83; Endlich/Wurlitzer 1990, S. 170; Wendland 1993, S. 82, 186–189, 209, 269.
196 Erdmann Ecke führte das Denkmal 1876–80 aus. 1982 brachte man die Statue ins Lapidarium am Landwehrkanal. Im Tiergarten wurde 1983–84 eine Kopie aus Feinzement aufgestellt. Literatur: Müller-Bohn, Hermann: Die Denkmäler Berlins in Wort und Bild. Berlin 1905, S. 42–43; Wirth 1955, S. 206–207; von Simson, Jutta: Das Denkmal der Königin Luise in Berlin. in: Festschrift für Otto von Simson. Berlin 1977, S. 516–527; Bloch/Grzimek 1978, S. 143, 192, 309; Ethos und Pathos 1990, Bd. 1, S. 94–95; Endlich/Wurlitzer 1990, S. 169; Wendland 1993, S. 82, 210–211.
197 Kaiser Wilhelm II. hatte den Auftrag für das Jung-Wilhelm-Denkmal 1902 erteilt. Den Entwurf besichtigte der Kaiser 1903 im Atelier Adolf Brütts. Die 1904 eingeweihte Statue wurde 1953 auf die Kleine Luiseninsel versetzt, wo zuvor der Luisenaltar gestanden hatte. Literatur: Müller-Bohn, Hermann: Die Denkmäler Berlins in Wort und Bild. Berlin 1905, S. 40; Wirth 1955, S. 217; Bloch/Grzimek 1978, S. 270; Steckner, Cornelius: Der Bildhauer Adolf Brütt. Schleswig-Holstein, Berlin, Weimar. Autobiographie und Werkverzeichnis. Heide in Holstein 1989, S. 190–191; Endlich/Wurlitzer 1990, S. 170–171; Wendland 1993, S. 218; Dehio Berlin 2000, S. 452.
198 Die 1777–80 errichtete Königsbrücke wurde 1871–73 durch die nach Entwürfen von Heinrich Strack und Louis Schrobitz erbaute Neue Königsbrücke ersetzt. Die 1874 fertiggestellten Skulpturengruppen standen auf den Pfeilern der beiden Brückenzufahrten. Der Graben wurde 1882 zugeschüttet. Die Figurengruppe kamen in den Tiergarten, die zur Königsbrükke gehörenden barocken Königskolonnaden wurden später nach Schöneberg umgesetzt. Die Denkmalgruppen im Tiergarten erlitten schwere Kriegsschäden. Die Allegorien der deutschen Ströme sind zur Zeit demontiert, sie sollen restauriert werden. Literatur: Abshoff, Fritz: Deutschlands Ruhm und Stolz. Unsere hervorragendsten vaterländischen Denkmäler in Wort und Bild. Berlin 1904; Müller-Bohn, Hermann: Die Denkmäler Berlins in Wort und Bild. Berlin 1905, S. 95; Wirth 1955, S. 203; Bloch/Grzimek 1978, S. 173–174; Endlich/Wurlitzer 1990, S. 176; Weinland 1994, S. 163–164; Dehio Berlin 2000, S. 452.
199 Fritz Schaper führte das Denkmal 1876–80 aus. 1982 wurde es in das Lapidarium am Landwehrkanal überführt. Literatur: Brahm, Otto: Goethe und Berlin. Festschrift zur Enthüllung des Berliner Goethe-Denkmals. Berlin 1880; Schulze, Adolph: Das Goethe-Denkmal im Thiergarten zu Berlin. Berlin 1880; Müller-Bohn, Hermann: Die Denkmäler Berlins in Wort und Bild. Berlin 1905, S. 37–38; Daun, Berthold: Siemering. Bielefeld-Leipzig 1906, S. 33; Wirth 1955, S. 207; von Simson, Jutta: Fritz Schaper 1841–1919. München 1976, S. 16–17; Bloch/Grzimek 1978, S. 185; Schmitz, Brigitte: Dichterdenkmäler in Berlin. In: Literarisches Leben in Berlin 1871–1933. Studien. Hrsg. v. P. Wruck. Berlin 1987, S. 334–366; Selbmann, Rolf: Dichterdenkmäler in Deutschland. Berlin 1988, S. 119–121; Ethos und Pathos 1990, Bd. 1, S. 279–280; Endlich/Wurlitzer 1990, S. 181; Wendland 1993, S. 208; Brehm, Knut: Das Goethe-Denkmal in Berlin. In: Fritz Schaper. Die Wiederentdeckung des Denkmals. Ausstellungskatalog. Goch 2000, S. 38–53.
200 Dargestellt sind die Allegorie der lyrischen Dichtkunst mit Amor, die Allegorie der dramatischen Dichtkunst mit dem Genius des Todes und die Allegorie der wissenschaftlichen Forschung mit dem Genius der Wahrheit.
201 Otto Lessing, ein Großneffe von Gotthold Ephraim Lessing, legte den künstlerischen Entwurf 1887 vor. Der Bildhauer hatte den zweiten Platz der 1886 ausgeschriebenen Denkmalkonkurrenz gewonnen. Hermann Bauch führte das Denkmal aus weißem Marmor 1887–90 aus. Der Sockel ist aus schottischem Granit gearbeitet. Literatur: BusB 1896, Bd. 2, S. 34; Müller-Bohn, Hermann: Die Denkmäler Berlins in Wort und Bild. Berlin 1897, S. 40–42; Müller-Bohn, Hermann: Die Denkmäler Berlins in Wort und Bild. Berlin 1905, S. 39–40; Daun, Berthold: Siemering. Bielefeld-Leipzig 1906, S. 92–96; Buchholtz, Arend: Geschichte der Familie Lessing. Berlin 1909, Bd. 2, S. 188–190; von Werner, Anton: Lebenserinnerungen. Berlin 1913, S. 479, 487, 498, 577; Wirth 1955, S. 209–210; Bloch/Grzimek 1978, S. 258–259; Schmitz, Brigitte: Dichterdenkmäler in Berlin. In: Literarisches Leben in Berlin 1871–1933. Studien. Hrsg. v. P. Wruck. Berlin 1987, S. 334–366; Selbmann, Rolf: Dichterdenkmäler in Deutschland. Berlin 1988, S. 122–123; Ethos und Pathos 1990, Bd. 1, S. 172–173; Endlich/Wurlitzer 1990, S. 181–182; Wendland 1993, S. 9, 209, 216–217, 269, 277; Koberstein, Hans: „Mein Onkel Otto“. Die unbekannte Biographie eines Plastikers im kaiserlichen Berlin. Mit begleitenden Ausführungen von Jörg Kuhn. In: Jahrbuch des Vereins für die Geschichte Berlins 1994, S. 105–124; Kuhn, Jörg: Otto Lessing (1846–1912). Bildhauer, Maler, Kunstgewerbler. Leben und Wirken eines Künstlers des Späthistorismus unter besonderer Berücksichtigung seines Wirkens als Bauplastiker. Diss. TU Berlin 1994.
202 Rudolf Siemering entwarf das aus verschiedenfarbigem Marmor bestehende Denkmal 1898. Die Putten sind galvanoplastische Arbeiten aus der Galvanoplastischen Kunstanstalt der Württembergischen Metallwarenfabriken (WMF) in Geislingen an der Steige. Die Berliner verspotteten das monströse und überladene Denkmal als „Musikerofen“. Literatur: Müller-Bohn, Hermann: Die Denkmäler Berlins in Wort und Bild. Berlin 1905, S. 45–47; Daun, Berthold: Siemering. Bielefeld-Leipzig 1906, S. 109–118; Wirth 1955, S. 217–218; Bloch/Grzimek 1978, S. 108–109, 182, 289–290; Endlich/Wurlitzer 1990, S. 180; Wendland 1993, S. 217–220; Dehio Berlin 2000, S. 452.
203 Das Denkmal wurde von der Richard-Wagner-Gemeinde in Berlin gestiftet, der viele Personen des öffentlichen Lebens angehörten. Kaiser Wilhelm II. vergab den Auftrag an Gustav Eberlein, wobei er die Figur des Wolfram von Eschenbach in das Bildprogramm einfügen ließ. Das Marmordenkmal wurde 1901–03 ausgearbeitet und 1988 mit einem tonnenförmigen Schutzdach versehen. Literatur: Rosenberg, Adolf: Eberlein. Bielefeld-Leipzig 1903, S. 113; Müller-Bohn, Hermann: Die Denkmäler Berlins in Wort und Bild. Berlin 1905, S. 41–42; Wirth 1955, S. 215–216; Bloch/Grzimek 1978, S. 260; Grimm, Rolf: Werkverzeichnis des Bildhauers, Malers und Dichters Prof. Gustav H. Eberlein 1847–1926. Hemmingen 1983, S. 93–95; Ethos und Pathos 1990, Bd. 1, S. 199; Endlich/Wurlitzer 1990, S. 169; Anton von Werner. Geschichte in Bildern. Ausstellungskatalog. Hrsg. v. Dominik Bartmann. München 1993, S. 420–424; Dehio Berlin 2000, S. 452.
204 Auf der Vorderseite ist der Dichter Wolfram von Eschenbach dargestellt, auf den anderen Sockelseiten sieht man Kriemhild mit dem toten Siegfried, Alberich mit den Rheintöchtern und Tannhäuser im Büßergewand.
205 Gustav Eberlein führte das Denkmal 1904–06 aus. Die mittlere Figur der Puttengruppe mit Stab und Allongeperücke symbolisiert die Oper „Zar und Zimmermann“. Literatur: Wirth 1955, S. 219–220; Grimm, Rolf: Werkverzeichnis des Bildhauers, Malers und Dichters Prof. Gustav H. Eberlein 1847–1926. Hemmingen 1983, S. 93–95; Bloch/Grzimek 1978, S. 261; Ethos und Pathos 1990, Bd. 1, S. 279–280; Endlich/Wurlitzer 1990, S. 171; Wendland 1993, S. 9, 219, 247, 269, 277; Dehio Berlin 2000, S. 452.
206 Max Klein führte das Fontane-Denkmal 1908–10 in Marmor aus. In den 1980er Jahren wurde es durch eine Kopie ersetzt. Das Original steht heute in der Großen Halle des Märkischen Museums. Literatur: Burdach, Konrad: Theodor Fontane. In: Deutsche Rundschau 144 (1910), S. 72; Wirth 1955, S. 220; Bloch/Grzimek 1978, S. 264–268; Wendland 1993, S. 221; Theodor Fontane und sein Jahrhundert. Ausstellungskatalog. Berlin 1998, S. 12, 16, 264.
207 Müller-Bohn, Hermann: Die Denkmäler Berlins in Wort und Bild. Berlin 1905, S. 72–74; Wirth 1955, S. 219; Bloch/Grzimek 1978, S. 310; Endlich/Wurlitzer 1990, S. 174–175; Wendland 1993, S. 219, 221; Fritz Schaper. Die Wiederentdeckung des Denkmals. Ausstellungskatalog. Goch 2000, S. 102.
208 Daun, Berthold: Siemering. Bielefeld-Leipzig 1906, S. 68–92, 114–115; Wirth 1955, S. 211; Bloch/Grzimek 1978, S. 180–188, 310; Ethos und Pathos 1990, Bd. 1, S. 299–300; Endlich/Wurlitzer 1990, S. 174; Wendland 1993, S. 211.
209 Louis Tuaillon entwarf die „Amazone zu Pferde“ 1890–95 in Rom. Der Guss wurde 1895 vor der Berliner Nationalgalerie aufgestellt. Literatur: Wirth 1955, S. 210–211; Bloch/Grzimek 1978, S. 314; Ethos und Pathos 1990, Bd. 1, S. 323–334; Endlich/Wurlitzer 1990, S. 179; Ulferts, Gert-Dieter: Louis Tuaillon (1862–1919). Berliner Bildhauer zwischen Tradition und Moderne. Berlin 1993, S. 146–157; Dehio Berlin 2000, S. 452.
210 Der Entwurf zu dem Sieges-Denkmal auf dem Königsplatze in Berlin. In: Deutsche Bauzeitung 2 (1868), S. 400–401; [Siegesdenkmal auf dem Kö-

nigsplatz, Berlin] in: Deutsche Bauzeitung 2 (1868), S. 384–385; Berliner Neubauten. V. Das Siegesdenkmal auf dem Königsplatze. In: Deutsche Bauzeitung 4 (1870), S. 279–280; Zum Bau des Siegesdenkmals auf dem Königsplatz. In: Deutsche Bauzeitung 7 (1873), S. 287–288; Heuser, Hans: Die Neugestaltung des Großen Sterns im Berliner Tiergarten. In: Zentralblatt der Bauverwaltung 60 (1940), S. 157–166; Huntemüller, Johannes: Aus der Geschichte der Siegessäule in Berlin. In: Zentralblatt der Bauverwaltung 60 (1940), S. 166–170; Wirth 1955, S. 203–205, 228–229; v. Simson, Jutta: Die Berliner Säulenmonumente. In: Berlin und die Antike. Ausstellungskatalog. Hrsg. v. Willmuth Arenhövel. Berlin 1979, S. 207–208; Dettmer, Klaus: Die Grundsteinlegungsurkunden der Siegessäule. Drei Begründungen für ihren Bau und eine für ihren Standortwechsel. In: Berlin in Geschichte und Gegenwart. Jahrbuch des Landesarchivs Berlin 1984, S. 49–70; Alings, Reinhard: Die Berliner Siegessäule. Berlin 1990; Endlich/Wurlitzer 1990, S. 172; Engel, Helmut: Denkmalpflegerische Maßnahmen an Denkmälern des 19. Jahrhunderts in Berlin. In: Ethos und Pathos 1990, Bd. 2, S. 362–363; Anton von Werner. Geschichte in Bildern. Hrsg. v. Dominik Bartmann. München 1997, S. 318–321; Alings, Reinhard: Die Berliner Siegessäule. Vom Geschichtsbild zum Bild der Geschichte. Berlin 2000; Dehio Berlin 2000, S. 451.

211 Alexander Calandrelli (1834–1903): Auszug zum dänischen Feldzug und Sturm auf die Düppeler Schanzen, Moritz Schulz (1825–1904): Schlacht von Königgrätz und Begebenheiten des Deutschen Kriegs, Carl Keil (1838–1889): Deutsch-Französischer Krieg mit Schlacht von Sedan und Einzug in Paris, Albert Wolff (1814–1892): Einzug der Truppen in Berlin.

212 Heuser, Hans: Die Neugestaltung des Großen Sterns im Berliner Tiergarten. In: Zentralblatt der Bauverwaltung 60 (1940), S. 157–166; Reichhardt/Schäche 1998, S. 80–84.

213 Die Torhäuser enthalten jeweils einen Treppenabgang zum Tunnelsystem und zwei Netzstationen für die Beleuchtung der Straßenachse. Die beiden westlichen Torhäuser wurden nach Kriegsschäden 1956 neu errichtet.

214 Muthesius, Hermann und Hoßfeld, Otto: Die Preisbewerbungen um ein Bismarck-Denkmal für Berlin. In: Zentralblatt der Bauverwaltung 15 (1895), S. 287–288; Rosenberg, A.: Die Entwürfe für das Bismarck-Denkmal in Berlin. In: Kunstchronik 9 (1898), S. 37–41, Das Nationaldenkmal für den Fürsten Bismarck vor dem Reichstagsgebäude in Berlin. In: Baugewerks-Zeitung 33 (1901), S. 1233; Wirth 1955, S. 214; Bloch, Peter: Denkmäler in Berlin. Rehabilitierung und Restaurierung. In: Jahrbuch Preußischer Kulturbesitz 13 (1976), S. 56; Ethos und Pathos 1990, Bd. 2, S. 200–202; Endlich/Wurlitzer 1990, S. 172–173; Dehio Berlin 2000, S. 451.

215 Der Panther wurde von August Gaul geschaffen.

216 Wirth 1955, S. 218–219; Ethos und Pathos 1990, Bd. 2, S. 514; Endlich/Wurlitzer 1990, S. 173; Dehio Berlin 2000, S. 451.

217 Wirth 1955, S. 218; Bloch, Peter: Denkmäler in Berlin. Rehabilitierung und Restaurierung. In: Jahrbuch Preußischer Kulturbesitz 13 (1976), S. 58; Kaul, Brigitte: Joseph Johann Ludwig Uphues (1850–1911). Ein Bildhauer im Wilhelminischen Zeitalter und sein Werk. Diss. Berlin 1982, S. 191–193, 292–294; Ethos und Pathos 1990, Bd. 2, S. 570; Endlich/Wurlitzer 1990, S. 173; Dehio Berlin 2000, S. 451. Das Denkmal sollte ursprünglich zum 100. Geburtstag Moltkes 1900 aufgestellt werden. Das erst 1904 geschaffene Standbild wurde schließlich 1905 enthüllt.

218 Bormann, Richard: Die Bau- und Kunstdenkmäler von Berlin. Berlin 1893, S. 308–309; BusB 1896, Bd. 1, S. 395–396; Krieger, Bogdan: Das Königliche Schloß Bellevue und sein Erbauer Prinz Ferdinand von Preußen. Berlin 1906; Weinitz, F.: Schloß Bellevue. In: Mitteilungen des Vereins für die Geschichte Berlins 24 (1907), S. 108–112; Hackmann, Hans: Das Schloß Bellevue und seine Stellung in der Architekturgeschichte Berlins. Diss. Halle 1915; Schonert, Erich: Das Schloß Bellevue und seine Geschichte. Berlin 1936; Wirth 1955, S. 114–124; BusB III, S. 64; Pahlmann, Manfred A.: Schloß Bellevue, Spreeweg 1. In: Geschichtslandschaft 1989, S. 51–62; Tietz, Jürgen: Schloss Bellevue. Amtssitz des Bundespräsidenten. In: Hauptstadt Berlin. Denkmalpflege für Parlament, Regierung und Diplomatie 1990–2000. Berlin 2000, S. 25–27; Dehio Berlin 2000, S. 424–425

219 Die Lederfabrik wurde 1764 von Kommerzienrat Schneider errichtet und später von Freiherr von der Horst, einem Minister Friedrichs des Großen, zum Wohnhaus umgebaut.

220 Schonert, Erich: Das Schloß Bellevue und sein Umbau zum Museum. In: Zentralblatt der Bauverwaltung 55 (1935), S. 843–851; Hahm, Konrad: Der Neuaufbau des Staatlichen Museums für Deutsche Volkskunde im Schloß Bellevue, Berlin. In: Zentralblatt der Bauverwaltung 55 (1935), S. 851–854; BusB III, S. 64.

221 v. Marées: Das Gästehaus des Reiches. In: Zentralblatt der Bauverwaltung 60 (1940), S. 1–40; Luther, Kurt: Das Gästehaus des Reiches. Schloß Bellevue zu Berlin. In: Baugilde 23 (1941), S. 87–97; BusB III, S. 64. Der Erweiterungsbau wurde in der Nachkriegszeit wieder beseitigt.

222 Schloß Bellevue. Der künftige Amtssitz des Bundespräsidenten. In: Bauwelt 50 (1959), S. 860–867; Mertz, Carl: Schloß Bellevue. Ausbau als Berliner Sitz des Bundespräsidenten. In: Die Bauverwaltung 8 (1959), S. 343–352; BusB III, S. 64.

223 Der Park stellt bezüglich seiner Größe und Gestaltung heute nur noch ein Relikt der Anlage des18. Jahrhunderts dar. Wimmer, Clemens, Alexander, Geschichte des Gartens zu Bellevue. Bd. 1 des Parkpflegewerkes Schlosspark Bellevue. Gutachten i. A. der Bundesbaudirektion Berlin, Berlin 1992 (mit ausführlichen Quellenangaben); Wörner, Gustav und Rose, Bestand des Schlossparks Bellevue., Bd. 2 des Parkpflegewerkes Schlosspark Bellevue Berlin, Gutachten i. A. der Bundesbaudirektion Berlin, Berlin 1993; Krosigk, Klaus von, Gartendenkmalpflege am Schlosspark Bellevue, in: Hauptstadt Berlin, Denkmalpflege für Parlament, Regierung und Diplomatie 1990–2000. Beiträge zur Denkmalpflege in Berlin, Bd. 16, Berlin 2000, S. 28–31. Wendland 1993, S. 62–97.

224 Reichenbach, Leopold von, Einige Bemerkungen über die Gärten in der Mark Brandenburg, Berlin 1790, in: Mitteilungen der Pückler Gesellschaft, 7. Heft, neue Folge, Berlin 1991, S. 3–49.

225 Bedeutende Parkbauten waren: Otahitisches Kabinett, Gotisches Haus, Chinesischer Parasol, Schweizer Hütte, Ländliches Haus, die von Friedrich Gilly entworfene Meierei. Zum herausragenden Gartenkunstwerk sentimentalen Charakters gehörten auch zwei Inseln, darunter eine Rousseauinsel, siehe auch Hartke, Werner, Garzau, in: ebenda, S.85–95, 105.

226 Unter Prinz August entstanden weitere nicht erhaltene Bauten, u.a. die 1824 errichtete Orangerie und ein 1825 nach Entwurf von Karl Friedrich Schinkel errichteter Gartensalon, die Zucht exotischer Topfpflanzen gelangte zu höchster Blüte. Wimmer 1992, S. 5.

227 1939 Umgestaltungen in der Schlossumgebung, an Freitreppe, Terrasse, Garten zwischen neuem Meißnerflügel und Garage, vereinfachte Wegeführungen. Parkreduzierung durch Ausbau des Großen Sterns.

228 1810 Erneuerung des 1785 erbauten „Aha" nach Entwurf von D. Gilly. Ein Aha ist eine im Gelände unsichtbare, weil versenkte, Begrenzungsmauer.

229 Die Originale der Leuchterfiguren-Gruppen sind nicht mehr nachweisbar. Die Vorbilder für die Kopien der Leuchterfiguren an den Toren, z.T. ebenfalls Kopien, befinden sich im Depot des Landesdenkmalamtes Berlin. Jörg Kuhn schreibt die beiden Darstellungen älterer Männer Johann Gottlieb Heymüller (gest. 1763); die der jüngeren Männer, um 1785–1787 ?, Johannes Eckstein zu. Kuhn 2003, Objekt-Nr. 22–26.

230 Pinkenburg: Baugeschichtliches von der Brücke im Zuge der Paulstraße. In: Zentralblatt der Bauverwaltung (13) 1893, S. 161–164; BusB 1896, Bd. 1, S. 122, 155–157; Die Straßen-Brücken der Stadt Berlin. Hrsg. vom Magistrat der Stadt Berlin. Bd. 1. Berlin 1902, S. 95, 180–182, 207, 212; Wirth 1955, S. 235–236; Weinland 1994, S. 178. Für die konstruktive Durchbildung der Brücke war der Ingenieur Karl Bernhard verantwortlich.

231 Das Sowjetische Ehrenmal in Berlin Tiergarten. Hrsg. von der Gesellschaft für Deutsch-Sowjetische Freundschaft West-Berlin. Berlin 1987; Endlich/Wurlitzer 1990, S. 178–179; Gottschalk, Wolfgang: Ausländische Ehrenfriedhöfe und Ehrenmale in Berlin. Hrsg. von der Senatsverwaltung für Stadtentwicklung und Umweltschutz. Berlin 1992, S. 6–9; Dehio Berlin 2000, S. 452. Das Ehrenmal wurde am 11. November 1945 mit einer provisorischen Gipsskulptur eingeweiht. Den Bronzeguss führte 1945–46 die Gießerei Noack aus.

232 Das Sowjetische Ehrenmal war ein Schauplatz des Kalten Kriegs. Die Anlage war von 1961 bis 1990 von Stacheldraht umgeben und von britischen Militärwachen gesichert. Auf einen sowjetischen Ehrenposten wurde 1970 ein Anschlag verübt.

233 Streiter, Richard: Das neue Reichstagshaus in Berlin von Paul Wallot. Berlin 1894; Rapsilber, Maximilian: Das Reichstags-Gebäude. Seine Baugeschichte und künstlerische Gestaltung sowie ein Lebensabriss seines Erbauers Paul Wallot. Berlin [1895], Das Reichstagsgebäude in Berlin von Paul Wallot. Leipzig 1897; Wirth 1955, S. 63–68; Raack, Heinz: Das Reichstagsgebäude in Berlin. Berlin 1978; Schmädeke, Jürgen: Der Deutsche Reichstag. Das Gebäude in Geschichte und Gegenwart. Berlin 1981; Cullen, Michael S.: Der Reichstag. Die Geschichte eines Monuments. [Freiburg] 1983; Schmädeke, Jürgen: Das Reichstagsgebäude, Platz der Republik. In: Geschichtslandschaft Berlin 1989, S. 73–105; Cullen, Michael S. und Kieling, Uwe: Der Deutsche Reichstag. Geschichte eines Parlaments. Berlin 1992; Platz der Republik. Vom Exerzierplatz zum Regierungsviertel. Ausstellungskatalog. Berlin 1992; Cullen, Michael S.: Der Reichstag. Parlament, Denkmal, Symbol. Berlin 1995, 2. Auflage Berlin 1999; Lemburg, Peter: Aspekte zum Nachkriegswiederaufbau des Reichstagsgebäudes. In: Denkmalpflege nach dem Mauerfall. Eine Zwischenbilanz. Berlin 1997, S. 142–150; „Dem deutschen Volke". Der Bundestag im Berliner Reichstagsgebäude. Hrsg. v. Heinrich Wefing. Bonn 1999; Bredekamp,

Horst: Mediterraner Historismus. Das Reichstagsgebäude Paul Wallots. In: Das XX. Jahrhundert. Ein Jahrhundert der Kunst in Deutschland. Architektur in Berlin. Hrsg. v. Andres Lepik und Anne Schmedding. Köln 1999, S. 16–17; Bredekamp, Horst: Kuppel wider Willen. Das Reichstagsgebäude Sir Norman Fosters. In: Das XX. Jahrhundert. Ein Jahrhundert der Kunst in Deutschland. Architektur in Berlin. Hrsg. v. Andres Lepik und Anne Schmedding. Köln 1999, S. 122–123; Dehio Berlin 2000, S. 425–427; Hoffmann, Godehard: Architektur für die Nation? Der Reichstag und die Staatsbauten des Deutschen Kaiserreichs 1871–1918. Köln 2000; Norman Foster. Rebuilding the Reichstag. Hrsg. v. David Jenkins. London 2000 [deutsche Ausgabe Leipzig-Mannheim 2000]; Tietz, Jürgen: Plenarbereich Reichstagsgebäude. In: Hauptstadt Berlin. Denkmalpflege für Parlament, Regierung und Diplomatie. Berlin 2000, S. 33–38; Der Deutsche Bundestag im Reichstagsgebäude. Geschichte und Funktion, Architektur und Kunst. Hrsg. vom Deutschen Bundestag. Berlin 2002.

234 Buddensieg, Tilmann: Das Reichstagsgebäude von Paul Wallot. Rätsel und Antworten seiner Formensprache. In: „Dem deutschen Volke". Der Bundestag im Berliner Reichstagsgebäude. Hrsg. v. Heinrich Wefing. Bonn 1999, S. 30–43.

235 Nordwestturm: „Klein- und Hausindustrie" und „Elektrizität" von Syrius Eberle sowie „Handel und Schiffahrt" und „Großindustrie" von Gustav Eberlein; Südwestturm: „Weinbau" und „Bierbrauerei" von Robert Diez sowie „Ackerbau" und „Viehzucht" von Otto Lessing; Südostturm: „Rechtspflege" und „Staatskunst" von Hermann Volz sowie „Wehrkraft zu Lande" und „Wehrkraft zur See" von Rudolf Maison; Nordostturm: „Erziehung" und „Unterricht" von Friedrich Schierholz sowie „Kunst" und „Literatur" von Christian Behrens.

236 Der Reichstag enthält Arbeiten von Jenny Holzer, Christian Boltanski, Grisha Bruskin, Günther Uecker, Gerhard Richter, Sigmar Polke, Georg Baselitz, Markus Lüpertz, Hans Haacke, Ulrich Rückriem, Bernhard Heisig, Katharina Sieverding, Anselm Kiefer, Georg Karl Pfahler, Emil Schumacher, Rupprecht Geiger, Carlfriedrich Claus, Wolfgang Mattheuer, Gerhard Altenbourg, Walter Stöhrer, Hermann Glöckner, Jürgen Böttcher-Strawalde, Joseph Beuys und Otto Freundlich. Das Farbkonzept stammt von Per Arnoldi.

237 Hitzig, Friedrich: Wohngebäude in Berlin, Bismarckstraße 4. In: Zeitschrift für Bauwesen 25 (1875), S. 1; Atlas, Tafeln 1–3; Wirth 1955, S. 71–72; Widmer, Paul: Die Schweizer Gesandtschaft in Berlin. Geschichte eines schwierigen diplomatischen Postens. Zürich 1997; Dehio Berlin 2000, S. 429.

238 Schulz, Bernhard: Schweizerische Botschaft. In: Baumeister 98 (2001), Heft 3, S. 59–65.

239 Fichtner, E.: Zur Baugeschichte der Moltke-Brücke. In: Der Bär 18 (1892), S. 212–222; BusB 1896, Bd. 1, S. 122, 154–155; Die Straßen-Brücken der Stadt Berlin. Hrsg. vom Magistrat der Stadt Berlin. Bd. 1. Berlin 1902, S. 30, 47, 73, 95, 96, 177–180, 206, 212; Wirth 1955, S. 236; Hoffmann, Andreas: Moltkebrücke. In: Geschichtslandschaft 1989, S. 176–181; Endlich/Wurlitzer 1990, S. 160; Weinland 1994, S. 189–190; Dehio Berlin 2000, S. 449.

240 Die Holzbrücke wurde errichtet, um die Verbindungsbahn zum Hamburger Bahnhof zu führen. Die 1864–65 erbaute Brücke war die erste dreigelenkige Bogenfachwerkbrücke Deutschlands, siehe BusB 1877, Bd. 2, S. 40–42; Weinland 1994, S. 190. Sie diente zunächst dem Straßenverkehr und dem Eisenbahnverkehr der Verbindungsbahn. Im Zuge der Spreekanalisierung brach man sie 1887 für die heutige Moltkebrücke ab.

241 Die vier Wappenschilde zeigen das Familienwappen Moltkes, das Wappen seiner Geburtstadt Parchim, das von Berlin und das von Preußen.

242 Hoffmann, Andreas: Moltkebrücke. In: Geschichtslandschaft 1989, S. 176–181.

243 Die Repliken zerstörter Skulpturen stammen von August Jäkel.

244 Kongreßhalle Berlin. Feier zur Grundsteinlegung am 3. Oktober 1956. Hrsg. von der Benjamin-Franklin-Stiftung. Berlin 1956; Kongreßhalle Berlin. Feier zur Eröffnung am 19. September 1957. Hrsg. von der Benjamin-Franklin-Stiftung. Berlin 1957; Die Kongreßhalle Berlin der Benjamin-Franklin-Stiftung. In: Bauwelt 48 (1957), S. 590–591; Kongreßhalle Berlin. [Berlin 1957]; BusB IX, S. 250–253; Berlin: Zum Kongreßhallen-Einsturz. In: Bauwelt 71 (1980), S. 895; Bomhard, Helmut, Kraemer, Udo und Mainz, Jürgen: Wiederaufbau der Kongreßhalle – Konstruktion und Bau. In: Bauingenieur 61 (1986), S. 569–576; Berlin baut 2. Die Kongreßhalle. Geschichte, Einsturz, Wiederaufbau. Hrsg. vom Senator für Bau- und Wohnungswesen. Berlin 1987; Reissig, Harald: Die Kongreßhalle, John-Foster-Dulles-Allee 10. In: Geschichtslandschaft 1989, S. 163–175; Barkow, Frank: Forum der öffentlichen Rede. Die Kongreßhalle von Hugh Stubbins. In: Das XX. Jahrhundert. Ein Jahrhundert der Kunst in Deutschland. Architektur in Berlin. Hrsg. v. Andres Lepik und Anne Schmedding. Köln 1999, S. 56–57; Dehio Berlin 2000, S. 432–433

245 Die Dachschale besitzt ein einbetoniertes Seilnetz, das stabilisierend wirkt. Vorbild war die Sporthalle von Raleigh (North Carolina, USA), die 1950–53 von Matthew Nowicki errichtet wurde. Deren Seilkonstruktion ist an zwei Randbalken aufgehängt.

246 1957 fand die konstituierende Sitzung des 3. Deutschen Bundestags in der Kongresshalle statt. 1965 kam der Bundestag letztmals in der Berliner Kongresshalle zu einer Sitzung zusammen. Die alliierten Mächte, bedrängt von der Sowjetunion, untersagten weitere Bundestagssitzungen in Berlin. Der Reichstag konnte in den 1950er und 1960er Jahren noch nicht benutzt werden. Der Ausbau des Plenarsaals war erst 1971 abgeschlossen.

247 Alverdes W., Die Kongresshalle wird in den Tiergarten einbezogen. In: Das Gartenamt 7 (1958) Heft 6, S. 129 f.; Barkow, Frank, Forum der öffentlichen Rede. Die Kongreßhalle von Hugh Stubbins. In: Das XX. Jahrhundert. Ein Jahrhundert der Kunst in Deutschland. Architektur in Berlin. Hrsg. von Andres Lepik und Anne Schmedding, Köln 1999; BusB IX, S.250–253; Die Kongreßhalle Berlin der Benjamin-Franklin-Stiftung. In: Bauwelt 48 (1957), S. 590 f.; Bournot, Helmut, Koordinierung und Gesamtplanung der Grünflächen im Hansaviertel Berlin. In: Garten und Landschaft 67(1957) Heft 10, S. 256 f.; Kuhn, Jörg, Büro Müller & Altmeyer, Erfassung/ Inventarisation der plastischen Denkmäler, Brunnen und anderer Werke der bildenden Kunst im öffentlichen Raum im Ortsteil Tiergarten des Bezirks Mitte von Berlin. Gutachten i. A. des LDA Berlin, Fachreferat Gartendenkmalpflege, Berlin 2003, Teil 1, Objekt Nr. 10.; Stubbins, H., Die architektonische Konzeption. In: Berlin Baut 2. Die Kongreßhalle. Geschichte, Einsturz, Wiederaufbau. Hrsg. vom Senator für Bau und Wohnungswesen. Berlin 1987, S.54 f.; Stubbins, Hugh, Kongreßhalle. In: Wiederaufbau Hansaviertel Berlin, Interbau Berlin 1957. Hrsg. Senator für Bau- und Wohnungswesen Berlin, Berlin 1957, S.138–141.

248 Das sogenannte Lenné-Dreieck zwischen Ebertstraße, Lennéstraße und Bellevuestraße gehörte zum Bezirk Mitte und damit zum Ostteil Berlins. Um den Grenzverlauf zu vereinfachen, wurde die Mauer jedoch an der Ebertstraße angeordnet. Das Lenné-Dreieck wurde 1988 vom Senat von Berlin (West) erworben.

249 An der Ausführung waren folgende Architekten beteiligt: Renzo Piano und Christoph Kohlbecker, Arata Isozaki mit Steffen Lehmann, Hans Kollhoff mit Helga Timmermann, Ulrike Lauber und Wolfram Wöhr, José Rafael Moneo, Richard Rogers.

250 Neubau der Huthschen Weinstube in Berlin. In: Die Bauwelt 3 (1912), Nr. 15, S. 12; Geschäftshaus Huth. Potsdamer Straße 139 und Linkstraße in Berlin. Arch.: C. Heidenreich & P. Michel in Charlottenburg-Westend. In: Der Baumeister 11 (1912), S. 25–27; [Weinhaus Huth & Sohn]. In: Berliner Architekturwelt 16 (1914), S. 13–18; Haus Huth in Berlin, Potsdamerstrasse 139 und Linkstraße 45. In: Blätter für Architektur und Kunsthandwerk 28 (1915), S. 25–26, Tafeln 61–64; BusB VIII A, S. 254; Thieme, Wolf: Das letzte Haus am Potsdamer Platz. Eine Berliner Chronik. Berlin 1988; Thieme, Wolf: Das letzte Haus am Potsdamer Platz. Die wechselvolle Geschichte einer Berliner Legende. Berlin 1999.

251 Die Bildhauerarbeiten stammen von Hinrichsen & Isenbeck. Vor allem der Haupteingang wurde reich geschmückt. An den Seiten sieht man auf drei Ebenen kleine Figuren, die durch Säulen eingefasst sind. Auch der gerundete zweigeschossige Eckbau, der den vorgelagerten Turm mit dem Haupttrakt verbindet, ist mit figürlichen Darstellungen geschmückt.

252 An der Ausführung waren die Architekturbüros Giorgio Grassi, Schweger und Partner, Jürgen Sawade sowie Diener & Diener beteiligt.

253 Hotel Esplanade in Berlin. In: Baugewerks-Zeitung 41 (1909), S. 13–15, 19–20; Moderner Luxus im Hotel Esplanande zu Berlin. In: Die Bauwelt 3 (1912), Heft 13, S. 14–15; Das Hotel Esplanade in Berlin. Architekt: Otto Rehnig, Berlin. In: Deutsche Bauzeitung 47 (1913), S. 753–754, 756–757, 761–767, 777–781, 792–793; Damm-Etienne, Paul: Das Hotelwesen. Leipzig 1910, S. 33–34, 48–50, 60–62, 75–76; Kunz, Fritz: Der Hotelbau von heute. Stuttgart 1930, S. 87; BusB VIII B, S. 11–13, 41; Wille, Klaus-Dieter: Hotel Esplanade, Bellevuestraße 16-18a. In: Geschichtslandschaft 1989, S. 214–219.

254 Es handelt sich um das Beisheim-Center, wobei das zweite Hochhaus im Auftrag des Bankhauses Delbrück & Co. errichtet wurde. An der Planung waren Modersohn & Freiesleben, Bernd Albers und David Chipperfield sowie Hans Kollhoff beteiligt.

255 Auf der alten Straßenachse steht heute die Staatsbibliothek.

256 Zur Geschichte des Kulturforums siehe Kühne, Günther: Heraus aus den Trümmern! in: Platz und Monument. Die Kontroverse um das Kulturforum Berlin 1980–1992. Berlin 1992, S. 10–15; Peschken, Goerd: Scharouns Berliner Stadtlandschaft und das Kulturforum. In: Platz und Monument. Die Kontroverse um das Kulturforum Berlin 1980–1992. Berlin 1992, S. 36–49; Frank, Robert: Das Kulturforum – ein unvollendetes Projekt. In: Platz und Monument. Die Kontroverse um das Kulturforum Berlin 1980–1992.

Berlin 1992, S. 73–157; Wisniewski, Edgar: Scharouns Konzeption für das Kulturforum als Stadtlandschaft im Tiergarten. In: Denkmalpflege nach dem Mauerfall. Eine Zwischenbilanz. Berlin 1997, S. 159–164.

257 Siehe dazu BusB V A, S. 47–51.

258 Hans Hollein legte 1983 einen Entwurf für die Neugestaltung des Kulturforums vor, der kontrovers diskutiert wurde. An die St. Matthäus-Kirche sollte sich ein City-Kloster anschließen. Eine gekrümmte Kolonnade sollte die bogenförmig verschwenkte Potsdamer Straße begrenzen. Das Projekt scheiterte, siehe Platz und Monument. Die Kontroverse um das Kulturforum Berlin 1980–1992. Berlin 1992

259 Die Berliner Philharmonie. In: Bauwelt 55 (1964), Heft 1/2 (mit mehreren Beiträgen); Blundell Jones, Peter: Hans Scharoun. Eine Monographie. Stuttgart 1980, S. 36–42; BusB V A, S. 140–147, 155–156; Hoffmann, Andreas: Philharmonie, Matthäikirchstraße 1. In: Geschichtslandschaft 1989, S. 241–249; Hans Scharoun. Bauten, Entwürfe, Texte. Hrsg. v. Peter Pfankuch. 2. Auflage Berlin 1993, S. 279–297, 401–404; Wisniewski, Edgar: Die Berliner Philharmonie und ihr Kammermusiksaal. Der Konzertsaal als Zentralraum. Berlin 1993; Bärnreuther, Andrea: Himmelschaft und Weinberge. Die Philharmonie von Hans Scharoun. In: Das XX. Jahrhundert. Ein Jahrhundert der Kunst in Deutschland. Architektur in Berlin. Hrsg. v. Andres Lepik und Anne Schmedding. Köln 1999, S. 68–69; Dehio Berlin 2000, S. 435.

260 Endlich/Wurlitzer 1990, S. 156.

261 Die Platten hatte bereits Hans Scharoun vorgesehen, auf sie musste aber aus Kostengründen 1960–63 verzichtet werden. Es handelt sich um eloxierte, kunststoffüberzogene Aluminiumplatten.

262 Hans v. Bülow (von Richard Hess), Arthur Nikisch (von Hugo Lederer), Wilhelm Furtwängler (von Alexander Archipenko). Die Büste von Hans Scharoun im unteren Foyer schuf Margarete Moll.

263 Zwoch, Felix: Staatliches Institut für Musikforschung mit Musikinstrumentenmuseum in Berlin. In: Bauwelt 76 (1985), S. 796–798; Dehio Berlin 2000, S. 435–436.

264 BusB V A, S. 147–149; Berlin baut 4. Der Kammermusiksaal. Hrsg. vom Senator für Bau- und Wohnungswesen. Berlin 1987; Wisniewski, Edgar: Die Berliner Philharmonie und ihr Kammermusiksaal. Der Konzertsaal als Zentralraum. Berlin 1993; Dehio Berlin 2000, S. 433.

265 Endlich/Wurlitzer 1990, S. 181; Rudloff, Martina: Gerhard Marcks. Das Plastische Werk. Werkverzeichnis. Hrsg. v. Günter Busch. Frankfurt am Main-Berlin-Wien 1977, S. 69, 402. Gerhard Marcks fertigte die Bronzefigur 1959 für das Stadttheater Lünen an. In Berlin ist ein Nachguss aufgestellt.

266 Endlich/Wurlitzer 1990, S. 156–157; Salzmann, Siegfried und Romain, Lothar: Bernhard Heiliger. Frankfurt am Main-Berlin 1989, S. 350.

267 Projektzeichnungen für die neue Staatsbibliothek in Berlin. In: Bauwelt 58 (1967), S. 1015–1021; Sitte, Fritz Moritz: Neubau Staatsbibliothek Berlin. In: Die Bauverwaltung 51 (1978), S. 476–483; Staatsbibliothek Berlin. In: Bauwelt 70 (1979), Heft 1 (mit mehreren Beiträgen); Blundell Jones, Peter: Hans Scharoun. Eine Monographie. Stuttgart 1980, S. 106 ff.; Hans Scharoun. Bauten, Entwürfe, Texte. Hrsg. v. Peter Pfankuch. 2. Auflage Berlin 1993, S. 336–355; Syring, Erhard: Durchdringung zweier Sphären. Die Staatsbibiliothek von Hans Scharoun. In: Das XX. Jahrhundert. Ein Jahrhundert der Kunst in Deutschland. Architektur in Berlin. Hrsg. v. Andres Lepik und Anne Schmedding. Köln 1999, S. 78–79; Dehio Berlin 2000, S. 436–437.

268 Carter, Peter: Mies van der Rohe at Work. London 1974, S. 95–99; BusB V A, S. 41–44, 60; Schulze, Franz: Mies van der Rohe – Leben und Werk. Berlin 1986, S. 313–319; Mies van der Rohes Neue Nationalgalerie in Berlin. Hrsg. v. Gabriela Wachter. Berlin 1995; Neue Nationalgalerie Berlin. Dreissig Jahre. Ausstellungskatalog. Berlin 1998 (mit mehreren Beiträgen); Ungers, Oswald Mathias: Schönheit ist der Glanz des Wahren. Mies van der Rohes Neue Nationalgalerie. In: Das XX. Jahrhundert. Ein Jahrhundert der Kunst in Deutschland. Architektur in Berlin. Hrsg. v. Andres Lepik und Anne Schmedding. Köln 1999, S. 74–77; Dehio Berlin 2000, S. 438–439.

269 Hegel, Immanuel: Die Geschichte der Gründung und ersten 25 Jahre der St. Matthäus-Kirche zu Berlin. Dargestellt zur Feier des Kirchweihfestes 1871. Berlin 1871; BusB 1877, Bd. 1, S. 131; BusB 1896, Bd. 2, S. 161; Geschichte der Gründung und der ersten fünfzig Jahre der St. Matthäus-Kirche zu Berlin. Im Auftrage der Gemeindeorgane dargestellt zur Feier des Kirchweihfestes am Sonntage Rogate 1896. Berlin 1896; Lütkemann 1926, S. 121–123; Wirth 1955, S. 46–48; Kühne/Stephani 1978, S. 268–270; Schmidt 1981, S. 142–145; Badstübner, Ernst und Badstübner-Gröger, Sibylle: Kirchen in Berlin. Berlin 1987, S. 65; Klinkott 1988, S. 97–101; Burger, Wilhelm: Zur Geschichte der St. Matthäus-Gemeinde. In: Vom Alten Westen zum Kulturforum. Das Tiergartenviertel in Berlin – Wandlungen einer Stadtlandschaft. Hrsg. v. Olav Münzberg. Berlin 1988, S. 60–68; Krüger, Jürgen: Rom und Jerusalem. Kirchenbauvorstellungen der Hohenzollern im 19. Jahrhundert. Berlin 1995, S. 157–158, 160, 171, 174; BusB VI, S. 60–62; Börsch-Supan/Müller-Stüler 1997, S. 532–534; Dehio Berlin 2000, S. 423; Goetz/Hoffmann-Tauschwitz 2003, S. 145–146.

270 Vom Altar, 1859 gemalt von Carl Hermann, blieb ein Seitenflügel erhalten, der heute außerhalb des Kirchenraums aufbewahrt wird. In der Kirche ist ein Christuskopf von Gerhard Marcks und ein spätgotischer Schmerzensmann der Werkstatt von Tilman Riemenschneider zu sehen, außerdem gehören ein Kruzifix von Gerhard Schreiter und eine Leuchtergruppe von Rudi H. Wagner zur Ausstattung.

271 [Die letzten Besichtigungen der Vereinigung Berliner Architekten] in: Deutsche Bauzeitung 30 (1896), S. 519; Villa in Berlin, Sigismundstraße 4a. In: Moderne Neubauten 3 (1896), Tafeln 2–3; Wohnhaus in Berlin, Sigismundstr. 4a. In: Blätter für Architektur und Kunsthandwerk 11 (1898), S. 41, Tafel 51; Wirth 1955, S. 175; Schmidt, Hartwig: Über den Umgang mit historischer Bausubstanz. Das Wohnhaus Parey, Sigismundstr. 4 a. In: Jahrbuch des Werkbundarchivs 4 (1979), S. 197–208; Das letzte Haus. In: Bauwelt 70 (1979), S. 1698; Sieg ohne Sieger. Die Chronik einer städtischen Villa und ihres verhinderten Abrisses. In: Vom Alten Westen zum Kulturforum. Das Tiergartenviertel in Berlin – Wandlungen einer Stadtlandschaft. Hrsg. v. Olav Münzberg. Berlin 1988, S. 74–88; Dehio Berlin 2000, S. 437.

272 Die Wohnung nahm zwei Geschosse ein, die durch eine innenliegende Treppe verbunden waren. 1935 wurde das Einfamilienhaus in mehrere Kleinwohnungen unterteilt. Bei der Restaurierung des Gebäudes hat man die eingebauten Trennwände wieder entfernt, sodass die alten Raumeinheiten wieder erlebbar sind.

273 [Wohnhaus Bendlerstraße 41] in: Berliner Architekturwelt 11 (1908–09), S. 299–300; [Wohnhaus Bendlerstraße 41] in: Berliner Architekturwelt 13(1910–11), S. 329; Wirth 1955, S. 160; Dehio Berlin 2000, S. 437.

274 Werner, H.: Bauten von Architekt Paul Karchow, Berlin. In: Der Profanbau 10 (1914), S. 418–425; Wirth 1955, S. 262.

275 Der Südgiebel wurde nach 1945 vereinfacht wiederhergestellt.

276 An der Seitenwand ist ein Wandbrunnen angebracht. Die aufgesetzte Keramikfigur ist nicht erhalten.

277 [Architekten-Verein zu Berlin] in: Deutsche Bauzeitung 29 (1895), S. 383–384; BusB 1896, Bd. 2, S. 78–79; Wirth 1955, S. 68–69; Dehio Berlin 2000, S. 431.

278 Hoffmann, Herbert: Emil Fahrenkamp. In: Moderne Bauformen 28 (1929), S. 306–307; Ein Bürohausneubau in Berlin. In: Bautechnik 8 (1930), S. 743; Wieder ein Hochhaus im alten Westen Berlins. In: Deutsche Bauhütte 34 (1930), S. 361; Dietz: Rhenania-Ossag-Haus. In: Deutsche Bauhütte 35 (1931), S. 188; Mensch, Gerhard: Die Aussteifung von Stahlskeletthochhäusern. In: Der Stahlbau 4 (1931), S. 43–48; Die neuesten Bauten von Emil Fahrenkamp. In: Wasmuths Monatshefte für Baukunst und Städtebau 15 (1931), S. 145–146; Fahrenkamp, Emil: Das Shell-Haus in Berlin. In: Monatshefte für Baukunst und Städtebau 16 (1932), S. 361–376; Dürr: Das Shell-Haus in Berlin. In: Bauwelt 23 (1932), Heft 29, Beilage, S. 1–8; Mensch, Gerhard: Die Konstruktion des Verwaltungsgebäudes der Rhenania-Ossag. In: Zentralblatt der Bauverwaltung 52 (1932), S. 548–552; Schroeter, Alfons: Die Sicherung des Bürohauses der Rhenania-Ossag in Berlin gegen Verkehrserschütterungen. In: Bautechnik 11 (1933), S. 63–64; Wirth 1955, S. 265–266; Hüter 1987, S. 317–320; Geist, Jonas: Maritimer Schwung. Das Haus für die Shell AG von Emil Fahrenkamp. In: Das XX. Jahrhundert. Ein Jahrhundert der Kunst in Deutschland. Architektur in Berlin. Hrsg. v. Andres Lepik und Anne Schmedding. Köln 1999, S. 44–45; Dehio Berlin 2000, S. 442–443; Shell-Haus. Meilenstein Berliner Architektur. Eine Dokumentation. Hrsg. v. GASAG. Berlin 2000.

279 Die Abtreppung des Gebäudes war auch bedingt durch die Proteste der am Landwehrkanal wohnenden Villenbesitzer, die gegen das Hochhaus vor ihrer Tür protestiert hatten.

280 Die Fassade wurde wärmegedämmt. Teile der Travertinverkleidung mussten ersetzt werden. Die korrodierten Stahlfenster wurden durch Bronzefenster ersetzt.

281 Der engere Wettbewerb zur Erlangung von Entwürfen für ein Dienstgebäude der obersten Marinebehörden in Berlin. In: Deutsche Bauzeitung 44 (1910), S. 773–778; Das neue Dienstgebäude der obersten Marinebehörden. In: Mitteilungen des Vereins für die Geschichte Berlins 1914, S. 3; Das Reichsmarineamt. In: Bauwelt 1 (1910), Heft 13, S. 17, Heft 27, S. 23; Meyer, G.: Der Neubau eines Dienstgebäudes für die obersten Marinebehörden. In: Zentralblatt der Bauverwaltung (34) 1914, S. 405–409; Wirth 1955, S. 104–105; BusB III, S. 16, 41; Grzywatz, Berthold: Die obersten Marinebehörden, das Reichswehrministerium und das Oberkommando der Wehrmacht, Reichpietschufer 72–76/Stauffenbergstraße 11–14. In: Geschichtslandschaft 1989, S. 277–298; Schäche 1991, S. 368–370; Fischer, Burckhardt: Bundesministerium der Verteidigung, Berliner Dienstsitz. In: Hauptstadt

Berlin. Denkmalpflege für Parlament, Regierung und Diplomatie. Berlin 2000, S. 135–138; Dehio Berlin 2000, S. 430–431; Dürre 2001, S. 129.

282 Die Sozietät wurde von Richard Bielenberg (1871–1929) und Josef Moser (1872–1963) gegründet. Auch nach dem Tod Bielenbergs firmierte das Büro unter „Bielenberg & Moser". Die Firma Krupp & Druckenmüller war als Bauunternehmen für die Ausführung zuständig.

283 Der Bendlerblock ist nach der Bendlerstraße (heute Stauffenbergstraße) benannt.
Der Name verweist auf Ratsmaurermeister Johann Bendler (1789–1873), der die Straße 1837 auf eigene Kosten anlegen ließ.

284 Wirth 1955, S. 223; Endlich/Wurlitzer 1990, S. 165–166.

285 Architektonisches Skizzenbuch, Heft 64 (1863), Bl. 1; Heft 66 (1864), Bl. 4–5; BusB 1877, Bd. 1, S. 424; BusB 1896, Bd. 3, S. 139; von der Heydt, Karl: Unser Haus. Berlin 1919; Wirth 1955, S. 152–153; Pomplun, Kurt: Berliner Häuser. Geschichte und Geschichten. Berlin 1971, S. 59 ff.; Engel, Helmut: Die Villa von der Heydt. Anmerkungen zu einem bedeutenden Denkmal der Berliner Baugeschichte. In: Jahrbuch Preußischer Kulturbesitz 12 (1974/75), S. 98–103; Schmidt 1981, S. 277–280; Pahlmann, Manfred A.: Villa von der Heydt, Von-der-Heydt-Straße 18. In: Geschichtslandschaft 1989, S. 299–308; Dehio Berlin 2000, S. 446.

286 Bauhaus-Archiv in Berlin. In: Baumeister 76 (1979), S. 15; Bauhaus. Archiv, Museum, Sammlungskatalog. Berlin 1981; BusB V A, S. 45–47, 61; Probst, Hartmut und Schädlich, Christian: Walter Gropius. Bd. 2. Der Architekt und Pädagoge. Werkverzeichnis, Teil 2. Berlin 1987, S. 59 ff.; Hans, Andreas: Spätwerk des Gründers. Bauhausarchiv von Walter Gropius. In: Das XX. Jahrhundert. Ein Jahrhundert der Kunst in Deutschland. Architektur in Berlin. Hrsg. v. Andres Lepik und Anne Schmedding. Köln 1999, S. 90–91; Dehio Berlin 2000, S. 431–432.

287 Schmidt 1981, S. 332.

288 [Villa Bergmann] in: Die Architektur des XX: Jahrhunderts 13 (1913), Heft 3, S. 33–34, Tafel 52; Dehio Berlin 2000, S. 428.

289 Von der Neugestaltung Berlins. In: Die Kunst im Dritten Reich 2 (1938), S. 62–63; Das Haus der Italienischen Botschaft in Berlin. In: Deutsche Bauhütte 45 (1941), S. 248–249; Alfieri, Dino: Die Italienische Botschaft in Berlin. In: Die Kunst im Deutschen Reich 5 (1941), S. 155–174; Hetzelt, Friedrich: Der Neubau der Königlich Italienischen Botschaft in Berlin. In: Die Kunst im Deutschen Reich 5 (1941), S. 155–174; Wirth 1955, S. 72–73; BusB III, S. 155–116, 121; Repräsentationsarchitektur im Nationalsozialismus – Materialien zur Italienischen Botschaft in Berlin-Tiergarten. Bearb. v. Andrea Frielingsdorf, Wolf-Dieter Kraus, Brigitte Kreutel und Clarissa Soltendick. Berlin 1979; Schäche, Wolfgang: Das Gebäude der ehemaligen Italienischen Botschaft in Berlin-Tiergarten / L´edificio dell´ex ambasciata italiana a Berlino Tiergarten. Berlin 1980; Wolters, Wolfgang: Die ehemalige Italienische Botschaft im Tiergarten. In: Verloren, gefährdet, geschützt. Baudenkmale in Berlin. Berlin 1989, S. 304–309; Italienische Botschaft Berlin. Ambasciata d´Italia Berlino. Hrsg. v. Pierangelo Schiera. Berlin 1999; Dehio Berlin 2000, S. 428.

290 Voß, Erich: Der Neubau der Kaiserlich Japanischen Botschaft in Berlin. In: Die Kunst im Deutschen Reich 7 (1943), S. 21–40; Wirth 1955, S. 73–74; Schäche, Wolfgang: Das Gebäude der ehemaligen Japanischen Botschaft in Berlin-Tiergarten / The Building of the Former Japanese Embassy in Berlin-Tiergarten. Berlin 1980.

291 Wirth 1955, S. 95–96; Dehio Berlin 2000, S. 424.

292 Die Bauten stammen von Moore, Ruble, Yudell mit Lunetto und Fischer, Gesine Weinmiller, Pysall, Stahrenberg und Partner, S. Mohammed Oreyzi, Petzinka, Pink und Partner, Heinz Hilmer und Christoph Sattler, Walther Stepp sowie Faskel + Becker. Die Mexikanische Botschaft wurde von Teodoro Gonzáles de Léon und Francisco Serrano errichtet, siehe Jaeger, Falk: Mexikanische Botschaft. In: Baumeister 98 (2001), Heft 3, S. 66–73.

293 [Berlin, Rauchstraße 25] in: Architektur des XX. Jahrhunderts 13 (1913), S. 45–46, Tafel 95; Wirth 1955, S. 173.

294 Die Bauten stammen von Rob Krier, Francy Valentini und Hubert Hermann, Aldo Rossi, Henry Nielebock und Partner, Klaus-Theo Brenner, Benedict Tonon, Giorgio Grassi sowie Hans Hollein, siehe Jaeger 1991, S. 34–38.

295 Ein Dienstgebäude des Auswärtigen Amtes in Berlin. In: Zentralblatt der Bauverwaltung 63 (1943), S. 101–108; BusB III, S. 122; Dehio Berlin 2000, S. 429.

296 Voß, Erich: Neue Gesandtschaftsbauten in Berlin. In: Die Kunst im Deutschen Reich 4 (1940), S. 149–160, 162–163; Bender, Ewald: Das Kunstschmiedehandwerk im Kriege. In: Zentralblatt der Bauverwaltung 62 (1942), S. 105–106; Muschelkalk im Städtebau. In: Bauamt und Gemeindebau 23 (1941), S. 4–5; Wirth 1955, S. 75; BusB III, S. 116, 118–119, 121; Kühne 1988, S. 90–93; Dehio Berlin 2000, S. 429.

297 Die Befestigung und Unterhaltung der Bürgersteige in Berlin oblag bis 1877 den Grundstückseigentümern. Gemäß Polizeiverordnung vom 13.10.1866 waren für die Gehwege breite Granitplattenbahnen und an den Seiten Mosaikpflaster vorgeschrieben, nur auf Antrag konnten auch Mosaikpflaster oder Asphalt in Gänze genehmigt werden. Ein mit dem Pflaster der Drakestraße 3 identisches von 1867 befand sich auf dem Gehweg vor der Rauchstraße 16, ein ähnliches, ebenfalls nicht erhaltenes Pflaster von 1873 vor dem Grundstück Rauchstraße 19. Seit 1825 sind im Schlossgarten von Klein-Glienicke Pflastermosaike in Verbindung mit Bauwerken oder als Wege- und Platzbelag nachgewiesen. Vgl. hierzu: Wimmer, Clemens Alexander, Pflastermosaike in Berlin (W), Berlin 1982, S., 9–14, 25, 43.

298 Architektur Berlins. Sammlung hervorragender Bauausführungen der letzten Jahre, hrsg. v. Hugo Licht, Berlin 1882, Bl. 5,6. Berlin und Potsdam, Architekturphotographien 1872–1875, hrsg. v. Janos Frecot, München 1980, Abb. 23, 24. BusB 1877, Erster Teil, S.430 f.; Wirth 1955, S. 172.

299 Die repräsentativen Bauwerke im Städtebau. In: Bauamt und Gemeindebau 22 (1940), S. 210–211; Neues Haus der dänischen Gesandtschaft in Berlin. In: Deutsche Bauhütte 44 (1940), S. 216–217; Voß, Erich: Neue Gesandtschaftsbauten in Berlin. In: Die Kunst im Deutschen Reich 4 (1940), S. 163–169; Wirth 1955, S. 74; BusB III, S. 119–121; Dehio Berlin 2000, S. 428.

300 Wirth 1955, S. 74–75; BusB III, S. 119–120, 122; Ocón, Maria J.: Die neue Spanische Botschaft in Berlin (1938–1943). In: Kritische Berichte 22 (1994), Heft 3, S. 110–118; Ocón Fernández, Maria J.: Repräsentationsarchitektur zwischen spanischem Faschismus und Nationalsozialismus. Die neue Spanische Botschaft im Berliner Tiergartenviertel (1938–1943). In: Berlin in Geschichte und Gegenwart. Jahrbuch des Landesarchivs Berlin 1995, S. 185–202.

301 Die Herrichtung stand unter der Leitung der spanischen Architekten Jesús Velasco Ruiz und José Luis Iniguez de Onzono y Angulo. Der Flügel an der Thomas-Dehler-Straße wurde bis auf den Treppenhausbereich und die Fassade abgebrochen. Im gesamten Gebäude wurden die Symbole des Franco-Regimes beseitigt. Das betraf auch das große Wappen an der Ecke, das durch das heutige Staatswappen ersetzt wurde.

302 Internationale Bauausstellung Berlin 1987. Projektübersicht. Belin 1987, S. 27.

303 Hornauer, Constanze: Historische Entwicklung des Lützowviertels seit 1862. In: Internationaler Wettbewerb Wohnpark am Lützowplatz, Berlin, Südliches Tiergartenviertel. Hrsg. von der Internationalen Bauausstellung Berlin GmbH. Berlin 1980, S. 89.

304 Internationale Bauausstellung Berlin 1987. Projektübersicht. Belin 1987, S. 27.

305 Helfft, Jakob: Der Landwehr-Kanal bei Berlin. Erbaut in den Jahren 1845–1850. In: Zeitschrift für Bauwesen 2 (1852), Sp. 481–495, Atlas, Bl. 74–79; BusB 1896, Bd. 1, S. 77–81; Hinz, Gerhard: Peter Joseph Lenné und seine bedeutendsten Schöpfungen in Berlin und Potsdam. Berlin 1937, S. 193–198; BusB XI, S. 133–140, BusB X B (2), S. 216, 225, 227, 236, 238–239, 247, 249–250, 261–262; Schmidt 1981, S. 132–134; Hinz, Gerhard: Peter Joseph Lenné. Das Gesamtwerk des Gartenarchitekten und Städteplaners. Hildesheim-Zürich-New York 1989, S. 193–198.

306 Der Graben wurde um 1450 zur Entwässerung und Begrenzung der Akkerfeldmark von Cölln angelegt. Der Floß- und Schafgraben war vor seinem Kanalausbau schon bis zu den Holzplätzen am Halleschen Tor schiffbar, siehe Schmidt 1981, S. 132; Clauswitz 1906, S. 88–89.
Die Planungen für eine Kanalisierung des Schafgrabens gehen bis in das Jahr 1816 zurück, als der Obermühleninspektor Schwahn ein entsprechendes Projekt vorlegte, das aber wegen der hohen Kosten vom König abgelehnt wurde. Das Vorhaben wurde 1840 von Lenné im Zusammenhang mit der Aufstellung eines Bebauungsplans für das damalige Köpenicker Feld wieder aufgegriffen und zehn Jahre später realisiert. Für die Erschießung und Entwässerung der neuen Luisenstadt auf dem Köpenicker Feld entstand der vom Landwehrkanal abzweigende Luisenstädtische Kanal.

307 Endlich/Wurlitzer 1990, S. 168.

308 Wirth 1955, S. 174.

309 BusB 1896, Bd. 3, S. 220, Abb. 557–559 (dort mit falscher Adressenangabe, ehem. Schönberger Ufer 32, nicht 22).

310 Profession ohne Tradition. 125 Jahre Verein Berliner Künstlerinnen. Hrsg. von der Berlinischen Galerie. Berlin 1992, S. 296–297.

311 Der Vorgängerbau war ein Wohnhaus von 1856, Entwurf Maurermeister Haenisch.

312 1969 und 1975 Abbruch von Seitenflügel und Quergebäude.

313 Jugend-Gästehaus in Berlin. In: Bauwelt 53 (1962), S. 1237; Teut, Anna: Architekten heute. Portrait Georg Heinrichs. Berlin 1984, S. 21–22, 54–55.

314 Endlich/Wurlitzer 1990, S. 157.

315 Biebendt, Albert: Geschäftshaus der Firma Loeser & Wolff an der Potsdamer Brücke in Berlin. In: Deutsche Bauzeitung 64 (1930), S. 361–366; Domany, Franz: Die Konstruktion des Geschäftshauses Loeser & Wolff in Berlin. In: Deutsche Bauzeitung 64 (1930), Beilage Konstruktion und Aus-

führung, S. 92–97; Moderner Berliner Zweckbau. Bd. 1. Verwaltungsgebäude. Hrsg. v. Hermann Werner. Berlin-Leipzig 1932, S. 9; Wirth 1955, S. 264; BusB X, S. 200; Dehio Berlin 2000, S. 442.
Die gründerzeitliche Bebauung des Grundstücks wurde 1928 abgerissen. Dazu gehörte die auch die 1875–76 in einem Wohnhaus eingerichtete Synagoge Potsdamer Straße 26, siehe Synagogen in Berlin. Zur Geschichte einer zerstörten Architektur. Hrsg. von Rolf Bothe. Berlin 1983, Bd. 1, S. 40, Bd. 2, S.18–19

316 Bernhard Loeser gründete 1865 zusammen mit Karl Wolff ein Tabakgeschäft. 1901 bestanden allein in Berlin 65 Geschäfte. Die jüdische Firma wurde 1937 „arisiert".

317 Die heutigen Werksteinlisenen zur Ecke waren ursprünglich mit fast haushohen Lichtkästen verkleidet, siehe Salmony, Alfred: Moderne Lichtreklame im Hochbauwesen. In: Industriebau 22 (1931), S. 22.

318 Hüter 1988, S. 329.

319 Bei Umbauten der 1970er Jahre ging viel von der ursprünglichen Gestaltung verloren.

320 Obermüller, Hermann: Metalle in neuzeitlicher Anwendung. In: Deutsche Bauzeitung 67 (1933), S. 265, 267

321 Internationale Bauausstellung Berlin 1987. Projektübersicht. Berlin 1987, S. 80–81. Die mit weißen Fliesen verkleidete Rasterfassade stammt von Jürgen Sawade, der mit Christoph Hilmer, Heinz Sattler und Georg Heinrichs die Wohnanlage entwarf.

322 Schmitz, Hermann: Verwaltungsgebäude der Feuersozietät der Provinz Brandenburg. In: Moderne Bauformen 36 (1937), S. 5–32; Richter: Das Verwaltungsgebäude der Feuersozietät der Provinz Brandenburg. In: Baugilde 19 (1937), S. 113–128, 227–242; Mensch, Gerhard: Das Verwaltungsgebäude der Feuersozietät der Provinz Brandenburg in Berlin. In: Der Stahlbau 10 (1937), S. 150–152; Berliner Stahl-Hochbauten. Hrsg. vom Deutschen Stahlbau-Verband. Berlin 1936, S. 78–79; Wirth 1955, S. 266–267; BusB IX, S. 159–161; Schäche 1991, S. 417–421; Dehio Berlin 2000, S. 441.

323 Obwohl Paul Mebes 1933 aus der Akademie der Künste ausscheiden musste, waren er und sein Partner Paul Emmerich aufgrund ihrer traditionalistischen Grundhaltung nicht vom Baugeschehen ausgeschlossen.

324 Im Rahmen der gigantischen Neugestaltungsmaßnahmen für die Reichshauptstadt Berlin, die unter Leitung des Generalbauinspektors Albert Speer standen, war eine Nord-Süd-Achse geplant, für die ab 1938 im nahen Matthäikirchviertel bereits flächendeckende Abbrüche stattfanden. Es war geplant, die Bebauung des Karlbadviertels bis auf die beiden Gebäude der Feuersozietät der Provinz Brandenburg vollständig abzubrechen.

325 Hermann Schmitz, Verwaltungsgebäude der Feuersozietät der Provinz Brandenburg In: Moderne Bauformen (36) 1937, S. 6.

326 [GDA-Bundeshaus in Berlin] in: Bauwelt 20 (1929), S. 989; Das „Haus der Angestellten" in Berlin. In: Die Pyramide 15 (1929/30), S. 146–157; [Berlin, Verwaltungsgebäude des GDA] in: Zentralblatt der Bauverwaltung 50 (1930), S. 280; Moderner Berliner Zweckbau. Berlin-Leipzig 1932, S. 18, Tafel; Osborn, Max: Johann Emil Schaudt. Berlin-Leipzig-Wien 1930; Wirth 1955, S. 264; BusB IX, S. 198.

327 Schaudt baute zur gleichen Zeit durchaus in den Formen des Neuen Bauens, wie das 1920 errichtete Seidenhaus Michels, Leipziger Straße 87, beweist.

328 [Afrikahaus, Geschäftshaus der Deutschen Kolonialgesellschaft, Am Karlsbad 9/10.] in: Berliner Architekturwelt 19 (1917), S. 90–91; Clemens, Gustav: Bauausführungen. Berlin [um 1928]; Zeller, Joachim: „Stätte des deutschen kolonialen Wollens". Das Afrika-Haus der Deutschen Kolonialgesellschaft (DKG). In: Kolonialmetropole Berlin. Eine Spurensuche. Hrsg. v. Ulrich van der Heyden und Joachim Zeller. Berlin 2002, S. 45–50. 1887 wurden der Deutsche Kolonialverein, gegründet 1882, und die Gesellschaft für deutsche Kolonisation, gegründet 1884, zur Deutschen Kolonialgesellschaft mbH mit Sitz in Berlin zusammengeschlossen. Die Gesellschaft, die 1904 32.000 Mitglieder zählte, hatte nicht die Aufgabe, neue überseeische Besitzungen zu erschließen, sondern sollte die deutschen Kolonien durch Wohlfahrtlotterien und Komitees wirtschaftlich unterstützen und fördern. Außerdem war sie eine Anlaufstelle für deutsche Bürger, die nach den Kolonien auswandern oder dort zeitweise arbeiten wollten.

329 BusB 1896, Bd. 3, S. 203, [Portal Potsdamerstrasse 121a] in: Berliner Architekturwelt 1 (1898/99), S. 332; Berliner Wohnbaublöcke. In: Der Städtebau 2 (1905), S. 143, Tafel 74; Weiß, Albert: Können die in den heutigen großstädtischen Wohnverhältnissen liegenden Mängel und Schäden behoben werden? Berlin 1912; BusB IV A, S. 239, BusB IV B, S. 133.

330 Die Königliche Hochschule für Musik befand sich seit 1882 in einer umgebauten Villa, die sich der Rechnungsrat F. A. Schneider auf dem Grundstück Potsdamer Straße 120 in den Jahren 1834–36 errichtet hatte. Das im Krieg zerstörte Gebäude lag südlich der Einmündung der Bissingzeile. Die von der Potsdamer-Straße-Baugesellschaft mbH angelegte Bissingzeile verlief direkt entlang der Grundstücksgrenze der Hochschule.

331 Die Familie Willmann, eine alteingesessene Bauernfamilie aus Schöneberg, besaß in diesem Gebiet, das bis 1861 zur Schöneberger Gemarkung gehörte, Ackerland. Zimmermeister Johann Daniel Willmann bewohnte und besaß 1848 das Haus Potsdamer Straße 113, heute Nr. 81 (zerstört).

332 In der Mittelachse lag ein vom Treppenhaus direkt erschlossenes Zimmer, das zusätzlich vermietbar war oder einer von beiden Wohnungen hinzugeschlagen werden konnte.

333 Das Potsdamer Viertel als Geschäftsgegend. In: Die Bauwelt (2) 1911, S. 6.

334 Hüter 1988, S. 75.

335 Anton von Werner. In: Der Bär 7 (1880/81), S. 7–9.

336 Von Werner, Anton: Erlebnisse und Eindrücke 1870–1890. Berlin 1913; Bekiers, Anton: Die „Villa VI" – das Wohn- und Atelierhaus Anton von Werners. Geschichte und Wiederentdeckung. In: Anton von Werner. Geschichte in Bildern. Hrsg. v. Dominik Bartmann. Berlin 1998, S. 139–153; Weinland, Martina: Tages Arbeit, frohe Feste. Von Künstlerleben und Lebenskunst am Beispiel zweier Friese aus Anton von Werners „Villa VI". In: Anton von Werner. Geschichte in Bildern. Hrsg. v. Dominik Bartmann. Berlin 1998, S. 154–162; Dehio Berlin 2000, S. 445.

337 Architekt beider Umbauten (1881 Seitenflügel und 1884 Aufstockung für den Atelierumbau) war der Hof- und Ratsmaurermeister E. F. Jacob.

338 Umbau für die Düngemittel GmbH durch Fritz Fenker.

339 Anton v. Werner (1843–1915) war seit 1871 mit der ältesten Tochter Johann Viktor v. Scheffels verheiratet.

340 Das 1860–61 errichtete Gebäude ist das drittälteste erhaltene Haus der Potsdamer Straße im Ortsteil Tiergarten. Neben Nr. 73 (1855–56), Nr. 75 (1857, abgestuckt) und Nr. 97 (1863) ist es das letzte Zeugnis für die ursprüngliche Bebauung der Gegend mit kleinen spätklassizistischen Mietshäusern.

341 Das Berliner Lithographische Institut Julius Moser hatte sich auf geographische Lithographien spezialisiert. Angeschlossen war ein Landkartenverlag sowie eine Dampf-Schnellpressendruckerei. Bis 2002 hat sich dieser Traditionsstandort mit einem Licht- und Fotopausereiunternehmen erhalten.

342 Die erste allgemeine Bauordnung für Berlin vom 21. April 1853 beschränkte nicht die Anzahl der Geschosse und ließ bei einer minimalen Hofgröße von 5,34 m x 5,34 m uneingeschränkt eine Hinterhofbebauung zu.

343 [Post- und Telegraphenamt Berlin, Körnerstraße] in: Berliner Architekturwelt 7 (1905), S. 367; Wirth 1955, S. 250; BusB X B (4), S. 60, 182; Jaeger, Falk: Posthorn & Reichsadler. Die historischen Postbauten in Berlin. Berlin 1987, S. 20, 67–71; Dehio Berlin 2000, S. 430.

344 Die ursprüngliche Ausstattung der Schalterhalle wurde bereits beim Umbau 1956 durch Alois Maier entfernt, während die glasgedeckte Oberlichtdecke dem Umbau von 1982–83 zum Opfer fiel. Hierbei erfolgten auch größere bauliche Veränderungen im Rahmen der Einrichtung für den Fermeldedienst, wobei auch die Fassaden instandgesetzt wurden.

345 Im Erdgeschoss befanden sich große Geschäftslokale, die u.a. vom Grand Café Imperial genutzt wurden, dessen Räumlichkeiten man 1904 bis zur ersten Etage ausdehnte. Die Wohnungen waren ganz auf das gesellschaftliche Repräsentationsbedürfnis der großbürgerlichen Mieter zugeschnitten. So befand sich im Speisezimmer eine separate „Trinkstube", ein damals gern benutztes altdeutsches Ausstattungselement, das dem nationalgesinnten Lebensgefühl der Bewohner entgegenkam.

346 BusB 1896, Bd. 3, S. 230, Abb. 591.

347 Auch im Querflügel lagen keine Kleinwohnungen, sondern je Etage eine Vierzimmerwohnung, erschlossen von einer schmiedeeisernen Treppe.

348 [Wohn- und Geschäftshaus Potsdamerstraße 45, Berlin] in: Berliner Architekturwelt 9 (1907), S. 55–56, 273–274; Geschäfts- und Wohnhaus, Berlin, Potsdamerstr. 45. In: Baugewerks-Zeitung 39 (1907), S. 935; BusB VIII B, S. 105.

349 Für den Neubau der beiden Mietshäuser musste die hier liegende Amalienanstalt, eine soziale Einrichtung zur Aufnahme und Ausbildung obdachloser Mädchen und Frauen, abgebrochen werden. Die Anstalt bezog 1885 ein Haus in der Motzstraße 11 in Charlottenburg.

350 Zwischen 1932 und 1936 wurden fast alle Wohnungen in kleinere Wohneinheiten aufgeteilt. Die Ausführung lag in den Händen der Architekten Arthur Korn und Siegfried Weitzmann. Ab 1980 wurden die beiden Häuser durch die Architektengemeinschaft AGP unter Betreuung der Neuen Heimat modernisiert.

351 Entlastungsstrecke der Hochbahn. In: Bauwelt 17 (1926), S. 1060; Eröffnung der direkten Schnellbahnverbindung vom Osten nach dem Westen über das Gleisdreieck in Berlin. In: Deutsche Bauzeitung 60 (1926), Beilage Stadt und Siedlung, S. 176; Erweiterung der Hoch- und Untergrundbahn in Berlin. In: Zentralblatt der Bauverwaltung 46 (1926), S. 484; Bousset, Johannes: Der Ausbau der elektrischen Hoch- und Untergrundbahn und die Wiederaufnahme des durchgehenden Zugverkehrs zwischen dem Osten und

dem Westen Berlins. In: Zentralblatt der Bauverwaltung 46 (1926), S. 557–563; BusB X B (1), S. 28–29, 126; Bohle-Heintzenberg 1980, S. 147–153.

352 Mietshaus Dennewitzstraße 2, erbaut 1877 von F. Hamann, 1925–26 umgebaut für die Durchfahrt der Verstärkungslinie. Vermutlich war Alfred Grenander an der künstlerischen Gestaltung der Front des umgebauten Hauses beteiligt. Während die Räume beidseitig der Durchfahrt für Büro- und Lagerzwecke gedacht waren, lagen Wohnräume in beiden Etagen oberhalb der Durchfahrt. Nach dem Zweiten Weltkrieg verlor das Mietshaus seine moderne, sachliche Fassadengestaltung.

353 Darunter die zerstörten Geschäftshäuser der Firma F. Sigmundt GmbH, Lützowstraße 96, um 1910 von Hart & Lesser, das Geroldhaus, Lützowstraße 94, um 1910 von Otto Spalding sowie das 1902 erbaute Deutsche Kolonialhaus Bruno Antelmann in der Lützowstraße 89/90, Entwurf und Ausführung von Kurt Berndt.

354 Die Bauwelt 2 (1911), S. 7
Wirth 1955, S. 261–262; Hildebrandt/Lemburg/Wewel 1988, S. 64–65; Dehio Berlin 2000, S. 444

355 Aus den Jahren 1909–10 stammen drei Fassadenentwürfe von Theodor Fischer für die Berliner Maggi-Zentrale, die jedoch keine Verwirklichung fanden. Der von Schubring vorgelegte ausgeführte Entwurf setzt mit den weiten Rechteckfenstern im Sockelgeschoss und einer Attika mit gekuppelten Fenstern andersartige Akzente, siehe Nerdinger, Winfried: Theodor Fischer. Architekt und Städtebauer 1862–1938. Berlin 1988, S. 251.

356 Wirth 1955, S. 168.

357 1898 wurde jeweils ein Zimmer im Seitenflügel zum Bad umgebaut.

358 Die Fritz Werner AG, Werk I, verfügte 1935 auch über die Nachbargrundstücke Lützowstraße 3 und Flottwellstraße 4. Zur Unternehmensgeschichte siehe Hildebrandt/Lemburg/Wewel 1988, S. 168–171 (dort Abbildung des Vorderhauses Lützowstraße 6).

359 Börsch-Supan, Eva: Reclams Kunstführer Berlin, 1991, S. 210 (dort fälschlich G. Assmann als Architekt genannt). Das Dachgeschoss wurde 1930 zu Wohnzwecken ausgebaut.

360 Harksen, Sibylle: Carl Graeb 1816–1884. Bestandskatalog der Staatlichen Schlösser und Gärten Potsdam-Sansouci 1986.

361 Das Elisabeth-Krankenhaus, hervorgegangen aus einer Stiftung des 1833 gegründeten Frauenkrankenvereins, eröffnete 1837 in einem ehemaligen Wohnhaus, im Hinterland des Grundstücks Potsdamer Straße 31 gelegen, den Krankenhausbetrieb. Zur Geschichte des Elisabeth-Krankenhauses siehe Kreuter, Marie-Luise: Elisabeth-Diakonissen- und Krankenhaus. In: Geschichtslandschaft 1989, S. 267–276.

362 Hochbauten [Falk-Realschule in der Lützowstrasse zu Berlin.] in: Deutsche Bauzeitung 14 (1880), S. 561; BusB 1896, Bd. 2, S. 304–306; Wirth 1955, S. 88–89; Klinkott, Manfred: Hermann Blankenstein und die Architektur seiner städtischen Gebäude. In: Schwarz 1981, Bd. 1, S. 404–405, 410; Klinkott 1988, S. 380–384; BusB V C, S. 341, 342.

363 Im Zweiten Weltkrieg wurde die südlich gelegene Turnhalle der Charlotten-Töchterschule zerstört. Quergestellt riegelte der Bau den Schulhof zur Pohlstraße ab.

364 Die Turnhalle des früheren Falk-Realgymnasiums wurde zur Mensa umgebaut, und im angrenzenden Lehrerwohnhaus brachte man die Küche unter In der Turnhalle wurde eine Galerie mit Brücke zum Klassengebäude eingebaut. Eine neue Sporthalle wurde an der Lützowstraße in der Flucht des früheren Lehrerwohnhauses errichtet, siehe Internationale Bauausstellung Berlin 1987. Projektübersicht. Berlin 1987, S. 73.

365 Am westlichen Rand, Lützowplatz 2–16, steht ein fünfgeschossiger Wohnblock, 1979–83 von Oswald Mathias Ungers, im Süden, Lützowplatz 17, folgt ein Erweiterungsbau des Hotels Berlin, 1986–87 erbaut von Michael König, Klaus-Theo Brenner und Benedict Tonon, im Nordosten sieht man am Lützowufer 15 den großen Komplex des Hotels Esplanade, 1986–88 von Jürgen Sawade, dessen siebengeschossige weiße Keramikfassade die neue Platzkante in der Nähe des Landwehrkanals bildet. An der Ostseite besetzt ein roter Klinkerbau von Mario Botta die Ecke zur Lützowstraße, es folgt ein Haus von Peter Cook („Achigram"), danach am Lützowplatz 5 ein Rasterbau von Axel Schultes von 1990. An der Ecke zur Einemstraße wurde 1990 als Raumabschluss ein streng gegliedertes Bürohaus von Heinz Hilmer und Christoph Sattler erbaut.

366 Endlich/Wurlitzer 1990, S. 159; Ulferts, Gert-Dieter: Louis Tuaillon (1862–1919). Berliner Bildhauerei zwischen Tradition und Moderne. Berlin 1993, S. 76–79, 173–181; Dehio Berlin 2000, S. 454.

367 Der Künstler hinterließ bei seinem Tod lediglich ein durchgearbeitetes Modell, das jedoch nicht, wie der Auftrag vorsah, für eine Marmorausführung in Frage kam.

368 Das Gebäude wurde von Jaspar Haffmann und Klaus Zillich entworfen und 1993 fertiggestellt, siehe Internationale Bauausstellung Berlin 1987. Projektübersicht. Berlin 1987, S. 6.

369 Neu- und Umbauten: 1908 Werkstattgebäude, 1908 und 1931 Anbauten am Kessel- und Maschinenhaus, 1927 Umbau des Schuppens zum Kanalbetriebsgebäude. Zur Baugeschichte siehe BusB 1896, Bd. 1, S. 344; Kühne, Günther und Rudolf, Günther: Alte Pumpwerke in Berlin. Berlin 1987, S. 11, 21–30, 88; Denkmale der Berliner Wasser Betriebe. Abwasserpumpwerke, Wohn- und Verwaltungsgebäude. Hrsg. von den Berliner Wasserbetrieben. Berlin 1997, S. 34; Dehio Berlin 2000, S. 440.

370 Wirth 1955, S. 89; BusB V C, S. 344; Dehio Berlin 2000, S. 438 (falsche Angabe zum Architekten).

371 Hier befand sich auf dem Grundstück Genthiner Straße 13–15, Ecke Lützowstraße 33–36 bis zur Errichtung der beiden Geschäftshäuser das 1864 eröffnete Paulinum, eine höhere Erziehungsanstalt der evangelischen Kirche für Jungen. Nach dem Abbruch des Stiftsgebäudes zog die Einrichtung nach Dahlem in den Reichensteiner Weg 24.

372 [Rütgerhaus in Berlin, Lützowstraße 33–34, Ecke Genthinerstrasse.] in: Die Architektur des XX. Jahrhunderts 11 (1911), S. 18, Taf. 33; Das Rütgerhaus, Büro und Ladenhaus in Berlin, Lützowstrasse 33–36. In: Blätter für Architektur und Kunsthandwerk 26 (1913), S. 21–23, Tafeln 51–52; Wirth 1955, S. 260, BusB IX, S. 189

373 Bauten von Architekt Otto Walter in Berlin. In: Der Profanbau 6 (1913), S. 170; Wirth 1955, S. 261; BusB IX, S. 185; Ziesak, Anne-Katrin: Der Verlag Walter de Gruyter 1749–1999. Berlin-New York 1999, S. 156–158; Dehio Berlin 2000, S. 442. Bauherr war die Verlagsbuchhandlung Guttentag GmbH & Walter de Gruyter, die 1919 in der Vereinigung wissenschaftlicher Verleger Walter de Gruyter & Co. aufging.

374 BusB 1896, Bd. 3, S. 203; Berliner Wohnbaublöcke. In: Der Städtebau 2 (1905), S. 144, Tafel 75; Dehio Berlin 2000, S. 445.

375 Der Maler Albert Begas (1836–1888) war der Bruder des Bildhauers Reinhold Begas.

376 Voß, Karl: Reiseführer für Literaturfreunde. Berlin. Frankfurt am Main 1980, S. 237–238; Pomplun, Kurt: Von Häusern und Menschen. Berliner Geschichten. Berlin 1976, S. 80 ff.

377 Das Französische Gymnasium wurde nach Plänen von Hans-Joachim Pysall und Eike Rollenhagen erbaut, siehe BusB V C, S. 274 ff., 432.

378 Muret, Edouard: Geschichte der französischen Kolonie in Brandenburg-Preußen unter besonderer Berücksichtigung der Berliner Gemeinde. Berlin 1885, S. 152 (Abbildung).

379 Von 1911 bis zur Emigration und Enteignung 1938 durch die Nationalsozialisten war das Haus der Wohnsitz des bedeutenden Verlagsbuchhändlers und Teilhaber des von Leopold Ullstein 1877 gegründeten Verlagshauses Dr. Franz Ullstein (1868–1945), vgl. Ferber, Christian: Hundert Jahre Ullstein 1877–1977. Berlin 1977.

380 Dehio Berlin 2000, S. 445. Für die Villa Maltzahn hat sich die irreführende Bezeichnung „Villa Wuttke" eingebürgert.

381 Vorderhaus mit Seitenflügel 1876 erbaut, Entwurf und Bauherr Zimmermeister Stieber.

382 R. Trabant, E. A. Winkler, Acht Jahrzehnte Medizingeschichte in der Derfflingerstraße. Ein Rückblick auf die Geschichte der Ungerschen Klinik und das Leben und Werk ihres Gründers. In: DBA (11) 1982, S. 960–970.

383 Zu Ernst Unger (1875–1938), Professor für Chirurgie, siehe Winau, Rolf und Vaubel, Ekkehard: Chirurgen in Berlin. 100 Portraits. Berlin 1983, S. 101.

384 Gustav Roßmann gründete 1864 zusammen mit Frister eine große Nähmaschinenfabrik, die an der Skalitzer Straße ihre umfangreichen Fabrikationsgebäude hatte.

385 1898 wurden nach dem Erwerb durch Kommerzienrat Bock kleinere Umbauten von Max Karchow ausgeführt. 1906 folgten weitere Umbauten und Modernisierungen von Max Karchow für den neuen Eigentümer, den Stadtrat Hermann Jacoby. 1926 wurde ein tiefgreifender Umbau durch Ernst Lessing und Max Bremer für den Bankier Georg Blumenfeld ausgeführt. Hierbei wurde durch Einziehen von Geschossdecken das klassizistische Raumgefüge mit der zentralen Halle, den Loggien an der Gartenseite und dem ädikulaförmigen Windfang zerstört. Seit 1980 beherbergt die Villa das „Ein-Stein Stadtcafé" im Erd- und Kellergeschoss.

386 Schwatlo, Carl: Villa des Herrn Regierungs- und Baurat C. Schwatlo in der Kurfürstenstraße in Berlin. In: Zeitschrift für Bauhandwerker 16 (1872), S. 41–44, Bl. 5.

387 Schäche 1991, S. 398.

388 Die großen Vorderhauswohnungen wurden 1933–34 geteilt. Ungewöhnlich großzügig war auch die Aufteilung im Querflügel mit geräumigen Drei- und Vierzimmerwohnungen, die bereits über Bäder und Mädchenkammern verfügten.

389 Budapester Straße 35, 1983–85 von Hans Joachim Pysall, Peter Otto Stahrenberg und Joachim Grundei

390 Das erste Hochhaus in Berlin. In: Bauwelt (19) 1928, S. 732; Heft 32, Beilage, S. 4; Hajos, Elisabeth Maria und Zahn, Leopold: Berliner Architek-

tur der Nachkriegszeit. Berlin 1928, S. 8; Verwaltungsgebäude des Lenz & Co.-Konzerns, Berlin. In: Deutsche Bauzeitung 63 (1929), S. 8–12, 273–278; Straumer, Heinrich: Verwaltungsgebäude des „Lenz & Co.-Konzerns", Berlin-W. In: Industriebau 20 (1929), S. 224–230; Moderner Berliner Zweckbau. Hrsg. v. Hermann Werner. Berlin-Leipzig 1932, S. 19–20; Berliner Stahlhochbauten. Berlin 1936. S. 68–69, Wirth 1955, S. 263–264; BusB IX, S. 139–140, 200; Schubert, Angelika: Heinrich Straumer. Architekt in Berlin. Berlin 1995, S. 98–99, 142, 144–145.

391 Der erste Entwurf Straumers von 1925 war für den damaligen Grundstückseigentümer, die Elektrowerke AG, gedacht. Bauausführende Firma sollte die Allgemeine Baugesellschaft Lenz & Co. sein, die nach Finanzierungsschwierigkeiten 1930 das fertige Gebäude als Eigentümerin übernahm.

392 Im Inneren sind nach Raumteilungen in allen Etagen sowie nach der Umgestaltung des Hauptportals und des Eingangs 1954–56 und Modernisierungen 1974–75 nur noch wenige originale Reste vorhanden. Im Treppenhaus und Vestibül haben sich Teile der Marmor- und Travertinverkleidungen erhalten. In den Jahren 2001–02 erfolgte erneut ein Umbau unter Beibehaltung der wesentlichen denkmalrelevanten Bestandteile.

393 [Landesversicherungsanstalt für Brandenburg in Berlin] in: Berliner Architekturwelt (13) 1910/11, S. 56; Die Landesversicherungsanstalt Brandenburg. Architekt Hermann Rohde, Berlin. In: Berliner Architekturwelt 13 (1910/11), S. 379–396, Farbtafel vor S. 379; Feldgen, Camillo: Fassadenputz. In: Die Bauwelt 2 (1911), Heft 86, S. 17; Goecke, Theodor: Das Gebäude der Invaliditäts- und Altersversicherungs-Anstalt der Provinz Brandenburg in Berlin. In: Deutsche Bauzeitung 26 (1892), S. 541–542; Neue Berliner Geschäftshäuser. In: Deutsche Bauhütte 17 (1913), S. 308, 311; Hermann Rohde. In: Neudeutsche Bauzeitung 11 (1915), S. 199, 204; Wirth 1955, S. 69; BusB IX, S. 186; Dehio Berlin 2000, S. 430.

394 Bis zum Bau der Landesversicherungsanstalt befand sich hier das sogenannte Carolina-Cottage, nach der hier wohnenden Fürstin Caroline v. Blücher genannt, ein 1872 von Baumeister H. Römer für Baron Kill-Mar erbautes Wohnhaus inmitten einer Parkanlage, dem ehemaligen Birkenwäldchen. Die beiden zum Neubaukomplex der Versicherungsanstalt gehörenden Wohnhäuser Kurfürstenstraße 78 und Wichmannstraße 20 sind im Zweiten Weltkrieg ausgebrannt, sie wurden nach 1945 abgebrochen. Hermann Rohde, der auch zur gleichen Zeit den Neubau des Geschäftshauses der Versicherungsanstalt in Posen leitete, setzte in Berlin Arno Beschoren für die Baubetreuung ein. Die örtliche Bauleitung hatte Bauführer Max Kobro inne.

395 Gliederung und Größe des Hilton-Hotels, Berlin. In: Bauwelt 47 (1956), S. 617; Koch, Alexander: Hotelbauten, Motels, Ferienhäuser. Stuttgart 1958, S. 180–183; Hilton-Hotel, Berlin. In: Baumeister 56 (1959), S. 150–151; Technische Einrichtungen im Berliner Hilton-Hotel. In: Deutsche Bauzeitschrift 7 (1959), S. 1453–1456; Hilton-Hotel in Berlin. In: Deutsche Bauzeitschrift 9 (1961), S. 649; Mayer, Otto und Hierl, Franz: Hotelbau. München 1962, S. 248–249; Wenzel, Klaus: Hotelbauten. Berlin 1967, S. 47–56; BusB VIII B, S. 28–29, 46.

396 Verantwortlich für den Entwurf der Ladenzeile, auch Hilton-Kolonnade genannt, waren die deutschen Kontaktarchitekten Paul Schwebes und Hans Schoszberger.

397 Die Planung oblag den Architekten Jan C. Bassenge, Kay Puhan-Schulz, Johannes Heinrich, Walter Schreiber und Felix Thomas..

398 Der Zoologische Garten in Berlin. In: Zeitschrift für Bauwesen 25 (1875), S. 3–12, 127–132, 451–452, 26 (1876), S. 149–151; Wirth 1955, S. 190–196; BusB XI, S. 118–123; Reissig, Harald: Zoologischer Garten, Hardenbergplatz 1. In: Geschichtslandschaft 1989, S. 323–341; Endlich/Wurlitzer 1990, S. 153–154; Klös 1990; Klös/Frädrich 1994; Dehio Berlin 2000, S. 452–454.

399 Für die Bärenplastik verwendete er einen Entwurf des Bildhauers Hans Wagner.

400 Wettbewerb: Zoologischer Garten in Berlin. In: Berliner Architekturwelt 1 (1899), S. 33–53; Klös 1990, S. 136–140; Klös/Frädrich 1994, S. 103. Die Elefanten wurden 1984 von Jochen Ihle wiederhergestellt.

401 Klös 1990, S. 168–169, 326; Klös/Frädrich 1994, S. 108, 316–317. Das Löwentor wurde im Zweiten Weltkrieg kaum zerstört, jedoch nach dem Krieg abgerissen. Nur die beiden Löwenskulpturen blieben erhalten. Alle anderen Bauteile wurden 1987–88 rekonstruiert.

402 Der Zoologische Garten in Berlin. In: Zeitschrift für Bauwesen 25 (1875), S. 10–12; Klös 1990, S. 57–62, 226, 312; Klös/Frädrich 1994, S. 77–78. Das Gebäude wurde 1943 zerstört, 1952–56 vereinfacht wiederhergestellt und 1984–85 umfassend restauriert.

403 Es handelt sich um eine Replik des Erstentwurfs von 1881.

404 Klös 1990, S. 65.

405 Klös 1990, S. 144–146.

406 Das neue Aquarium des Zoologischen Gartens in Berlin. In: Zentralblatt der Bauverwaltung 33 (1913), S. 477–481; Klös 1990, S. 163–166, 226–227, 297–303; Klös/Frädrich 1994, S. 355–356, 359, 366–367. Das Gebäude wurde 1943 schwer beschädigt und 1952–59 vereinfacht wiederaufgebaut. Unter Leitung von Hans Schaefers und Hans-Jürgen Löffler konnte das Aquarium 1978–83 restauriert werden.

407 Der Wasserturm von 1878 wurde in das 1911–13 erbaute Aquarium integriert.

408 Klös 1990, S. 96–98, 272–275; Klös/Frädrich 1994, S. 103.

409 Klös 1990, S. 148–149.

410 Afrikanisches Tierhaus: Klös 1990, S. 160–161, 226 (hier Zebrahaus), 296 (Zebrahaus). Das Gebäude wurde 1949–52 wiederhergestellt. Persischer Turm: Klös 1990, S. 162.

411 Klös 1990, S. 151–153, 226, 310. Das Gebäude wurde 1910 von Zaar & Vahl errichtet, 1936–37 erweitert, 1951 vereinfacht wiederaufgebaut und 1983 restauriert.

412 Klös 1990, S. 158–159; Klös/Frädrich 1994, S. 107–108. Das Gebäude wurde nach Plänen des Architekten Stegmüller errichtet. Im Inneren befindet sich eine Enteisenungsanlage zur Aufbereitung des Wassers.

413 Klös 1990, S. 153–156; Klös/Frädrich 1994, S. 108.

414 Klös 1990, S. 186–189.

415 Klös 1990, S. 192–193.

416 Klös 1990, S. 193–194.

417 Klös 1990, S. 198.

418 Klös 1990, S. 194–196.

419 Klös 1990, S. 228–229. Der Architekt Alexander Hunecke erweiterte ihn 1956 zu einem neuen Zoorestaurant.

420 Klös 1990, S. 200–201. Das Erdgeschoss ist mit Klinkern, das Obergeschoss mit Holzbrettern verblendet.

421 Erweiterungsbau des Berliner Zoologischen Gartens. In: Bauwelt 20 (1929), S. 1245; Zoo-Eingang, Berlin. In: Bauwelt 21 (1930), S. 135; Klös 1990, S. 204–206; Dehio Berlin 2000, S. 453.

422 Ullmann, Gerhard: Die Poesie des Banalen. Ein Umlauftank in Berlin. In: Deutsche Bauzeitung 126 (1992), Heft 1, S. 76–79; Ruby, Andreas: Bildlichkeit der Formen. Der Umlaufkanal der Versuchsanstalt für Wasserbau und Schiffbau von Ludwig Leo. In: Das XX. Jahrhundert. Ein Jahrhundert der Kunst in Deutschland. Architektur in Berlin. Hrsg. v. Andres Lepik und Anne Schmedding. Köln 1999, S. 88–89; Dehio Berlin 2000, S. 449.

423 Von Ende & Böckmann stammen zahlreiche Villen im Tiergartenviertel, die jedoch nicht erhalten sind. Eine Ausnahme bildet die Villa von der Heydt, die Hermann Ende 1860–61 entworfen hat.

424 Mahler, Karl: Internationale Bauausstellung 1956. Wiederaufbau eines inneren Stadtviertels. In: Bauwelt 44 (1953), S. 681–683; Interbau Berlin 1957. Amtlicher Ausstellungskatalog. Berlin 1957; Wiederaufbau Hansaviertel Berlin. Interbau Berlin 57. Hrsg. v. Senator für Bau- und Wohnungswesen und vom Bund Deutscher Architekten. Berlin 1957; Schmidt-Clausing, Fritz: Das Hansa-Viertel. Von den Schöneberger Wiesen zur „Stadt von Morgen". 2. Auflage Berlin 1957; BusB IV A, S. 205–213; BusB IV B, S. 549–572; Bodenschatz 1987, S. 165–170; Geist/Kürvers 1989, S. 360–383; Das Hansaviertel 1957–1993. Konzepte, Bedeutung, Probleme. Hrsg. v. Bezirksamt Tiergarten von Berlin. Berlin 1993; Dolff-Bonekämper, Gabi: Bau und Gegenbau oder der Wettstreit der Systeme: Stalinallee und Hansaviertel. In: Denkmalpflege nach dem Mauerfall. Eine Zwischenbilanz. Berlin 1997, S. 164–166; Dolff-Bonekämper 1999; Dolff-Bonekämper, Gabi: Aufbruch in die Zukunft. Die Interbau 1957. In: Das XX. Jahrhundert. Ein Jahrhundert der Kunst in Deutschland. Architektur in Berlin. Hrsg. v. Andres Lepik und Anne Schmedding. Köln 1999, S. 58–61; Dehio Berlin 2000, S. 446.

425 Gollwitzer, Gerda, In Berlin 1957. In: Garten und Landschaft 67 (1957), Heft 10, S.253–254; Rossow, Walter, Zur Internationalen Bauausstellung. In: ebenda, S.254–256; Bournot, Helmut, Koordinierung und Gesamtplanung der Grünflächen im Hansaviertel Berlin. In: ebenda, S.256–259; Gartenarchitekten planen im Hansaviertel. In: ebenda, S.260–266; Das Grün der Internationalen Bauausstellung Berlin 1957. In: Das Gartenamt 6 (1957) Heft 8, S. 153–156; Grünflächen im Hansaviertel. In: Bauwelt 48 (1957) Heft 37, S. 998 f.; Die Grünflächen im Hansaviertel. In: Bauwelt 48 (1957), Heft 24, S. 586. Zur Grünplanung der Internationalen Bauausstellung Berlin 1957. In: Garten und Landschaft 67 (1957), Heft 4, S. 96 f.; Kokkelink, Gesa; Tomisch, Jürgen, u.a.; Das Hansaviertel 1957–1993. Konzepte, Bedeutung, Probleme. Hrsg. vom Bezirksamt Tiergarten von Berlin in Zusammenarbeit mit der Senatsverwaltung für Stadtentwicklung. Berlin 1995; Dolff-Bonekämper 1999, S. 22–38; Lingenauber, Klaus, Gartenhistorisches Erbe aus zwei politischen Systemen. In: Stadt und Grün 52 (2003) Heft 3, S. 46–49.

426 Mattern, Hermann, Gärten und Gartenlandschaften. Stuttgart 1960, S. 100; Mattern, Hermann, Die Wohnlandschaft. Stuttgart 1950.

427 Zu späteren Veränderungen der Freiflächen und Restaurierungen siehe Lingenauber, Klaus, Gartenhistorisches Erbe aus zwei politischen Systemen. In: Stadt und Grün 52 (2003) Heft 3, S. 46–49; Neumann, Uwe, Voruntersuchung zum Landschaftsplan Hansaviertel. Gutachten im Auftrag des Naturschutz- und Grünflächenamtes Berlin Tiergarten. Unveröff. Manuskript 1990.
428 BusB IV B, S. 567–568; Dolff-Bonekämper 1999, S. 152–155.
429 BusB IV B, S. 568–572; Dolff-Bonekämper 1999, S. 162–171.
430 Schmidt-Clausing, Fritz: Das Hansa-Viertel. Von den Schöneberger Wiesen zur „Stadt von Morgen". 2. Auflage Berlin 1957, S. 31–34; Streicher/Drave 1980, S. 93, 97–98, 161, 274–275; BusB VI, S. 214–215, 416; Dolff-Bonekämper 1999, S. 171–175; Dehio Berlin 2000, S. 422; 75 Jahre St. Ansgar im Hansa-Viertel 1926–2001. Festschrift. Berlin 2001.
431 Das erste Beispiel für die Verwendung der Parabelform ist die Heilig-Kreuz-Kirche in Bottrop, die 1953–57 von Rudolf Schwarz errichtet wurde.
432 Dolff-Bonekämper 1999, S. 48–51.
433 Riedel, Robert: Neue Bauten in Berlin. Die Volksbücherei im Hansaviertel. In: Die Bauverwaltung 8 (1959), S. 147–149; Kühne, Günther: Die Bücherei am U-Bahnhof Hansaplatz. In: Werner Düttmann, verliebt ins Bauen. Architekt für Berlin 1921–1983. Bearb. v. Haila Ochs. Basel-Berlin-Boston 1990, S. 48–59; Dolff-Bonekämper 1999, S. 110–116.
434 BusB IV B, S. 563–564; Dolff-Bonekämper 1999, S. 121–125.
435 BusB IV B, S. 564–566; Dolff-Bonekämper 1999, S. 158–161.
436 BusB IV B, S. 566–567; Dolff-Bonekämper 1999, S. 154–158. Den Entwurf zeichnete Norman Fletcher, Mitarbeiter von The Architects Collaborative (TAC) in Cambridge, Mass., USA. Die Ausführung in Berlin leitete der deutsche Kontaktarchitekt Wils Ebert.
437 Dolff-Bonekämper 1999, S. 126–140.
438 Der Bautyp des Atriumhauses war in den 1950er und frühen 1960er Jahren verbreitet, wurde aber dann durch andere Haustypen abgelöst.
439 Dolff-Bonekämper 1999, S. 136–139.
440 Aluminium und die Kaiser-Friedrich-Gedächtniskirche. Hrsg. von der Aluminium Zentrale e. V. Düsseldorf [1957]; Schmidt-Clausing, Fritz: Das Hansa-Viertel. Von den Schöneberger Wiesen zur „Stadt von Morgen". 2. Auflage Berlin 1957, S. 28–30; Kühne/Stephani 1978, S. 272–373; BusB VI, S. 215–216, 416–417; Dolff-Bonekämper 1999, S. 145–149; Dehio Berlin 2000, S. 422; Goetz/Hoffmann-Tauschwitz 2003, S. 126–127.
Die ursprüngliche Kaiser-Friedrich-Gedächtniskirche wurde 1892–95 von Johannes Vollmer in gotischer Stilfassung errichtet. Siehe BusB 1896, S. 179–180; Lütkemann 1926, S. 127–129; Wirth 1955, S. 52–53.
441 Die Mitteltür zeigt St. Georg mit dem Drachen, siehe Rudloff, Martina: Gerhard Marcks. Das Plastische Werk. Werkverzeichnis. Hrsg. v. Günter Busch. Frankfurt am Main-Berlin-Wien 1977, S. 384.
442 Die Rundfenster von Ludwig Peter Kowalski zeigen folgende Darstellungen: „Verkündigung", „Der Engel zeigt den Frauen das leere Grab", „ Die sieben Gaben des Heiligen Geistes". Die Orgel mit einem Gehäuse aus Plexiglas und Aluminium stammt von der Fa. Schuke. Die häufige Verwendung von Aluminium überrascht. Das Material wurde von der deutschen Leichtmetallindustrie gestiftet, die für die Verwendung des Werkstoffs werben wollte. Aus Aluminium bestehen Turmrippen und -kreuz, Eingangstüren, Fensterrahmen, Geländer, Kanzel, Lesepult, Emporenverkleidung und Akustikdecke.
443 BusB IV B, S. 561–562; Menting, Annette: Paul Baumgarten. Schaffen aus dem Charakter der Zeit. Berlin 1998, S. 195–236; Dolff-Bonekämper 1999, S. 141–145.
444 BusB IV B, S. 556; Dolff-Bonekämper 1999, S. 56–58.
445 BusB IV B, S. 560; Dolff-Bonekämper 1999, S. 52–56.
446 Le Corbusier entwarf mehrere Varianten der Unité d'Habitation. Das erste Gebäude dieser Art wurde 1947–52 in Marseille errichtet. Le Corbusier beteiligte sich mit einer Unité d'Habitation an der Internationalen Bauausstellung 1957 in Berlin. Weil im Hansaviertel nicht genügend Platz vorhanden war, wurde das Scheibenhochhaus nahe dem Olympiastadion in Charlottenburg errichtet.
447 Dolff-Bonekämper 1999, S. 59–82.
448 BusB IV B, S. 555; Dolff-Bonekämper 1999, S. 64–66.
449 BusB IV B, S. 553; Dolff-Bonekämper 1999, S. 66–70.
450 BusB IV B, S. 550–551; Dolff-Bonekämper 1999, S. 78–82.
451 BusB IV B, S. 556–559; Dolff-Bonekämper 1999, S. 83–93.
452 Akademie der Künste in Berlin. Bildbericht vom neuen Haus am Tiergarten. In: Bauwelt 51 (1960), S. 762; v. Buttlar, Herbert und Scharoun, Hans: Akademie der Künste in Berlin. In: Bauwelt 51 (1960), S. 1131–1143; Akademie der Künste, Berlin. In: Deutsche Bauzeitung, 66 (1961), S. 930–935; Pahlmann, Manfred A.: Akademie der Künste, Hanseatenweg 10. In: Geschichtslandschaft 1989, S. 63–70; Düttmann, Martina: Das Haus der Akademie der Künste. In: Werner Düttmann, verliebt ins Bauen. Architekt für Berlin 1921–1983. Bearb. v. Haila Ochs. Basel-Berlin-Boston 1990, S. 60–83; Schirren, Matthias: Das Akademie-Gebäude Werner Düttmanns und die Philharmonie Hans Scharouns. In: „Die Kunst hat nie ein Mensch allein besessen". Ausstellungskatalog. Berlin 1996, S. 655 ff.; Dolff-Bonekämper 1999, S. 94–107; Dehio Berlin 2000, S. 431.
453 Die Akademie der Künste war 1696 von Kurfürst Friedrich III gegründet worden. Die Spaltung Berlins führte in der Nachkriegszeit zu unterschiedlichen Neugründungen. Im Ostteil Berlins bildete sich 1950 die Deutsche Akademie der Künste, der Westen antwortete 1954 mit einer eigenen Akademie der Künste. Die beiden Einrichtungen wurden 1993 vereinigt. Der Hauptsitz der Akademie befindet sich seit 2003 am Pariser Platz. Dort, auf dem alten Grundstück, errichtete Günter Behnisch 2001–03 ein neues Akademiegebäude.
454 Die Akademie der Künste ist das älteste Beispiel für die Verwendung von Sheds im Museumsbau. Das Motiv wurde von Walter Gropius übernommen, der 1964 das Bauhaus-Archiv entwarf, aber auch von Hans Scharoun, der über dem Lesesaal der 1967–78 erbauten Staatsbibliothek an der Potsdamer Straße Sheddächer anordnete.
455 Endlich/Wurlitzer 1990, S. 153; Throl 1998, S. 18–19.
456 Van Rijn, Monique, Voracek, Vladimir (Hrsg.): Festschrift zum 70. Geburtstag von Herrn Prof. Walter Rossow, Stuttgart 1980; Bauwelt 49 (1958), S. 689; Bauwelt 50 (1959), S. 1431; Bauwelt 51 (1960), S. 738, 762f., 1131–1143; Akademie der Künste, Die Mitglieder und ihr Werk, Berlin 1960; Kühne, Günther: Werner Düttmann, in: Ribbe/Schäche, Baumeister, Architekten, Stadtplaner, Berlin 1987, S. 581–584; Engel, Helmut u.a. (Hrsg.): Geschichtslandschaft Berlin, Band 2, Tiergarten, Teil 1, Berlin 1989, S. 63–70; Werner Düttmann, Architekt für Berlin, verliebt ins Bauen, bearbeitet von Haila Ochs, Basel, Berlin, Boston 1990, S. 60–83; Dolff-Bonekämper 1999, S. 94–107.
457 Die Berliner Stadt-Eisenbahn. In: Zeitschrift für Bauwesen 34 (1884), Sp. 1–24, 113–140, 225–240, 349–376, 35 (1885), Sp. 1–16, 297–332, 441–506; Berlin und seine Eisenbahnen 1896, Bd. 1, S. 313–341; BusB 1896, Bd. 1, S. 211–238; Schmidt, Hartwig und Eilhardt, Eva-Maria: Die Bauwerke der Berliner S-Bahn. Die Stadtbahn. Berlin 1984 (mit weiterer Literatur); BusB X B (2), S. 134–135.
458 Die Streckenführung der 1882 eröffneten Berliner Stadtbahn verläuft, ausgehend vom Schlesischen Bahnhof (heute Ostbahnhof), in westlicher Richtung über die Stationen Jannowitzbrücke, Alexanderplatz, Börse (heute Hackescher Markt), Friedrichstraße, Lehrter Bahnhof, Bellevue, Zoologischer Garten nach Charlottenburg. Von diesen Zwischenstationen für den Stadtverkehr, die später um die Bahnhöfe Savignyplatz und Tiergarten erweitert wurden, dienten vier gleichzeitig dem Fernverkehr.
459 Die Berliner Stadt-Eisenbahn. In: Zeitschrift für Bauwesen 35 (1885), Sp. 452, 468–469, Atlas, Tafel 7; BusB 1896, Bd. 1, S. 226; Krings, Ulrich: Die Stammstrecke der Berliner Stadtbahn, eine technische, urbanistische und architektonische Leistung des 19. Jahrhunderts. In: Die Berliner S-Bahn. Gesellschaftsgeschichte eines industriellen Verkehrsmittels. Berlin 1983, S. 73–82, hier S. 75; Schmidt, Hartwig und Eilhardt, Eva-Maria: Die Bauwerke der Berliner S-Bahn. Die Stadtbahn. Berlin 1984, S. 52–65; BusB X B (2), S. 148.
In London bestand seit den 1860er Jahren eine ebenfalls zum Teil auf Viadukten geführte Stadteisenbahn, die London Catham & Dover Railway. Der von Johannes Vollmer entworfene Stadtbahnhof Börse (heute S-Bahnhof Hackescher Markt) ist mit einer ähnlich konstruierten und gestalteten Bahnsteighalle wie der S-Bahnhof Bellevue ausgestattet.
460 Bei der Ausbesserung der eisernen Bauteile der Halle wurde die Halleneindeckung aus verzinktem Wellblech durch ein Pappdach auf Holzschalen ersetzt. Die querliegenden Raupenoberlichter wurden beseitigt, um ein längsgerichtetes, durchgehendes Satteloberlicht auszubilden. 1931–32 hat man alle Brückenbauwerke der Stadtbahn erneuert. Das betraf auch die Unterführung der Klopstockstraße und der Brückenallee (heute Bartningallee).
461 Monke 1968, Bd. 1, S. 58.
462 Monke 1968, Bd. 1, S. 57, 105.
463 Die Wohnungen wurden 1934 unterteilt. Das Dachgeschoss hat man 1982–83 ausgebaut.
464 BusB IV B, S. 549–550.
465 Hoffmann, Ludwig: Neubauten der Stadt Berlin 3 (1904), S. XII, Tafeln 33–34; Rapsilber, Maximilian: Berliner Schulbauten. In: Der Baumeister 2 (1904), S. 118; Wirth 1955, S. 92; Schmidt-Clausing, Fritz: Das Hansa-Viertel. Von den Schöneberger Wiesen zur „Stadt von Morgen". 2. Auflage Berlin 1957, S. 25–26; BusB V C, S. 68, 356.
466 Deutsche Bauzeitung 1957, S. 654; BusB V C, S. 213, 420; Dolff-Bonekämper 1999, S. 178–182
467 Diese einfallsreiche Lösung hat sich nicht bewährt. Die Dachlaternen sind heute funktionslos, denn man hat in den Klassenzimmern Decken abgehängt.

468 Wohnen in Spree-Athen. In: Bauwelt 53 (1962), S. 191–199; BusB VII B, S. 226–228.

469 Studentendorf Schlachtensee, 1957–59 und 1964 von Hermann Fehling, Daniel Gogel und Peter Pfankuch; Internationales Studentenheim Harbigstraße, 1950 und 1958–59 von Hans E. Müller und Heinz Weber, Studentenwohnheim der evangelischen Studentengemeinde an der TU Berlin, 1960 von Peter Lehreke.

470 BusB 1896, Bd. 1, S. 70–73, 76–77, 82, 84–89, 92–102; Germelmann und Offermann: Verbesserung des Spreelaufs innerhalb Berlin. In: Zeitschrift für Bauwesen 48 (1896), Sp. 45–70, Atlas, Tafeln 10–13; Wiebe, Adolf: Der Großschiffahrtsweg durch Berlin. In: Centralblatt der Bauverwaltung 16 (1896), S. 26–27; Peltsch, Burkhard: Die Kanalisierung der Unterspree und die Moabiter Brücken. In: Schwarz 1981, Bd. 1, S. 547–550; BusB X B (2), S. 219, 236, 261.

471 Die Bauleitung hatte Eugen Mohr. Einige Ladestraßen entstanden erst später. Die Ladestraße am Bundesratufer wurde zum Beispiel 1906–07 angelegt.

472 Die Uferbegrünungen wurden unter Leistung der Gartenarchitekten Willy Alverdes und Eberhard Fink ausgeführt, siehe BusB XI, S. 139–140.

473 BusB 1896, Bd. 1, S. 122, 156–159; Die Straßen-Brücken der Stadt Berlin Berlin. Hrsg. vom Magistrat der Stadt Berlin. Bd. 1. Berlin 1902, S. 182–184; Hach 1925, S. 28; Hasselberg, Felix: Die Entstehung der Moabiter Brücke. In: Zeitschrift des Vereins für die Geschichte Berlins 58 (1941), S. 38–39; Wirth 1955, S. 234–235; Weinland 1994, S. 185–186 (falsche Angaben).

474 Die hölzerne Brücke wurde 1840 etwas vergrößert und 1868–69 durch eine höher gelegte hölzerne Jochbrücke auf festem Unterbau ersetzt.

475 Neuere Fußgängerbrücken der Stadt Berlin. In: Zentralblatt der Bauverwaltung 65 (1915), S. 429–432; Krause, Friedrich und Hedde, Fritz: Die Brückenbauten der Stadt Berlin seit dem Jahre 1897. In: Zeitschrift für Bauwesen 72 (1922), S. 27–28; Wirth 1955, S. 235; Weinland 1994, S. 135 (falsche Angaben zur Bauzeit und zur Benennung der Brücke); Dehio Berlin 2000, S. 448 (falsche Angaben zur Bauzeit und zur Wiederherstellung).

476 Die Straßen-Brücken der Stadt Berlin. Hrsg. v. Magistrat der Stadt Berlin. Bd. 1. Berlin 1902, S. 213; Krause, Friedrich und Hedde, Fritz: Die Brükkenbauten der Stadt Berlin seit dem Jahre 1897. In: Zeitschrift für Bauwesen 72 (1922), S. 28–29; Wirth 1955, S. 234; Endlich/Wurlitzer 1990, S. 158; Weinland 1994, S. 178.

477 Der um die Jahrhundertwende unter anderem von Ludwig Hoffmann vielbeschäftigte Bildhauer Otto Lessing (1846–1912) war ein Urgroßneffe von Gotthold Ephraim Lessing.

478 Schliepmann, Hans: Berliner Brücken. In: Berliner Architekturwelt 16 (1914), S. 274–278, Krause, Friedrich und Hedde, Fritz: Die Brückenbauten der Stadt Berlin seit dem Jahre 1897. In: Zeitschrift für Bauwesen 71 (1922), S. 28–29; Wirth 1955, S. 233; Weinland 1994, S. 144–145.

479 Monke 1968, Bd. 1, S. 34, 70, 94, Bd. 2, Abb. 15, 64, 108, 113, 115. Bauherren waren die Baumeister Max Karchow und Robert Guthmann. Bereits 1874 hatten sie einen ersten Entwurf eingereicht, der 1881/82 durch Baupläne von Max Karchow ersetzt wurde.

480 Der Neubau des Criminalgerichts-Etablissements zu Berlin. In: Wochenblatt für Architekten und Ingenieure 2 (1880), S. 304–306, 310–312; Hermann, H.: Das Criminalgerichts-Etablissement zu Berlin, im Stadttheile Moabit. In: Zeitschrift für Bauwesen 35 (1885), Sp. 521–536, Atlas, Tafeln 62–65; Matz, R.: Bauliche und wirthschaftliche Einrichtung des Untersuchungs-Gefängnisses Alt-Moabit 11/12. Berlin 1887; BusB 1896, Bd. 2, S. 337–340, 348; Wirth 1955, S. 99; BusB III, S. 80–81; Grzywatz, Berthold: Die Untersuchungshaft- und Aufnahmeanstalt Moabit, Alt-Moabit 12 a. In: Geschichtslandschaft 1987, S. 187–201; Klinkott 1988, S. 328–334.

481 zum Werk des Architekten Heinrich Herrmann (1821–1889) siehe Börsch-Supan 1977, S. 582. Vor dem Bau des Moabiter Gerichts- und Gefängnisgebäudes war Herrmann mit dem Bau der Strafanstalt in Plötzensee (1869–76) betraut.

482 Entwurf durch die Senatsbauverwaltung für Wohnungswesen unter Leitung von Gerhard Rümmler und Siegfried Römer, siehe BusB III, S. 81.

483 Grzywatz, Berthold: Die Untersuchungshaft- und Aufnahmeanstalt Moabit, Alt-Moabit 12 a. In: Geschichtslandschaft 1987, S. 189.

484 zum Werk von Heinrich Herrmann (1821–89) siehe Börsch-Supan 1977, S. 582. Vor dem Bau des Moabiter Gerichts- und Gefängnisgebäudes war Heinrich Herrmann mit dem Bau der Strafanstalt am Plötzensee (1869–76) betraut.

485 Klinkott 1988, S. 325.

486 Historische Stätten in Berlin. Hrsg. v. Richard Schneider. Berlin 1987, S. 15–16.

487 Die im Bau begriffenen Gerichtsbauten in Berlin und in den Vororten. In: Centralblatt der Bauverwaltung 23 (1903), S. 469–470, 513–516; Vohl, Carl: Das neue Kriminalgericht in Berlin-Moabit. In: Zeitschrift für Bauwesen 58 (1908), Sp. 329–360, 547–574; Wirth 1955, S. 100; BusB III, S. 67, 71, 75; Posener 1979, S. 81–82, 84–87; Grzywatz, Berthold: Das Kriminalgericht Moabit, Turmstraße 91. In: Geschichtslandschaft 1987, S. 216–235; Kühne 1988, S. 64–76; Dehio Berlin 2000, S. 429.

488 Ausführliche Konstruktionsbeschreibung siehe Vohl, Carl: Das neue Kriminalgericht in Berlin-Moabit. In: Zeitschrift für Bauwesen (58) 1908, Sp. 329–360, 547–574.

489 Vohl, Carl: Das neue Kriminalgericht in Berlin-Moabit. In: Zeitschrift für Bauwesen (58) 1908, Sp. 356: „Die Bulbeisendecke ist derart ausgeführt, daß der Druckgurt durch den Beton der Decke, der Zuggurt aber im Gegensatz zu den meisten bekannten Betoneisendecken durch ein Walzeisen von sehr großer Biegungsfestigkeit, das sog. „Bulbeisen“ gebildet wird. Die Verwendung dieses Eisens ergab eine Gewichtsersparnis von 50 bis 60 v. H. gegenüber den gewöhnlichen Trägern.“ Die Berechnung der schubfreien Eisenbetonkonstruktion lieferte der angesehene Ingenieur Otto Leitholf.

490 Die Villa entwarf Eduard Knoblauch, siehe Wirth 1955, S. 151–152. Der Fiskus erwarb das Grundstück 1872, danach nutzte man die Villa als Dienstwohnung des Gouverneurs von Berlin. Den Garten bezeichnete man daher volkstümlich als Generalsgarten, siehe Der militär-fiskalische Park Alt-Moabit 117/118 gegenüber Kriminal-Gericht Berlin und sein Schicksal In: Deutsche Bauzeitung 55 (1921), S. 359–360, 363; Wendland 1979, S. 157–158.

491 Oehlert 1910, S. 86, 88; Reinhard, Friedhelm: Apotheken in Berlin. Eschborn 1998, S. 99. Die Tinkturenpresse und die ehemals im Drempelgeschoss untergebrachte Materialkammer werden heute in der Pharmazeutisch-Historischen Sammlung des Oberstufenzentrums Gesundheit verwahrt.

492 [Giebel des Hauses Thomasiusstr. 4 in Berlin] in: Berliner Architekturwelt 6 (1904), S. 271. Siehe auch: Fritz Gottlob – Formenlehre der Norddeutschen Backsteingotik. Hrsg. v. Markus Jager. Kiel 1999.

493 Fritz Gottlob errichtete unter anderem folgende Gebäude, vor allem evangelische Kirchen: Pauluskirche in Lichterfelde, Hindenburgdamm, 1898–1900; Martin-Luther-Kirche in Neukölln, Fuldastraße, 1909; Nikodemuskirche in Neukölln, Nansenstraße, 1912–13; Philipp-Melanchthon-Kirche in Neukölln, Kranoldstraße, 1914–16; Schalthaus in Lichterfelde, Elmowerk der Siemenswerke in Spandau, Rohrdamm, 1899.

494 Das Haus Thomasiusstrasse 5. In: Allgemeine Berliner Architecten-Zeitung 4 (1905), Nr. 8.

495 Thomasiusstraße 25, 1901 von Jordan, siehe Monke 1968, Bd. 1, S. 68, Bd. 2, Abb. 62; Thomasiusstraße 12, von Paul Engler und Richard Dabbert, siehe [Wohnhaus Thomasiusstr. 12] in: Berliner Architekturwelt 6 (1904), S. 225; Thomasiusstraße 24 und 26, von Paul Jatzow, siehe [Wohnhaus in Berlin, Thomasiusstr. 26] in: Berliner Architekturwelt 6 (1904), S. 376–377.

496 Das Gebäude wurde 1899–1900 von Paul Hoppe errichtet. Die Ausführung übernahm der Bauherr, Christian Neumann. Zur Architektur siehe [Wohn- und Geschäftshaus Alt-Moabit 108, Ecke Kirchstraße] in: Berliner Architekturwelt 3 (1901), S. 324–325, 327; [Mietshaus Alt-Moabit 109 und 110] in: Berliner Architekturwelt 4 (1902), S. 267–274; Monke 1968, Bd. 1, S. 66, Bd. 2, Abb. 57; Posener 1979, S. 230–231.

497 Richard Schirrmacher war auch Architekt der Häuser Thomasiusstraße 16 und Kirchstraße 19.

498 Wirth 1955, S. 163; Monke 1968, Bd. 1, S. 37, 89, Bd. 2, Abb. 18, 116–118.

499 BusB 1877, Bd. 2, S. 472.

500 BusB 1877, Bd. 1, S. 129; Zur 50jährigen Jubelfeier der St. Johannis-Gemeinde am 24. 6. 1885 dargebracht vom Gemeinde-Kirchenrath. Berlin 1885; BusB 1896, Bd. 2, S. 157; Hach 1925, S. 10–11; Schmidt, Carl: Evangelische Kirchen und kirchliches Gemeindeleben in Moabit. Berlin 1925, Nr. 1; Lütkemann 1926, S. 61–63; Rave, Paul Ortwin: Karl Friedrich Schinkel. Berlin. Erster Teil. Bauten für die Kunst, Kirchen / Denkmalpflege. Berlin 1941, S. 301–342; Wirth 1955, S. 42–46, 86–87; Frowein-Ziroff, Vera: Der Berliner Kirchenbau des 19. Jahrhunderts vor seinem historischen und kulturpolitischen Hintergrund. In: Schwarz Berlin 1981, Bd. 1, S. 129–138; Segers-Glocke 1981; Klinkott 1988, S. 104–106; Hoffmann-Tauschwitz, Matthias: Alte Kirchen in Berlin. 33 Besuche bei den ältesten Kirchen im Westteil der Stadt. Berlin 1986, S. 231–241; Franz-Duhme/Röper-Vogt 1991; Börsch-Supan/Müller-Stüler 1997, S. 122–123, 525–527, BusB VI, S. 52, 58–60, 266, 360; Dehio Berlin 2000, S. 422–423; Goetz/Hoffmann-Tauschwitz 2003, S. 140–141.

501 Ein Vorbild war die römische Palastaula in Trier. Die römischen Backsteinbauten waren jedoch außen und innen verkleidet.

502 Bauleitung hatte der mit Stüler befreundete Johann Nietz, angestellt bei der Ministerial-Baukommission.

503 Einen ähnlichen Turm schuf Friedrich August Stüler für die 1844–46 erbaute St. Matthäus-Kirche im Tiergartenviertel.

504 Oehlert 1910, S. 96.

505 Teut, Anna: Architekten heute. Georg Heinrichs. Berlin 1984, S. 23, 58–59.

506 1840/41 erfolgten Planierung und Rasenansaat des Kirchplatzes, die Befestigung des Weges um die Kirche sowie die Anpflanzung der hufeisenförmig um die Kirche herumführenden Lindenreihe. Eine Böschung an den Seitenfassaden und der Apsis bildete einen Übergang zu einem Pflasterstreifen aus Feldsteinen an der Kirche. Vgl. Eckert, Reinald, Grundlagenuntersuchung des Gemeindegrundstückes von St. Johannis in Berlin-Moabit, Gutachten im Auftrag der Bundesgartenschau Berlin 1995 GmbH, Berlin 1989, S. 25 f.

507 Nach dem Enteignungsverfahren von 1890 wurden1891 alle frontalen Vorgartenmauern um ca. 8 Meter zurückgesetzt. Am Vorplatz wurde der vorherige Zustand wiederhergestellt. Die Vorgartenmauern des Pfarr- und Schulhauses erhielten nun geschlossene Ziegelmauern ohne Hohlziegel. 1892 entstand die Einfassungsmauer an der Wilsnacker Straße.

508 Zu den ersten Anpflanzungen siehe, Hinz, Gerhard, Peter Joseph Lenné. Das Gesamtwerk des Gartenarchitekten und Städteplaners, Hildesheim, Zürich, New York 1989, S.176.

509 Grabstätten-Bestandsaufnahme in: Eckert 1989 (Anm. 317), Anhang; Hecker, Roland, Schmiedekunst auf Berliner Friedhöfen, Berlin 1999, S.51, und Abb.7.98, Wohlberedt, Willi, Verzeichnis der Grabstätten bekannter und berühmter Persönlichkeiten in Groß-Berlin und Potsdam mit Umgebung, Teile1–3, Berlin 1932–1939, S. 31, 113, 222.

510 Zur Geschichte des Kriegsgräberfriedhofs siehe Eckert, Reinald, Grundlagenuntersuchung des Gemeindegrundstückes von St. Johannis in Berlin-Moabit. Gartendenkmalpflegerische Untersuchung zur Entwicklungsgeschichte der Außenanlagen an der St. Johannis-Kirche in Berlin-Moabit. Gutachten i. A. der Bundesgartenschau Berlin 1995 GmbH. Berlin 1989, S.103 ff. Willy Alverdes Entwurf vom 24.09.1954 und eine Ansichtszeichnung für den Kriegsgräberfriedhof ebenda, Abb. 64, 65; Girra, Dagmar, u. a., Gedenktafeln in Mitte, Tiergarten und Wedding, Band 2, hrsg. von Hans-Jürgen Mende, Berlin 2000, S. 659.

511 Der Hochschullehrer für politische Geographie und Geopolitik, Albrecht Haushofer (07.01.1903–23.04.1945), war Mitwisser und Befürworter des Umsturzplanes vom 20.07.1944. Ausführliche Darstellungen zu seinem Leben und Werk sowie die „Moabiter Sonette" in: Haiger, Ernst; Ihering, Amelie; von Weizsäcker, Carl Friedrich, Albrecht Haushofer, Berlin 2002.

512 Das Gebäude wurde von Max Spitta entworfen und von Friedrich Schulze-Kolbitz ausgeführt, siehe BusB 1896, Bd. 2, S. 305–306; Das Staatliche Luisen-Gymnasium zu Berlin-Moabit 1882–1932. Berlin 1932; Wirth 1955, S. 88; BusB V C, S. 342–343.

513 Wirth 1955, S. 88; BusB V C, S. 342–343.

514 Dem Gerichtsgebäude musste ein 1893–95 errichtetes Dienstgebäude der Polizei weichen (ehemals Korpskommando und Ökonomische Kommission der Landgendarmerie).

515 Wirth 1955, S. 210; Endlich/Wurlitzer 1990, S. 183.

516 Friedel, Ernst: Wilhelm Schwartz zum Gedenken. In: Der Bär (25) 1899, S. 331; Wirth 1955, S. 215; Ethos und Pathos 1990, Bd. 1, S. 532; Endlich/Wurlitzer 1990, S. 183; Dehio Berlin 2000, S. 454.

517 Hach 1925, S. 16; Wirth 1955, S. 89; BusB V C, S. 343.

518 Die alte Turnhalle und das Toilettengebäude wurden im Krieg zerstört. Der Erweiterungsbau wurde von Architekt W. Lindner, Hochbauamt Tiergarten, entworfen.

519 BusB 1896, Bd. 1, S. 653–655; Eckstein, Julius: C. Bolle Berlin. Historisch-biographische Blätter. Berlin 1903; Bolduan, Günther: 60 Jahre Meierei C. Bolle. Berlin 1941; Wirth 1955, S. 257–258; 75 Jahre Meierei C. Bolle. Hrsg. von der Meierei C. Bolle. Berlin 1956; Hecht, Max: Erinnerungen eines Mitarbeiters der Firma Bolle in den Jahren vor dem Ersten Weltkrieg bis zum Jahr 1920. Berlin 1970; Hoffmann, Andreas: Meierei C. Bolle, Alt-Moabit 98–103. In: Geschichtslandschaft 1987, S. 174–186; Hildebrand/Lemburg/Wewel 1988, S. 106–107; Verloren, gefährdet, geschützt. Baudenkmale in Berlin. Hrsg. v. Norbert Huse. Berlin 1988, S. 176–177; Engel, Helmut und Koop, Volker: Der Spreebogen. Carl Bolle und sein Vermächtnis. Berlin 1995.

520 Das Theater ist nicht mehr vorhanden.

521 Stammniederlage der Färberei und chemischen Waschanstalt war das Gebäude in der Lübecker Straße 27. 1905–06 kam eine Niederlassung auf dem Hinterland des Grundstücks Birkenstraße 53 von Architekt Ferdinand Lante hinzu.

522 BusB 1896, Bd. 1, S. 499–502; Hirschfeld, Paul: Berlins Großindustrie. Bd. 2. Berlin 1899, S. 40; Wirth 1955, S. 257; BusB X B (2), S. 258–259, 273; Hildebrand/Lemburg/Wewel 1988, S. 110–111.

523 Jaeger 1991, S. 64–67.

524 Zu den abgerissenen Mietshäusern Stromstraße 4 und 5 siehe Monke 1968, Bd. 1, S. 29–30; Bd. 2, Abb. 9

525 Monke 1968, Bd. 1, S. 42, 71; Bd. 2, Abb. 20, 67. Monke gibt einen falschen Entwurfsverfasser und eine falsche Bauzeit an.

526 Monke 1968, Bd. 1, S. 57, Bd. 2, Abb. 47, 90, 184; Peschken, Goerd: Wohnen in der Metropole. In: Exerzierfeld der Moderne. Industriekultur in Berlin im 19. Jahrhundert. Hrsg. v. Jochen Boberg, Tilmann Fichter und Eckhart Gillen. München 1984, S. 211–212

527 Bei Bedarf konnte im hinteren Seitenflügel eine Zweizimmerwohnung abgetrennt werden.

528 Nach Albert Heinels Plänen entstanden in den 1870er Jahren die Mietshäuser Bremer Straße 63, 64, 67, 68 sowie 1888 das Mietshaus Jagowstraße 22.

529 Monke 1968, Bd. 1, S. 27–28, 87–88, Bd. 2, Abb. 7, 7a, 106–107.

530 Nach Monke 1968 könnte entgegen dem bei der Baupolizei eingereichten Entwurf auch das 1. Obergeschoss für eine Wohnung Heinels genutzt worden sein. Dafür spricht die hervorgehobene architektonische Gestaltung dieses Geschosses mit Balkon und Loggia.

531 Das Wohnhaus verweist auf den Villen- oder Palaisstil der Architekten Friedrich Hitzig und Carl Schwatlo, die für das freistehende städtischer Herrschaftshaus ähnliche Gestaltungs- und Grundrisslösungen fanden.

532 Monke 1968, Bd. 1, S. 42, 72, 73–74, Bd. 2, Abb. 21, 66, 79–80.

533 Unter dem Einfluss Karl Friedrich Schinkels fanden künstlerisch gestaltete gusseiserne Treppenanlagen Aufnahme in die Musterkataloge der Berliner Eisenindustrie. Zu den gusseisernen Treppen in Berlin siehe Lorenz, Werner: Konstruktion als Kunstwerk. Bauen mit Eisen in Berlin und Potsdam 1797–1850. Berlin 1992, S. 271.

534 BusB 1896, Bd. 2, S. 184; Schmidt, Carl: Evangelische Kirchen und kirchliches Gemeindeleben in Moabit. Berlin 1925, Nr. 2; Lütkemann 1926, S. 71–74; BusB VI, S. 102, 374; Goetz/Hoffmann-Tauschwitz 2003, S. 124.

535 Stiehl, Otto: Allerlei Backsteinbauten. In: Der Baumeister 8 (1910), S. 44–45; BusB VI, S. 314–315, 441.

536 Die Bildnismedaillons an den Brüstungsfeldern des Vorderhauses sind nicht erhalten.

537 Das Pfarr- und Gemeindehaus wurde 1972–74 und 1982 von Raimund Ahr und Ulrich Hillmer umgebaut. Dabei erfolgte auch der Dachausbau.

538 Behrendt, Walter Curt: Ludwig Hoffmann. In: Neudeutsche Bauzeitung 5 (1909), S., 542–553; Oehlert 1910, S. 106–107; Stahl, Fritz: Ludwig Hoffmann. Berlin 1914, S. 54–55; Wirth 1955, S. 93 (Datierung und Bildhauer falsch); BusB V C, S. 33, 361.

539 BusB V C, S. 340; Wirth 1955, S. 80.

540 Hoffmann, Ludwig: Kirschner-Oberschule an der Zwinglistraße. In: Wasmuths Monatshefte für Baukunst 2 (1915/16), S. 486–490; Wirth 1955, S. 88, 94; BusB V C, S. 66, 366; Dehio Berlin 2000, S. 439–440.

541 Martin Punitzer, der in dem Elternhaus aufwuchs, hatte bereits 1913 die Warenhausräume modernisieren lassen. Er selbst richtete sich damals ein Atelier in der zweiten Etage des Hauses Turmstraße 76 A ein. Einer jüdischen Familie abstammend, musste er 1938 die beiden Häuser veräußern und anschließend Deutschland verlassen. Er starb 1949 in Santiago de Chile.

542 Die von der Fa. Borsig gegründete Neu-Bellevue Aktiengesellschaft für Grundstücksverwertung erwarb 1900 das Gelände und stellte einen Parzellierungsplan auf. Nach Genehmigung des Planes am 15. Mai 1902 ließ die Gesellschaft die Borsig'sche Baumschule abholzen und begann mit der Anlegung der Straßen. Im Februar 1903 wurden die Baufluchtlinien festgestellt, und ein Jahr später erhielten die neuangelegten Straßen (Krefelder, Bochumer, Dortmunder, Essener und Elberfelder Straße) ihre Namen. Bereits 1905, als erst zwölf Parzellen an der Elberfelder Straße bebaut waren, befand sich die Gesellschaft in Liquidation.

543 25 Jahre Erbbauverein Moabit. Berlin 1929, S. 8–9; BusB IV A, S. 238; BusB IV B, S. 123–124; Monke 1968, Bd. 1, S. 64–65; Bd. 2, Abb. 56, 190. Monke 1968 und BusB nennen F. Behnke irrtümlich als Architekten, der aber lediglich Mitglied des Erbbauvereins war.

544 Die gemeinnützige Wohnungsbaugenossenschaft Erbbau-Verein Moabit eGmbH wurde 1904 von 27 Mitgliedern der Moabiter Ortsgruppe des Bundes Deutscher Bodenreformer gegründet. Da man nach bodenreformerischen Grundsätzen bei den geplanten Bauvorhaben in erster Linie das Erbbaurecht zur Anwendung kommen sollte, von dem man sich eine Senkung der Wohnungsmiete versprach, wurde der Genossenschaft der Name „Erbbau-Verein Moabit" gegeben. Einen großen Anteil der Mitglieder machten gering besoldete Reichs- und Staatsbeamte aus, weil die Genossenschaft so in den Genuss billiger Staatshypotheken zur Finanzierung ihrer Bauvorhaben kam. Vgl. Geschichte der gemeinnützigen Wohnungswirtschaft in Berlin. Hrsg. vom Verband Berliner Wohnungsbaugenossenschaften und -gesellschaften e.V. Berlin 1957, S. 75, 200; 25 Jahre Erbbauverein Moabit. Berlin 1929, S. 6.

545 Damit waren wesentliche Ziele der Mietshausreformer erreicht, wenn auch aufgrund der hohen Grunderwerbskosten, die etwa ein Drittel der gesamten Herstellungskosten betrugen, das Grundstück mit Quergebäuden und Seitenflügeln relativ dicht ausgenutzt werden musste. Erst in den 1920er

Jahren kam es auf der Grundlage einer neuen Bauordnung und der staatlichen Förderung aus Hauszinssteuermitteln zu einem radikalen Bruch mit dem Mietshaussystem des 19. Jahrhunderts.

546 Bemerkenswert sind auch die Dreizimmerwohnungen mit Bädern im Quergebäude.

547 Wilhelm Kiehnel bewohnte das gesamte erste Obergeschoß des Vorderhauses, indem er zwei Wohnungen zusammenlegte. Kiehnel war als Architekt und Bauherr in Moabit tätig. Von ihm stammen die Gebäude Waldenserstraße 15, Bochumer Straße 13–14, Ecke Bundesratsufer 9 (zerstört) und Essener Straße 9 (verändert erhalten).

548 Das fünfgeschossige Haus mit kurzem Seitenflügel enthält in jedem Obergeschoss eine Wohnung mit 3 1/2 Zimmern und eine Wohnung mit 4 1/2 Zimmern sowie Bad und Nebentreppe im Seitenflügel. Im ersten Obergeschoss lag die Wohnung von Wilhelm M. A. Kiehnel. Zum ehemals an der Fassade angebrachten steinernen Wasserspeier siehe Hach 1925, S. 37.

549 Monke 1968, Bd. 1, S. 68, Bd. 2, Abb. 63; BusB IV B, S. 122–123.

550 Der westliche Seitenflügel wurde im Krieg zerstört und nicht wieder aufgebaut.

551 Restaurierung und Umbau erfolgten 1985–86 unter der Leitung der Architekten Bassenge, Puhan-Schulz und Partner.

552 25 Jahre Erbbauverein Moabit. Berlin 1929, S. 11

553 Bauherr: Bezirksamt Tiergarten, Deputation für das Wohnungswesen, Bauleitung: Märkische Heimstätte GmbH. Nach Hach 1925, S. 40, soll der Entwurf von Stadtbaurat Knopf stammen, während die Baupläne von Magistratbaurat Dr. Klose signiert sind.

554 Die 85 Wohnungen des Erbbauvereins besaßen alle bereits Bäder, Küchen und Loggien. Dagegen hatten die später erbauten kommunalen Wohnungen fast ausschließlich nur innenliegende Klosetts, jedoch auch Loggien erhalten. In beiden Anlagen überwiegen Kleinwohnungen mit 1 bis 2 1/2 Zimmern für minderbemittelte Mieter.

555 [Wohnhaus in Berlin, Bochumerstraße 8] in: Berliner Architekturwelt 9 (1907), S. 168–170; Monke 1968, Bd. 1, S. 111, Bd. 2, Abb. 196.

556 In Moabit entwarfen August Dinklage und Ernst Paulus zwischen 1905 und 1911 mehrere Kirchen und Pfarrhäuser: 1904–10 die Reformationskirche, Beusselstraße 35, Ecke Wiclefstraße 33–35; 1905–06 die Heilige-Geist-Kirche, Perleberger Straße 36, Ecke Birkenstraße 60–61; 1909–12 die Erlöserkirche, Levetzowstraße 1–2, Ecke Wikingerufer 9–9 A und 1905–06 das Pfarr- und Gemeindehaus der Heilandsgemeinde, Ottostraße 16

557 Hoffmann, Ludwig: Neubauten der Stadt Berlin 9 (1910), S. XI, Tafeln 21–24; Stahl, Fritz: Ludwig Hoffmann. Berlin 1914, S. 15; Wirth 1955, S. 93; Hoffmann, Ludwig: Lebenserinnerungen eines Architekten. Hrsg. von Wolfgang Schäche. Berlin 1983, S. 178; BusB V C, S. 19, 69, 91, 360, Abb. 164–166. Das Gebäude wurde 1937 für die Unterbringung der Ingenieurschule Gauß umgebaut.

558 Schliepmann, Hans: Berliner Brücken. In: Berliner Architekturwelt 16 (1914), S. 267, 271–273; Krause, Friedrich und Hedde, Fritz: Die Brükkenbauten der Stadt Berlin seit dem Jahre 1897. In: Zeitschrift für Bauwesen 72 (1922), S. 33, Abb. 35–38; Möbius, Richard: Alfred Grenander. Berlin-Leipzig-Wien 1930; Wirth 1955, S. 232; Weinland 1994, S. 140; Dehio Berlin 2000, S. 449

559 Das Tragwerk besteht aus dreizehn eisernen Bogenträgern von über 56 m Stützweite.

560 Auf der Charlottenburger Seite wurde eine Tierplastik im Zweiten Weltkrieg zerstört. 1950 erfolgte der Wiederaufbau der Brücke, um 1987 wurden verlorene Teile rekonstruiert und Brückenlaternen nach historischem Vorbild aufgestellt.

561 Wirth 1955, S. 262–263.

562 Innsbrucker Straße 26/27, verändert erhalten, siehe O. R. Salvisberg. Die andere Moderne. Ausstellungskatalog. Zürich 1985, S. 72–73

563 Adrema veräußerte den Komplex 1976. Im Gebäude befindet sich heute nach dem 2002 durchgeführten Umbau ein Hotel. In dem an der Spree gelegenen Fabrikbau werden luxuriöse Lofts zum Wohnen und Arbeiten eingerichtet.

564 Die gemeinnützige Wohnungsbaugenossenschaft Erbbau-Verein Moabit eGmbH wurde 1904 von 27 Mitgliedern der Moabiter Ortsgruppe des Bundes Deutscher Bodenreformer gegründet. Da man nach bodenreformerischen Grundsätzen bei den geplanten Bauvorhaben in erster Linie das Erbbaurecht zur Anwendung kommen sollte, von dem man sich eine Senkung der Wohnungsmiete versprach, wurde der Genossenschaft der Name „Erbbau-Verein Moabit" gegeben. Einen großen Anteil der Mitglieder machten gering besoldete Reichs- und Staatsbeamte, weil die Genossenschaft so in den Genuss billiger Staatshypotheken zur Finanzierung ihrer Bauvorhaben kam. Siehe Geschichte der gemeinnützigen Wohnungswirtschaft in Berlin. Hrsg. vom Verband Berliner Wohnungsbaugenossenschaften und -gesellschaften e.V. Berlin 1957, S. 75, 200; 25 Jahre Erbbauverein Moabit. Berlin 1929, S. 6. BusB IV A, S. 238.

565 Die städtebauliche Figur des Wohnhofs, die bei den Gartenstadtsiedlungen als auch beim innerstädtischen Genossenschaftsbau zur Überwindung überkommener Baustrukturen nach der Jahrhundertwende zur Anwendung kam, ist eine Rezeption der bereits in älteren deutschen und niederländischen Stadtanlagen vorkommenden gemeinschaftlicher Wohnformen (Fuggerei in Augsburg, Wohngänge in Lübeck und Hamburg).

566 Die kriegszerstörten hinteren Häuser der beiden Seitenflügel, Eingänge 55 E und 56 D, wurden 1953–54 wiederaufgebaut, ohne die bauliche Gesamtwirkung zu beeinträchtigen. Das Quergebäude, welches die Anlage nach hinten abschloss, wurde ebenfalls zerstört, ist jedoch nicht wieder ersetzt worden.

567 Hinter den Stuckfassaden zeigen die Mietshäuser eine für Moabit typische Grundrissstruktur: In den Vorderhäusern findet man bessere Drei- bis Vierzimmerwohnungen und in den Seitenflügeln sehr einfache Arbeiterwohnungen mit ein bis zwei Stuben, ursprünglich größtenteils ohne Bad und Toilette,. Alle vier Mietshäuser wurden in den 1960er bis 1980er Jahren modernisiert.

568 Oehlert 1910, S. 62, 80, 190; Hach 1925, S. 6, 12; Wirth 1955, S. 156; Monke 1968, Bd. 1, S. 29, 85, Bd. 2, Abb. 8, 94–96.

569 Nach Oehlert 1910 erwarb der Sohn des Färbereibesitzers Cabanis 1824 ein 25 Morgen großes Gelände des Vorwerks Martinicken. Dort ließ er ein bereits vorhandenes Wohnhaus um ein Geschoss erhöhen. Daneben entstand wohl 1851 auf einer abgezweigten Parzelle das heute noch bestehende Haus von Ferdinand Gericke.

570 Ferdinand Gericke heiratete 1849 eine Tocher des Grundbesitzers Cabanis, sodass das Gelände in seinen Besitz kam. Sein Bruder war der angesehene Stadtverordnete und Kaufmann Wilhelm Gericke (1838–1926), der sich um die Entwicklung Moabits große Verdienste erwarb.Verkehrseinrichtungen, Verschönerungen und Wohltätigkeitseinrichtungen sind von ihm initiiert worden.

571 Jaeger 1991, S. 68–69; Kieren, Martin: Autonomie des Denkens. Das Abwasserpumpwerk Tiergarten von Oswald Mathias Ungers. In: Das XX. Jahrhundert. Ein Jahrhundert der Kunst in Deutschland. Architektur in Berlin. Hrsg. v. Andres Lepik und Anne Schmedding. Köln 1999, S. 100–101.

572 BusB 1896, Bd. 1, S. 344; Kühne, Günther und Rudolf, Günther: Alte Pumpwerke in Berlin. Berlin 1987, S. 11, 31–40, 89; Denkmale der Berliner Wasser Betriebe. Abwasserpumpwerke, Wohn- und Verwaltungsgebäude. Hrsg. von den Berliner Wasserbetrieben. Berlin 1997, S. 35.

573 Hobrecht, James: Die Canalisation von Berlin. Berlin 1884.

574 Maschinen- und Kesselhauses wurde 1913 auf der Südseite zum Betriebshof erweitert. Das Beamtenwohnhauses an der Gotzkowskystraße hat man 1962 abgebrochen. Einige der ausgebauten Pumpen kamen ins Deutsche Technikmuseum.

575 Wirth 1955, S. 90–91; BusB V C, S. 351; Dehio Berlin 2000, S. 438–439.

576 Schmidt, Carl: Evangelische Kirchen und kirchliches Gemeindeleben in Moabit. Berlin 1925, Nr. 5; Hach 1925, S. 14–15; Lütkemann 1926, S. 70–71; Wirth 1955, S. 57–80; Kühne/Stephani 1978, S. 277–278; BusB VI, S. 391; Dehio Berlin 2000, S. 422; Goetz/Hoffmann-Tauschwitz 2003, S. 120.

577 Die Architekten errichteten mehrere Kirchen in Moabit: 1904–10 die Reformationskirche, Beusselstraße 35, Ecke Wiclefstraße 33–35; 1905–06 die Heilige-Geist-Kirche, Perleberger Straße 36, Ecke Birkenstraße 60–61 und 1905–06 das Pfarr- und Gemeindehaus der Heilandsgemeinde, Ottostraße 16.

578 Dabei wurde das Pfarr- und Gemeindehaus aufgestockt und für die Unterbringung von Sozialwohnungen umgebaut.

579 Klose, Georg: Die Gründung des Kleist-Lyzeums in Berlin. In: Bautechnik 6 (1928), S.407–409; Dietrich, Ulf: Kleistoberlyzeum und Filmseminar in Berlin-Tiergarten. In: Bauwelt 21 (1930), Heft 30, Beilage, S. 1–12; Johannes, Heinz: Neues Bauen in Berlin. Berlin 1931, S. 89; Wirth 1955, S. 94; Festschrift zur 50-Jahr-Feier der Heinrich-von-Kleist-Schule. Berlin 1967; BusB V C, S. 123, 144–147, 161, 173–174, 410; Dehio Berlin 2000, S. 440.

580 Synagogen in Berlin. Zur Geschichte einer zerstörten Architektur. Hrsg. v. Rolf Bothe. Berlin 1983, Bd. 1, S. 141–143; Sembritzki, Gerd: Synagoge Levetzowstraße, Levetzowstraße 7–8. In: Geschichtslandschaft 1987, S. 134–146; BusB VI, S. 299–301. Steinerne Zeugen. Stätten der Judenverfolgung in Berlin. Hrsg. vom Pädagogischen Zentrum Berlin. Berlin 1982, S. 59–65; Roskamp 1985, S. 74 ff.; Endlich/Wurlitzer 1990, S. 158; Schilde, Kurt: „Versteckt" in Tiergarten. Spuren von untergetauchten jüdischen Menschen in Moabit. In: Denkmalpflege nach dem Mauerfall. Eine Zwischenbilanz. Berlin 1997, S. 157–158; Dehio Berlin 2000, S. 454.

581 Schräg in den Himmel ragt eine stilisierte Deportationsrampe aus Cortenstahl, von den Künstlern als „Flammenwand" benannt. Sie ist mit den eingestanzten Namen der Vernichtungslager und der Deportationsdaten versehen, während das eigentliche Mahnmal davor unübersehbar auf dem Bür-

gersteig der Levetzowstraße das Geschehen ins Gedächtnis ruft: Eine Gruppe von Gefangenen auf einer Rampe, stilisiert als von einem Stahlseil umschlungener Marmorblock, wartet auf den Abtransport im bereitstehenden Eisenbahnwaggon.

582 Baugeschäft Franz Masser. Ausgeführte Bauten. I. Teil. Neuzeitlicher Wohnbau. Berlin [um 1930], Tafel 21–22.

583 Wettbewerb von Eisen und Ziegel um die Vorherrschaft im Wohnungsbau. In: Groß-Berliner Bauzeitung 4 (1928), Heft 30, S. 5–7; Schmuckler, Hans: Ausstellung und Ausstellungsbau des Deutschen Stahlbau-Verbandes und des Stahlwerks-Verbandes auf der Baumesse in Leipzig. In: Bauwelt 20 (1929), Heft 9, Beilage, S. 23–24; Schmuckler, Hans: Stahlskelett-Wohnungsbau. In: Groß-Berliner Bauzeitung 5 (1929), Heft 9, S. 26–27; Gottfeldt, H.: Stahlskelettbauten der Steffens & Nölle A.-G., Berlin-Tempelhof. In: Der Stahlbau 2 (1929), S. 47–48; Siedler: Der Stahlskelettwohnungsbau. In: Die Baugilde 12 (1930), S. 317–318; Brunner: Statische und konstruktive Betrachtungen über den Stahlskelettbau. In: Der Stahlbau 3 (1930), S. 212; Vom wirtschaftlichen Bauen. Bearb. v. Rudolf Stegemann. Dresden 1930, S. 47; Siedler, J.: Der Stahlskeletthochbau und die Durchbildung seiner Außenwand. In: Ausgewählte Vorträge aus dem Gebiet des Stahlbaues. Hrsg. v. Deutschen Stahlbau-Verband. Berlin 1931, S. 57–58; BusB IV A, S. 248; BusB IV B, S. 369–370; Junghans, Kurt: Das Haus für alle. Zur Geschichte der Vorfertigung in Deutschland. Berlin 1994, S. 241, 248.

584 Von Fritz Beyer stammt ein Vorentwurf mit reich dekorierten expressionistischen Fassaden, ähnlich seiner 1927–29 ausgeführten Wohnanlage in der Klemkestraße in Berlin-Reinickendorf. Beyer, der nicht zu den modernen Architekten der Weimarer Republik zählte, fühlte sich wohl veranlasst, entsprechend der modernen Konstruktionsweise der Hausgruppe auch ein modernes Äußeres im Stil der Neuen Sachlichkeit zu geben.

585 Klinkott 1988, S. 344.

586 Becker/Jacob/Hellweg/Schmoll 1991, S. 49–52, 61–64.

587 BusB 1896, Bd. 2, S. 394; Wirth 1955, S. 101–102; Klinkott 1988, S. 344–346; Dürre 2001, S. 98–99.

588 Klinkott 1988, S. 345.

589 BusB III, S. 99; Schäche 1991, S. 367; Becker/Jacob/Hellweg/Schmoll 1991, S. 71–72.

590 1939 erfolgte an der Rathenower Straße die Grundsteinlegung für den ersten Bauabschnitt der Heeresanlage für das Regiment Großdeutschland. Die gigantische Anlage sollte den gesamten militärfiskalischen Bereich zwischen Rathenower, Perleberger, Lehrter Straße und Invalidenstraße umfassen. Außer einigen unbedeutenden Abbrüchen von Nebengebäuden im Bereich der Kasernen des IV. Garde-Regiments zu Fuß, Rathenower Straße und Seidlitzstraße, sind keine weiteren Maßnahmen im Rahmen der geplanten Neubauten vorgenommen worden.

591 Verantwortlich waren die Regierungsbauräte Kleinau, Bunge und Dahl vom Heeresbauamt I.

592 BusB III, S. 91.

593 BusB 1896, Bd. 2, S. 398; Wirth 1955, S. 101.

594 BusB 1896, Bd. 2, S. 394.

959 BusB 1896, Bd. 2, S. 380.

596 Behrendt, Walter Curt: Carl Ferdinand Busse. Ein preußischer Baubeamter. In: Zentralblatt der Bauverwaltung (52) 1932, S. 634.

597 Das Kasino wurde 1951 zu einer Gaststätte umgebaut. 1952 errichtete man eine Orchesterbühne auf rechteckigen Pfeilern an der nordöstlichen Schmalseite des Saalanbaus sowie eine Rampe zwischen Auffahrt und Bühneneingang..

598 Wirth 1955, S. 205; Endlich/Wurlitzer 1990, S. 161; Weinland 1990, S. 144.

599 v. Simson, Jutta: Die Berliner Säulenmonumente. In: Berlin und die Antike. Ausstellungskatalog. Hrsg. v. Willmuth Arenhövel. Berlin 1979, S. 207.

600 Dürre 2001, S. 148. Die Bauten in Moabit ersetzten das Haupt-Montirungs-Depot des Garde-Corps, Stallstraße 4.

601 BusB 1896, Bd. 2, S. 384–386; Hach 1925, S. 34; Wirth 1955, S. 102; Sembritzki, Gerd: Die Kasernen des 4. Garde-Regiments zu Fuß, Rathenower Straße 9–18. In: Geschichtslandschaft 1987, S. 202–215; Dürre 2001, S. 80–81.

602 Teile des hier stationierten Wachbataillons „Großdeutschland" unter Major Remer waren maßgeblich an der Aufdeckung und Zerschlagung des versuchten Staatsstreich beteiligt, die zur Hinrichtung der beteiligten Wehrmachtsoffiziere wie Oberst v. Stauffenberg, Oberst Merz v. Quirnheim, General Olbricht und Oberstleutnant v. Haeften führte, siehe Sembritzki, Gerd: Die Kasernen des 4. Garde-Regiments zu Fuß, Rathenower Straße 9–18. In: Geschichtslandschaft 1987, S. 202–215; Pitz/Hofmann/Tomisch 1984, S. 339 ff.

603 Unter Leitung von Oskar Appelius und La Pierre wurde die Kaserne 1879–80 erweitert. Zur Baugeschichte siehe BusB 1877, Bd. 1, S. 250–251; BusB 1896, Bd. 2, S. 390; Kreuter, Marie-Luise: Die Kaserne des 2. Garde-Ulanen-Regiments, Invalidenstr. 56. In: Geschichtslandschaft 1987, S. 291–299; Becker/Jacob/Hellweg/Schmoll 1991, S. 58–60; Dürre 2001, S. 91–92.

604 Das Denkmal steht an der Claire-Waldoff-Promenade 2, nahe der Invalidenstraße, siehe Endlich/Wurlitzer 1990, S. 150; Weinland 1990, S. 173.

605 Maul, Maximilian: Architekt Georg Demmler und seine Sportplatzanlagen. In: Neue Baukunst 3 (1927), Heft 23, S. 3–10; Handbuch der Architektur. Vierter Teil. Entwerfen, Anlage und Einrichtung der Gebäude. 4. Halbband. Gebäude für Erholungs-, Beherbergungs- und Vereinszwecke. Heft 3. Anlagen für Sport und Spiel. Leipzig 1928, S. 58–60; Rund um den Tiergarten. Fünf Jahre Aufbau. Bericht des Verwaltungsbezirks Tiergarten. Hrsg. v. Bezirksamt Tiergarten von Berlin. Berlin 1950, S. 77–79; Wirth 1955, S. 111–112; Verloren, gefährdet, geschützt. Baudenkmale in Berlin. Hrsg. v. Norbert Huse. Berlin 1988, S. 206; Becker/Jacob/Hellweg/Schmoll 1991, S. 66–69, 102–105; BusB VII C, S. 16–18, 179–180.

606 Verloren, gefährdet, geschützt. Baudenkmale in Berlin. Hrsg. v. Norbert Huse. Berlin 1988, S. 206; siehe auch Wagner, Martin: Städtische Freiflächenpolitik. Berlin 1915; Wagner, Martin: Freiflächenpolitik. In: Denkschrift 2 des Amtes für Stadtplanung. Berlin 1929.

607 Die Dachkonstruktion wurde im Zweiten Weltkrieg zerstört, aber identisch wiederaufgebaut.

608 Maul, Maximilian: Architekt Georg Demmler und seine Sportplatzanlagen. In: Neue Baukunst 3 (1927), Heft 23, S. 3, 13; [Hallenbad des Post-Sportvereins in Berlin] in: Bauwelt 20 (1929), S. 1245, Bauten für Leibesübungen. In: Bauwelt 21 (1930), Heft 10, Beilage, S. 1–3; BusB VII C, S. 200.

609 Die Baugruppe entstand 1898–1901 nach Plänen der Garnisonsarchitekten Alfinger, Feuerstein und Holland. Reissig, Harald: Militärgefängnis/Justizvollzugsanstalt für Frauen, Lehrter Straße 60/61. In: Geschichtslandschaft 1987, S. 327–339.

610 Zur Geschichte der Lehrter Straße siehe Becker/Jacob/Hellweg/Schmoll 1991.

611 Monke 1968, Bd. 1, S. 54–55, 103–104, Bd. 2, Abb. 42b, 179; Becker/Jacob/Hellweg/Schmoll 1991, S. 84, 86–88. Maurermeister August Spahr besaß unter anderem die Parzellen Lehrter Straße 36, 37, 40, 40 A, 48 A–C und 49.

612 Das mit großzügigen Vergnügungssälen ausgestattete Weinhaus der alten Weinhandlung Trarbach wurde 1904–05 nach Plänen von Richard Walter und C. Müller in der Behrenstraße 47 errichtet.

613 Becker/Jacob/Hellweg/Schmoll 1991, S. 95.

614 BusB 1896, Bd. 1, S. 598–600; Monke 1968, Bd. 1, S. 56 (falsch beschrieben), Bd. 2, Abb. 46; Becker/Jacob/Hellweg/Schmoll 1991, S. 92–94.

615 Die Werkstattgebäude wurden 1909 von der Wertheim-Grundstücksgesellschaft übernommen und teilweise umgebaut. Das Kaufhausunternehmen brachte in den Gebäuden die fleischverarbeitende Abteilung und den Fuhrpark unter. In der Nachkriegszeit war auf dem Grundstück eine Fleischwarenfabrik ansässig.

616 BusB 1896, Bd. 1, Abb. 391.

617 BusB 1877, Bd. 2, Plan nach S. 92; Monke 1968, Bd. 1, S. 109, Bd. 2, Abb. 191, 193; Becker/Jacob/Hellweg/Schmoll 1991, S. 87, 89, 98.

618 Berlin und seine Eisenbahnen 1846–1896. Berlin 1896, Bd. 1, S. 264–265

619 Ursprünglich befanden sich die Toiletten auf dem Hof. Podesttoiletten wurden erst 1891 angefügt. Innentoiletten und Bäder gab es nicht.

620 Ortloff, Hermann: Das Zellengefängniß zu Moabit bei Berlin. Gotha 1861; Wilke, Karl: Bau, Einrichtung und Verwaltung der Königlichen neuen Strafanstalt (Zellengefängnis) bei Berlin. Berlin 1872; BusB 1877, Bd. 1, S. 230–232; BusB 1896, Bd. 2, S. 342–345; Die Strafanstalten und Gefängnisse in Preußen. Erster Teil: Anstalten in der Verwaltung des Ministeriums des Innern. Hrsg. v. Carl Krohne und Rudolf Uber. Berlin 1901, Bl. 60–63; Schimpf, W.: Das Zellengefängnis Lehrter Straße in Berlin. In: Zeitschrift für Strafvollzug 5 (1950), S. 1–10; Wirth 1955, S. 97; Geist/Kürvers 1980, S. 389–408; Hoffmann, Andreas: Zellengefängnis Lehrter Straße 1–5. In: Geschichtslandschaft 1987, S. 311–326; Becker/Jacob/Hellweg/Schmoll 1991, S. 52–58; Schäche, Wolfgang: Das Zellengefängnis Moabit. Zur Geschichte einer preußischen Anstalt. Berlin 1992.

621 Das Gefängnis von Pentonville wurde nach Plänen von Crawford und Russel 1840–42 erbaut. Busse unternahm 1841 eine Studienfahrt nach England, wo er das Zellengefängnis in Pentonville besichtigte, siehe Behrendt, Walter Curt: Carl Ferdinand Busse. Ein preußischer Baubeamter. In: Zentralblatt der Bauverwaltung 52 (1932), S. 634–635; Geist/Kürvers 1980, S. 397.

622 Schäche, Wolfgang, Das Zellengefängnis Moabit. Zur Geschichte einer preussischen Anstalt, Berlin 1992, S. 14–17, 37, Abb.:23, 32, 33, 36, 52, 53, 69, 74, 97; BusB 1896, Band II, S.342–345

623 BusB III, S. 68.

624 Brand, Albano: Das Unternehmen der Gesellschaft Urania zu Berlin. In: Der Bär 16 (1889/90), S. 571–575, 584–585, 594–597, 613–615; Das Schau-

Gebäude der Gesellschaft der Urania in Berlin. In: Deutsche Bauzeitung (23) 1889, S. 37–38; BusB 1896 Bd. 2, S. 244–246; Wirth 1955, S. 83; Lührs, Otto: Die Urania. In: Schwarz 1981, Bd. 1, S. 393–398; Reissig, Harald: Die alte Urania, Invalidenstraße 58. In: Geschichtslandschaft 1987, S. 356–365.

625 Paul Emmanuel Spieker (1826–1896) errichtete unter anderem die alte Universitätsbibliothek, Dorotheenstraße 28, 1871–74; die Institutsgebäude der Humboldt-Universität, Dorotheenstraße 94–95,1873–78, das Pharmakologische Institut, Dorotheenstraße 34 A, 1879–83, und das Observatorium auf dem Telegrafenberg in Potsdam, 1876–77.

626 1906 wurde das Gebäude vom Staat übernommen. Die Volkssternwarte blieb jedoch bis zum Ende des Zweiten Weltkriegs öffentlich zugänglich. Nach Veräußerung an den Staat nahm die Staatliche Hauptstelle für den naturwissenschaftlichen Unterricht dort ihren Sitz. Nach 1945 ging sie in die Pädagogische Hochschule über und blieb im wiederhergestellten alten Uraniagebäude bis Ende der 1950er Jahre ansässig. Seit 1954 leben die Urania-Ideale in der neu gegründeten Deutschen Kultur-Gemeinschaft Urania fort, die 1962 ihr eigenes Haus an der Kleiststraße 13/14 beziehen konnte.

627 Silbereisen, Gabriele: Universum-Landesausstellungspark (ULAP) zwischen dem Lehrter Bahnhof, der Invalidenstraße und der Straße Alt-Moabit. In: Geschichtslandschaft 1987, S. 366–378.

628 Monke 1968, Bd. 1, S. 40–41, Bd. 2, Abb. 26, 142–145.

629 Nach Modernisierung und Umbau des Vorderhauses 1977, verbunden mit dem Abriss der kurzen Seitenflügel und des Quergebäudes, hat sich die Grundrissteilung gravierend verändert. Ursprünglich verfügte das Vorderhaus über Wohnungen mit vier bis fünf Zimmern und Bad, während die Seitenflügel Zwei- und Dreizimmerwohnungen mit Innentoiletten enthielten.

630 BusB 1877, Bd. 1, S. 229; BusB 1896, Bd. 2, S. 437–440; Guttstadt, Albert: Krankenhauslexikon für das Deutsche Reich. Berlin 1900, S. 45–48; Murken, Axel Hinrich: Die bauliche Entwicklung des deutschen allgemeinen Krankenhauses im 19. Jahrhundert. Göttingen 1979, S. 259–262, Tafeln 116–117; Wirth 1955, S. 107–108; Goerke, Heinz: 90 Jahre Städtisches Krankenhaus Moabit. In: Berliner Medizin 13 (1962), S. 267–278; Goerke, Heinz: 90 Jahre Krankenhaus Moabit. In: Krankenhaus-Umschau 31 (1962), S. 494–501; Festschrift zum 100jährigen Bestehen. 1872 1972 Städtisches Krankenhaus Moabit. Hrsg. vom Bezirksamt Mitte von Berlin. Berlin 1972; Stürzbecher, Manfred: Moabit und die Entwicklung des öffentlichen Gesundheitswesen. In: Schwarz 1981, Bd. 1, S. 345–347; Pross, Christian und Winau, Rolf: Nicht mißhandeln. Das Krankenhaus Moabit. Berlin 1984; Silbereisen, Gabriele: Das Städtische Krankenhaus Moabit, Turmstraße 20a–22, Perleberger Straße 46, Ecke Birkenstraße 62–65. In: Geschichtslandschaft 1987, S. 246–261; Krankenhäuser in Berlin. Bauten und Projekte der 80er Jahre. Hrsg. vom Senator für Gesundheit und Soziales. Berlin 1989, S. 256–261; BusB VII A, S. 199, 220.

631 Zetzsche, Carl: Die Architektur auf den deutschen Kunstausstellungen des Jahres 1901. In: Architektonische Rundschau 18 (1902), Heft 3, S. 19, Tafel 22; Stiehl, Otto: Neuere technisch-künstlerische Bestrebungen im Backsteinbau. In: Bautechnische Zeitschrift 19 (1904), S. 386; Hoffmann, Ludwig: Neubauten der Stadt Berlin 5 (1907), S. 111–112, Abb. 8–17, Tafeln V–IX.

632 Silbereisen, Gabriele: Das Städtische Krankenhaus Moabit, Turmstraße 20a–22, Perleberger Straße 46, Ecke Birkenstraße 62–65. In: Geschichtslandschaft 1987, S. 255–259.

633 BusB 1896, Bd. 2, S. 94; Wirth 1955, S. 249; BusB X B (4), S. 179, 183; Jaeger, Falk: Posthorn & Reichsadler. Die historischen Postbauten in Berlin. Berlin 1987, S. 100–105.

634 Wirth 1955, S. 249.

635 Schmidt, Hans Peter: Chronik des Bezirks Tiergarten. Hrsg. v. Bezirksamt Tiergarten von Berlin. Berlin 1961, S. 88.

636 Koch, Friedrich: Die baulichen Anlagen der Brauerei Moabit bei Berlin. In: Deutsche Bauzeitung 9 (1875), S. 251–252; BusB 1877, Bd. 2, S. 196–199; BusB 1896, Bd. 1, S. 651; Wirth 1955, S. 254; Streich 1981, S. 415–417; Schwarz 1981, Bd. 2, S. 96–100; Hildebrandt/Lemburg/Wewel 1988, S. 88–89; Dehio Berlin 2000, S. 444–445.

637 1819 war dem Gärtner und Ackerbürger Joachim Friedrich Matthes für das dahin unbewohnte Terrain der Kämmereiheide ein Nutzungsrecht in Erbpacht eingeräumt worden. 1828 ließ er sich ein Haus an der Einmündung der Turmstraße erbauen, das, später aufgestockt, als Wohn- und Geschäftshaus der Brauerei diente und im Kern noch heute erhalten ist. Vom Ackerbürger und Gärtner Matthes übernahm Wilhelm Ludwig Crull das Gelände.

638 zur früheren Besitzergeschichte siehe Schwarz 1981, Bd. 2, S. 99. Der Geheime Oberfinanzrat und Direktor der Preußischen Seehandlung Crull errichtete 1826 eine Brauerei, die nach seinem Tod 1832 der Porzellanfabrikant Johann Friedrich Ferdinand Schumann erwarb. Schumanns Sohn Ferdinand verkaufte sie 1840 an den Garde-Dragoner-Leutnant a. D. Freiherr Waldemar v. Wimpfen. 1841 wurde L. A. Ahrens, ein Verwandter des Freiherrn, stiller Teilhaber und 1853 Alleininhaber. Die Brauerei hatte sich schon seit ihrer Gründung auf die Herstellung des hellen bayerischen Biers spezialisiert. Seit 1851 firmierte die Brauerei als Ahrens & Co, Bayerische Bierbrauerei zu Neu-Moabit.

639 Monke 1968, Bd. 2, Abb. 100.

640 Delius, Hellmut: Entwurf zum Bezirksverwaltungsgebäude Tiergarten, Berlin. In: Bauamt und Gemeindebau 17 (1935), S. 271; Feierliche Grundsteinlegung des Rathausbaues für den Bezirk Tiergarten. In: Bauen-Siedeln-Wohnen 15 (1935), S. 392; Riedrich, Otto: Welche Bauaufgaben stehen der Stadt Berlin bevor? in: Die Bauzeitung 47 (1937), S. 381–382; Wirth 1955, S. 70–71; BusB III, S. 23, 56; Ermisch, Eberhard-Günther und Weber, Klaus Konrad: Richard Ermisch – Portrait eines Baumeisters. Berlin-München-Düsseldorf 1971, S. 44; Schäche 1991, S. 315–316; Donath 2004, S. 93–95.

641 Der rückwärtige Teil des Westflügels wurde im Krieg zerstört. Die Wiederherstellungsarbeitern dauerten von 1948 bis 1951.

642 Bis zum Rathausneubau 1937 war die Bezirksverwaltung sechzehn Jahre lang auf mehrere Standorte im Bezirk verteilt. Die Bezirksversammlung tagte im Friedrichs-Werderschen Gymnasium an der Bochumer Straße.

643 Zu den Architekten des Bezirksverordnetensaals bestehen unterschiedliche Angaben. Wirth 1955, S. 70, nennt Karl Fritz, in BusB III, S. 56, sind die Architekten Franz Rogge und Oberbaurat Schumann vom Hochbauamt Tiergarten verzeichnet.

644 Wiederaufbau unter der Leitung der Architekten Molkenthien & Müssig.

645 Johannes Otzen (1839–1911) hatte vorher als Leiter der Carstenn'schen Baugesellschaften unter anderem die stadtplanerische Unternehmung in Lichterfelde betreut und architektonische Entwürfe geliefert. Von 1874–1881 bewohnte er an der Turmstraße 1 (später Nr. 2) ein zu einer Villa umgebautes Laboratorium des alten Pulvermühlengeländes. Das Gebäude brach man für den Neubau eines Eckmietshauses ab, siehe Bahns, Jörn: Johannes Otzen 1839–1911. Beiträge zur Baukunst des 19. Jahrhunderts. München 1971, S. 99, Abb.15.

646 Berliner Neubauten. 29. Die Entwicklung des Stadtteiles Moabit und die Bauten auf dem Gelände der Baugesellschaft „Am kleinen Tiergarten". In: Deutsche Bauzeitung 19 (1885), S. 413–415.

647 Monke 1968, Bd. 1, S. 30–31, 86–87, Bd. 2, Abb. 11, 102–103; Thienel 1973, S. 192, 235–236; Neumeyer, Fritz: Der Werkswohnungsbau der Industrie in Berlin und seine Entwicklung im 19. und frühen 20. Jahrhundert. Diss. TU Berlin. Berlin 1978, S. 73–76, 309, Abb. 11–13. Monke 1968 nennt fälschlicherweise Zimmermeister Ziedler als Entwurfsverfasser.

648 Thienel 1973, S. 192.

649 Monke 1968, Bd. 1, S. 94, Bd. 2, Abb. 136–139 (unter Angabe eines falschen Architekten und Bauherrn).

650 Bei einer Sanierungsmaßnahme wurde in den 1990er Jahren das 1905–06 erbaute Quergebäude des Grundstücks Birkenstraße 53 abgebrochen. Der Fabrikbau entstand nach einem Entwurf von Ferdinand Lante für die Wäscherei und Färberei Bergmann, die auf dem nahe gelegenen Grundstück Lübecker Straße 27 ihre Stammniederlage hatte. 1911–12 ließ sich die Firma von dem gleichen Architekten auf Grundstück Alt-Moabit 95 an der Spree ein großes mehrgeschossiges Fabrikgebäude errichten, das heute noch existiert.

651 Monke 1968, Bd. 1, S. 31–32, 109–110, Bd. 2, Abb. 14, 192, 194; Bahns, Jörn: Johannes Otzen 1839–1911. Beiträge zur Baukunst des 19. Jahrhunderts. München 1971, S. 12, 23–24, 95–96, Abb. 2–4.

652 Aus den Bauakten ist eine Beteiligung Otzens nicht nachweisbar; die Baueingabepläne sind von dem Architekten der Gesellschaft, Bernhard Wieck, unterzeichnet.

653 Zu den drei bekannten Mietshäusern, die Johannes Otzen für die spekulative Moabiter Unternehmung entwarf, zählen das kriegszerstörte Eckmietshaus Birkenstraße 16 und Perleberger Straße 47 sowie das verändert erhaltende Eckhaus Rathenower Straße 27 und Perleberger Straße 22. Hach 1925, S. 12, zählt diese drei Gebäude als Werke Otzens auf.

654 zitiert nach Bahns, Jörn: Johannes Otzen 1839–1911. Beiträge zur Baukunst des 19. Jahrhunderts . München 1971, S. 230.

655 Die neue Johanniskirche in Moabit-Berlin. In: Zentralblatt der Bauverwaltung 25 (1905), S. 509–510; Schmidt, Carl: Evangelische Kirchen und kirchliches Gemeindeleben in Moabit. Berlin 1925, Nr. 3; Hach 1925, S. 13–14; Wirth 1955, S. 55–56; Kühne/Stephani 1978, S. 274–275; BusB VI, S. 112, 386; Dehio Berlin 2000, S. 422. Die Gemeindekirche erhielt ihren Namen, der von der gotischen Kapelle zum Heiligen Geist in der Spandauer Straße übernommen wurde, erst 1907.

656 In Moabit entwarfen August Dinklage und Ernst Paulus zwischen 1905 und 1911 weitere Kirchen und Pfarrhäuser: 1904–10 die Reformationskirche,

Beusselstraße 35, Ecke Wiclefstraße 33–35; 1905–06 das Pfarr- und Gemeindehaus der Heilandskirche, Ottostraße 16; 1909–12 die Erlöserkirche, Levetzowstraße 1–2, Ecke Wikingerufer 9–9 A. Auch in der Bautechnik erwiesen sich Dinklage & Paulus als Neuerer. So wurden die Gewölbe der Kirche mit einer Wärmedämmung aus Korkstein nach dem System Grünzweig & Hartmann isoliert. Nur die Grunewaldkirche (1902–04) hatte vorher in Berlin eine solche Bauausführung erhalten.

657 BusB 1896, Bd. 1, S. 43–45; Straßenmöbel 1983, S. 54 ff.; Mayer, Lorenz: Berliner Bedürfnisanstalten. In: Die vergessenen Tempel. Zur Geschichte der Sanitärtechnik. Festschrift zum 100jährigen Jubiläum der AQUA Butzke-Werke AG als Aktiengesellschaft. Marburg 1988, S. 87–100; An jeder Ecke. Berliner Straßenmöbel. Hrsg. v. Bezirksamt Mitte von Berlin. Berlin 1998, S. 5–7; Stadtführer für alle Fälle. Berlin und seine öffentlichen Toiletten. Berlin 2002, S. 77.

658 BusB 1896, Bd. 2, S. 323–324, 326; Oehlert 1910, S. 105–107, 185; Wirth 1955, S. 91; BusB V C, S. 150–151. Die Schulanlage war für beide Konfessionen bestimmt. Neben der evangelischen 168. Knaben- und 182. Mädchenschule wurde die 189. Schule für katholische Knaben und Mädchen eingerichtet.

659 Gemeindeschule: Wirth 1955, S. 89; BusB V C, S. 347; Realschule: BusB 1896, Bd. 2, S. 310; Wirth 1955, S. 89; Klinkott 1988, S. 391 (falsche Bezeichnung der Schule); BusB V C, S. 348.

660 BusB V C, S. 289–300

661 Bauakten sind nicht mehr vorhanden.

662 [Miethaus in Berlin, Rathenower Str. 83] in: Bau- und Kunstgewerbe-Zeitung für das Deutsche Reich 3 (1887/88), S. 59, Tafel 23; Monke 1968, Bd. 1, S. 38, 70, 11, Bd. 2, Abb. 34, 195

663 Für die Ausführung zeichnete die Malerfirma Mühling & Wittke verantwortlich.

664 Nördlich der Perleberger Straße hat sich auf dem Grundstück Rathenower Straße 46 ein vom gleichen Architekten 1886 errichtetes Mietshaus erhalten, das über ähnliche Grundrisse mit Küchen im Vorderhaus am Hof ohne einen seitlichen Korridor verfügt. Ein Lichthof fehlt jedoch und die Fassade zeigt nicht die gleiche konsequente Lösung.

665 Kalk, Cement, Gips & Steinhandlung A. Bredow, Ziegelei Mühlenbeck.

666 Max Kühnlein unterhielt im Haus Wilsnacker Straße 60 ein „Büro für Anfertigung von Polizeizeichnungen und statischen Berechnungen", siehe Monke 1968, Bd. 1, S. 119.

667 Streich 1981, S. 422–423.

668 Kahlfeldt 1992, S. 101–103.

669 Erhalten blieben charakteristische Stilelemente wie der über dem Dach aufragende Treppenturm mit einem vertikalen Fensterschlitz sowie der abgetreppte Würfelfries unterhalb der Traufe.

670 Die Bauleitung übernahm Stadtbaumeister Straßmann, beteiligt war Baumeister Matzdorff. Alfieri, Leo: Das Projekt der städtischen Markthallen. In: Der Bär 8 (1882), S. 260–264; BusB 1896, Bd. 2, S. 558, 579; Lindemann, August: Die Markthallen Berlins. Berlin 1899, S. 13–14, Tafeln 25–26; Oehlert, Wilhelm: Moabiter Wochenmarkt und Markthalle. Berlin 1901; 50 Jahre Berliner Markthallen. Hrsg. von der Hauptmarktverwaltung der Stadt Berlin. Berlin 1936; Wirth 1955, S. 249; BusB VIII A, S. 165; 85 Jahre Arminius-Markthalle 1891–1976. Berlin 1976; Bollmann, Eckart und Kuhnt, Konrad: Die Berliner Markthallen. Berlin 1983; Hoffmann, Andreas: Markthalle Arminiusstraße. In: Geschichtslandschaft 1987, S. 262–271; Klinkott 1988, S. 412–416, 449–450, 457; Bollmann, Eckart und Kuhnt, Konrad: Die Berliner Markthallen. Berlin 1983; Dehio Berlin 2000, S. 440–441.

671 Die im Zweiten Weltkrieg nur leicht beschädigte Halle wurde erst in der Nachkriegszeit leicht verändert. 1951 hat man die repräsentativen Loggien abgebrochen, 1956 folgte der Umbau des Restaurants mit neuen Fenstereinbauten, 1970 wurden die Räume im Obergeschoss an der Ecke Bremer Straße und Bugenhagenstraße zu einem Wohnheim umgebaut.

672 Albert Heinel unterhielt seit 1872 auf dem Grundstück Alt-Moabit 92 eine an der Spree gelegene Fabrik für Holzbearbeitung mit einer Dampfschneidemühle. Vorn an der Straße steht sein noch heute vorhandenes, im Villenstil erbautes Wohnhaus. Neben den Häusern Bremer Straße 63, 64, 67 und 68 ließ er 1888 das Mietshaus Jagowstraße 22 errichten.

673 Monke 1968, Bd. 1, S. 91, Bd. 2, Abb. 122–124, 127, 129.

674 Architekt: Maurermeister Carl Schultz.

675 Monke 1968, Bd. 1, S. 91, Bd. 2, Abb.. 121, 125–126, 128.

676 1895 wurde ein Lagergebäudes für Petroleum und Öl errichtet. Die Ausführung übernahm Julius Vogler. Das Gebäude wurde 1919–20 und 1922 zu einer Bildhauerwerkstatt ausgebaut. Dafür musste das Drempelgeschoss um drei Meter erhöht werden. Der Bauherr, Albert Bachmann & Söhne, war auch für die Bauausführung verantwortlich.

677 BusB 1896, Bd. 1, S. 181–183; BusB X B (1), S. 264.

678 Die zur Wiclefstraße gerichteten Bauteile, darunter Schmiede und Schornstein, brach man Ende der 1970er Jahre ab. Hier entstand anschließend ein Wohn- und Geschäftshaus.

679 Im Innern ist eine für Zeit und Gegend typische Wohnungsaufteilung zu finden: Im Vorderhaus liegen Drei- und Vierzimmerwohnungen mit Bad und Mädchenkammer, im Seitenflügel kleinere Ein- und Zweizimmerwohnungen mit Innentoilette. Die auch im Querflügel angeordneten Drei- und Vierzimmerwohnungen mit Bädern und breiten Hauslauben beweisen, dass das Haus vor allem für besserverdienende Mieter gedacht war.

680 [Das Ledigenheim Waldenserstraße 31 zu Berlin] in: Moderne Bauformen 14 (1915), S. 249-256; Ledigenheim in der Waldenserstraße in Berlin. In: Zentralblatt der Bauverwaltung 39 (1919), S. 162-163; Hegemann, Werner: Otto Kohtz. Berlin-Leipzig-Wien 1930, Tafel 6; Dehio Berlin 2000, S. 430.

681 BusB 1896, Bd. 2, S. 183; Budnowski, Else: Das Dominikaner-Kloster St. Paulus und seine kirchliche Mission. Berlin 1925; Hach 1925, S. 11; Budnowski, Else: Die ersten Jahrzehnte des Dominikanerklosters St. Paulus in Berlin-Moabit. In: Wichmann-Jahrbuch 7 (1953), S. 68-80; Wirth 1955, S. 50-51; 100 Jahre St. Paulus 1869-1969. Berlin 1969; Hoffmann, Andreas: Das Dominikaner-Kloster St. Paulus, Oldenburger Straße 45-46. In: Geschichtslandschaft 1987, S. 272-280; Spuren. 125 Jahre Dominikanerkloster St. Paulus in Moabit. Hrsg. vom Bezirksamt Tiergarten von Berlin, Heimatmuseum. Berlin 1992; 100 Jahre Dominikaner-Kloster-Kirche St. Paulus. Jubiläumsfestschrift. Hrsg. von der Katholischen Pfarrgemeinde St. Paulus-Moabit. Berlin 1993; BusB VI, S. 123-124, 373-374; Dehio Berlin 2000, S. 423-424; Goetz/Hoffmann-Tauschwitz 2003, S. 148-149

682 Im Anschluss an den Erweiterungsbau wurde 1907 an der Oldenburger Straße 47 ein Mietshaus errichtet, das ebenfalls von Hermann Bunning entworfen wurde und wohl der Pfarr- und Klostergemeinde dienen sollte. Bauherrin war Klostilde Gräfin v. Stolberg-Wernigerode geb. v. Robiano, eine Verwandte des Klostergründers Graf Ceslaus v. Robiano. Mit einer historisierenden Backsteinfassade passt es sich den angrenzenden Klostergebäuden an.

683 Hoffmann, Ludwig: Neubauten der Stadt Berlin 3 (1904), S. IX-X, Tafeln 25-28; Wirth 1955, S. 91, BusB V C, S. 25, 36, 355; Dehio Berlin 2000, S. 439.

684 Die im Zweiten Weltkrieg teilweise zerstörte Turnhalle wurde 1953 verändert wieder aufgebaut und 1953 aufgestockt.

685 Hoffmann, Andreas: Meierei C. Bolle, Alt-Moabit 98-103. In: Geschichtslandschaft 1987, S. 182, Abb. 141

686 [Meierei und Milchkuranstalt „Schweizerhof"] in: Berliner Architekturwelt 5 (1903), S. 151 f., 128, 131-132

687 Wirth 1955, S. 91, BusB V C, S. 352.

688 BusB 1896, Bd. 1, S. 43-45; Straßenmöbel 1983, S. 54 ff.; Mayer, Lorenz: Berliner Bedürfnisanstalten. In: Die vergessenen Tempel. Zur Geschichte der Sanitärtechnik. Festschrift zum 100jährigen Jubiläum der AQUA Butzke-Werke AG als Aktiengesellschaft. Marburg 1988, S. 87-100; An jeder Ecke. Berliner Straßenmöbel. Hrsg. v. Bezirksamt Mitte von Berlin. Berlin 1998, S. 5-7; Stadtführer für alle Fälle. Berlin und seine öffentlichen Toiletten. Berlin 2002, S. 77.

689 Grzywatz, Berthold: Der Beusselkiez. In: Geschichtslandschaft 1987, S. 33-49; Beusselkiez und Hutteninsel. Hrsg. v. S.T.E.R.N. Gesellschaft der behutsamen Stadterneuerung Berlin mbH. Berlin 1993.

690 Wittstocker Straße 24: Bauherr und Entwurf Maurermeister Julius Zobel; Wittstocker Straße 25: Bauherr und Entwurf Maurermeister Heinrich Wolff.

691 Einen Eindruck von den häufig überbelegten Kleinwohnungen in den Hinterhäusern vermittelt eine Fotografie einer Wohnung des Quergebäudes Wittstocker Straße 5, die man im Auftrag der Wohnungsenquete 1912 erstellte. Sie zeigt eine Familie mit acht Kindern, die sich eine Stube teilen musste. Über die äußerst schlechten hygienischen Wohnverhältnisse der oftmals feuchten, zu frühzeitig bezogenen Wohnungen berichtete die Zeitung „Vorwärts", die in der Ausgabe vom 24. Juni 1893 die schimmelpilzbefallene Wohnung des Arbeiters Martin Gennis im Haus Wittstocker Straße 26 vorstellte. Das Gebäude Wittstocker Straße 26 wurde nach Entwurf der Architekten Salow, Möller & Stegemann für den Kaufmann Edmund Zaenker errichtet.

692 Unger, Josef: Der Arbeiter-Bauverein in Kopenhagen und die Spar- und Bauvereine in Deutschland. In: Zeitschrift des Österreichischen Ingenieur- und Architekten-Vereins 47 (1895), S. 545-548, 556-563; BusB 1896, Bd. 3, S. 250-251; Arbeitermiethäuser in Berlin. In: Berliner Architekturwelt 2 (1900), S. 315-325; 60 Jahre Berliner Bau- und Wohnungsgenossenschaft von 1892. Berlin 1952, S. 11-12; BusB IV B, S. 9, 14; Posener 1979, S. 344-345; Zwischen Tradition und Innovation. 100 Jahre Berliner Bau- und Wohnungsgenossenschaft von 1892. Hrsg. v. Klaus Novy und Barbara von Neumann-Cosel. Berlin 1992, S. 23-26, 128-129; Dehio Berlin 2000, S. 445.

693 Alfred Messel (1853-1909) war von 1893 bis 1898 Vorstandsmitglied und von 1899 bis 1902 Aufsichtsratsmitglied des Berliner Spar- und Bauver-

eins. Während dieser Zeit entstanden unter seiner Planung die Wohnanlagen Eschenallee, Ecke Ulmenallee, in Charlottenburg-Westend (1896-97), Proskauer Straße in Friedrichshain (1897-98) und Stargarder Straße in Prenzlauer Berg (1900).

694 Wirth 1955, S. 91; BusB V C, S. 36, 92, 353.

695 Die Einrichtung von städtischen Volksbibliotheken in Berlin geht auf eine Initiative von Friedrich v. Raumer (1781-1873) zurück, der solche Einrichtungen auf Reisen nach England und Nordamerika kennengelernt hatte, siehe Buchholtz, Arend: Die Volksbibliotheken und Lesehallen der Stadt Berlin 1850-1900. Berlin 1900

696 Die erste Volkslesehalle in Berlin richtete 1895 die Gesellschaft für ethische Kultur ein. 1905 bestanden elf städtische Hallen. Die Halle in der Rostocker Straße war die sechste in Berlin.

697 [Reformationskirche] in: Berliner Architekturwelt 8 (1906), S. 317; Schmidt, Carl: Evangelische Kirchen und kirchliches Gemeindeleben in Moabit. Berlin 1925, Nr. 4; Hach 1925, S. 14; Lütkemann 1926, S. 89-92; Hach 1925, S. 14; Wirth 1955, S. 56-57; Kühne/Stephani 1978, S. 275-276; BusB VI, S. 386; Kuckuck, Anke: Geschichten aus der Reformationsgemeinde. In: Beusselkiez und Hutteninsel. Hrsg. v. S.T.E.R.N. Gesellschaft der behutsamen Stadterneuerung Berlin mbH. Berlin 1993, S. 70-75; Goetz/Hoffmann-Tauschwitz 2003, S. 131.

698 Der Wiederaufbau erfolgte bis 1953 unter der Leitung von H. Brokerhoff und Walter Jarchow, wobei der Dachreiter über dem Kirchturm erst später aufgesetzt wurde.

699 Das von Ernst Rietschel geschaffene Standbild Martin Luthers, zugehörig zum Reformationsdenkmal in Worms, prägte das Lutherbild im 19. und 20. Jahrhundert. Wiederholungen den Denkmals wurden in vielen deutschen Städten aufgestellt. In Berlin steht Ernst Rietschels Lutherdenkmal vor der Marienkirche.

700 Zur Geschichte des Fabrikenviertels siehe Schwarz 1981, Bd. 2, S. 117 ff.; Schäche 1993, S. 93-105.

701 Wewel 1981; Hansen, Karin: Ludwig Loewe – Pionierunternehmen des Werkzeugmaschinenbaus. In: Schwarz 1981, Bd. 1, S. 201-210.

702 Kreuter; Marie-Luise: Waffen- und Munitionsfabrik der Ludw. Loewe & Co. Commandit-Gesellschaft auf Actien, Deutsche Waffen- und Munitionsfabriken, Kaiserin-Augusta-Allee 14-24. In: Geschichtslandschaft 1987, S. 91-106; Schäche 1993, S. 98.

703 Die AEG brachte die Turbinenfabrik 1969 in die gemeinsam mit Siemens gegründete Kraftwerk Union (KWU) ein. Nach einer wirtschaftlichen Krise gab die AEG ihre Anteile an der KWU auf, sodass das Unternehmen seit 1976 ausschließlich zu Siemens gehört.

704 Behrens, Peter: Die Turbinenhalle der AEG zu Berlin. In: Mitteilungen des-Rheinischen Vereins für Denkmalpflege und Heimatschutz 4 (1910), S. 26-29; Bernhard, Karl: Die neue Halle der Turbinenfabrik der Allgemeinen Elektricitäts-Gesellschaft in Berlin. In: Zentralblatt der Bauverwaltung 30 (1910), S. 25-28; Bernhard, Karl: Die neue Halle für die Turbinenfabrik der Allgemeinen Elektricitäts-Gesellschaft in Berlin. In: Zeitschrift des Vereines Deutscher Ingenieure 55 (1911), S. 1625-1631, 1673-1682; Lasche, Otto: Die Turbinenfabrikation der AEG. In: Zeitschrift des Vereines Deutscher Ingenieure 55 (1911), S. 1198 ff.; Hoeber, Fritz: Peter Behrens. München 1913, S. 108-116; de Fries, Heinrich: Industriebaukunst. In: Wasmuths Monatshefte für Baukunst 5 (1920/21), S. 127-128; Cremers, Paul Joseph: Peter Behrens. Sein Werk von 1909 bis zur Gegenwart. Essen 1928, S. 7-8; Hirschberg, Heinrich: Bau-Entwicklung der AEG-Fabriken. In: Spannung. Die AEG-Umschau 3 (1929/30), S. 38-40; Wirth 1955, S. 259-260; BusB IX, S. 50-52, 98; 75 Jahre Turbinenfabrik Berlin. Mülheim 1979; Buddensieg 1979, D 12-21; Streich 1981, S. 423-426; Grzywatz, Berthold: AEG-Turbinenfabrik, Huttenstraße 12-16. In: Geschichtslandschaft 1987, S. 76-90; Hüter 1988, S. 241-245; Hildebrandt/Lemburg/Wewel 1988, S. 210-211; Schäche 1993, S. 100; Buddensieg, Tilmann: Ein Tempel für Maschinen. Die AEG-Turbinenhalle von Peter Behrens. In: Das XX. Jahrhundert. Ein Jahrhundert der Kunst in Deutschland. Architektur in Berlin. Hrsg. v. Andres Lepik und Anne Schmedding. Köln 1999, S. 20-21; Dehio Berlin 2000, S. 443.

705 Schwarz 1981, Bd. 2, S. 121-122.

706 Karl Bernhard wandte sich später „aus Gründen der künstlerischen Wahrheit" entschieden gegen die verkleidete Fassade an der Huttenstraße, siehe Bernhard, Karl: Die neue Halle für die Turbinenfabrik der Allgemeinen Elektricitäts-Gesellschaft in Berlin. In: Zeitschrift des Vereines Deutscher Ingenieure 55 (1911), S. 1681.

707 Die industriellen Werke Deutschlands. Bd. 1. Bochum 1900, S. 183 ff.; Hildebrandt/Lemburg/Wewel 1988, S. 138-139; Dehio Berlin 2000, S. 444.

708 Buddensieg 1979, S. D 22-23; Hüter 1987, S. 242.

709 Ähnliche einfassende Türme verwirklichte Peter Behrens bereits 1909-10 bei der AEG-Hochspannungsfabik an der Brunnenstraße in Berlin-Wedding.

710 BusB IX, S. 45-46, 96-97; Grzywatz, Berthold: Die AEG-Glühlampenfabrik/Telefunken-Röhrenfabrik, Sickingenstraße 70-71, in: Geschichtslandschaft 1987, S. 61-75; Hildebrandt/Lemburg/Wewel 1988, S. 220-221; Schäche 1993, S. 100, 102.

711 Der erste Bauabschnitt wurde 1904-05 ausgeführt. Das Gebäude wurde 1907-12 nach Süden und Westen verlängert und um den Westflügel erweitert.

712 Die Allgemeine Elektricitäts-Gesellschaft wurde 1995 aufgelöst. Der Markenname AEG darf jedoch noch von einigen Nachfolgeunternehmen benutzt werden.

713 Schliepmann, Hans: Alfred Grenander. In: Berliner Architekturwelt 12 (1910), S. 409, 425-436; Werner, H.: Das Verwaltungs- und Ausstellungsgebäude der Firma Ludwig Loewe in Berlin-Moabit. In: Der Industriebau 4 (1913), S. 135-139; Reuther, Hans: Alfred Grenander als Industriearchitekt in Berlin-Moabit. In: Schwarz 1981, Bd. 1, S. 567-568; Kreuter, Marie-Luise: Werkzeugmaschinenfabrik der Ludwig Loewe & Co. Actiengesellschaft, Huttenstraße 17-20. In: Geschichtslandschaft Berlin 1987, S. 107-121; Hildebrandt/Lemburg/Wewel 1988, S. 140; Schäche 1993, S. 98-99; Dehio Berlin 2000, S. 444.

714 Wirth 1955, S. 261; Posener 1979, S. 388-389, 396; Reuther, Hans: Alfred Grenander als Industriearchitekt in Berlin-Moabit. In: Schwarz 1981, Bd. 1, S. 568-589; Hildebrandt/Lemburg/Wewel 1988, S. 141; Schäche 1993, S. 99; Dehio Berlin 2000, S. 444.

715 Neumeyer, Fritz: Die Portalnische. Ein Motiv des Berliner Frühklassizismus und sein Weg ins 20. Jahrhundert. In: Berlin und die Antike. Hrsg. v. Willmuth Arenhövel und Christa Schreiber. Aufsatzband. Berlin 1979, S. 523-530.

716 BusB 1896, Bd. 1, S. 43-45; Straßenmöbel 1983, S. 54 ff.; Mayer, Lorenz: Berliner Bedürfnisanstalten. In: Die vergessenen Tempel. Zur Geschichte der Sanitärtechnik. Festschrift zum 100jährigen Jubiläum der AQUA Butzke-Werke AG als Aktiengesellschaft. Marburg 1988, S. 87-100; An jeder Ecke. Berliner Straßenmöbel. Hrsg. v. Bezirksamt Mitte von Berlin. Berlin 1998, S. 5-7.

717 Festschrift zum 50jährigen Bestehen der Firma Otto Jachmann. Berlin - Borsigwalde 1874-1924. Berlin 1924; Steube, Matthias: Die zweite Karriere einer Industriehalle. In: Beusselkiez und Hutteninsel. Hrsg. v. S.T.E.R.N. Gesellschaft der behutsamen Stadterneuerung Berlin mbH. Berlin 1993, S. 121-123.

718 Hengsbach, Arne: Moabiter Verkehrsgeschichte. In: Schwarz 1981, Bd. 1, S. 537; BusB X B (1), S. 228, 264; Steube, Matthias: Das ehemalige Straßenbahndepot Moabit. In: Beusselkiez und Hutteninsel. Hrsg. v. S.T.E.R.N. Gesellschaft der behutsamen Stadterneuerung Berlin mbH. Berlin 1993, S. 113-117.

719 Zitat aus dem Nachtragsschreiben zum Bauantrag vom November 1924, siehe Bauakte.

720 Helmcke, Walter: Die Gemeinde-Doppelschule in der Wiebestraße in Charlottenburg (Stadtteil Martinickenfelde). Architekt: Stadtbaurat Seeling. In: Das Schulhaus 14 (1912), S. 221-229; Schliepmann, Hans: Heinrich Seeling. In: Berliner Architekturwelt 15 (1913), S. 505-510; Wirth 1955, S. 94; BusB V C, S. 25-26, 35, 50, 398.

721 Hauptmann, Hans: Die Aufgaben der Architektur-Plastik. In: Die Bauwelt 4 (1913), Heft 28, Beilage, S. 66

722 Gorgas, Curt: Die Gemeinnützige Baugesellschaft Berlin-Heerstraße. Berlin [um 1929], S. 34-36.

723 Heute ist der Hof durch eine Mauer geteilt.

724 Das Kinderheim war in einem ehemals vorspringenden Bauteil am Haus Kaiserin-Augusta-Allee 96 C untergebracht. Die Räume wurden nach dem Zweiten Weltkrieg zu Wohnungen umgebaut und aufgestockt. Zum Kinderheim siehe Wolf, Gustav: Gemeinschaftseinrichtungen im Wohnungsbau. In: Die Baugilde (15) 1933, S. 939.

725 BusB VIII A, S. 150 ff., S. 161-162.

726 Hoffmann, Friedrich: Der Bahnhof der Berlin-Hamburger Eisenbahn in Berlin. In: Zeitschrift für das Bauwesen 6 (1856), Sp. 487-496, Atlas, Bl. 54-59; BusB 1877, Bd. 2, S. 89-93; Berlin und seine Eisenbahnen 1896, Bd. 1, S. 210-223; BusB 1896, Bd. 1, S. 266-268; Brüstlein: Das neue Verkehrs- und Baumuseum in Berlin. In: Zentralblatt der Bauverwaltung (26) 1906, S. 648-650; Wirth 1955, S. 177-178; BusB X B (2), S. 130, 139; 135 Jahre Hamburger Bahnhof – 75 Jahre Verkehrs- und Baumuseum Berlin (1846-1906-1981). Berlin 1981; Steinle, Holger: Ein Bahnhof auf dem Abstellgleis. Der ehemalige Hamburger Bahnhof in Berlin und seine Geschichte. Berlin 1983; Steinle, Holger: Eine Zukunft für die Vergangenheit. Was geschieht mit dem ehemaligen Hamburger Bahnhof in Berlin? in: Der Bär von Berlin 33 (1984), S. 67-78; Gottwald, Alfred und Steinle, Holger: Verkehrs- und Baumuseum Berlin. Der „Hamburger Bahnhof". Berlin 1984; Der Hamburger Bahnhof. Geschichte und Gegenwart. Berlin 1987; Reissig, Harald: Hamburger Bahnhof, Invalidenstraße 51/52. In: Geschichtslandschaft 1987, S. 300-310; Dehio Berlin 2000, S. 448.

727 Die Bauleitung übernahm Baumeister Arnold. Der in spätklassizistischen Formen ausgeführte Bahnhof lehnte sich an Vorbilder der italienischer Renaissance an. Das betrifft vor allem die im Villenstil entworfenen Türme und Rundbogenhallen. Stilbildend könnte der nicht ausgeführte Entwurf von Friedrich August Stüler und Heinrich Strack für den Bahnhof Pawlowsk gewesen sein, siehe Börsch-Supan 1977, S. 42.

728 Die erste Instandsetzung und Wiederherstellung der Seitenflügel des Hauptbaus erfolgte unter Leitung von Winnetou Kampmann und Ute Weström.

729 BusB X B (2), S. 36-38, 130, 139; BusB V A, S. 32, 58; Schneider, J., Der Hamburger Bahnhof, Berlin 1997. Das Denkmal für Friedrich Neuhaus, eine bronzene Kolossalbüste mit Hermenabschluß über einem Sockel aus schlesischem Marmor, befindet sich in der Ausstellung des Deutschen Technikmuseums Berlin. Ethos und Pathos 1990, S. 141 f., Kat. Nr. 112.

730 Darstellung der Entwicklungsgeschichte in: Haan, Stephan, Rekonstruktionsplanung Hamburger Bahnhof, Gutachten im Auftrag des Senators für Bau- und Wohnungswesen, Berlin 1988.

731 Das Kriegerdenkmal für die gefallenen Eisenbahner des Ersten Weltkrieges, eine überlebensgroße Bronzefigur eines herkulischen nackten Mannes, der mit gesenktem Haupt und zerbrochener Fahnenstange in der Linken auf einem breiten Sockel kniet, entstand 1918. Ausführliche Darstellung in Ethos und Pathos 1990, S. 70, Kat. Nr. 51. Es ist beabsichtigt, das zur Zeit im Depot befindliche Denkmal in das Deutsche Technikmuseum Berlin zu überführen.

732 Overmann: 90 Jahre Berlin-Hamburger Bahn. In: Die Reichsbahn 12 (1936), S. 1060; Wirth 1955, S. 61; Schwarz 1981, Bd. 2, S. 52; Kühne 1988, S. 77-80; Dehio Berlin 2000, S. 429-430.

733 Zunächst entstand 1896 ein rückwärtiger Erweiterungsbau, der 1906 um ein Geschoss erhöht und 1933-35 mit einem Verbindungsbau nach Plänen von Kühl und Krüger versehen wurde. Nach der Verstaatlichung der Hamburger Bahn wurde das Gebäude von der Königlichen Ministerial-, Militär- und Baukommission genutzt, danach diente es der Preußischen Bau- und Finanzdirektion als Amtssitz.

734 Architektonisches Skizzenbuch 1879, Teil I, Bd. 1 und Teil II, Bd. 1; Schwarz 1981, Bd. 2, S. 52; Kieling, Uwe: Berliner Privatarchitekten und Eisenbahnbaumeister im 19. Jahrhundert. Berlin 1988, S. 24.

735 BusB 1896, Bd. 1, S. 81-83; BusB X B (2), S. 220, 267, Wirth 1955, S. 250.

736 BusB X B (2), S. 262 (dort weitere Literatur).

737 Berlins größte Güterhalle. In: Die Baugilde 16 (1934), S. 577; Neubauten auf Güterbahnhof Berlin-Spreeufer. In: Die Reichsbahn 11 (1935), S. 103-104; Ladestelle für den Berliner Güter-Sammelverkehr. In: Verkehrstechnische Woche 29 (1935), S. 104; [Abfertigungsgebäude Berlin-Spreeufer]. In: Verkehrstechnische Woche 31 (1937), S. 510; BusB X B (2), S. 93-94, 190; zu Leben und Werk von Günther Lüttich siehe Dost 2002, S. 206-210.

738 Bork: Versuchs-Kornhaus auf dem Hamburger Bahnhofe in Berlin. In: Zeitschrift für Bauwesen (49) 1899, Sp. 237-250; Handbuch der Architektur. Vierter Teil. Entwerfen, Anlage und Einrichtung der Gebäude. 3. Halbband. Gebäude für die Zwecke der Landwirtschaft und der Lebensmittel-Versorgung. Heft 1. Landwirtschaftliche Gebäude und verwandte Anlagen. Leipzig 1913, S. 243-247; Das Versuchskornhaus am Nordhafen zu Berlin. In: Hoffmann, J. Friedrich: Die Getreidespeicher, ihre bautechnische und maschinentechnische Einrichtung wie Fördermaschinen, Lüfter und Luftwerk [...]. Berlin 1916, S. 360-370; Buhle, M: Getreidespeicher. In: Industriebau (12) 1921, S. 80.

739 Die maschinelle Ausstattung wurde von der Fa. Rudolf Dinglinger in Köthen (Anhalt) geliefert.

740 Vgl. Institut für Gährungsgewerbe, in: Denkmaltopographie Bundesrepublik Deutschland. Denkmale in Berlin. Bezirk Mitte, Ortsteile Wedding und Gesundbrunnen. Berlin 2003, S. 198.

741 Der Chemiker Carl Freiherr Auer von Welsbach, dem 1885 die Erfindung des Glasglühkörpers gelungen war, gründete 1892 die Deutsche Gasglühlicht Aktiengesellschaft (Auer-Gesellschaft). Der Firmensitz lag in Berlin-Friedrichshain an der Warschauer Brücke, siehe Denkmaltopographie Bundesrepublik Deutschland. Baudenkmale in Berlin. Bezirk Friedrichshain. Berlin 1996, S. 126-132. Die Auer-Gesellschaft gründete 1919 gemeinsam mit AEG und Siemens die Osram GmbH. Zur Firmengeschichte siehe Hildebrandt/Lemburg/Wewel 1988, S. 232.

742 Ein Fabrikbau im Norden Berlins. In: Bauwelt (29) 1938, Heft 35, Beilage, S. 4-8; Ein Fabrikbau im Norden Berlins. Architekt: Egon Eiermann, Berlin. In: Monatshefte für Baukunst und Städtebau 22 (1938), S. 340-344; A Factory near Berlin. In: The Architect and Building News 158 (1939), Nr. 3669, S. 42-43; Egon Eiermann 1904-1970. Bauten und Projekte. Hrsg. v. Wulf Schirmer. Stuttgart 1974, S. 22, 44, 287; Hildebrandt/Lemburg/Wewel 1988, S. 232-233; Dehio Berlin 2000, S. 443; Donath 2004, S. 97-98.

743 Die Torfbrücke, die den Berlin-Spandauer Schiffahrtskanal überquerte, wurde im Zweiten Weltkrieg zerstört.

744 Hildebrand, Sonja, Egon Eiermann, Die Berliner Zeit, Das architektonische Gesamtwerk bis 1945, Braunschweig, Wiesbaden 1999, S. 154-166.

745 Das erinnert an die Adelsfamilie v. Putlitz (eigentlich Gans v. Putlitz). Das Geschlecht führte eine Gans im Wappen.

746 Roskamp 1985, S. 78-83; Endlich/Wurlitzer 1990, S. 163-164.

747 Festschrift der Berliner Elektricitätswerke. Aus Anlaß ihres 25-jährigen Bestehens ihren Freunden und Gönnern ehrerbietigst gewidmet. [Berlin 1909]; Hanszel, H.: Über Berliner Kraftwerke. In: Zeitschrift des Österreichischen Ingenieur- und Architekten-Vereines 64 (1912), S. 337-342; 50 Jahre Berliner Elektrizitätswerke 1884-1934. Im Auftrage der Berliner Städtische Elektrizitätswerke Akt.-Ges. bearbeitet von Conrad Matschoß, Erich Schulz und Arnolf Theodor Groß. Berlin 1934, S. 32, 35-36; Wirth 1955, S. 258-259; Kraftwerk Moabit, Hrsg. von der Betriebsleistung des Kraftwerks Moabit. Berlin 1958; Streich 1981, S. 419-422; Hoffmann, Andreas: Kraftwerk Moabit, Friedrich-Krause-Ufer 10-15. In: Geschichtslandschaft 1987, S. 20-30 (dort falsche Angaben zur Baugeschichte); Kraftwerk Moabit. Architektur und Kunst 1900-1990. Hrsg. von der Berliner Kraft- und Licht (Bewag)-Aktiengesellschaft Berlin 1990 (mit mehreren Beiträgen); Dehio Berlin 2000, S. 440; Grube, Hans Achim: Renaissance der E-Werke. Historische Industriearchitektur im Wandel, Berlin 2003; Kraftwerke in Berlin. Das Erbe der Elektropolis (mit mehreren Beiträgen), Berlin 2003, S. 60-73.

748 Zirkulierende Wirbelschichtbefeuerung für das Heizkraftwerk Moabit. Hrsg. von der Berliner Kraft- und Licht (Bewag)-Aktiengesellschaft. Berlin 1990; Bade, Hans: Das Heizkraftwerk Moabit. Zirkulierende Wirbelschichtfeuerung für verbesserten Umweltschutz in Berlin. Hrsg. von der Berliner Kraft- und Licht (Bewag)-Aktiengesellschaft. Berlin 1993.

749 Kahlfeldt 1992, S. 51-52.

750 Hochbauten der Reichsbahn-Direktion Berlin für die Elektrisierung der Berliner Stadt- und Vorortbahn. Architekt: Richard Brademann, Berlin. In: Wasmuths Monatshefte für Baukunst 13 (1928), S. 481-493; Brademann, Richard: Hochbauten der Elektrisierten Stadt- und Vorortbahnen. In: Zeitschrift für Bauwesen 80 (1930), S. 29; Schieb: Stromversorgung der Berliner Stadtbahn. In: Verkehrstechnische Woche 24 (1930), S. 226; Riedel, Karl: Die ferngesteuerten Gleichrichterwerke der Berliner Stadtschnellbahn. In: Elektrische Bahnen 7 (1931), S. 205-213; BusB X B (2), S. 101, 194; Gympel, Jan: Richard Brademanns Bauten für die Berliner S-Bahn. In: Bauwelt 84 (1993), S. 1998-2001; Dost 2002, S. 85.

751 Brademann, Richard, Umformerwerke. In: Wasmuths Lexikon der Baukunst. Bd. IV. Berlin 1932, S. 588.

752 Ein gleichartiges Gleichrichterwerk wurde 1927-28 in Berlin-Weißensee auf dem Bahnhofsgelände an der Greifswalder Straße erbaute, siehe Brademann, Richard: Hochbauten der Elektrisierten Stadt- und Vorortbahnen Reichsbahndirektion Berlin. In: Zeitschrift für Bauwesen (80) 1930, S. 32, Abb. 38; Dost 2002, S. 84.

753 BusB 1896, Bd. 1, S. 248, Abb. 338; Stefan: Berliner Wassertürme Berlin 1986, S. 56-58. Die Abkürzung „Mwt" steht für Moabit West Turmstellwerk.

754 Der Entwurf zu einem Westhafen in Berlin. In: Deutsche Bauzeitung 48 (1914), S. 65-67, 76-78; Die Hafenanlagen in Groß-Berlin. Hrsg. vom Berliner Magistrat. Berlin 1922; Geleitschrift zur Eröffnung des Berliner Westhafens und zur Inbetriebnahme der Neuorganisation der Berliner Häfen. Hrsg. von der BEHALA. Berlin 1923; Krause, Friedrich: Der Westhafen von Berlin. In: Zentralblatt der Bauverwaltung 43 (1923), S. 409-414, 421-429, 441; Buhle: Bemerkenswerte Einzelheiten der Speicheranlagen im Berliner Westhafen. In: Die Bautechnik 3 (1925), S. 1-4, 40-42, 70-74; Wirth 1955, S. 250-251; Natzschka, Werner: Die bauliche Entwicklung der Berliner Häfen. In: Zeitschrift für Binnenschiffahrt 89 (1962), S. 310-315; Bus X B (2), S. 240-245, 270; Hoffmann, Andreas: Evangelisches Johannesstift/Westhafen, Südufer/Westhafenstraße 1. In: Geschichtslandschaft 1987, S. 3-19; Verloren, gefährdet, geschützt. Baudenkmale in Berlin. Hrsg. v. Norbert Huse. Berlin 1988, S. 198-199; Haspel, Jörg: Der Berliner Westhafen – ein Erhaltungs- und Nutzungskonzept. In: Denkmalschutz und Denkmalpflege in Berlin. Jahrbuch 1994. Berlin 1996, S. 103-105; Dehio Berlin 2000, S. 448.

755 Hoffmann, Andreas: Evangelisches Johannesstift/Westhafen, Südufer/Westhafenstraße 1. In: Geschichtslandschaft 1987, S. 3-10.

756 Der südliche Teil wurde im Zweiten Weltkrieg nahezu vollständig zerstört, jedoch in alter Form wiederhergestellt.

757 BusB X B (2), S. 244, siehe Frecot, Janos und Geisert, Helmut: Berlin. Frühe Photographien Berlin 1857-1913. München 1984, S. 53-56.

758 Buhle: Bemerkenswerte Einzelheiten der Speicheranlagen im Berliner Westhafen. In: Die Bautechnik (3) 1925, S. 72-73. Die Leipziger Firma Adolf Bleichert & Co lieferte die Elekrohängebahn für den Kohlenumschlag.

BIBLIOGRAPHIE

Aufgeführt ist nur die mehrfach zitierte Literatur.

Baudisch/Cullen 1991 – Baudisch, Rosemarie und Cullen, Michael S.: Geschichte der Berliner Verwaltungsbezirke. Bd. 9. Tiergarten. Berlin 1991

Becker/Jacob/Hellweg/Schmoll 1991 – Becker, Christine, Jacob, Brigitte, Hellweg, Uli und Schmoll, Fritz: Weichenstellungen. Geschichte und Zukunft der Lehrter Straße. Hrsg. v. S.T.E.R.N. Gesellschaft der behutsamen Stadterneuerung Berlin mbH. Berlin 1991

Berlin und seine Eisenbahnen 1896 - Berlin und seine Eisenbahnen 1846-1896. Hrsg. im Auftrage des Kgl. Preußischen Ministers der öffentlichen Arbeiten. 2 Bde. Berlin 1896

Boberg/Fichter/Gillen 1984 – Exerzierfeld der Moderne. Industriekultur in Berlin im 19. Jahrhundert. Hrsg. v. Jochen Boberg, Tilmann Fichter und Eckhart Gillen. München 1984

Bloch/Grzimek 1978 – Bloch, Peter und Grzimek, Waldemar: Das klassische Berlin. Die Berliner Bildhauerschule des 19. Jahrhunderts. Berlin 1978

Boberg/Fichter/Gillen 1986 – Die Metropole. Industriekultur in Berlin im 20. Jahrhundert. Hrsg. v. Jochen Boberg, Tilmann Fichter und Eckhart Gillen. München 1986

Bodenschatz 1987 – Bodenschatz, Harald: Platz frei für das Neue Berlin. Geschichte der Stadterneuerung in der „größten Mietskasernenstadt der Welt" seit 1871. Berlin 1987

Bohle-Heintzenberg 1980 – Bohle-Heintzenberg, Sabine: Architektur der Berliner Hoch- und Untergrundbahn. Planungen, Entwürfe, Bauten bis 1930. Berlin 1980

Börsch-Supan 1977 – Börsch-Supan, Eva: Berliner Baukunst nach Schinkel 1840-1870. München 1977

Börsch-Supan/Müller-Stüler 1997 – Börsch-Supan, Eva und Dietrich Müller-Stüler, Dietrich: Friedrich August Stüler 1800-1865. München-Berlin 1997

Brandenburg 1974 – Brandenburg, Dietrich. Berlins alte Krankenhäuser. Ihre Entstehung und Entwicklung. Berlin 1974

Buddensieg/Rogge 1979 – Industriekultur. Peter Behrens und die AEG 1907-1914. Hrsg. von Tilmann Buddensieg in Zusammenarbeit mit Henning Rogge. Berlin 1979

BusB 1877 – Berlin und seine Bauten. Hrsg. v. Architekten-Verein zu Berlin. Bände 1-2. Berlin 1877

BusB 1896 – Berlin und seine Bauten. Hrsg. v. Architekten-Verein zu Berlin und der Vereinigung Berliner Architekten. Bände 1-3. Berlin 1896

BusB – Berlin und seine Bauten. Hrsg. v. Architekten- und Ingenieurverein zu Berlin. 1964 ff.

BusB II – Teil II. Rechtsgrundlagen und Stadtentwicklung. Berlin-München 1964

BusB III – Teil III. Bauwerke für Regierung und Verwaltung. Berlin-München 1966

BusB IV A – Teil IV. Wohnungsbau. Bd. A. Die Voraussetzungen. Die Entwicklung der Wohngebiete. Berlin-München-Düsseldorf 1970

BusB IV B – Teil IV. Wohnungsbau. Bd. B. Die Wohngebäude - Mehrfamilienhäuser. Berlin-München-Düsseldorf 1974

BusB V A – Teil V. Bauwerke für Kunst, Erziehung und Wissenschaft. Bd. A. Bauten für die Kunst. Berlin-München 1983

BusB V C – Teil V. Bauwerke für Kunst, Erziehung und Wissenschaft. Bd. C. Schulen. Berlin 1991

BusB VI – Teil VI. Sakralbauten. Berlin 1997

BusB VII A – Teil VII. Bd. A. Krankenhäuser. Berlin 1997

BusB VII B – Teil VII, Bd. B. Sozialbauten. Berlin 2003

BusB VII C – Teil VII. Bd. C. Sportbauten. Berlin 1997

BusB VIII A – Teil VIII. Bauten für Handel und Gewerbe. Bd. A. Handel. Berlin-München-Düsseldorf 1978

BusB VIII B – Teil VIII. Bauten für Handel und Gewerbe. Bd. B. Gastgewerbe. Berlin-München-Düsseldorf 1980

BusB IX – Teil IX. Industriebauten, Bürohäuser. Berlin-München-Düsseldorf 1971

BusB X A (1) – Teil X, Bd. A. Anlagen und Bauten für Versorgung. (1) Feuerwachen. Berlin-München-Düsseldorf 1976

BusB X A (3) – Teil X, Bd. A. Anlagen und Bauten für Versorgung. (3) Bestattungswesen. Berlin-München 1981

BusB X B (1) – Teil X, Bd. B. Anlagen und Bauten für den Verkehr. (1) Städtischer Nahverkehr. Berlin-München-Düsseldorf 1979

BusB X B (2) – Teil X, Bd. B. Anlagen und Bauten für den Verkehr. (2) Fernverkehr. Berlin 1984

BusB X B (4) – Teil X, Bd. B. Anlagen und Bauten für den Verkehr. (4) Post- und Fernmeldewesen. Berlin 1987

BusB XI – Teil XI. Gartenwesen. Berlin-München-Düsseldorf 1972

Clauswitz 1906 – Clauswitz, Paul: Die Pläne von Berlin und die Entwicklung des Weichbildes. Festschrift zur Feier der silbernen Hochzeit Ihrer Majestäten des Kaisers Wilhelm II. und der Kaiserin Auguste Viktoria. Hrsg. vom Verein für die Geschichte Berlins. Berlin 1964

Cullen 1992 – Cullen, Michael S.: Platz der Republik. Vom Exerzierplatz zum Regierungsviertel. in: Platz der Republik. Vom Exerzierplatz zum Regierungsviertel. Ausstellungskatalog. Berlin 1992, S. 7-67

Dehio Berlin 2000 – Dehio, Georg: Handbuch der Deutschen Kunstdenkmäler. Berlin. Bearb. v. Sibylle Badstübner-Gröger, Michael Bollé, Ralph Paschke u.a. 2. Auflage. München-Berlin 2000

Dolff-Bonekämper 1999 – Dolff-Bonekämper, Gabi: Das Hansaviertel. Internationale Nachkriegsmoderne in Berlin. Berlin 1999

Donath 2004 – Donath, Matthias: Architektur in Berlin 1933-1945. Ein Stadtführer, Berlin 2004

Dost 2002 – Dost, Susanne: Richard Brademann (1889-1965). Architekt der Berliner S-Bahn. Berlin 2002

Dürre 2001 – Dürre, Michael-G.: Die steinerne Garnison. Berliner Militärbauten. Berlin 2001

Endlich/Wurlitzer 1990 – Endlich, Stefanie und Wurlitzer, Bernd: Skulpturen und Denkmäler in Berlin. Berlin 1990

Escher 1981 – Escher, Felix: Siedlungsgeschichte Moabits. in: Schwarz 1981, Bd. 1, S. 443-451

Escher 1984 – Escher, Felix: Wedding und Tiergarten. Zur Entstehung und Entwicklung von Wohn- und Lebensverhältnissen im Vorgarten und Hinterhof von Berlin. in: Schwarz 1984, Bd. 1, S. 285-289

Escher 1985 – Escher, Felix: Berlin und sein Umland. Zur Genese der Berliner Stadtlandschaft bis zum Beginn des 20. Jahrhunderts. Berlin 1985

Ethos und Pathos 1990 – Ethos und Pathos. Die Berliner Bildhauerschule 1786-1914. Hrsg. v. Peter Bloch, Sibylle Einholz und Jutta v. Simson. 2 Bände. Berlin 1990

Franz-Duhme/Röper-Vogt 1991 – Franz-Duhme, Helga-Nora und Röper-Vogt, Ursula: Schinkels Vorstadtkirchen. Kirchenbau und Gemeindegründung unter Friedrich Wilhelm III. in Berlin. Berlin 1991

Geist/Kürvers – Geist, Johann Friedrich und Kürvers, Klaus: Das Berliner Mietshaus, 3 Bde. Bd. 1: 1740-1862, München 1980; Bd. 2: 1862-1945, München 1984; Bd. 3: 1945-1989, München 1989

Geschichtslandschaft 1987 – Geschichtslandschaft Berlin. Orte und Ereignisse. Bd. 2. Tiergarten. Teil 2. Moabit. Hrsg. v. Helmut Engel, Stefi Jersch-Wenzel und Wilhelm Treue. Berlin 1987

Geschichtslandschaft 1989 – Geschichtslandschaft Berlin. Orte und Ereignisse. Bd. 2. Tiergarten. Teil 1. Vom Brandenburger Tor zum Zoo. Hrsg. v. Helmut Engel, Stefi Jersch-Wenzel und Wilhelm Treue. Berlin 1989

Goetz/Hoffmann-Tauschwitz 2003 – Kirchen Berlin Potsdam. Führer zu den Kirchen in Berlin und Potsdam. Hrsg. v. Christine Goetz und Matthias Hoffmann-Tauschwitz. Berlin 2003

Hach 1925 – Hach, Otto: Mein schönes Moabit. Kunstgeschichtliche Handreichungen für eine Moabiter Heimatkunde. Berlin 1925

Hengsbach 1984 – Hengsbach, Arne: Martinikenfelde und Bohneshof. Aus der Entwicklung eines alten Industrieviertels in Charlottenburg. in: Berlin in Geschichte und Gegenwart. Jahrbuch des Landesarchivs Berlin 1984, S. 7-23

Hildebrandt/Lemburg/Wewel 1988 – Hildebrandt, Werner, Lemburg, Peter und Wewel, Jörg: Historische Bauwerke der Berliner Industrie. Berlin 1988

Hoeber 1913 – Hoeber, Fritz: Peter Behrens. München 1913

Hüter 1988 – Hüter, Karl-Heinz: Architektur in Berlin 1900-1933. Berlin 1988

Jaeger 1991 – Jaeger, Falk: Zurück zu den Stilen. Baukunst der achtziger Jahre in Berlin. Berlin 1991, S. 64-67

Kaeber 1964 – Kaeber, Ernst: Das Weichbild der Stadt Berlin seit der Steinschen Städtereform. in: Kaeber, Ernst: Beiträge zur Berliner Geschichte. Ausgewählte Aufsätze. Berlin 1964, S. 234-376

Kahlfeldt 1992 – Kahlfeldt, Paul: Hans Heinrich Müller 1879-1951. Berliner Industriebauten. Basel-Berlin-Boston 1992

Klinkott 1988 – Klinkott, Manfred: Backsteinbaukunst der Berliner Schule. Von K. F. Schinkel bis zum Ausgang des Jahrhunderts. Berlin 1988

Klös 1990 – Der Berliner Zoo im Spiegel seiner Bauten 1841-1989. Eine baugeschichtliche und denkmalpflegerische Dokumentation. Hrsg. v. Heinz-Georg Klös und Ursula Klös. Berlin 1990

Klös/Frädrich 1994 – Klös, Heinz-Georg, Frädrich, Hans und Klös, Ursula: Die Arche Noah an der Spree. 150 Jahre Zoologischer Garten Berlin. Eine tiergärtnerische Kulturgeschichte von 1844 – 1994. Berlin 1994

Kühne 1988 – Kühne, Volker: Gerichtsgebäude in Berlin. Eine Rechts- und Baugeschichte. Berlin 1988

Kühne/Stephani 1978 – Kühne, Günther und Stephani, Elisabeth: Evangelische Kirchen in Berlin. Berlin 1978

Lütkemann 1926 – Lütkemann, Wilhelm: Deutsche Kirchen. Bd. 1. Die evangelischen Kirchen in Berlin (alte Stadt). Berlin 1926

Mannheimer 1911 – Mannheimer, Franz: Arbeiten von Professor Behrens für die Allgemeine Elektrizitätsgesellschaft. in: Der Industriebau 2 (1911), S. 122-138

Mannheimer 1913 – Mannheimer, Franz: AEG-Bauten. in: Jahrbuch des Deutschen Werkbundes 2 (1913), S. 37-40

Martin 1989 – Martin, Werner: Manufakturen im Berliner Raum seit dem ausgehenden 17. Jahrhundert. Berlin 1989

Monke 1968 – Monke, Fritz: Grundrißentwicklung und Aussehen des Berliner Mietshauses von 1850 bis 1914. Dargestellt an Beispielen aus dem Stadtteil Moabit. 2 Bde. Diss. Berlin 1968

Novy 1984 – Novy, Klaus: Die veralltäglichte Utopie – Richtungen genossenschaftlicher Wohnreformen in Berlin vor 1914. in: Schwarz 1984, Bd. 1, S. 385-394

Oehlert 1910 – Oehlert, Wilhelm: Moabiter Chronik. Festgabe zur Feier der 50jährigen Zugehörigkeit des Stadtteils Moabit zu Berlin. Berlin 1910

Pitz/Hofmann/Tomisch 1984 – Pitz, Helge, Hofmann, Wolfgang und Tomisch, Jürgen: Berlin-W. Geschichte und Schicksal einer Stadtmitte. 2 Bde. Berlin 1984

Posener 1979 – Posener, Julius: Berlin auf dem Wege zu einer neuen Architektur. Das Zeitalter Wilhelms II. München 1979

Reichhardt/Schäche 1998 – Reichhardt, Hans J. und Schäche, Wolfgang: Von Berlin nach Germania. Über die Zerstörungen der „Reichshauptstadt" durch Albert Speers Neugestaltungsplanungen. 2. Auflage. Berlin 1998

Roskamp 1985 – Roskamp, Heiko: Verfolgung und Wiederstand. Tiergarten – Ein Bezirk im Spannungsfeld der Geschichte 1933-1945. Berlin 1985

Schäche 1991 – Schäche, Wolfgang: Architektur und Städtebau in Berlin zwischen 1933 und 1945. Planen und Bauen unter der Ägide der Stadtverwaltung. Berlin 1991

Schäche 1993 – Schäche, Wolfgang: Zwischen Beusselkiez und Hutteninsel. in: Beusselkiez und Hutteninsel. Hrsg. v. S.T.E.R.N. Gesellschaft der behutsamen Stadterneuerung Berlin mbH. Berlin 1993, S. 93-105

Schmidt 1981 – Schmidt, Hartwig: Das Tiergartenviertel. Baugeschichte eines Berliner Villenviertels. Teil 1: 1790-1870. Berlin 1981

Schwarz 1981 – Berlin. Von der Residenzstadt zur Industriemetropole. Ausstellungskatalog. Hrsg. von Karl Schwarz. Bde. 1-3. Berlin 1981

Schwarz 1984 – Die Zukunft der Metropolen: Paris, London, New York, Berlin. Ausstellungskatalog. Ein Beitrag der Technischen Universität Berlin zur Internationalen Bauausstellung Berlin, Berichtsjahr 1984. Hrsg. v. Karl Schwarz. Bde. 1-3. Berlin 1984

Segers-Glocke 1981 – Segers-Glocke, Christiane: Karl Friedrich Schinkel. Die einstigen Berliner Vorstadtkirchen. München-Berlin 1981

Straßenmöbel 1983 – Straßenmöbel in Berlin. Ausstellungskatalog. Hrsg. vom Senator für Bau- und Wohnungswesen. Berlin 1983

Streich 1981 – Streich, Wolfgang Jürgen: Industriearchitektur in Berlin von 1820 bis 1910. in: Schwarz 1981, S. 413-427

Streicher/Drave 1980 – Streicher, Gebhard und Drave, Erika: Berlin – Stadt und Kirche. Berlin 1980

Thienel 1973 – Thienel, Ingrid: Städtewachstum im Industrialisierungsprozeß. Das Berliner Beispiel. Berlin-New York 1973

Throl 1998 – Throl, Hans Joachim: Henry Moore. Unter freiem Himmel in Deutschland. Skulpturen des englischen Bildhauers im öffentlichen Raum. Hrsg. von der Städtischen Galerie Wolfsburg. [Wolfsburg] 1998

Weinland 1990 – Weinland, Martina: Kriegerdenkmäler in Berlin 1870 bis 1930. Frankfurt am Main-Bern-New York-Paris 1990

Weinland 1994 – Weinland, Martina: Wasserbrücken in Berlin. Berlin 1994

Wendland 1979 – Wendland, Folkwin: Berlins Gärten und Parke von der Gründung der Stadt bis zum ausgehenden neunzehnten Jahrhundert. Frankfurt am Main-Berlin-Wien 1979

Wendland 1993 – Wendland, Folkwin: Der Große Tiergarten in Berlin. Seine Geschichte und Entwicklung in fünf Jahrhunderten, Berlin 1993

Wewel 1981 – Wewel, Wulf: Ludwig Loewe und die Entwicklung des Industriestandortes Martinickenfelde. in: Schwarz 1981, S. 494-503

Wirth 1955 – Wirth, Irmgard: Die Bauwerke und Kunstdenkmäler von Berlin. Bezirk Tiergarten. Berlin 1955

DENKMALLISTE BERLIN

Berlin Mitte

Ortsteile Moabit, Hansaviertel, Tiergarten

(Stand Mai 2005)

Die aktuelle Berliner Denkmalliste ist im Internet unter *www.stadtentwicklung.berlin.de/denkmal/denkmalliste* abrufbar.

Denkmalbereiche (Ensembles)

1. **Alt-Moabit 87-93**, Mietshausgruppe
Stromstraße 10, 10A
Baudenkmale siehe: Alt-Moabit 89-90; 92; 93
Weitere Bestandteile des Ensembles:
- Alt-Moabit 87/Stromstraße 10A, Mietshaus, 1880-81 von Georg Stoedtner
- Stromstraße 10, Mietshaus,1881-82 von Georg Stoedtner

2. **Elberfelder Straße 8-18**, Mietshausgruppe, 1907-09
Baudenkmale siehe: Elberfelder Straße 10-11; 12-13; 14
Weitere Bestandteile des Ensembles:
- Elberfelder Straße 8, Mietshaus, 1907-08 von Otto Berlich
- Elberfelder Straße 9, Mietshaus, 1907-08 von Otto Berlich
- Elberfelder Straße 15, Mietshaus, 1908-09 von Carl Schmidt
- Elberfelder Straße 16, Mietshaus, 1907-08 von Carl Schmidt
- Elberfelder Straße 17, Mietshaus, 1907 von Carl Schmidt
- Elberfelder Straße 18, Mietshaus, 1909 von Johannes Müller

3. **Flensburger Straße 5/13**, Mietshausgruppe, 1886-93
Baudenkmale siehe: Flensburger Straße 5; 7; 9
Weiterer Bestandteil des Ensembles:
- Flensburger Straße 11/13, Mietshaus, 1887-88 von Hermann Bröseke

4. **Gotzkowskystraße 14-17**, Mietshausgruppe
Bestandteile des Ensembles:
- Gotzkowskystraße 14, Mietshaus, 1895-96 von Hermann Genähr
- Gotzkowskystraße 15, Mietshaus, 1895-96 von Hermann Genähr
- Gotzkowskystraße 16, Mietshaus, 1895-96 von Friedrich Müller
- Gotzkowskystraße 17, Mietshaus, 1895-96 von Friedrich Müller

5. **Herbert-von-Karajan-Straße 1, 11, Kulturforum**
Matthäikirchplatz
Potsdamer Straße 33-37, 50
Reichpietschufer 46
Scharounstraße 7
Tiergartenstraße 1
Baudenkmale siehe: Herbert-von-Karajan-Straße 1; Matthäikirchplatz; Potsdamer Straße 33-37; 50
Weitere Bestandteile des Ensembles:
- Herbert-von-Karajan-Straße 11, Kammermusiksaal, 1984-87 von Edgar Wisniewski; Stahlplastiken “Echo I und Echo II”, 1988 von Bernhard Heiliger
- Tiergartenstraße 1, Musikinstrumentenmuseum und Staatliches Institut für Musikforschung, 1979-84 von Edgar Wisniewski

6. **Holsteiner Ufer 14/24**, Mietshausgruppe, 1891-98
Claudiusstraße 9
Baudenkmale siehe: Holsteiner Ufer 14/16; 18/20; 22/24

7. **Kruppstraße 3-4, 13A-18, Kasernen des 1. Garde-Feld-Artillerie-Regiments**, 1878-81 von Otto Heimerdinger, Oskar Appelius und La Pierre, Erweiterungsbauten, 1887-89 und 1895 von La Pierre; Teilumbau 1934-36; Wohnhäuser für Offiziere und Manschaften, 1912-14 von H. Lauenburg und Franz Pomplun
Feldzeugmeisterstraße 18
Lehrter Straße 57-58
Perleberger Straße 62-62A
Gesamtanlage siehe: Lehrter Straße 57-58
Baudenkmale siehe: Kruppstraße 3-4; 15; Perleberger Straße 62-62A
Weitere Bestandteile des Ensembles:
- Kruppstraße 13A-14A, Wohnhäuser für Offiziere und Manschaften, 1912-14 von H. Lauenburg und Franz Pomplun
- Kruppstraße 16, Artillerie-Depot, Geschützschuppen und Pferdeställe, 1887-89 von La Pierre
- Perleberger Straße / Feldzeugmeisterstraße, Kasernenmauer, 1880

8. **Neues Ufer 5-8, 29. und 30. Gemeindeschule Charlottenburg und Wohnanlage**
Kaiserin-Augusta-Allee 96-96C, 97-97D
Wiebestraße 53-58
Gesamtanlage siehe: Neues Ufer 5-8
Weiterer Bestandteil des Ensembles:
- Kaiserin-Augusta-Allee 96-96C, 97-97D, Wohnanlage, um 1927-28 von Reinhard & Süßenguth

9. **Potsdamer Straße 103/107**, Mietshausgruppe, 1865-1901
Baudenkmale siehe: Potsdamer Straße 103; 105
Weiterer Bestandteil des Ensembles:
- Potsdamer Straße 107, Mietshaus, 1865-66 von R. Langner und G. Wildgrube

10. **Wittstocker Straße 4-5, 24-26**, Mietshausgruppe, 1889-93
Baudenkmal siehe: Wittstocker Straße 25
Weitere Bestandteile des Ensembles:
- Wittstocker Straße 4-5, Doppelmietshaus, 1891-92 von Salow, Möller und Stegemann
- Wittstocker Straße 24, Mietshaus, 1892-93 von Julius Zobel
- Wittstocker Straße 26, Mietshaus, 1891-92

Denkmalbereiche (Gesamtanlagen)

11. **Agricolastraße 13-15**, Wohnanlage, 1926-28 von Fritz Beyer und Ferdinand Köhler
Tile-Wardenberg-Straße 16-18

12. **Agricolastraße 29-33A**, Wohnanlage, 1927-28 von Franz Masser

13. **Alt-Moabit 23-25, Ev. St. Johannis-Kirche**, 1832-35 von Karl Friedrich Schinkel, mit Pfarr- und Gemeindehaus, Campanile, Arkadengang und Gemeindeschule, 1844 und 1851-57 von Friedrich August Stüler; Küsterhaus, 1865 von Assmann; Querhaus und neuer Chor, 1895-96 von Max Spitta; Turnhalle, 1907 von Otto Stiehl; Wiederaufbau der Anlage nach Kriegszerstörung, 1952-57 von Otto Bartning, Werry Roth und Rudolf Dörzbach (D); neues Gemeindehaus, 1963 von Hans C. Müller und Georg Heinrichs (*siehe Gartendenkmal* Alt-Moabit 24-25)

14. **Alt-Moabit 55-56D**, Wohnanlage, 1911 von Adolph Mattheus

15. **Bellevue-Ufer, Spreekanalisierung**, Uferbefestigung mit Auf- und Abgängen sowie Geländer, 1882-94 von Adolf Wiebe
Bettina-von-Arnim-Ufer
Bundesratufer
Friedrich-List-Ufer
Hansa-Ufer
Helgoländer Ufer
Holsteiner Ufer
John-Foster-Dulles-Allee
Schleswiger Ufer
Wikingerufer

16. **Beusselstraße 35, Ev. Reformationskirche** mit Gemeindehaus, 1904-10 von Ernst Schwartzkopff und Dinklage & Paulus
Wiclefstraße 33-35

17. **Bremer Straße 63-64**, Mietshausgruppe, 1876-77 von Albert Heinel

18. **Budapester Straße 2A/30, Hilton-Hotel** mit Ladenpassage, 1957-60 von Pereira & Luckman, Schwebes & Schoszberger

19. **Budapester Straße 30A/36, Zoologischer Garten**, 1841-44 von Peter Joseph Lenné, später mehrfach umgestaltet; Antilopenhaus, 1871-72 von Ende & Böckmann; Rotes Hirschhaus und Kleines Hirschhaus, 1896-97 von Kayser & v. Großheim; Neptuntempel, 1898; Grünes Hirschhaus, 1898 von Kayser & v. Großheim; Bärenfiguren vom ehem. Tiergarteneingang; Kentaur und Nymphe, 1901 von Reinhold Begas; Anlagen für Wassernagetiere und Meerschweinchenverwandte, 1902-03; Hühner- und Taubenhaus, 1908 von Stegmüller; Löwen des Löwentores, 1908-09 von Zaar & Vahl; Afrikanisches Tierhaus für pferdeartige Tiere und Persischer Turm für pferdeartige Tiere, 1909-10 von Zaar & Vahl; Adlerfel-

sen, 1909; Schweinehaus, 1910; Aquarium, 1911-13 von Zaar & Vahl; Bärentor (Kassenhäuschen mit Bär) und Dienstwohnhaus, 1928-29 von Fritz Höger; Pavillon am Restaurant, 1931; Robbenfelsen, 1931; Affenfelsen, 1932; Löwensteppe, 1935-36; Tierkrankenhaus, 1935-36; Bären- und Wolfsanlage, 1937; Gebirgstieranlage, 1938-39
Hardenbergplatz 6/14
Katharina-Heinroth-Ufer 3
Lichtensteinallee

20. **Genthiner Straße 30A-C, 30F-K**, Wohnhausgruppe **Begaswinkel**, 1872-73 von Ernst Klingenberg; Skulptur von Kübe & Starke, 1962 (Nachbildung eines Narziss, um 1880)

21. **Großer Stern, Siegessäule,** 1865-73 von Johann Heinrich Strack, mit Viktoria von Friedrich Drake (D); **Denkmal Otto von Bismarck**, 1897-1901 von Reinhold Begas; **Denkmal Albrecht von Roon,** 1904 von Harro Magnussen; **Denkmal Helmuth von Moltke,** 1904 von Joseph Uphues; **vier Torhäuser mit Umfassungsmauern,** 1941 von Johannes Huntemüller (D); Umgestaltung des Platzes und Translozierung der Denkmale vom Königsplatz 1938-1941 nach Plänen von Albert Speer (*siehe Gartendenkmal* Straße des 17. Juni)

22. **Hansaplatz**, Bauten der "Interbau 57", 1957-60 von verschiedenen Architekten (*siehe Gartendenkmal* Altonaer Straße)
Altonaer Straße 1, Eternit-Haus, Wohnanlage, 1957 von Paul G. R. Baumgarten
Altonaer Straße 3/9, Wohnhochhaus, 1956-57 von Fritz Jaenecke und Sten Samuelson
Altonaer Straße 4/14, Wohnhochhaus, 1956-57 von Oscar Niemeyer Soares Filho
Altonaer Straße 15, Hansabücherei, 1957 von Werner Düttmann
Altonaer Straße 18/22 / Bartningallee 1/3, Einkaufszentrum Hansaviertel, Ladenzeilen, Gaststätte, Kino (D) (heute Grips-Theater) und nördlicher Eingang des U-Bahnhofs Hansaplatz, 1957-60 von Ernst Zinsser und Hansrudolf Plarre; Erweiterungsbauten, 1975-76 von Hansrudolf Plarre und Manfred Frankenberger
Bartningallee 2/4, Wohnhaus, 1961-62 von Egon Eiermann
Bartningallee 5, Wohnhaus, 1956-59 von Luciano Baldessari
Bartningallee 7, Wohnhaus, 1959-60 von H. van den Broek und Jacob Bakema
Bartningallee 9, Wohnhaus, 1956-58 von Gustav Hassenpflug
Bartningallee 10-10D, Wohnanlage, 1958 von Kay Fisker
Bartningallee 11/13, Wohnhaus, 1956-57 von Raymond Lopez und Eugène Beaudouin
Bartningallee 12, Wohnhaus, 1957 von Otto H. Senn
Bartningallee 16, Wohnhaus, 1956-58 von Hans Schwippert
Händelallee 1, Verkaufspavillon
Händelallee 3/9, Wohnhaus, 1956-57 von Walter Gropius (D)
Händelallee 20/22, Ev. Kaiser-Friedrich-Gedächtniskirche und Gemeindehaus, 1956-57 von Ludwig Lemmer
Händelallee 26/34, Wohnhausgruppe, 1957 von Eduard Ludwig
Händelallee 29, 41, Doppelwohnhaus, 1957 von Gerhard Weber
Händelallee 33/39, Wohnhausgruppe, 1957-58 von Arne Jacobsen
Händelallee 43/47, Wohnhausgruppe, 1957 von Alois Giefer und Hermann Mäckler
Händelallee 49/53, Wohnhausgruppe, 1957 von Johannes Krahn
Händelallee 55/57, Wohnhausgruppe, 1957 von Sep Ruf
Händelallee 59, Wohnhaus, 1957 von Sergius Ruegenberg und Wolf von Möllendorf
Händelallee 61-61A, Wohnhaus, 1960 von Bodamer und Berndt
Händelallee 63, Wohnhaus, 1957 von Günther Hönow
Händelallee 65, Wohnhaus, um 1960 von Klaus Kirsten
Händelallee 67, Wohnhaus, um 1958-59 von Klaus Kirsten und Heinz Nather
Hansaplatz, U-Bahnhof Hansaplatz, 1955-57 von Bruno Grimmek, südliches Empfangsgebäude, 1958 von Werner Düttmann; Mosaik-Wandbild, 1958 von Fritz Winter
Hanseatenweg 1/3, Wohnhaus, 1958 von Max Taut
Hanseatenweg 6, Wohnhaus, 1957 von Franz Schuster
Klopstockstraße 2, Wohnhaus Giraffe, 1955-57 von Klaus Müller-Rehm und Gerhard Siegmann
Klopstockstraße 7/11, Wohnanlage, 1957 von Hans C. Müller
Klopstockstraße 13/17, Wohnanlage, 1956-57 von Günter Gottwald
Klopstockstraße 14/18, Wohnhaus, 1956-57 von Pierre Vago (D)
Klopstockstraße 19/23, Wohnanlage, 1957-58 von Wassili Luckhardt und Hubert Walter Hoffmann
Klopstockstraße 25/27, Wohnanlage, 1957-58 von Paul Schneider-Esslében
Klopstockstraße 29, Kindertagesstätte, um 1960, vom Hochbauamt Tiergarten
Klopstockstraße 30/32, Wohnhochhaus, 1956-57 von Alvar Aalto
Klopstockstraße 31, Kath. St. Ansgar, Kirche mit Gemeindehaus, 1957 von Willy Kreuer
Straße des 17. Juni 100, Berlin-Pavillon, 1957 von Hermann Fehling, Daniel Gogel und Peter Pfankuch

23. **Huttenstraße 12-16, Union-Elektricitäts-Gesellschaft, später AEG-Turbinenfabrik**, Montagehalle, 1896-97 von Theodor Rönn; Verwaltungsgebäude, 1899-1900 von Franz Stasche; Turbinenhalle, 1908-09 von Peter Behrens und Karl Bernhard (D), Erweiterung 1939-40 von Jacob Schallenberger und P. Schmidt; Verwaltungsgebäude, 1957 von Georg Stasch
Berlichingenstraße

24. **John-Foster-Dulles-Allee 10, Kongresshalle**, 1956-57 von Hugh A. Stubbins, Werner Düttmann und Franz Mocken; Wiederherstellung nach Dacheinsturz, 1984-87 (D); Außenanlagen 1956-58 von Hugh A. Stubbins, Hans Migge, Willy Alverdes, Werner Düttmann und Franz Mocken; Skulptur "Large Divided Oval: Butterfly", 1986-87 von Henry Moore

25. **Lehrter Straße 5B-D, Zellengefängnis Moabit** mit Gefängnismauer und drei Beamtenwohnhäusern, 1842-49 von Carl Ferdinand Busse, 1888, 1897 (D) (*siehe Gartendenkmal* Lehrter Straße 5B-D)
Invalidenstraße 54-55

26. **Lehrter Straße 6-10**, Mietshausgruppe, 1871-73 von Brisgen, Stute und Lauenburg (D)

27. **Lehrter Straße 57-58, Königliches Corps-Bekleidungsamt zu Berlin**, 1896-1898 von Zeidler, Feuerstein und Tischmeyer (*siehe Ensemble* Kruppstraße 3-4...)
Kruppstraße 17-18

28. **Lehrter Straße 59, Poststadion** mit Hallenbad und Kassenanlage, 1926-29 von Demmler, Daniel und Kleefeld (D)

29. **Lessingstraße 5, Hansa-Schule**, 1956-58 von Bruno Grimmek; Skulptur "Lehrflug", 1958 von Douglas Hill

30. **Levetzowstraße 26, 199. und 205. Gemeindeschule** mit Turnhalle, 1894-95 von Hermann Blankenstein (D)

31. **Lützowstraße 42, Pumpwerk VII**, Maschinenhaus, Schornstein, Werkstatt- und Wohngebäude, 1881-83 von Skerl

32. **Lützowstraße 83-84, 84C, 85, Falk-Realgymnasium und Charlotten-Töchterschule** mit Lehrerwohnhaus und Turnhalle, 1877-80 von Hermann Blankenstein
Pohlstraße 62

33. **Neues Ufer 5-8, 29. und 30. Gemeindeschule**, 1911-12 von Heinrich Seeling, Winterstein und Walter Helmcke (*siehe Ensemble* Neues Ufer 5-8)
Wiebestraße 53-58

34. **Oldenburger Straße 45-46, Kath. St. Paulus-Kirche** mit Dominikanerkloster, 1892-93 von Engelbert Seibertz; Pfarr-und Gemeindehaus, 1906-07 von Hermann Bunning
Waldenserstraße

35. **Perleberger Straße 36, Ev. Heilige-Geist-Kirche,** 1905-06 von Dinklage & Paulus; Gemeindehaus, 1909-10 von Dinklage & Paulus
Birkenstraße 60-61

36. **Reichpietschufer 74-76, Reichsmarineamt** mit Marinekabinett, 1911-14 von Reinhardt & Süßenguth; Bendlerblock, 1938 von Bielenberg & Moser; Gedenkstätte für die Opfer des 20. Juli 1944 (D), Skulptur, 1953 von Richard Scheibe
Stauffenbergstraße 11-14

37. **Salzufer, Corneliusstraße, Hallesches Ufer, Maybachufer, Landwehrkanal**, Uferbefestigung mit Auf- und Abgängen sowie begrüntem Uferstreifen mit Baumpflanzungen und Geländer, Oberschleuse und Unterschleuse mit Flutgraben, 1845-50, Ausbau 1883-90 und 1936-40 *(siehe Denkmalliste Charlottenburg-Wilmersdorf, Gesamtanlage* Salzufer, Corneliusstraße, Hallesches Ufer, Maybachufer *und siehe Denkmalliste Friedrichshain-Kreuzberg, Gesamtanlage* Salzufer, Corneliusstraße,Hallesches Ufer, Maybachufer *und siehe Denkmalliste Neukölln, Gesamtanlage* Salzufer, Corneliusstraße, Hallesches Ufer, Maybachufer*)*
Herkulesufer
Lützowufer
Müller-Breslau-Straße
Reichpietschufer
Schöneberger Ufer
Tiergartenufer

38. **Sickingenstraße 7-8**, Wohnanlage, 1893-95 von Alfred Messel (D)

39. **Siegmunds Hof 2-4, 12-17, Studentendorf Siegmunds Hof**, 1958-61 von Klaus H. Ernst und Peter Poelzig
Schleswiger Ufer 1-2

40. **Siemensstraße 20, 206. und 212. Gemeindeschule** mit Lehrerwohnhaus und Schulhofeinfriedung, 1894-96 von Hermann Blankenstein

41. **Stephanstraße 2-3, Lehrerwohnhaus der 160. und 188. Gemeindeschule**, 1887-1888 von Hermann Blankenstein; **5. Realschule** mit Lehrerwohnhaus, Klassentrakt und Turnhalle, 1889-91 von Fridolin Zekeli
Quitzowstraße 142

42. **Stephanstraße 27, 168., 182. und 189. Gemeindeschule** mit Lehrerwohnhaus, 1892-94 von Hermann Blankenstein und Fridolin Zekeli; Turnhalle, 1914 von Otto Stiehl
Quitzowstraße 115A

43. **Stromstraße 11-17, Schultheiss-Brauerei**, Sudhaus, 1871-74 von Friedrich Koch; Hauptgebäude mit Kellereien, Mälzerei, Fassspeicheranlage, Spül- und Pichhalle, 1898-99 von G. Lüdicke; Kessel- und Leutehaus, 1900-01 von G. Lüdicke; Pferdeställe, Remisen und Werkstätten, 1904
Perleberger Straße 42

44. **Turmstraße 21-22, Krankenhaus Moabit**, Desinfektionspavillon, 1891-92 von Fridolin Zekeli; Personalwohnhaus, 1893-95 von Fridolin Zekeli; Küchengebäude mit Wirtschaftsbauten, 1899-1902 von Fridolin Zekeli; Wonhaus für Pflegerinnen, 1902-04 von Ludwig Hoffmann; Chirurgischer Pavillon, 1921-23; Hörsaalgebäude, 1936-37; Nordpavillon, 1939-41, 1950-59 von Godehard Schwerthelm
Birkenstraße 62
Lübecker Straße 6
Perleberger Straße

45. **Waldenserstraße 20-21, 240. und 254. Gemeindeschule** mit Turnhalle, 1900-02 von Ludwig Hoffmann, Georg Matzdorff, Carl Roemert und Otto Stiehl

46. **Westhafenstraße 1-3, Westhafen**, Verwaltungsgebäude, Getreidespeicher, Zollspeicher, Werkstatt, 3 Lagerhallen, Casino, Laufkatzenabstellgebäude und Waschhaus, 1914-23 von Friedrich Krause, Richard Wolffenstein und Lorenz; mit Kaimauern und historischer Pflasterung (D)
Beusselstraße 44K

47. **Wiebestraße 29-39, Straßenbahndepot** und Wohnhaus, 1899-1901 von Joseph Fischer-Dick, Umbau 1924 von Jean Krämer (D)
Sickingenstraße 59-61

48. **Wikingerufer 9-9A, Ev. Erlöserkirche** mit Gemeindehaus, 1909-12 von Dinklage, Paulus & Lilloe

Baudenkmale

49. **Alte Potsdamer Straße 5, Weinhaus Huth**, 1910-11 von Heidenreich & Michel (D)

50. **Alt-Moabit 12A-13, Untersuchungshaftanstalt Moabit**, 1877-81 von Heinrich Herrmann und August Busse
Rathenower Straße 79A-81

51. **Alt-Moabit 18, Moabiter Apotheke**, 1857 von A. Thielbeck

52. **Alt-Moabit 70, Pumpwerk VIII**, 1887-90
Gotzkowskystraße 22

53. **Alt-Moabit 71-71A, Gericke Haus**, 1851
Zinzendorfstraße 10-11

54. **Alt-Moabit 89-90**, Mietshaus, 1892-93 von Peter Madsen (*siehe Ensemble* Alt-Moabit 87-93)

55. **Alt-Moabit 91, Dampfmühle F. W. Schütt**, Ladeturm, 1939-40 von der Bauabteilung der Fa. Kling

56. **Alt-Moabit 92**, Mietshaus, 1872 von Albert Heinel (*siehe Ensemble* Alt-Moabit 87-93)

57. **Alt-Moabit 93**, Mietshaus, 1859-65 von F. Blume und Carl Reuter (*siehe Ensemble* Alt-Moabit 87-93)

58. **Alt-Moabit 95, Wäscherei Heinrich Bergmann**, 1911-12 von Ferdinand Lante

59. **Alt-Moabit 98-103, Meierei C. Bolle**, Produktionsgebäude, 1886-87; Kopfbau, 1893 von Salow, Möller & Stegemann, mehrfach umgebaut (D)

60. **Alt-Moabit 137**, Mietshaus, 1882-83 von Max Karchow

61. **Alt-Moabit 141**, Mietshaus und Gaststätte, 1896-97 von Hermann Streubel

62. **Altonaer Straße, Hansabrücke**, Treppenaufgänge und Brückenhäuschen, 1909-10 von Friedrich Krause und Bruno Möhring; Koggenrelief, 1910 von Walter Schmarje; Schifferbrunnen, 1914 von Hermann Hosäus
Levetzowstraße

63. **Altonaer Straße 26, 13. Realschule**, 1901-02 von Ludwig Hoffmann und Vinzent von Dylewski

64. **Am Karlsbad 3-5, Feuersozietät der Provinz Brandenburg**, 1934-36 von Mebes & Emmerich

65. **Am Karlsbad 8, Gewerkschaftshaus des Gewerkschaftsbunds der Angestellten**, 1928-29 von Johann Emil Schaudt

66. **Am Karlsbad 10, Afrikahaus**, 1910-11 von Franz Hildebrandt

67. **An der Putlitzbrücke**, Gleichrichterwerk, 1927-28 von Richard Brademann

68. **Arminiusstraße 2, Markthalle X (Arminius-Markthalle)**, 1890-91 von Hermann Blankenstein (D)
Bremer Straße 3-9
Bugenhagenstraße 19
Jonasstraße 9

69. **Bartningallee, S-Bahnhof Bellevue**, 1878-80 von Eduard Jacobsthal; Stadtbahntrasse, 1875-82 von Ernst Dircksen (*siehe Denkmalliste Berlin-Mitte, Gesamtanlage* Stadtbahntrasse)

70. **Bellevuestraße 1, Grand Hotel Esplanade**, Fragmente der Fassade, des translozierten Kaisersaals und des Frühstückssaals, 1907-09 und 1911-12 von Otto Rehnig (D)

71. **Berlichingenstraße 25, AEG-Glühlampenfabrik**, 1904-12 von Johannes Kraaz, Viktor Kühn und Gustav Teske
Sickingenstraße 70-71

72. **Beusselstraße 44D**, Stellwerk Mwt des Güterbahnhofs Moabit, 1892-93, Umbau 1913 von Karl Cornelius

73. **Birkenstraße 17**, Mietshaus, 1874-75 von Johannes Otzen (D)
Havelberger Straße 31

74. **Birkenstraße 49**, Mietshaus, 1872-73 von Julius Albert Egerland

75. **Birkenstraße 53**, Mietshaus, 1881-83 von E. Schneegaß (D)

76. **Birkenstraße 54**, Mietshaus, 1881-83 von E. Schneegaß (D)

77. **Birkenstraße 55**, Mietshaus, 1886 von Hermann Enders, 1889 von D. Rieder (D)

78. **Bissingzeile 11**, Mietshaus, 1895-97 von Garnn & Krantz (Grundrisse) und Cremer & Wolffenstein (Fassade)

79. **Bochumer Straße 8-8C, Friedrich-Werdersches-Gymnasium, 231. und 263. Gemeindeschule**, 1906-08 von Ludwig Hoffmann und Otto Stiehl

80. **Bochumer Straße 9**, Mietshaus, 1905-06 von Dinklage & Paulus

81. **Bremer Straße 68**, Mietshaus, 1876-77 von Albert Heinel; Werkstattgebäude, 1895

82. **Bundesratufer 2, Haus Lessing**, 1912-13 von Georg Jacobowitz (D)

83. **Bundesratufer 10**, Mietshaus, 1906-1907 von Paul Schöne
Dortmunder Straße 15

84. **Burggrafenstraße, Lenzhaus**, 1928-29 von Heinrich Straumer
Kurfürstenstraße 87

85. **Claudiusstraße 5**, Mietshaus, 1893 von Conrad Höltzel und Wilhelm Trenner

86. **Claudiusstraße 6**, Treppenhaus, 1894-95

87. **Dennewitzstraße 2**, U-Bahn-Verstärkungslinie mit Hausdurchführung, 1925-26; Hochbahnbrücke, 1925-26 von Alfred Grenander; Mietshaus, 1877 von F. Hamann, Umbau 1925-26

88. **Derfflingerstraße 6, Maison d'Orange / Villa Ullstein**, 1884 von Adolf Schaum, Umbau 1910-11 von Ernst Lessing

89. **Derfflingerstraße 8, Villa Maltzahn**, 1872-73 von Otto Wuttke

90. **Derfflingerstraße 14**, Mietshaus, 1873-74 von zur Nieden (D)

91. **Derfflingerstraße 21, Ungersche Klinik**, 1904-05 von Breslauer und Salinger; Vorderhausfassade, 1936 von Böttcher (D)

92. Drakestraße 1, Dänische Gesandtschaft, 1938-40 von Johann Emil Schaudt (D)
Thomas-Dehler-Straße

93. Elberfelder Straße 10-11, Mietshaus, 1908-09 von Adolph Mattheus (*siehe Ensemble* Elberfelder Straße 8-18)

94. Elberfelder Straße 12-13, Mietshaus, 1908-09 von Adolph Mattheus (*siehe Ensemble* Elberfelder Straße 8-18)

95. Elberfelder Straße 14, Mietshaus, 1907-1908 von Carl Schmidt (*siehe Ensemble* Elberfelder Straße 8-18)

96. Elberfelder Straße 35, Mietshaus, 1905-06 von Wilhelm Kiehnel (D)

97. Flensburger Straße 5, Mietshaus, 1891-93 (*siehe Ensemble* Flensburger Straße 5/13)

98. Flensburger Straße 7, Mietshaus, 1889-91 (*siehe Ensemble* Flensburger Straße 5/13)

99. Flensburger Straße 9, Mietshaus, 1886-88 (*siehe Ensemble* Flensburger Straße 5/13)

100. Friedrich-Krause-Ufer 10-15, Kraftwerk Moabit, Teil der Maschinenhalle (Moabit I), 1899-1900 von Franz Schwechten; 2. Bauabschnitt (Moabit II), 1908 von Franz Schwechten, Erweiterung um ein Umformwerk, 1929-30 von Waltar Klingenberg und Werner Issel; Schalthaus, 1925 von der Bauabteilung der BEWAG; Kohlenstaubmahl- und Aufbereitungsanlage, 1925 von Hans Heinrich Müller
An der Putlitzbrücke

101. Friedrich-Krause-Ufer 24, Auer-Lichtgesellschaft AG, 1937-38 von Egon Eiermann (D)

102. Genthiner Straße 10, Lehrerwohnhaus der 107. Gemeindeschule, 1882-83 von Hermann Blankenstein

103. Genthiner Straße 13, Verlagshaus Walter de Gruyter, 1910-11 von Otto Walter

104. Gotzkowskystraße, Gotzkowskybrücke, 1910-11 von Alfred Grenander, Bauplastik von Walter Schmarje

105. Gotzkowskystraße 20, Industrie-Palast Spree, 1911-12 von Wilhelm Peters; Adrema-Maschinenbaugesellschaft, 1952-53 von Paul Schwebes

106. Hanseatenweg 10, Akademie der Künste, 1958-60 von Werner Düttmann; Skulptur "Reclining Figure", 1956 von Henry Moore (*siehe Gartendenkmal* Hanseatenweg 10)

107. Heidestraße 20C, Kornversuchsspeicher, 1897-98, 1915

108. Helgoländer Ufer, Gerickesteg, 1913-14 von Friedrich Krause, Fritz Hedde und Bruno Möhring; Wiederaufbau 1949-50
Holsteiner Ufer

109. Herbert-von-Karajan-Straße 1, Philharmonie, 1960-63 von Hans Scharoun, Dachplastik von Hans Uhlmann (D) (*siehe Ensemble* Herbert-von-Karajan-Straße 1)

110. Hildebrandstraße 5, Estnische Gesandtschaft, 1870; Umbauten, 1883-84 von Kayser & v. Großheim, 1895 von Reimarus & Hetzel (D)

111. Hiroshimastraße 1, Italienische Botschaft, 1938-41 von Friedrich Hetzelt
Tiergartenstraße 22

112. Hiroshimastraße 11, Griechische Botschaft, 1911-12 von Robert Leibnitz
Hildebrandstraße 4

113. Holsteiner Ufer 14/16, Mietshaus, 1891-92 von Hugo Maass (*siehe Ensemble* Holsteiner Ufer 14/24)
Claudiusstraße 9

114. Holsteiner Ufer 18/20, Mietshaus, 1895-1898 von Höltzel & Trenner (*siehe Ensemble* Holsteiner Ufer 14/24)

115. Holsteiner Ufer 22/24, Mietshaus, 1895-1896 von Fritz Schulz (*siehe Ensemble* Holsteiner Ufer 14/24)

116. Huttenstraße, öffentliche Bedürfnisanstalt, 1914
Wiebestraße

117. Huttenstraße 19-20, Ludwig Loewe & Co. AG, Verwaltungszentrale, 1907-08 von Alfred Grenander

118. Huttenstraße 41-44, Eisengießerei Jachmann, 1900-01 von Ferdinand Kallmann

119. Invalidenstraße 50-51, Hamburger Bahnhof, 1846-47 von Friedrich Neuhaus und Ferdinand Wilhelm Holz; Umbau zum Verkehrs- und Baumuseum, 1905-06 von Ernst Schwarz; Seitenflügel 1911 und 1916 (D) (*siehe Gartendenkmal* Invalidenstraße 50-51)

120. Invalidenstraße 52, Verwaltungsgebäude der Berlin-Hamburger Eisenbahngesellschaft, 1874-75 von Friedrich Neuhaus (D)
Heidestraße

121. Invalidenstraße 58, Theater- und Vortragssaal der Urania-Gesellschaft, 1888-89 von Paul Emmanuel Spieker (D)

122. Joseph-Haydn-Straße 1, Mietshaus, 1886-87 von Ende & Böckmann

123. Keithstraße 28/32, Landesversicherungsanstalt für die Provinz Brandenburg, 1908-09 von Solf & Wichards und Hermann Rohde

124. Kirchstraße, Moabiter Brücke, 1893-94 von Otto Stahn und Karl Bernhard
Bartningallee

125. Kirchstraße 2, Mietshaus, 1877-78 von Julius Wendler

126. Kirchstraße 3, Mietshaus, 1877-78 von Julius Wendler

127. Kirchstraße 24, Entrée und Treppenhaus, 1903-04 von Richard Schirrmacher

128. Klingelhöferstraße 14, Bauhaus-Archiv, 1976-79 von Alexander Cvijanovic und Hans Bandel nach Plänen von Walter Gropius

129. Kluckstraße 3, Jugendgästehaus, 1961-62, 1964-67 von Hans C. Müller und Georg Heinrichs
Schöneberger Ufer

130. Kluckstraße 36, Mietshaus, 1888-89 von G. Wohlgemuth

131. Körnerstraße 7-10, Postamt W 35, 1902-06 von Hermann Struve

132. Kruppstraße 3-4, Kaserne des 1. Garde-Feld-Artillerie-Regiments, Mannschaftsgebäude, 1878-81 von Oskar Appelius, La Pierre, Gustav Voigtel und Otto Heimerdinger; Umbau zur Kriegsakademie, 1934-36 (*siehe Ensemble* Kruppstraße 3-4...)

133. Kruppstraße 15, Kaserne des 1. Garde-Feld-Artillerie-Regiments, Erweiterungsbauten, 1887-89 von La Pierre (*siehe Ensemble* Kruppstraße 3-4...)

134. Kurfürstenstraße 21-23, Doppelmietshaus, 1885-86 von Heino Schmieden und Heinrich Aldenkirchen

135. Kurfürstenstraße 57, Villa Schwatlo, 1879 von Carl Schwatlo, Umbau 1938-40 von Otto Sperber
Derfflingerstraße 12

136. Kurfürstenstraße 58, Villa Roßmann, 1878 von Max Karchow und Robert Guthmann

137. Lehrter Straße 27-30, Berliner Granit- und Marmorwerke M. L. Schleicher, Mietshaus mit Hofgebäude, 1887-88 von Richard Krebs

138. Lehrter Straße 35, Wertheim-Haus, Fabrik und Lagerhaus, 1911-12 von Ernst Scharnke

139. Lehrter Straße 48B, Mietshaus, 1894 von August Spahr

140. Lessingstraße, Lessingbrücke, 1901-04 von Friedrich Krause und Ludwig Hoffmann
Stromstraße

141. Levetzowstraße 3/5, Kleist-Lyzeum und Filmschule, 1927-29 von Rudolf Kolwes und Emil Freiberg; Skulptur "Penthesilea" von Josef Thorak (D)

142. Lichtensteinallee 1, Spanische Botschaft, 1938-43 von Walter und Johannes Krüger
Thomas-Dehler-Straße

143. Lübecker Straße 1-2, Postamt NW 21, 1911-12 von Louis Ratzeburg und Otto Spalding; 1951 von Hans Gerds
Turmstraße 23

144. Lützowstraße 6, Mietshaus, 1878-79 von Fr. Hampel

145. Lützowstraße 33-36, Rütgershaus, 1910-11 von Hermann Dernburg
Genthiner Straße 15

146. Lützowstraße 92, Mietshaus, 1864-65 von Robert Lorenz und Otto Bock

147. Lützowstraße 102-104, Maggi-Haus, 1911 von R. Schubring

148. Magdeburger Platz 2, Mietshaus, 1873-74 von J. C. Forkert

149. Magdeburger Platz 3, Mietshaus, 1873-74 von J. C. Forkert

150. Mathilde-Jacob-Platz 1, Rathaus Tiergarten, 1935-36 von Richard Ermisch, Wiederaufbau 1948-1951, Bezirksverordnetensaal, 1952-53
Arminiusstraße 1/5

Bremer Straße 1-2
Jonasstraße 10-11

151. **Matthäikirchplatz, Ev. St. Matthäus-Kirche**, 1844-46 von Friedrich August Stüler, Wiederaufbau 1956-1960 von Paul und Jürgen Emmerich (*siehe Ensemble* Herbert-von-Karajan-Straße 1) (D)

152. **Müller-Breslau-Straße, Versuchsanstalt für Wasserbau und Schiffsbau**, Schlepprinne, 1903-04; Institutsgebäude, 1928-30; Umlaufkanal, 1975-76 von Ludwig Leo
Tiergartenufer

153. **Ottostraße 16, Pfarr- und Gemeindehaus der ev. Heilandsgemeinde**, 1905-06 von Dinklage & Paulus

154. **Otto-von-Bismarck-Allee 4, Schweizerische Botschaft**, 1870-71 von Friedrich Hitzig, Umbau, 1910-11 von Paul Baumgarten d. Ä.

155. **Paulstraße 20C, Güterschuppen Spreebord**, 1934-35 von Günther Lüttich

156. **Perleberger Straße 57**, Mietshaus, um 1890
Rathenower Straße 49

157. **Perleberger Straße 62-62A**, Offizierscasino des 1. Garde-Feld-Artillerie-Regiments, 1878-81 von Heimerdinger, Oskar Appelius und La Pierre, Anbauten 1935; Erinnerungssäule für die im Deutsch-Französischen Krieg 1870/71 gefallenen Offiziere des 1. Garde-Feld-Artillerie-Regiments, 1880 (D) (*siehe Ensemble* Kruppstraße 3-4...)

158. **Platz der Republik 1, Reichstagsgebäude** mit Auffahrt, 1884-94 von Paul Wallot (D)
Paul-Löbe-Straße 1
Scheidemannstraße 2

159. **Potsdamer Straße 33-37, Staatsbibliothek Preußischer Kulturbesitz**, 1964-78 von Hans Scharoun (*siehe Ensemble* Herbert-von-Karajan-Straße 1)
Reichpietschufer

160. **Potsdamer Straße 50, Neue Nationalgalerie**, 1965-68 von Ludwig Mies van der Rohe, mit Skulpturenterrasse (*siehe Ensemble* Herbert-von-Karajan-Straße 1)
Reichpietschufer 46

161. **Potsdamer Straße 58, Loeser & Wolff GmbH**, 1928-29 von Albert Biebendt
Schöneberger Ufer 47

162. **Potsdamer Straße 73**, Mietshaus, 1855-56 von Johann Daniel Willmann

163. **Potsdamer Straße 81A, Anton-von-Werner-Haus**, 1873-74 von Ernst Klingenberg; Erweiterung, 1881 von E. F. Jacob (D)

164. **Potsdamer Straße 87, Hansa-Haus des Westens**, 1910-11 von Kurt Berndt

165. **Potsdamer Straße 91**, Mietshaus und Druckerei, 1860-61 von Johann Daniel Willmann; Fassadengestaltung, 1883 von R. Krebs

166. **Potsdamer Straße 97**, Mietshaus, 1863 von Julius Lübcke (D)

167. **Potsdamer Straße 103**, Mietshaus, 1893-94 von Rudolf Goldschmidt (*siehe Ensemble* Potsdamer Straße 103/107)

168. **Potsdamer Straße 105**, Mietshaus, 1899-1901 von Hermann Schicht (*siehe Ensemble* Potsdamer Straße 103/107)

169. **Potsdamer Straße 116**, Wohn- und Geschäftshaus 1905-06 von Rudolph Zahn (D)

170. **Rathenower Straße 9-10, Kaserne des 4. Garderegiments zu Fuß**, Wohnhaus für unverheiratete Offiziere, 1909-10 von John

171. **Rathenower Straße 11-12, Kaserne des 4. Garderegiments zu Fuß**, Unterkunftsgebäude, 1891-93 von Ferdinand Schönhals

172. **Rathenower Straße 52**, Wohnhaus, 1884 von C. Bergmann (D)

173. **Rauchstraße 11, Norwegische Gesandtschaft**, 1940-41 von Otto v. Estorff und Gerhard Winkler (D)

174. **Rauchstraße 17-18, Jugoslawische Gesandtschaft**, 1938-40 von Werner March
Drakestraße

175. **Rauchstraße 25**, Stadtvilla, 1912 von Georg A. Rathenau und Friedrich August Hartmann (D)

176. **Reichpietschufer 20, Transatlantische Güterversicherungsgesellschaft**, Geschäfts- und Wohnhaus, 1910-13 von Paul Karchow

177. **Reichpietschufer 50, Reichsversicherungsamt**, 1891-94 von August Busse

178. **Reichpietschufer 60, Shellhaus**, 1930-32 von Emil Fahrenkamp (D)
Stauffenbergstraße

179. **Rostocker Straße 32, Lehrerwohnhaus der 216. und 222. Gemeindeschule** mit Lesehalle, 1898-99 von Fridolin Zekeli

180. **Schöneberger Ufer 57**, Mietshaus, 1858-59 von W. Reiniger und R. Hosemann

181. **Schöneberger Ufer 59**, Mietshaus, 1894-95 von Joseph Fraenkel

182. **Schöneberger Ufer 61**, Mietshaus, 1958-59 von Albert Metzing

183. **Schöneberger Ufer 71, Atelierhaus des Vereins Berliner Künstlerinnen**, 1910-11 von Heinrich Schweitzer

184. **Schöneberger Ufer 73**, Mietshaus, 1908-09 von Adolf Förster

185. **Sigismundstraße 4A, Villa Parey**, 1895-86 von Kayser & v. Großheim (D)

186. **Spreeweg, Lutherbrücke**, 1891-92 von Otto Stahn und Karl Bernhard, vereinfachter Wiederaufbau, 1950-1951
Paulstraße

187. **Spreeweg 1, Schloss Bellevue**, 1785 von Michael Philipp Daniel Boumann; Ovaler Saal, 1791 von Carl Gotthard Langhans, 1954-59 Wiederherstellung durch Carl Heinz Schwennicke (D) (*siehe Gartendenkmal* Spreeweg)
Bellevue-Ufer

188. **Stauffenbergstraße 41, Villa Friedmann**, 1907 von Cremer & Wolffenstein

189. **Stephanplatz**, öffentliche Bedürfnisanstalt, 1899

190. **Straße des 17. Juni, Sowjetisches Ehrenmal** mit Soldatenfigur, 1945-46 von Lew Kerbel (*siehe Gartendenkmal* Straße des 17. Juni)

191. **Stromstraße 3, Dampfmühle F. W. Schütt**, Wohn- und Verwaltungsgebäude, 1887 von Gustav Clemens

192. **Stromstraße 8**, Mietshaus, 1853 (D)

193. **Stromstraße 58**, Mietshaus, 1865-66 und 1872 von G. Isaak

194. **Stromstraße 61**, Wohn- und Geschäftshaus, 1866 von I. C. A. Hampel und G. Isaak (D)

195. **Thomasiusstraße 4**, Mietshaus, 1902-1903 von Fritz Gottlob

196. **Thomasiusstraße 5**, Mietshaus, 1902 von Hans Lande (D)

197. **Tiergartenstraße 30-32, Krupp-Haus**, 1937-38 von Mebes & Emmerich

198. **Turmstraße 4**, Mietshaus, 1884-85 von Bernhard Wieck

199. **Turmstraße 38**, Miets- und Geschäftshaus, 1909-10 von M. Löffler; Wiederherstellung 1952

200. **Turmstraße 75, 82. und 90. Gemeindeschule**, 1875-76; **Kirschner-Oberrealschule**, 1914-15 von Ludwig Hoffmann
Zwinglistraße 2

201. **Turmstraße 76-76A**, Miets- und Geschäftshaus, 1899-1903 von Paul Heubner, Umbau 1924 von Martin Punitzer
Ottostraße 21

202. **Turmstraße 86, 113. und 128. Gemeindeschule**, 1881-82 von Hermann Blankenstein, Erweiterungsbau 1960-62 vom Hochbauamt Tiergarten

203. **Turmstraße 87, Büste Wilhelm Schwartz**, 1902 von Friedrich Johann Pfannschmidt
Wilsnacker Straße

204. **Turmstraße 89-93, Kriminalgericht Moabit**, 1902-06 von Rudolf Mönnich und Carl Vohl, nach Vorentwurf von Paul Thoemer und Jean Fasquel

205. **Unionstraße**, öffentliche Bedürfnisanstalt, 1902

206. **Von-der-Heydt-Straße 16-18, Villa von der Heydt**, 1860-61 von Hermann Ende (D)

207. **Waldenserstraße 2-4, Betriebshof der Großen Berliner Pferde-Eisenbahn AG**, 1890-91 von Joseph Fischer-Dick

208. **Waldenserstraße 15**, Mietshaus, 1904-05 von Wilhelm Kiehnel

209. **Waldenserstraße 30**, Mietshaus, 1896-98 von Carl Bredereck

210. **Waldenserstraße 31, Haus Wichern**, 1913-14 von Otto Kohtz

211. **Waldstraße 54**, Mietshaus, 1902-03 von Hermann Salow und Carl Sickel (D)

212. **Waldstraße 55-55A**, Mietshaus und Stallgebäude, 1911 von Ernst-Heinrich Katzmann (D)

213. **Wiclefstraße 48**, Mietshaus, 1899-1900 von Friedrich Müller

214. **Wiebestraße 42-45, Ludwig Loewe & Co. AG**, Fräs- und Bohrmaschi-

nenfabrik mit Kesselhaus, 1914-17 von Alfred Grenander
Huttenstraße 45-48

215. Wikingerufer 7, Landesbildstelle, 1963-66 von Bruno Grimmek

216. Wilhelmshavener Straße 7, Umformwerk, 1900-01 von Franz Schwechten und O. Springmann; Rückgebäude, 1925 von Hans Heinrich Müller

217. Wilhelmshavener Straße 47, Mietshaus, 1900-01 von Friedrich Müller

218. Willy-Brandt-Straße, Moltkebrücke, 1888-91 von Otto Stahn und Karl Bernhard, Bauplastik von Johannes Boese, Carl Piper und Carl Begas; Wiederaufbau 1947; Erneuerung 1985-87
Alt-Moabit

219. Wilsnacker Straße 5, Vorschule des Königlichen Luisen-Gymnasiums, 1889-90 von Friedrich Schulze; Löwengruppe, 1895 von Albert Wolff

220. Wilsnacker Straße 41, Mietshaus, 1886 von Ludwig Krüger

221. Wilsnacker Straße 60, Mietshaus, 1879-80 von Max Kühnlein

222. Wilsnacker Straße 61, Mietshaus und Werkstattgebäude, 1879-80

223. Wittstocker Straße 25, Mietshaus, 1891 von Heinrich Wolff (*siehe Ensemble* Wittstocker Straße 4-5...)

224. Zwinglistraße 37, 246. Gemeindeschule, 1908-09 von Ludwig Hoffmann

Gartendenkmale

225. Alt-Moabit 24-25, Vorplatz und Kirchhof der **St. Johannis-Kirche**, 1840-41 von Peter Joseph Lenné, 1851-57, 1862 Kirchhoferweiterung, 1875 Vorplatzgestaltung von Heinrich Gaerdt, ab 1891, 1895-1935 Flächenreduzierungen von Kirchplatz und Kirchhof, Veränderungen (*siehe Gesamtanlage* Alt-Moabit 23-25)

226. Altonaer Straße, Grünanlagen und Freiflächen des **Hansaviertels ("Interbau 57")**, Strukturen der 1950er und Anfang der 1960er Jahre, seit 1956 von Hermann Mattern, René Pechère, Ernst Cramer, Otto Valentien, Herta Hammerbacher, Edvard Jacobson, Gustav Lüttge, Pietro Porcinai, Wilhelm Hübotter und Christian Theodor Sörensen (*siehe Gesamtanlage* Hansaplatz)

227. Drakestraße (zwischen Rauchstraße und Corneliusstraße), Gehwegpflasterung, 1867, transloziert, ergänzt und wiederhergestellt 1985/86 (D)

228. Hanseatenweg 10, Gartenhöfe und Außenanlagen der Akademie der Künste, 1960 von Werner Düttmann und Walter Rossow (*siehe Baudenkmal* Hanseatenweg 10)

229. Invalidenstraße 50-51, Ehrenhof des Hamburger Bahnhofs, 1883, 1885-86, 1905-06, Wiederherstellung 1996-98 (D) (*siehe Baudenkmal* Invalidenstraße 50-51)

230. Lehrter Straße 5B-D, Beamtenfriedhof, 1842-49 (D) (*siehe Gesamtanlage* Lehrter Straße 5B-D)

231. Spreeweg, Schlosspark Bellevue, 1784-1806 von Hofgärtner Weil; 1787-90 erweitert; Umgestaltungen 1880er Jahre; 1951-60 verkleinert; Neugestaltungen ab 1959 von Reinhard Besserer; 1997-98 (*siehe Baudenkmal* Spreeweg)

232. Straße des 17. Juni, Großer Tiergarten, Stadtpark mit allen Denkmälern, Brunnen, Skulpturen, Brücken, seit 15. Jh., 17.-20. Jh. u.a. von Georg Wenzeslaus von Knobelsdorff, Justus Ehrenreich Sello, Peter Joseph Lenné, Eduard Neide und Willy Alverdes, Veränderung u.a. 1938, Wiederherstellung seit 1949 (D) (*siehe Gesamtanlage* Großer Stern *und Baudenkmal* Straße des 17. Juni)

233. Wilsnacker Straße, Kriegsgräberfriedhof, 1945, 1955 von Willy Alverdes

REGISTER

BILDNACHWEIS

Geschichte und Stadtentwicklung:
Landesdenkmalamt Berlin: S. 12-13, 18u., 19, 23u., 24, 27-30, 35o., 36u., 37, 39-41, 44-62, 64-66, 70, 72u., 73-74, 77-79, 81-82, 86u.
Landesarchiv Berlin: S. 11, 15-16, 20, 23o., 25, 26, 43, 67o., 68-69, 75, 80, 83-86o.
Heimatmuseum Berlin-Mitte: S. 18o., 21-22, 32-34, 35u., 36o., 38, 67u., 71, 72o.
Bittner, Wolfgang, Landesdenkmalamt Berlin: S. 87-90
Bezirksamt Berlin-Mitte, Bauaktenarchiv: S. 31
Bezirksamt Tempelhof-Schöneberg, Schöneberg-Archiv: S. 63

Die Denkmale in Moabit, Hansaviertel und Tiergarten:
Bittner, Wolfgang, Landesdenkmalamt Berlin: Farbbilder Titel und Rückseite, Abbildungen 2-5, 7-18, 21-29, 32-56, 62-64, 71, 77, 94-97, 99-105, 107-146, 148-202, 204-245, 247-266, 268-276
Reuss, Wolfgang, Landesdenkmalamt Berlin: Abbildungen 19, 30-31, 57-61, 65-70, 72-76, 78-93, 147
Archiv Landesdenkmalamt Berlin: Abbildungen 1 (Gustav und Rose Wörner), 6, 20, 98, 106, 203, 246, 267